Handbuch zum Neuen Tes

Begründet von Hans Lietzmann
Fortgeführt von Günther Bornkamm
Herausgegeben von Andreas Lindemann

12

Hans Hübner

An Philemon
An die Kolosser
An die Epheser

Mohr Siebeck

Die Deutsche Bibliothek – CIP-Einheitsaufnahme

Handbuch zum Neuen Testament / begr. von Hans Lietzmann.
Fortgef. von Günther Bornkamm. Hrsg. von Andreas Lindemann. –
Tübingen: Mohr
  Teilw. hrsg. von Günther Bornkamm

12. Hübner, Hans: An Philemon. – 1997

Hübner Hans:
An Philemon. An die Kolosser [u. a.]. Hans Hübner. Tübingen: Mohr, 1997
  (Handbuch zum Neuen Testament; 12)
  ISBN 3-16-146775-2 brosch.
  ISBN 3-16-146776-0 Gewebe.

© 1997 J. C. B. Mohr (Paul Siebeck) Tübingen.

Das Buch wurde von Gulde-Druck in Tübingen aus der Bembo-Antiqua gesetzt, auf alterungsbeständiges Papier der Papierfabrik Niefern gedruckt und von der Großbuchbinderei Heinr. Koch in Tübingen gebunden.

ERNST KÄSEMANN
DEM NEUNZIGJÄHRIGEN

Vorwort

Als mir der Herausgeber des „Handbuchs zum Neuen Testament" das Angebot machte, den Band 12 mit der Kommentierung des Philemon-, Kolosser- und Epheserbriefes zu übernehmen und für diese Aufgabe entweder den alten Kommentar von Martin Dibelius/ Heinrich Greeven zu überarbeiten oder einen neuen Kommentar zu schreiben, da habe ich mich sofort für die zweite Alternative entschieden. Das geschah nicht aus mangelnder Hochachtung vor dem, was Martin Dibelius als der ursprüngliche Autor und nach seinem Tod Heinrich Greeven als Bearbeiter des Buches geleistet haben. Denn daß der alte Band 12 des HNT ein hervorragender Kommentar ist, bedarf für den, der ihn kennt, keiner Begründung. Was ich aus der so sorgsamen und verantwortungsbewußten Exegese dieser Autoren gelernt habe und ihr verdanke, ist weit mehr, als ich es in einem kurzen Vorwort sagen kann. Aber das Rad der Forschungsgeschichte hat sich in den letzten Jahrzehnten derart schnell, geradezu rasant gedreht, daß vieles von dem, was Martin Dibelius und Heinrich Greeven damals gesagt haben, heute in einem anderen Lichte erscheint. Und so versteht es sich von selbst, daß ich in wichtigen Punkten anders als diese beiden Exegeten urteile.

Einige Bemerkungen zur formalen Gestaltung des Kommentars: Was in anderen Kommentarreihen in Anmerkungen gesagt wird, steht im HNT im laufenden Text, in der Regel in Klammern gesetzt. Dadurch kann das äußere Bild leicht unübersichtlich werden und so die Lektüre des Textes erschweren. Deshalb ist in einigen neueren Bänden des HNT das, was anderenorts in Anmerkungen erscheint, aufs äußerste reduziert. In etwa habe auch ich diesen Weg beschritten. Zum Ausgleich werden zu den jeweiligen Abschnitten ausführlich bibliographische Angaben gemacht (Vollständigkeit ist weder möglich noch intendiert, obwohl jede Auswahl notwendig das Moment der Willkür enthält). Die Diskussion mit der Literatur geschieht daher bewußt nur symptomatisch. Im Gespräch befinde ich mich jedoch immer wieder mit anderen Kommentatoren der drei Briefe (natürlich zuvor mit den zu interpretierenden Briefen!). So habe ich vor allem auf deren Werke verwiesen (Sigel K für Kommentar). Es sind zumeist gängige neuere Werke. Daß ich mich aber des öfteren auch auf den Kommentar von T. K. Abbott (1897) und vor allem den des überragenden Exegeten und Bischofs von Durham Joseph Barber Lightfoot (1875) beziehe, versteht sich von selbst. Leider konnte ich auf die soeben erschienene Auslegung des Kol und Phlm durch James Dunn, was den Kol angeht, nur noch sporadisch eingehen, da sie mich erst unmittelbar vor dem Abschluß des Kol-Teils erreichte. Lediglich seine Interpretation des Phlm konnte ich noch genauer berücksichtigen. Den monumentalen Eph-Kommentar von Markus Barth (AncB) habe ich kaum erwähnt, da unsere Positionen weit auseinander liegen und ich ihn und mich vor unnötiger Polemik in der Auseinandersetzung bewahren wollte. Zur ausführlicheren Diskussion mit wichtiger Literatur über Kol und Eph s. meinen Forschungsbericht in der Theologischen Rundschau (voraussichtlich 1998).

Der Kommentar ist Ernst Käsemann zum neunzigsten Geburtstag, den er am 12. Juli 1996 begehen durfte, gewidmet, mag das Buch auch erst Mitte 1997 im Druck erscheinen. Der Jubilar hat sich im Verlauf seiner theologischen und exegetischen Existenz – er ist wirklich zeit seines Lebens, um mit Karl Barth zu sprechen, „theologische Existenz" gewesen, und er ist es noch heute! – mit dem Epheserbrief beschäftigt. Von Erik Petersons Römerbriefvorlesung und dessen Paulus-Verständnis her (Käsemann, Aspekte der Kirche, 12ff; Barbara Nichtweiß, Erik Peterson, 225ff) hat ihn der Epheserbrief, der ja die Ekklesiologie thematisiert, immer wieder begeistert – genau wie Heinrich Schlier. Dessen theologischer Werdegang hat Ernst Käsemann, der unter dem Einfluß Petersons fast auch den Weg nach Rom gegangen wäre, existentiell beschäftigt, wie es seine Rezension von Schliers Eph-Kommentar beredt zum Ausdruck bringt. Meine eigene besondere Liebe zu diesem Brief erwuchs in einer Vorlesung eben dieses Heinrich Schlier im Sommersemester 1951 an der Friedrich-Wilhelms-Universität Bonn, und zwar zu einer Zeit, als er noch vor seiner Konversion zur Evangelisch-Theologischen Fakultät gehörte. So war mir das theologische Gespräch mit ihm – man kann auch mit einem Verstorbenen, dessen Gedanken noch überaus lebendig sind, ein Gespräch führen! – im Eph-Teil meines Kommentars ein besonderes Anliegen, zugleich ein Akt der Dankbarkeit. Auch und gerade aus diesem Grunde bin ich Herrn Kollegen Lindemann sehr dankbar, daß er mir die neue Kommentierung des Epheserbriefes anbot. In den wissenschaftlichen Kommentarreihen war dieser Brief aus der Paulus-Schule für lange Zeit die Domäne katholischer Exegeten, bezeichnenderweise auch in Reihen, an denen sich Exegeten beider Konfessionen beteiligten (EKK, ÖTBK). Petr Pokornýs Auslegung des Eph im ThHK und der hier nun vorgelegte Kommentar sind im deutschen Sprachbereich die seit Jahrzehnten ersten wissenschaftlichen, d.h. den griechischen Originaltext auslegenden, Kommentare. Ob nun mein Kommentar den Protestanten „protestantisch" genug ist, müssen diese sagen. Mir liegt, offen gestanden, mehr daran, daß er als *evangelischer* Kommentar gelesen wird, wobei evangelisch weniger als Angabe einer Konfession denn als Adjektiv von Evangelium verstanden ist.

Zu danken habe ich für die kritische Lektüre des Manuskripts und für mancherlei daraus erwachsene Anregung vor allem wieder Herrn Landesbischof i. R. Prof. Dr. Eduard Lohse und Herrn Pfarrer Klaus Wöhrmann, Recklinghausen; ebenso danke ich den wissenschaftlichen Hilfskräften meiner Forschungsabteilung „Biblische Theologie" an der Theologischen Fakultät der Georg-August-Universität Göttingen, Frau Elke Carl, Herrn Martin Conrad und Herrn Michael Ebener, die vor allem die griechischen Zitate überprüften. Und erneut gilt mein herzlicher Dank meiner langjährigen Sekretärin Frau Heidi Wuttke für das Schreiben eines wiederum schwierigen mehrsprachigen Textes. Last but not least auch Dank dem Verlag Mohr Siebeck/Tübingen und seinen Mitarbeitern und Mitarbeiterinnen. Dankbar bin ich auch dem Computerbeauftragten unserer Fakultät, Herrn Stephan Wigger, für Engagement und technischen Rat.

Hermannrode/Göttingen, im Advent 1996   Hans Hübner

Inhaltsverzeichnis

An die Epheser

Exkurse

Allgemeines Literaturverzeichnis

Die Lit. zu Phlm, Kol und Eph wird in einem Gesamtverzeichnis genannt, da viele Publikationen thematisch zu mehr als einem dieser drei Briefe gehören. Bereits im hier vorliegenden Literaturverzeichnis genannte Publikationen werden später nur mit Nachnamen und Titel bzw. Kurztitel angeführt, Aufsätze in Zeitschriften o. ä. nur mit Angabe der Zeitschrift, des Jahrgangs und der Seitenzahl. Die Abkürzungen der antiken Autoren erfolgen in der Regel nach ThWNT X/1, 53 ff.

1. Kommentare

ABBOTT, T. K., A Critical and Exegetical Commentary on the Epistles to the Ephesians and to the Colossians (ICC), Edinburgh 1879, Nachdruck 1977

BARTH, M., Ephesians I–II (AncB 34), 1974

BARTH, M., and BLANKE, H., Colossians. A New Translation with Introduction and Commentary, trans. A. B. Beck (AncB 34B), 1994

BEARE, F. W., The Epistle to the Colossians (IntB 11), 1955

BENGEL, J. A., Gnomon Novi Testamenti, Tübingen [8]1915

BENOIT, P., L'Épîtres de s. Paul aux Philippiens, aux Colossiens, à Philémon, aux Ephésiens (SB, 1949)

BIEDER, W., Der Kolosserbrief (Proph.), 1943

DERS., Der Philemonbrief (Proph.), 1944

BINDER, H./ROHDE, J., Der Brief des Paulus an Philemon (ThHK 11/2), 1990

BRUCE, F. F., The Epistles to the Colossians, to Philemon, and to the Ephesians (NIC), 1984

CAIRD, G. B., Paul's Letters from Prison (NCB.NT), 1976

CALVINI, J., In omnes Novi Testamenti epistolas commentarii, ed. A. Tholuck II, Halle [2]1834

CARSON, H. M., The Epistles of Paul to the Colossians and to Philemon (TNTC 9), [7]1983

CONZELMANN, H., Der Brief an die Epheser. Der Brief an die Kolosser (NTD 8), Göttingen [17]1990

DIBELIUS, M./GREEVEN, H., An die Kolosser. An die Epheser. An Philemon (HNT 12), [3]1953

DUNN, J. D. G., The Epistles to the Colossians and to Philemon. A Commentary on the Greek Text (NIGTC), 1996

EGGER, W., Galaterbrief, Philipperbrief, Philemon (NEB 9. 11. 15), 1985

ERNST, J., Die Briefe an die Philipper, an Philemon, an die Kolosser, an die Epheser (RNT), 1974

EWALD, P., Die Briefe des Paulus an die Epheser, Kolosser und Philemon (KNT 10), Leipzig [2]1910

FOULKES, F., The Epistle of Paul to the Ephesians (TNTC), [2]1983

FRIEDRICH, G., Der Brief an Philemon (NTD 8), [17]1990

GAUGLER, E., Der Epheserbrief (Auslegung neutestamentlicher Schriften 6), 1966

GNILKA, J., Der Kolosserbrief (HThK X/1), [2]1991

DERS., Der Epheserbrief (HThK X/2), [4]1990

DERS., Der Philemonbrief (HThK X/4), 1982

HAUPT, E., Die Gefangenschaftsbriefe (KEK [8]VIII und [7]IX), 1902

HOPPE, R., Epheserbrief. Kolosserbrief (SKK.NT 10), 1987

HEGÉDÉ, N., Commentaire de l'Épître aux Colossiens, Genève 1968

KNOX, J., The Epistle to Philemon (IntB 11), 1955

LEHMANN, R., Épître à Philémon. Le christianisme primitif et l'esclavage, Genf 1978

LIGHTFOOT, J. B., St. Paul's Epistles to the Colossians and to Philemon, London
  [14]1904 (= 1875)

LINDEMANN, A., Der Kolosserbrief (ZBK.NT 10), 1983

DERS., Der Epheserbrief (ZBK.NT 8), 1985

LINCOLN, A. T., Ephesians (Word Biblical Commentary 42), 1990

LOHMEYER, E., Die Briefe an die Philipper, an die Kolosser und an Philemon (KEK 9), [13]1964

LOHSE, E., Die Briefe an die Kolosser und an Philemon (KEK 9/2), [2]1977

MARTIN, R. P., Colossians and Philemon (NCBC), 1973

MASSON, CH., L'Épître de S. Paul aux Éphésiens (CNT [N] 9/B), 1953

DERS., L'Épître de S. Paul aux Colossiens (CNT[N] 10), 1950

MEINERTZ, M., Die Gefangenschaftsbriefe des Heiligen Paulus (HSNT 7), [4]1931

MEYER, H. A. W./SCHMIDT, W., Kritisch-exegetisches Handbuch über den Brief an die Epheser
  (KEK 8), [6]1886

DERS., Kritisch-exegetisches Handbuch über die Briefe an die Philipper, Kolosser und an Philemon
  (KEK 9), [2]1859

MITTON, C. L., Ephesians (NCBC), 1973, Nachdruck 1983

MONTAGNINI, F., Lettera Agli Efesini. Introduzione – Traduzione e Commento (Bibi[B]), 1994

MOULE, C. F. D., The Epistles of Paul the Apostle to the Colossians and to Philemon (CGTC), [3]1962

MUSSNER, F., Der Brief an die Epheser (ÖTBK 10), 1982

DERS., Der Brief an die Kolosser (GSL.NT 12/1), 1965

O'BRIEN, P. T., Colossians. Philemon (Word Biblical Commentary 44), 1982

PATZIA, A. G., Ephesians, Colossians, Philemon (NIBC 10), 1990

PFAMMATTER, J., Epheserbrief. Kolosserbrief (NEB 10/12), [2]1990

POKORNÝ, P., Der Brief des Paulus an die Epheser (ThHK 10/2), 1992

DERS., Der Brief des Paulus an die Kolosser (ThHK 10/1), 1987

REUMAN, J. H. F., s. bei TAYLOR, W. F.

ROBINSON, J. A., St. Paul's Epistle to the Ephesians, London 1903, Nachdruck 1941

SCHLATTER, A., Die Briefe an die Galater, Epheser, Kolosser und Philemon (ErNT7), 1963

SCHLIER, H., Der Brief an die Epheser, Düsseldorf [3]1962

SCHNACKENBURG, R., Der Brief an die Epheser (EKK 10), 1982

SCHWEIZER, E., Der Brief an die Kolosser (EKK 12), [3]1989

VON SODEN, H., Die Briefe an die Kolosser, Epheser, Philemon; die Pastoralbriefe (HC III/1),
  Leipzig [2]1893

STAAB, K., Die Thessalonicherbriefe. Die Gefangenschaftsbriefe (RNT 7), [4]1965

STÖGER, A., Der Brief an Philemon (GSL.NT 12/2), 1965

STUHLMACHER, P., Der Brief an Philemon (EKK), [3]1989

SUHL, A., Der Brief an Philemon (ZBK.NT 13), 1981

TAYLOR Jr., W. F., Ephesians, REUMAN, J. H. F., Colossians (ACNT), 1985

THOMPSON, G. H. P., The Letters of Paul to the Ephesians, to the Colossians and to Philemon
  (CNEB 9), 1967

DE WETTE, W. M. L., Kurze Erklärung der Briefe an die Colosser, an Philemon, an die Epheser und
  Philipper (KEHL), [2]1847

WOLTER, M., Der Brief an die Kolosser. Der Brief an Philemon (ÖTBK 12), 1993

VINCENT, M. R., The Epistles to the Philippians and to Philemon (ICC), 1897 = [5]1955

WRIGHT, N. L., The Epistles of Paul to the Colossians and to Philemon (TNTC), 1986

YATES, R., The Epistle to the Colossians (Epworth Commentaries), 1993

ZERWICK, M., Der Brief an die Epheser (GSL.NT 10), [3]1963

2. Übrige Literatur

AALEN, S., Die Begriffe „Licht" und „Finsternis" im Alten Testament, im Spätjudentum und im Rabbinismus, Oslo 1951

ADAI, J., Der Heilige Geist als Gegenwart Gottes in den einzelen Christen, in der Kirche und in der Welt, Studien zur Pneumatologie des Epheserbriefes (RSTh 31) Frankfurt am Main/Bern/New York 1985

ALAND, K., Neutestamentliche Entwürfe (TB 63), 1979

DERS., Das Neue Testament in der frühen Kirche, in: ders., Neutestamentliche Entwürfe, 9–25

DERS., Die Entstehung des Corpus Paulinum, in: ders., Neutestamentliche Entwürfe, 302–350

ALLAN, J. A., The „in Christ" Formula in Ephesians, NTS 5 (1958/59) 54–62

ANDERSON, C. P., Who wrote „the Epistle from Laodicea?, JBL 85 (1966) 436–440

ARNOLD, C. E., Ephesians: Power and Magic, (SNTS.MS 63), 1989

ARZT, P., Brauchbare Sklaven. Ausgewählte Papyrustexte zum Philemonbrief, Protokolle zur Bibel 1 (1992) 44–58

BAKER, N. L., Living the Dream: Ethics in Ephesians, SWJT 22 (1979) 39–55

BANDSTRA, A. J., Pleroma as Pneuma in Colossians, in: Ad Interim, FS R. Schippers, Kampen 1975, 96–102

BARCLAY, J. M. G., Paul, Philemon and the Dilemma of Christian Slave-Ownership, NTS 37 (1991), 161–186

BELLEN, H., Studien zur Sklavenflucht im römischen Kaiserreich, Wiesbaden 1971

BENOIT, P., Rapports littéraires entre les épîtres aux Colossiens et aux Éphésiens, in: Neutestamentliche Aufsätze, FS J. Schmid, Regensburg 1963, 11–22

DERS., Body, Head, and *Pleroma*, in the Epistles of the Captivity, in: ders., Jesus and the Gospel, Vol. 2, London 1974, 51–92

BEST, E., One Body in Christ. A Study in the Relationship of the Church to Christ in the Epistle of the Apostle Paul, London 1955

DERS., Recipients and Title of the Letter to the Ephesians: Why and When the Designation „Ephesians"?, in: ANRW II.25.4, 1987, 3247–3279

DERS., Dead in Trespasses and Sinse (Eph. 2.1), JSNT 13 (1981), 9–25

DERS., Ministry in Ephesians, IBSt 15 (1993) 146–166

BETZ, H. D., Paul's „Second Presence" in Colossians, in: Texts and Contexts. Biblical Texts in Their Textual and Situational Contexts, FS L. Hartman, Oslo u. a. 1995, 507–518

BEUTLER, J., Das universale Heil in Christus nach dem Kolosserbrief, GuL 67 (1994) 403–413

BIEDER, W., Das Geheimnis des Christus nach dem Epheserbrief, ThZ 11 (1955) 329–343

BLANKE, H., Eine Auslegung von Kolosser 1 und 2, Diss. Theol. Basel 1987

BOCKMUEHL, M., Revelation and Mystery in Ancient Judaism and Pauline Christianity (WUNT II/36), 1990

BORNKAMM, G., Die Häresie des Kolosserbriefes in: ders., Das Ende des Gesetzes. Paulusstudien. Gesammelte Aufsätze I (BEvTh 16), 1958, 139–156

DERS., Die Hoffnung im Kolosserbrief, in: ders., Geschichte und Glaube II. Gesammelte Aufsätze IV (BEvTh 53), 1971, 206–213

BRUCE, F. F., Colossian Problems. I. Jews and Christians in the Lycus Valley, BS 141 (1984) 3–15

DERS., Colossian Problems. IV. Christ as Conqueror and Reconciler, ib. 291–302

BUJARD, W., Stilanalytische Untersuchungen zum Kolosserbrief als Beitrag zur Methodik von Sprachvergleichen (StUNT 11), 1973

BULTMANN, R., Theologie des Neuen Testaments, Hg. v. O. Merk, Tübingen ⁹1984; abgekürzt zitiert: ThNT

BURGER, CH., Schöpfung und Versöhnung. Studien zum liturgischen Gut im Kolosser- und Epheserbrief (WMANT 46), 1975

CADBURY, H. J., The Dilemma of Ephesians, NTS 5 (1958/59) 91–102

CAIRD, G. B., Principalities and Powers, Oxford 1956

3

CANNON, G. E., The Use of Traditional Materials in Colossians, Macon 1983

CARAGOUNIS CH. C., The Ephesian *Mysterion*. Meaning and Content (CB-NT 8), 1977

CARR, W., Angels and Principalities (SNTS.MS 42), 1981, 47–85

CHADWICK, H., Die Absicht des Epheserbriefes, ZNW 51 (1960) 145–153

CHURCH, F. F., Rhetorical Structure and Design in Paul's Letter to Philemon, HThR 71 (1978) 17–33

COLPE, C., Zur Leib-Christi-Vorstellung im Epheserbrief, in: Judentum – Urchristentum – Kirche, FS J. Jeremias, (BZNW 26), 1960, 172–187

DERS., Die religionsgeschichtliche Schule. Darstellung und Kritik ihres Bildes vom gnostischen Erlösermythos (FRLANT 78), 1961

CONZELMANN, H., Paulus und die Weisheit, in: ders., Theologie als Schriftauslegung. Aufsätze zum Neuen Testament (BEvTh 65), 1974, 177–190

COUTTS, J., Ephesians 1,3–14 and IPeter 1,3–12, NTS 3 (1956/57) 115–127

DERS., The Relationship of Ephesians and Colossians, NTS 4 (1957/58) 201–207

CUMONT, F., Die orientalischen Religionen im römischen Heidentum, bearbeitet von A. Burckhardt-Brandenberg, Darmstadt 1972 (= [3]1931)

DAHL, N. A., Adresse und Proömium des Epheserbriefes, ThZ 7 (1951) 241–264

DAUBE, D., Onesimus, HThR 79 (1986) 40–43

DEICHGRÄBER, R., Gotteshymnus und Christushymnus in der frühen Christenheit. Untersuchungen zu Form, Sprache und Stil der frühchristlichen Hymnen (StUNT 5), 1967

DEISSMANN, A., Licht vom Osten. Das Neue Testament und die neu entdeckten Texte der hellenistisch-römischen Welt, Tübingen [4]1923

DEMARIS, R. E., The Colossian Controversy. Wisdom in Dispute at Colossae (JSNT.S 96), 1994

DERRETT, J. D. M., The Functions of the Epistle to Philemon, ZNW 79 (1988) 63–91

DIBELIUS, M., Die Geisterwelt im Glauben des Paulus, Göttingen 1909

DIEM, H., Onesimus – Bruder nach dem Fleisch und in dem Herrn, in: Evangelische Freiheit und kirchliche Ordnung, FS Th. Dipper, Stuttgart 1968, 139–150

DORMEYER, D., Flucht, Bekehrung und Rückkehr des Sklaven Onesimus, EvErz 35 (1983) 214–228

DUNN, J. D. G., Unity and Diversity in the New Testmanet, London [2]1990

ELLIGER, W., Ephesos. Geschichte einer antiken Stadt (UT 375), 1985

ELLIOTT, J. H., Philemon and House Churches, BiTod 22 (1984) 145–150

ERNST, J., Pleroma und Pleroma Christi. Geschichte und Deutung eines Begriffs der paulinischen Antilegomena (BU 5), 1976

DERS., Art. Kolosserbrief: TRE 19, 370–376

FAUST, E., Pax Christi et Pax Caesaris. Religionsgeschichtliche, traditionsgeschichtliche und sozialgeschichtliche Studien zum Epheserbrief (NTOA 24), 1993

FEUILLET, A., Le Christ sagesse de Dieu d'après les épîtres Pauliniennes (EB), 1966

FINDEIS, H.-J., Versöhnung – Apostolat – Kirche (fzb 40), 1983, 344–445

FISCHER, K. M., Tendenz und Absicht des Epheserbriefes (FRLANT 111), 1973

FRANCIS, F. O., The Christological Argument of Colossians, in: God's Christ and His People, FS N. A. Dahl, Oslo 1977, 192–208

FRANCIS, F. O./MEEKS, W. A. (Hg.), Conflict at Colossae, Missoula 1973

GAYER, R., Die Stellung des Sklaven in den paulinischen Gemeinden unter Paulus (EHS.T 78), Frankfurt a. M./Bern 1976

GEWIESS, G., Die Begriffe πληροῦν und πλήρωμα im Kolosser- und Epheserbrief, in: Vom Wort des Lebens, FS M. Meinertz (NTA E 1), 1951, 128–141

GIBBS, J. G., Creation and Redemption: A Study in Pauline Theology (NT.S 26), 1971

GNILKA, J., Das Kirchenmodell des Epheserbriefs, BZ 15 (1971) 161–184

DERS., Das Paulusbild im Kolosser- und Epheserbrief, in: Kontinuität und Einheit, FS F. Mußner, Freiburg 1981, 179–193

GOODENOUGH, E. R., Paul and Onesimus, HThR 22 (1929) 181–183

GOODSPEED, E. J., The Meaning of Ephesians, Chicago 1933

DERS., The Key to Ephesians, Chicago 1956

GREEVEN, H., Prüfung der Thesen von J. Knox zum Philemonbrief, ThLZ 79 (1954) 373–378

GÜLZOW, H., Christentum und Sklaverei in den ersten drei Jahrhunderten, Bonn 1969

GUNTHER, J. J., St. Paul's Opponents and Their Background. A Study of Apocalyptic and Jewish Sectarian Teachings (NT.S 35), 1973

HAHN, F., Paulus und der Sklave Onesimus, EvTh 37 (1977) 179–185

HARRISON, P. N., The Author of Ephesians, StEv II = TU 87, 1964, 595–604

HARTMAN, L., Code and Context: A Few Reflections on the Parenesis of Col 3:6–4:1, in: Tradition and Interpretation in the New Testament, FS E. E. Ellis, Grand Rapids 1987, 237–247

HEGERMANN, H., Die Vorstellung vom Schöpfungsmittler im hellenistischen Judentum und Urchristentum (TU 82), 1961

HEIDEGGER, M., Sein und Zeit, Tübingen [14]1977 (= [1]1927)

HOLTZMANN, H. J., Kritik der Epheser- und Kolosserbriefe auf Grund einer Analyse ihres Verwandtschaftsverhältnisses, Leipzig 1872

HOPPE, R., Das Mysterium und die Ekklesia. Aspekte zum Mysterium-Verständnis im Kolosser- und Epheserbrief, in: Gottes Weisheit im Mysterium, Hg. v. A. Schilson, Mainz 1989, 81–101

DERS., Theo-logie in den Deuteropaulinen (Kolosser- und Epheserbrief) in: Monotheismus und Christologie, Hg. v. H.-J. Klauck, Freiburg 1992, 163–185

DERS., Der Triumph des Kreuzes. Studien zum Verhältnis des Kolosserbriefes zur paulinischen Kreuzestheologie (SBB 28), 1994

HOUSE, H. W., The Doctrine of Salvation in Colossians, BS 151 (1994) 325–338

DERS., The Christian Life according to Colossians, BS 151 (1994) 440–454

HÜBNER, H., Das Gesetz bei Paulus. Ein Beitrag zum Werden der paulinischen Theologie (FRLANT 119), [3]1982

DERS., Gottes Ich und Israel. Zum Schriftgebrauch des Paulus in Römer 9–11 (FRLANT 136), 1984

DERS., Biblische Theologie des Neuen Testaments I–III, Göttingen 1990–1995; zitiert als BThNT

DERS., Biblische Theologie als Hermeneutik. Gesammelte Aufsätze, Hg. von A. u. M. Labahn, Göttingen 1995

DERS., Der vergessene Baruch. Zur Baruch-Rezeption des Paulus in 1Kor 1,18–31, ib. 155–165

DERS., Was ist existentiale Interpretation?, ib. 229–251

DERS., Die Sapientia Salomonis und die antike Philosophie, in: ders., Die Weisheit Salomos im Horizont Biblischer Theologie (BThSt 22), Neukirchen 1993, 55–81

DERS., Zur Hermeneutik von Röm 7, in: J. D. G. Dunn (Hg.), Paul and the Mosaic Law. The third Durham-Tübingen-Research Symposium on Earliest Christianity and Judaism (Durham, September, 1994) (WUNT 89, Tübingen 1996, 207–214)

JONAS, H., Gnosis und spätantiker Geist, Bd. 1: Die mythologische Gnosis (FRLANT 51), [3]1964; Bd. 2: Von der Mythologie zur mystischen Philosophie (FRLANT 159) [2]1993

JOSUTTIS, M., "Unsere Volkskirche" und die Gemeinde der Heiligen. Erinnerungen an die kirchliche Zukunft, Gütersloh 1997

KÄSEMANN, E., Leib und Leib Christi. Eine Untersuchung zur paulinischen Begrifflichkeit (BHTh 9), 1933

DERS., Art. Epheserbrief: [3]RGG II 517–520

DERS., Art. Kolosserbrief: [3]RGG III 1727–1728

DERS., Exegetische Versuche und Besinnungen I und II, Göttingen [5]1967, [3]1970

DERS., Amt und Gemeinde im Neuen Testament, in: ib. I 109–134

DERS., Das Interpretationsproblem des Epheserbriefes, in: ib. II 253–261

DERS., Das theologische Problem des Motivs vom Leibe Christi, in: ders., Paulinische Perspektiven, Tübingen 1969, 178–210

DERS., Aspekte der Kirche, in: ders., Kirchliche Konflikte I, Göttingen 1982, 7–36

KILLEY, M., Colossians as pseudepigraphy, Sheffield 1986

KITZBERGER, I., Bau der Gemeinde. Das paulinische Wortfeld οἰκοδομή/(ἐπ)οικοδομεῖν (fzb 53), Würzburg 1986

KNOX, J., Philemon among the Letters of Paul, Chicago 1935, London [2]1960

KUHN, K. G, Der Epheserbrief im Lichte der Qumrantexte, NTS 7 (1960/61) 334–346

KÜMMEL, W. G., Einleitung in das Neue Testament, Heidelberg [21]1983

LÄHNEMANN, J., Der Kolosserbrief. Komposition, Situation und Argumentation (StNT 3), 1971

LAMARCHE, P., Structure de l'Épître aux Colossiens, Bib. 56 (1975) 453–463

LARSSON, E., Christus als Vorbild (ASNU 23), 1962

LAUB, F., Die Begegnung des frühen Christentums mit der antiken Sklaverei (SBS 107), Stuttgart 1982

LAUSBERG, H., Handbuch der literarischen Rhetorik. Eine Grundlegung der Literaturwissenschaft 2 Bde., München ²1973

LINCOLN, A. F., A Re-Examination of „the Heavenlies" in Ephesians, NTS 19 (1972/73) 468–483

DERS., The Use of the Old Testament in Ephesians, JSNT 14 (1982) 16–57

LINDEMANN, A., Die Aufhebung der Zeit. Geschichtsverständnis und Eschatologie im Epheserbrief (StNT 12), 1975

DERS., Bemerkungen zu den Adressaten und zum Anlaß des Epheserbriefes, ZNW 67 (1976) 235–251

DERS., Paulus im ältesten Christentum. Das Bild des Apostels und die Rezeption der paulinischen Theologie in der frühchristlichen Literatur bis Marcion (BHTh 58), 1979

DERS., Die Gemeinde von „Kolossä". Erwägungen zum „Sitz im Leben" eines deuteropaulinischen Briefes, WuD NF 16 (1981) 111–134

LÖWE, H., Bekenntnis, Apostelamt und Kirche im Kolosserbrief, in: Kirche, FS G. Bornkamm, Tübingen 1980, 299–314

LOHSE, E., Christologie und Ethik im Kolosserbrief, in: ders., Die Einheit des Neuen Testaments, Göttingen 1973, 249–261

DERS., Christusherrschaft und Kirche im Kolosserbrief, in: ib. 262–275

LONA, H. E., Die Eschatologie im Kolosser- und Epheserbrief (fzb 48), Würzburg 1984

DE LORENZI, L. (Hg.), Paulus de Tarse. Apôtre du notre temps, FS Papst Paul VI (SMBen.P 1), 1979

LUDWIG, H., Der Verfasser des Kolosserbriefes – Ein Schüler des Paulus, Diss. Theol. Göttingen 1974

LÜHRMANN, D., Das Offenbarungsverständnis bei Paulus und in paulinischen Gemeinden (WMANT 16), 1965, 113–140

LUZ, U., Erwägungen zur Entstehung des „Frühkatholizismus", ZNW 65 (1974) 88–111

DERS., Überlegungen zum Epheserbrief und seiner Paränese, in: Neues Testament und Ethik, FS R. Schnackenburg, 1989, 376–396

LYONNET, S., St. Paul et le gnosticisme: la lettre aux Colossiens, in: U. Bianchi (Hg.), Le Origini della Gnosticismo, Leiden 1967, 538–550

MARTIN, R. P., Reconciliation. A Study in Paul's Theology, London 1981

MARXSEN, W., Einleitung in das Neue Testament. Eine Einführung in ihre Probleme, Gütersloh ⁴1978

MAURER, C., Der Hymnus von Epheser 1 als Schlüssel zum ganzen Briefe, EvTh 11 (1951/52) 151–172

MAYERHOFF, E. TH., Der Brief an die Colosser, mit vornehmlicher Berücksichtigung der drei Pastoralbriefe kritisch geprüft, hg. v. J. L. MAYERHOFF, Berlin 1838

MEEKS, W. A., In One Body: The Unity of Humankind in Colossians and Ephesians, in: God's Christ and His People, FS N. A. Dahl, Oslo 1977, 209–221

MERK, O., Handeln aus Glauben. Die Motivierungen der paulinischen Ethik (MThSt 5), 1968

MERKEL, H., Der Epheserbrief in der neueren exegetischen Diskussion, in: ANRW II, 25.4, 3156–3246

MERKLEIN, H., Das kirchliche Amt nach dem Epheserbrief (StANT 33), 1973

DERS., Paulinische Theologie in der Rezeption des Kolosser- und Epheserbriefes, in: ders., Studien zu Jesus und Paulus (WUNT 43), 1987, 409–453

MEYER, R. P., Kirche und Mission im Epheserbrief (SBS 86), 1977

MITTON, CH. L., The Epistle to the Ephesians. Its Authorship, Origin and Purpose, Oxford 1951

MONTAGNINI, F., La figura di Paolo nelle lettere ai Colossesi e agli Efisini, RivBib 34 (1986) 429–449

MORRIS, L., Expository Reflections on the Letter to the Ephesians, Grand Rapids 1994

MOULE, C. D. F., „Fullness" and „Fill" in the New Testament, SJT 4 (1951) 79–86

MOULE, H. C., Colossian and Philemon-Studies, London 1975

MÜLLER, P., Anfänge der Paulusschule. Dargestellt am zweiten Thessalonicherbrief und am Kolosserbrief (AThANT 74), 1988

MUSSNER, F., Christus, das All und die Kirche (TrThSt 5), ³1968

DERS., Beiträge aus Qumran zum Verständnis des Epheserbriefes, in: Neutestamentliche Aufsätze, FS J. Schmid, Regensburg 1963, 185–198

DERS., Art. Epheserbrief: TRE 9, 743–753

DERS., Eph 2 als ökumenisches Modell, in: Neues Testament und Kirche, FS R. Schnackenburg, Freiburg 1974, 325–336

NEUGEBAUER, F., In Christus. ἐν Χριστῷ. Berlin 1961

NICHTWEISS, B., Erik Peterson. Neue Sicht auf Leben und Werk, Freiburg 1992

NIELSEN, C. M., The Status of Paul and His Letters in Colossians, PRSt 12 (1985) 103–122

NILSSON, M. P., Geschichte der griechischen Religion II (HAW 5.2.2), 31974

NORDEN, E., Agnostos Theos. Untersuchungen zur Formengeschichte religiöser Rede, Darmstadt ⁶1974

OCHEL, E., Die Annahme einer Bearbeitung des Kolosser-Briefes im Epheser-Brief, Diss. Marburg 1934

O'BRIEN, P. TH., Introductory Thanksgivings in the Letters of Paul (NT. S 49), 1977

O'COLLINS, G., S. J., Retrieving Fundamental Theology. The Three Styles of Contemporay Theology, New York/Mahwah 1993

ODEBERG, H., The View of the Universe in the Epistle to the Ephesians (AUL. T 1.29.6), 1934

OLLROG, W.-H., Paulus und seine Mitarbeiter. Untersuchungen zu Theorie und Praxis der paulinischen Mission (WMANT 50), 1979

O'NEILL, J. W., The Source of the Christology in Colossians, NTS 26 (1979/80) 87–100

PARK, H. W., Die Vorstellung vom Leib Christi bei Paulus, Diss. Tübingen 1988

PENNA, R., Il „Mysterion" Paolino (Suppl. RivB 10), 1978

PERCY, E., Der Leib Christi in den paulinischen Homologumena und Antilegomena (AUL. T 1.38.1), 1942

DERS., Die Probleme der Kolosser- und Epheserbriefe, Lund 1946

DERS., Zu den Problemen des Kolosser- und Epheserbriefes, ZNW 43 (1950/51) 178–193

POKORNÝ, P., Epheserbrief und gnostische Mysterien, ZNW 53 (1962) 160–194

DERS., Der Epheserbrief und die Gnosis, Berlin 1965

RAMAROSON, L., Une lecture de Éphésiens 1,15–2,10, Bib. 58 (1977) 388–410

REITZENSTEIN, R., Hellenistische Mysterienreligionen Darmstadt 1956 (= ³1926)

REYNIER, CH., Évangile et mystère. Les enjeux théologiques de l'épître aux Éphésiens (LeDiv 149), 1942

ROBERTS, J. H., The enigma of Ephesians: Rethinking some positions on the basis of Schnackenburg and Arnold, Neotest. 27 (1993) 93–106

VAN ROON, A., The Authenticity of Ephesians (NT. S 39), 1974

RUDOLPH, K., Die Gnosis, Göttingen ³1990

SANDERS, E. P., Literary Dependence in Colossians, JBL 85 (1966) 28–45

SANDERS, J. T., The New Testament Christological Hymns (MSSNTS 15), 1971

SAPPINGTON, T. J., Revelation and Redemption at Colossae (JSNTS 53), 1991

SCHENK, W., Christus, das Geheimnis der Welt, als dogmatisches und ethisches Grundprinzip des Kolosserbriefes, EvTh 43 (1983) 138–155

DERS., Die neutestamentliche Christologie und der gnostische Erlöser, in: Gnosis und Neues Testament, 205–229

DERS., Der Kolosserbrief in der neueren Forschung (1945–1985), in: ANRW II.25.4, 3327–3364

SCHENKE, H. M., Der Gott „Mensch" in der Gnosis. Ein religionsgeschichtlicher Beitrag zur Diskussion über die paulinische Anschauung von der Kirche als Leib Christi, Göttingen 1962

SCHILLE, G., Das älteste Paulusbild, Berlin 1979

DERS., Der Autor des Epheserbriefes, ThLZ 82 (1957) 325–334

DERS., Frühchristliche Hymnen, Berlin 1962

SCHLIER, H., Christus und die Kirche im Epheserbrief (BHTh 6), 1930

DERS., Mächte und Gewalten im Neuen Testament (QD 3), 1958

DERS., Die Kirche nach dem Brief an die Epheser, in: ders., Die Zeit der Kirche. Exegetische Aufsätze und Vorträge, Freiburg ³1962, 159–186

SCHMID, J., Der Epheserbrief des Apostels Paulus. Seine Adresse, Sprache und literarischen Beziehungen (BSt[F] 22,3–4), 1928

SCHUBERT, P., Form and Function of the Pauline Thanksgivings (BZNW 20), 1939

SCHWEIZER, E., Die Kirche als Leib Christi in den paulinischen Antilegomena, in: ders., Neotestamentica, Zürich/Stuttgart 1963, 293–316

DERS., Zur Frage der Echtheit des Kolosser- und des Epheserbriefes, in: ib. 429

DERS., Christus und Geist im Kolosserbrief, in: ders., Neues Testament und Christologie im Werden, Göttingen 1982, 179–193

DERS., Zur neueren Forschung am Kolosserbrief: ib. 122–149

DERS., Der Kolosserbrief – weder paulinisch noch nachpaulinisch?: ib., 150–163

DERS., Slaves of the Elements and Worshippers of Angels: Gal 4,3.9 and Col 2,8.18.20, JBL 107 (1988) 455–468

STEGEMANN, E., Alt und Neu bei Paulus und in den Deuteropaulinen (Kol – Eph), EvTh 37 (1977) 508–536

STEINMETZ, F. J., Protologische Heils-Zuversicht. Die Strukturen des soteriologischen und christologischen Denkens im Kolosser- und Epheserbrief (FTS 2), Frankfurt 1969

STOWERS, S. K., Letter Writing in Greco-Roman-Antiquity (LEC), 1986

TACHAU, P., „Einst" und „Jetzt" im Neuen Testament (FRLANT 105), 1972

THRAEDE, K., Grundzüge griechisch-römischer Brieftopik (Zet. 48), 1970

TOWNER, P. H., Gnosis and Realized Eschatology in Ephesus (of the Pastoral Epistles) and the Corinthian Enthusiasm, JSNT 31 (1987) 95–124

TROBISCH, D., Die Entstehung der Paulusbriefsammlung. Studien zu den Anfängen christlicher Publizistik (NTOA 10), 1989

USAMI, K., Somatic Comprehension of Unity: The Church in Ephesus (AnBib 101), 1983

VIELHAUER, PH., OIKODOME. Das Bild vom Bau in der christlichen Literatur vom Neuen Testament bis Clemens Alexandrinus, in: ders., Oikodome. Aufsätze zum Neuen Testament II (TB 65), 1979, 1–168

WEDDERBURN, A. J. M., Baptism and Resurrection (WUNT 44), 1987

DERS./LINCOLN A. T., The Theology of the Later Pauline Letters, Cambridge 1993

WEGENAST, K., Das Verständnis der Tradition bei Paulus und in den Deuteropaulinen (WMANT 8), 1962

WEISS, H., The Law in the Epistle to the Colossians, CBQ 35 (1972) 294–314

WEISS, H.-F., Gnostische Motive und antignostische Polemik im Kolosser- und Epheserbrief, in: K.-W. Tröger (Hg.), Gnosis und Neues Testament, Berlin 1973, 311–324

WENGST, K., Christologische Formeln und Lieder des Urchristentums (StNT 7), 1972

WIBBING, S., Die Tugend- und Lasterkataloge im Neuen Testament (BZNW 25), 1955

WICKERT, U., Der Philemonbrief – Privatbrief oder Apostolisches Schreiben? ZNW 52 (1961) 230–238

WIKENHAUSER, A., Die Kirche als der mystische Leib Christi nach dem Apostel Paulus, Münster 1937

WILSON, R. McL., Gnosis und Neues Testament (UT 118), 1971

WOLTER, M., Verborgene Weisheit und Heil für die Heiden. Zur Traditionsgeschichte des „Revelationsschemas", ZThK 84 (1987) 297–319

YATES, R., Principalities and Powers in Ephesians, NBl 58 (1977) 516–521

DERS., Colossians and Gnosis, JSNT 27 (1986) 49–68

ZEILINGER, F., Der Erstgeborene der Schöpfung. Untersuchungen zur Formalstruktur und Theologie des Kolosserbriefes, Wien 1974

DERS., Die Träger der apostolischen Tradition im Kolosserbrief, in A. Fuchs (Hg.), Jesus in der Verkündigung der Kirche (SNTU.A 1), 1976, 175–190

Einleitung

Literatur: E. BEST, Recipients and Title of the Letter to the Ephesians: Why and When the Designation „Ephesians"?, in: ANRW II.25.4, 3247–3279. – BUJARD, Stilanalytische Untersuchungen zum Kol als Beitrag zur Methodik von Sprachvergleichen. – H. CONZELMANN, Paulus und die Weisheit, in: ders., Theologie als Schriftauslegung. Aufsätze zum NT (BEvTh 65), 1974, 177–190. – CUMONT, Die orientalischen Religionen im römischen Heidentum, vor allem 43–67. – KÜMMEL, Einleitung in das NT, 294–306. – DERS., L'exégèse scientifique au XX siècle: le NT [o. J.]. – LINDEMANN, Paulus im ältesten Christentum, 36–38. – LUDWIG, Der Verfasser des Kol. – MAYERHOFF, Der Brief an die Colosser. – MERKEL, Der Eph in der neueren exegetischen Diskussion, in: ANRW II.25.4, 3156–3246. – MÜLLER, Anfänge der Paulusschule. – W. SCHENK, Der Kol in der neueren Forschung (1945–1985), in: ANRW II.25.4, 3327–3364. – H.-M. SCHENKE, Das Weiterwirken des Paulus und die Pflege seines Erbes in der Paulusschule, NTS 21 (1975) 505–518. – W. SCHMITHALS, Die Briefe des Paulus in ihrer ursprünglichen Form (ZWKB), 1984, 165–188. – WEISS, Gnostische Motive und antignostische Polemik im Kol und im Eph. – S. auch die hier nicht genannten Einleitungen in das NT und die zu Eph 1,1f genannte Literatur.

1. Zur Anlage dieses Kommentars

Daß in diesem Kommentar sowohl der Brief an Philemon als auch der Kolosser- und Epheserbrief ausgelegt werden, beruht zunächst auf einer formalen Vorgegebenheit. Im „Handbuch zum Neuen Testament" wurden nämlich diese drei Briefe schon 1912 anläßlich ihrer Erstkommentierung durch Martin Dibelius in Band 12 zusammengefaßt. Daß der Phlm damals in diesen Band hineingenommen wurde, hängt damit zusammen, daß sowohl Hans Lietzmann, der Begründer des HNT, als auch Martin Dibelius im Kol einen authentischen Paulus-Brief sahen. Unter dieser Voraussetzung empfahl es sich in der Tat, beide Briefe auch in ihrem gegenseitigen Bezug zu interpretieren. Schon allein die in ihnen genannten Personen sind zum größeren Teil identisch. Die Annahme der Authentizität des Kol legte daher die Exegese der beiden Briefe durch *einen* Autor nahe. Und der Sachverhalt, daß Kol und Eph engste Berührungspunkte, z. T. sogar wörtliche Übereinstimmungen aufweisen, ließ – und läßt – es als sinnvoll erscheinen, daß *ein* Exeget auch diese beiden Briefe auslegt. Auch unabhängig vom alten Band 12 des HNT gesagt: Wo die paulinische Authentizität des Kol angenommen wurde, nicht aber die des Eph, sah man in diesem ein deuteropaulinisches Schreiben, dessen Autor die von Paulus im Kol niedergeschriebenen theologischen Gedanken unter neuen Gesichtspunkten reflektierte, und zwar unter der besonderen Perspektive der Ekklesiologie.

Nun hat sich aber inzwischen mit guten Gründen die Auffassung durchgesetzt, daß auch der *Kolosserbrief* als deuteropaulinischer Brief gelesen werden muß. Selbst ein zunächst so vehementer Verteidiger seiner Authentizität wie Werner G. Kümmel (Einleitung in das NT, 298ff) hat schließlich seine Meinung geändert. Da er dies aber m. W. nur in einer französischen Publikation sagte (L'exégèse scientifique au XX siècle: le Nouveau Testament, 483f), ist seine revidierte Auffassung hinsichtlich der Deuteropaulinizität des

Kol in der deutschen Forschung so gut wie nicht zur Kenntnis genommen worden. Es war Walter Bujard, der 1973 in seiner Dissertation „Stilanalytische Untersuchungen zum Kolosserbrief als Beitrag zur Methodik von Sprachvergleichen" den endgültigen Nachweis erbracht hat (trotz gelegentlicher Bestreitung, z. B. durch Ralph P. Martin K [1991] 99), daß der Kol kein authentischer Paulus-Brief ist. Zwar war eigentlich schon seit 1838, dem Jahr der posthumen Veröffentlichung von Ernst Theodor Mayerhoffs Monographie „Der Brief an die Colosser, mit vornehmlicher Berücksichtigung der drei Pastoralbriefe", die Annahme der Authentizität des Briefes erschüttert, und zwar aufgrund *inhaltlicher* Argumente, auch wenn ihr Autor die unhaltbare These vertrat, der Kol sei vom ebenfalls unpaulinischen Eph abhängig. Bujard hat aber mit seinen stilanalytischen Untersuchungen den nicht mehr rückgängig zu machenden Durchbruch geschaffen, indem er mit seiner *"ganzheitlichen Stilbetrachtung"* zeigte, daß der Stil des Briefes unmöglich der des Paulus sein kann. Ich gehe also bei meiner Auslegung des Kol von der gesicherten nichtpaulinischen Verfasserschaft aus. Angesichts der Evidenz des Gesamtresultats von Bujard – über Einzelfragen mag man streiten – sehe ich es nicht als meine Aufgabe an, in diesem Kommentar nun noch einmal die These der Authentizität zu widerlegen. Es schien mir wichtiger, die zur Verfügung stehende Zeit und Seitenzahl für die *theologische* Interpretation und für die theologische *Interpretation* dieser theologisch äußerst bedeutsamen ntl. Schrift zu nutzen.

Ist nun in *einem* Band des HNT außer dem Kol und dem Eph auch noch der *Philemonbrief* auszulegen, so hat das auch trotz der Deuteropaulinizität des Kol seinen guten Sinn. Wir haben einen zweifelsfrei authentischen Paulusbrief, den Phlm. Wir haben dann den Kol, der eindeutig in literarischer Abhängigkeit vom Phlm steht. Nirgendwo ist im NT der Schritt von Paulus zum deuteropaulinischen Denken – anders formuliert: zum theologischen Denken der Paulus-Schule – so greifbar wie auf dem Weg vom Phlm zum Kol. Die Auslegung des Kol wird zeigen, wie es ein *geschichtliches* Band zwischen beiden Briefen gibt und wie konkret sich so die Anfänge der Deuteropaulinizität „dokumentieren". Wir legen uns für das Datum der Niederschrift des Kol nicht fest; wir lassen die Möglichkeit offen, ob eine Zeit noch kurz vor dem katastrophalen Erdbeben bei Kolossä, das um 61 datiert wird, oder eine Zeit danach, etwa bis ca. 70, anzunehmen ist. Wenig Zustimmung hat mit Recht die These von Eduard Schweizer gefunden, der Kol sei zwar ein nichtpaulinischer Brief, aber noch zu Lebzeiten des Paulus, der wegen seiner ephesinischen Gefangenschaft an der Abfassung des Briefes gehindert war, in dessen Auftrag von Timotheus geschrieben worden (K 26ff). Von den Argumenten gegen seine Hypothese sei hier nur die m. E. überzeugendste genannt, nämlich die von Andreas Lindemann (WuD NF 16, 115f): Wäre der Kol schon zur Zeit der ephesinischen Gefangenschaft des Paulus entstanden, müßte er älter als der Röm sein. Die Annahme aber, daß die Taufaussagen von Kol 2,12ff vor Röm 6,4ff und die Aussagen über den Leib Christi von Kol 1,18; 2,19 noch vor Röm 12,3ff geschrieben worden wären, ist überaus problematisch. Auch Wolter K 31 sieht in der Argumentation Lindemanns das entscheidende Gegenargument gegen Schweizer. Der *terminus a quo* ist demnach die Zeit nach der Niederschrift des Röm, fügen wir hinzu: erst nach dem Tode des Paulus. Der *terminus ad quem* ist zwar offen, aber wohl kaum später als 70.

Ist also aufgrund der genannten Sachverhalte der Weg vom Phlm zum Kol von geschichtlichem, kirchengeschichtlichem, theologiegeschichtlichem und theologischem Interesse, so ist auch der Weg vom Kol zum *Epheserbrief* in gleicher Weise wichtig. Denn der Eph ist literarisch vom Kol abhängig. Sein Autor entwickelt die Theologie des Kol in tiefgründiger Reflexion zu einer *Theologie der Kirche*. Er tut es, indem er seinen Brief, der mehr theologischer Traktat als im eigentlichen Sinne Brief ist, unter stetem Aufgreifen von Begriffen, Wendungen und theologischen Vorstellungen des Kol schreibt, wobei jedoch das am Ende entstandene Mosaik etwas theologisch Neues vorstellt. Bleibt dabei ein erhebliches Ausmaß an Kontinuität, so ist doch das aus Kontinuitätselementen Erwachsene theologisch weit mehr als die nackte Summe dieser Elemente. Man kann fast von einer theologischen Überarbeitung des Kol durch den Schreiber des Eph sprechen. In gewisser Hinsicht ist der Eph so etwas wie die *editio secunda* des Kol. Können wir dem Verfasser des Kol den vielleicht nicht ganz schönen, aber doch zutreffenden Namen *Deuteropaulus* geben, so dem Überarbeiter des Kol und Verfasser des Eph den Namen *Tritopaulus*. Obwohl die beiden Namen in sprachlicher Hinsicht vielleicht unschön sind, verwende ich sie, um mit ihnen das Programmatische des Kommentares zu verdeutlichen.

Der Weg vom Kol zum Eph ist also der Weg der *theologischen Weiterentwicklung*. So wird es bei der Exegese des Eph vor allem darauf ankommen, dessen theologisches Gesicht im steten Vergleich mit der Theologie des Kol recht plastisch deutlich werden zu lassen. Wie aber steht es dann mit der Exegese des Kol? Wenn der Weg vom Kol zum Eph ein Weg eines neuen *theologischen* Engagements ist, so ist doch der Weg von Paulus zu Deuteropaulus, in unserem Falle: der Weg vom Phlm zum Kol, alles andere als der Weg von der Theologie des Paulus zur Theologie des Deuteropaulus. Denn der Phlm ist ja kein theologisches Schreiben, sondern ein Brief an einen Adressaten um eines Dritten willen. Und mag er auch aus theologischer Verantwortung angesichts eines Rechtsfalls (aber nicht *als* Rechtsfall!) geschrieben sein, so ist er doch kein Brief, in dem Theologie als solche thematisch würde. Die Sequenz etwa „Römerbrief – Kolosserbrief – Epheserbrief" wäre in theologischer Sicht sicherlich weit ergiebiger als die hier nun vorgegebene Sequenz „Philemonbrief – Kolosserbrief – Epheserbrief". Dennoch, schon allein wegen des in mancher Hinsicht gemeinsamen geschichtlichen Hintergrunds von Phlm und Kol ist es nicht uninteressant, gerade diese beiden Briefe in Relation zueinander auszulegen (s. o.). Und manches im Kol wird durch den zu rekonstruierenden Bezug zum Phlm erst richtig plastisch und transparent. Darüber hinaus jedoch wird es dann Aufgabe des Kommentars sein, den deuteropaulinischen Kol als deutero-*paulinischen* Brief auszulegen, also aufzuzeigen, wie in ihm nicht nur der Phlm, sondern vor allem die Theologie der authentischen Paulinen rezipiert und in neuer geschichtlicher Situation *weiter*-gedacht und appliziert wird. Der Weg von Paulus über Deuteropaulus zu Tritopaulus ist also ein eminent *theologischer* Weg.

Nun hat aber das HNT selber eine Entwicklung durchgemacht, und zwar eine recht bemerkenswerte. Nimmt man z. B. Hans Lietzmanns berühmten Kommentar zum Röm (1906) zur Hand, so bewundert man die mustergültige, Vers für Vers durchgeführte Erklärung der wichtigen Begriffe. Dafür wurden atl. Texte herangezogen, vor allem auch religionsgeschichtliche Parallelen, die, jedenfalls soweit es um Texte in griechischer oder lateinischer Sprache geht, in der Originalsprache zitiert wurden. Weniger jedoch ging es zu Beginn des 20. Jh. um das Herausstellen theologischer Zusammenhänge, um den Aufweis von Argumentationsstrukturen oder gar um Grundfragen der Hermeneutik im Horizont des theologischen Grundanliegens des Paulus. Vergleicht man mit Lietzmanns Kommentar beispielsweise die Mk-Auslegung von Dieter Lührmann (1987) oder die Apk-Auslegung von Heinrich Kraft (1974), so begegnet eine nahezu völlig neue exegetische Welt. Nicht nur ist die Sprache gefälliger geworden. Vor allem wird der Leser durch die Art der Darlegung in das theologische Geschehen des betreffenden ntl. Buches mit hineingenommen. Theologie wird ihm *vermittelt*. Der Röm-Kommentar von Ernst Käsemann (⁴1980) läßt das theologische Denken des Paulus für den Leser transparent werden. Die Auslegung läßt den Theologie enthaltenden Brief an die Römer als theologisches Schreiben in eine bestimmte geschichtliche Situation hinein verstehen – verstehen im eigentlichen, also hermeneutischen, Sinn des Wortes. So soll nun auch der neue Band des HNT 12 die in eminenter Weise *theologischen* Briefe Kol und Eph als solch theologische Schreiben auslegen. Der Leser soll ins *theologische Denken* – und das heißt *Nach*-Denken und *Weiter*-Denken – hineingenommen werden; die Auslegung soll ihn theologisch *verstehen* lassen, was die ntl. Autoren theologisch aussagen wollten. *Exegese* soll als *theologische Disziplin* betrieben werden, wobei sich der Exeget selber als verstehenden, zumindest verstehen wollenden Ausleger der Schrift begreift. Theologische Sätze und theologische Zusammenhänge kann der Ausleger der Heiligen Schrift aber nur dann im eigentlichen Sinn verstehen, wenn er *Theologie* als *Reflexion des Glaubens* begreift. Denn theologisches Verstehen impliziert notwendig glaubendes Verstehen. Nur dann haben wir nämlich verstanden, was z. B. Paulus oder Deuteropaulus mit „Evangelium" sagen will, wenn wir dieses Evangelium als das *uns* geltende Evangelium verstehen, wenn wir das Wort Gottes als uns betreffendes Wort *Gottes* verstehen. Ein sog. neutrales Verstehen in „bloß" historischer Rekonstruktion – was aber heißt dann „historisch"? – ist sträfliche Negation des hermeneutischen Denkens. Das gilt schon für profan-geschichtliche Texte und folglich erst recht für theologische Texte. Der Atheist kann das Evangelium schon allein deshalb nicht verstehen, weil er es nicht als ihn betreffende *Wirklichkeit* versteht. Ein bloß als illusionärer Gott „verstandener" Gott ist kein Gott; ein bloß illusionär „verstandener" Gott ist nicht der Gott, von dem die neutestamentlichen Autoren sprechen. Wirklichkeit wird hierbei zum bloßen „Begriff" reduziert!

Sind aber Kol und Eph genuin theologische Schriften, die, um ihr Wesen zu erfassen, *als* Theologie vom Theologen verstanden und interpretiert werden wollen, dann sind gerade diese beiden ntl. Briefe nur dann angemessen exegesiert, wenn sie als theologische Briefe kommentiert werden. Dazu gehört allerdings auch, daß der *heutige Verstehenshorizont* mitbedacht wird und daß insofern Exegese, intendiert als theologisches Geschehen, in ihren hermeneutischen Dimensionen gesehen und ernstgenommen wird. Exegese, die sich in der heutigen geistigen (und auch ungeistigen!) Situation ihrer theologisch-hermeneutischen Aufgabe nicht bewußt ist, hat sich selbst als bibelwissenschaftliche Disziplin aufgegeben und degeneriert so zu einem Theologie negierenden Positivismus.

Der hier nun vorgelegte Kommentar zu Phlm, Kol und Eph will aber insofern durchaus das ursprüngliche Erbe des HNT bewahren, als auch in ihm diejenigen Texte genannt und z. T. auch extensiv zitiert werden, die, aus der Zeit der zu exegesierenden Briefe stammend, zu deren Verständnis erforderlich sind. Der Tradition des HNT getreu werden griechische und lateinische Texte, wo es angebracht ist, im Original zitiert; doch wird in wenigen Fällen, wo man möglicherweise damit zu rechnen hat, daß Leser mit dem Originaltext nicht oder nicht ganz zurecht kommen, eine deutsche Übersetzung oder zumindest eine Verstehenshilfe durch den Kontext geboten. Bewußt wurden auch hin und wieder ntl. Texte im griechischen Original zitiert, um ihre Funktion als Parallele zum auszulegenden Text deutlich werden zu lassen. Das HNT *will* ja zur Lektüre des Novum Testamentum Graece hinführen.

2. Die geographische Frage

Es stellt sich die Frage, ob das NT zwei oder, was die intendierten Adressaten angeht, nur einen Kolosserbrief enthält. Denn der Phlm ist, wie die Auslegung von Kol 4,13.16 zeigen wird, an den allem Anschein nach in Kolossä ansässigen Philemon geschickt worden. Dieses an ihn und seine Hausgemeinde, also an ihn und „seine" ἐκκλησία, gerichtete Schreiben ist daher mit geschichtlicher Gewißheit als authentischer Kolosserbrief zu sehen, während ein solches Urteil gerade für den Kol recht fraglich bleibt. Sollte nämlich Andreas Lindemann mit seiner, ebenfalls aus der Exegese von Kol 4,13.16 resultierenden, Adressaten-Hypothese recht haben – und sie ist, wenn auch nicht verifizierbar, so doch ernsthaft zu erwägen – , so wäre ja unser Kol in Wirklichkeit ein Brief an die Laodikeier (nicht mit der aus dem 3. Jh. stammenden *epistola ad Laodicenses* identisch; Text seit der 26. Auflage nicht mehr in Nestle-Aland abgedruckt; diese ist auch nicht mit dem Phlm oder Eph identisch; Näheres s. zu Kol 4,16 und Eph 1,1). Ist es aber unter dieser Voraussetzung noch erforderlich, sich mit der damaligen Stadt Kolossä und ihrer religiösen, politischen und wirtschaftlichen Situation zu beschäftigen? Jedenfalls ist der Tatbestand, daß der Phlm an einen Adressaten samt dessen Hausgemeinde in *Kolossä* gerichtet ist, für die Interpretation *dieses* Briefes im Grunde belanglos; denn das in ihm behandelte Problem enthält ja nichts spezifisch Kolossisches. Und wenn die wirklichen Adressaten des kanonischen Kol möglicherweise gar nicht die Gemeindeglieder von Kolossä waren, ja, wenn sogar die größere Wahrscheinlichkeit dagegen spricht, so stellt sich die Frage, ob überhaupt mit der Darstellung der Situation der Stadt Kolossä diejenigen Probleme in den Blick kommen können, die die tatsächlichen Adressaten betrafen. Sollte, wie die meisten Ausleger annehmen, dieser Brief erst nach dem Erdbeben, das um das Jahr 61 zu datieren ist, geschrieben worden sein und sollte bei diesem Erdbeben auch die Stadt Kolossä so stark zerstört worden sein, daß die kolossische Gemeinde zu existieren aufhörte, so konnte sich ja der AuctCol gar nicht mehr an die Christen in Kolossä wenden! Seine Adressaten waren dann notwendig Christen außerhalb dieser Stadt.

So haben wir wahrscheinlich „die Heiligen und die glaubenden Brüder und Schwestern in Kolossä" von Kol 1,2 als *fiktive Adressaten* zu verstehen. „Paulus" wollte anderen, die sich seiner Meinung nach in der Gefahr befanden, Opfer indoktrinierender Häretiker zu werden, theologische Argumente an die Hand geben, damit sie sich gegenüber dem Irrglauben behaupten konnten. Unter der Voraussetzung, daß uns Lindemanns Hypothese die geschichtliche Wirklichkeit vor Augen stellt, standen in den sechziger Jahren die Laodikeier tatsächlich in einer solchen Gefahr. Wer auch immer die Adressaten außerhalb des zerstörten Kolossä waren, *sie* waren es, die von der „kolossischen" sog. Philosophie in ihrem Christusglauben bedroht waren, zumindest in der Optik des AuctCol. Spricht nun wegen Kol 4,13.16 die größte Wahrscheinlichkeit dafür, daß es Christen in Laodikeia waren, läßt sich des weiteren vermuten, daß aus dem möglicherweise völlig zerstörten Kolossä Christen nach Laodikeia gekommen waren – weil hier vielleicht der Aufbau der Stadt schon begonnen hatte (s.u.) – , so mag die fiktive Adresse ἐν Κολοσσαῖς darin ihre Erkärung finden. War doch Laodikeia nur 15 km von Kolossä entfernt. Und es wäre sicherlich ungeschichtlich gedacht, wollte man die Situation beider christlichen Gemeinden vor dem Erdbeben nicht in, wie auch immer zu denkender, Beziehung zueinander sehen. War womöglich schon vor dem Erdbeben die sog. kolossische Philosophie eine Bedrohung der Gemeinden in Kolossä *und* Laodikeia? Oder waren erst nach dem Ende der christlichen Gemeinde in Kolossä auch Vertreter dieser „Philosophie" zusammen mit anderen kolossischen Christen nach Laodikeia gekommen und hatten so die kolossische Gefahr dorthin importiert? Die Phantasie kann sich hier viele Möglichkeiten ausmalen. Was aber keinesfalls als Phantasie denunziert werden darf, ist die mit der engen geographischen Nachbarschaft beider Städte und beider christlichen Gemeinden notwendig gegebene persönliche und situative Nähe. Dann aber können wir keineswegs darauf verzichten, uns die geographische Situation Kolossäs mit all ihren Implikationen zu vergegenwärtigen. Wir werden jedoch darüber hinaus unseren Blick auch auf Laodikeia und Hierapolis richten müssen und schließlich wohl bis nach Ephesos.

Zunächst also zu *Kolossä*! Die Stadt lag in Phrygien am oberen Lykos, einem Nebenfluß des Maiandros (Mäander). Der Lykos soll nach Herodot VII, 30, bei Kolossä eine Strecke weit unterirdisch geflossen sein. Heute läßt sich von einer solchen unterirdischen Wegstrecke nichts mehr feststellen. Die Streitfrage, ob sich Herodot geirrt hat oder ob sich durch die wiederholten schweren Erdbeben in jener Gegend landschaftliche Veränderungen ergeben haben, ist wahrscheinlich im zweiten Sinne zu beantworten. Die Stadt hatte bis ins 3. Jh. v. Chr. große Bedeutung. So spricht Herodot an der genannten Stelle von ihr als πόλιν μεγάλην Φρυγίας, Xenophon, Anab. I, 1, 6, nennt sie πόλιν οἰκουμένην, εὐδαίμονα καὶ μεγάλην. Mit der Gründung von Laodikeia durch Antiochos III. Theos (261–246), benannt nach dessen Gattin Laodike, verlor Kolossä im Laufe der Zeit an Bedeutung. Unter römischer Herrschaft wurde Laodikeia Sitz des Gerichtsbezirks (*conventus*, διοίκησις) von Kibyra innerhalb der Provinz Asia; die Stadt gelangte so zu wirtschaftlicher Blüte und hohem politischen Ansehen – zu Lasten von Kolossä. Die Konkurrenz kann jedoch nicht allzu gravierend gewesen sein; denn immerhin zählt Plinius d. Ä., Hist. nat. V, 145, die Stadt in seiner Beschreibung Phrygiens neben Ancyra u. a. zu den *oppida ibi celeberrima*. Kolossä, Laodikeia und das in der Nähe gelegene Hierapolis lebten wirtschaftlich hauptsächlich von der Schafwolle.

Der eigentliche Niedergang Kolossäs erfolgte nach der Meinung der meisten Autoren durch das um 61 n. Chr. geschehene Erdbeben. Dafür wird vor allem Orosius, Hist. adv. paganos VII, 7, 12, angeführt: *in Asia tres urbes, hoc est Laudicia Hierapolis Colossae, terrae motu conciderunt.* „In der Asia wurden drei Städte, nämlich Laudicia, Hierapolis und Kolossä, durch ein Erdbeben zerstört." Die Frage ist allerdings, ob Orosius (erst Anfang 5. Jh.!) mit dieser Aussage wirklich das Erdbeben von 61 n. Chr. meint, von dem Tacitus, Ann. XIV, 27, sagte (datiert auf das 7. Jahr des Nero): *Laodicea tremore terrae prolapsa nullo a nobis remedio propriis opibus revaluit.* „Nachdem Laodicea durch ein Erdbeben zerstört worden war, wurde es aus eigenen Kräften ohne jegliche Hilfe durch uns wiederaufgebaut." Nach Lohse K 38 ist es in der Tat ungewiß, ob und in welchem Umfang auch Kolossä von diesem Erdbeben betroffen wurde; er erklärt aber dann, daß die Stadt „vermutlich . . . einem Erdbeben zum Opfer gefallen und dann nicht wieder aufgebaut worden" sei. Also könnte auch ein späteres Erdbeben als das eben genannte die Zerstörung Kolossäs bewirkt haben. Fest steht jedoch andererseits, daß von einem Kolossä in der Zeit nach der Niederschrift des Kol bei den antiken Autoren nichts zu lesen ist. Es ist bemerkenswert, daß Konrat Ziegler KP 3, 276, in seinem Art. „Kolossai" ein Erdbeben überhaupt nicht erwähnt. Es ist natürlich auch möglich, daß für Tacitus nur die politisch wichtige Stadt Laodikeia von Interesse war, nicht aber eine „Provinzstadt" wie Kolossä. Zur Kenntnis zu nehmen ist in diesem Zusammenhang unbedingt, daß die Laodikeier ihre zerstörte Stadt aus eigenen Mitteln bald nach dem Erdbeben wieder aufbauten.

Sollte Kolossä um 61 nicht zerstört oder zumindest nicht völlig zerstört worden sein, so würde das bedeuten, daß der Kol zu einer Zeit geschrieben wurde, als die in Kol 4 genannten Personen wohl größtenteils noch lebten und eine wichtige Rolle im Leben der Gemeinde spielten. Wie konnte aber dann ein deuteropaulinischer Brief an eine Gemeinde geschrieben werden, von der die führenden Vertreter Paulus noch persönlich gekannt hatten und selbstverständlich auch wußten, daß er bereits den Märtyrertod gestorben war und deshalb zum damaligen Zeitpunkt ein authentisches Paulusschreiben gar nicht mehr eintreffen konnte? Denkbar wäre das nur, wenn die in Kap. 4 Genannten im Blick auf die kolossische Gemeinde bei dem deuteropaulinischen Brief „mitgespielt" hätten (s. die Auslegung zu 4,13.16). Dann wäre das Ganze wohl einfacher zu erklären, wenn zur Zeit der Niederschrift des Kol die Stadt tatsächlich in einem solchen Ausmaß zerstört gewesen wäre, daß es eine christliche Gemeinde dort nicht mehr geben konnte.

Aus *religionsgeschichtlicher* Sicht ist von den drei Städten Kolossä, Laodikeia und *Hierapolis* die letztgenannte von größerer Wichtigkeit. Sie war reich an heißen Quellen, vor allem aber ein Zentrum den Kybelekultes. Cumont, Die orientalischen Religionen, 52 ff, schildert – immer noch lesenwert – in konkreter Anschaulichkeit diesen Kult und die mit ihr gegebene ekstatische Frömmigkeit. Zumal in Phryien waren ja die Menschen in religiöser Hinsicht überaus emotional engagiert. Mit Recht dürfte er annehmen, daß Kybele, die Göttin der Mutter Erde, die Toten in ihrem Schoß aufnahm und sie an ihrer Göttlichkeit teilnehmen ließ, op. cit. 55. Und ebenso ist anzunehmen, daß sich der Kybele-Attis-Kult in hellenistischer Zeit zur *Mysterienreligion* entwickelt hat (Firmicus Maternus 28, 1). Nun findet sich im Kol zwar kein Indiz dafür, daß der Kybele-Kult als solcher über den Weg der sog. kolossischen „Philosophie" Einfluß auf die Adressaten des Briefes hatte. Aber da immerhin die Terminologie der Mysterienreligionen anklingt (Kol 2,18: ἃ ἑόρακεν ἐμβατεύων, s. z. St.), ist das *Milieu* der Kybele-Religion, insofern sie Mysterienreligion *geworden* ist, mitzubedenken.

Erwähnt werden muß, daß im Lykostal *Juden* ansässig waren. Antiochos III. Theos hatte etwa zweitausend jüdische Familien aus Babylon dorthin umgesiedelt, um seine Grenzgebiete zu schützen. Nach Josephus, Ant. XII, 147–153, durften sie dort nach der Sitte ihrer jüdischen Religion leben (Sabbatheiligung usw.). Auf diesen Sachverhalt ist deshalb hinzuweisen, weil die kolossischen „Philosophen" nach Kol 2,21 Tabugebote dekretierten, die *materialiter* im Sinne jüdischer Torahgebote interpretierbar sind. Allerdings müssen sie in einen anderen religionsgeschichtlichen Horizont eingeordnet werden. Da die kolossische „Philosophie", sowenig wir sie auch rekonstruieren können (s. den Exkurs: Die kolossische „Philosophie"), auf jeden Fall synkretistischen Charakters gewesen sein dürfte, hat sie sich allem Anschein nach auch jüdische Gesetzesbestimmungen einverleibt. Weil aber die sog. Philosophen die Christen von Kolossä wahrscheinlich nicht zur Konversion zum Judentum gedrängt hatten, kann man vermuten, daß sie nicht zu den Judaisten zu zählen sind. Eine Auseinandersetzung zwischen Juden und Christen ist aus dem Kol nicht ersichtlich.

Es zeigt sich, daß für den Übergang von der paulinischen zur deuteropaulinischen Literatur das Lykostal eine entscheidende Rolle spielte – einerlei, wen man als die eigentlichen Adressaten des Kol ansieht. Wo aber saß der Schreiber dieses ältesten deuteropaulinischen Briefes wirklich? Er ist auf jeden Fall da zu vermuten, wo man auf aufbewahrte Paulusbriefe zurückgreifen konnte. Und dieser Ort konnte nicht allzuweit vom Lykostal entfernt sein. Daß es irgendein unbedeutender und abgelegener Ort war, ist kaum anzunehmen. Dann aber wird man wohl zunächst einmal an *Ephesos* denken. Hier hat Paulus gewirkt, hier hat er Verfolgung erlitten, hier ist wahrscheinlich sein Gefängnisaufenthalt zu lokalisieren, aus dem er den Phlm geschrieben hat (s. zu Phlm 1). Mit diesem Problemkomplex ist vor allem die Frage nach Existenz und Wesen einer sog. *Paulus-Schule* gestellt. Sie ist im Laufe der letzten Jahrzehnte wiederholt Gegenstand der Forschung gewesen. Vor allem Hans Conzelmann (Paulus und die Weisheit, 177 ff) hat die These von einem von Paulus bewußt organisierten Schulbetrieb, einer „Schule des Paulus", vertreten. In ihr habe man „Weisheit" methodisch betrieben bzw. Theologie als Weisheitsschulung getrieben. Wenn Paulus ursprünglich ein ausgebildeter jüdischer Theologe gewesen sei, Pharisäer von Pharisäern, dann sei ganz allgemein anzunehmen, daß er auch nach seiner Bekehrung betont Theologie getrieben, einen Lehrbetrieb organisiert habe. Als Sitz der Schule biete sich Ephesos an (ib. 179). Conzelmann geht in diesem Aufsatz so gut wie gar nicht auf die deuteropaulinischen Briefe ein, sieht aber ihre Existenz als selbstverständliche Konsequenz der schon von Paulus ins Leben gerufenen theologischen Schule. Sein Hauptargument für deren Existenz sind Abschnitte aus den authentischen Paulinen, die schon vor der Niederschrift der Briefe fertig bereitgelegen hätten und die literarkritisch aus ihnen herausgelöst werden könnten (z. B. 1Kor 13). Den Gedanken der Paulusschule greift vor allem Peter Müller auf, der in „Anfänge der Paulusschule", u. a. im Blick auf den Kol, die These Conzelmanns jedoch modifiziert (ib. 271 ff): Die Annahme des von Paulus organisierten Schulbetriebs lasse sich in der vorgetragenen Weise nicht halten; ein Vergleich zwischen den beiden deuteropaulinischen Schreiben Kol und 2Thess zeige, wie unterschiedlich in der Tradition des Paulus gedacht wurde. Müllers Ergebnis (ib. 321): „Bei der Paulusschule handelt es sich um ein komplexes Phänomen, das sich einer einlinigen theologischen oder literarischen Erklärung widersetzt. Die Paulusschule überliefert und aktualisiert das Erbe des Paulus. Ihre Wurzeln reichen in die Wirksamkeit des Paulus selbst zurück. Gleichwohl ist die Paulusschule ein Phänomen der nachpaulinischen Zeit." Er weigert sich, einen Ort für diese Schule im Sinne der Ephesos- oder Korinth-Hypothese anzugeben (ib. 325): „Die Schule ist gerade kein organisierter, lokalisierbarer Schulbetrieb, sondern ein Überlieferungs- und Aktualisierungsphänomen in der Nachfolge des Paulus. In unterschiedlichen Regionen und Situationen erfährt sie verschiedene Ausprägungen. Ihre dezentrale Entwicklung ist von Anfang an zu erkennen." Damit dürfte Müller der geschichtlichen Wirklichkeit näherkommen als Conzelmann. Lediglich die „dezentrale Entwicklung" dürfte zu bezweifeln sein.

Wahrscheinlich wird man sich die geschichtliche Entwicklung zur *nachpaulinischen* Paulus-Schule so vorzustellen haben, daß die Mitarbeiter des Paulus durch ihr jeweils längeres oder kürzeres Zusammensein mit ihm in sein Denken hineingewachsen sind und dann nach seinem Tode in seinen theologischen Denkbahnen weiterdachten. *Weiter*-denken bedeutet aber, von einem Ausgangspunkt her in je neuer geschichtlicher und kirchengeschichtlicher Situation im theologischen Denken ein Stück *weiter*-zukommen und, was jedem wirklichen Denken notwendig innewohnt, es so im neuen Horizont zu entwickeln und selbst zu neuen Resultaten zu gelangen. Denn Denken als Weiter-Denken heißt ja, nicht bei einem einmal gewonnenen Denkresultat stehenzubleiben und es zu zementieren, sondern zu neuen Ufern aufzubrechen. Denken heißt immer, in der Kontinuität der Her-Kunft zur Diskontinuität der Hin-Kunft zu gelangen. Und genau das zeigt sich an der Theologie des AuctCol und dann erneut an der des AuctEph.

Wenn aber, wie sich bei der Exegese des Eph auf Schritt und Tritt zeigen wird, der

AuctEph eine sozusagen *editio secunda* des Kol schreibt, und zwar unter Benutzung von authentischen Paulinen, dann ist auch zu fragen, wie er an den Kol gekommen ist, wenn sich die Paulus-Schule über die ganze Asia erstreckt und keinen geographischen Mittelpunkt gehabt hätte. Natürlich kann man sich hypothetisch zusammenreimen, wie der AuctEph „zufällig" in den Besitz des Kol oder einer Abschrift desselben gekommen ist. Aber die wahrscheinlichere Annahme ist doch wohl die, daß an einem bestimmten Ort – wahrscheinlich in Ephesos – sowohl der Kol als auch die „echten" Paulus-Briefe gesammelt waren und der Eph geschrieben wurde.

Ein wenig klarer sähen wir, wenn wir das schwierige textkritische Problem von Eph 1,1 lösen könnten (s. z. St.). Bekanntlich ist in diesem Vers ἐν Ἐφέσῳ in den alten Handschriften, vor allem in p⁴⁶ ℵ* B*, nicht enthalten. Die meisten Autoren betrachten die Ortsangabe als sekundär; nur einige, wie vor allem Gnilka K 1 ff und Lindemann K 9 f.19, verstehen sie als zum ursprünglichen Text gehörig. So ist es überaus fraglich, ob der Eph überhaupt ein Brief an die Epheser ist. Und es sieht auch nicht danach aus, als ob sich in absehbarer Zeit eine *opinio communis* bilden würde. Sollte mit Gnilka u. a. ἐν Ἐφέσῳ in Eph 1,1 ursprünglich sein, so ist der Ort, an dem der Brief geschrieben wurde, in der Asia Minor zu suchen; ein Bezug zu Ephesos dürfte deshalb anzunehmen sein. Sollte, wie die Mehrheit der Forscher annimmt, ἐν Ἐφέσῳ textgeschichtlich sekundär sein, so bleibt jedoch auch in diesem Fall der Bezug zum Gebiet der Ostküste der Ägäis unbestritten. Denn der unbestreitbare Sachverhalt, daß eine literarische Abhängigkeit des Eph vom Kol besteht, in diesem Brief aber Kolossä, Laodikeia und Hierapolis genannt sind, dürfte wohl dafür sprechen, daß auch dem AuctEph das Gebiet der römischen Provinz Asia vor Augen stand. Ephesos war aber seit 19 v. Chr. Hauptstadt dieser Provinz. Diese Stadt war wahrscheinlich aber auch der (ein?) Ort, an dem die, wie immer auch vorzustellende, Paulus-Schule saß. Dann aber ist ernsthaft damit zu rechnen, daß der Eph in Ephesos geschrieben wurde und daher gerade aus ihm die theologische Entwicklung dieser Schule ablesbar ist.

Ein Blick in die weitere tragische Geschichte von Ephesos und dem Gebiet der ehemaligen römischen Provinz Asia sei erlaubt. Sie wurde durch die Türken im 15. Jh. erobert. Die dort lebenden Griechen blieben auch noch nach dem griechischen Freiheitskrieg (1821–30) unter türkischer Herrschaft. Erst durch den Friedensschluß von 1920 erlangte das Küstengebiet Kleinasiens die Freiheit. Durch eine unglückliche Politik der griechischen Regierung kam es zu erneuten kriegerischen Auseinandersetzungen mit der Türkei, die für die in dieser Küstenregion liegenden Griechen mit einer Katastrophe endete. Die griechische Bevölkerung wurde vertrieben. Die zweitausendjährige christliche Geschichte, die mit der Mission des Paulus in Ephesos und seiner Schüler im Lykostal begann, fand so erst in unserem Jahrhundert ihr schlimmes Ende. Diese Katastrophe, eine Katastrophe des christlichen Abendlandes, ist aus dem heutigen europäischen Bewußtsein weithin verdrängt. Ein Kommentar aber, der drei Briefe aus gerade dieser Gegend auslegt, sollte zumindest auf diese historischen Zusammenhänge hinweisen. Bereits Adolf Deissmann hat auf die engen Bande zwischen der Welt des Paulus und ihrem Zustand im 20. Jh. in aller Offenheit hingewiesen (Paulus, 23 ff).

3. Das religionsgeschichtliche Problem

Die religionsgeschichtliche Frage nach dem Einfluß zeitgenössischer Religionen und Weltanschauungen, auch Weltbilder, ist in der heutigen Forschung immer noch äußerst umstritten. An ihr scheiden sich immer noch die Geister. Zuweilen stehen die Fronten unversöhnt und unversöhnbar einander gegenüber. Vor allem die Beurteilung einer möglichen Beeinflussung biblischer Autoren durch die *Gnosis* trennt die Forscher; die Diskussion zeigt zuweilen Züge recht unschöner Polemik. Das ist um so ärgerlicher, als sich weder die religionsgeschichtliche Situation des Kol noch die des Eph genau bestimmen läßt. Im Falle des Kol können wir die die Gemeinde bedrohende Häresie nur fragmentarisch rekonstruieren, so daß wir auf ein hinreichendes Gesamtbild verzichten müssen. Was uns gelingt, ist nur, daß wir bestimmte weltanschauliche oder religiöse Einzelelemente unter stark hypothetischem Vorbehalt verifizieren (s. den Exkurs: Die kolossische „Philosophie").

Etwas anders steht es mit dem Eph. Eine direkte Front, gegen die sich der AuctEph wandte, war wahrscheinlich nicht gegeben. Ist der Eph so etwas wie die *editio secunda* des Kol, so versteht es sich von selbst, wenn zentrale theologische Topoi und Begriffe dieser seiner literarischen Vorlage auch in ihm an zentraler Stelle der theologischen Argumentation begegnen (z. B. σῶμα, κεφαλή, ἐκκλησία, πλήρωμα). Sie finden sich aber nun in einem neuen theoretischen und theologischen Koordinatensystem. Trotz der literarischen Abhängigkeit argumentiert der AuctEph anders als der AuctCol. Was der unterschiedliche Umgang beider ntl. Autoren mit *religionsgeschichtlich* diskutierten Begriffen und Vorstellungen für sie jeweils *theologisch* bedeutet, bzw. inwiefern sie für sie theologisch bedeutsam sind, muß die Einzelexegese zeigen. Über das Verhältnis von Religionsgeschichte und Theologie, also über eine *fundamentaltheologische* Frage von höchstem theologischen Gewicht, ist gleich noch einiges zu sagen. Jetzt geht es zunächst nur um die religionsgeschichtliche Ortung dieses Briefes. Daß eine Klärung der vom AuctEph verwendeten Begriffe erforderlich ist, bedarf keiner Begründung, ebenso nicht, daß dabei eine eventuelle Sinndifferenz gegenüber dem Kol von Belang ist; denn unterschiedliche Wortfelder und Konnotationen lassen die Intention des AuctEph klarer erkennen. Das *brutum factum*, daß ein Begriff oder eine bestimmte Reihe von Begriffen sowohl in einer religionsgeschichtlichen Parallele als auch im Eph erscheint, besagt als solches noch nicht viel (s. u.).

Eine gute und hinreichende Übersicht über die unterschiedlichen Auffassungen zu den religionsgeschichtlichen Voraussetzungen des Eph bietet Gnilka, K 33ff. Ausführlicher informiert Helmut Merkel, ANRW II 25.4, 3157ff. Im Folgenden sei kurz auf die wichtigsten Hypothesen der neueren exegetischen und historischen Diskussion verwiesen (vgl. Merkel, ib. 3176ff).

Letztlich sind es nur zwei Interpretationsmodelle, die ernsthaft diskutiert werden, nämlich das gnostische und das jüdisch-hellenistische (Philon). Gnostischer Einfluß kann natürlich aber auch neben jüdisch-hellenistischem bestehen und *vice versa*. Rudolf Bultmann und seine Schüler sahen den Eph (wie auch den Kol) im Bannkreis der *Gnosis*. Es war vor allem Heinrich Schlier, der in seiner Habilitationsschrift „Christus und die Kirche im Eph" (1930) im Gefolge der Rekonstruktion des gnostischen Urmenschmythos durch Bultmann den Eph interpretierte. Als nächster ist Ernst Käsemann mit seiner Dissertation „Leib und Leib Christi" (1933) zu nennen. Er verfocht die Meinung, hierin über Schlier hinausgehend, daß sich schon Paulus selbst gnostischer Denkmodelle bedient habe. Diese Hineinnahme der authentischen Paulinen in den gnostischen Einflußbereich und somit die Annäherungen dieser Schriften an die Deuteropaulinen gab Schlier in späteren Jahren ein entscheidendes Argument an die Hand, um den Eph als authentischen Paulusbrief zu interpretieren (vor allem in seinem Eph-Kommentar). Die Frage, ob und, falls ja, inwiefern im Eph gnostisches Gedankengut – sei es in positiver Aufnahme, sei es in Absetzung von der Gnosis – aufgegriffen wurde, wird sich vor allem an den Begriffen σῶμα und πλήρωμα entscheiden. Ist, wie fast durchgehend angenommen, die Kirche das zentrale Thema des Eph und ist sie das σῶμα des Christus, so ist die Frage nach dem Verhältnis von Eph und Gnosis im Horizont der Ekklesiologie zu beantworten (s. den Exkurs: Die Kirche – eine gnostische Vorstellung?). Dabei wird auch die Frage nach den dualistischen Denkstrukturen eine wichtige Rolle spielen. So viel läßt sich aber schon jetzt in diesen einführenden Darlegungen sagen: Die *ekklesiologische* Vorstellung vom „Leib Christi" hat der AuctCol dem theologischen Denken des Paulus entnommen. Den ihm im Hymnus von Kol 1,15 vorgegebenen *kosmologischen* Gedanken vom „Haupt des Leibes" hat er in den *christologischen* Bezugsrahmen gestellt (s. zu Kol 1,18a) und durch die zweite Strophe des Hymnus *soteriologisch* interpretiert. Der AuctEph hat dann in der Rezeption und Interpretation der Ekklesiologie des Kol seine eigene Ekklesiologie entfaltet und ausgebaut.

Diese Ekklesiologie ist aber, wie bereits die Eulogie in Eph 1 zeigen wird, im theologischen Denken des AuctEph stärker durch einen inneren Bezug zur Kosmologie bestimmt als im Kol. Für die Deutung dieses Vorstellungskomplexes bieten die *jüdisch-hellenistische Theologie und Religionsphilosophie Alexandriens*, vor allem *Philon*, aufschlußreiche Erklärungselemente. Bewußt wurde gesagt: *Erklärungs*-Elemente. Denn von ihnen kann man da in angemessener Weise reden, wo es lediglich um die genetische Frage geht, also in unserem Falle um die begrenzte Frage, ob und gegebenenfalls wie alexandrinisch-philonische Einzelvorstellungen bestimmte Bausteine für das ekklesiologische und kosmologische Denken des AuctEph liefern. So wird gerade in denjenigen Exkursen unseres Kommentars, die dann religionsgeschichtliche Parallelen thematisieren, dieser Gesichtspunkt von Interesse sein.

Betrachten wir die hier angesprochene Problematik in noch grundsätzlicherer Weise! Was die Bedeutung religionsgeschichtlicher Phänomene in der uns interessierenden Epoche angeht, so ist der *Religionsgeschichte* der ihr gebührende Platz zuzuweisen, den sie im Gesamtgefüge von theologischen, hermeneutischen, geschichtlichen und spezifisch religionsgeschichtlichen Komponenten verdient. Sie ist nicht die Allherrscherin und darf auf keinen Fall überbewertet werden. Sie darf aber genausowenig abgewertet werden. Wer sie verabsolutiert und womöglich in dieser Verabsolutierung die sogenannte „Erklärung" von Abhängigkeiten als die eigentliche Aufgabe der Interpretation sieht, sie also in dieser Weise mißbraucht und folglich die religionsgeschichtliche Frageweise im isolierten und somit wirklichkeitsreduzierenden Ursache-Wirkung-Prinzip auf eine ungeschichtliche Denkweise festlegt, kann einer Auslegung des NT, die den Namen „Auslegung" verdient, keinen Dienst leisten.

Verdeutlichen wir es an der so umstrittenen Frage der *Gnosis*. Einige Grundkonstanten, die von unterschiedlichen Seiten in unterschiedlichen, z.T. widersprüchlichen Intentionen argumentativ eingesetzt werden, seien zunächst genannt:

1. Es gibt unbestreitbar *terminologische Berührungen*, oft sogar frappierende *terminologi-*

sche Übereinstimmungen zwischen ntl. und gnostischen Texten. Dies gilt in besonderer Weise für Kol und Eph, ähnlich aber auch für Joh.

2. Sagt man, *die* Gnosis habe jüdische, außerbiblische und christliche Wurzeln, so ist das eine unzulässige Verallgemeinerung. Richtig muß es im Blick auf die jeweiligen gnostischen Zeugnisse heißen, daß sie *jüdische* oder *außerbiblische* oder *christliche Wurzeln* haben, oft in je spezifischer Mischung.

3. Es wäre *ungeschichtlich* geurteilt, wollte man das *älteste literarische Zeugnis* einer religiösen oder religionsgeschichtlich-weltanschaulichen Richtung als Beleg für den *Zeitpunkt ihrer Entstehung* ansehen. In unserem konkreten Fall: Wenn aus dem 2. Jh. n. Chr. gnostische Zeugnisse vorliegen, so ist es geboten, mit der *Möglichkeit* gnostischer Gemeinden oder zumindest mit Frühformen der Gnosis schon im 1. Jh. n. Chr. zu rechnen.

Die *Konsequenz:* Da ein wirklich *geschichtliches* Denken Geschichte als Prozeß, als Werden ernst zu nehmen hat, da man ferner die Möglichkeit gnostischer Phänomene und Denkweisen schon für die Zeit der Entstehung von ntl. Schriften wie z. B. Kol und Eph nicht ausschließen kann, darüber hinaus: da angesichts offensichtlich bestehender terminologischer Übereinstimmungen zwischen bestimmten Passagen in ntl. und in gnostischen Schriften selbst literarische Beeinflussung nicht von vornherein ausgeschlossen werden kann, liegt es nahe, einen wie auch immer vorzustellenden Kontakt zwischen bestimmten ntl. Autoren und gnostischen Strömungen anzunehmen.

Mit dem soeben Gesagten ist aber die ganze *Komplexheit* des geschichtlichen Prozesses gerade noch nicht erfaßt. Es müssen vielmehr noch einige weitere Gesichtspunkte genannt werden:

1. Eine Religion oder Weltanschauung entsteht niemals mit einem urplötzlich einsetzenden Geschehen. Ihre jeweilige Entstehung ist durch modifizierende Übernahme von Praktiken, Vorstellungen, philosophischen, religiösen und theologischen Begriffen, Gemeindestrukturen u.dgl. vorbereitet. So lassen sich, wie es in einigen Exkursen dieses Kommentars konkretisiert und exemplarisch veranschaulicht wird, Begriffe, die im Gesamtrahmen gnostischen Denkens und Lebens ihre dort *spezifische* Bedeutung und Bedeutsamkeit haben, schon in recht früher Zeit, z. T. schon bei Platon, nachweisen, aber – und das ist für unser religionsgeschichtliches Urteil entscheidend! – nicht in dem semantischen Gefüge, das in den gnostischen Texten bestimmend ist. Mit vollem Recht erklärt Hans-Friedrich Weiß, Gnostische Motive und antignostische Polemik im Kol und im Eph, 312, unter Hinweis auf den synkretistischen Charakter der Gnosis – was er sagt, gilt aber auch für jede andere Parallele –, es sei „in jedem Falle deutlich . . ., daß sich diese Frage nicht einfach mit dem Hinweis auf einzelne Begriffe und Motive beantworten läßt, die beide Briefe mit der Gnosis gemeinsam haben, sondern . . . allenfalls durch das Herausarbeiten von Übereinstimmungen und Berührungen in der Struktur und Ausrichtung des Denkens".

2. Der nächste Gesichtspunkt erwächst organisch aus dem soeben Genannten. Es gibt im Grunde keine religionsgeschichtlichen, weltanschaulichen oder theologischen Begriffe, die nicht auch im *Selbstverstehen* der betreffenden Gemeinschaft verankert sind. Natürlich, Begriffe können in verobjektivierter Form vom verstehenden Subjekt in den Bereich und innerhalb des Bereiches der reinen Intellektualität transferiert werden. Aber damit hätte das, was solche Begriffe in ihrem Ursprung einmal aussagen wollten, seine genuine Lebendigkeit verloren. Der lebendige Mensch hätte das, was für ihn eigentlich von hoher Bedeutsamkeit wäre, geradezu von sich selbst separiert und so neutralisiert. Da nämlich

20

wird eine bestimmte *Wirklichkeit* des Menschen zum toten, weil un-*wirklichen* Begriff, wo dieser zum Element eines katalanischen Glasperlenspiels degeneriert.

Anders gesagt: Man mag zu Rudolf Bultmann oder Martin Heidegger stehen, wie man will, das, was methodologisch unter der Firmierung *existentiale Interpretation* läuft und das Selbstverständnis – besser: Selbstverstehen – expliziert, ist unverzichtbar, es sei denn, man leugne die Notwendigkeit und Fruchtbarkeit der *Bedeutsamkeit* religiöser Aussagen für den Menschen (Bedeutsamkeit als *existentialer* Begriff verstanden, und zwar in Absetzung von Bedeutung als semantischem Begriff). Um es zu erläutern: Wer mit Gott als der ihn bestimmenden Wirklichkeit rechnet (das allein heißt glauben!), kann nicht in gewollter, ja gekünstelter Neutralität von ihm sprechen, als sei er ein begrifflich verfügbares „Etwas"! Gott kann und darf nicht verdinglicht werden.

3. Sollten also terminologische und begriffliche Koinzidenzen zwischen ntl. Glaubensaussagen und gnostischen Gedanken verifizierbar sein, so dürfte der *eigentliche* Unterschied zwischen beiden das in entscheidenden Punkten *sehr unterschiedliche Selbstverstehen* sein. Wer ntl. von Gott oder Christus als Licht, φῶς, spricht, braucht „dasselbe" Wort wie der Poimandres, der sich ebenfalls als φῶς offenbart. Sogar für das jeweilige Wortfeld, in dem im NT und im Corpus Hermeticum I das Wort φῶς begegnet, finden sich auffälligste Übereinstimmungen. Und trotzdem sind Christ und Gnostiker in ihrem Selbstverstehen, nämlich in ihrem Verstehen von Gott, Welt und Selbst, Äonen voneinander entfernt (s. den Exkurs: Licht und Finsternis).

Indem wir uns aber diesen *Verstehenshorizont* zu vergegenwärtigen versucht haben, hat sich die Unausweichlichkeit *hermeneutischer Reflexion* gezeigt. Religionsgeschichte, wenn sie wirklich als Religions-*Geschichte* und somit in ihrer ureigenen geschichtlichen Dimension untersucht wird, drängt von sich aus auf Hermeneutik. Es ist die Hermeneutik, die den der Religion innewohnenden Sinn verstehen läßt. Religionsgeschichte, nimmt sie sich selbst ernst und verdämmert sie nicht in bloß registrierender Aktivität, will geschichtlich und deshalb hermeneutisch bedacht werden. Religionsgeschichte ohne Hermeneutik verkümmert zur Aufzählung „erklärender", aber gerade deshalb nicht mehr aussagekräftiger „Fakten".

Es soll daher in dem hiermit vorgelegten Kommentar die Religionsgeschichte in ihrem eigentlichen und ureigenen Anspruch ernstgenommen werden. Sie will und muß daher das Ihre sagen. Sie kann aber dann das Ihre sagen, wenn sie von der existentialen Interpretation her *relativiert* ist, d.h. wenn sie von ihr her in der rechten *Relation* bedacht wird. Alle Geschichte ist *per definitionem* Relation, und zwar überaus lebendige Relation. Dieser Grundzug des Lebens darf ihr nicht genommen werden! Und so werden auch gnostische Zeugnisse ihren guten Dienst zur Auslegung des NT tun. Religionsgeschichte und Theologie erfüllen so ihre je eigene Aufgabe und existieren so Hand in Hand. Daß dann in der Exegese letztlich die Theologie über die Religionsgeschichte dominiert, hängt am auszulegenden Text. Denn dieser ist ein Text, der sich zwar im Areal religionsgeschichtlicher Vorstellungen und Begriffe bewegt, der aber als theologischer Text von sich aus den Exegeten zu einer theologischen Auslegung beauftragt. Er *will* vom Exegeten *verstanden werden*, und als theologischer Text *kann* er in letzter Konsequenz *nur theologisch verstanden werden.*

4. Zur Frage einer rhetorischen Analyse

Ist es sinnvoll, die in diesem Kommentar zu exegesierenden Briefe auch unter rhetorischen Gesichtspunkten zu analysieren? Wir kommen nicht umhin, diese Frage zu beantworten, seitdem Hans Dieter Betz in überzeugender Weise nachgewiesen hat, daß der Gal nach den Regeln der antiken Rhetorik und Epistolographie analysiert werden kann, und zwar als „apologetischer Brief" in Analogie zur Gerichtsrede (H. D. Betz, The Literary Composition and Function of Paul's Letter to the Galatians, NTS 21 [1974/75] 353–393; ders., Der Galaterbrief, München 1988, 54–72 [amerikanisches Original: Philadelphia 1979]; dazu H. Hübner, Der Gal und das Verhältnis von antiker Rhetorik und Epistolographie, ThLZ 109 [1984] 241–250). War also Paulus nachweislich mit der antiken Rhetorik vertraut – das gilt auch dann, wenn der Brief nicht, wie Betz und ich annehmen, zum *genus iudiciale* (Gerichtsrede), sondern zum *genus deliberativum* (Rede vor der zur Entschlußfassung zusammengekommenen Volksversammlung) zu rechnen ist (z. B. G. A. Kennedy, NT Interpretation through Rhetorical Criticism, Durham/N. C. 1984) – , dann stellt sich unumgänglich die Frage, ob nicht auch der Phlm, ein immerhin authentischer Paulus-Brief, und Kol und Eph, deren Autoren aus der Paulus-Schule stammten und daher zumindest einen Teil der authentischen Paulinen gut kannten, ebenfalls rhetorisch analysiert werden können.

Wolter K 236 f sieht im Phlm keinen Empfehlungsbrief, sondern einen Bittbrief, speziell eine offizielle Petition. Gemäß dieser Gattungsbestimmung gliedert er wie folgt: Präskript, 1–3; Proömium, 4–7; Briefcorpus (typisch der Beginn mit παρακαλῶ), 8–21; Parusietopos (zur Topik des Freundschaftsbriefes gehörend), 22; Postskript, 23–25. Er bedient sich also einer typisch epistolographischen Begrifflichkeit, verzichtet aber auf eine rhetorische Gliederung. Dieser Verzicht ist für die Auslegung des Phlm angemessen. Denn gerade bei solch kleinen Briefen greift in der Regel das rhetorische Instrumentarium nicht.

Aber auch beim Versuch, Kol und Eph in rhetorischer Sicht zu klassifizieren und dementsprechend zu gliedern, gerät man in Schwierigkeiten. Vielleicht ließe sich noch eine Nähe zum *genus deliberativum* entdecken, obwohl dies nur bedingt zuträfe. Insofern könnte man freilich ein gewisses Recht für diese Klassifizierung sehen, als ja der AuctCol die Adressaten in der Tat vor die Entscheidung stellt, nicht der sog. kolossischen Philosophie zu erliegen. In dieser Hinsicht verlangt er von ihnen einen „deliberativen" Akt. Aber er sagt ihnen das lediglich in *indirekter* Weise. Denn das Lob Kol 1,3–8 verträgt keine offene Mahnung, sich vor dem Abfall zur Häresie zu hüten. Erst recht gilt dies für den Eph, der einen direkten Bezug auf eine gefährliche Situation nicht erkennen läßt. Die Indirektheit einer Anspielung auf mögliche Gefahren ist noch größer als beim Kol. Der AuctEph beschreibt das gnadengewirkte Sein der Adresssaten, nämlich das Sein als Kirche von Gott und Christus her. Und nur aus diesem Sein folgert er das Sollen. Eine den Adressaten abgeforderte *deliberatio* ist also noch verhaltener ausgesprochen als im Kol.

Ein Blick auf die Gliederung des Kol durch Wolter ist aufschlußreich. Wie den Phlm, so gliedert er auch diesen Brief in Präskript, 1,1–2; Proömium, 1,3–23; Selbstvorstellung des Apostels 1,24–2,5; Briefcorpus, 2,6–4,6, und Briefschluß, 4,7–18. Doch unterteilt er dann das Briefcorpus in rhetorischer Terminologie in *partitio*, 2,6–8; *argumentatio*, 2,9–23 mit der Unterteilung *probatio*, 2,9–15, und *refutatio*, 2,16–23; *peroratio*, 3,1–4, und *exhortatio*, 3,5–4,6. Aber schon allein die hier angenommene Zäsur zwischen 2,8 und 2,9, also zwischen *partitio* und *argumentatio*, wirkt künstlich.

Der eigentliche Grund aber, warum man bei der Auslegung der beiden Briefe Kol und Eph einer rhetorischen Analyse gegenüber skeptisch sein sollte, liegt darin, daß sich beide Autoren bei der Konzeption ihrer Schreiben die Briefe des Paulus in derjenigen Weise zunutze machten, daß sie teilweise auf die Struktur dieser Briefe zurückgriffen, teilweise deren Inhalt ihrer eigenen kirchengeschichtlichen Situation applizierten und auf diese Weise theologisch Neues durch Rezeption und Interpretation schufen. So steht anscheinend für die formale Konzeption des Kol vor allem der Gal Pate: Nach einem theologisch-argumentativen Teil folgt ein paränetischer. Aber der paränetische Zweck des *gesamten* Kol hat zur Folge, daß bei ihm der theologisch-argumentative Teil in einer ganz anderen Weise von der paränetischen Absicht durchdrungen ist, als es beim Gal zuvor der Fall war. Diese Tendenz ist dann im Eph noch deutlicher, so daß hier, wie die Auslegung zeigen wird, die übliche Einteilung in einen ersten theologisch-argumentativen Teil (Kap. 1–3) und einen zweiten paränetischen (Kap. 4–6) den Gesamtaufbau nur unzureichend charakterisiert, obwohl sicherlich ein gewisses Einteilungsprinzip mit einer solchen Grobgliederung erkannt ist.

Man wird daher damit rechnen müssen, daß die Gesamtstruktur beider Briefe eher durch Rezeption und Applikation paulinischer Elemente als durch die je eigene rhetorische Intention bedingt ist.

An Philemon

1–3 Das Präskript

[1]Paulus, Gefangener Christi Jesu, und Timotheus, der Bruder, an Philemon, den Geliebten und unseren Mitarbeiter, [2]und Apphia, die Schwester, und Archippos, unseren Mitarbeiter, und an deine Hausgemeinde. [3]Gnade (sei) mit euch und Friede von Gott, unserem Vater, und dem Herrn Jesus Christus.

Literatur: F. X. J. Exler, The Form of the Ancient Greek Letter of the Epistolary Papyri (3rd c. B. C. – 3rd c. A. D.). A Study in Greek Epistolography, Chicago 1976 (= Washington 1923). – G. Friedrich, Lohmeyers These über „Das paulinische Briefpräskript" kritisch beleuchtet, ZNW 46 (1955) 272–274. – M. Gielen, Zur Interpretation der paulinischen Formel ἡ κατ' οἶκον ἐκκλησία, ZNW 77 (1986) 109–125. – J. Hainz, Ekklesia. Strukturen paulinischer Gemeinde-Theologie und Gemeinde-Ordnung (BU 9), 1972, 199–203. – H. Koskenniemi, Studien zur Idee und Phraseologie des griechischen Briefes bis 400 n. Chr. (AASF B 102,2), 1956. – J. M. Lieu, „Grace to you and peace": The Apostolic Greeting, BJRL 68 (1985/86) 161–178. – E. Lohmeyer, Probleme paulinischer Theologie I Briefliche Grußüberschriften ZNW 26 (1927) 158–173. – O. Roller, Das Formular der paulinischen Briefe. Ein Beitrag zur Lehre vom antiken Brief, (BWANT IV/6) 1933. – F. Schnieder/ W. Stenger, Studien zum ntl. Briefformular (NTTS 11), Leiden 1987. – J. L. White, Saint Paul and the Apostolic Letter Tradition, CBQ 45 (1983) 433–444. – Ders., NT Epistolary Literature in the Framework of Ancient Epistolography, in: ANRW II 25 2 (1984) 1730–1756.

Der Phlm ist der einzige Brief unter den authentischen Paulinen, der nicht an eine Ortsgemeinde oder an Gemeinden geschrieben ist, sondern an eine einzelne Person, an Philemon (freilich einschließlich seiner Hausgemeinde, s. u.). Auch für dieses Schreiben verwendet Paulus die Form des Präskriptes wie in seinen Gemeindebriefen. Es ist im Gegensatz zum griechischen Briefformular (Name von Absender und Adressat samt dem Gruß χαίρειν) im Prinzip das orientalische Briefformular: Der Name des Absenders im Nominativ, der Name des oder der Adressaten mit hebräischem/aramäischem ל bzw. im griechischen Dativ, und die Grußformel „Der Friede sei mit euch!" So z. B. in Dan 3,31 der Gruß des Königs Nebukadnezar in einem Erlaß. Paulus variiert den Gruß, indem er zu εἰρήνη noch χάρις, und zwar an erster Stelle, hinzufügt. Lohse K 33 vermutet, daß er χάρις gewählt habe, weil in diesem Wort das im Griechischen übliche χαίρειν unverkennbar anklinge. „Jedenfalls aber wird durch χάρις zum Ausdruck gebracht, daß von dem Frieden die Rede ist, der durch Gottes eschatologisches Handeln angebrochen ist." Ist χάρις bei Paulus der zentrale Begriff, der am klarsten sein Verständnis des Heilgeschehens ausdrückt (H. Conzelmann, ThWNT IX, 383; s. auch Bultmann, ThNT, 287: Die χάρις als *Geschehen*), so enthält schon das paulinische Präskript ein theologisches Programm (s. auch zu 25).

War eben davon die Rede, daß der Phlm an nur eine Person gerichtet sei, so trifft das nur in Hinsicht auf den Inhalt des Briefes zu. Denn dessen Zweck ist es ja, den in **1** genannten Philemon dazu zu bewegen, als Eigentümer des zu Paulus entflohenen Sklaven Onesimos diesen wieder versöhnt aufzunehmen. Doch nennt Paulus – außer ihm begegnet auch

Timotheus als Absender (so auch noch in den authentischen Paulinen 2Kor 1,1; Phil 1,1; 1Thess 1,1), der jedoch an der Gestaltung des Briefes nicht beteiligt war (Lohse K 267 u. a.) – als Adressaten außer Philemon, der als „der Geliebte und unser Mitarbeiter" angeredet wird, in **2** Apphia, die Schwester, und Archippos, „unseren Mitstreiter", und schließlich die Hausgemeinde des Philemon, τῇ κατ᾽ οἶκον σου ἐκκλησίᾳ. Die Nennung dieser Personen ist nicht ein Akt der Höflichkeit, sondern will zum Ausdruck bringen, daß Philemon als Mitglied der von ihm geleiteten Hausgemeinde angesprochen ist. Somit hat der Brief gewissermaßen doch auch ekklesiologische Relevanz und folglich so etwas wie einen amtlichen Charakter. Wie immer Philemon auf die Bitte des Paulus hin entscheidet, er tut es in der Verantwortung vor seiner Hausgemeinde, seiner Hauskirche (zur Hausgemeinde: Gnilka K 17–33; Stuhlmacher K 70–75 [Lit.]; Wolter K 245–249). So ist der Phlm kein „Privatbrief", sondern in der Tat ein Gemeindebrief (s. auch Wickert, ZNW 52 230 ff). Ob es sich bei der ἐκκλησία, wie in unserem Fall, um eine vielleicht nur recht kleine Hausgemeinde handelt oder um eine wohl wesentlich größere Gemeinde wie z.B. die von Korinth, es geht immer um das verantwortliche Handeln in dieser ἐκκλησία und vor dieser ἐκκλησία und somit letztlich um das Handeln *coram Deo*. Ob Philemon nach der Intervention des Paulus den „Fall" Onesimos mit den Mitadressaten besprechen soll, mag offenbleiben. Mit Sicherheit wird man aber anzunehmen haben, daß nach Erhalt des Briefes eine Diskussion zwischen Philemon und den anderen Adressaten gar nicht ausbleiben konnte. Geht aus Kol 4,9 hervor, daß Onesimos später in kirchlichen Angelegenheiten aktiv war, so ist zu vermuten, daß Paulus mit seinem Brief, dem eigentlichen Brief an die Gemeinde von Kolossä (s. die Einleitung. 2. Die geographische Frage), also dem *eigentlichen* Kolosserbrief, Erfolg hatte.

Zumeist nimmt man an, daß Apphia die Frau des Philemon war. Der Name ist nicht vom römischen Namen Appia abgeleitet; Apphia ist in phrygischen Inschriften ein häufiger Name (Lightfoot K 304 ff; er sieht Apphia als phrygischen Namen). Trifft diese Vermutung zu, so war das Schicksal des Onesimos auch für sie von vitalem Interesse, da sie ja als die Hausherrin mit den Sklaven des Hauses immer wieder zu tun hatte. Die gelegentlich geäußerte Hypothese, Archippos sei Sohn von Philemon und Apphia (so schon Theodor von Mopsuestia, z. St., und Lightfoot K 308 f), ist reine Spekulation. Dennoch ist diesem Manne Aufmerksamkeit zu schenken. Denn nach der Rekonstruktion von John Knox, Philemon among the Letters of Paul, ist er der eigentliche Adressat des Phlm, und zwar als der Herr des Onesimos (σου in 2 bezieht Knox auf Archippos). Weil Paulus Archippos nicht persönlich gekannt habe, habe er den ihm vertrauten (ἀγαπητῷ!) Philemon angeschrieben, in dem Knox einen Bürger von Laodikeia sieht. So sei der Kol 4,16 genannte Brief ἐκ Λαοδικείας unser Phlm! Aber schon die willkürliche grammatische Auslegung von Phlm 2 zeigt die Unwahrscheinlichkeit dieser recht gekünstelten Hypothese – einmal ganz davon abgesehen, daß man für sie den Kol als einen authentischen Brief des Paulus ansehen müßte. Aber selbst Heinrich Greeven hatte Sympathien für diese Rekonstruktion (ThLZ 79, 373 ff).

War bereits vom amtlichen Charakter des Briefes die Rede, so fällt auf, daß sich Paulus hier gerade nicht als Apostel vorstellt, wie dies in den Präskripten der meisten authentischen Paulinen der Fall ist (Gal, 1Kor, 2Kor, Röm; nicht: 1Thess, Phil). Das hängt damit zusammen, daß er nach 8 dem Philemon gegenüber trotz aller Freundschaft zwar die Freiheit, παρρησία, hätte, zu befehlen – doch wohl mit *apostolischer* Vollmacht! –, doch sie hier nicht anwenden will (9: er *bittet*, s. u.). Er bittet als der Gefangene Christi Jesu. δέσμιος

meint die physische Gefangenschaft, aller Wahrscheinlichkeit nach in Ephesos. Die Grußformel in **3** ist, wie schon gesagt, im großen und ganzen die der authentischen Paulinen.
Aber vielleicht sollte man mit Blick auf den Inhalt des Briefes doch erwägen, ob der
Apostel bei χάρις nicht auch vor Augen hatte, daß dem von ihm bekehrten Onesimos die
gleiche Gnadentat Gottes widerfahren war wie Philemon samt seiner ἐκκλησία und zuvor
Paulus. Die εἰρήνη, die in gleicher Weise Philemon und Onesimos als göttliches Geschenk
erfahren haben, wurde zur *geschichtlichen* Wirklichkeit in der Versöhnung zwischen Herr
und Sklave, so daß Herr und Sklave Bruder und Bruder geworden sind.

4–7 Die Danksagung

**⁴Ich danke allezeit meinem Gott, wenn ich deiner in meinen Gebeten gedenke, ⁵ –
höre ich doch von deiner Liebe und dem Glauben, den du an den Herrn Jesus
Christus hast und zu allen Heiligen –, ⁶daß die Teilhabe deines Glaubens wirksam
sei in der Erkenntnis von allem Guten, das uns in Jesus Christus (geschenkt ist).
⁷Ich hatte nämlich viel Freude und Trost an deiner Liebe, weil die Herzen der
Glaubenden durch dich, (mein) Bruder, Ruhe gefunden haben.**

Literatur: O'BRIEN, Introductory Thanksgivings in the Letters of Paul, 47–61. – H. RIESENFELD, Faith
and Love Promoting Hope. A Interpretation of Phlm 6, in: Paul and Paulinism, FS C. K. Barrett,
London 1982, 251–257. – SCHNIDER/STENGER, Studien, 42–49.

Wolter K 250ff klassifiziert **4–7** als Proömium, von ihm anscheinend als literarischer,
nicht als rhetorischer Begriff verstanden (K 237). Diese Klassifizierung entspricht der
Funktion des Abschnitts. Eine rhetorische Analyse eines so kurzen Briefes, wie es der
Phlm ist, ist in der Tat oft problematisch. 4–7 ist eine in sich geschlossene Einheit,
vergleichbar mit Parallelen in anderen authentischen Paulinen. Vor allem ist 1Kor 1,4–9
zu nennen.
  Der synoptische Vergleich von Phlm **4** mit 1Kor 1,4 ist aufschlußreich:
  Phlm 4: Εὐχαριστῶ τῷ θεῷ μου πάντοτε μνείαν σου ποιούμενος ἐπὶ τῶν προσευχῶν μου
  Kor 1,4: Εὐχαριστῶ τῷ θεῷ μου πάντοτε περὶ ὑμῶν ἐπὶ τῇ χάριτι τοῦ θεοῦ
Danksagungen dieser Art finden sich auch in 1Thess 1,2ff; Phil 1,3ff und Röm 1,8ff (s.
Übersicht und Zitate bei Dunn K 315). Umstritten ist die Zuordnung von πάντοτε.
Gehört das Wort syntaktisch zu εὐχαριστῶ (Dibelius/Greeven K 102; Stuhlmacher K 31;
Dunn K 315) oder zu μνείαν σου ποιούμενος (Ernst K 130; Wolter K 250)? Grammatisch
sind beide Möglichkeiten gegeben. Vom Sinn her geurteilt, sollte man πάντοτε wahr-
scheinlich eher εὐχαριστῶ zuordnen; denn eher dürfte Paulus, wenn er an Philemon denkt,
Gott danken, als daß er jedesmal, wenn er Gott dankt, auch an Philemon denkt. Ganz
ausgeschlossen ist freilich die zweite Interpretation nicht; dann wäre allerdings vorauszu-
setzen, daß der Apostel bei jedem gemeindlichen Gebet *auch* Philemon in dieses Gebot
einschließt. Hier bleibt es beim Ermessensurteil.
  Auch die Zuordnung der Worte in **5** ist nicht ganz unproblematisch. Verständlich ist,
daß Paulus von der Liebe und dem Glauben des Philemon gehört hat, nämlich von seiner
Liebe zu dem Herrn Jesus und seinem Glauben an ihn. Somit gibt πρὸς τόν κύριον Ἰησοῦν

guten Sinn. Der Bezug von καὶ εἰς πάντας τοὺς ἁγίους bleibt aber zunächst rätselhaft. Vincent K 178 zieht sich dadurch aus dieser Verlegenheit, daß er Glaube und Liebe eng aufeinander bezieht: „Faith works by love, and love exercised towards the saints is a work of faith." Wolter K 253 u. a. wollen das Problem dadurch lösen, daß sie in 5 einen Chiasmus sehen:

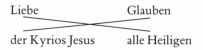

Liebe   Glauben

der Kyrios Jesus   alle Heiligen

Dagegen spricht aber der natürliche Redefluß des Satzes. Gemeint dürfte wohl sein: Philemon liebt seinen Herrn Jesus und glaubt an ihn – Philemon liebt alle Heiligen. Die Kommentatoren diskutieren viel über die beiden Präpositionen πρός und εἰς. Zumeist meinen sie, statt τὴν πίστιν ἣν ἔχεις πρὸς τὸν κύριον Ἰησοῦν sei eine Konstruktion von πίστις mit εἰς zu erwarten (z. B. Vincent K 179: „πρός nowhere else with πίστις as directed at Christ."). Aber so weit sind die beiden Präpositionen ihrer Bedeutung nach nicht voneinander entfernt. Wichtig ist vielmehr, daß Paulus hier in einem eigentlich juristischen, für ihn aber gerade theologisch und ekklesiologisch bedeutsamen Fall sofort mit den für sein theologisches Denken so wichtigen Zentralbegriffen ἀγάπη und πίστις argumentiert. Denn will er auch zunächst einmal Philemon auf seine christliche Haltung hin ansprechen – und das ist mehr als eine *captatio benevolentiae*, also mehr als bloße Taktik! –, so ist die Agape vor allem diejenige Grundhaltung, in der allein die leidige Personalfrage zu einem guten Ende geführt werden kann. Von daher mag auch die Nennung der Liebe vor dem Glauben in der Argumentation des Paulus angebracht gewesen sein: Der Apostel verweist auf die Liebe, die Philemons christliche Lebensweise prägt, eine Lebensweise also, deren tragender Grund der Glaube an Christus ist. War soeben von Argumentation die Rede, so ist dies dadurch berechtigt, daß Paulus schon zu Beginn seines Briefes auf diejenige Haltung des Adressaten verweist, von der aus die weitere Strategie des Briefes konzipiert ist. Daß von der Trias „Glaube – Hoffnung – Liebe" (s. z. Kol 1,4f) hier die Hoffnung nicht genannt ist, hängt mit der Thematik des Schreibens zusammen und sollte deshalb nicht verwundern.

In 6 ist noch einmal vom Glauben des Philemon die Rede, in 7 noch einmal von seiner Liebe. **6** leitet mit ὅπως den Inhalt der in 4 genannten Bitte ein, 5 hat folglich paränetischen Charakter (Stuhlmacher K 33). Paulus erbittet also, daß die κοινωνία τῆς πίστεως des Philemon – „die Teilhabe am Glauben" ist vorausgesetzt und wird nicht erst erbeten (κοινωνία meint hier nicht Gemeinschaft) – wirksam werde. Gemeint ist natürlich: noch weiter wirksam werde, denn sonst wäre 5 sinnlos. Die πίστις hat, wie ἐν ἐπιγνώσει zeigt, auch ihre Erkenntnisdimension. Der Glaube ist sicherlich zunächst einmal das Sichgegründet-Wissen in Gott und Christus und somit, was die menschliche Haltung angeht, existentielle Betroffenheit und ein aus solcher Betroffenheit erwachsenes Verhalten. Er ist aber auch die Erkenntnis Christi. πιστεύειν und γινώσκειν gehören im Glaubenden engstens zusammen (s. den Titel der Aufsatzsammlung von Rudolf Bultmann: „Glauben und Verstehen"). Dunn K 318 fragt, ob κοινωνία objektiv („the fellowship brought about by faith") oder subjektiv („the experience of shared faith") ist und analog πίστις objektiv („the fellowship of a shared confession") oder subjektiv („the shared experience of believing"). Seine Antwort „the thought is of the act or subjectiv experience of sharing rather than of a condition or action created by the term qualified" ist zunächst richtig. Doch darf das

„objektive" Moment nicht herabgespielt werden: Es ist doch die Teilhabe am Glauben *an* Jesus Christus. Wie „objektiv" Paulus vom Glauben sprechen konnte, zeigt Gal 3,23: πρὸ τοῦ δὲ ἐλθεῖν τὴν πίστιν. Der Glaube des Philemon soll also in fortschreitender Glaubenserkenntnis wirksam sein. Erkannt werden soll aber alles Gut, das *in* uns immer weiter *auf* Christus *hin* Wirklichkeit wird. Glaube ist demnach ein Prozeß, ein immer intensiveres und innigeres Verhältnis zu Christus. Hat Paulus immer wieder von uns als Menschen ἐν Χριστῷ gesprochen, so kommt ergänzend der Aspekt des εἰς Χριστόν hinzu: immer weiter in Christus „hinein". Der bekanntlich ekklesiologische Begriff ἐν Χριστῷ (Bultmann, ThNT, 312) signalisiert ein recht dynamisches Geschehen.

7 bringt die Begründung für das zuvor Gesagte. Zwar hat auch schon das Partizip ἀκούων in 5 begründenden Charakter, aber in 4–7 ist nur 7 mit γάρ als Begründung formuliert. In ihr kommt die Wirkung zur Sprache, nämlich viel Freude und Trost, die sich bei Paulus einstellte, als er über Philemon so viel Gutes gehört hatte. Von der Freude, χαρά, spricht Paulus immer wieder, auch zu Beginn seiner Briefe (1 Thess 1,6; 2 Kor 1,24; Phil 1,4). Da aber 7b mit ὅτι eine erneute Begründung einleitet, steht dieser kausale Nebensatz in eigentümlicher Konkurrenz zu dem, was Paulus in 5 f geschrieben hat. Auch inhaltlich korrespondieren 5 f und 7; denn beide Male ist von der ἀγάπη des Philemon die Rede. Doch bleibt die Begründung in 7b in eigenartiger Weise unscharf. Die Liebe des Philemon hat die Herzen der Heiligen ruhig werden lassen. Wer aber sind die Heiligen? Es liegt nahe, an die Hausgemeinde des Adressaten zu denken: Er hat sich so verhalten, daß sein Haus, wohl weithin mit seiner Hausgemeinde identisch, aus dem Zustand erregter Unruhe durch sein ruhiges und überlegtes, vielleicht sogar großmütiges Verhalten zur Ruhe gekommen ist. Hängt diese seine Besonnenheit, dieses sein Ruhe ausstrahlendes Wesen mit dem Fall des Onesimos zusammen? Hat Philemon deshalb Paulus in seinem Gefängnis Freude und Trost – von παράκλησις und παρακαλεῖν spricht Paulus vor allem in 2 Kor 1,3–7 – bereitet, weil er schon jetzt weiß, daß dieser nicht unchristlich handeln wird, weil nämlich seine ganze Art und Weise, wie er auf das ärgerliche Entlaufen des Onesimos reagierte, auf ein gutes Ende hoffen läßt? Sicheres läßt sich in dieser Hinsicht nicht sagen; aber eine Vermutung in diese Richtung sollte man ruhig aussprechen. Auf jeden Fall weiß Paulus insofern über Philemon Bescheid, als dieser sich seiner Hausgemeinde gegenüber so verhielt, daß sein Verhalten das Prädikat Liebe und Besonnenheit verdient. Und diese Beruhigung seines Hauses war nichts Äußerliches. Er hat auf seine Familie und die in seinem Dienst Stehenden eine solche glaubensbedingte Ruhe ausgestrahlt, daß ihre Herzen berührt waren (zu τὰ σπλάγχνα s. Nikolaus Walter, EWNT III, 635 f). Das Motiv τὰ σπλάγχνα ἀναπαύειν/ἀναπαύεσθαι begegnet dann wieder in 20 am Ende des Briefes, von Paulus diesmal im Blick auf sich selbst gesagt: Nach 7 hat Philemon die Herzen seiner Hausgemeinde zu Ruhe gebracht, nach 20 soll er das Herz des Paulus dazu bringen. Ein bemerkenswerter Bogen, der sich über das ganze kleine Brieflein schwingt (s. auch 12).

8–21 Der „Fall" Onesimos

⁸Deshalb – obwohl ich eigentlich das Recht hätte, dir das, was sich gebührt, zu gebieten – ⁹bitte ich dich vielmehr wegen (deiner) Liebe als ein solcher, (der) wie ich, Paulus, nun einmal bin, nämlich ein alter Mann, jetzt aber auch ein Gefange-

ner Jesu Christi: [10]Ich bitte dich für meinen Sohn, den ich Fesseln „gezeugt" habe, (für) Onesimos, [11]den damals für dich Unbrauchbaren, jetzt aber für dich und mich Brauchbaren, [12]den ich dir (nun) zurückgeschickt habe, ihn, das meint nämlich: mein eigenes Herz! [13]Ihn hätte *ich* am liebsten bei mir behalten, damit er mir statt deiner in meinen Fesseln des Evangeliums diente. [14]Doch ohne dein Einverständnis wollte ich nichts tun, damit nicht das Gute, das du tust, unter Zwang, sondern freiwillig geschieht. [15]Denn vielleicht wurde er eigens dazu für kurze Zeit von dir getrennt, damit du ihn für immer zurückerhältst, [16](und zwar) nicht wie einen Sklaven, sondern wie einen, der weit mehr als ein Sklave ist, (nämlich) ein geliebter Bruder, (wie er das schon) in besonderer Weise für mich ist – um wieviel mehr dann für dich, im Fleisch und im Herrn! [17]Wenn du nun mit mir Gemeinschaft (im Glauben) hast, so nimm ihn auf wie mich! [18]Sollte er dich geschädigt haben oder dir irgend etwas schulden, so schreibe es auf meine Rechnung! [19]Ich, Paulus, ich schreibe (diese Schuldverschreibung) mit eigener Hand: Ich werde zahlen (ich sage es so,) um dir nicht zu sagen: Du selbst bist eigentlich mein Schuldner. [20]Ja, (mein) Bruder, ich, ich möchte im Herrn meine Freude an dir haben. Gib meinem Herz Ruhe in Christus! [21]Im Vertrauen auf deinen Gehorsam habe ich dir geschrieben, weil ich weiß, daß du mehr tun wirst, als ich sage. [22]Zugleich besorge mir noch eine Unterkunft! Denn ich hoffe, daß ich euch durch euer Gebet wiedergeschenkt werde.

Literatur: C.-J. BJERKELUND, Parakalô. Form, Funktion und Sinn der parakalô-Sätze in den paulinischen Briefen (BTN 1), 1967, 118–124. – HAINZ, Ekklesia, 204–209. – T. Y. MULLINS, Petition as a Literary Form, NT 5 (1962) 42–54. – J. H. ROBERTS, Pauline Transitions to the Letter Body, in: A. Vanhoye (Hg.), L'Apôtre Paul. Personnalité, Style et Conception du Ministère (BEThL 73), 93–99. – J. T. SANDERS, The Transition from Opening Epistolary Thanksgiving to Body in the Letters of the Pauline Corpus, JBL 81 (1962) 348–362.

Es fiel bereits auf, daß sich Paulus in 1, anders als in seinen übrigen Briefen, nicht als Apostel vorstellt. Dem entspricht, daß er in **8** erklärt, ihm eigne ja eigentlich ein großes Ausmaß an παρρησία, um das, was sich gebührt, anzuordnen. Gemeint ist mit dieser πολλὴ παρρησία die apostolische Vollmacht oder, wie Wolter K 259 zutreffend interpretiert, die ihm als dem Apostel „eigentlich zukommende ‚Autorität'". Weil er aber ausdrücklich auf sie verzichte, habe der Apostel mit seiner in **9** mit μᾶλλον eingeleiteten Bitte die rhetorische Argumentationsfigur der *correctio* verwendet. Im Grunde aber spielt Paulus, wenn auch nur indirekt, seine Autorität als Apostel recht massiv aus. Gerade dadurch, daß er bittet, kann er, indem er ausdrücklich die Bitte als Verzicht auf diese Autorität motiviert, um so nachdrücklicher seine Absicht beim Adressaten vertreten und sie dann auch durchsetzen. Die Autorität einer Bitte ist bei einer bestimmten Art von Menschen, zu der anscheinend auch Philemon gehörte, stärker als die Autorität des Amtes. Darf man sagen, daß der *ausdrückliche* Verzicht in 8f beim Leser einen kleinen bitteren Nachgeschmack hinterläßt? Noch einmal Wolter K 259: „Die Wiederaufnahme dieser Formulierung im zusammenfassenden Appell am Schluß des Briefcorpus (20b) zeigt, daß Paulus seine Autorität dabei unterschwellig aber doch wieder ausspielt." Wolters Verweis auf IgnEph 3,1 f; IgnRöm 4,1.3 und IgnTrall 3,3 bringt in der Tat echte Parallelen zu Phlm 8f; sie tragen aber nichts für die Exegese dieser Stelle aus, da Ignatius von Antiochien wahrscheinlich in der Diktion auf Paulus rekurriert. Zu τὸ ἀνῆκον s. zu Kol 3,18 und Eph 5,4 (sonst nirgends im NT).

Nun ergänzt Paulus πολλὴ παρρησία mit ἐν Χριστῷ. Diese Wendung ist aber für Paulus, wie schon gesagt, ein ekklesiologischer Begriff, mit dem er die geistliche Realität der Kirche betont, ein Begriff übrigens, dem wir im Kol und mehr noch im Eph begegnen werden, und zwar mit besonderem theologischem Akzent, vor allem im Eph. In Phlm 8 hat dieses ἐν Χριστῷ die Funktion, die *Amtsautorität* des Paulus hervorzuheben und sie theologisch, genauer: christologisch zu fundieren. Damit ist aber impliziert, daß die Kirche auch Autoritätsstrukturen besitzt. Sie ist eben keine reine Liebeskirche, keine nur durch die ἀγάπη bestimmte Gemeinschaft, in der jeder und jede in geistlicher Gleichheit existiert. Gerade der Eph wird zeigen, wie die ἐκκλησία, trotz aller Betonung ihrer Einheit, eine durch Ämter gegliederte und somit geistliche Autorität fordernde geistliche Gemeinschaft ist (s. vor allem Eph 4,11 ff).

παρακαλῶ in 9 ist typisch paulinisch (s. im HNT u. a. zu Röm 12,1 [Einleitung des paränetischen Teils des Briefes] und zu 1Kor 1,10). An unserer Stelle meint dieses Verb allerdings mehr das Bitten als, wie sonst oft bei Paulus, das Ermahnen. Bittet Paulus wegen der ἀγάπη, so dürfte allem Anschein nach (wegen 5 und 7) die Liebe des Philemon, nicht aber die des Paulus gemeint sein. Der Apostel verweist zur Begründung der von ihm geäußerten Bitte auf sein Alter. Wie alt er damals war, wissen wir jedoch nicht; Spekulationen sind natürlich erlaubt: War er in etwa 50 bis 55 Jahre (so z. B. Dibelius/Greeven K 104; Stuhlmacher K 38; Wolter K 260)? Zumindest muß er so alt gewesen sein, daß das Argumentieren mit dem eigenen Alter für den Adressaten überzeugend war. Das stärkere Argument war aber sicherlich der Hinweis auf seine Situation als Gefangener Jesu Christi (in Ephesos?, die m. E. wahrscheinlichste Annahme).

In **10** nennt Paulus endlich den Zweck seines Briefes: Er bittet Philemon wegen dessen Sklaven Onesimos. Ihn hat er während seines Gefängnisaufenthaltes – betont stellt Paulus ἐν τοῖς δεσμοῖς heraus; s. 1: δέσμιος Χριστοῦ Ἰησοῦ – zum Glauben, zur in 5f erwähnten πίστις πρὸς τὸν κύριον Ἰησοῦν, bekehrt. Das gibt er mit der metaphorischen Aussage ἐγέννησα zu verstehen. Bis vor kurzem war es die fast einmütige Überzeugung der Exegeten, Onesimos sei wegen einer (finanziellen?) Straftat dem Philemon entlaufen, somit ein *fugitivus*; jetzt befinde sich er bei ihm, und er, Paulus, lege nun ein gutes Wort für den Entlaufenen bei Philemon ein. Diese Auffassung ist aber, vor allem durch eine kleine Miszelle von Peter Lampe, ZNW 76, 135 ff, kritisiert worden.

Onesimos, ein *fugitivus?*

Literatur: P. Lampe, Keine „Sklavenflucht" des Onesimos, ZNW 76 (1985) 135–137. – R. M. Rapske, The Prisoner Paul in the Eyes of Onesimus, NTS 37 (1991) 187–203. – A. Söllner, Einführung in die römische Rechtsgeschichte, München [3]1985. – S. C. Winter, Paul's Letter to Philemon, NTS 33 (1987) 1–15.

Peter Stuhlmacher, der in seinem 1975 publizierten Kommentar die genannte *opinio communis* vertritt, stellte fest, daß „erstaunlicherweise" Onesimos die damals üblichen Wege flüchtiger Sklaven nicht gewählt hat, nämlich zu Banden und Räubern zu stoßen, in der Subkultur der großen Städte unterzutauchen, ins Ausland zu flüchten, um dort in einem Gebiet mit großem Arbeitskräftemangel unterzukommen, oder in einem Tempel, z. B. im Artemision von Ephesos, Asyl zu suchen,

K 22 f. Warum aber geht Onesimos ausgerechnet zu dem im Gefängnis befindlichen Paulus? Peter Lampe, ZNW 76, nennt einen ihm einsichtigen Grund, warum der Entflohene so gehandelt habe. Er argumentiert *rechtshistorisch*: Unter Berufung auf die vom oströmischen Kaiser Justinianus (527–565) vorgenommene Rechtskodifikation (dazu Söllner, Römische Rechtsgeschichte, 134 ff) will er nachweisen, daß Onesimos gar kein *fugitivus* im Sinne des Römischen Rechts gewesen ist. Die von ihm zitierten *Digesta* sind in der Tat von solchem Gewicht, daß sie hier angeführt werden müssen. In Dig 21, 1, 17, 4 geschieht der Verweis auf Proculus, einen römischen Juristen. Er, Leiter der bedeutenden Rechtsschule seit 33 n. Chr. (gest. zwischen 50 und 70 n. Chr.), galt als einer der bedeutendsten Rechtsgelehrten seiner Zeit. Er bringt den Fall, daß ein Sklave, der bemerkt, daß sein Herr ihn schlagen will, zu einem Freund dieses Herrn flieht, damit dieser Fürbitte einlegt. Es ist der *amicus domini*, der zwischen dem Entflohenen und dessen Herrn zugunsten des ersteren vermitteln soll. Aus den von Lampe gebrachten juristischen Belegen sei hier nur noch Dig 21, 1, 43, 1 zitiert, nämlich die Definition des Juristen Paulus (2./3. Jh. n. Chr.): *Qui ad amicum domini deprecaturus confugit, non est fugitivus: immo etiamsi ea mente sit, ut non impetrato auxilio domum non revertatur, nondum fugitivus est, quia non solum consilii, sed et facti fugae nomen est.* „Wer zu einem Freund seines Herrn flieht, um ihn um Vermittlung zu bitten, ist kein fugitivus. Selbst wenn (die Flucht) in der Absicht geschieht, daß er, falls keine Hilfe erreicht wird, nicht zum Haus zurückkehrt, ist er immer noch kein fugitivus. Denn nicht schon der Vorsatz allein macht ihn zum fugitivus, sondern erst die Tat." Lampe interpretiert zutreffend (S. 136): Der Sklave verläßt das Haus seines Herrn *nicht mit der Absicht zu fliehen*, sondern dorthin zurückzukehren. Brian M. Rapske, NTS 37, schließt sich Lampe an und sagt mit Recht (S. 197): „The intention of a slave is all-important in determining, whether he should be considered a fugitivus or not."

Aus zwei Briefen von Plinius d. J. an Sapianus (während der Herrschaft des Trajan 89–117 n. Chr.) ist ersichtlich, was ein *amicus domini* durch seine Fürsprache erreichen kann, freilich in diesem Fall für einen bereits Freigelassenen, *libertus tuus* (lib ep IX, 21): „*Er ist zu mir gekommen, hat sich mir vor die Füße geworfen und sie umklammert, als seien sie die deinen. Er weinte bitterlich, bat um vieles und schwieg dann lange. Alles in allem, er bekundete aufrichtige Reue.*" Inzwischen haben u. a. auch Wolter K 227 ff und Dunn K 301 ff Lampes Interpretation übernommen. Geht man davon aus, daß Onesimos in der Tat Paulus um Fürbitte gebeten hat, so ist diese Auslegung schlüssig.

Onesimos war also im *rechtlichen* Sinne kein *fugitivus*. Trotzdem ist festzuhalten, daß er zunächst einmal geflohen ist, wenn auch mit der Absicht, zurückzukehren. Somit sind auch unsere Überlegungen zu Kol 4,13.16 unabhängig vom juristischen Tatbestand. Aus den Worten des Philemon geht nicht mit Sicherheit hervor, daß er Paulus um Interzession bei Philemon gebeten hatte. Aber die o. g. von Stuhlmacher u. a. gestellte Frage, warum Onesimos nicht einen der üblichen Wege entflohener Sklaven gegangen ist, die Frage, wieso er ausgerechnet Paulus im Gefängnis aufgesucht hat, all dieses Ungereimte verschwindet angesichts der plausiblen Annahme, daß er den *amicus domini* um Vermittlung gebeten hat und daß folglich Paulus selbst nicht gegen römische Gesetze verstoßen hat, weil er einen *fugitivus* unterstützt hätte. Die von Lampe zitierten *casus iuris*, auf den *casus* des Onesimos angewendet, helfen zu einem *Plausibilitätskomplex*, der ein konkretes, anschauliches und lebendiges Bild bietet.

Erwähnt sei noch die Hypothese, u. a. von Hermann Binder K 35 vertreten, wonach Onesimos als inhaftierter Flüchtling Paulus im Gefängnis traf. Ein solches Zusammentreffen ist aber äußerst unwahrscheinlich, da man für einen *fugitivus* eine strenge Haft anzunehmen hat, für Paulus aber offenbar wesentlich leichtere Haftbedingungen, *libera custodia*, zutrafen (kritisch in dieser Hinsicht auch Dunn K 303 f; s. zudem Rapske, NTS 37, 191).

Mit dem Abstand von der geschichtlichen Zeit wachsen in Tradition und Legende Bedeutung und Amt vor allem derjenigen biblischen Gestalten, die im NT nur für einen kurzen Augenblick auftauchen, wie es bei Onesimos der Fall ist. Wir sehen ihn zunächst im Phlm aus der Perspektive des Paulus und erhalten dann eine etwas vage Ergänzung durch den AuctCol in Kol 4,9, wo der sich im Gefängnis befindende „Paulus" den Exsklaven aus Kolossä als Begleiter des Tychikos in seine Heimatstadt schickt. Da Kol 4, wie die Auslegung dieses Kap. ergibt, immerhin ein historisches *fundamentum in re* enthält, dürfte Onesimos aufgrund des Phlm wohl seine Freiheit erhalten haben (s. zu Kol 4). Diese nach Kol 4,7 ff von „Paulus" initiierte Delegation war aber bereits Fiktion. Und noch mehr gehört es in den Bereich der Spekulation, wenn man den von Ignatius von Antiochien in

IgnEph 1,3 erwähnten Onesimos, Bischof von Ephesos, (ἐν Ὀνησίμῳ τῷ ἐν ἀγάπῃ ἀδιηγήτῳ, ὑμῶν δὲ ἐν σαρκὶ ἐπισκόπῳ) als identisch mit dem in Phlm 10 genannten Onesimos sieht (Lohse K 262 Anm. 1: es muß ganz ungewiß bleiben; aber Stuhlmacher K 57: „Die Angaben des Ignatius in seinem Epheserbrief lassen sogar vermuten, daß Onesimus später zum Bischof von Ephesus aufgestiegen ist. Das signifikante Schicksal des ehemaligen Sklaven Onesimus, dessen Ausstrahlung wir wahrscheinlich auch die Überlieferung unseres kleinen Paulusbriefes verdanken, rückt damit in Parallele zum Lebensweg des Kallist, der zu Beginn des 3. Jh.s Bischof von Rom war und ebenfalls ‚aus dem Sklavenstand in das höchste Amt der Kirche aufstieg'.") Zu berücksichtigen ist in diesem Zusammenhang, daß der Name Onesimos, gerade auch als Name von Sklaven oder von *liberti*, häufig vorkam (Lightfoot K 308 f; vor allem 308, Anm. 5 u. 6).

Aus 10 geht also hervor, daß Onesimos vor seiner Flucht als Heide ein Sklave im Hause des Philemon gewesen war. Insofern hatte er zumindest im οἶκος des Philemon nicht zur κατ᾽ οἶκόν σου ἐκκλησία gehört (s. 2). War er zu jener Zeit „unbrauchbar", wie τόν ποτέ σοι ἄχρηστον auszusagen scheint? Spielt Paulus auf die Unbrauchbarkeit der phrygischen Sklaven an, wofür Lightfoot K 310, Anm. 2, Belege bringt (anscheinend so auch die Meinung von Lohse K 279)? Man wird sich aber hier vor Verallgemeinerungen hüten müssen. Es ist aus dem Wortlaut von 10 f nicht zu eruieren, ob Onesimos vor seiner Flucht tatsächlich ein fauler, also „unbrauchbarer" Sklave war oder ob Paulus in **11** mit dem Wortspiel ἄχρηστος – εὔχρηστος vor allem auf der religiösen Ebene argumentiert. Onesimos, wörtlich übersetzt „der Nützliche", war, wie schon gesagt, ein häufiger Sklavenname. Wenn nun Paulus den Gegensatz von ἄχρηστος – εὔχρηστος brachte, dann spielte er damit auf den Namen Ὀνήσιμος an. Sollte, wie anzunehmen ist, schon zur Zeit der Niederschrift des Phlm der Vokal η in itazistischer Weise wie i ausgesprochen worden sein, hätte das erste Wort wie *achristos*, das zweite wie *euchristos* geklungen, also: nicht christlich, gut christlich. Dann würde 11 besagen, daß Onesimos vor seiner Bekehrung ein nichtchristlicher Sklave und zugleich ein unnützer Sklave war, nach seiner Bekehrung aber als ein christlicher ein nützlicher. Dennoch ist mit dieser Interpretation keineswegs ausgeschlossen, daß er vor seiner Flucht wenig taugte, weil er in seiner Arbeit unzuverlässig war. Wollte Paulus sagen, Onesimos sei aufgrund seiner Bekehrung ein εὔχρηστος geworden, weil er nun ein *euchristos* war? Möglich! Letztlich bleibt aber die Frage unbeantwortbar. Was sich allerdings vermuten läßt, ist, daß für Paulus ein *euchristos* sicherlich ein εὔχρηστος ist.

Der Aorist ἀνέπεμψα in **12** wird zumeist präsentisch mit „ich schicke" übersetzt (Dibelius/Greeven K 105: „Aorist des Briefstils"; Lohse K 280, Anm. 1; Wolter K 264; Dunn K 322, Anm. 5: „Another very good example of the epistolary aorist"; die meisten Autoren verweisen auf das Parallelbeispiel Kol 4,8). Paulus versetzte sich in der Tat in die Situation des Briefempfangs durch den Adressaten: In diesem Augenblick war ja der Zeitpunkt des Sendens bereits Vergangenheit.

Für Paulus war es, wie er nun offen zum Ausdruck bringt, ein Stück Selbstüberwindung, Onesimos zu Philemon zurückzuschicken. Denn dieser ist inzwischen „sein eigenes Herz" geworden. Mit σπλάγχνα wird in emotionaler Sprache das Verhältnis von Eltern zu ihren Kindern zum Ausdruck gebracht (Lightfoot K 338, Anm. zu Phlm 12). Paulus hängt also so sehr an Onesimos, wie sonst ein Vater an seinem Sohn hängt. τὰ ἐμὰ σπλάγχνα greift somit das ἐγέννησα von 10 auf. In **13** gesteht Paulus in aller Offenheit, daß er den Onesimos am liebsten bei sich behalten hätte. Nicht etwa, weil er sich von dem nicht trennen wollte, der ihm durch seine Bekehrung zum geliebten Sohn geworden ist, sondern damit er ihm in den Fesseln des Evangeliums dienen könne. Die Diskussion geht um das Verb διακονεῖν. Zumeist hatte man lange Zeit diese Angabe so gedeutet, daß Onesimos für den gefangenen Paulus Dienste tun, also irgendwie zur Hafterleichterung beitragen könnte (z. B. Lohse K 280; ausführlich Stuhlmacher K 40). Doch dürfte Ollrog, Paulus und seine Mitarbeiter, 101–106, überzeugend gezeigt haben, vor allem aufgrund der übrigen Vorkommen von διακονεῖν in den authentischen Paulinen, daß es um den Dienst in der Missionsarbeit geht, ib. 102: „Paulus bittet um Onesimos als Mitarbeiter für die Missionsarbeit; man hat zu übersetzen: ‚damit er mir in der Gefangenschaft, die ich um des Evangeliums willen erfahre, stellvertretend für dich in der Missionsarbeit diene'." So deutet Ollrog, ib. 104, den Phlm als „Bittschreiben des Paulus um einen Gemeindege-sandten" (auch unter Berücksichtigung der noch folgenden Verse). Dieser Deutung haben sich u. a. Wolter K 265 ff und Winter, NTS 33, 9, angeschlossen. Dann aber hat Dunn K 330 f wieder die ältere Position verteidigt, und zwar mit dem Argument, daß Ollrog u. a. das Pronomen μοι ignoriere. Doch kann die Berufung auf dieses μοι nicht überzeugen, denn das Wort bedarf der Interpretation: Verweist Paulus hier auf die ihm zu leistende διακονία, so fragt sich ja gerade, ob Onesimos die „Diakonie" für Paulus als Person oder als Missionar ausführen soll. Ist aber der Sprachgebrauch für διακονεῖν/διακονία in den übrigen Paulusbriefen der, daß ausschließlich der kirchliche Dienst gemeint ist, dann ist das auch für Phlm 13 anzunehmen: Paulus befindet sich ἐν τοῖς δεσμοῖς τοῦ εὐαγγελίου – zu übersetzen: um des Evangeliums willen in Gefangenschaft. Und für dieses Evangelium soll sich Onesimos einsetzen. Jedoch, was besagt das zunächst rätselhafte ὑπὲρ σοῦ? Onesimos solle „anstelle des Philemon" diesen Dienst tun? Angenommen, Paulus schreibt in Ephesos: Erwartet er dann in der Tat, daß Philemon von Kolossä eigens dazu nach Ephesos käme, um sich dort im missionarischen Dienste zur engagieren? Hat er nicht in Kolossä seine Aufgabe als Herr seines Hauses gewissenhaft zu erfüllen? Gnilka K 48 hat recht: „Diese Vorstellung muß für Philemon überraschend gewesen sein." Nun war der Apostel tatsächlich der Meinung, daß der, der von einem bestimmten „Katecheten" „katechesiert" worden war, diesen an seinen Gütern teilhaben lassen sollte (Gal 6,6; Gnilka K 48 verweist auf diese Stelle). Vielleicht sollte man wie folgt interpretieren: *Eigentlich* hätte Paulus Anspruch darauf, daß sich Philemon als der, der dem Paulus seinen christli-chen Glauben verdankt, an der Missionsaufgabe beteiligte. Aus Billigkeitsgründen hat aber der Apostel diesen Anspruch nicht erhoben. Jetzt jedoch ergibt sich durch die Bekehrung von Onesimos durch denselben Paulus die günstige Gelegenheit, daß Phile-mon seine Dankespflicht dadurch abstatten kann, daß er den Onesimos an seiner Stelle dafür zur Verfügung stellt (ähnlich anscheinend Dunn K 331, abgesehen von der o. g. Differenz zu unserer Auslegung von διακονῇ). Vielleicht erscheint uns diese rhetorische Taktik des Paulus ein wenig raffiniert. Man sollte aber zugleich bedenken, daß es ihm ja nicht um sich selbst ging, sondern um die Sache des Evangeliums.

Doch Paulus will, wie er in **14** zu verstehen gibt, keinesfalls das gewünschte διακονεῖν des Onesimos ohne die freiwillige Zustimmung des Philemon. Wie „freiwillig" sie nach dem in 10–13 Gesagten nun wirklich sein kann, sei dahingestellt. Ein wenig „persönlichen Zwang" hatte Paulus sicherlich durch diese Verse ausüben wollen, also trotz 14b ein wenig ἀνάγκη. Aber prinzipiell war Philemon schon frei. Paulus spricht in diesem Zusammenhang vom Guten, τὸ ἀγαθόν σου. Das Adjektiv findet sich bei Paulus sehr häufig, auch, wie hier, im Kontext des Verhaltens. Es hat bei ihm also oft eine ethische Konnotation. Nur wenige, aber für die Auslegung von Phlm 14 hinreichende Beispiele:

Vor allem sind 1Thess 5,15, πάντοτε τὸ ἀγαθὸν διώκετε, und Röm 12,2, τὸ θέλημα τοῦ θεοῦ, τὸ ἀγαθὸν καὶ τὸ εὐάρεστον, zu nennen, aber auch im Kontext der Gesetzesproblematik Röm 7,12ff, z.B. 7,19, οὐ γὰρ ὃ θέλω ποιῶ ἀγαθόν. Auch in Phlm 14 steht ἀγαθόν – anders als in 6! – im Zusammenhang des Ethischen. Anklänge der Terminologie an stoische oder populärwissenschaftliche Begrifflichkeit in 14 mag man registrieren, sie besagen aber für die Aussageintention des Paulus im Grunde nichts.

In **15** spricht Paulus von einer Möglichkeit, τάχα: „Vielleicht" sei Onesimos eine Zeit lang von Philemon getrennt gewesen, damit (das dritte ἵνα seit 13!) er ihm für immer erhalten bleibe. Dieser Finalsatz mit dem ausdrücklichen αἰώνιον paßt jedoch nicht so recht zu der seit 13 (wenn nicht schon seit 10) immer deutlicher ausgesprochenen Bitte, Philemon möge ihm seinen Sklaven für die Missionsarbeit überlassen. Denn wenn er dieser Bitte entspricht, hat er ihn ja gerade nicht für immer! In ἐχωρίσθη mag man ein *passivum divinum* sehen (Lohse K 282: Gottes verborgene Absicht wird mit dem Verb angedeutet). Die genannte Diskrepanz wäre dann beseitigt, wenn man ἵνα αἰώνιον αὐτὸν ἀπέχῃς in der Weise deutete, daß Philemon den Onesimos für immer als Bruder gewinnt. Dafür könnte vielleicht **16** sprechen: Philemon erhält ihn nicht mehr als Sklaven zurück, sondern als einen, der weit mehr ist als ein Sklave, nämlich ein geliebter Bruder. In 1 nennt Paulus den Philemon ἀγαπητός, in 16 den Onesimos einen ἀδελφὸς ἀγαπητός. Ist dem Paulus Onesimos dieser geliebte Bruder in besonderer Weise, μάλιστα, um wieviel mehr erst dem Philemon, sowohl als Mensch, ἐν σαρκί, als auch als Christ, ἐν κυρίῳ! Gut Lohse K 282: „Ist Onesimus ἐν σαρκί als Sklave Eigentum seines Herrn, so ist diese irdische Ordnung nun überboten durch die Verbundenheit ἐν κυρίῳ."

In **17** wird Paulus in seiner Bitte konkreter; irgendwie geht er allerdings hinter das zurück, was er bereits ziemlich massiv angedeutet hat, nämlich ihm den Onesimos zu überlassen. Er spricht den Philemon auf seine Glaubensgemeinschaft an: Wenn du mit mir also im gemeinsamen Glauben lebst, dann nimm ihn auf – wie mich! In dieser κοινωνία und somit in der geistlichen Gemeinschaft des ἐν Χριστῷ (jetzt anders als in 8 verstanden) sind Paulus, Philemon und Onesimos Menschen *einer* Würde. Sie sind im Blick auf dieses ἐν Χριστῷ gleich (Gal 3,28: οὐκ ἔνι δοῦλος οὐδὲ ἐλεύθερος!). Mag auch die soziologische Realität unterschiedlicher Stände immer noch bestehen – diese Realität ist nicht die eigentliche Realität! Was wirklich gilt, weil es wirklich *ist*, das ist das *Sein* in Christus, das eigentliche Sein, demgegenüber alles andere verblaßt. Wie immer auch Philemon auf den Brief des Paulus reagieren wird, einen Tatbestand kann er nicht ignorieren oder gar außer Kraft setzen, die κοινωνία zwischen Onesimos und sich selbst. Alle von Menschen gesetzte Realität ist letztlich nur schattenhafte Wirklichkeit, aber die von Gott gewirkte Realität ist das, wogegen keiner anrennen kann. Paulus sagt also dem Philemon in aller Deutlichkeit und Massivität, was von Gott her mit Onesimos geschehen ist. Der Christ Philemon kann nicht anders, als hier dem von Paulus Gesagten zustimmen. Und wenn dieser sich dann in **18** auch noch großzügig und großmütig erweist, indem er eventuell veruntreutes Geld ersetzen will (juristisch bindend!), dann nimmt er dem Philemon eine weitere moralische Möglichkeit, sich seiner Bitte zu verschließen. In **19** sagt er ausdrücklich, daß er selbst mit eigener Hand geschrieben hat. Und er fährt dann fort: Ich, ich werde es bezahlen! Das ist juristisch bindende „Schuldverschreibung". Danach jedoch noch einmal in aller Deutlichkeit: Ich, ich will ja nicht eigens sagen, daß du dich selbst mir schuldest (s. 13: ὑπὲρ σοῦ). In der Tat, noch deutlicher kann man es eigentlich nicht mehr sagen. Da ist wohl die Bitte, da ist wohl der Hinweis, keine ἀνάγκη anzuwenden. Aber dann doch die verbal religiöse ἀνάγκη! Und schließlich **20**: Ja, mein Bruder, *ich* – betontes ἐγώ wie in 19! – möchte Freude an dir haben, und zwar „im Herrn"; gib meinem Herzen die innere Ruhe „in Christus". ἐν κυρίῳ und ἐν Χριστῷ besagen in 20 ein und dasselbe, es ist rhetorische Verdoppelung.

In **21** spricht Paulus den Philemon auf seinen Gehorsam an. Er habe ihm geschrieben, weil er ihm vertraute. πεποιθώς ist kausal gemeintes Partizip. Er wisse, εἰδώς (!), daß Philemon mehr tun werde, als er, Paulus, ihm jetzt brieflich sagt. Also: *Ich weiß, daß du mir Onesimos überlassen wirst.* Wiederum formuliert Lohse K 287 es gut: „Auch hier vermeidet es freilich der Apostel anzudeuten, worin dieses ,mehr' bestehen könnte. Mit keinem Wort ist davon die Rede, ob dem Sklaven die Freiheit geschenkt werden sollte." Und dann, sozusagen nachhinkend in **22** die Bitte um eine Herberge. Somit hofft Paulus, bald aus seinem Gefängnis in Ephesos nach Kolossä kommen zu können. Allem Anschein nach hat er aber dann doch diese Stadt nie betreten. Die 22b ausgesprochene Hoffnung, daß er kraft der Gebete der Adressaten diesen geschenkt werde, hat sich also nicht erfüllt. Zum „Fall" Onesimos selbst: Aus dem Kol dürfte zu erschließen sein, daß Onesimos tatsächlich von Philemon freigelassen worden ist (s. zu Kol 4,9).

23–25 Postskript: Grüße und Friedenswunsch

[23]Es grüßen dich Epaphras, mein Mitgefangener in Christus Jesus (oder: in Christus, ferner Jesus), [24]Markus, Aristarchos, Demas (und) Lukas, meine Mitarbeiter. [25]Die Gnade unseres Herrn Jesus Christus sei mit euch!

Literatur: Ollrog, Mitarbeiter, 44–49. – V. C. Pfitzner, Paul and the Agon Motif. Tradtional Athletic Imagery in the Pauline Literature (NTS 41), 1967, 161. – Schnider/Stenger, Studien, 69–167.

Alle in 23 f genannten Männer werden auch in Kol 4,16 ff erwähnt (s. auch zu dieser Stelle), dort allerdings zudem noch Jesus Justus, falls in Phlm 23 Ἰησοῦς statt Ἰησοῦ zu lesen ist. (s. u.).

In **23** wird als erster, der an Philemon (nicht an seine Hausgemeinde!) Grüße bestellt, Epaphras, der Missionar des Lykostales (s. Kol 1,7; 4,12), erwähnt. Er hat sich also zur Zeit der Abfassung des Phlm in Ephesos aufgehalten. Umstritten ist aber, ob ὁ συναιχμάλωτός μου, mein Mitgefangener, besagt, daß er mit Paulus die Gefangenschaft teilte (so H. Balz, EWNT III, 711; Lohse K 288, Anm. 1; Ollrog, Paulus und seine Mitarbeiter, 44; Wolter K 281) oder bloß, daß die Mitkämpferschaft mit Paulus, den dieser Weg ins Gefängnis geführt hatte, ihm diesen Ehrentitel einbrachte (G. Kittel, ThWNT I, 196 f; Pfitzner, Paul and the Agon Motif, 161; Gnilka K 92, der sich auf Pfitzner und das Agon-Motiv beruft, Dunn K 347 f). Diese bildliche Deutung ist aber zu gekünstelt; wir werden wohl anzunehmen haben, daß Epaphras in der Tat Mithäftling des Paulus in Ephesos war. Dessen Grüße waren also allem Anschein nach Grüße des Leiters der kolossischen Gemeinde und daher für Philemon besonders wertvoll. Wenn Paulus dann die Wendung ὁ συναιχμάλωτός μου noch mit ἐν Χριστῷ Ἰησοῦ ergänzt, so wird der Gefangenschaft noch ein existentielles Moment gegeben: Auch die Existenz im Zustand des Gefangenseins ist ein Sein in Christus, ein Sein der Passion in dem, der *die* Passion schlechthin erlitten hat.

Fraglich ist allerdings die Auffassung von Lohse K 288 (unter Berufung auf die ib. Anm. 2 genannten Autoren), daß nicht der Dativ Ἰησοῦ als Ergänzung zu ἐν Χριστῷ zu lesen ist, sondern ursprünglich der Nominativ Ἰησοῦς, der den in Kol 4,11 genannten Jesus Justus bezeichnet (s. auch Ollrog, Paulus und seine Mitarbeiter, 49).

In **24** wird unter den Grüßenden zunächst Markus genannt. War es Johannes Markus, der immerhin nach Act 15,36–40 Paulus in Pamphylien verlassen hatte und deshalb bei diesem in Ungnade gefallen war? Wir wissen es nicht. Auch für Aristarchos, nach Kol 4,11 Mitgefangener mit Paulus, wird immer wieder auf Act verwiesen, und zwar Act 19,29; 20,4; 27,2. Nach Act 20,4 war er wahrscheinlich Kollektengesandter. Auch in diesem Fall lassen wir die Frage der Identität des Mannes auf sich beruhen. Über Demas wissen wir nichts. Lukas ist in Kol 4,14 als der geliebte Arzt bezeichnet. Die spätere Tradition hat aus ihm den Verfasser des lukanischen Doppelwerkes gemacht, ebenso den Markus bzw. Johannes Markus zum Verfasser des Mk.

Haben die Grüße nur dem Philemon allein gegolten, so der Gnadengruß in **25** seiner ganzen Hausgemeinde. Es ist die von Paulus immer wieder am Ende seiner Briefe verwendete Wunschformel (z.B. Gal 6,18; 1Kor 16,24; Röm 16,20): Die χάρις – schon im Präskript der Briefe formelhaft zusammen mit εἰρήνη genannt – unseres Herrn Jesus Christus sei mit eurem Geiste! μετά τοῦ πνεύματος ὑμῶν meint hier in 25 nichts anderes als „mit euch“, μετ᾿ ὑμῶν. Hat Paulus in seinen Briefen χάρις im Sinne der rhetorischen Figur der *inclusio* gemeint? Ob man die Frage bejaht oder verneint – es bleibt dabei, daß die χάρις sein Segenswunsch schlechthin ist. Sie ist die Gnadentat Gottes, als Ereignis der gnadenhaft handelnde Gott selbst.

39

An die Kolosser

1,1–2 Das Präskript

[1]Paulus, Apostel Christi Jesu durch den Willen Gottes, und Timotheus, der Bruder, [2]an die in Kolossä (wohnenden) Heiligen und gläubigen Brüder und Schwestern, (die) „in Christus" (sind). Gnade (sei) euch und Friede von Gott unserem Vater!

Literatur: s. die zu Phlm 1–3 genannte Lit.

Das Präskript übernimmt die aus den authentischen Paulusbriefen bekannte Form: Absender im Nominativ, Adresse im Dativ und schließlich die Segens- und Friedensformel. Dafür sei hier auf das, was bereits zum Präskript des Phlm gesagt wurde, verwiesen. Erläuterungen sind deshalb nur noch insofern erforderlich, als es um Aussagen geht, die spezifisch für das Verständnis des Kol sind. Es fehlt im Präskript der Begriff ἐκκλησία. „Paulus" kennt ihn zwar im Sinne von Ortsgemeinde, wie 4,16 zeigt, wo neben der Gemeinde von Laodikeia auch die von Kolossä genannt ist. Statt τῇ ἐκκλησίᾳ τῇ ἐν Κολοσσαῖς heißt es in **2** τοῖς ἐν Κολοσσαῖς ἁγίοις καὶ πιστοῖς ἀδελφοῖς ἐν Χριστῷ. In Röm 1,7 werden die Adressaten mit κλητοῖς ἁγίοις angesprochen (auch ohne ἐκκλησία), in 1Kor 1,2 findet sich ebenfalls κλητοῖς ἁγίοις, dort allerdings als Ergänzung zu τῇ ἐκκλησίᾳ τοῦ θεοῦ τῇ οὔσῃ ἐν Κορίνθῳ. In 2Kor 1,1 gilt der Gruß der ἐκκλησίᾳ in Korinth σὺν τοῖς ἁγίοις πᾶσιν τοῖς οὖσιν ἐν ὅλῃ τῇ Ἀχαΐᾳ. Gal 1,2 bringt nur ταῖς ἐκκλησίαις τῆς Γαλατίας. Phil 1,1 heißt es πᾶσιν τοῖς ἁγίοις ἐν Χριστῷ Ἰησοῦ τοῖς οὖσιν ἐν Φιλίπποις und 1Thess 1,1 τῇ ἐκκλησίᾳ Θεσσαλονικέων. In Phlm 2 formuliert Paulus τῇ κατ᾽ οἶκόν σου (= Philemon) ἐκκλησίᾳ. Von den Heiligen (ἅγιοι als Substantiv) ist also immerhin im Präskript von vier authentischen Paulusbriefen die Rede. Kannte der AuctCol einige dieser Briefe, so z. B. mit Sicherheit den Röm, dann dürfte auch τοῖς ἁγίοις von ihm so gemeint und nicht als Adjektiv von ἀδελφοῖς zu verstehen sein. Des weiteren zeigt der Überblick über die Präskripte aller authentischen Paulinen, daß es der Apostel auch in den Präskripten des Röm und des Phil unterläßt, von einer ἐκκλησία zu sprechen. Aus dem Fehlen dieses Begriffs im Präskript des Kol lassen sich daher keine theologischen Schlüsse ziehen. Und außerdem sei noch einmal daran erinnert, daß Paulus im Präskript seines *wirklichen* Kolosserbriefes, nämlich des Philemonbriefes, von der Hausgemeinde des Philemon spricht (s. zu Phlm 2). Anders steht es mit der Anrede πιστοῖς ἀδελφοῖς in 2. In keinem einzigen seiner an eine Gemeinde (oder an Gemeinden) gerichteten Brief spricht Paulus im Präskript die Gemeinde mit ἀδελφοί an, obwohl er die Anrede ἀδελφοί im Verlaufe seiner Briefe immer wieder bringt. Daß mit ἀδελφοί Brüder und Schwestern angeredet sind, versteht sich von selbst (J. Beutler, EWNT I 71)! ἐν Χριστῷ begegnet bei Paulus laufend. Doch ist zu klären, ob es im Gesamtgefüge der theologischen Argumentation des AuctCol möglicherweise einen anderen Stellenwert einnimmt als im theologischen Denken des Paulus (s. Rückblick auf die Theologie des Kol).
In allen authentischen Paulinen folgt beim Friedensgruß nach ἀπὸ θεοῦ πατρὸς ὑμῶν

noch καὶ κυρίου Ἰησοῦ Χριστοῦ; nur der deuteropaulinische Verfasser des Kol läßt diese Worte rätselhafterweise weg. Doch gerade der christologische Akzent des Briefes ließe diese christologische Erweiterung erwarten. Richtig Lohse K 39: „Da der Christologie im Kolosserbrief zentrale Bedeutung zukommt, wäre es sicher verfehlt, nach theologischen Gründen suchen zu wollen, die zu einer Verkürzung der Grußformel geführt haben könnten."

Ist der deuteropaulinische Brief, der aufgrund des Wortlauts von 2 an die Kolosser gerichtet ist, der Intention seines Schreibers nach überhaupt für diese bestimmt? Andreas Lindemann, WuD 16 111 ff, vertritt die Hypothese, in Wirklichkeit sei dieser Brief an die Gemeinde des auch im Lykostal gelegenen Laodikeia gerichtet. Der Versuch einer Antwort auf diese Frage geschieht im Zusammenhang mit der Auslegung von 4,15 f.

1,3–8 Die Danksagung

[3]**Wir danken allezeit Gott, dem Vater unseres Herrn Jesus Christus, und beten für euch. (oder: Wir danken Gott, dem Vater unseres Herrn Jesus Christus, und beten allezeit für euch.)** [4]**Denn wir haben von eurem Glauben gehört, (den ihr) in Christus Jesus (habt), und von der Liebe, die ihr allen Heiligen gegenüber übt,** [5]**wegen der Hoffnung, die für euch in den Himmeln bereitliegt. Von ihr habt ihr ja bereits durch das Wort der Wahrheit des Evangeliums gehört,** [6]**das zu euch gelangt ist (oder: das bei euch ist) – wie es auch unter der ganzen Menschheit Frucht bringt und wächst, wie es auch unter euch (wirkt), (und zwar) von dem Tage an, da ihr es zum ersten Male hörtet und die Gnade Gottes in (ihrer) Wahrheit erkanntet,** [7]**wie ihr es von Epaphras, unserem geliebten Mitknecht, gelernt habt, der an unserer Stelle ein zuverlässiger Diener des Christus ist.** [8]**Er hat uns von eurer Liebe im Geiste berichtet.**

Literatur: Bornkamm, Die Hoffnung im Kol, 206–208. – H. Hübner, Art. ἀλήθεια κτλ.: EWNT I, 138–145. – T. Y. Mullins, The Thanksgivings of Philemon and Colossians, NTS 30 (1984) 288–293. – O'Brien, Introductory Thanksgivings in the Letters of Paul, 62–104. – E. Pfister, Zur Wendung ἀπόκειταί μοι ὁ τῆς δικαιοσύνης στέφανος, ZNW 15 (1914) 94–96. – F. Schnider/W. Stenger, Studien zum ntl. Briefformular (NTTS 11), 1987. – Th. Söding, Die Trias Glaube, Hoffnung, Liebe bei Paulus (SBS 150), 1992, 177–180.197–203. – K. M. Woschitz, Elpis, Hoffnung, Wien 1979, 577–581.

Deuteropaulus kopiert in **3** mit εὐχαριστοῦμεν τῷ θεῷ erneut Paulus (bei diesem allerdings Singular εὐχαριστῶ τῷ θεῷ μου Phlm 4; Röm 1,8; 1Kor 1,4; wegen der Parallele in 1Kor, wo πάντοτε auf εὐχαριστῶ bezogen werden muß, gehört auch in Kol 1,3 wahrscheinlich πάντοτε zu εὐχαριστοῦμεν, unsicher freilich in Phlm 4). Wie kein authentischer Paulusbrief bringt der AuctCol εὐχαριστεῖν bzw. das entsprechende Substantiv und Adjektiv in nahezu briefstrukturierender Weise (gut Gnilka K 199: „Die Aufforderung zum Danksagen durchzieht wie ein Ceterum censeo den Brief."). Wie der AuctCol diese Worte in seinen Brief einbringt, gibt er ihnen einen starken, geradezu struktursetzenden Akzent (εὐχαριστεῖν: 1,3; 1,12; 3,17; εὐχαριστία: 2,7; 4,2; εὐχάριστος: 3,15). Doch steht bereits

Paulus seinerseits in einer jüdischen und auch außerjüdischen Tradition. So heißt es z. B. 2Makk 1,10 f in einem Brief der Bewohner Jerusalems und Judäas an Aristobul (jüdischer Lehrer des Ptolemäus VI. Philometor) unmittelbar nach dem Präskript: ἐκ μεγάλων κινδύνων ὑπὸ τοῦ ϑεοῦ σεσῳσμένοι μεγάλως εὐχαριστοῦμεν αὐτῷ (dazu Schubert, Thanksgivings, 117 ff). In hellenistischen und kaiserlichen Briefen findet sich der Dank an die Götter (Beispiele bei Lohse K 40; s. auch Schubert, op. cit. 158 ff). „Paulus" dankt Gott, dem Vater unseres Herrn Jesus Christus, indem er allezeit für sie betet.

Die Danksagung mündet in **4** in das Lob der Kolosser. „Paulus" hat ja von ihrem Glauben und ihrer Liebe gehört. Der Glaube wird als πίστις ἐν Χριστῷ Ἰησοῦ präzisiert. Umstritten ist die Bedeutung der Wendung; meint sie „Glaube an Christus Jesus" oder „Glaube derer, die ,in Christus Jesus' sind"? Mit Lohse K 46, O'Brien, Introductory Thanksgivings, 79 f; u.a. dürfte der AuctCol auf den Bereich anspielen, in dem die Glaubenden leben; gemeint sind Grund und Vollzug des Lebens unter der Herrschaft des erhöhten Christus. Wenn bereits in **2** ἐν Χριστῷ den Heilsbereich bezeichnet, wird für **4** kaum eine andere Bedeutung anzunehmen sein, zumal für den Kol das Denken in *existentialer Räumlichkeit* konstitutiv ist (z. B. 1,13). Glaube ist also „da", wo Menschen „in Christus" existieren. Wo aber Glaube echter Glaube ist, da ist der „Raum" des Glaubens zugleich der „Raum" der Liebe. So findet sich bei „Paulus" – wie zuvor schon bei Paulus (Gal 5,6) – die Sequenz von Glaube und Liebe wie von selbst. Es ist diejenige Liebe, die die christliche Gemeinschaft auszeichnet: τὴν ἀγάπην . . . εἰς πάντας τοὺς ἁγίους. In **5** erweitert „Paulus" die Dyas Glaube und Liebe zur Trias, indem er auch noch von der Hoffnung spricht. Doch unterscheidet sich diese Trias in doppelter Hinsicht von der paulinischen (1Thess 1,4; 5,8; 1Kor 13,13). Zunächst werden die beiden zuvor genannten Größen der ἐλπίς untergeordnet (Bornkamm, Hoffnung, 206); denn sie ist es, die die Kolosser zu Glaube und Liebe motiviert hat. Theologisch wichtiger ist, daß, anders als für πίστις und ἀγάπη, für ἐλπίς eine Sinnverschiebung gegenüber dem paulinischen Verständnis stattgefunden hat. Sie ist hier nicht mehr wie bei Paulus primär die fast mit der πίστις koinzidierende Ausrichtung des Menschen auf den in Christus rechtfertigenden Gott, sondern das *Hoffnungsgut:* τὴν ἐλπίδα τὴν ἀποκειμένην ὑμῖν ἐν τοῖς οὐρανοῖς, es ist nicht mehr so sehr die paulinische *spes qua speratur*, sondern die deuteropaulinische *spes quae speratur* (Lohse K 47). Die oft angeführte Parallele vom Schatz guter Werke, der bei Gott bereitliegt (z. B. 4Esr 7,14; ApkBarsyr 14,2; s. auch 2Tim 4,8), trifft den Sachverhalt nicht ganz, da es ja in **5** um die bereitliegende Gabe der *göttlichen* Verheißung geht (anders Gnilka K 33). Die Modifikation des paulinischen *Begriffs* ἐλπίς durch Deuteropaulus hat freilich ihre Wurzeln bei Paulus selbst, wenn auch nicht in diesem Begriff, z. B. Phil 3,20: ἡμῶν γὰρ τὸ πολίτευμα ἐν οὐρανοῖς ὑπάρχει. Die *Denkform* ist entscheidend: Paulus „denkt" räumlich über das Denkbare hinaus, und es ist gerade sein aus betroffener Existenz resultierendes Denken, das sich als ein die *Immanenz transzendierendes Denken* erweist. Hierin sind sich Paulus und „Paulus" in ihrer theologischen Intention einig: Die Existenz des Christen ist keine rein immanente, sie reicht in die Sphäre der Transzendenz hinein. Dem Heilswirken des transzendenten Gottes auf unserer vorfindlichen Erde korrespondiert das Sein des Menschen zugleich hier und im jenseitigen Bereich Gottes. Mehr noch: das Dasein des Glaubenden in der vorfindlichen Welt ist in der jenseitigen Welt gegründet. Des Glaubenden In-der-Welt-sein ist theologisch in seiner Eigentlichkeit ein *In-der-Welt-Gottes-sein*.

Ein Schema soll den unterschiedlichen, aber doch verwandten Gebrauch der Trias von Glaube, Hoffnung und Liebe bei Paulus und dem AuctCol veranschaulichen:

Kol 1,4f:
ἀκούσαντες   τὴν πίστιν ὑμῶν . . .
            καὶ τὴν ἀγάπην ἣν ἔχετε . . .
            διὰ τὴν ἐλπίδα τὴν ἀποκειμένην
                ὑμῖν ἐν τοῖς οὐρανοῖς

1Thess 1,3:
μνημονεύοντες   ὑμῶν τοῦ ἔργου τῆς πίστεως
             καὶ τοῦ κόπου τῆς ἀγάπης
             καὶ τῆς ὑπομονῆς τῆς ἐλπίδος τοῦ
                κυρίου

1Thess 5,8f:
            ἐνδυσάμενοι θώρακα πίστεως
            καὶ ἀγάπης
            καὶ περικεφαλαίαν ἐλπίδα σωτηρίας.

1Kor 13,13
            Νυνὶ δὲ μένει πίστις, ἐλπίς, ἀγάπη,
            τὰ τρία ταῦτα,
            μείζων δὲ τούτων ἡ ἀγάπη.

Glaube im Kolosserbrief

Söding, Trias, 178, sieht den Glauben im Verständnis des AuctCol kaum mehr (wie zumeist bei Paulus) als *fides qua creditur*, sondern als *fides quae creditur*. Wenn im Kol, wie er wohl mit Recht annimmt, die Hoffnung den Glauben begründet, so ist zu fragen, ob diese Deutung als *fides quae creditur* darin ihre Parallele hat, daß mit Lohse K 47 die Hoffnung als *spes quae speratur* zu bestimmen ist. Denn müßte nicht eine in Richtung Objektivierung tendierende Hoffnung, die den Glauben begründet, auch einen in Richtung Objektivierung tendierenden Glauben zur Folge haben? Nun ist allerdings die Formulierung von 4 „Glaube im Bereich des Christus" sowohl im Sinne der *fides quae* als auch der *fides qua* interpretierbar. Es ist immerhin denkbar, daß das „objektiv" vorgestellte Hoffnungsgut zum Glauben als einer grundsätzlichen Existenzhaltung führen kann. Blickt man auf alle Belege des Stammes πιστ– im Kol, so fällt auf, daß der AuctCol das für Paulus so wichtige Verb πιστεύειν kein einziges Mal bringt. Das Substantiv πίστις begegnet außer 1,4 noch viermal. In 1,23 sind die Kolosser darauf angesprochen, beim Glauben zu bleiben. Aber auch diese Stelle kann in beide Richtungen ausgelegt werden. In 2,5 ist vom στερέωμα τῆς εἰς Χριστὸν πίστεως ὑμῶν die Rede. Damit wird zu den Ausführungen über die kolossische „Philosophie", also über eine häretische *Lehre*, übergeleitet. In diesem Zusammenhang wäre es durchaus sinnvoll, στερέωμα als die „objektive" Festigkeit des Glaubensinhalts zu verstehen. Ist aber zuvor von der Tröstung der Herzen die Rede und in diesem Zusammenhang von der Erkenntnis Christi als des Geheimnisses Gottes (2,2), so dürfte, auch wenn man den in 2,5 ausgesprochenen Glauben an Christus als *fides quae creditur* interpretieren will, die Bedeutung *fides qua creditur* mitschwingen. Es ist sehr die Frage, ob wir beim AuctCol wirklich so scharf zwischen beiden Aspekten der *fides* unterscheiden dürfen. Daß im Begriff „Hoffnung" die *spes quae speratur* überwiegt und somit hier die Unterscheidung zwischen *spes quae* und *spes qua* sinnvoll ist, muß nicht unbedingt in analoger Weise für den Begriff des Glaubens zutreffen. Wohl aber dürfte in 2,7 ein starkes „objektives" Moment zu erkennen sein, wenn zu βεβαιούμενοι τῇ πίστει die Worte καθὼς ἐδιδάχθητε hinzugefügt werden. Doch ist zu bedenken, daß der AuctCol διδάσκειν auch im kerygmatischen Zusammenhang bringt (1,28 διδάσκοντες als *participium coniunctum* mit καταγγέλλομεν). In 2,12 dürfte mit διὰ τῆς πίστεως τῆς ἐνεργείας τοῦ θεοῦ sowohl das „subjektive" Moment der *fides qua creditur* als auch das „objektive" der *fides quae creditur* betont sein. Söding hat in der Tat einen wichtigen Gesichtspunkt erkannt und herausgestellt; doch kann man hier die genannte begriffliche Unterscheidung nicht so scharf vornehmen, wie dies aufgrund späterer theologischer Terminologie möglich ist.

Liegt also, wie sich zeigte, „in den Himmeln" das Hoffnungsgut bereit und begegnet damit in 5 erneut räumliches Denken – ἐν τοῖς οὐρανοῖς liest sich, was die theologischen Denkstrukturen des Kol betrifft, als Parallele zu ἐν Χριστῷ (Ἰησοῦ) in 2 und 4 –, bestimmen sich somit πίστις und ἀγάπη von der ἐλπίς her, daß diese sozusagen das Motiv für die beiden anderen Grundverhaltensweisen der Adressaten ist (Söding, Trias, 179: Die Elpis, verstanden als Hoffnungs*gut*, ist „Grund des Glaubens und Liebens"), so darf jedoch keineswegs das *zeitliche* Moment übersehen werden (s. vor allem 3,1–4). Wer um das erhoffte Heilsgut, das im Himmel bereitliegt, weiß und deshalb darauf seine ganze Existenz setzt, der schaut nach vorn, der schaut in die Zukunft! Seine Existenz ist dann ein *Aus-Sein-auf*, nämlich auf seine zukünftige eschatologische Existenz. In 5a ist daher das Dasein des Glaubenden, indem es auf das eschatologische Hoffnungsgut ausgerichtet ist, in entscheidendem Ausmaß auch in seiner *Zeitlichkeit* reflektiert. Die Existentialien der Räumlichkeit und der Zeitlichkeit verschlingen sich hier ineinander. Es ist geradezu der „*Zeit-Raum*", in dem der Christ existiert (Hübner, BThNT III, 216 ff: Epilegomena). Die weitere Auslegung des Briefes wird diese Sicht vertiefen.

Noch ist freilich ungeklärt, was überhaupt unter dem Begriff „*Hoffnungsgut*" zu verstehen ist. Sind Glaube und Liebe durch die Hoffnung auf das Heilsgut bedingt, so könnte sich der Verdacht einstellen, hier werde aus religiösem Egoismus argumentiert. Dieser mögliche Eindruck läßt sich nur beseitigen, wenn man die verobjektivierte ἐλπίς inhaltlich bestimmt. Das aber läßt unsere Stelle noch nicht klar erkennen; ihre eigentliche Intention wird erst aus der weiteren theologischen Argumentation des Briefes ersichtlich (vor allem 3,1–4). Was jedoch jetzt schon einigermaßen klare Konturen annimmt, ist die *Worttheologie* des Kol. Die Kolosser haben schon von der ἐλπίς gehört (προ-ηκούσατε bezieht sich, vom Zeitpunkt der Niederschrift des Briefes aus gesehen, auf die erste Verkündigung an sie), nämlich ἐν τῷ λόγῳ τῆς ἀληθείας τοῦ εὐαγγελίου. Alle drei Termini stammen aus paulinischer Tradition und haben im großen und ganzen ihren dortigen Sinn beibehalten. Wer das Wort von der ἐλπίς hört, glaubt ihm, denn ihm eignet die ἀλήθεια, d. h. die unverbrüchliche Zuverlässigkeit, die schon das Spezifikum des Wortes Gottes im AT war. Schwingt also in ἀλήθεια Wesenhaftes der atl. אֱמֶת mit, so doch auch jene griechische Dimension des Begriffs, die das Offenbarwerden des zunächst Verborgenen ausmacht. Dieses griechische Wahrheitsverständnis war geradezu prädestiniert, ἀλήθεια im paulinischen bzw. deuteropaulinischen (auch johanneischen) Denken zu einem zentralen *offenbarungstheologischen* Begriff werden zu lassen (Hübner, EWNT I, 137 ff). „Paulus" wird genau diesen Aspekt später mit dem Begriff des μυστήριον zum Ausdruck bringen (1,26 f; 2,2; 4,3). Atl. und griechisches Denken bilden somit im Kol (doch nicht nur in ihm) eine bemerkenswerte Symbiose von hoher geschichtlicher Relevanz.

Die paulinische Tradition in 5b zeigt sich aber nicht nur an der Rezeption paulinischer Begriffe, sondern auch daran, daß diese bei Paulus ebenfalls ein gemeinsames *Wortfeld* bilden. ἀκούειν begegnet im theologisch prägnanten Sinn bei ihm zwar nicht sehr häufig, aber immerhin in der theologisch relevanten Stelle Röm 10,14 ff (10,14: οὐκ ἤκουσαν, 10,16: τῇ ἀκοῇ ἡμῶν. διὰ ῥήματος Χριστοῦ in 10,17 entspricht inhaltlich dem λόγος bzw. εὐαγγέλιον von Kol 1,4). „Paulus" dürfte Gal 2,5.14 ἡ ἀλήθεια τοῦ εὐαγγελίου vor Augen gehabt haben (s. auch Röm 3,7 ἡ ἀλήθεια τοῦ θεοῦ). In Gal 2, wo Paulus diese Wendung im

Zusammenhang sowohl mit der Heidenmission als auch mit dem *factum Antiochenum* bringt, geht es um die offenbar gewordene Heilswirklichkeit, die in der Freiheit von den versklavenden Mächten des Gesetzes und der Sünde besteht. Diese Freiheit impliziert aber den Gehorsam gegenüber der ἀλήθεια (τῇ ἀληθείᾳ μὴ πείθεσθαι ist in Gal 3,1 zwar textgeschichtlich sekundär, aber im Sinne des Paulus formuliert), identisch mit dem Gehorsam gegenüber der δικαιοσύνη τοῦ θεοῦ (Röm 10,3). Echte Freiheit hat nach Paulus nur, wer im Gehorsam gegenüber Gott existiert (s. auch Röm 1,5 εἰς ὑπακοὴν πίστεως). So ist also bei Paulus der *Offenbarungsbegriff* ἀλήθεια zugleich *Existenzbegriff*.

Auch für den AuctCol enthält der Begriff ἀλήθεια diese beiden Komponenten, jedoch mit einer gewissen Sinnverschiebung gegenüber dem paulinischen Verständnis. Denn hier fehlt der unmittelbare Kontext der Rechtfertigung allein aus dem Glauben. Wird „Paulus" im weiteren Verlauf des Briefes μυστήριον als einen seiner Zentralbegriffe im Kontext des λόγος τοῦ θεοῦ bringen (1,26 f), so ist die Gemeinde in Kolossä symptomatische Realität dieses Mysteriums. Sind somit wie bei Paulus ἀλήθεια und μυστήριον missionstheologische, ja ekklesiologische Begriffe, so steht doch diese Missionstheologie nicht mehr wie bei Paulus im geschichtlichen Gefälle von Israel zur Kirche. Die Israelfrage als solche scheint für den AuctCol uninteressant geworden zu sein. Die Freiheit vom Gesetz ist inzwischen derart selbstverständlich, daß sie nicht mehr im Zusammenhang mit der Israelfrage thematisiert zu werden braucht. So kann die Beschneidung geradezu typologisch verwendet werden (2,11 ff), ohne daß die leibliche Beschneidung nach Gen 17 theologisch reflektiert wird. Die „Wahrheit" des Evangeliums ist also kein polemischer Begriff mehr in Richtung Israel.

Das Evangelium ist nach **6** bei den Kolossern (εἰς ὑμᾶς). (Sollte τοῦ παρόντος εἰς ὑμᾶς mit „bei euch angelangt" zu übersetzen sein, ändert das am Sinn von 5 f nichts.) Das meint zunächst in einer gewissen Vordergründigkeit, daß es bei ihnen verkündet wird. In einem tieferen Sinne geht es aber darum, daß das verkündete Evangelium eine *evangeliumsgemäße Wirklichkeit* geschaffen hat, wie das begründende καθώς zu verstehen gibt. Für einen Augenblick weitet sich der Horizont gewaltig: ἐν παντὶ τῷ κόσμῳ – wie bei Paulus auch hier die universale Perspektive, jedoch ohne Hinweis auf Israel und die Völker (ἔθνη im Kol nur 1,27!) – bringt es Frucht und nimmt zu. Doch dann sofort wieder der Blick auf die Gemeinde von Kolossä: Gleiches geschieht bei euch! Es begann an jenem Tage, da ihr die Gnade Gottes, τὴν χάριν τοῦ θεοῦ, zum ersten Mal gehört und verstanden habt (ἠκούσατε καὶ ἐπέγνωτε, Aorist!). χάρις τοῦ θεοῦ ist Gottes Heils*handeln*. Die Hinzufügung ἐν ἀληθείᾳ bringt den Offenbarungscharakter der χάρις zum Ausdruck: Gott hat sich in seiner χάρις geoffenbart.

Textkritisches zu Kol 1,7

Textkritisch umstritten ist, ob in Kol 1,7 Epaphras Diener des Christus ὑπὲρ ὑμῶν (so Nestle-Aland[27] nach א² C et al.) oder ὑπὲρ ἡμῶν (p[46] א* A B D* et al.) ist. Die qualifizierte Mehrheit der Textzeugen bezeugt die zweite Lesart. Es gibt auch keinen sachlichen Grund, die andere Lesart zu bevorzugen. Die meisten Kommentatoren (z. B. Lightfoot, Abbott, Dibelius/Greeven, Lohse, Gnilka, Schweizer, Pokorný, Wolter, Pfammatter; jeweils z. St.) sehen daher in ὑπὲρ ἡμῶν den ursprünglichen Text. Lindemann K 19 votiert anders: Epaphras ist der von Christus beauftragte „Diener für euch"; er ist also der für Kolossä und für die Nachbargemeinden zuständige Missionar. Gegen diese Position des Epaphras spricht aber keineswegs die Lesart ὑπὲρ ἡμῶν (s. nur die genannte Auffassung Pokornýs K

36 f). Seine Zuständigkeit für das Lykostal und somit für Kolossä ist zudem keine apostolische. Paulus als der Heidenapostel wußte sich ja für die gesamte Heidenmission zuständig, also auch für den „Sprengel" des Epaphras! (Für ὑπὲρ ὑμῶν s. auch Ollrog, Paulus und seine Mitarbeiter, 101.) Die Entstehung der sekundären Lesart könnte durch den Einfluß von Kol 4,12 verursacht sein, wo von Epaphras, freilich in einem anderen Zusammenhang, ὑπὲρ ὑμῶν ausgesagt ist.

7 Die Kolosser haben die in 6 beschriebene Offenbarung von *Epaphras*, dem geliebten Mitsklaven des Paulus, gelernt, der für sie der treue Diener Christi ist. **8** Er hat zugleich dem „Paulus" von der Liebe der Kolosser im Geiste berichtet. Nach Phlm 23 teilt Epaphras mit Paulus die Gefangenschaft. Er war also dessen Mitarbeiter, wahrscheinlich ihm sogar recht eng verbunden. Daran, daß er „offensichtlich der Missionar des Lykostales" (Pokorný K 36) war, sollte man nicht zweifeln. Steht also Paulus als Apostel „über" dem – anachronistisch gesprochen – Regionalbischof des Lykostals, so wird jeglicher ungesunde hierarchische Zungenschlag dadurch vermieden, daß Paulus, der δοῦλος Christi, Epaphras als seinen geliebten σύνδουλος in seine Danksagung 1,3–8 einführt. Apostelamt und „Bischofs"-Amt erhalten ihre Würde einzig und allein von Gott her. Insofern der Apostel und dann in seinem Auftrag Epaphras – eben als treuer und zuverlässiger Diener Christi anstelle des Apostels! – Verkündiger des Wortes der evangelischen Wahrheit sind, repräsentieren sie die Würde des Wortes Gottes und somit die Würde Gottes selbst. Im Kol nennt sich „Paulus" zwar kein einziges Mal selbst δοῦλος Jesu Christi; aber dies ist im σύνδουλος von 7 impliziert und liegt in der Konsequenz der betreffenden Aussagen der authentischen Paulinen (Gal 1,10; Röm 1,1; Paulus und Timotheus: Phil 1,1), die der AuctCol nicht zu bestreiten beabsichtigt. Wenn der Brief vor der Zerstörung Kolossäs um 61 geschrieben und wenn zudem die Gemeinde in Kolossä der wirkliche Adressat gewesen sein sollte (s. zu 4,13.16), würde auch dies dafür sprechen, daß Epaphras deren Missionar war. Denn die Kolosser wußten doch wohl, wer sie missioniert hatte! Sollte jedoch Lindemanns Hypothese zutreffen, daß der eigentliche Adressat die Gemeinde von Laodikeia war, so ist anzunehmen, daß auch die dort lebenden Christen bestens informiert waren, wer der Gründer der Nachbargemeinde war.

Schaut man auf 1,3–8 zurück, so hat dieser Abschnitt den Charakter einer *captatio benevolentiae*: Fruchtbringendes Evangelium (6) und Liebe (8). Die Liebe aber geschieht im Heiligen Geist, ἐν πνεύματι. 8 ist übrigens die einzige Stelle im Kol, wo vom πνεῦμα als dem Geist Gottes die Rede ist.

1,9–11 Fürbitte für die Gemeinde der Kolosser

[9]Deshalb hören auch wir seit dem Tage, da wir (dies über euch) gehört haben, nicht auf, für euch zu beten und zu bitten, daß ihr von der Erkenntnis seines Willens erfüllt werdet, in aller Weisheit und (allem) geistlichem Verstehen, [10]um euer Leben würdig des Herrn zu führen und so (ihm) ganz und gar zu gefallen, mit jedem guten Werk Frucht zu bringen und in der Erkenntnis Gottes zu wachsen, [11](und) in aller Kraft gemäß der Macht seiner Herrlichkeit zu aller Geduld und Langmut fähig zu sein.

Literatur: K.-G. Eckart, Exegetische Beobachtungen zu Kol 1,9–20, ThViat 7 (1959/60) 87–106. – Ders., Urchristliche Tauf- und Ordinationsliturgie (Col 1,9–20 Apg 26,18), ThViat 8 (1961/62) 23–37. – O'Brien, Thanksgivings, 82–104.

9 Die gute Nachricht des Epaphras über die geistliche Situation der Kolosser führt bei „Paulus" zu inständiger Fürbitte (Hendiadyoin: προσευχόμενοι καὶ αἰτούμενοι) für sie. Sie sollen mit der Erkenntnis des Willens Gottes erfüllt werden, und zwar in aller Weisheit – ἐν πάσῃ σοφίᾳ ist typisch für den Kol (1,9; 1,28; 3,16; noch nicht bei Paulus; später nur noch Eph 1,8 [in Abhängigkeit vom Kol] und Act 7,22, dort aber [ἐν] πάσῃ σοφίᾳ Αἰγυπτίων) – und geistlichem Verstehen. σοφία ist hier nicht spezifisch christologisch wie in 2,3 (und 1Kor 1,18ff) verstanden, wohl aber ist sie Gabe Gottes (vgl. Sap 9,4: δός μοι τὴν τῶν σῶν θρόνων πάρεδρον σοφίαν, doch versteht der AuctCol die Weisheit nicht so mythologisch wie der AuctSap). Ist aber ἐν πάσῃ σοφίᾳ keine spezifisch paulinische Wendung, so gibt es doch theologische Verbindungslinien von Paulus zu „Paulus". Wenn der Apostel in 1Kor 12,8 sagt, daß durch den Geist der λόγος σοφίας gegeben werde, meint er damit nur eine Gnadengabe unter anderen. Aber immerhin steht dabei die dem Menschen gegebene Sophia im Kontext des Geistes Gottes, wie vergleichbar dazu die Gabe der Sophia von Kol 1,9 neben der Gabe des geistgewirkten Verstehens, der σύνεσις πνευματική, und dieses in unmittelbarer Nachbarschaft des einzigen Vorkommens von πνεῦμα (Gottes) im Kol. Das geistgewirkte Leben der kolossischen Gemeinde wird also im Zusammenhang mit dem geistgewirkten Verstehen genannt. Der theologische Zusammenhang zwischen 8 und 9 dürfte aber noch enger sein. Ist nämlich in 9 von der Erkenntnis des Willens Gottes, des θέλημα (τοῦ θεοῦ) die Rede, so ist ja die in 8 genannte Agape das, was Gott will. Und die Erkenntnis des Willens Gottes wird als geistgewirkte Erkenntnis genannt, die bewirken soll, daß nach **10** die Kolosser würdig des Herrn wandeln, also in dieser Weise ihr Leben führen sollen. ἀγάπη und περιπατῆσαι ἀξίως τοῦ κυρίου sagen demnach Identisches aus. Damit ist auch Entscheidendes über das Wesen der *Erkenntnis*, der ἐπίγνωις bzw. der σύνεσις in 9 gesagt. Es ist, wie sich bereits zeigte, geistgewirkte, also *geschenkte* Erkenntnis; es ist aber, wie der Zusammenhang in 9 und 10 zeigt, auch eine Erkenntnis, die das gesamte Verhalten des Glaubenden und Hoffenden bestimmt. Es ist eine Erkenntnis, die den eigenen menschlichen Willen in Gottes Willen gegründet weiß. Das existentielle Engagement ist somit im Prozeß des Erkennens impliziert. Kol 1,9f ist Beleg dafür, daß Hermeneutik auch den *Willen* im Vorgang der Erkenntnis zu reflektieren hat (Hübner, Zur Hermeneutik von Röm 7); schon die pietistische Aufklärungshermeneutik hat neben die *subtilitas intelligendi* und die *subtilitas explicandi* die *subtilitas applicandi* gestellt (z. B. J. J. Rambach); Hans-Georg Gadamer hat dies mit Recht weitergedacht, indem er die Applikation als integrativen Bestandteil des Verstehens herausgearbeitet hat (Wahrheit und Methode, Tübingen ³1972, 291). Ist auch in 10 der finale Infinitiv περιπατῆσαι gemäß der grammatischen Struktur des Satzes als Ziel der Erkenntnis formuliert, so sollte doch dieser grammatische Sachverhalt nicht den Aussageduktus des AuctCol verkennen lassen, wonach mit der von Gott geschenkten Weisheit und Erkenntnis das Wollen mitgegeben ist.

περιπατῆσαι in 10 gehört in der LXX zur *Weg-Metaphorik*, besonders auffällig in Prov 8,20 ausgesprochen: ἐν ὁδοῖς δικαιοσύνης περιπατῶ. Der Wandel auf dem Weg der Gerechtigkeit bzw. der Gottlosigkeit ist konstitutiv für die theologische Ethik des AT (z.B. Ps 1). Der AuctCol hat diesen Topos aber wahrscheinlich nicht unmittelbar dem AT entnommen, sondern von Paulus (z. B. 1Thess 4,1: πῶς δεῖ ὑμᾶς περιπατεῖν καὶ ἀρέσκειν θεῷ [Kol 1,10: περιπατῆσαι ... εἰς πᾶσαν ἀρεσκείαν, literarische Abhängigkeit?], Röm 6,4: οὕτως καὶ ἡμεῖς ἐν καινότητι ζωῆς περιπατήσωμεν, 8,4: τοῖς ... περιπατοῦσιν ... κατὰ πνεῦμα). ἐν παντὶ ἔργῳ ἀγαθῷ hat seine Parallelen in 2Kor 9,8: ἵνα ... περισσεύητε εἰς πᾶν ἔργον ἀγαθόν und Röm 2,7 καθ᾽ ὑπομονὴν ἔργου ἀγαθοῦ (τὸ ἔργον im Singular als menschliches Werk z. B. Gal 6,4; 1Kor 3,13ff; 9,1; anders Röm 13,3, im Rahmen der Staatsethik gesagt). Als jüdische Parallele für περιπατῆσαι bzw. הלך/התהלך ist vor allem das Qumran-Schrifttum zu nennen (z. B. 1QS I,6f; III,18f; s. die Zusammenstellung z.B. bei Lohse K 59). Was „Paulus" in 6 vom Evangelium aussagt, καρποφορεῖσθαι und αὐξάνεσθαι, sagt er in 10 von den Kolossern. Die Parallele ist sicher beabsichtigt: Was das Evangelium bewirkt, findet im Wirken dieser Menschen seine eigentliche Erfüllung. Sie geschieht aufgrund der Erkenntnis Gottes (τοῦ θεοῦ ist zunächst *genetivus obiectivus*, doch schwingt insofern das Moment des *genetivus subiectivus* mit, als ja die Erkenntnis Gottes letztlich Gottes Werk ist), also aufgrund der vom Evangelium bewirkten Erkenntnis. τῇ ἐπιγνώσει τοῦ θεοῦ ist somit in gewisser Weise synonym mit τῇ ἐπιγνώσει τοῦ εὐαγγελίου, und zwar auch unter dem doppelten Aspekt, der soeben für τοῦ θεοῦ herausgestellt wurde. Ist dann noch in **11** davon die Rede, daß die Adressaten in aller Kraft gemäß der Stärke der Doxa zu aller Geduld und Langmut befähigt sind, so mag in ἐν πάσῃ δυνάμει der urpaulinische Gedanke vom Evangelium als der δύναμις θεοῦ (Röm 1,16) impliziert sein. Mit Sicherheit läßt sich dies aber nicht sagen. Soviel steht jedoch fest: Die Fürbitte enthält gewichtige *theologische* Aussagen. Der Horizont christlicher Ethik, der im zweiten Teil des Kol thematisch wird, leuchtet bereits hier, ehe „dogmatische" Aussagen gemacht werden, ziemlich hell auf, allerdings ein Horizont, der ohne die eben schon sichtbar gewordene Theologie sein Spezifikum verlöre.

1,12–14 Aufforderung zum Dank

[11]Mit Freuden [12]danket dem Vater, der euch zur Teilnahme am Los der Heiligen im Lichte befähigt hat, [13]der uns aus der Gewalt der Finsternis befreit und in den Herrschaftsbereich seines geliebten Sohnes versetzt hat, [14]in dem wir die Erlösung haben, die Vergebung der Sünden.

Literatur: P. BENOIT, *Hagioi* en Col 1.12: Hommes ou Anges?, in: Paul and Paulinism, FS CH. K. BARRETT, London 1982, 83–99. – DEICHGRÄBER, Gotteshymnus und Christushymnus, 78–82. – ECKART, s. zu 1,9–11. – KÄSEMANN, Eine urchristliche Taufliturgie, in: ders., Exegetische Versuche und Besinnungen I, 34–51. – NORDEN, Agnostos Theos, 250–254. – G. S. SHORGEN, Presently Entering the Kingdom of Christ, JETS 31 (1988) 173–180.

Das kleine Stück **12–14** leitet zum Hymnus 15ff über. μετὰ χαρᾶς am Ende von 11 gehört wahrscheinlich zum imperativisch zu verstehenden εὐχαριστοῦντες (z.B. Lohse K 67; Gnilka K 43f; anders Pokorný K 41; in 41, Anm. 23 gesteht er jedoch die Möglichkeit zu, μετὰ χαρᾶς zu 12 zu ziehen). Obwohl diese wenigen Verse Übergangscharakter besitzen, bieten auch sie wieder in massiver Weise *Theologie*. Formal sind sie Aufforderung zum freudigen Dank, aber die Begründung zu solchem Dank geschieht mit zentralen soteriologischen Termini. Im Stil nähert sich freilich die Überleitung zum Hymnus diesem schon an, denn bereits 13 beginnt mit dem für einen Hymnus typischen relativen Anschluß ὅς ἐρρύσατο und 14 in gleicher Weise mit ἐν ᾧ ἔχομεν. Deichgräber, Gotteshymnus und Christushymnus, 78 ff, subsumiert 12–14 unter die Überschrift „Gotteshymnus" bzw. „Eulogie"; er selbst trennt nicht, zunächst im Blick auf das AT, zwischen Hymnus und Danklied (ib. 22). Doch ist seine Charakterisierung dieser Verse als eigenständiges Dankgebet nicht ganz zutreffend. Mit Pokorný K 43 u. a. sind sie Einführung zum Hymnus. Käsemann, Taufliturgie, 43 f, hat sie im Rahmen einer urchristlichen Taufliturgie gesehen, auch unter Berücksichtigung des Hymnus 15 ff (unter Berufung auf Norden).

Auf die Bedeutung der Danksagung für den Kol wurde bereits zu 3 hingewiesen. Unter diesem Aspekt ist also auch εὐχαριστοῦντες τῷ πατρί in **12** zu sehen. Eigentümlich ist die Formulierung „befähigen zur Teilnahme am Los der Heiligen"; denn diese Teilnahme ist ja Geschenk, nicht aber die Fähigkeit zur eigenen Aktivität. Doch geht der Geschenkcharakter aus dem Kontext zur Genüge hervor. Mit dem Begriff κλῆρος, Erbe, ist der atl. Hintergrund der Aussage offensichtlich. μερίς und κλῆρος sind zunächst rechtliche Begriffe, die einen Anspruch an einen Besitzanteil ausdrücken (Sap 2,9: ἡ μερὶς ἡμῶν καὶ ὁ κλῆρος οὗτος; Gen 31,14: κληρονομία; s. u. a. Gnilka K 46). Die Landverteilung an die Stämme Israels als נַחֲלָה (LXX gibt das Wort mit μερίς oder κλῆρος wieder) erfolgte bekanntlich durch Los, und zwar aufgrund einer Verheißung (Jos 14 ff). Eigenen Charakter haben Besitz und Erbe für Aaron und die Leviten (Num 18,20 f); zu Aaron sagt Jahwäh: „Du sollst in ihrem Land keinen erblichen Besitz haben. Dir gehört unter ihnen kein Besitzanteil; *ich* bin dein Besitz und dein Erbteil mitten unter den Israeliten." 18,20LXX: ἐγὼ μερίς σου καὶ κληρονομία σου ἐν μέσῳ τῶν υἱῶν Ἰσραήλ (s. auch Dtn 10,9). In der Wirkungsgeschichte dieses Gotteswortes steht das Berufungsbewußtsein der Qumransekte, wofür die Begriffe חֵלֶק und נַחֲלָה typisch sind (Stellenangaben bei Lohse K 70 f; s. auch aethHen 37,4). Umstritten ist, wer in 12 die Heiligen sind. Sind es Engel (Lohse K 71; Gnilka K 47; Wolter K 65, z. T. unter Berufung auf Vorstellungen in Qumran)? Diese Deutung kann zwar nicht völlig widerlegt werden. Aber die Qumran-Parallelen und ἐν τῷ φωτί in 12 haben nur Indizienwert. Und erst recht ist der Hinweis auf den Jahrzehnte späteren Eph (1,18) ein brüchiges Argument. Die Anrede in 1,2 τοῖς ἐν Κολοσσαῖς ἁγίοις und die übrigen Belege für ἅγιος im Kol (1,4.22.26; 3,12; an allen Stellen sind Menschen gemeint, nicht Engel) dürften dafür sprechen, auch in 1,12 die Heiligen als Menschen zu verstehen, die „in Christus" sind.

War 12, wie sich zeigte, von der Sprache und von Vorstellungen des AT bestimmt, so 13 und 14 von der Sprache des christlichen Bekenntnisses (Lindemann K 22). **13** bringt wie kaum eine andere Aussage des NT den Herrschaftswechsel und die *„Ortsveränderung"* der Erlösten zum Ausdruck. Wie Paulus denkt „Paulus" in *Machtbereichen*. Der hymnische Sprache imitierende Relativsatz sagt mit dem bezeichnenden ὅς ἐρρύσατο das *Heilshandeln Gottes* aus. Dieser hat „uns" – Deuteropaulus bezieht sich und somit alle Glieder der Kirche ein – errettet. Man könnte paraphrasierend intensivieren: „der uns herausgerissen hat" (so übersetzt Bieder K 47), nämlich herausgerissen aus der Macht der Finsternis. In 12 war vom Los der Heiligen ἐν τῷ φωτί die Rede. Durch 13 ist der Gegensatz von Licht und Finsternis deutlich geworden. Diese Licht-Finsternis-Metaphorik ist bereits atl. (Aalen, Die Begriffe „Licht" und „Finsternis"; ferner die entsprechenden Art. in den Wörterbüchern zum AT und NT), wobei auch die Qumran-Parallelen gesehen werden müssen (H. Conzelmann, ThWNT IX, 317 f). Hat auch Lindemann durchaus recht damit, daß 13 und

14 gegenüber 12 von der Sprache des christlichen Bekenntnisses geprägt sind, so heißt das jedoch nicht, daß nicht auch hier in einem gewissen Ausmaß atl. Sprache vernehmbar wäre. Daß Gott jetzt „die Heiligen" aus der grauenvollen Macht der Finsternis herausgerissen hat, hat sicherlich auch in der Perspektive des AuctCol sein atl. Vorbild im Exodus (Ex 6,6; 14,30) und späteren Ereignissen der Geschichte Israels (z. B. Ri 8,34: Gideon). Erneut ist auch auf Qumran zu verweisen: Gott errettet die, die dem Lehrer der Gerechtigkeit aus dem Hause des Gerichts folgen (1QpHab VIII,2). Im Vater-Unser heißt es Mt 6,13 ῥῦσαι ἡμᾶς ἀπὸ τοῦ πονηροῦ. Vor allem aber ist für Deuteropaulus Paulus selbst zu nennen, 1Thess 1,10: Die christliche Gemeinde wartet auf den wiederkommenden Christus, τὸν ῥυόμενον ἡμᾶς ἐκ τῆς ὀργῆς τῆς ἐρχομένης. Immer wieder also das Idiom ῥύεσθαι ἡμᾶς ἐκ/ἀπό (in der LXX ist ῥύεσθαι soteriologisches Schlüsselwort, z. B. Ex 6,6: Ἐγὼ κύριος, . . . καὶ ῥύσομαι ὑμᾶς ἐκ τῆς δουλείας, Ex 14,30: καὶ ἐρρύσατο κύριος τὸν Ἰσραὴλ . . . ἐκ χειρὸς Αἰγυπτίων, ψ 53,9: ὅτι ἐκ πάσης θλίψεως ἐρρύσω με, Sap 19,9: αἰνοῦντές σε, κύριε, τὸν ῥυόμενον αὐτούς). Sollte hier die Sprache des Taufbekenntnisses vorliegen, wie Käsemann vermutet (s. o.), so legt sich zunächst einmal die Frage nahe, *wann* Gott aus der Macht der Finsternis errettet hat. Auf Golgatha? Bei der Taufe? Vielleicht ist aber diese Frage schon zu sehr aus unserer theologischen Reflexion erwachsen. Vielleicht hätte der AuctCol eine derartige Frage noch gar nicht verstanden, hätte sie noch gar nicht theologisch „einordnen" können. Golgatha und Taufe koinzidierten für ihn, weil Gottes Heilshandeln in der „Vergangenheit" und in der Gegenwart letztendlich ein einziger Akt ist. Waren schon vom AT her Gegenwart und eschatologische Heilszukunft aufgrund des damaligen Zeitverständnisses eins (Hübner, BThNT III, 237 ff), so gilt das auch in den ntl. Tauftexten für Heilsvergangenheit und Heilsgegenwart. Der neue „Ort" der Erlösten ist die Herrschaft des von Gott geliebten Sohnes. ἐξουσία und βασιλεία entsprechen sich, ohne daß hier die beiden Begriffe in inhaltlicher Sicht wesentlich differierten. Möglich wäre, daß der AuctCol von der βασιλεία des Sohnes spricht, weil auch Paulus diese Vorstellung in 1Kor 15,24 in seiner eschatologischen Argumentation bringt, allerdings mit dem entscheidenden Unterschied, daß nach ihm der Sohn am Ende seine Basileia dem Vater übergibt (παραδιδῷ), während nach Kol 1,13 die Basileia des Sohnes allem Anschein nach kein Ende haben wird (s. auch 3,1–4!). Könnte es sein, daß in 1,13 von der ἐξουσία der Finsternis gesprochen wird, weil nach 1Kor 15,24 Christus jegliche ἀρχή, ἐξουσία und δύναμις vernichtet? Allgemein anerkannt ist, daß die Wendung τοῦ υἱοῦ τῆς ἀγάπης αὐτοῦ Semitismus ist (Lohse K 74 Anm. 3) und somit von judenchristlicher Provenienz. Mk 1,11 u. ö. heißt es demgegenüber ὁ υἱός μου ὁ ἀγαπητός.

Verhieß Jesus die kommende Basileia *Gottes*, die freilich proleptisch schon in seinem irdischen Wirken präsent war (Lk 11,20/Mt 12,28), so ist die Auffassung des Paulus von der temporären Basileia des *Sohnes* bzw. die des AuctCol von dessen immerwährender Basileia schon auffällig. Dieser Unterschied von Gottes und Christi Basileia darf aber nicht überbetont werden angesichts dessen, daß sowohl für Paulus wie für Deuteropaulus der Sohn Gottes keine andere Herrschaft ausübt als die seines Vaters: *Wenn Christus herrscht, herrscht Gott.* Und gerade für den AuctCol ist ja der Sohn die Ikone des unsichtbaren Gottes (s. zu 1,15). Noch ein weiteres ist im Blick auf die nie endende Herrschaft Christi in 13 zu bedenken: Diese ewige Herrschaft ist messianische, also im Sinne des AT königliche Herrschaft. Und die ewige königliche Herrschaft der Davididen ist bekanntlich in 2Sam 7 betont ausgesprochen. Wem Gott Vater sein will, also dem Davididen als dem Sohn Gottes, gilt die Verheißung – in der Fassung der LXX – von 2Sam 7,16: καὶ ἡ βασιλεία αὐτοῦ ἕως αἰῶνος ἐνώπιον ἐμοῦ, καὶ ὁ θρόνος αὐτοῦ ἔσται ἀνωρθωμένος εἰς τὸν αἰῶνα. Die ewige Herrschaft Christi in Kol 1,15 ist also, ntl. gesehen, die *messianische Erfüllung von 2Sam 7,16.*

14 beginnt ebenfalls mit einem Relativpronomen, ἐν ᾧ, und weist somit erneut hymnischen Stil auf. Wurde in 13 gesagt, was Gott an uns getan hat, und sind „wir" somit Objekt des göttlichen Handelns, so sind „wir" hingegen in 14 Subjekt: Wir haben in Christus die Erlösung. Aber dieses Subjektsein ist nur ein grammatisches. *Soteriologisch gesehen, ist der Mensch niemals Subjekt!* Das erste theologische Grundwort in 14 ist ἀπολύτρωσις, ein für Paulus wichtiger soteriologischer Begriff (Röm 3,24; 8,23; 1Kor 1,30). Ist nach 1Kor 1,30 Christus für uns außer σοφία ἀπὸ θεοῦ, δικαιοσύνη und ἁγιασμός auch ἀπολύτρωσις geworden, weil ausdrücklich unser Sein-in-Christus-Jesus herausgestellt wurde, so „haben" wir nach Kol 1,14 diese ἀπολύτρωσις ebenfalls als diejenigen, die in Christus sind. In beiden Aussagen ist also das ekklesiologische, „räumlich" ausgesagte In-Christus-Sein betont. Der AuctCol erläutert ἀπολύτρωσις durch das appositionelle und epexegetische τὴν ἄφεσιν τῶν ἁμαρτιῶν. Dieses ist geradezu programmatisch formuliert. Paulus jedoch spricht an keiner Stelle von der Vergebung der Sünden. Für ihn ist ἁμαρτία (im Singular!) die Macht der Sünde, also das, was der AuctCol als ἐξουσία τοῦ σκότους bezeichnet (den Plural ἁμαρτίαι bringt Paulus nur in von ihm zitierten überlieferten Formeln, z.B. 1Kor 15,3). Man kann aber nicht sagen, daß im Kol durch diese Differenz gegenüber Paulus eine Verharmlosung der furchtbaren Realität der Sünde geschehen sei; es handelt sich lediglich um eine terminologische Differenz. ἄφεσις ἁμαρτιῶν ist bei den Synoptikern gebräuchlich. Nach Mk 1,4 geschieht die Vergebung der Sünden durch die Johannestaufe. Matthäus streicht die Wendung aus der Täuferperikope und fügt sie in Mt 26,28 in die Abendmahlsworte ein. Lukas bringt sind in Lk und Act achtmal, und zwar für den Täufer, in der Predigt Jesu und als Gnadenwirkung des Heilshandelns Jesu.

1,15–20 Der Christus-Hymnus

[15]I. Er ist das Bild des unsichtbaren Gottes,
Erstgeborener vor aller Schöpfung.
[16]**Denn in ihm ist alles geschaffen,**
alles in den Himmeln und auf der Erde,
das Sichtbare und das Unsichtbare,
ob Throne oder Herrschaften, ob Mächte oder Gewalten
– *alles* ist durch ihn und auf ihn hin geschaffen!
[17]**Und er ist vor allem,**
und alles hat in ihm Bestand.
[18]**Und er ist das Haupt des Leibes, der Kirche.**

II. Er ist der Anfang,
Erstgeborener aus den Toten,
damit er in allem der Erste sei.
[19]**Denn es gefiel der ganzen Fülle, in ihm Wohnung zu nehmen**
[20]**und durch ihn alles auf ihn hin zu versöhnen,**

da er durch das Blut seines Kreuzes Frieden geschaffen hatte, durch ihn,
sei es für das, was auf Erden ist, sei es für das,
was in den Himmeln ist.

Literatur: J.-N. Aletti, Colossiens 1,15–20 (AnBib 91), 1981. – E. Bammel, Versuch [zu] Col 1,15–20, ZNW 52 (1961) 88–95. – P. *Beasley-Murray*, Colossians 1:15–20: An Early Christian Hymn Celebrating the Lordship of Christ, in: Pauline Studies, FS F. F. Bruce, Exeter 1980, 169–183. – P. Benoit, L'hymne christologique de Col 1,15–20, in: Christianity, Judaism, and other Greco-Roman Cults, FS M. Smith (SJLA 12), I, 1975, 226–263. – Ders., The „plèrôma" in the Epistles to the Colossians and the Ephesians, SEÅ 49, (1984) 136–158. – F. F. Bruce, Colossian Problems II. The „Christ-Hymn" of Colossians 1:15–20, BS 141 (1984) 99–111. – C. Burger, Schöpfung, 1–114. – F. W. Eltester, Eikon im NT (BZNW 23), 1958. – Ernst, Pleroma und Pleroma Christi. – A. Feuillet, La Création de l'Univers „dans le Christ" d'après l'Épître aux Colossiens (I.16a), NTS 12 (1965/66) 1–9. – Findeis, Versöhnung, 376–397.406–445. – J. Fossum, The Image of the Invisible God. Essays on the Influence of Jewish Mysticism on Early Christology (NTOA 30), 1995, 13–39. – H. G. Gabathuler, Jesus Christus. Haupt der Kirche – Haupt der Welt (AThANT 45), 1965. – J. Habermann, Präexistenzaussagen im NT (EHS.T 362), 1990, 225–266. – L. Hartmann, Universal Reconciliation (Col 1,20), SNTU.A 10 (1985) 109–121. – Hegermann, Schöpfungsmittler. – L. L. Helyer, Cosmic Christology and Col 1,15–20, JETS 37 (1994) 235–246. – A. Hockel, Christus, der Erstgeborene. Zur Geschichte der Exegese von Kol 1,15, Düsseldorf 1965. – H. W. House, Doctrinal Issues in Colossians, II: The Doctrine of Christ in Colossians, BS 149 (1992) 180–192. – J. Jervell, Imago Dei (FRLANT 76), 1960. – E. Käsemann, Eine urchristliche Taufliturgie, in: Ders., Exegetische Versuche und Besinnungen I, Göttingen ⁵1967, 34–51. – N. Kehl, Der Christushymnus im Kolosserbrief (SBM 1), 1967. – H. Langkammer, Die Einwohnung der „absoluten Seinsfülle" in Christus, BZ 12 (1968) 258–263. – Lona, Die Eschatologie, 120–147. – R. P. Martin, An Early Christian Hymn (Col. 1:15–20), EvQ 36 (1964) 165–205. – Ch. Masson, L'hymne christologique de l'Épître aux Colossiens I,15–20, RThPhNS 36 (1948) 138–142. – C. Maurer, Die Begründung der Herrschaft Christi über die Mächte nach Kol 1,15–20, WuD 4 (1955) 79–92. – W. McCown, The Hymnic Structure of Colossians 1,15–20, EvQ 51 (1979) 156–162. – J. Michl, Die „Versöhnung" (Kol 1,20), ThQ 128 (1948) 442–462. – G. Münderlein, Die Erwählung durch das Pleroma. Bemerkungen zu Kol 1,19, NTS 8 (1961/62) 264–276. – Norden, Agnostos Theos, 141–308, vor allem 250–254. – W. Pöhlmann, Die hymnischen All-Prädikationen in Kol 1,15–20, ZNW 64 (1973) 53–74. – T. E. Pollard, Colossians 1,12–20, NTS 27 (1981) 572–575. – J. T. Sanders, The NT Christological Hymns (MSSNTS 15), 1971, 12–14.75–87. – F. Schleiermacher, Über Koloss. 1,15–20, ThStKr 5 (1832) 497–537. – E. Schweizer, Versöhnung des Alls. Kolosser 1,20, in: Ders., NT und Christologie im Werden, Göttingen 1982, 164–178. – N. T. Wright, Poetry and Theology in Colossians 1,15–20 NTS 36 (1990) 444–468. – Zeilinger, Der Erstgeborene, 39–43.179–205.

Der Hymnus Kol 1,15–20 – Tradition und Redaktion

Daß dem Text 15–20 ein dem AuctCol überlieferter Christus-Hymnus zugrunde liegt, ist heute nahezu unbestritten, ebenso, daß der Text durch die Rezeption in den Kol eine Interpretation, d.h. theologische Modifikation, erfahren hat. Eine Entscheidung darüber, welche Worte in 1,15–20 zum originalen Hymnus gehören, enthält, wie immer man auch urteilt, ein subjektives Moment, vielleicht sogar in recht hohem Ausmaß; ebenso gilt das im Blick darauf, wo durch den AuctCol oder möglicherweise schon vor ihm Zusätze oder auch Streichungen erfolgten. So kann es nicht verwundern, daß bei den Rekonstruktionsversuchen neben radikalen Eingriffen in den hymnischen Text auch moderate Hypothesen zu registrieren sind. Umstritten ist auch, ob der Hymnus zwei Strophen enthält oder ob zwischen den beiden Strophen eine Zwischenstrophe anzunehmen ist. Was mit Sicherheit gesagt werden kann, ist folgendes: Drei Entsprechungen der beiden Strophen sind deutlich zu sehen. Dem ὅς ἐστιν εἰκών in 15 entspricht ὅς ἐστιν ἀρχή in 18, dem πρωτότοκος πάσης κτίσεως in 15 entspricht πρωτότοκος ἐκ τῶν νεκρῶν in 18, der Begründung ὅτι ἐν αὐτῷ ἐκτίσθη τὰ πάντα in 16 entspricht die Begründung ὅτι ἐν αὐτῷ εὐδόκησεν πᾶν τὸ πλήρωμα κατοικῆσαι in 19. Wahrscheinlich ist in 15 auch τοῦ θεοῦ τοῦ ἀοράτου als ursprünglich anzunehmen. Über alles andere kann man, ohne ein wirkliches Kriterium zu besitzen, nur in äußerst hypothetischer Weise urteilen.

Hier soll nun zu den bereits existierenden guten Übersichten über diese unterschiedlichen Rekonstruktionen des ursprünglichen Hymnus nicht noch einmal ausführlich referiert werden. Verwiesen sei daher vor allem auf folgende, in den Literaturangaben genannten Autoren: Gabathuler, Jesus Christus 11–124, und Burger, Schöpfung, 3ff, dann noch auf Lohse K 77–85 und Gnilka K 51–59.

Wurde eben herausgestellt, was mit an Sicherheit grenzender Wahrscheinlichkeit zum *ursprünglichen Hymnus* gehörte, so soll nun in umgekehrter Weise nach dem gefragt werden, was mit gleicher Sicherheit als *Zusätze* zu beurteilen ist. Das sind nur zwei Stücke. Die erste Strophe preist hymnisch die kosmokratische Würde Christi. Dann aber ist τῆς ἐκκλησίας in 18 ekklesiologische Interpretation des Redaktors. Die zweite Strophe preist die Würde des Auferstandenen. Dann wird man wohl διὰ τοῦ αἵματος τοῦ σταυροῦ αὐτοῦ in 20 als sekundär werten. Mit Lohse K 82 sehe ich diese beiden Interpolationen als die einzigen an. Wahrscheinlich hat Lohse recht, wenn er schreibt: „Ein urchristlicher Hymnus wird kaum aus regelmäßig gebauten Versen und Strophen bestanden haben, sondern wahrscheinlich waren die Strophen im einzelnen verschieden durchgeführt und in freien Rhythmen hymnischer Prosa gehalten."

Die beiden ersten Prädikate, die in der ersten Strophe des Hymnus dem Sohne Gottes zugeschrieben werden, sind εἰκὼν τοῦ θεοῦ τοῦ ἀοράτου und πρωτότοκος. Während für das Verständnis von letzterem außer der Berücksichtigung der paulinischen Parallelaussagen der Blick auf das AT erforderlich ist, muß für εἰκών vor allem der philosophischen und religionsgeschichtlichen Vorgeschichte dieses Begriffes genauere Beachtung geschenkt werden. Das ist auch angesichts der kontroversen Beurteilung, was mit ihm in 15 theologisch und christologisch ausgesagt sein soll, erforderlich. Bei der ersten Lektüre dieses Verses kann der Eindruck entstehen, daß der Lobpreis des Sohnes Gottes als εἰκὼν τοῦ θεοῦ τοῦ ἀοράτου ihn als das *sichtbare* Abbild des schlechthin *unsichtbaren* Gottes bekennt. Nach der *opinio communis* der Interpreten ist es aber gerade nicht der irdische Jesus, sondern der präexistente Gottessohn, der in 15 hymnisch gepriesen wird (z.B. Schweizer K 56f; Gnilka K 61; Lindemann K 26). Die Begründung scheint einsichtig: In der ersten Strophe des Hymnus geht es um die Schöpfungsmittlerschaft des Erstgeborenen, des πρωτότοκος. Und bereits dieser Titel verbietet eine Deutung auf den Inkarnierten. In seinem göttlichen Sein gehört er ganz auf die Seite Gottes. Lightfoot K 141ff sah aber in 15 eine zwar nicht terminologische, aber immerhin sachliche Parallele zur Präexistenz des johanneischen Logos von Joh 1,1, zugleich jedoch auch zur programmatischen Inkarnationsaussage Joh 1,14, so daß er Kol 1,15 paraphrasierte „He is the perfect image, the visible representation of the unseen God", ähnlich Caird K 15; Bieder K 54f; Zeilinger, Der Erstgeborene, 181. Abbott K 209f lehnt diese Interpretation ab und deutet εἰκών wegen der Präsensform ἐστιν als „Christ in His present glorified state". Lohse K 87 spricht zwar im Blick auf den Erstgeborenen vor aller Schöpfung vom präexistenten Christus, aber auch davon, daß die christliche Gemeinde den Begriff εἰκών auf Christus anwende, um ihn als den einen zu preisen, *in dem Gott sich offenbart*. Geht es aber um die Offenbarung Gottes in Christus, dann ist unabdingbar die Inkarnation impliziert (s. aber 87, Anm. 2 mit Berufung auf Eltester, Eikon, 148f, und Jervell, Imago Dei, 219!). Angesichts dieser Kontroverse ist es erforderlich, die Geschichte des Begriffs εἰκών in philosophischer und religionsgeschichtlicher Sicht zu referieren, um auf ihrem Hintergrund die fragliche Wendung im Sinne des Hymnus und des AuctCol besser interpretieren zu können.

Εἰκών **in philosophie- und religionsgeschichtlicher Sicht**

Literatur: P. ALTHAUS, Das Bild Gottes bei Paulus, ThBl 20 (1941) 81–92. – F. W. ELTESTER, Eikon im NT (BZNW 23), 1958. – H. GOLDSTEIN, EWNT I, 942–950. – JERVELL, Imago Dei. – G. KITTEL, J. KLEINKNECHT, G. VON RAD, ThWNT II, 378–396. – LARSSON, Christus als Vorbild. – U. LUZ, Das Gottesbild in Christus und im Menschen nach dem NT, Conc(D) 5 (1969) 763–768. – D. SCHLÜTER, HWP I, 913–915. – U. VANNI, Immagine de Dio invisible, primogenito di ogni creazione (Col 1,15), in: La Cristologia in San Paolo, ASB XXIII (1976) 97–113. – H. WILLMS, Eikon. Eine begriffsgeschichtliche Untersuchung zum Platonismus, Münster 1935.

Ausgangspunkt der philosophiegeschichtlichen Darlegungen sollte das Verständnis von εἰκών bei Platon sein. Als „in fast unmittelbarer Parallele zu Kol 1,15" sieht Kleinknecht, ThWNT II, 386 *Tim 92c:* ὅδε ὁ κόσμος οὕτω, ζῷον ὁρατὸν τὰ ὁρατὰ περιέχον, εἰκὼν τοῦ νοητοῦ [ergänze: θεοῦ, ebenso Eltester, Eikon, 28; Kleinknecht ergänzt ζῴου, m. E. nicht haltbar] θεὸς αἰσθητός, μέγιστος καὶ ἄριστος κάλλιστός τε καὶ τελεώτατος γέγονεν εἰς οὐρανὸς ὅδε μονογενὴς ὤν. Mag auch Platon an anderen Stellen das Verhältnis von Sichtbarem und Unsichtbarem anders dargestellt haben (Phaidon!), so genügt es doch hier, für ihn auf den Timaios zu verweisen. Gerade Tim 92c war für die Wirkungsgeschichte der platonischen Philosophie von besonderer Bedeutung (leider sind die Tim-Kommentare des mittleren Platonismus, also gerade der für unsere Problematik so wichtigen Zeit, kaum erhalten; C. Zintzen, WdF LXX, IXff). In den platonischen Grundgedanken der zwei Welten – der Welt der Ideen und der Welt des sinnlich Erfaßbaren – ist hier das Verhältnis der sichtbaren Welt im Ganzen, des „wahrnehmbaren Gottes", θεὸς αἰσθητός, und des „intelligiblen Gottes", des [θεὸς] νοητός, eingezeichnet. Festzuhalten ist: Der *unsichtbare,* weil rein geistig begriffene Gott hat seine *sichtbare* Ikone in der Welt, die als sichtbares Lebewesen ausgesagt ist. Mit dem θεὸς νοητός meint Platon die Ideenwelt. Den sichtbaren Gott hat der gute Demiurg geschaffen, und zwar die αἰσθητά nach dem Urbild der νοητά (s. vor allem Tim 28a–31b; zitiert sei hier nur aus 29a: Εἰ μὲν δὴ καλός ἐστιν ὅδε ὁ κόσμος ὅ τε δημιουργὸς ἀγαθός, δῆλον ὡς πρὸς τὸ ἀίδιον ἔβλεπεν.). Bereits im Blick auf das Christus-Prädikat πρωτότοκος in Kol 1,15 muß hier auch auf den einen Himmel (= Welt!) in Tim 92c aufmerksam gemacht werden, der als μονογενὴς ὤν prädiziert wird (im Joh tritt an die Stelle des πρωτότοκος eben dieser μονογενής, 1,14.18; 3,16.18). Damit ist der θεὸς αἰσθητός der *Sohn.* Einerlei wie Philosophiehistoriker Platon im einzelnen interpretieren – unbestreitbar ist, daß sich die genannten Formulierungen jüdischen und christlichen Autoren zur Rezeption anboten, wie es dann auch geschah (s. u.).

Für die Interpretation von Kol 1,15 dürfte wohl noch Platon, Resp 508d–509a, von Belang sein, zumal *Plutarch,* E Delph 21, 393 den dort ausgesprochenen Gedanken, freilich in spezifischer Modifikation, aufgegriffen haben dürfte (dazu Eltester, Eikon, 65ff). Platon spricht hier von der Idee des Guten, τὴν τοῦ ἀγαθοῦ ἰδέαν, die den Dingen, die erkannt werden, Wahrheit verleiht, τὸ τὴν ἀλήθειαν παρέχον, und (καὶ epexegeticum) dem Erkennenden die Kraft zum Erkennen. Am Beispiel der Sonne und des Sonnenhaften braucht er wieder den Begriff εἰκών. ἡ ἀλήθεια, ἡ τοῦ ἀγαθοῦ ἰδέα, τὸ ὄν, τὸ γιγνόμενον κτλ versteht Platon also in *gnoseologischer* Perspektive. Ist nun ntl. Theologie, auch die Theologie des Kol, wurzelhaft *Offenbarungstheologie* und geht es somit in ihr um die Korrespondenz von dem sich offenbarenden Gott und dem die Offenbarung glaubenden und sie so erkennenden Menschen, so steht der Christus-εἰκών-Hymnus im Ganzen des Kol in diesem kerygmatischen gesamt-ntl. Kontext.

Spätestens jetzt stellt sich die Frage, ob das, was bisher zu Platon gesagt wurde, philosophische Überlegungen sind oder ob nicht bereits in ihnen ein gehöriges Stück *Religionsphilosophie* impliziert ist. Zumindest gilt das für den Hinweis auf Plutarch, sicherlich aber auch für *Corpus Hermeticum* VIII,

2,5, eine (textkritisch geringfügig umstrittene) Stelle, die sich eindeutig in der Wirkungsgeschichte des Timaios befindet: πρῶτος γὰρ πάντων ὄντως καὶ ἀίδιος καὶ ἀγέννητος ὁ δημιουργὸς τῶν ὅλων θεός· δεύτερος δὲ ὁ κατ' εἰκόνα αὐτοῦ ὁ κόσμος, ὑπ' αὐτοῦ συνεχόμονος καὶ τρεφόμενος καὶ ἀθανατιζόμενος, ὡς ὑπὸ ἰδίου πατρὸς ἀεὶ ζῶν ὡς ἀθάνατος.

Zumindest ein Hinweis auf die hellenistische Ideologie der *Vergottung des Königs* ist erforderlich. Eines der besten Beispiele ist immer noch der Stein von Rosette (Ditt. Or. 90,3), auf dem es von Ptolemaios Epiphanes heißt: εἰκόνος ζώσης τοῦ Διὸς υἱὸς τοῦ ἡλίου. Der platonische Charakter dieser Königsideologie ist offenkundig, auch wenn er in arg pervertierter Weise erscheint.

Von besonderer Wichtigkeit für die Auslegung von εἰκὼν τοῦ θεοῦ τοῦ ἀοράτου in Kol 1,15 ist *Philon*. Es kann zwar nicht nachgewiesen werden, daß der Dichter des Hymnus oder der AuctCol die Werke dieses alexandrinischen jüdischen Religionsphilosophen gekannt hat, aber zumindest steht Kol 1,15 im selben theologischen Traditionsstrom wie Philon. Dieser spricht vom Logos als dem Bild Gottes, z. B. Op Mund 8: τὸν ἀόρατον καὶ νοητὸν λόγον εἰκόνα λέγει θεοῦ, oder Conf Ling 146, wo es vom Logos heißt: ἀρχὴ καὶ ὄνομα θεοῦ καὶ λόγος καὶ ὁ κατ' εἰκόνα ἄνθρωπος. Die platonische Herkunft ist deutlich, ohne daß deshalb Philon als philosophischer Denker im Sinne des mittleren Platonismus zu bezeichnen wäre. Er ist in erster Linie Ausleger der Schrift, genauer: des Pentateuchs, praktiziert aber seine Schriftauslegung in den Plausibilitätsstrukturen alexandrinischen Denkens, in dem sich platonisierende und stoische Elemente mischen. Schon Sap 7,26, also etwa ein Jahrhundert vor Philon, lesen wir: ἀπαύγασμα γάρ ἐστιν φωτὸς ἀιδίου / καὶ ἔσοπτρον ἀκηλίδωτον τῆς τοῦ θεοῦ ἐνεργείας / καὶ εἰκὼν τῆς ἀγαθότητος αὐτοῦ (zu Sap. 7: Hübner, Die Sap und die antike Philosophie). Nach Sap und Philon ist es die präexistente, an der Schöpfung Gottes beteiligte Sophia bzw. der präexistente Logos, ein Wesen, das aufgrund seiner Göttlichkeit, seiner Teilhabe am transzendenten Sein Gottes und am präexistenten und gegenwärtigen Handeln Gottes Bild Gottes ist. Das heißt aber, daß dieses Bild-Sein nicht als bloßes Abbild-Gottes-Sein interpretiert werden darf. Die εἰκὼν θεοῦ repräsentiert im strengen Sinne des Begriffs *repraesentatio* das Gott-*Sein*. Wo der Logos bzw. die Sophia wirksam ist – ein anderes Sein als ein Wirksam-Sein ist weder im Sinne der Sap noch im Sinne Philons denkbar –, da wirkt Gott selbst kraft seiner ihn repräsentierenden Ikone. Sowohl für Sap als für Philon gilt, daß die *repraesentatio* des unsichtbaren Gottes durch eine unsichtbare Sophia oder einen unsichtbaren Logos geschieht. Weder in der Sap noch bei Philon findet sich der Gedanke, daß eine sichtbare jenseitige Gestalt den unsichtbaren Gott sichtbar macht. Wenn nun Philon den Logos ὁ κατ' εἰκόνα ἄνθρωπος nennt (s. o.), so zitiert er hier Gen 1,27: κατ' εἰκόνα θεοῦ ἐποίησεν αὐτόν. Für Philon ist dieser Mensch von Gen 1,27 der οὐράνιος ἄνθρωπος (Leg All I, 31), vom irdischen Mensch (γήϊκος) unterschieden. Ist also der Logos ὁ κατ' εἰκόνα ἄνθρωπος, der himmlische Mensch bzw. die Idee des Menschen (platonisierend gedacht), so ist dadurch ausgeschlossen, daß dem Logos als dem Bilde Gottes die Sichtbarkeit eignet. Auf das schwierige Verhältnis vom Logos als bildhaftem Anthropos zu den Vollkommenen, auf die Philon auch Gen 1,27 bezieht (dazu Sellin, Der Streit um die Auferstehung der Toten, passim), braucht im hiesigen Zusammenhang nicht eingegangen zu werden, da es hier nur um die religionsgeschichtlichen Voraussetzungen für die Interpretation der christologischen Aussage von Kol 1,15 geht.

Christus als εἰκὼν τοῦ θεοῦ τοῦ ἀοράτου ist die erste zentrale theologische Aussage des Hymnus, die somit nicht auf das Konto des AuctCol geht; denn er hat wohl kaum um dieses Begriffes willen den Hymnus übernommen. Vor allem seine nachweisbar redaktionellen Interpretamente sprechen nicht dafür. Sollte 16c τὰ ὁρατὰ καὶ τὰ ἀόρατα redaktionell sein, so wäre gerade dadurch die geringfügige Unstimmigkeit zwischen 15a und 16c durch den AuctCol geschaffen; denn in 15a ist τοῦ ἀοράτου als Spezifikum Gottes, in 16c aber τὰ ἀόρατα als Bereich innerhalb der Schöpfung ausgesagt. Dem ursprünglichen Dichter des Hymnus ist jedoch eine solche Ungeschicklichkeit weniger zuzutrauen als einem Redaktor; werden doch Unstimmigkeiten bekanntlich durch Interpolationen immer wieder ungewollt vorgenommen. Doch ist die hier vorliegende Unstimmigkeit von so geringer Relevanz, daß man τοῦ θεοῦ τοῦ ἀοράτου als originalen Bestandteil des Hymnus sehen sollte. Daß aber der AuctCol nicht nur en passant die εἰκών des Hymnus theologisch reflektiert hat, zeigt 3,10, wo er diesen Begriff im paränetischen Kontext in sein theologisches Denken integriert hat. Sollte er, wie zu vermuten ist, 2Kor gekannt haben, so hatte er 2Kor 4,4 vor Augen gehabt, doch ohne den dortigen theologischen Kontext (φωτισμός, δόξα; δόξα ist in Kol 1,11 nicht mehr unmittelbarer Kontext zu 1,15); der schöpfungstheologische und ekklesiologische Zusammenhang ersetzt den kerygmatischen von 2Kor 4.

Da der AuctCol Schüler des Paulus war – und dieser dürfte Sap gekannt haben – kann man davon ausgehen, daß er das jüdische Theologumenon von der εἰκών (τοῦ) θεοῦ kannte. Nach Sap 7,26 ist die präexistente Weisheit εἰκών τῆς ἀγαθότητος αὐτοῦ (sc. τοῦ θεοῦ), die wie der präexistente Christus an der Schöpfung beteiligt war (Sap 7,22a; 9,9; aller Wahrscheinlichkeit nach auch 9,1f; zur Präexistenz der Weisheit s. vor allem Prov 8,22–31, Sir 24,3–17; an beiden Stellen jedoch selbst Geschöpf Gottes).

Ergibt sich aus dem, was im philosophie- und religionsgeschichtlichen Exkurs über εἰκών gesagt wurde, ein Anhaltspunkt für die Beantwortung der zentralen theologischen Frage, ob Christus als Bild des unsichtbaren Gottes der unsichtbar-präexistente Gottessohn ist oder ob man an den Inkarnierten denken darf? Für den ursprünglichen Hymnus ist er als εἰκών τοῦ θεοῦ τοῦ ἀοράτου zunächst der an der Weltschöpfung Beteiligte. Daß er πρωτότοκος πάσης κτίσεως ist, *weil* in ihm – falls ἐν αὐτῷ nicht sogar mit „durch ihn" zu übersetzen ist – alles geschaffen ist, signalisiert zunächst einmal das Verständnis von der εἰκών als einem präexistenten und transzendenten Wesen. Damit ist aber die Nähe zur jüdisch-alexandrinischen Sophia- und Logostheologie gegeben. Die Weisheit ist nach Sap sowohl Bild der Güte Gottes als auch Schöpfungsmittlerin (s. o.), und sie ist Mitherrscherin Gottes (Sap 9,9f). Diese Vorstellungskonstellation findet sich aber eindeutig auch in Kol 1,15f, wobei noch 1,13 (Sap 9,9f!) mitzubedenken ist. Die unbestreitbare Parallele beider Texte spricht zunächst für die Annahme, daß der Sohn Gottes das Bild des unsichtbaren Gottes in seiner göttlichen, seiner transzendenten Realität ist. Faßt man die εἰκών als *repraesentatio* auf, weil sie am göttlichen Wesen dessen, für den sie Bild ist, partizipiert – εἰκών ist ja gemäß diesem Denken nicht „bloßes" Bild! –, dann liegt jeder Gedanke an die Inkarnation fern. Alle Wahrscheinlichkeit spricht daher dafür, daß nach der Intention des Dichters des Hymnus der Sohn Gottes nicht das sichtbare Bild des unsichtbaren Gottes ist. Sollte, was ebenfalls recht wahrscheinlich sein dürfte, im ursprünglichen Hymnus nicht nur der Gedanke der Schöpfungsmittlerschaft des Sohnes Gottes, sondern auch der seiner dauernden Stellung in der Schöpfung ausgesprochen sein, also nicht nur 16 ἐν αὐτῷ ἐκτίσθη τὰ πάντα und τὰ πάντα δι' αὐτοῦ ... ἔκτισται, sondern auch τὰ πάντα ... καὶ εἰς αὐτὸν ἔκτισται und 17 τὰ πάντα ἐν αὐτῷ συνέστηκεν, so wäre auch Christi gegenwärtiges εἰκών-Sein von seiner Unsichtbarkeit bestimmt. In 18 wird diese kosmische Rolle mit der Vorstellung ἡ κεφαλὴ τοῦ σώματος ausgesagt. τὸ σῶμα ist dann Synonym für τὰ πάντα. Doch gerade diese kosmologische Aussage, in der die kosmische Stellung und Würde Jesu elogisch zum Ausdruck kommt, wird durch den AuctCol ihres kosmologischen Sinnes entkleidet und *ekklesiologisch* umgedeutet. τὸ σῶμα ist jetzt nicht mehr das All, sondern die Kirche. Und Christus ist jetzt nicht mehr das Haupt des Alls, sondern das Haupt der Kirche.

Dieser *theologische Umbruch*, immerhin ein Umbruch von großem inhaltlichem Gewicht, hat nicht geringe Konsequenzen für die Deutung der εἰκών τοῦ θεοῦ τοῦ ἀοράτου. Sieht nämlich nun der AuctCol aus ekklesiologischer Perspektive Christus als die Ikone des unsichtbaren Gottes – 1,15 rückt ja unbestreitbar durch die Zufügung von τῆς ἐκκλησίας in 18 in eine neue Optik – , so ist die theologische Prämisse die, daß Kreuz und Auferstehung Christi bereits geschehen sind und die Kirche als das In-Christus-Sein der Erlösten die *geschichtliche* Verwirklichung des in Christus erwirkten Heils ist. Der Auct Col denkt ja nicht wie der Dichter des Hymnus von der christologischen Kosmologie, sondern vom Heilsgeschehen des Karfreitags und des Ostersonntags her. Damit ist aber die *Inkarnation* mitgedacht; sie ist sogar in 2,9 thematisch geworden, wenn σωματικῶς mit „leibhaft", wie wahrscheinlich, zu übersetzen ist. Die zweite Strophe des Hymnus bringt in 1,19 die engste Parallele zu 2,9. Und außerdem geht wohl διὰ τοῦ αἵματος τοῦ σταυροῦ αὐτοῦ auf das Konto des AuctCol in 20 als redaktioneller Zusatz zum Hymnus. Er hat also den leibhaften Gekreuzigten vor Augen, er hat den leibhaft Auferstandenen vor Augen. Es ist somit der ὁρατὸς υἱὸς τοῦ θεοῦ, von dem hier aufgrund der ekklesiologischen Deutung des Hymnus durch den AuctCol die Rede ist. Treffen diese Überlegungen zu, dann ist *für den AuctCol* dieser ὁρατὸς υἱὸς τοῦ θεοῦ die εἰκὼν τοῦ θεοῦ τοῦ ἀοράτου. Die theologische Intention des Dichters des Hymnus und die des AuctCol fallen also auseinander. Daß durch letzteren die kosmologische in die ekklesiologische Aussagerichtung umgebogen wird, ist in der ntl. Forschung nahezu einmütig akzeptiert. Daß dies aber für die Interpretation der Christologie eminente Konsequenzen hat, bedarf noch der energischen exegetischen Diskussion. Nach Hoppe K 114 war für den AuctCol die Idee vom kosmischen Christus zu abstrakt und einseitig, weil nicht auf Menschen bezogen. Das ist richtig gesehen. Und vielleicht kann man ihm auch darin zustimmen, daß die Kirche als der Leib Christi dessen vorweltliche Existenz teilt und das Schöpfungswerk mitträgt. Aber genau dieser Gedanke ist es, dessen Verlängerung auf die eben vorgetragenen Überlegungen zur Christologie des Kol zielen müßte. Hoppe K 130 sei auch darin zugestimmt, daß nach 2,9 „diese *Fülle des Gottseins Christi* ... in der Kirche *geschichtlich* lebendig" wird, daß „die Wirklichkeit Gottes ... nur in Christus im Raum der Kirche erfahrbar" ist.

Mit Hoppe K 115 gehe ich auch überein, wenn er *Platon*, Tim 92c, für die Deutung von Kol 1,15 heranzieht. Denn dieser im Exkurs zitierte und bedachte Satz stellt ja die sinnlich erfaßbare Welt, nämlich den θεὸς αἰσθητός, als εἰκών des unsichtbaren Gottes, des θεὸς νοητός, hin. Von dieser Stelle aus kann also auch eine andere Linie ausgezogen werden als die, die beide, παράδειγμα und εἰκών, zugleich in den Bereich der Unsichtbarkeit verweist. Daß Sap und in wichtigen Aussagen auch Philon die εἰκών als unsichtbare personale Wesenheit verstehen, ist somit nicht die einzige Denkweise in der Wirkungsgeschichte der platonischen Philosophie. Die hier gebotene Interpretation von Kol 1,15 hat demnach durchaus in der damaligen Philosophie- und Religionsgeschichte ihren legitimen Ort. Zu einer eigenartig partiellen Übereinstimmung zwischen Hoppe und mir kommt es ausgerechnet dadurch, daß er, wie schon andere zuvor, τοῦ θεοῦ τοῦ ἀοράτου als nicht zum ursprünglichen Hymnus gehörend betrachtet (Der Triumph des Kreuzes, 151 ff). So sieht er in diesen Worten die christologisch-ekklesiologische Intention des AuctCol (ib. 204 f).

Mit diesen Überlegungen ist bereits der *eigentliche* theologisch-christologische Duktus der ersten Strophe des Hymnus zur Darstellung gekommen. Im Vergleich zu diesem theologischen Gehalt ist das, was nun an weiteren philosophischen Parallelen anzuführen ist, von sekundärer Bedeutung, nämlich der Hinweis auf die *Stoa*. Zu nennen ist da vor allem der bekannte Lobpreis der Natur durch Mark Aurel IV, 23, 2: ὦ φύσις, ἐκ σοῦ πάντα, ἐν σοὶ πάντα, εἰς σὲ πάντα, eine Parallele, in der in ähnlicher Weise wie im Hymnus mit den Präpositionen gespielt wird und die vor allem das πάντα thematisiert. Eine Entsprechung ist auch der Gebetscharakter bei beiden; im Hymnus wird der Sohn Gottes in der 3. Person gepriesen, von Mark Aurel die Physis in der 2. Person angesprochen. Trotzdem liegen Welten zwischen der Christologie des Hymnus und dem stoischen Pantheismus. Hatten wir es bei den εἰκών-Belegen trotz aller Differenzen mit echten Parallelen zu tun, so hier mit wörtlicher Übereinstimmung bei jeweils inhaltlich stark divergenter Gesamtaussage. Die Frage ist auch, ob der Dichter des Hymnus von stoischen Aussagen direkt abhängig ist oder ob er nicht vielmehr auf Paulus rekurriert, z. B. auf 1Kor 8,6, wo es von dem einen Gott heißt, ἐξ οὗ τὰ πάντα καὶ ἡμεῖς εἰς αὐτόν, und von dem einen Herrn Jesus Christus: δι' οὗ τὰ πάντα καὶ ἡμεῖς δι' αὐτοῦ. Wahrscheinlich war man aber mit derartigen τὰ-πάντα-Formeln dort, wo ein gewisser Bildungsstand gegeben war, vertraut, mochten sie auch in unterschiedliche philosophische und religiöse Vorstellungen eingebracht worden sein.

Enger ist die inhaltliche Verwandtschaft zwischen τὰ πάντα ἐν αὐτῷ συνέστηκεν in **17** und Ps.-Aristoteles, Mund 6 (397b): ὡς ἐκ θεοῦ πάντα καὶ διὰ θεοῦ συνέστηκεν. Schon bei Platon, Resp 530a, findet sich οὕτω ξυνεστάναι τῷ τοῦ οὐρανοῦ δημιουργῷ αὐτόν τε καὶ τὰ ἐν αὐτῷ. Der religiöse Charakter wird in PapOxyrh XI, 1380, 183–185 deutlich, wo Isis angeredet wird: σὺ πάντων ὑγρῶν καὶ ξηρῶν καὶ ψ[υχ]ρῶν· ἐξ ὧν ἅπαντα συνέστηκεν. Und auch die Logos-Theologie Philons, Rer Div Her 281, ist, hier nun in diesem Zusammenhang, noch einmal zu nennen, wo es von den vier ἀρχαί und δυνάμεις heißt: ἐξ ὧν συνέστηκεν ὁ κόσμος (s. auch ib. 311). Ist nach 18 der Sohn Gottes ἡ κεφαλὴ τοῦ σώματος, so ist das im Sinne des Hymnus eine kosmologische Aussage unter christologischen Vorzeichen. Auch hier ist der Rekurs auf Platon unverzichtbar. Daß der Kosmos als Makrolebewesen zu sehen ist, ist ein Grundgedanke des Timaios, wie schon zum εἰκών-Begriff gezeigt wurde (Tim 92c). Dieser Makrokosmos ist ein beseeltes, von der Vernunft durchwaltetes Wesen (z. B. Tim 30ff), ist der von der göttlichen Seele geleitete Leib (47c–48b). Inwieweit in den späteren hellenistischen Synkretismus iranische Vorstellungen eingedrungen sind, die auch in Kol 1,18 ihren Niederschlag fanden, sei hier nicht diskutiert (dazu z. B. Lohse K 93). Wichtiger ist das orphische Fragment 168, wonach der als erster gewordene Zeus der Ζεὺς κεφαλή ist, von dem es dann heißt: πάντα γὰρ ἐν Ζηνὸς μεγάλῳ τάδε σώματα κεῖται.

In 18a sammeln sich also philosophische und religionsgeschichtliche Vorstellungen, die christologisch zu einem anschaulichen Bild vereint sind. Interpretiert nun der AuctCol diese christologisch-kosmologische Vorstellung durch den Einschub τῆς ἐκκλησίας in ekklesiologischer Sicht, so dürfte er dazu durch die paulinische Vorstellung von der Kirche bzw. Ortsgemeinde als σῶμα Χριστοῦ inspiriert sein. Keinesfalls ist aber das ekklesiologisch interpretierte σῶμα von 18 mit Christus identisch, wie dies wohl durch 1Kor 12,12f ausgesagt sein dürfte (zur Diskussion von οὕτως καὶ ὁ Χριστός in 1Kor 12,12 s. HNT 9 z. St.). Denn Christus ist im Sinne von Kol 1,18 nicht das σῶμα, sondern, dieses beherrschend, dessen κεφαλή. Die deuteropaulinische Ekklesiologie hat also die paulinische im erheblichen Ausmaße modifiziert, steht aber deutlich in ihrer begrifflichen Wirkungsgeschichte. Zu fragen ist, ob der Kirche in 18, weil im kosmologischen Kontext genannt, Präexistenz zugesprochen werden kann. Nach Lindemann K 29f hat die Kirche als „Leib" bereits *Anteil* an der Präexistenz ihres „Hauptes" Christus, ist aber vor aller Zeit geschaffen (vgl. Eph 1,22) und gehört so auf die Seite der Schöpfung. Die Diskussion hierzu wird im Rahmen der Exegese von Eph (wohl eher 1,4f als 1,22) geführt. Jetzt sei nur gesagt, daß die Ansicht Lindemanns zumindest einen wichtigen, diskussionswürdigen Aspekt angesprochen hat. Keinesfalls genügt es also, nur den Umbruch von der

Kosmologie zur Ekklesiologie zu notieren; bedacht werden muß auch das Verhältnis beider zueinander. Dieser Aufgabe stellt sich der AuctEph. Er ist insofern der Exeget des Kol.

So durchsichtig der Aufbau der ersten Strophe ist, so verwirrend ist auf den ersten Blick der Aufbau der zweiten. Sind, wie bereits gesagt, die Elemente ὅς ἐστιν . . ., πρωτότοκος . . . und ὅτι ἐν αὐτῷ . . . κατοικῆσαι diejenigen, die die zweite Strophe analog zur ersten strukturieren, so wirkt schon der Finalsatz ἵνα γένηται ἐν πᾶσιν αὐτὸς πρωτεύων störend, ohne daß deshalb dieser Tatbestand zu einem sicheren Kriterium dafür gemacht werden dürfte, ihn als sekundär zu beurteilen (s. o.). Vollends wird die Struktur der zweiten Strophe in 19 und 20 kompliziert. Kann vielleicht eine mögliche Schlüssigkeit der *inhaltlichen* Aussagesequenz Licht in das normale Dunkel bringen? Denn auch, wenn die als sicher zum ursprünglichen Hymnus gehörigen Worte διὰ τοῦ αἵματος τοῦ σταυροῦ αὐτοῦ aus 18b−20 herausgenommen werden, bleibt formale Unausgeglichenheit. Nach **18b** ist der Sohn Gottes ἀρχή. Diese Bezeichnung ist aber alles andere als eindeutig. Ist er im zeitlichen Sinne der Anfang, vielleicht sogar in radikaler Weise als Anfang vor aller Zeit? Eine solche Aussage paßte aber besser in die erste Strophe; somit ist diese Interpretation wenig wahrscheinlich. Ist er Ursprung, *principium*, als Urgrund des Ganzen? Auch diese Deutung geht nur wenig mit dem christologischen Gehalt der zweiten Strophe konform. Die Deutung muß doch wohl von der Bestimmung des Christus als πρωτότοκος ἐκ τῶν νεκρῶν her genommen werden. Für Paulus ist Christus ἀπαρχή, 1Kor 15,23. Diese Stelle dürfte aber wegen ihres eschatologisch-soteriologischen Sinnes als Parallele zu Kol 1,18bc verstanden werden: Christus ist der Anfang der Auferweckten, der erste in der Reihe derer, denen das eschatologische Endheil zukommt. Kann man mit Lohse K 97 sagen, daß Christus ἀρχή als πρωτότοκος ἐκ τῶν νεκρῶν ist, durch den das eschatologische Geschehen ausgelöst worden sei, so wäre damit sein Subjekt-Sein im soteriologisch-eschatologischen Geschehen ausgesagt, so daß man von ihm eher als dem Auferstandenen als dem Auferweckten sprechen sollte. Wie immer man hier in Nuancen unterschiedlich urteilt und formuliert, es dürfte in 18cd der Grundgedanke vorliegen, daß die göttliche Macht und Würde Christi im Hymnus gepriesen werden, eine göttliche Macht, die die Erlösten in den Bereich eben dieser Gnadenmacht hineinnimmt (1,13!). Dann aber fügt sich der darauf folgende Finalsatz bestens in die Aussagerichtung der zweiten Strophe: der Sohn Gottes ist unter allen – allen Auferweckten – der Erste. Ob in πρωτεύων die Bedeutung „als der erste herrschend" mitschwingt, ist schwer zu entscheiden. Auf jeden Fall nimmt er aber als der, der als erster der eschatologischen Herrlichkeit teilhaft wurde, den ersten Rang ein. In **19** folgt die Begründung seiner hervorgehobenen Stellung: Es gefiel dem ganzen Pleroma (s. Exkurs über πλήρωμα im Eph-Teil dieses Kommentars), also der ganzen göttlichen Fülle, in ihm zu wohnen (so z. B. Lohse K 98; unwahrscheinlich ist, daß Gott Subjekt von εὐδόκησεν ist). Die soteriologische Dimension von 18 wird also wieder durch die christologische eingeholt. Der Ton liegt in 19a deutlich auf der Göttlichkeit des Gottessohnes. Betont ist, daß πᾶν τὸ πλήρωμα in ihm wohnt; der Gottessohn ist also ganz und gar Gott, ohne daß hier schon wie in späteren christologischen Diskussionen über das Verhältnis des Gott-Seins Gottes und des Gott-Seins des Sohnes Gottes spekuliert würde.

Doch in **20** begegnet erneut der soteriologische Gedanke, freilich eingebettet im übergeordneten christologischen. Das Kompositum ἀποκαταλλάξαι findet sich nur in Kol (1,20.22) und Eph (2,16); dürfte aber vom paulinischen Simplex καταλλάσσω (Röm 5,10; 2Kor 5,18−20) her zu verstehen sein, einem für Paulus zentralen Verb in genuin soteriologischen Aussagen. Der göttlichen Fülle, also Gott selbst, gefiel es, durch Christus das All auf ihn hin, d. h. auf Christus hin, zu versöhnen. Wie in Röm 5,10 ist Gott Subjekt der Erlösungstat. Wie in Kol 1,16 begegnet auch in 20 wieder δι' αὐτοῦ. Und wie in Röm 5,10 durchdringen sich auch in Kol 1,20 Gottes und Christi Subjekt-Sein. δι' αὐτοῦ besagt die *Integration des Subjekt-Seins des Gottessohnes in das Subjekt-Sein Gottes*. Die Frage, wie beider Subjekt-Sein begrifflich auseinanderzuhalten ist, darf hier nicht gestellt werden; sie liegt außerhalb der bewußten Reflexion des Dichters des Hymnus. Wichtig ist für ihn, daß der, der als das Bild Gottes am Schöpfungsakt beteiligt war, derselbe ist, der am Erlösungswerk beteiligt ist. Schon in Röm 5,6ff läßt sich das Subjekt-Sein von Vater und Sohn begrifflich nicht aufeinander abstimmen. Und diese begriffliche Unausgeglichenheit zeigt sich nun wieder in Kol 1,19f. Christus ist in seiner Repräsentation Gottes der Herr über τὰ πάντα; er ist es in gleicher Weise im Schöpfungs- und im Erlösungsgeschehen. Und so ist es auch verständlich, daß die doppelte Aussage δι' αὐτοῦ und εἰς αὐτόν in Bezug auf τὰ πάντα von 16 in 20a wieder aufgegriffen wird.

Ist syntaktisch deutlich, daß sowohl κατοικῆσαι als auch ἀποκαταλλάξαι von εὐδόκησεν πᾶν τὸ πλήρωμα abhängig ist, so hängt in 20b εἰρηνοποιήσας grammatisch eigentümlich in der Luft. Als maskulines Partizip meint es im Sinne des jetzt vorliegenden Textes von 18b den als ἀρχή und πρωτότοκος ἐκ τῶν νεκρῶν apostrophierten Sohn Gottes. Dieser hatte also durch sein göttliches Sühnewerk Friede geschaffen.

Nun hat aber der AuctCol nach der überwiegenden Mehrheit der Exegeten διὰ τοῦ αἵματος τοῦ σταυροῦ αὐτοῦ in den Hymnus eingefügt. Lohse K 102 erklärt zutreffend, daß durch dieses in den Hymnus eingesetzte Interpretament der Gedankengang des Hymnus eine neue Richtung gewönne: „Eine *theologia gloriae*, die die Vollendung als schon gewonnen betrachten möchte, wird durch die *theologia crucis* korrigiert (vgl. 2,14f)." Das ist in der Tat ganz im Sinne der Theologie des Paulus. Lohse verweist dafür auf 2Kor 5,17.19.

Hat jedoch der AuctCol die genannte Interpretation durch den Einschub vorgenommen, so ist εἰρηνοποιήσας mit δι' αὐτοῦ zu verbinden. Dann aber müßte man δι' αὐτοῦ als διὰ τοῦ Χριστοῦ verstehen; das Subjekt des Partizips ist demnach Gott: Gott ist es, der durch Christus Frieden geschaffen hat. Somit ist anzunehmen, daß bereits der AuctCol das im Hymnus stehende εἰρηνοποιήσας als Aussage über Gott gelesen hat. Nochmals Lohse K 101: „Dieser Friede, den Gott durch Christus gestiftet hat, schließt das All wieder zur Einheit zusammen und hält die wiedergestellte Schöpfung in der Versöhnung mit Gott fest."

Der Abschluß von 20, nämlich die Aufzählung von dem, was sich auf der Erde, und dem, was sich in den Himmeln befindet, greift 16 auf. Nur fehlt τὰ πάντα; dieses ist aber unbestreitbar mitbedacht, zumal es noch in 20a steht. Das ἀποκαταλλάξαι verwirklicht Gott also am ganzen Kosmos (vgl. Röm 8,18ff) – ein weiteres Indiz dafür, daß διὰ τοῦ αἵματος τοῦ σταυροῦ αὐτοῦ Einfügung in den ursprünglichen Hymnus ist. Nicht nur das Heilsgeschick der Menschen stand dem Hymnusdichter vor Augen, sondern die ganze Schöpfung im Lichte des göttlichen Erlösungshandelns.

Hermeneutische Überlegungen zur ersten Strophe des Hymnus

Vielleicht ist es gerade die erste Strophe des Hymnus von Kol 1, die dem von der Aufklärung herkommenden Menschen große Verstehensschwierigkeiten bereitet. Wolfgang Philipp (KlProt VII, XXXII ff) hat anschaulich herausgearbeitet, wie der Barockmensch angesichts des „Unendlichen Alls" zum „Einsamen Ich" geworden ist; in bisher nie dagewesener Weise sah er sich vereinzelt. „In einer Ausgesetztheit, wie wir sie geschichtlich so zum erstenmal beobachten, findet sich der einzelne am Ufer des endlichen All vor." Dieser Schock mag den heutigen Menschen vielleicht nur noch dann und wann ereilen, wenn er angesichts einer Diskussion über astronomische Sachverhalte zur Kenntnis nimmt, daß das Weltall noch weit größere Ausdehnung besitzt, als man es sich gemeinhin vorstellt. Aber mag hier oder dort einmal der Barockschock leise nachwirken – bei sehr vielen spielt er überhaupt keine Rolle mehr – , auf jeden Fall *verstehen* wir kaum noch, wie es im Hymnus heißen kann, daß das ganze Weltall, τὰ πάντα, derjenige Bereich ist, der auf Christus hin geschaffen ist. τὰ πάντα ist im Hymnus auch, ja gerade von den himmlischen Mächten aus verstanden, ist also in besonderer Weise Bereich transzendenter Wesen. Wir aber sehen heute im Weltall, mag es auch nach Einsteins Relativitätstheorie nicht unendlich sein, den unbegrenzten Raum einer apersonalen Materie, die sich keinen Deut um uns Menschen kümmert. Der größte Teil des Weltalls ohne irgendeinen Bezug zum Menschen – und dennoch soll es auf den Gott-*Menschen* Jesus Christus hin geschaffen sein?

Der Exeget des Hymnus darf dieses Empfinden des notwendig in der Wirkungsgeschichte der Aufklärung und des Barocks stehenden Menschen nicht ignorieren; er muß eine den Text zur Sprache bringende Interpretation bieten, die die *eigentliche Intention* verstehbar werden läßt. Und an dieser Interpretation muß erkenntlich werden, ob die Rede davon, daß das All auf Christus hin geschaffen ist, eine nicht mehr für uns übersetzbare, also nicht mehr existential interpretierbare Aussage ist oder ob die ureigene Intention des Hymnus für uns doch noch bedeutsam sein kann.

Der Versuch einer derartigen Interpretation sei hier vorgetragen. Der sog. Barockschock ist zunächst einmal ein durch *quantitatives* Denken hervorgerufener Schock. Der Barockmensch sah das unendliche Weltall – er stellte sich ja, anders als es nach Einstein noch möglich ist, den Raum als unendlich ausgedehnt vor – als quantitative Unendlichkeit, der gegenüber der ach so kleine Mensch eine einzige Nichtigkeit ist. Wolfgang Philipp begreift in diesem Sinne den sog. Barockpessimismus als „Kosmischen Nihilismus"; kein Zugang zur Ewigkeit mehr! Aber die theologische Rede davon, daß das All in Christus geschaffen, daß es auf ihn hin geschaffen ist, will ja, wenn auch im Rahmen eines entschieden anderen Weltbildes und einer entschieden anderen Weltanschauung, zum Ausdruck bringen, daß in diesem Sohn Gottes als dem Bild Gottes, als der εἰκὼν τοῦ θεοῦ τοῦ ἀοράτου, Gott selbst den unendlichen *qualitativen* Abstand zwischen sich und der Menschheit überschritten und somit von sich aus überwunden hat. Das im Glauben erfaßte Ereignis, daß Gott in seinem gottmenschlichen Abbild diesen in der Tat unendlichen Qualitätsabstand zunichte gemacht hat, signalisierte auch im damaligen weltbildhaften Denken, daß ein quantitativer Abstand irrelevant wird, wenn der qualitative Abstand zwischen Transzendenz und Immanenz überwunden ist.

Das Geschehen der Offenbarung Gottes in seinem Sohn, der auch als *Mensch* die Ikone des unsichtbaren Gottes ist, gilt ja uns *Menschen*. Ist Gottes Sohn Mensch geworden, so wird daran ablesbar, welch hohe Würde dem Menschen von Gott her mit seiner Erschaffung gegeben ist. Die „Qualität" des Menschen ist eben nicht durch die quantitative Differenz zum unermeßlichen Weltall konstituiert! Die „Qualität" des Menschen ist innerhalb des Weltalls die ihm von Gott zuge-„messene". Damit ist im Blick auf den Menschen theologisch jede rein quantitative Betrachtungsweise als illusorisch entlarvt. Die unermeßlichen Weiten des Weltalls sind eben nicht mit der Würde des Menschen verrechenbar. Der Mensch, der durch Gottes Ikone den Zugang zu eben diesem Gott hat, also den Zugang zum Schöpfer des gewaltigen, enormen Weltalls, hat damit etwas, was keinem Stern und keiner Galaxie gegeben ist. Dem Menschen ist gegeben, wenigstens etwas von den Gesetzen des Weltalls zu erfassen, wenigstens etwas von der Unermeßlichkeit der Sternensysteme zu erahnen. Aber kein Stern weiß etwas vom Menschen! Die *Asymmetrie*, die hier offenkundig vorliegt, läßt verstehen, wie in der Schöpfung eine Entelechie auf den Menschen hin gegeben ist, die durch die

Inkarnation des Sohnes Gottes anschaulich wurde. Die Offenbarung Gottes gilt einzig dem Menschen, sie soll ihm die von Gott geschenkte Bedeutsamkeit und Würde seines Mensch-Seins kundtun. Von daher erschließt sich auch heute noch uns Menschen, was es besagt, daß der Gott-*Mensch* auf das All hin geschaffen ist. Doch über die den Sternen von Gott gegebene Sinnhaftigkeit ist mit Kol 1,15–18 nichts gesagt! Diese Frage liegt außerhalb der Intention des Hymnus. Wir werden wohl zugeben müssen, daß uns auf eine solche Sinnfrage der Zugang radikal verwehrt ist, weil Gott uns durch die Inkarnation nur etwas über uns selbst sagen wollte. Wer mehr sucht, sucht vergebens!

1,21–23 Die Applikation des Hymnus auf die Kirche

[21]**Auch euch, die ihr *einst* entfremdet wart und Feinde (Gottes) aufgrund (eurer) inneren Einstellung in euren bösen Werken,** [22]**(euch) hat er *jetzt* im Leib seines Fleisches durch (seinen) Tod versöhnt, um euch heilig und untadelig und unbescholten vor Gott hinzustellen,** [23]**wenn ihr nur im Glauben fest gegründet und unerschütterlich bleibt und euch nicht von der Hoffnung des Evangeliums abbringen laßt, das ihr gehört habt und das in der ganzen Schöpfung unter dem Himmel verkündet worden ist. Dessen Diener bin ich, Paulus, geworden.**

Dieser kurze Abschnitt hat Übergangscharakter. Er knüpft unmittelbar an den Hymnus an und führt dann organisch zu den Ausführungen über die apostolische Existenz des Paulus hin. Mit Recht überschreibt Pokorný K 76 diesen Abschnitt mit „Die Applikation des Hymnus"; denn der AuctCol spricht nun die Kolosser so an, daß er die Theologie des Hymnus zur Anrede an sie werden läßt. Diese Anrede wird vom Einst-Jetzt-Schema her strukturiert. **21** schaut auf die Vergangenheit der heidenchristlichen Adressaten zurück. Sie waren einst, ποτέ, entfremdet. Gemeint ist die Entfremdung gegenüber Gott und somit, da die Relation zu Gott über Sein und Nichtsein entscheidet, auch die Entfremdung sich selbst gegenüber. Sie waren Feinde, nämlich Feinde Gottes, verstanden als in aktiver Feindschaft gegen Gott existierend. τῇ διανοίᾳ bestimmt sowohl ἀπηλλοτριωμένους wie ἐχθρούς. Die διάνοια ist die innere Ausrichtung des Menschen in ihrer Totalität und kommt somit dem nahe, was sonst καρδία aussagt. Die Kolosser waren also innerlich falsch „gerichtet", waren im wörtlichen Sinne „*per*-vers" im Blick auf Gott. Ihre perverse Ausrichtung von Gott weg hatte sie aber selbst radikal pervertiert. Manifest wurde dies in ihren bösen Werken. Dieser Gedanke entspricht der theologischen Argumentation von Röm 1,18ff, wo Paulus die moralische Perversion der Menschen ante Christum auf die Perversion ihres Gottesverhältnisses zurückführt. Der AuctCol erweist sich gerade in diesem kleinen Übergangsstück als theologisch echter Schüler des Apostels. **22** bringt dann die jetzige Heilszeit, νυνί, in der soteriologischen Terminologie der zweiten Strophe des Hymnus (20). Der dort vorfindliche Infinitiv wird hier zum Indikativ des Aorists, also zur Aussage der durch den Kreuzestod Wirklichkeit gewordenen Versöhnung. Uns eignet jetzt die ἀπολύτρωσις von 14, weil für uns das ἀποκατήλλαξεν gilt. Der Unterschied zu 20 muß genannt werden: Dort war die ganze göttliche Fülle Subjekt des Versöhnens, nach 22 hat jedoch der Christus das Versöhnen gewirkt. Dem furchtbaren ἐν τοῖς ἔργοις τοῖς πονηροῖς in 21 entspricht in 22 als positives Gegenbild παραστῆσαι ὑμᾶς ἁγίους καὶ ἀμώμους καὶ ἀνεγκλήτους κατενώπιον αὐτοῦ. Ist gemeint „vor Christus" oder „vor Gott"? Die

Wendung παραστῆσαι ὑμᾶς spricht für „vor Gott" (so u.a. Lohse K 108: „vor dem Angesicht Gottes"; Pokorný K 78; anders Wolter K 91). Sollte, wie wahrscheinlich, παραστῆσαι forensischen Sinn haben (so Paulus: 1Kor 8,8; 2Kor 4,14; 11,2; Röm 14,10), so ist es letzten Endes unerheblich, wie man exegetisch entscheidet. Bezeichnend ist, daß im 1Thess ἔμπροσθεν τοῦ ϑεοῦ und ἔμπροσθεν τοῦ κυρίου ἡμῶν Ἰησοῦ ein und dasselbe Gerichtsgeschehen am Jüngsten Tage aussagen (1,3; 2,19; 3,13). **23** formuliert konditional. Die Heilsaussage wird zur Aufforderung, im Glauben zu bleiben. Es ist der paulinische Grundgedanke: Vom Indikativ zum Imperativ. Wenn es aber heißt, im Glauben fest gegründet zu sein, so ist in τεϑεμελιωμένοι und ἑδραῖοι letztlich Gottes Aktivität ausgesagt. Des Menschen Glaube ist eingebettet in Gottes Heilshandeln. πίστις und ἐλπίς werden wieder in engem Zusammenhang genannt (s. 1,4f); die Rede ist bezeichnenderweise von der Hoffnung des Evangeliums. Die Worttheologie des AuctCol kommt diesmal in der Relation von ἀκούειν und κηρύσσειν zum Ausdruck. Geschieht die Verkündigung ἐν πάσῃ κτίσει, so ist 15 mit πρωτότοκος πάσης κτίσεως aufgegriffen. „Paulus" ist Diener dieser Verkündigung des Evangeliums geworden.

1,24–2,5 Das Evangelium und die apostolische Existenz

[24]**So freue ich mich nun in den Leiden für euch und erfülle an meinem Fleisch, was an den Drangsalen des Christus noch fehlt, für seinen Leib, der die Kirche ist.** [25]**Deren Diener bin ich ja gemäß dem Auftrage Gottes geworden, der mir um euretwillen gegeben wurde, um das Wort Gottes zu erfüllen,** [26]**(nämlich) das Geheimnis, das seit Äonen und seit Generationen verborgen war – jetzt aber ist es seinen Heiligen offenbar geworden,** [27]**denen Gott kundtun wollte, worin der Reichtum der Herrlichkeit dieses Geheimnisses unter den Völkern besteht: Es ist** *Christus in euch,* **die Hoffnung der Herrlichkeit.** [28]**Ihn verkündigen** *wir,* **indem wir jeden Menschen ermahnen und jeden Menschen in aller Weisheit lehren, damit wir jeden Menschen als einen, der „in Christus" vollkommen ist, (vor Gott) hinstellen.** [29]**Für dieses Ziel mühe ich mich ab, indem ich entsprechend seiner Kraft kämpfe, die in mir äußerst kraftvoll wirkt.**

[1]**Ich will euch nämlich wissen lassen, welch gewaltigen Kampf ich für euch und die Menschen in Laodikeia kämpfe und für all diejenigen, die ich nicht persönlich kenne,** [2]**damit ihre Herzen getröstet werden, zusammengehalten durch die Liebe und (ausgerichtet) auf allen Reichtum der Fülle an geistlichem Verstehen, (nämlich) auf die Erkenntnis des Geheimnisses Gottes (und somit) Christi,** [3]**in dem alle Schätze der Weisheit und Erkenntnis verborgen sind.** [4]**Das sage ich euch, damit euch keiner durch verfängliche Rhetorik täusche!** [5]**Denn wenn ich auch leiblich abwesend bin, so bin ich doch dem Geiste nach bei euch und sehe mit Freude eure Ordnung und die Festigkeit eures Glaubens an Christus.**

Literatur: R. J. Bauckham, Col 1:24 Again, EvQ 47 (1975) 168–170. – P. Benoit, Col 2:2–3, in: The NT Age, FS B. Reicke, Macon, I 1984, 41–51. – M. N. A. Bockmuehl, Revelation and Mystery (WUNT II/36), 1990, 178–190. – M. Cahill, The Neglected Paralellism in Col 1,24–25, EThL 68 (1992) 142–147. – M. Carrez, Souffrance et gloire dans les épîtres pauliniennes. Contribution à l'exégèse de Col 1,24–27 RHPhR 31 (1951) 343–353. – W. F. Flemington, On the Interpretation of Col 1:24, in: Suffering and martyrdom in the NT, FS G. M. Styler, Cambridge 1981, 84–90. – G. le Grelle, La plénitude de la parole dans la pauvreté de la chaier d'après Col 1,24, NRTh 81 (1959) 232–50. – J. Kremer, Was an den Leiden Christi noch mangelt. Eine interpretationsgeschichtliche Untersuchung zu Kol 1,24b (BBB 12), 1956 – Lührmann, Das Offenbarungsverständnis des Paulus, 113–140. – L. Milot, R. Rivard, and J.-Y. Thériault, Défi à la lecture: souffrances et soumissiones en Col, LTP 48 (1992) 65–79. – P. Müller, Anfänge der Paulusschule, 227–237. – Ollrog, Paulus und seine Mitarbeiter, 222–237. – A. Perriman, The Pattern of Christ's Suffering: Col 1:24 and Phil 3:10–11, TynB 42 (1991) 62–79. – M. Schmid, Die Leidensaussage in Kol 1,24, Diss. Theol. Wien 1956. – M. Wolter, Verborgene Weisheis und Heil für die Heiden. Zur Traditionsgeschichte und Intention des „Revelationsschemas", ZThK 84 (1987) 297–319. – R. Yates, A Note on Col 1:24, EvQ 42 (1970), 88–92. – Zeilinger, Der Erstgeborene, 82–94.

Die Aussagen des Paulus über das Evangelium münden geradezu organisch in „Selbst"-Aussagen des Apostels: Ich, *Paulus*, bin Diener dieses Evangeliums geworden. In einem Nebensatz führt „er" am Ende von 23 im kerygmatischen Kontext seine eigene theologische Bedeutsamkeit für die Adressaten ein. Wie sehr es „Paulus" darauf ankommt, Paulus in diesem theologischen Kontext zu thematisieren, geht schon allein daraus hervor, daß er ἐγενόμην noch eigens durch zusätzliches ἐγὼ Παῦλος verstärkt. Wer über das Evangelium spricht, vor allem über das Evangelium, das den Heiden bzw. Heidenchristen verkündigt wird, der muß auch über Paulus sprechen!

Obwohl also bereits im letzten Nebensatz von 23 Paulus selbst zum theologischen Thema wird und somit die Ausführungen *über* den Apostel an dieser Stelle eingeleitet werden, sehen die Ausleger in der Regel erst in **24** den Beginn eines neuen Abschnitts der Darlegungen im Kol. Dieser Sachverhalt zeigt symptomatisch, daß unsere Versuche, den Brief zu gliedern, nicht zu einer letzten Stringenz führen können. Immer wieder zeigt sich in diesem Schreiben ein recht auffälliges Sich-Überlappen der einzelnen Abschnitte. So fällt das für 24 ff entscheidende theologisch-kerygmatische Stichwort διάκονος schon in 23. Was es aber konkret für die Adressaten bedeutet, besser noch: inwiefern Pauli Sein als διάκονος für sie in existentieller Weise bedeutsam ist, erschließt sich erst in den folgenden Darlegungen. Über Paulus spricht „Paulus" also so, daß er die Kolosser in ihrem Versöhnt-Sein und Erlöst-Sein anspricht. Die Ausführungen *über* das Angenommen-Sein der Adressaten durch Gott geschehen *in* ihrem Angesprochen-Werden durch den Apostel und somit durch Gott. Anrede und Reflexion gehen ineinander über.

„Paulus" freut sich über die Leiden, die er den Kolossern zugute erträgt, ὑπὲρ ὑμῶν. Diese Wendung erscheint im ersten Hinblick als entschiedene Negation der paulinischen Soteriologie. Ist doch *Christus* um unseretwillen gestorben, ὑπὲρ ἡμῶν, Röm 5,8! Hat doch Gott den, der von der Sünde nichts wußte, auf dem Wege der Existenzstellvertretung um unseretwillen, ὑπὲρ ἡμῶν, zur Sünde gemacht, 2Kor 5,21 – und nun spricht „Paulus" in Kol 1,24 ausgerechnet sich selbst dieses ὑπέρ-Sein zu! Und nicht genug damit! „Paulus" erfüllt am eigenen Leibe, was an den Drangsalen Christi noch fehlt, τὰ ὑστερήματα τῶν θλίψεων τοῦ Χριστοῦ. Er tut es für den Leib Christi, ὑπὲρ τοῦ σώματος αὐτοῦ, also für die Kirche – trotz 1Kor 1,13! Daß in der Auslegungsgeschichte von Kol 1,24 immer wieder eine solche Diktion als blasphemischer Verstoß gegen die paulinische Soteriologie verstanden wurde, kann also nicht verwundern. Im Blick auf die ὑπέρ-Aussagen des Apostels läßt sich in der Tat zunächst ein verbaler Hiatus zwischen Paulus und „Paulus" nicht bestreiten. Die Differenz ist aber nur solange derart gravierend, wie isolierte soteriologische Formeln des Paulus der Aussage von Kol 1,24 kontrastiert werden. Die Differenz schmilzt jedoch, wenn auch nicht in der Sprache, so doch in der Sache auf eine Nuance zusammen, wenn man das *missionstheologische Bewußtsein des geschichtlichen Paulus* mit dem Bild vergleicht, das an dieser deuteropaulinischen Stelle gezeichnet wird. Und das Ärgernis, das diese Stelle zunächst provoziert, verliert zudem an innerer Begründung, wenn man den weiteren Kontext von 1,24 berücksichtigt. Zum Vergleich heranzuziehen ist vor allem *2Kor 4,7ff*, ein Abschnitt aus dem sog. Apostolatsbrief des Paulus innerhalb des 2Kor (zur Literarkritik am 2Kor s. Marxsen, Einleitung, 96ff). In ihm bemüht er sich, sein Apostelamt samt theologischer Existenz theologisch zu deuten. Den Korinthern hatte er bereits in 1Kor 1,18ff geschrieben, daß das Wort vom Kreuz die Dynamis Gottes sei, daß somit in christologisch-kerygmatischer Hinsicht Christus als der Gekreuzigte die Weisheit Gottes sei. Diesen Gedanken appliziert er dann in 2Kor 4 auf seine eigene Verkündigungsaufgabe, er expliziert ihn *apostolatstheologisch*: Es gehört zum Wesen seiner Existenz als Apostel, der ja das Kreuzeskerygma verkündet, daß auch diese Existenz von der Niedrigkeit der Trübsale (4,8: ἐν παντὶ θλιβόμενοι) gekennzeichnet ist. Deshalb trägt er als Apostel nach 4,10 immer (!) das Sterben Jesu, die νέκρωσις τοῦ Ἰησοῦ, an seinem Leibe. Dieses Sterben gehört notwendig zur apostolischen Existenz, *damit* das Leben Jesu, genauer: damit dessen österliches Leben in und kraft der Doxa Gottes auch am Leibe des Apostels erscheine (4,10: ἵνα καὶ ἡ ζωὴ τοῦ Ἰησοῦ ἐν τῷ σώματι ἡμῶν φανερωθῇ, ähnlich 4,11, wo statt ἐν τῷ σώματι ἡμῶν bezeichnenderweise ἐν τῇ θνητῇ σαρκὶ ἡμῶν steht, eine auffällige Parallele zu Kol 1,24 ἐν τῇ σαρκί μου). Das *offenbarungstheologische* φανερωθῇ verrät die theologische Tendenz der Aussage: Im Geschick Christi, aber dann auch in dem seines Apostels, ist die νέκρωσις ein theologisch unverzichtbares Stadium, aber eben als ein Stadium, das die soteriologische Wirklichkeit des Übergangs zur ζωή, dem eigentlichen Heilsgut, ausmacht. Wie sehr das Sterben Jesu von einem fast grauenhaften Ernst für den Apostel ist, zeigt 4,11, wo die νέκρωσις im θάνατος zu ihrer furchtbaren Erfüllung kommt, wo aber zugleich der soteriologische Kontext, und zwar durch sprachliche Anlehnung an das christologisch-soteriologische Kerygma, die *Einbeziehung der apostolischen Existenz in das soteriologische Kreuzesgeschehen* aussagt: εἰς θάνατον παραδιδόμεθα. Denn unbestreitbar dürfte dieses παραδιδόμεθα des Paulus das παραδιδόναι Jesu assoziieren. Es ist also festzuhalten: Der geschichtliche Paulus sieht sein Partizipieren am soteriologischen Tun des Sohnes Gottes *nur insofern*, als er dieses Tun als Evangelium verkündigt und als der Verkündigende durch sein Sein als θλιβόμενος die seinem Amte angemessene Daseinsweise veranschaulicht (Hübner, BThNT II, 221f).

Kol 1,24, gelesen im Horizont von 2Kor 4, bietet also nicht mehr ein derart Ärgernis gebendes Bild, wie es sich aufgrund einer von diesen Paulus-Aussagen isolierten Lektüre ergibt. In beiden Briefen spricht ein von seiner Aufgabe *existentiell betroffener* Paulus bzw. „Paulus". In beiden Briefen geht es um den Verkündigungsauftrag des existentiell betroffenen Apostels. Man hat, um die Ärgerlichkeit der deuteropaulinischen Aussage zu mildern, die παθήματα ὑπὲρ ὑμῶν von 24 als die der Kirche von Gott auferlegten Drangsale der im apokalyptischen Horizont verstandenen messianischen Leidenszeit zu deuten versucht (z.B. Lohse K 112ff; Stuhlmann, Das eschatologische Maß, 99ff). Aber dieser oder auch andere Versuche, die angebliche Peinlichkeit der deuteropaulinischen Aussage abzumildern (zu den einzelnen Hypothesen s. die Zusammenstellung bei Gnilka K 94ff; sehr ausführlich Kremer, Was den Leiden Christi noch mangelt, 5–154), sind nicht erforderlich, wenn Paulus und „Paulus" synoptisch gelesen werden (damit schwäche ich ab, was ich EWNT III, 262, etwas zu negativ formuliert gesagt habe; dagegen mit teilweisem Recht Dunn K 116; doch kann sein Erklärungsversuch, Paulus sei in 1,24 als der leidende „Knecht Jahwähs" Deuterojesajas verstanden, nicht überzeugen).

Jetzt ist allerdings zu fragen: Was fehlt denn überhaupt den Drangsalen Christi, daß „Paulus" ihr Maß voll machen muß, und zwar zugunsten der Kirche, ὑπὲρ [τῆς ἐκκλησίας]? Die Antwort: Es fehlt ihnen das geschichtliche Moment der Verkündigung, das mit dem Stigma der Kreuzesexistenz des bzw. der Verkündiger im Sinne von 2Kor 4 versehen ist. Der kerygmatische Akzent der „paulinischen" Aufgabe wird in **25** besonders deutlich. Erneut lesen wir die Wendung ἐγενόμην ἐγὼ διάκονος, freilich mit einer bezeichnenden Modifikation: „Paulus" ist jetzt Diakon der *Kirche*, nicht, wie in 23, des Evangeliums. Da aber ein und dieselbe Wendung in doppelter Beziehung innerhalb eines so kurzen Abschnitts begegnet und dies zweifelsohne vom AuctCol beabsichtigt sein dürfte, ist zu folgern, daß „Paulus" *als* Diakon des Evangeliums der Diakon der Kirche ist, aber auch umgekehrt: *als* Diakon der Kirche der Diakon des Evangeliums. Dienst am Evangelium und Dienst in der Kirche sind ein und dieselbe Aufgabe. Das kirchliche *Apostelamt* ist wesenhaft *Amt der Verkündigung*. Die Kirche hat somit ihre Existenz darin, daß sie, was ihre *geschichtliche Realität* angeht, durch Verkündigung konstituiert wird. Verkündigung macht das Wesen der Kirche aus, wie dies zuvor in programmatischer Weise Paulus in Röm 1,16f zum Ausdruck brachte: *Das Evangelium ist die Dynamis Gottes, ist die Präsenz des „dynamischen" Gottes, weil er als der rechtfertigende Gott im Evangelium präsent ist.* Die deuteropaulinische Theologie des Kol koinzidiert also in essentieller Hinsicht mit der Theologie des Paulus. Die Kirche definiert sich nach beiden ntl. Theologen von der Verkündigung des Evangeliums her – nicht primär deshalb, weil hier etwas durch den Apostel und andere Amtsträger geschieht, sondern, mehr und entscheidender noch, weil kraft der kirchlichen Verkündigungstätigkeit Christus und somit Gott selbst am Werk ist. *Gottes bzw. Christi Tun konstituiert die Kirche* **vor** *allem menschlichen Tun.*

Als Maßstab des apostolischen διάκονος-Seins wird die dem „Paulus" von Gott gegebene οἰκονομία genannt, hier am besten mit „Auftrag" zu übersetzen (s. aber zu Eph 3,2!). Die Formulierung dieses Auftrags erinnert an Gal 2,9 τὴν χάριν τὴν δοθεῖσάν μοι (s. auch Röm 15,15). Wird χάρις in Gal 2,9 zutreffend mit „Amtsgnade" übersetzt, so kommt diese Bedeutung dem recht nahe, was in Kol 1,25 οἰκονομία aussagen soll. Gal 2,9 ist im Zusammenhang mit Gal 1,15f zu sehen: Die gottgegebene χάρις zielt auf den Auftrag εὐαγγελίζεσθαι [τὸν υἱὸν τοῦ θεοῦ] ἐν τοῖς ἔθνεσιν, was dem εἰς ὑμᾶς und πληρῶσαι τὸν λόγον τοῦ θεοῦ in Kol 1,25 entspricht. Denn ὁ λόγος τοῦ θεοῦ und τὸ εὐαγγέλιον sind synonyme theologische Größen. Auf den ersten Blick eigentümlich ist der finale Infinitiv πληρῶσαι. Eine geographisch-universale Bedeutung ist in dem Verb mit Sicherheit impliziert: *Überall* ist das Wort Gottes als Evangelium zu verkündigen! „Paulus" rekurriert hier auf Paulus, auf Röm 15,19, wo es ebenfalls im geographischen Sinne heißt πεπληρωκέναι τὸ εὐαγγέλιον τοῦ Χριστοῦ (H. Hübner, EWNT III, 261: „das Wort Gottes zum vollen Missionserfolg bringen"; Lohse K 118; Gnilka K 99: „Verkündigung bis an die äußerste Grenze"; Wolter K 103: „die universale Ausrichtung der paulinischen Missionstätigkeit" [Wolters Kritik an Lohse verkennt jedoch dessen Aussage]; s. auch Lightfoot K 165, der sich ebenfalls in diesem geographischen Sinn auf Röm 15,19 beruft: „The other interpretation, ‚to accomplish the promise of God,' though suggested by such passages as I Kings ii. 27 πληρωθῆναι τὸ ῥῆμα Κυρίου, II Chron. xxxvi. 21 πληρωθῆναι λόγον κυρίου, etc., is alien to the context here."). Möglich ist zudem, daß das „Erfüllen" des Wortes Gottes und der dadurch bewirkte Glaube der Völker auch jenes Erfüllt-Sein der Adressaten in Christus *mit*-meint, von dem 2,10 spricht: καὶ ἐστὲ ἐν αὐτῷ πεπληρωμένοι (s. z.St.).

In **26** wird der Logos Gottes epexegetisch als *Geheimnis*, μυστήριον, charakterisiert. Dieses Geheimnis wird im Horizont des *Revelationsschemas* (Begriff durch Dahl geprägt) vorgestellt und so auch der Begriff des Wortes Gottes theologisch präzisiert. Nun ist aber „Geheimnis" zunächst einmal kein spezifisch ntl. Begriff, ja, noch nicht einmal ein Begriff, der die im AT geschilderte Abfolge göttlicher Offenbarungen zutreffend umschreibt. Hier können nur einige Aspekte skizziert werden; thematisch wird die Frage nach diesem *Begriff* erst im Exkurs μυστήριον im Eph-Teil dieses Kommentars erörtert (dort auch ausführliche Lit.-Angaben). Er begegnet bereits bei Platon. Wichtiger für die Interpretation von Kol 1,26 ist der Sachverhalt, daß die eleusinischen Mysterien von *religionsgeschichtlicher* Relevanz sind (Caragounis, The Ephesian *Mysterion*, 3ff; Krämer, EWNT II, 1098ff). Der Myste sollte durch den Weiheakt der Gottheit begegnen; die dadurch erlangte Gnade ist nicht auf diskursiv zu erreichendem Wege einsichtig. Durch Schau, ἐποπτεία, wird dem Mysten die σωτηρία zuteil. Im Gegensatz zur Verkündigung des Mysteriums von Kol 1,26 besteht für den Mysten in Eleusis und anderswo ein absolutes Schweigegebot über das ihm Widerfahrene. Näher bei der Vorstellung von Kol 1,26 sind wir in der *apokalyptischen* Konzeption von רָז bzw. μυστήριον in Dan 2. An griechische Mysterien erinnert immerhin, daß das Widerfahrnis des Geheimnisses seinen optischen Aspekt hat, z. B. Dan 2,19 ϑ: τότε τῷ Δανιὴλ ἐν ὁράματι τῆς νυκτὸς τὸ μυστήριον ἀπεκαλύφϑη. Aber dabei geht es nun nicht mehr um die σωτηρία des einzelnen wie in Eleusis, sondern um die allein durch Gottes Aktivität herbeigeführte Rettung des Volkes Israel in einer neuen Heilszeit (zur übrigen apokalyptischen Lit. s. den genannten Exkurs). Die alte Unheilszeit wird durch die neue Heilszeit abgelöst, der alte Äon durch den neuen. Offenbarung der Geheimnisse ist auch für *Qumrans* eschatologische Vorstellungswelt konstitutiv, gerade auch im Blick auf die Gestalt des Lehrers der Gerechtigkeit, dem Gott alle Geheimnisse der Worte seiner Knechte, der Propheten, kundgetan hat, 1QpHab VII, 4f: פִּשְׁרוֹ עַל מוֹרֵה הַצֶּדֶק אֲשֶׁר הוֹדִיעוֹ אֵל אֶת כּוֹל רָזֵי דִּבְרֵי עֲבָדָיו הַנְּבִאִים.

Mit dem, was in den genannten griechischen, atl. und qumranischen Beispielen deutlich wurde, hat Kol 1,26 gemeinsam, daß das Geheimnis bisher nicht bekannt war, genauer formuliert: vor seiner Offenbarung verborgen war, ἀποκεκρυμμένον, nun aber von Gott offenbart wurde; dem ἐφανερώϑη entspricht Dan 2,19.30 ϑ ἀπεκαλύφϑη. Die Angabe ἀπὸ τῶν αἰώνων und ἀπὸ τῶν γενεῶν ist zeitlich zu verstehen: seit Äonen und Geschlechtern, also: von Urbeginn an. Gott hat das Geheimnis aber jetzt seinen Heiligen geoffenbart – ἐφανερώϑη ist wieder *passivum divinum* –, wobei nicht eindeutig gesagt ist, wer diese Heiligen sind. Da aber im Präskript die Heiligen in Kolossä angeredet sind (1,2; s. auch 3,12), ist mit Lohse K 120, Gnilka K 101 u. a. anzunehmen, daß weder Engel noch ein begrenzter Kreis von Charismatikern gemeint sind, sondern die Gläubigen. Nach Lona, Die Eschatologie, 100f, ergänzen sich zwei Schemata: 1. Das *Einst-Jetzt-Schema* bleibt auf eine Tat Gottes bezogen, nämlich auf die Befreiung aus der Macht der Finsternis und die Versetzung in das Reich des Sohnes (1,13). 2. Das *Revelationsschema* hingegen betont die gnoseologische Seite des Sachverhalts; die Tat Gottes besteht in diesem Fall in der Bekanntmachung eines Mysteriums, nämlich eines bis jetzt verborgenen und unbekannten Mysteriums. Damit hat Lona zutreffend zwischen der ontischen und der gnoseologischen Dimension des Mysteriums unterschieden. In *ontischer* Hinsicht ist Gott den Gläubigen zwar nicht wie ein griechischer Gott, etwa in Eleusis, erschienen. Aber „in Christus" ist Gott den Glaubenden so nahe wie nur irgend möglich gekommen. In *gnoseologischer* Hinsicht geht es aber um die Erkenntnis dieses Mysteriums. Der „Begriff" des Geheimnisses – wenn man hier überhaupt von einem Begriff sprechen darf – umfaßt also sowohl seinen *Inhalt* als auch die *Bekanntgabe* seines Inhalts.

Auch in **27** durchdringen sich beide Dimensionen. Es war Gottes Wille, verstehen zu lassen – so läßt sich wohl am besten γνωρίσαι paraphrasieren, wobei „verstehen", will es wirklich ein eigentliches und echtes *Verstehen* sein, das *existentielle* Moment notwendig impliziert –, worin der Reichtum der Herrlichkeit (τῆς δόξης nicht in p[46]) dieses Geheimnisses unter den Heiden besteht. πλοῦτος ist wiederum paulinisches Erbe. Röm 9,23 scheint sogar literarische Vorlage zu sein: ἵνα γνωρίσῃ τὸν πλοῦτον τῆς δόξης αὐτοῦ, ebenso Röm 11,33 ὦ βάθος πλούτου καὶ σοφίας καὶ γνώσεως θεοῦ (s. auch Phil 4,19). Beide Stellen aus dem Röm stehen wie Kol 1,27 in missionstheologischem Zusammenhang. Röm 9,23 findet sich unmittelbar vor Vers 24, in dem es um die Berufung der Heiden geht: οὓς καὶ ἐκάλεσεν ἡμᾶς ... καὶ ἐξ ἐθνῶν. Und in der Nähe von Röm 11,33 findet sich die Aussage 11,25 f vom μυστήριον, das den Zusammenhang der σωτηρία der Heiden mit der der Juden beinhaltet. Auch „Paulus" spricht also in einem Atemzuge von μυστήριον und von ἐν τοῖς ἔθνεσιν. Er sagt – man muß hier allerdings genau hinhören – nicht γνωρίσαι τὸ μυστήριον (etwa gleichbedeutend mit γνωρίσαι τὸ εὐαγγέλιον), sondern γνωρίσαι τί τὸ πλοῦτος τῆς δόξης τοῦ μυστηρίου τούτου. Dann ist aber das Mysterium nicht das noëtische Mittel zur geistlichen Erkenntnis; vielmehr läßt Gott die Heiden bzw. Heidenchristen die Wirklichkeit des Reichtums verstehen, also die göttliche Heilswirklichkeit unter den Völkern, Χριστὸς ἐν ὑμῖν. *„Christus in den Völkern"* – genau das ist das Heilsgeheimnis! In 27 tendiert also der Begriff μυστήριον in Richtung auf die *Wirklichkeit* des Heils. Ist „Christus in euch" das Mysterium, so ist es eine geradezu personale und zugleich transzendente Größe. Kann man das ἐφανερώθη in 26 noch in Richtung „gnoseologisch" interpretieren, wobei der ontische Aspekt jedoch nicht ausgeschlossen werden darf, so verläuft das Gefälle der Aussage in 27 vom Gnoseologischen zum Ontischen. „Christus in uns" wird dann noch näher als „die Hoffnung der Herrlichkeit" bestimmt. Das erinnert an den eschatologischen Abschluß der Heilskette von Röm 8,30: τούτους καὶ ἐδόξασεν.

In **28** begegnet im Abschnitt über die apostolische Existenz zum erstenmal die 1. Person Plural, ein betontes ἡμεῖς: Wir verkündigen ihn, nämlich den „Christus in euch". Spricht „Paulus" hier im Plural von sich allein wie im Abschnitt 2Kor 4,7ff, den wir eben zur Interpretation von Kol 1,24ff herangezogen haben? Oder sind wegen der Abwesenheit des „Paulus" in Kolossä die von ihm legitimierten Boten einbezogen (Lohse K 122, er nennt aber nicht Timotheus!)? Oder sind vielleicht Timotheus, Epaphras und alle Mitarbeiter des Paulus mitgemeint (Gnilka K 102)? Das betonte ἡμεῖς und der Zusammenhang von 1,23 her geben Lohses Auffassung die größere Wahrscheinlichkeit. καταγγέλλομεν besagt inhaltlich nichts anderes als εὐαγγελιζόμεθα. Zielt das Verb, wie Gnilka K 103 richtig sieht, auf die öffentliche Kundgabe, die öffentliche Proklamation im griechisch-römischen Milieu, so partizipiert doch auch das Verb εὐαγγελίζεσθαι an einem solch öffentlichen Charakter (man denke nur an Käsemanns Interpretation der Gerechtigkeit Gottes). Trotzdem hört man in 28 einen gegenüber dem zuvor Gesagten anderen Zungenschlag. Vom Ermahnen ist die Rede, νουθετοῦντες. Aber es zeigte sich ja bereits, daß der Brief auch die *captatio benevolentiae* bringt. Die Situation, die der ganze Brief hinsichtlich der Adressaten mehr oder weniger stillschweigend voraussetzt, weist auf nicht geringe Schwierigkeiten in der Gemeinde hin. „Paulus" stellt also mit seinem betonten ἡμεῖς seine apostolische Autorität heraus, um die Kolosser den untergründig mahnenden Ton seines Briefes auch wirklich hören zu lassen. Neben νουθετοῦντες steht syntaktisch koordiniert διδάσκοντες. Neben der Ermahnung nun also auch die Lehre, somit nochmals eine Aussage, die sich nicht ganz zu den Ausführungen über das Zu-verstehen-Geben des Mysteriums fügt. Lohse K 123 sieht in ihr den Anfang einer Entwicklung, die auf die Pastoralbriefe hinausläuft (s. in ihnen das typische ἡ ὑγιαίνουσα διδασκαλία, 1 Tim 1,10; 2 Tim 4,3; Titus 1,9; 2,1). Aber das Lehren, das spezifische διδάσκειν, steht hier keineswegs als ein den Kontext dominierendes Motiv; man darf es daher nicht überbetonen – trotz des so herausgestellten ἡμεῖς. Und was den geschichtlichen Paulus selbst angeht, so hat doch gerade er das Amt des διδάσκαλος von dem des ἀπόστολος und des προφήτης abgesetzt (1 Kor 12,28 f). Hinzu kommt, daß das Lehren ἐν πάσῃ σοφίᾳ geschehen soll. ἐν πάσῃ σοφίᾳ steht aber in 1,9 (s. z. St.) als diejenige gnadengewirkte Beschaffenheit des Menschen, mit der er Gottes Willen erkennt und in geistlicher Weise versteht, auch wenn der paränetische Akzent in 1,9ff kräftig gesetzt ist. Nach allem, was sich bis jetzt bereits im Kol zeigte, gehören Evangeliumsverkündigung und apostolische Lehre engstens zusammen, mag beides auch begrifflich unterschieden werden können. Auffällig ist, daß sowohl beim Ermahnen als auch beim Lehren das Akkusativobjekt πάντα ἄνθρωπον steht. Der Horizont weitet sich hier über den Kreis der Angesprochenen hinaus. Der Völkerapostel hat eine universale Aufgabe, sein Dienst gilt der gesamten Menschheit. Auch dies ist ein Indiz dafür, daß ἡμεῖς eine Art *pluralis maiestatis* ist, wobei natürlich die *maiestas* nicht in der Person des „Paulus" gründet, sondern in seinem Auftrag, seiner οἰκονομία und χάρις. Dafür spricht auch der Finalsatz von 28. Wenn „Paulus" die gesamte Menschheit als „in Christus" befindlich und somit als „vollkommen", τέλειος, hinstellen soll, nämlich beim Jüngsten Gericht vor den richtenden Gott als untadelig und heilig hinstellen soll – zu ἵνα παραστήσωμεν in diesem Sinne vgl. z. B. Röm 14,10; 2 Kor 4,14; 11,2; s. aber auch 1 Kor 8,8 –, so kann dieses Ziel nun wirklich nicht durch Ermahnung und Lehre (Lehre im Sinne der Pastoralbriefe) erreicht werden! Die Aufgabe der Evangeliumsverkündigung muß also auch in 28 impliziert sein. Zu ἄνθρωπος τέλειος: Nach 4,12 werden die Kolosser aufgefordert, vollkommen dazustehen (diesmal eine Form des Simplex ἵστημι: ἵνα σταθῆτε τέλειοι; Finalsatz wie in 1,28!). Aber hier geht es um Paränese, in 1,28 aber um die aus menschlicher Sicht untragbare Verantwortung des „Paulus"; er ist in einem überaus großen Maße mitverantwortlich, daß am Tage der Parusie die Menschheit „vollkommen" vor Gottes Gericht steht! Daß der AuctCol hier das Adjektiv τέλειος wählt, hat vielleicht Lohse K 124 richtig erklärt: „Da man in der hellenistischen Welt unter einem τέλειος vielfach einen Menschen verstand, der besonderer göttlicher Erfahrungen durch Übereignung von πνεῦμα oder Einweihung in Mysterien gewürdigt wurde, ist es denkbar, daß man auch in jener φιλοσοφία, gegen die sich der Kolosserbrief wenden muß, diejenigen als τέλειοι angesehen hat, die die Erfüllung mit überirdischer Weisheit und göttlichen Kräften erfahren haben."

In **29** spricht „Paulus" noch einmal über sich: Er leistet „Schwerstarbeit" gemäß seiner Berufung unter Aufbietung aller seiner Kräfte. Möglicherweise steht 1 Kor 15,10 im Hintergrund: περισσότερον αὐτῶν πάντων ἐκοπίασα. Doch so sehr sich der Apostel auch abplagt, letztlich ist die Kraft, die ἐνέργεια, nicht seine eigene, sondern die, die aus seinem In-Christus-Sein erwächst. Er wirkt κατὰ τὴν ἐνέργειαν αὐτοῦ. Und diese „Energie" Christi „wirkt" – ἐν-ερ̲γ̲-ουμένην (s. Gal 5,6)! – in ihm, sie wirkt ἐν δυνάμει. Einen großen Unterschied zwischen ἐνέργεια und δύναμις wird man hier wohl kaum sehen dürfen.

Vielleicht sind beide Worte sogar synonym, der Wechsel also nur stilistisch bedingt. Was „Paulus" hier über die „Energie" Christi sagt, könnte bestätigen, daß der AuctCol 1Kor 15,10 vor Augen hatte. Denn das eben aus diesem Vers gebrachte Zitat geht mit folgenden Worten weiter: οὐκ ἐγὼ δὲ ἀλλὰ ἡ χάρις τοῦ θεοῦ [ἡ] σὺν ἐμοί. Als paulinische Parallelen sind noch zu nennen Phil 2,13 ὁ ἐνεργῶν ἐν ὑμῖν καὶ τὸ θέλειν καὶ τὸ ἐνεργεῖν ὑπὲρ τῆς εὐδοκίας und Phil 4,13 πάντα ἰσχύω ἐν τῷ ἐνδυναμοῦντί με.

2,1–3 bzw. **1–5** ist eine Art Ausklang dessen, was „Paulus" in 1,24ff über seine apostolische Aufgabe und apostolische Existenz ausgeführt hat. *Theologisch* begegnet in diesen Versen kaum Neues, wohl aber biographisch und überhaupt geschichtlich. θέλω γὰρ ὑμᾶς εἰδέναι in **1** greift paulinische Redeweise auf (z. B. fast wörtlich in 1Kor 11,3; 1Kor 10,1: οὐ θέλω γὰρ ὑμᾶς ἀγνοεῖν). „Paulus" will die Kolosser und Laodikeier (s. zu 4,13.16), überhaupt alle, die er nicht persönlich kennt, wissen lassen, welchen Kampf er für sie führt. Aus dieser Stelle geht hervor, daß der geschichtliche Paulus nicht im Lykostal missioniert hat. Wie schon zu 1,7 gesagt, war Epaphras der Begründer der Gemeinde in Kolossä, wohl auch der Gemeinden in Laodikeia und Hierapolis. Wenn „Paulus" von seinem Kampf *„für euch"* – ὑπὲρ ὑμῶν! – spricht, so wiederholt er das so problematische ὑπὲρ ὑμῶν von 1,24, hier allerdings in einer weniger problematischen Diktion. In die in diesem Kommentar vorgeschlagene Interpretation von 1,24ff fügt sich m. E. das erneute ὑπὲρ ὑμῶν von 2,1 bestens ein. Für das „Selbstverständnis" des „Paulus" ist zu registrieren, daß er – der Völkerapostel! – auch für diejenigen Heidenchristen wirkt und leidet, die er nicht selbst zum Glauben an das Evangelium geführt hat. War Epaphras der Gründer der Gemeinden im Lykostal, so tat er das „im Auftrag" des Apostels. Wie Paulus das Wort Gottes mit Autorität verkündigte, so Epaphras das Wort Gottes mit derjenigen Autorität, die Paulus ihm weitergegeben hatte. Beide aber, Paulus und Epaphras, partizipieren an der Autorität Gottes und Christi (s. auch die Auslegung von 1,7). Spricht Paulus vom ἀγών, so liegt das in der Aussagelinie von 1,29 her, wo sich die Verbform ἀγωνιζόμενος findet (s. auch 4,12 als Aussage über Epaphras). Ernsthaft zu erwägen ist, ob mit ἀγών nicht auch der Leidenskampf des Apostels, seine θλίψεις, seine Gefangenschaft, überhaupt sein Leben in den vielen Gefahren zum Ausdruck kommt (2Kor 1,8ff [V. 8: ἐν τῇ Ἀσίᾳ!]; 2Kor 11,23ff; s. auch Pfitzner, Paul and the Agon Motif, 109ff u. ö.; G. Dautzenberg, EWNT I, 59–64). „Paulus" berichtet von seinem Kampf, um in **2** die Adressaten in ihrer existentiellen Betroffenheit (αἱ καρδίαι αὐτῶν!) zu trösten (Lohse K 127: Trost zur Stärkung der Gemeinde, nicht Ermahnung). Das Partizip „zusammengehalten in der Liebe" (vgl. 3,14: Die ἀγάπη als Band der Vollkommenheit) ist nicht eindeutig hinsichtlich der syntaktischen Stellung. Ist gemeint, daß die Adressaten aufgrund ihres Getröstetwerdens durch „Paulus" in der Liebe zusammengehalten sind? Oder hat das Partizip mehr den Charakter eines imperativen Zurufs (Gnilka K 110)? Partizipiert der Sinn des Partizips am finalen ἵνα παρακληθῶσιν (Pokorný K 88f)? Wohl kaum meint συμβιβάζειν hier „belehren". Die überladen wirkende Wendung εἰς πᾶν πλοῦτος τῆς πληροφορίας τῆς συνέσεως, εἰς ἐπίγνωσιν τοῦ μυστηρίου τοῦ θεοῦ, Χριστοῦ faßt als Zielangabe christlicher Existenz zusammen, was zuvor in 1,26f als Ziel göttlichen und apostolischen Wirkens schon gesagt wurde. Neu in **3** ist die Rede von den θησαυροὶ ἀπόκρυφοι der Weisheit und der Erkenntnis, inhaltlich jedoch nur eine Variante zu τὸ μυστήριον τὸ ἀποκεκρυμμένον in 26. Man sollte aber nicht übersehen, daß in 1,24–2,5 hier zum ersten und einzigen Male das nachher in 2,6ff dominierende ἐν ᾧ (= ἐν Χριστῷ) erscheint – freilich mit dem bezeichnenden Unterschied, daß in 2,3 die verborgenen Schätze, also das Heilsgut, „in Christus" verborgen waren und nun offenbar geworden sind, nach 2,6 ff es aber die Erlösten sind, die „in Christus" existieren.

4f hat in gewisser Weise ein Janusgesicht. τοῦτο in 4 blickt zurück auf das, was „Paulus" in 1,24–2,3 über sich und das Mysterium gesagt hat. Zugleich aber ist 4f Einleitung zu 6ff. Der im Fleisch abwesende, aber im Geist anwesende „Paulus" – die Anspielung auf 1Kor 5,3 ἐγὼ ... ἀπὼν τῷ σώματι παρὼν δὲ τῷ πνεύματι ist unübersehbar (trotz jeweils unterschiedlicher Aussagerichtung!) – lobt zwar die τάξις und das στερέωμα des Glaubens der Kolosser an Christus; dennoch sieht er sich gezwungen, sie zu ermahnen: damit euch keiner mit heimtückischer Rhetorik, ἐν πιθανολογίᾳ, verführe!

2,6–15 Gegen die „Philosophie": Allein in Christus liegt euer Heil!

⁶Wie ihr nun den Christus Jesus, den Herrn, angenommen habt, so wandelt *in ihm*! ⁷(Seid ihr doch) *in ihm* verwurzelt und erbaut und (seid ihr doch) im Glauben, wie ihr belehrt seid, gefestigt, überströmend in Dankbarkeit! ⁸Seht zu, daß euch keiner durch die (sogenannte) Philosophie – sie ist leerer Trug! – einfängt, (eine Philosophie) nach der Überlieferung von Menschen, nach den Weltelementen und (also) nicht nach Christus! ⁹Denn *in ihm* (allein) wohnt die ganze Fülle der Gottheit leibhaftig (oder: wesenhaft?). ¹⁰Und ihr seid *in ihm* erfüllt, der das Haupt jeder Macht und Gewalt ist. ¹¹*In ihm* seid ihr durch eine Beschneidung beschnitten, die nicht mit Händen gemacht ist, sondern durch das Ausziehen des Leibes des Fleisches, (d.h.) durch die Beschneidung des Christus. ¹²Seid ihr nun *mit ihm* in der Taufe begraben, so seid ihr auch *in ihm* durch den Glauben an die Macht Gottes, die ihn von den Toten auferweckt hat, mitauferweckt. ¹³Und euch, die ihr aufgrund (eurer) Sündentaten und aufgrund des Unbeschnittenseins eures Fleisches tot wart – euch hat (Gott) *mit ihm* lebendig gemacht, da er uns alle Sündentaten vergeben hat, ¹⁴indem er den gegen uns zeugenden Schuldschein austilgte, der aufgrund der (von uns übertretenen) Forderungen (Gottes) gegen uns zeugte. Er hat ihn ja hinweggenommen, indem er ihn ans Kreuz heftete. ¹⁵Er hatte die Mächte und Gewalt entkleidet und hat sie so in aller Öffentlichkeit zur verspottenden Schau hingestellt. *In ihm* hat er (also) über sie triumphiert!

Literatur: A. ANWANDER, Zu Kol 2,9, BZ 9 (1965) 278–280. – E. BEST, A Historical Study of the Exegesis of Col 2,14, Diss. Gregoriana, Rom 1956. – BURGER, Schöpfung und Versöhnung, 79–114. – HOPPE, Der Triumph des Kreuzes, 226–260. – HOUSE, BS 149 (1992) 180–192 (s. Lit. zu 1,15–20). – KITZBERGER, Bau der Gemeinde, 306–310. – LÄHNEMANN, Der Kol, 115–134. – E. LOHSE, Ein hymnisches Bekenntnis in Kol 2,13c–15, in: Die Einheit des NT, Göttingen 1973, 276–284. – LONA, Die Eschatologie, 120–172. – G. MEGAS, Das χειρόγραφον Adams. Ein Beitrag zu Col 2,13–15, ZNW 27 (1928) 305–320. – O. MERK, Erwägungen zu Kol 2,6f, in: Vom Urchristentum zu Jesus, FS J. Gnilka, Freiburg 1989, 407–416. – G. SELLIN, „Die Auferstehung ist schon geschehen", NT 25 (1983) 220–237. – STEINMETZ, Protologische Heils-Zuversicht, 37–44. – VIELHAUER, Oikodome. Das Bild vom Bau. – N. WALTER, Die „Handschrift in Satzungen" Kol 2,14, ZNW 70 (1979) 115–118. – WEDDERBURN, Baptism and Resurrection, 70–84. – WEGENAST, Das Verständnis der Tradition, 121–130. – R. YATES, Col 2,14: Metaphor of Forgiveness, Bib. 71 (1990) 248–259. – DERS., Col 2,15: Christ Triumphant, NTS 37 (1991) 573–591.

Ob man 6 ff Paränese nennt, hängt am Verständnis dieses Begriffs. Obwohl man in der Regel den paränetischen Teil des Röm erst in Kap. 12 ff sieht, spricht z. B. Merk (Handeln aus Glauben, 34) von der Paränese in Röm 6,12 ff. Analog dazu könnte man auch Kol 2,6 ff so charakterisieren, zumal der Imperativ περιπατεῖτε von Gal 5,17 in programmatisch-paränetischem Kontext und im Kol selbst wieder in 4,5 erscheint (s. auch Eph 5,2.8; ebenso die konjunktivischen Formen Röm 6,4; 13,13; 1 Thess 4,12; Eph 2,10 und die finalen Infinitive Kol 1,10; Eph 4,1). Da „Paulus" sich zur Paränese ausgerechnet angesichts der kolossischen Häresie gezwungen sieht, ist das Lob der Adressaten in 5 wegen ihres festen Glaubens, der „in Ordnung" sei, doch wohl mit Gnilka K 115 u. a. als *captatio benevolentiae* zu lesen. In diesem Sinn ist aber dann wohl auch die in **6** ausgesprochene Begründung der Mahnung ἐν αὐτῷ περιπατεῖτε zu verstehen: Weil (kausales ὡς) ihr den Christus Jesus als euren Herrn angenommen habt – τὸν κύριον dürfte hier sehr bewußt als Apposition zu τὸν Χριστὸν Ἰησοῦν hinzugefügt sein; auch 1,10 steht κύριος im Wortfeld von περιπατεῖν –, sollt ihr nun „in ihm" wandeln. ἐν αὐτῷ o. ä. zieht sich durch den ganzen Abschnitt 6–12 motivhaft hindurch. Die Partizipien ἐρριζωμένοι (Perf.!) und ἐποικοδομού-μενοι in **7** haben ebenfalls begründende Funktion, diesmal z. T. im soteriologischen, „indikativischen" Sinn, wobei auch das „indikativische" ἐν αὐτῷ das „imperativische" von 6 begründet. βεβαιούμενοι τῇ πίστει κτλ entspricht eher dem παρελάβετε. Obwohl ἐδιδάχ-θητε an διδάσκοντες 1,28 als apostolische Aufgabe des „Paulus" denken läßt, ist dieser hier nicht logisches Subjekt; denn er kennt ja die Gemeinde nicht persönlich. ἐν εὐχαριστίᾳ verweist auf 1,3.12; doch ist Dank als christliche Existenzform erst hier ausgesprochen, da das Subjekt in 1,3.12 „Paulus" (und Timotheus?) ist. Daß das dort nur auf diese(n) bezogene εὐχαριστεῖν τῷ (θεῷ) πατρί auch Sache der Gemeinde ist, zeigt ebenfalls 3,17.

8 (zur syntaktischen Konstruktion s. BDR §§ 369₅; 412₉; 474₅) beginnt mit dem zweiten Imperativ dieses Abschnitts; βλέπετε präzisiert und konkretisiert das ἐν αὐτῷ περιπατεῖτε von 6: Die Kolosser sollen in Christus wandeln, also sich nicht durch die „Philosophie", durch epexegetisches καί als „leerer Betrug" charakterisiert (s. 2,4), verführen lassen. φιλοσοφία, hapax legomenon im NT, ist folglich hier *sensu malo* verstanden. Ob mit dem Begriff eine Selbstbezeichnung der Häretiker gemeint ist, geht aus dieser Stelle zwar nicht hervor, ist aber anzunehmen. Bemerkenswert ist, daß die *Polemik gegen eine Irrlehre im Rahmen einer Paränese* erfolgt. Die geläufige Einteilung des Kol in einen ersten, nämlich vor allem lehrhaften, und einen zweiten, paränetischen Teil (so in etwa Marxsen, Einleitung, 180), trifft daher nur bedingt zu. Eine Darstellung der „Philosophie" findet im Grunde nicht statt. Die Häresie läßt sich nur aus Aussagesplittern partiell rekonstruieren (s. den Exkurs: Die kolossische Irrlehre). Dominiert wird 8 ff durch christologische Aussagen; als positive Aussagen sind sie zugleich die Negation der kolossischen „Philo-sophie". Sie sind in diesem Sinne Explikation des „indikativischen" ἐρριζωμένοι ... ἐν αὐτῷ von 7, wobei dieses ἐν αὐτῷ von 12 an durch fortlaufende σύν-Aussagen expliziert wird. Das *Sein-in-Christus* wird als *Sein-mit-Christus* prädiziert.

τις ... ὁ συλαγωγῶν in 8 ist wahrscheinlich nicht eine hervorragende Einzelpersönlich-keit der Häretiker, sondern generisch irgend jemand ihrer Vertreter; συλαγωγεῖν, eigent-lich „als Beute wegführen" (Heliodor 10,35: οὗτός ἐστιν ὁ τὴν ἐμὴν θυγατέρα συλαγωγή-σας), ist hier als „einfangen" verstanden: Die Kolosser sollen sich nicht durch „die Philosophie" einfangen lassen. Anscheinend meint der AuctCol mit diesem Begriff nicht die antike Philosophie als solche oder irgendeine philosophische Schule. Nicht Philo-sophie- und Bildungsfeindlichkeit kommt hier zum Ausdruck. Geht nämlich der Term

„Philosophie" auf die Vertreter der kolossischen Irrlehre als Bezeichnung ihrer Religion und Weltanschauung zurück, so geschieht das im Rahmen eines damals üblichen weiten Verständnisses von Philosophie. So hat z. B. Philon, Leg Ga, 156, die jüdische Religion τὴν πάτριον φιλοσοφίαν genannt; ib. 33: ἡ Ἰουδαϊκὴ φιλοσοφία. Und bekanntlich hat Josephus, Bell II, 119, und Ant XVIII, 11, Pharisäer, Sadduzäer und Essener als τρεῖς φιλοσοφίαι bezeichnet. In Kol 2,8 ist Philosophie als gefährliche Religion charakterisiert (weitere Belege aus dem hellenistischen Judentum s. O. Michel, ThWNT IX, 177–180). Wahrscheinlich wollte der AuctCol durch das unmittelbar nach διὰ τῆς φιλοσοφίας folgende καὶ κενῆς ἀπάτης, als epexegetische Aussage verstanden, deutlich machen, daß er nur diese, nämlich die kolossische Philosophie bekämpft. Er charakterisiert sie durch drei κατά-Wendungen, deren zweite vor allem der Interpretation bedarf. Das Hauptproblem steckt im Verhältnis von κατὰ τὴν παράδοσιν τῶν ἀνθρώπων zu κατὰ τὰ στοιχεῖα τοῦ κόσμου. Letzteres ist durch den appositionellen Charakter zu κατὰ τὴν παράδοσιν κτλ und zugleich durch den Gegensatz zu κατὰ Χριστόν bestimmt. Hat man unter den στοιχεῖα τοῦ κόσμου (Exkurs: τὰ στοιχεῖα τοῦ κόσμου) in irgendeiner Weise dämonische Mächte zu verstehen, dann fragt sich, wie man sich überhaupt eine Entsprechung zwischen *Mächten* jenseits der menschlichen Sphäre und menschlicher *Überlieferung* denken kann. Andererseits ist jedoch ein Gegensatz zwischen *personal* verstandenen dämonischen Mächten und der *Person* des transzendenten Christus gut verständlich: jenseitig böse Macht stände jenseitig guter Macht gegenüber. Aber auch der Gegensatz zwischen Überlieferung der Menschen und Christus ist sinnvoll interpretierbar: falsche und wahre Lehrautorität (διδάσκειν in 7!). Beide Gegensätze liegen freilich auf einer jeweils anderen Ebene. Die also nicht eindeutige Aussage von 8 wird jedoch durch 2,20 interpretiert, da der AuctCol hier erneut Christus und die Weltelemente in Gegensatz zueinander stellt: Mit Christus ihnen gestorben zu sein bedeutet, frei von *ihren* δόγματα zu sein und daher nicht mehr im κόσμος als ihrem Machtbereich leben zu müssen (s. aber 14!). Ihre in 21 genannten Vorschriften werden in 22, wiederum mit einer κατά-Wendung, τὰ ἐντάλματα καὶ διδασκαλίας τῶν ἀνθρώπων genannt (s. Mk 7,7 = Jes 29,13). Koinzidieren aber 8 und 20–22 inhaltlich, dann dürften wohl die menschlichen Anordnungen im Dienst der Weltelemente geschehen; κατὰ τὰ στοιχεῖα τοῦ κόσμου ist somit die angemaßte jenseitige Autorität für das immanente κατὰ τὴν παράδοσιν τῶν ἀνθρώπων.

Für ein *personales Verständnis* der στοιχεῖα τοῦ κόσμου dürfte auch die Begründung von 8 in **9** sprechen. Das erneute ἐν αὐτῷ trägt den Ton: Nur in Christus – also keinesfalls in den Weltelementen! – wohnt πᾶν τὸ πλήρωμα τῆς θεότητος! Wurde 1,19 diese Aussage noch unpolemisch als Teil des Hymnus zitiert, so wird sie hier polemisch gegen die στοιχεῖα τοῦ κόσμου ins Feld geführt.

τὰ στοιχεῖα τοῦ κόσμου

Literatur: s. auch Lit. zum Exkurs: Die kolossische „Philosophie". A. J. Bandstra, The Law and the Elements of the World, Kampen 1964. – J. Blinzler, Lexikalisches zu dem Terminus τὰ στοιχεῖα τοῦ κόσμου bei Paulus, in: Studiorum Paulinorum Congressus Internationalis Catholicus II (AnBib 18), 1963, 429–443. – A. W. Cramer, stoicheia tou kosmou. Interpretatie van een nieuwtestamentische term, Nieuwkoop 1961. – G. Delling, ThWNT VII 666–687. – H. Diels, Elementum, Leipzig 1899. – S. Eitrem, Die vier Elemente in der Mysterienweihe, SO 4 (1926) 39–59; 5 (1927) 39–59. –

Kehl, Christushymnus, 138–161. – W. Kern, Die antizipierte Entideologisierung oder die „Weltelemente" des Gal und Kol heute, ZKTh 96 (1974) 185–216. – H. Koller, Stoicheion, Glotta 34 (1955) 161–174. – A. Lumpe, Art. Elementum, RAC 4 (1959) 1073–1100. – E. Plümacher, EWNT III, 664–666. – D. Rusam, Neue Belege zu den στοιχεῖα τοῦ κόσμου (Gal 4,3.9; Kol 2,8.20), ZNW 83 (1992) 119–125. – E. Schweizer, Altes und Neues zu den „Elementen der Welt" in Kol 2,20; Gal 4,3.9, in: Wissenschaft und Kirche, FS E. Lohse, Bielefeld 1989, 111–118. – ders., Die „Elemente der Welt" Gal 4,3.9; Kol 2,8.20, in: ders., Beiträge zur Theologie des NT, Zürich 1970, 147–165. – PH. Vielhauer, Gesetzesdienst und Stoicheiadienst im Gal, in: ders., Oikodome. Aufsätze zum NT II (TB 65), 1979, 183–195.

Ausgangspunkt aller Versuche, die Bedeutung von τὰ στοιχεῖα τοῦ κόσμου im Kol (und Gal) zu bestimmen, bleibt *Empedokles*, Fragm. B 6, wo „die vier Wurzeln von allem", τέσσαρα πάντων ῥιζώματα, nicht mit ihren physikalischen Begriffen genannt, sondern mit Götternamen umschrieben werden: Zeus für das Feuer, Hera für die Erde, Aïdoneus für die Luft und Nestis für das Wasser. Der vielleicht zuerst bei Platon auftauchende Begriff στοιχεῖον (Diogenes Laertius III, 24: καὶ πρῶτος ἐν φιλοσοφίᾳ ... ὠνόμασε ... στοιχεῖον ...; s. auch Eudemos, Fragm. 31) steht hier noch nicht. Es ist daher zu vermuten, daß die lexikographische Angabe des *Hesychios*, der Begriff ἀγένητα στοιχεῖα finde sich schon bei Empedokles (B 7), dessen Auffassung mit dem später üblichen Begriff umschreibt. Im Fragm. B 17 nennt Empedokles die vier Elemente mit ihren physikalischen Begriffen πῦρ, ὕδωρ, γαῖα und ἠέρος ἄπλετον ὕψος im Zusammenhang seiner Theorie ihrer je neuen Verbindung und Trennung und den dafür verantwortlichen Kräften Haß und Liebe (Νεῖκος, Φιλότης). Fragm. B 6 könnte, isoliert interpretiert, so verstanden werden, als würden die mit Götternamen bezeichneten und somit mythologisierten Elemente in den Bereich des Göttlichen transponiert. Dann allerdings wäre bereits in der mythologischen Elementenlehre des Empedokles ein Ansatzpunkt für eine Auffassung geschaffen, nach der im Kol (und Gal) die στοιχεῖα τοῦ κόσμου als *personale Größen* angesehen werden könnten. Doch läßt sich mit einer solchen Interpretation des Fragments schlecht seine Definition Gottes (τί ὁ θεός bzw. τίς ἡ οὐσία τοῦ θεοῦ) als φρὴν ἱερὴ καὶ ἀθέσφατος (B 134) vereinbaren. Jedoch ist in B 128 die Κύπρις βασίλεια, also die Φιλότης (die Liebe!), θεός genannt, aber ausgerechnet dem Zeus, der nach B 6 den Namen für das Feuer hergibt, wird dieses Prädikat bestritten. Eine andere Frage ist allerdings, wie B 6 später von anderen verstanden wurde.

Von *Platon* sei hier nur der *Timaios* mit seinen kosmologischen Spekulationen genannt. Wie bei Empedokles finden sich auch hier die vier Elemente; freilich können sie nicht wie bei diesem πάντων ῥιζώματα sein. Denn sie können ja nicht das eigentliche Sein konstituieren, da sie zum sinnlich erfahrbaren Kosmos, κόσμος αἰσθητός, gehören, dieser aber nur εἰκών ihres παράδειγμα, des ideellen Kosmos, κόσμος νοητός, ist. Die Elemente, abgesehen von der Erde, können ineinander übergehen, sind also auch im Bereich des sinnlich Erfahrbaren nicht das Letzte. Somit können sie auch nicht στοιχεῖα sein. Diese sind vielmehr stereometrisch bestimmbare, und zwar der Kugel einschreibbare Körper, selbst wieder aus Dreiecken, auch στοιχεῖα genannt, zusammengesetzt (Tim 53d–57d). So ist z. B. τὸ τῆς πυραμίδος στερεὸν γεγονὸς εἶδος verstanden als πυρὸς στοιχεῖον καὶ σπέρμα (56b). Damit sind jedoch die στοιχεῖα keinesfalls in den Bereich der Ideen gerückt. Göttliche Verehrung für sie ist also im System Platons kaum angelegt – es sei denn, man berücksichtige, daß nach Tim 92c der hiesige Kosmos als sichtbares Lebewesen und als εἰκὼν τοῦ νοητοῦ [sc. θεοῦ] ein θεὸς αἰσθητός ist. Außerdem könnte man auf 39e–40d verweisen, und zwar zunächst auf das οὐράνιον θεῶν γένος, dessen Form (ἰδέα) Gott zum größten Teil ἐκ πυρός gestaltete. So sind die Sterne ζῷα θεῖα ὄντα, und die Erde nennt Platon in diesem Zusammenhang „die erste und älteste aller Götter, die innerhalb des Himmels geworden sind", πρώτην καὶ πρεσβυτάτην θεῶν ὅσοι ἐντὸς οὐρανοῦ γεγόνασιν. In dem Augenblick, da man später die Sterne als στοιχεῖα bezeichnete, wäre also durchaus in der *Rezeptionsgeschichte des Timaios* eine göttliche Verehrung von Astralgottheiten denkbar – jedenfalls da, wo in eklektischer Weise platonische Vorstellungen aufgegriffen und mit anderen synkretistisch vermischt wurden. Der Sache nach ist hier dieser Gedanke angelegt.

Nach *Aristoteles* sind Erde, Wasser, Luft und Feuer die Elemente der sublunaren Bereiche, während die supralunaren Sphären von Äther erfüllt sind. Nach Meteor IV, 1, 378b bezeichnet er mit dem Begriff στοιχεῖα aber τὸ θερμὸν καὶ τὸ ψυχρόν als τὰ μὲν δύο ποιητικὰ [στοιχεῖα] und τὸ ξηρὸν καὶ τὸ ὑγρόν als τὰ δὲ δύο παθητικὰ [στοιχεῖα]. Aus der jeweils unterschiedlichen Zusammensetzung dieser Elemente entstehen Feuer, Luft, Wasser und Erde. Dem diesen Elementen im supralunaren Bereich entsprechenden Äther (Meteor I, 1, 338b u. ö.: πρῶτον στοιχεῖον; Gen An III, 3, 737a: τὸ τῶν ἄστρων στοιχεῖον; hier also inkonsequente Terminologie; s. jedoch auch Metaph V, 3, 1014ab, wo στοιχεῖον ganz allgemein und unabhängig von kosmologischen Darlegungen definiert wird) wird Göttlichkeit zugesprochen, Gen An II, 3, 736b: ἕτερον σῶμα καὶ θειότερον τῶν καλουμένων στοιχείων. Eine *direkte* Linie dürfte jedoch von hier nicht zur kolossischen Elementenverehrung führen; doch ist das στοιχεῖον-Verständnis des Aristoteles wichtig zum Verständnis der auf ihn folgenden Auffassungen.

Das gilt vor allem für die *Stoiker.* Chrysipp unterschied στοιχεῖον in dreifacher Weise: 1. πῦρ, ἀήρ, ὕδωρ und γῆ sind in traditioneller Aufzählung die vier Elemente, ἐξ ᾧ συνίστασθαι πάντα; 2. in besonderer Weise ist aber das Feuer στοιχεῖον, da es als das zeitlich erste Element auf dem Wege der Elementenumwandlung, κατὰ μεταβολήν, für das Existenz-Werden der übrigen Elemente sorgt (συνίστασθαι) und da sich am Ende bei der ἐκπύρωσις alles wieder in Feuer auflöst; 3. jeder Stoff, aus dem etwas entsteht, ist στοιχεῖον (Stobaeus, Eclog I, 129, 1 = SVF II, Nr. 413). Auffällig ist in diesem Abschnitt das gehäufte Vorkommen von συνίστασθαι und συνέστηκεν, im Unterschied zu Kol 1,17 (ἐν αὐτῷ) mit den Präpositionen ἐξ und διά. Von den στοιχεῖα unterschieden die Stoiker die zwei ἀρχαὶ τῶν ὅλων, nämlich τὸ ποιοῦν, „das Wirkende", und τὸ πάσχον, „das bewirkt Werdende (etwas Erleidende)": τὸ πάσχον wird mit der Materie, ὕλη, gleichgesetzt, τὸ ποιοῦν mit dem Logos, mit Gott, θεός. Die ἀρχαί sind ungeworden und unvergänglich, die στοιχεῖα jedoch vergehen durch die ἐκπύρωσις (Diogenes Laertius VII, 134). Gott schuf zuerst die vier στοιχεῖα, diese aber waren zunächst ἡ ἄποιος οὐσία ἡ ὕλη. In Anlehnung an und zugleich in Modifikation gegenüber Aristoteles werden die στοιχεῖα mit dessen vier στοιχεῖα identifiziert: εἶναι δὲ τὸ μὲν πῦρ τὸ θερμόν, τὸ ὕδωρ τὸ ὑγρόν, τόν τ᾽ ἀέρα τὸ ψυχρὸν καὶ τὴν γῆν τὸ ξηρόν. Ein weiterer Unterschied gegenüber Aristoteles ist, daß das Feuer mit dem Äther gleichgesetzt wird. Im übrigen ist die Vorstellung von der Welt als den ineinanderliegenden Sphären und der Erde als dem Zentrum dieselbe wie bei Aristoteles (ib. 136f).

Aufgrund dieses Verständnisses der στοιχεῖα ist ihre göttliche Verehrung zunächst geradezu ausgeschlossen. Dennoch ist in ihrem stoischen Verständnis zumindest eine derartige Möglichkeit angelegt, und zwar über den Begriff des πνεῦμα. Die Stoiker unterschieden zwischen der πνευματικὴ οὐσία als dem συνέχον, nämlich Luft und Feuer, und der ὑλικὴ οὐσία als dem συνεχόμενον, nämlich Erde und Wasser (SVF II, Nr. 429). Die τέσσαρα στοιχεῖα empfangen aber ihre μῖξις bzw. κρᾶσις (für ihre gegenseitige μεταβολή) von dem sie durchdringenden Gott, ἀπὸ τοῦ διήκοντος δι᾽ αὐτῶν θεοῦ (so im Referat bei Justin, Resurr 6 = SVF II, Nr. 414). Näher bei stoischer Formulierung steht wohl Galenus (Introd Medicus 9 Vol. XIV 698K = SVF II, Nr. 416): τὸ διῆκον διὰ πάντων πνεῦμα, ὑφ᾽ οὗ τὰ πάντα συνέχεσθαι καὶ διοικεῖσθαι. Die τοῦ θεοῦ οὐσία bestimmten die Stoiker als πνεῦμα νοερὸν καὶ πυρῶδες. Hinzu kommt, daß die Menschen die ἔννοια θεῶν gewinnen, indem sie die Sterne, Sonne und Mond schauen und so diese Himmelskörper Götter nennen (SVF II, Nr. 1009). Einmal wird also die πνευματικὴ οὐσία als ἀήρ und πῦρ ausgesagt, ja vom πνεῦμα erklärt, es sei γεγονὸς ἐκ πυρός τε καὶ ἀέρος (SVF II, Nr. 442). Ein anderes Mal aber werden ἀήρ und πῦρ als zwei der vier στοιχεῖα dem θεός als dem ποιοῦν entgegengesetzt (Diogenes Laertius VII, 134). Diese terminologische Unschärfe könnte zumindest den Mutterboden dafür schaffen, daß gerade der supralunare Teil der στοιχεῖα göttliche Verehrung erfährt. Darüber hinaus könnte Zenons pantheistische Formel οὐσίαν δὲ θεοῦ . . . τὸν ὅλον κόσμον καὶ τὸν οὐρανόν (Diogenes Laertius VII, 148 = SVF II, Nr. 1022) der göttlichen Verehrung nicht nur des supralunaren Teils der Welt, sondern *aller* στοιχεῖα Vorschub geleistet haben.

Pantheistische Vorstellungen – nicht pantheistischer Glaube! – haben selbst in biblische Bücher Eingang gefunden. Vor allem ist hier die *Sapientia Salomonis* zu nennen, deren theologische Bedeutung durch die einseitige Betonung der *veritas Hebraica* in der Reformation dazu führte, sie ins kanonische Abseits zu verdrängen und so zum Schaden evangelischer Theologie ihr theologisches Zeugnis zu überhören. Die im NT (Hebr!) klar zu erkennende Symbiose von hebräischem und griechischem theologischem Denken findet hier ihre atl. Wurzel. Zur Weisheit des (ungenannten) Königs Salomon gehört nach Sap 7,17 das gottgegebene Wissen von den seienden Dingen: αὐτὸς γάρ μοι ἔδωκεν τῶν ὄντων γνῶσιν ἀψευδῆ. Inhaltlich heißt das das Wissen um die Zusammensetzung des

Kosmos und die Wirksamkeit der Elemente: εἰδέναι σύστασιν κόσμου καὶ ἐνέργειαν στοιχείων. Angesichts des starken *ethischen* Akzents der Sap (1,1: ἀγαπήσατε δικαιοσύνην) sind die *kosmologischen* Aussagen des Buches bemerkenswert. Es ist also dieses kosmologische Wissen, das seine Parallelen in stoischen Aussagen hat. Für Sap 7,17 sind z.B. SVF III, Nr. 527 und 555 zu nennen; allerdings steht Sap 7,17 im Kontext des atl. Gottesglaubens. Stoische Terminologie liegt auch Sap 1,7 zugrunde: Das πνεῦμα des göttlichen Kyrios hat die Welt erfüllt. Im synthetischen *parallelismus membrorum* wird dieses πνεῦμα κυρίου mit dem, das alles zusammenhält, τὸ συνέχον τὰ πάντα, identifiziert. In Sap 7,22 findet sich aber eine Vermischung von stoischen und platonischen Vorstellungen (zum Ganzen: Hübner, Die Sap und die antike Philosophie). Wie in SVF II, Nr. 1009 ist in Sap 7,22 vom πνεῦμα νοερόν die Rede. Ist aber nach diesen Aussagen der Sap das All vom Geiste Gottes durchwaltet, so dann doch auch die στοιχεῖα, die die σύστασις κόσμου *materialiter* ausmachen. Von der Sap führt der Weg zu *Philon.* Auch er redet von den τεττάρα τοῦ κόσμου στοιχεῖα (Rer Div Her 140), den στοιχεῖα αἰσθητὰ αἰσθητοῦ κόσμου (ib. 134). Von größerer Wichtigkeit dürfte seine Anschauung von den „Kräften", δυνάμεις, sein, z.B. Conf Ling 171: Gott ist ein Einziger, εἷς ὤν, der unzählige Kräfte besitzt, ἀμυθήτους περὶ αὐτὸν ἔχει δυνάμεις. Durch sie hat der körperlose und ideelle Kosmos Bestand, ὁ ἀσώματος καὶ νοητὸς ἐπάγη κόσμος (ib 172). Es ist hier nicht möglich, die Theologie und Kosmologie Philons auch nur annähernd zu referieren, seine Auffassung vom Logos, vom Verhältnis des κόσμος νοητός zum κόσμος αἰσθητός, seine so komplizierten Darlegungen von der εἰκών, von den Engeln als λόγοι μεσῖται bzw. λόγοι θεῖοι. Es ist zuzugeben: In seinen Werken findet sich nirgends die Auffassung, daß die στοιχεῖα τοῦ κόσμου dämonische oder engelische Wesen sind. Aber daß angesichts seiner begrifflich nicht gerade scharfen Ausführungen die Nähe einer solchen Auffassung möglich ist, sollte nicht bestritten werden. Auf keinen Fall kann aus Philon der Beweis erbracht werden, daß zu seiner Zeit die στοιχεῖα τοῦ κόσμου nicht als persönliche Wesen verstanden werden konnten (gegen Rusam u.a.). Daß die Weltelemente als persönliche astrale Lebewesen verstanden wurden, kann, wie nicht zu bestreiten ist, aus außerbiblischen Quellen erst in nachexilischer Zeit literarisch nachgewiesen werden. Da aber, ohne daß dieser Begriff genannt wird, in vorchristlicher Zeit astrale Körper als personifizierte Lebewesen angesehen und auch verehrt werden und da bereits der Gal von den στοιχεῖα τοῦ κόσμου so spricht, als handele es sich um für die Heiden machtvolle personale Wesen (Gal 4,3.9), da zudem, wie sich in der Exegese von Kol 2,8 zeigte, κατὰ τὰ στοιχεῖα τοῦ κόσμου der Wendung κατὰ Χριστόν – und Christus war ja Person! – gegenübergestellt wird, sollte man aus Gal und Kol entnehmen, daß bereits um die Mitte des 1. Jh. die Weltelemente, unter welcher Optik auch immer, als personale Mächte verehrt oder auch gefürchtet wurden. Und da die astralen Körper aus Weltelementen bestehen, wird man, gerade auch im Blick auf die in diesem Exkurs genannten Beispiele, mit Gnilka K 125 sagen können: „Kann man sicher davon ausgehen, daß die Stoicheia die physikalischen Grundstoffe der Welt sind, sind die Gestirne in sie einzuschließen. Da das Feuer als der reinste Stoff galt und die Sterne aus ihm bestehen, kann man sogar sagen, daß ihnen immer ein besonderer Rang in diesem Weltgefüge zugesprochen wurde. Umgekehrt wird man die στοιχεῖα τοῦ κόσμου nicht auf die Gestirne einschränken dürfen." Und mit Recht sagt er K 125, Anm. 34, daß es daher von nicht entscheidender Bedeutung sei, wenn der erste lexikalische Beleg für στοιχεῖον = Stern erst bei Diogenes Laertius (3.Jh. n. Chr.) vorliegt. Ähnlich urteilt Lohse K 149f, ebenso Dunn K 149f: „And both here and in Galatians there is clear implication that the στοιχεῖα where closely associated with heavenly beings (Gal. 4:8–9 – gods as popularly understood; Col. 2:10 – rulers and authorities)."

Muß man also nicht die weithin praktizierte *Fragerichtung* umkehren? Statt zu fragen, ob die στοιχεῖα-τοῦ-κόσμου-Aussagen in Gal und Kol durch zeitgeschichtliche Parallelen als Aussagen über personale (astrale) Mächte verifiziert werden können, wäre zu fragen, ob nicht diese *ntl. Aussagen als Quelle* dafür in Anspruch genommen werden können, daß bereits im 1.Jh. n. Chr. Weltelemente als personale Wesen gesehen wurden.

Umstritten ist in 9 die Deutung von σωματικῶς. Ist es als „leibhaft" oder als „wesenhaft" zu verstehen? Wäre „leibhaft" die richtige Übersetzung, so wäre hier betont der Gedanke der Inkarnation ausgesprochen. Einige Väter deuten im Sinne von „wesenhaft" (Theophylact und „Oecumenius“: οὐ σχετικῶς ἀλλ᾽ οὐσιωδῶς [Staab 454], ὡς ψυχὴ ἐν σώματι; Augustinus, ep. 149,25: *vere non umbratiliter*; Hilarius, Trin 8,54; Isidor von Pelusium, ep. 4,166; später Calvin, Ad Col, 144: „*In Christo autem essentialiter [sc. Deus] nobis apparuit.*“) Diese Bedeutung hat in der neueren Forschung wichtige Befürworter, hier sei neben Dibelius/Greeven K 29 nur Pokorný K 103 genannt (er bietet eine gute Übersicht über die unterschiedlichen Auslegungshypothesen, ib. 102f, auch zur sog. ekklesiologischen Deutung, die hier wegen ihrer Unwahrscheinlichkeit nicht gebracht wird): „Sôma ist auch das Urbild (→ 1,15), die Wirklichkeit im Unterschied zum Schatten und Abbild … In Christus begegnet man der wirklichen, der authentischen Fülle Gottes, der gegenüber alle anderen Gottesvorstellungen, Spekulationen und Erlebnisse sekundär sind.“ Diese Interpretation legt sich nahe, wenn man das Argumentationsgefälle von 6 ff vor Augen hat: In Christus und nur in ihm wohnt in Wirklichkeit, σωματικῶς, die ganze göttliche Fülle, nicht aber in den Weltelementen! Nach Jervell, Imago Dei, 224, könnte man das Wort mit „εἰκονικῶς“ übersetzen; es bezeichne somit den höchsten Grad der Wirklichkeit. Trotzdem sprechen erhebliche Gründe für die Bedeutung „leibhaft“. Auf 2,9 wurde bereits für die Exegese von 1,15 verwiesen. Wurde dort εἰκὼν τοῦ θεοῦ τοῦ ἀοράτου im Sinne des AuctCol – im Gegensatz zur Intention des Dichters des Hymnus – *auch* von der Inkarnation aus interpretiert, so sollte diese Deutung konsequenterweise ebenso auf die Aussage von 2,9 einiges Licht werfen. Wenn nämlich für den AuctCol Christus die unsichtbare und zugleich sichtbare Ikone des unsichtbaren Gottes ist, so wird man diesen Gedanken nicht aus diesem Vers eliminieren dürfen – zumal wenn σωματικῶς semantisch ohne Schwierigkeit eine dementsprechende Übersetzung offeriert und die Übersetzung „wesenhaft“ lexikographisch schwierig zu verifizieren ist (s. Liddell/Scott, ad vb.).

10 ist Fortsetzung der in 9 begonnenen Begründung von 8. ἐν αὐτῷ ist, nachdem es zuvor in 9 in christologischer Aussage erschien, jetzt im Blick auf die Adressaten ausgesagt. Indem sie – wie die Fülle der Gottheit! – „in“ Christus existieren, wobei ἐν den Sinn des Lokalen in Richtung auf den des „Instrumentalen“ hin übersteigt, haben sie als πεπληρωμένοι (Perfekt wie 7 ἐρριζωμένοι!) Anteil am göttlichen Pleroma Christi. Sie sind geradezu in dieses Pleroma hineingenommen. Dann aber dürfte der zuweilen vorgenommene Hinweis auf Plutarch, Def Orac 10 als religionsgeschichtliche Parallele zu τῆς θεότητος in 9 berechtigt sein: ἐκ δὲ ἡρώων εἰς δαίμονας αἱ βελτίονες ψυχαὶ μεταβολὴν λαμβάνουσιν, ἐκ δὲ δαιμόνων ὀλίγαι μὲν ἔτι χρόνῳ πολλῷ δι᾽ ἀρετῆς καθαρθεῖσαι παντάπασι θεότητος μετέσχον. „*Von den Heroen empfangen die besten die Verwandlung in transzendente Wesen; aber [nur] wenige von den transzendenten Wesen erhielten aufgrund ihrer Ausstattung mit Tugend völligen Anteil an der Göttlichkeit.*“ Denn nun bietet sich als ungezwungene Deutung an: Die kolossischen „Philosophen“ versprachen die Teilhabe am göttlichen Pleroma und somit den Zugang zur eigenen Vergöttlichung aufgrund der Verehrung der Weltelemente und des Gehorsams ihnen gegenüber, wobei sie diese, wie auch immer, in Verbindung mit dem Pleroma und somit dem Bereich Gottes sahen. Ob Bengels begriffliche Unterscheidung von θεότης, *deitas*, und θειότης, *divinitas*, für diese Sicht etwas austrägt, ist m. E. fraglich. Denn die Differenz von *essentia* und *qualitas* trifft nicht das nichtphilosophische Wirklichkeitsverständnis der „Philosophen“. Wenn dann noch Christus als das Haupt πάσης ἀρχῆς καὶ ἐξουσίας – wiederum polemische Aufnahme von zuvor (1,16) unpolemisch verwendeten Begriffen – herausgestellt wird, so liegt die Vermutung nahe, daß diese ἀρχαί und ἐξουσίαι für den AuctCol zu den στοιχεῖα τοῦ κόσμου gehören. Der deuteropaulinische Autor kann freilich mit πεπληρωμένοι nicht die Vergöttlichung der

Adressaten im strengen Sinne des Begriffs meinen, die die „Philosophen" mit diesem wohl von ihnen gebrauchten Wort möglicherweise versprochen hatten. Auffällig ist immerhin, daß hier das Partizip absolut gebraucht, also nicht gesagt ist, *womit* die Kolosser erfüllt sind. Auffällig ist aber auch, wie rasch viele Interpreten über diesen Sachverhalt hinweggehen. Die Ergänzung τῆς θεότητος zu πεπληρωμένοι kommt für den AuctCol sicherlich nicht in Frage. Dann aber dürfte die Antwort in dem aus 9 aufgegriffenen ἐν αὐτῷ bereitliegen: Es ist dieses Sein-in-Christus als Sein in dem, in dem die Fülle des Gottseins wohnt, was durch das Partizip umschrieben ist; der mit σωματικῶς gerade nicht ausgesagte σῶμα-Gedanke von 1,18 ist *hier* ausgesprochen (Gnilka K 130: Das Erfülltsein in 2,10a besagt, „daß die Kirche [= ἐστέ] in Christus erfüllt ist"). Dafür spricht auch κεφαλή in 10b, auch wenn sie hier nicht als das Haupt der Kirche, sondern in eigentümlicher Konkurrenz zu dieser Vorstellung (s. zu 1,18) als das des Kosmos erscheint.

In **11** steht, weil relativer Anschluß, ἐν ᾧ statt ἐν αὐτῷ. Das Sein-in-Christus bestimmt also weiter den Duktus der theologisch-christologischen Argumentation. Sind die Kolosser, da sie sich im Heilsraum des Christus befinden, mit einer nicht von Händen gemachten Beschneidung beschnitten, so begegnet mit dieser Argumentation wiederum eine theologische Vorstellung in der Wirkungsgeschichte der paulinischen Theologie. Wieder ist es der Röm, auf den sich der AuctCol aller Wahrscheinlichkeit nach bezieht, nämlich Röm 2,28 f. Er spricht zwar nicht, wie es Paulus in der Kontinuität vom AT her tut (Lev 4,41; Dtn 10,16; 30,6: Subjekt κύριος; Jer 4,4; 9,26), von der Beschneidung des Herzens, περιτομὴ καρδίας. Da aber nach Röm 2,29 diese Bestimmung der Beschneidung ἐν πνεύματι geschieht und somit Tat Gottes ist, ist die Modifikation der atl.-paulinischen Vorstellung gegenüber der Formulierung des AuctCol nur gering. Ob mit dieser Aussage ein Fingerzeig darauf gegeben ist, daß die kolossischen „Philosophen" jüdischer Provenienz sind, läßt sich nur raten.

Die Beschneidung ist, in religionsgeschichtlicher Terminologie formuliert, „Initiationsritus". So liegt es auch ohne die ausdrückliche Aussage ἐν τῷ βαπτισμῷ in 12 nahe, die „Beschneidung" des Christus als Interpretation der *Taufe* durch den AuctCol zu verstehen. Und in der Tat ist ja Taufe schon von der Theologie des Paulus her ihrem *Wesen* nach *Tat Gottes*, auch wenn sie – natürlich! – als kirchlicher Ritus eine entsprechende liturgische Praxis und das Bekenntnis des Täuflings notwendig impliziert. Aber es ist eine radikale Verkennung der paulinischen und auch deuteropaulinischen Theologie, will man sie vom Bekenntnis des Menschen her definieren. Denn eine solche Verdrehung der ntl. Aussagen bedeutet die Verwechselung von Gott und Mensch! Aus ntl. Perspektive ist daher unbedingt festzuhalten: *Gott gliedert in den Heilsbereich Christi ein, der Mensch läßt sich eingliedern.* Der AuctCol hat dies mit der streng *theo*-logischen Kennzeichnung derjenigen Beschneidung, die die für den Christen relevante ist, als ἀχειροποίητος polemisch betont: nicht von Menschen gemacht! In diesem Sinne heißt es Dan 2,34.45θ', daß Gott – ausgesagt im *passivum divinum*: ἐτμήθη – einen Stein vom Berg löste, und zwar ἄνευ χειρῶν, um die gottfeindlichen Reiche für immer zu vernichten. χειροποίητα sind nach Lev 26,1.30 die heidnischen Götzenbilder. Verflucht sind nach Sap 14,8 τὸ χειροποίητον und zugleich, wer es angefertigt hat; denn – Paulus wird diesen Gedanken in Röm 1,18ff aufgreifen – τὸ δὲ φθαρτὸν θεὸς ὠνομάσθη. Und in Jes begegnet der Plural τὰ χειροποίητα in polemischen Ausfällen immerhin siebenmal (z. B. 2,18; 19,1: καὶ σεισθήσεται [*passivum divinum!*] τὰ χειροποίητα Αἰγύπτου ἀπὸ προσώπου αὐτοῦ). In nicht polemischer Intention erklärt Philon, Som 1, 210, daß der menschliche Leib deshalb Gottes Werk sei, weil er nicht von Hand gemacht ist. Paulus selbst nennt 2Kor 5,1 unseren eschatologischen Leib οἰκίαν ἀχειροποίητον αἰώνιον ἐν τοῖς οὐρανοῖς (s. auch Mk 14,58).

Die Wendung ἐν τῇ ἀπεκδύσει τοῦ σώματος τῆς σαρκός läßt die Rede von der nicht von Menschenhand gemachten Beschneidung erst richtig in ihrer Plastizität verstehen. Ist nämlich hier vom σῶμα der σάρξ die Rede, das ausgezogen werden müsse (s. Platon, Tim. 69c; Philon, Rer Div Her 54, u. ö.), so dürfte dem AuctCol die bei der rituellen Beschneidung des jüdischen Knaben entfernte σάρξ vor Augen stehen. Eine solche Vorstellung könnte durch LXX-Stellen wie z. B. Gen 17,11 nahegelegt worden sein: καὶ περιτμηθήσεσθε τὴν σάρκα τῆς ἀκροβυστίας ὑμῶν. Gut Wolter K 128: „Die semantische Brücke zwischen Bild- und Sachebene der Metaphorik ist also die Trennung vom ‚Fleisch'. Freilich stellt der Verf. des Kol die ‚Beschneidung', von der er spricht, als Überbietung der konventionellen Beschneidung dar, insofern er … gleich den gesamten fleischlichen Leib des ‚Beschnittenen' betroffen sieht." Zu Recht spricht er davon, daß der AuctCol den Vorgang der Beschneidung spiritualisiert.

Das Bild des Ausziehens beim sog. Initiationsakt findet sich in der religionsgeschichtlichen Umwelt. So schildert *Apuleius*, Met XI, 23, wie der Initiand vor der Weihe seine alten Gewänder ablegt, das kultisch reinigende Bad nimmt und schließlich für die heilige Handlung, die seine Wiedergeburt als Verwandlung bewirkt, mit heiligen Gewändern bekleidet wird: *tunc semotis procul profanis omnibus linteo rudique me contectum amicimine arrepta manu sacerdos deducit ad ipsius sacrarii penetralia.* Übersetzung von E. Brandt und W. Ehlers (Tusculum): „*Dann gebietet der Priester allen Laien weiten Abstand, bedeckt mich mit einem neuen Leinenumwurf, nimmt mich bei der Hand und führt mich ins Innere des eigentlichen Weihehauses.*" Wieder einmal ist evident, wie eine *religionsgeschichtliche* Parallele einen *theologischen* Gedanken des NT sehr konkret zu veranschaulichen vermag, ohne auch nur im geringsten fähig zu sein, das Eigentliche eines gottgewirkten Gnadenereignisses „erklären" zu können. Denn die Parallelität verbleibt im Bereich der reinen Vorstellung und erreicht deshalb niemals die Wirklichkeit, die durch die Vor-Stellung nur als Objektivation vermittelt werden kann, da sie jenseits dieses Bereiches den Ur-Sprung ihres Seins hat.

Wie aber ist in 11 der Genitiv τοῦ Χριστοῦ bei ἐν τῇ περιτομῇ zu verstehen? Ausgeschlossen ist die Deutung als *genetivus obiectivus*. Wolter K 128f versteht ihn als *genetivus qualitatis*, der das „In-ihm"-Beschnittensein der Adressaten erläutere (s. auch Gnilka K 132 Anm. 70: Genitiv der näheren Bestimmung; so auch Pokorný K 105). Diese Interpretation kommt dem vom AuctCol Gemeinten schon näher und verdient ernsthafte Beachtung. Genauso ernsthaft sollte aber auch die Möglichkeit eines *genetivus subiectivus* erwogen werden, paraphrasiert: „durch diejenige Beschneidung, die Gott durch Jesus an euch gewirkt hat".

Die Verseinteilung von 11 und 12 hat insofern ihr sachliches Recht, als in **12** durch die Entsprechung von συνταφέντες und συνηγέρθητε ein für den Kol entscheidender Grundgedanke ausgesprochen ist: Das Mit-Sein mit Jesus Christus ist ein Mit-Christus-gestorben-Sein und zugleich ein Mit-Christus-auferweckt-Sein. War von 6 an das ἐν Χριστῷ εἶναι das dominierende Thema, so wird dieses nun in 12 und 13 durch das σὺν Χριστῷ εἶναι präzisiert: Wer *in* Christus existiert, existiert zugleich *mit* ihm; er hat ein gleiches Sein wie Christus, das ihn so in eine Linie mit diesem stellt. Aber so betont dieses Mit-Christus-Sein auch herausgestellt ist, für die christologische Argumentation des „Paulus" bleibt das In-Christus-Sein das bestimmende Strukturmoment. Das wird bereits durch die grammatische Struktur des Satzes, soweit sich dieser in 12 und 13 findet, auf den ersten Blick deutlich. Denn dem ἐν ᾧ καὶ περιετμήθητε entspricht der grammatisch gleichgeordnete Relativsatz ἐν ᾧ καὶ συνηγέρθητε (ἐν ᾧ bezieht sich aufgrund des Gesamtduktus von 6 her eindeutig auf Christus [Dibelius/Greeven K 30f; Lohse K 156 Anm. 4; Gnilka K 134; Lindemann K 43; Wolter K 132], nicht aber auf ἐν τῷ βαπτισμῷ [Lightfoot K 183; Abbott K 251f; Schweizer K 113; Ernst K 198.203; Pokorný K 112]). Es muß also zwischen dieser grammatischen Korrespondenz und der durch συνταφέντες und συνηγέρθητε ausgesprochenen theologischen Korrespondenz unterschieden werden. Vom Satzbau her müßte der Vers 12 eigentlich erst mit ἐν ᾧ καὶ συνηγέρθητε beginnen.

Durch das zu περιετμήθητε gehörende *participium coniunctum* συνταφέντες wird endgültig klar, daß der Akt der nicht mit Händen gemachten Beschneidung die Taufe ist. Ob man ἐν τῷ βαπτισμῷ mit „in der Taufe“ oder „durch die Taufe“ übersetzt, ändert an der theologischen Aussage kaum etwas. Die Frage läßt sich auch nicht mit letzter Sicherheit beantworten. Von höchster theologischer Relevanz ist hingegen, daß die Taufe in den Heilsbereich des Christus eingliedert, und zwar dadurch, daß er die Täuflinge in sein Begraben-Werden mit hineinnimmt. Überraschenderweise spricht der AuctCol an dieser Stelle nicht von einem Mitsterben mit Christus, anders 2,20; 3,3. Der Gedanke von Röm 6,3, daß unsere Taufe in Christus Jesus hinein eine Taufe in seinen Tod hinein ist (εἰς τὸν θάνατον αὐτοῦ heißt keinesfalls: auf seinen Tod!), wird allerdings in 2,20 und 3,3 aufgegriffen. Es ist zu vermuten, daß „Paulus“ hier mit der Wahl von συνταφέντες im Vollzug des Ritus des Untertauchens bei der Taufe ein Bild für das Begraben-Werden Christi sah. Denn andernfalls hätte er statt συνταφέντες doch wohl eher συνθανόντες o. ä. gesagt, da diese Form dem συνηγέρθητε besser entsprochen hätte. Daß der AuctCol mit größter Wahrscheinlichkeit den Röm vor Augen hatte, zeigt auch der Vergleich von Kol 2,12 συνταφέντες αὐτῷ ἐν τῷ βαπτισμῷ mit Röm 6,4 συνετάφημεν οὖν αὐτῷ διὰ τοῦ βαπτίσματος. Die literarische Abhängigkeit ist m. E. evident.

Bezieht sich aber der AuctCol auf Röm 6, so ist die offensichtlich inhaltliche Modifikation in Kol 2,12bc frappierend. Zunächst ist jedoch die Übereinstimmung zwischen Paulus und „Paulus“ zu registrieren: Röm 6,4 ἵνα ὥσπερ ἠγέρθη Χριστὸς ἐκ νεκρῶν διὰ τῆς δόξης τοῦ πατρός wird in Kol 2,12 wie folgt rezipiert: τῆς ἐνεργείας τοῦ θεοῦ τοῦ ἐγείραντος αὐτὸν ἐκ νεκρῶν. Diese Formulierung steht im Kontext von ἐν ᾧ συνηγέρθητε: *Ihr* seid mit Christus – jetzt schon – auferweckt worden. Für Paulus dagegen entspricht der Auferweckung Christi gerade nicht unsere in der Taufe schon geschehene Auferweckung. Denn er bricht den Gedanken um: Der Auferweckung Christi entspricht die Aufforderung zu unserem Wandel in einem neuen Leben. Es spricht viel dafür, daß der ursprüngliche, nämlich Röm 6,4 vorgegebene Gedanke in einer organischen Argumentationsstruktur sowohl Tod und Begraben-Werden einerseits als auch Auferweckt-Werden andererseits zunächst von Christus und dann als Konsequenz von den Christen aussagte. Zwar fügt sich diese Umbrechung des Gedankens bestens in die Intention von Röm 6,1ff, nämlich das Abgestorbensein der Sünde als Verpflichtung zu neuem Leben. Aber es wäre schon recht eigenartig, wenn die Aussagesequenz von Röm 6,1–4 mit der eigenartig gebrochenen Gedankenführung die ursprüngliche Vorstellung gewesen wäre (anders Wedderburn, Baptism and Resurrection, 70ff u. ö.). Haben die pneumatischen Exzesse in Korinth Paulus zu solcher Modifikation der ursprünglichen Vorstellungssequenz geführt? Hat Paulus wirklich einen derartigen Umbruch eines zuvor organischen Gedankenzusammenhangs vorgenommen – aus welchen Gründen auch immer –, dann hat der AuctCol in der Tat die paulinische Aussageintention in die vorpaulinische „re-modifiziert". Wollte er also wieder hinter Paulus zurückgehen? War er in der Paulusschule ein Vertreter, gar Verfechter derjenigen Tauftheologie, die Paulus bewußt abgelehnt hatte? *Ignoramus, ignorabimus.* Aber daß συνηγέρθητε theologischer Spitzensatz des AuctCol ist, sollte man nicht bezweifeln. Dies wird durch 13 bestätigt.

Mit Christus auferweckt sind die Adresssaten durch den Glauben an die Kraft Gottes, der Christus von den Toten auferweckt hat. τῆς ἐνεργείας ist *genetivus obiectivus.* Wiederum ist die literarische Anleihe beim Röm offenkundig; bei der für ihn typischen pneumatologischen Abstinenz greift der AuctCol auf Röm 8,11 zurück, ohne den Geist zu erwähnen: τὸ πνεῦμα τοῦ ἐγείραντος τὸν Ἰησοῦν ἐκ νεκρῶν. Das in diesem Satz stehende ζωοποιήσει bringt er in 13. Hat er kurz zuvor in 5 vom Glauben an Christus gesprochen, so hier vom Glauben an den eschatologisch wirkenden Gott. *Glaube an Gott und Glaube an Christus sind also für ihn ein und derselbe Glaube.*

In **13** wird gesagt, warum die Kolosser bereits zu einem neuen Leben auferweckt sind. Sie *waren* nämlich tot, sind es jetzt aber nicht mehr. Sie waren [ἐν] τοῖς παραπτώμασιν tot – entweder „im Machtbereich ihrer sündhaften Taten" oder „durch ihre Sündentaten" tot. Auch hier ist eine exegetische Entscheidung nicht möglich. Sie wäre auch nur von sekundärem Interesse. Das Bild von der Beschneidung wird in diesem Zusammenhang erneut variiert: die Kolosser waren tot aufgrund der Unbeschnittenheit ihres Fleisches. Der Sinn der Wendung erhellt klar aus der metaphorischen Redeweise von 11. Tot waren die Adressaten durch (oder: in) ihre(n) Sünden, lebendig sind sie, weil Gott „uns" – der AuctCol bezieht sich selbst mit χαρισάμενος ἡμῖν in die Heilsaussage ein – alle Sünden vergeben hat (zwar quantitative Aussage πάντα, jedoch in qualitativer Bedeutung). Entscheidend ist das bereits erwähnte, aus Röm 8,11 übernommene συνεζωοποίησεν. Paulus versteht dieses Verb im futurisch-eschatologischen Sinn, Deuteropaulus im präsentisch-eschatologischen Sinn. Für den AuctCol sind συνηγέρθητε und συνεζωοποίησεν inhaltlich synonym. Subjekt von συνεζωοποίησεν ist Gott; dieser handelte zunächst an Christus, dann an denen, die nun „in Christus" sind.

Mit drei Komposita mit συν- hat „Paulus" also eine theologische Aussage als Anrede formuliert, hat Soteriologie in kerygmatische Sprache gefaßt. Soteriologisch-kerygmatische *Theologie* wurde so zugleich zum Ausdruck eines dezidierten *Selbstverstehens.* Was bereits zu 1,5 ausgeführt wurde, gilt auch für 2,11–13. Der Schreiber weiß sich, obwohl in geschichtlicher Existenz hier auf Erden lebend, in seiner *eigentlichen* Existenz bereits im Himmel. Das eschatologische Ereignis hat im Grunde schon stattgefunden, der eschatologische Vorbehalt des Paulus in Röm 6,4 ist korrigiert. Trotzdem ist Deuteropaulus theologisch nicht so weit von ihm entfernt, wie es zunächst den Anschein hat. 3,1–4 wird diesen eschatologischen Sachverhalt noch deutlicher vor Augen stellen. Andererseits weiß sich ja auch Paulus selbst in seiner eigentlichen Existenz bereits im Himmel (Phil 3,20!). Die theologische Sprache unterscheidet partiell die beiden ntl. Autoren Paulus und Deuteropaulus, das Selbstverständnis bzw. Selbstverstehen beider koinzidiert jedoch mehr, als es die zum Teil differente Terminologie auf den ersten Blick erscheinen läßt. Daß es keine totale Koinzidenz ist, braucht nicht eigens begründet zu werden.

Nur am Rande gesagt: Ob die Häufung der Partizipien, die ohnehin für den AuctCol typisch sind (Bujard, Untersuchungen, 59 ff), ein den Versen 1–13 zugrundeliegendes liturgisches Traditionsstück indiziert (Schille, Frühchristliche Hymnen, 31 ff: Erlöser- bzw. Tauflied; kritisch Lohse K 150 Anm. 3; Wolter K 135), sei dahingestellt. Die

Hypothese ist recht spekulativ. Sollte unsere Exegese zutreffen, so ist aber in diesen Versen immerhin eine alte theologische Tradition verarbeitet.

Auch **14** bringt Theologie in Metaphorik. Der Mensch wird im Horizont kaufmännischen Denkens als Schuldner gegenüber Gott gesehen. In der von uns unterzeichneten Schuldurkunde sind unsere Schulden, d. h. unsere schuldhaften Taten, aufgelistet. ἐξαλείφω ist im Zusammenhang mit Schulden ein kaufmännischer *terminus technicus*. Da der Mensch ein essentiell *forensisches* Wesen ist, verwundert es nicht, wenn in den anthropologischen Vorstellungen vieler Religionen Schuld- und Schuldnervorstellungen ineinander übergehen. Ob für die Formulierung von 14 ein Einfluß von Jes 43,25 ἐγώ εἰμι ἐγώ εἰμι ὁ ἐξαλείφων τὰς ἀνομίας σου καὶ οὐ μὴ μνησθήσομαι vorliegt, kann vermutet, nicht aber erwiesen werden. Gott hat also nach der theologischen Vorstellung des AuctCol den uns belastenden, von uns selbst unterschriebenen Schuldschein ausgetilgt. Schwierig zu ermitteln ist die Bedeutung von τοῖς δόγμασιν, aber auch die Stellung dieser Worte im Satzgefüge (N. Walter, EWNT I, 821). Ist gemeint: die uns belastenden Schulden aufgrund der Vorschriften des mosaischen Gesetzes? Aber dem ganzen Zusammenhang nach geht es doch gar nicht um eine Auseinandersetzung mit der Torah (trotz des Beschneidungsthemas in 11). Sollte man bereits 20 in unsere Überlegungen einbeziehen? Dort ist mit δογματίζεσθαι die Haltung gemeint, in der sich die Kolosser möglicherweise spezifische asketische Vorschriften der kolossischen „Philosophen" aufzwingen lassen. Sind also die δόγματα diese Vorschriften (so Gnilka K 139)? Man wird diese Hypothese nicht ganz ausschließen können. Doch gegen sie spricht, daß die in 14 vorausgesetzten παραπτώματα nach der theologischen Überzeugung des AuctCol nicht Verstöße gegen die Tabu-Vorschriften der kolossischen „Philosophie" sind. Doch dann spricht die größere Wahrscheinlichkeit dafür, die δόγματα *in bonam partem* zu deuten, nämlich als Forderungen des Willens Gottes, gegen die die Adressaten in ihrer vorchristlichen Zeit mit ihren in 13 genannten Sündentaten verstoßen haben. Wollte man aber die δόγματα von 20 her interpretieren, müßte man sie *in malam partem* begreifen. Im Bilde bleibt der AuctCol auch in 14b: Gott hat dadurch den gegen uns zeugenden Schuldschein ungültig gemacht, daß er ihn weggenommen und ans Kreuz angenagelt hat. Ein theologischer Erkenntniszuwachs entsteht durch dieses Bild nicht. Es hat, im wörtlichen Sinne, ausmalenden Charakter. Von der Selbstanklage bzw. der Sündenangst der Kolosser her interpretiert Nikolaus Walter, ZNW 70, 115ff, diesen Vers.

Subjekt von ἀπεκδυσάμενος in **15** ist Gott. Er hat die Mächte und Gewalten – die ἀρχαί und ἐξουσίαι sind bereits in 1,16, also im Hymnus, genannt – „entkleidet" und sie so in entehrender Weise dem Blick der Schaulustigen preisgegeben oder, nach einer anderen möglichen Übersetzung, „entwaffnet" (Dibelius/Greeven K 32). Wie man auch immer übersetzt, es geht um den Triumph Gottes über die ihm feindlichen Mächte (θριαμβεύειν im NT sonst nur noch 2Kor 2,14). Gottes Triumph aber geschah „in Christus". Der Abschnitt 6–15 beginnt also in 6 mit betontem ἐν αὐτῷ, er schließt in 15 mit eben diesem ἐν αὐτῷ. ἐν αὐτῷ bzw. ἐν ᾧ findet sich in diesen zehn Versen siebenmal. „In Christus" hat Gott gehandelt, „in Christus" existieren wir als die Erlösten und Erhöhten, „in Christus" sollen wir wandeln. „In Christus" ist sozusagen die theologische und zugleich paränetische Überschrift über diesem Abschnitt, der die theologisch-christologische und theologisch-soteriologische Prämisse für 16–19 bringt, wo die Auseinandersetzung mit der kolossischen Häresie bzw. „Philosophie" auf der sozusagen praktischen Ebene geführt wird.

2,16–23 Die praktischen Konsequenzen

[16]So soll euch nun keiner richten wegen des Essens oder des Trinkens oder hinsichtlich eines Festes oder Neumondes oder Sabbats! [17]Das (alles) ist doch nur ein Schatten des Künftigen, die Wirklichkeit ist aber (die Wirklichkeit) des Christus. [18]Keiner darf euch verurteilen, dem es um gemachte Demut und Verehrung der Engel geht, (keiner,) der aufgrund der bei seiner Weihe geschauten Visionen ohne wirklichen Anlaß aufgeblasen ist, (nämlich) verführt durch die innere Einstellung seines Fleisches, [19]der sich auch nicht an das Haupt hält, aus dem heraus der ganze Leib, durch Sehnen und Bänder versorgt und zusammengehalten, „das Wachstum Gottes wächst".

[20]Wenn ihr (also) mit Christus den Elementen der Welt gestorben seid, was laßt ihr euch, als ob ihr (noch) in der Welt lebtet, gottlose Bestimmungen auferlegen (wie) [21]„Faß nicht an!" „Koste nicht!" „Berühre nicht!" – [22]das ist doch alles durch den Gebrauch zum Verderben bestimmt! – , gemäß den Anordnungen und Lehren von Menschen? [23]Das hat (zwar) den Anschein von Weisheit in angeblich selbstbestimmter Frömmigkeit und Demut und schonungsloser Zucht des Leibes. (Aber) es (gereicht) keinem zur Ehre, sondern zur Befriedigung des Fleisches.

Literatur: M. Dibelius, Die Isisweihe bei Apuleius und verwandte Initiationsriten, in: ders., Botschaft und Geschichte, Tübingen 1956, 30–79. – S. Eitrem, εμβατεγω. Note sur Col. 2,18, StTh 2 (1949/50) 90–94. – C. A. Evans, The Colossian Mystics, Bib. 63 (1982) 188–205. – O. Francis, Humility and Angelic Worship in Col 2:18, in: Francis/meeks, Conflict at Colossae, 163–195. – ders., The Background of embateuein (Col. 2:18) in Legal Papyri and Oracle in Inscriptions, ib. 197–207. – A. Fridrichsen: Θελών Col 2,18, ZNW 21 (1922) 135–137. – B. Hollenbach, Col. II.23: Which Things Lead to the Fulfilment of the Flesh, NTS 25 (1978/79) 254–261. – N. Kehl, Erniedrigung und Erhöhung in Qumran und Kolossä, ZKTh 91 (1969) 364–394. – Lähnemann, Kolosserbrief, 134–152. – Lona, Eschatologie, 192–232. – S. Lyonnet, Épître aux Colossiens (Col 2,18) et les Mystères d'Apollon Clarien, Bib. 43 (1962) 417–435. – I. A. Moir, Some Thoughts on Col. 2,17–18, ThZ 35 (1979) 363–365. – E. Schweizer, Askese nach Kol 1,24 oder 2,20f., in: NT und Ethik, FS R. Schnackenburg, Freiburg 1989, 340–348.

16 erinnert an Röm 14,3 ὁ δὲ μὴ ἐσθίων τὸν ἐσθίοντα μὴ κρινέτω. Es ist sogar recht wahrscheinlich, daß der AuctCol diese Stelle vor Augen hatte. In Röm 14,1–15,13 geht es um die Frage nach der Geltung des mosaischen Gesetzes im Streit innerhalb der römischen Gemeinde zwischen torahtreuen Judenchristen und Heidenchristen, die sich nicht an die Speisegesetze der Torah gebunden fühlen (anders z. B. E. Käsemann, HNT 8a, 352ff). Auch die Formulierungen von Kol 2,16 sind so gewählt, daß sie auf den ersten Blick mosaische Gesetzesbestimmungen für irrelevant erklären. Da wie in Gal 4,3.9 die στοιχεῖα τοῦ κόσμου im Kontext von Torahgeboten genannt werden, in denen es um geheiligte Zeiten geht, liest sich Gal 4,10 wie eine inhaltliche Parallele zu Kol 2,16. Doch trotz der z. T. sogar verbalen Übereinstimmung mit Röm 14,3 und Gal 4,10 (s. auch Jub 1,14!) sind die Tabubestimmungen von 16 nicht Torahbestimmungen. Der Zusammenhang zeigt, daß diese Imperative einen anderen religionsgeschichtlichen Hintergrund haben. Das gilt auch angesichts des unbestreitbaren Sachverhalts, daß die kolossische „Philosophie" im synkretistischen Geiste auch jüdische Vorstellungen rezipiert hat. Richtig Gnilka K 146:

„Die Häretiker mögen durch das Judentum inspiriert gewesen sein, der Sinn, den sie mit ihren Zeiten und Festen verbanden, dürfte ein ganz anderer gewesen sein." Die „Philosophen" verstanden „Zeiten und Fristen als Ausdruck einer von kosmischen Mächten verwalteten Ordnung, die über das Schicksal der Menschen, Geburt, Tod, Krankheit, verfügt. Ehrfurcht und Angst bestimmen eine Mentalität, die durch astrologische Zahlenspekulationen und Magie die Schicksalsmächte gnädig zu stimmen versucht."

17 stellt vor erhebliche Auslegungsschwierigkeiten. Folglich gehen die Interpretationsversuche in die unterschiedlichsten Richtungen und widersprechen einander. Dieser Widerspruch gründet jedoch in der Frage nach einem eventuellen Widerspruch innerhalb der Argumentation des AuctCol, und zwar wiederum im Blick auf einen Widerspruch, den dieser selbst herausstellt. Lindemann K 47 hat die für unsere Auslegung entscheidende Frage gestellt: Inwiefern sind die in 16 genannten Feste ein „Schatten des Zukünftigen"? „Soll etwa gesagt werden, daß diese Feste durchaus eine (wenn auch nur schattenhafte) Vorabbildung dessen sind, was in der endzeitlichen Zukunft ‚leiblich' da sein wird? Warum dann, so müßte man fragen, die Kritik an diesen Festen in V. 16?" Gnilka K 146f sieht die Schwierigkeit der Auslegung von 17 durch die übliche Interpretation des Gegensatzpaares von σκιά und σῶμα bedingt. Diese Interpretation deutet die beiden in Antithese zueinander stehenden Begriffe, die aus der platonischen Philosophie stammen, in deren Grundauffasung von der doppelten Welt: Reich der Ideen und sinnlich erfaßbare Welt; vor allen schenkt Philon der Wirkungsgeschichte des Platonismus besondere Aufmerksamkeit. Nach Philon, Migr Abr 12 – auf diese Stelle wird in den Kommentaren immer wieder verwiesen, z.B. Lohse K 172 – , verhält sich die σκιά zum σῶμα wie das μίμημα zum ἀρχέτυπος. Volle Realität kommt nur dem σῶμα zu, wobei dieses Wort als Inbegriff für die *volle und eigentliche Wirklichkeit* erscheint.

Begreift man aber von der platonischen Philosophie her die in 16 genannten Bestimmungen über Speisen und Tage als Schatten der durch Christus geschaffenen Heilswirklichkeit, so kommt man nicht umhin, nun selbst die von Lindemann gestellte Frage nach der Berechtigung der Kritik an den in 16 aufgezählten Phänomenen zu stellen. Ähnlich sieht es Gnilka, K 147: Die aus der platonischen und philonischen Sicht resultierende Interpretation von 17 fügt sich nicht in den Kontext: „Dieser (sc. Kontext) lehnt die Irrlehre vollständig ab. Auch die Verbindung ‚Schatten der künftigen Dinge' gibt für ein entgegenkommendes Urteil keinen Anlaß." „... der Schatten [ist] etwas, das angesichts des bereits erschienenen Zukünftigen überhaupt keine Bedeutung besitzt." Dem ist zuzustimmen (s. auch Wolter K 144: Speisefragen usw. betreffen nur eine Scheinwirklichkeit, „sozusagen Schattenboxen").

Einerlei also, ob man einen platonisch-philonischen Einfluß bei der Formulierung des Gegensatzpaares annimmt oder nicht, so oder so ist in 17 σκιά ohne positive Konnotation. Die jüdisch-„philosophischen" Speisepraktiken und Festtage von 16 sind ein Nichts im Blick auf die eschatologische Heilszukunft (τῶν μελλόντων). Und da der AuctCol trotz beibehaltener Zukunftserwartung (s. zu 3,1–4) die Gegenwart *quodammodo* als antizipierte Heilszukunft verstehen läßt, die als der Heilsbereich „in Christus" bereits präsent ist, ist für ihn das in 17 genannte σῶμα eben dieser Heils-*Raum* des Christus als Raum der vollen Heilswirklichkeit (ob hier auch das σῶμα-Verständnis von 1,18, wie es der AuctCol mit τῆς ἐκκλησίας interpretiert hat, mitintendiert ist, sei dahingestellt). Dem *Nichts* der in 16 genannten Phänomene stellt er das *Alles* gegenüber, das uns als denen, die „in Christus" sind, gnadenhaft geschenkt ist. σκιά und σῶμα sind in der theologischen Argumentation des Kol nicht konträre, sondern kontradiktorische Größen.

Nach Lohmeyer K 123 liegt in 17b verkürzte Redeweise vor: „,der Leib' (d. i. die Wirklichkeit und Wahrheit im Gegensatz zum Schattenhaften aller Satzungen) ist der ,Leib Christi'." Allerdings erklärt er diese Verkürzung durch eine partiell positive Wertung der in 16 genannten Satzungen. Dibelius/Greeven K 34 erwägen ernsthaft diese Verkürzungshypothese („eine Art Brachylogie") und formulieren als die vom AuctCol eigentlich gemeinte Aussage τὸ δὲ σῶμα τὸ σῶμα τοῦ Χριστοῦ. Zu übersetzen wäre dann: Die Wirklichkeit aber ist die Wirklichkeit des Christus.

In **18** spricht „Paulus" als der Anwalt der Kolosser: Keiner darf euch verurteilen! Gemeint ist: Kein Vertreter der kolossischen „Philosophie" darf euch verurteilen, wenn ihr ihren Verführungen nicht erliegt. Denn ihnen geht es ja um eine Demut, die nur gemachte Demut ist. Den Verführern wird also Unehrlichkeit und Unlauterkeit vorgeworfen. Demut vor Gott ist das nicht, was sie da praktizieren! Ob der AuctCol womöglich meint, daß bei der Demut der „Philosophen" eine Mischung von bewußter und zugleich auch unbewußter Heuchelei vorliegt, läßt sich nicht entscheiden. Vielleicht ist auch eine solche Fragestellung zu modern. Ist möglicherweise unter der ταπεινοφροσύνη die Demut vor Engeln – statt vor Gott! – gemeint? Zumindest eine Reihe von Exegeten nehmen dies an, z. B. Gnilka K 149 und Lindemann K 48. Es sei hier dahingestellt (s. zu 23). Zu vermuten ist aber auf jeden Fall, daß die Engel, die hier in 18 begegnen, im Zusammenhang mit den ϑρόνοι, κυριότητες, ἀρχαί und ἐξουσίαι von 1,16 zu sehen sind. Sie sind ja in Christus geschaffen, also können sie nicht mit göttlichen Ehren bedacht werden! Auch sie haben ja ihren Bestand ganz und gar in Christus! Wie kann man dann nur die Geschöpfe verehren statt den, in dem sie geschaffen sind (vgl. Röm 1,21–23)!

18b verrät mehr über die kolossischen „Philosophen", allerdings in einer nicht ganz durchsichtigen syntaktischen Struktur des Satzes. Vor allem: worauf bezieht sich ἅ bei ἑόρακεν ἐμβατεύων? Lohse K 175 hat recht: Diese wenigen Worte sind in ihrer Kürze so schwer verständlich, daß man Textänderungen vorgenommen hat (s. kritischen Apparat bei Nestle-Aland[27]); Gnilka K 150 spricht vom rätselvollsten Satz des ganzen Briefes. Es empfiehlt sich, bei seiner Auslegung von ἐμβατεύειν auszugehen. Zunächst heißt dieses Verb „hineingehen". Nun hat Dibelius, Isisweihe, 55ff, nachgewiesen (s. auch Dibelius/ Greeven K 35, Exkurs EMBATEYEIN), daß ἐμβατεύειν in die Mysteriensprache gehört (Heiligtum des Apollo von Klaros; s. auch Apuleius, Met XI, 23 [Einweihung in die Isis-Mysterien]: *accessi confinium mortis et calcato Proserpinae limine per omnia vectus elementa remeavi; nocte media vidi solem candido coruscantem lumine, deos inferos et deos superos accessi coram et adoravi de proxumo.* Übersetzung von E. Brandt und W. Ehlers (Tusculum): „*Ich nahte dem Grenzbezirk des Todes, stieg über Proserpinas Schwelle und fuhr durch alle Elemente zurück; um Mitternacht sah ich die Sonne in weißem Licht flimmern, trat zu Totengöttern und Himmelsgöttern von Angesicht zu Angesicht und betete sie ganz aus der Nähe an.*"). Es ist also anzunehmen, daß der AuctCol auf den Initiationsritus der kolossischen „Philosophen" anspielt. Was der Initiand bei seiner Vision gesehen hat, ist aus dem Text des Kol nicht zu erkennen. Lohse K 177f fragt, ob ekstatische Erfahrungen ein Rolle gespielt hätten, vermutet aber aufgrund des ἑόρακεν, daß dem Mysten, an dem die Weihe vollzogen wurde, die Schau kosmischer Zusammenhänge widerfahren sei, so daß er die Verehrung der στοιχεῖα τοῦ κόσμου auch in sinnlicher Erfahrung erlebt habe. Gnilka K 151 nimmt aufgrund von Apuleius, Met XXI, 23 an, daß dem Initianden ein Bild gezeigt wurde, das ihm die kosmischen Zusammenhänge erschließen sollte. Hatten die Visionen zudem mit der Engelverehrung zu tun, wie Gnilka K 151, Pokorný K 123 u. a. vermuten? Dies bestreitet wiederum Wolter K 148.

Kommen wir also an dieser Stelle über Vermutungen nicht hinaus, so bleibt doch ein gewisser kleinster Nenner: Es liegt Mysteriensprache vor, der Initiand hatte eine, wie auch immer zu erklärende, Vision. Und der Zusammenhang von 18a und 18b führt zur Annahme, daß die kolossischen „Philosophen" bei der Verurteilung derer, die ihnen nicht gefolgt waren, auf ihre Initiationsvisionen hinwiesen. Dabei ist es zweitrangig, wie man die etwas undurchsichtige syntaktische Struktur des Satzes begreift (es bleibt unklar, was der grammatische Bezug des ἅ ist; die von mir gebotene Übersetzung kann daher nicht mehr als ein Versuch sein).

In 18a wirft „Paulus" den „Philosophen" vor, sie hätten keinen Anlaß (εἰκῆ), so aufgeblasen zu sein. Wie immer man die Syntax des Satzes versteht – man wird sagen dürfen, daß sich diese Leute deshalb ohne Grund so aufgeblasen gerieren, weil der Grund grundlos ist. Denn die Visionen – das sagt der AuctCol nicht, das denkt er aber – sind Trug, sind Illusion, sind Selbstbetrug. Das vom „Fleisch" betrogene Denken – die meisten Interpreten übersetzen νοῦς mit „Sinn" – pervertiert zu einer inneren Grundeinstellung, die Trugbilder produziert. Und ausgerechnet unter Berufung auf ihre eigene Selbsttäuschung, als Betrogene also, wollen sie die christlichen Kolosser täuschen und betrügen!

Warum sie betrogene Betrüger sind, sagt **19**: Sie halten sich nicht an das Haupt, d. h. nicht an Christus; doch nur „in Christus" – so wäre der Gedanke des AuctCol zu ergänzen – entkommt man einer illusionären Existenz. In ihrem Wahn haben sie nicht erkannt, daß allein aus diesem Christus der ganze Leib erwächst, sprich: die Kirche. πᾶν τὸ σῶμα ist eben nicht, wie Dibelius/Greeven K 36 annahmen, der Kosmos, sondern die Kirche (so fast alle neueren Kommentatoren). Sie „wächst das Wachstum Gottes". 1,18 ist mit seiner Haupt-Leib-Vorstellung aufgegriffen. Die redaktionelle Ergänzung des AuctCol τῆς ἐκκλησίας in 1,18a findet in 2,19 ihre Explikation. Christus als das Haupt hält die Kirche als seinen Leib am Leben, wenn er ihn durch Sehnen und Bänder versorgt und zusammenhält. Mit dieser Vorstellung entfernt sich allerdings „Paulus" von Paulus (s. die Auslegung von 1,18a).

Hat der AuctCol mit den Ausführungen bis einschließlich 19 den Kolossern gezeigt, wie töricht diejenigen sind, die sie zu ihrer „Philosophie" verführen wollen, so spricht er sie in 20–23 auf ihr Ehrgefühl an. In **20** fragt er, wieso sie sich in Abhängigkeit von diesen Leuten bringen lassen wollen, die doch selbst das Opfer ihrer eigenen Realitätsblindheit sind. τί δογματίζεσθε; Was laßt ihr euch ausgerechnet von diesen Leuten an versklavenden Lasten auferlegen! Die Assoziation an 2Kor 11,20 ist sofort da: Ihr ertragt es ja, wenn euch einer zu Sklaven macht, καταδουλοῖ! Wieder – wie schon Paulus – bringt „Paulus" die Berufung auf das Kerygma, um das (mögliche) Fehlverhalten der Adressaten zu tadeln. Vermißte man in 11ff die Aussage vom Mit-gestorben-Sein mit Christus, so bringt der AuctCol sie jetzt: εἰ ἀπεθάνετε σὺν Χριστῷ. Gestorben sind die Kolosser „weg von den Weltelementen", ἀπό... Paulus hingegen formulierte in Röm 6,2 ἀπεθάνομεν τῇ ἁμαρτίᾳ. Nun findet sich aber im ganzen Kol der Begriff ἁμαρτία kein einziges Mal. Dennoch ist die genannte Formulierung von Kol 2,20 gar nicht so weit vom theologischen Denken des Paulus entfernt. Denn auch hier, im deuteropaulinischen Denken, bedeutet das Mit-

Christus-gestorben-Sein die Trennung vom Bereich des Bösen, den „Transfer" aus dem Machtbereich der Dunkelheit in die Basileia des Sohnes Gottes (1,13). Die in 2,20 genannten Weltelemente sind ja Repräsentanten dieser bösen Macht, und das Leben „im Kosmos" von 20b ist, paulinisch gesprochen, die Existenz im Machtbereich der Sünde. Die Kolosser sollen sich also nicht, als ob sie noch im Machtbereich des sündigen Kosmos existierten, dessen Bestimmungen auferlegen lassen. Die Terminologie bei Paulus und „Paulus" ist zwar unterschiedlich, die theologische Intention aber ist bei beiden dieselbe. Die die Freiheit der Kolosser – man darf dies sicher so formulieren, auch wenn der AuctCol das Wort ἐλευθερία nicht verwendet (auch nicht seine Derivate) – bedrohenden Bestimmungen der kolossischen „Philosophie" werden in **21** aufgelistet: „Faß nicht an!" „Koste nicht!" „Berühre nicht!" Die Beachtung dieser Verbote ist allem Anschein nach für ihre Verfechter *heilsnotwendig*. Alle drei Imperative können nun mühelos in Konkordanz mit Geboten des mosaischen Gesetzes gebracht werden. „Koste nicht!" könnte ohne weiteres auf die atl. Speisegebote bezogen werden. „Faß nicht an!" und „Berühre nicht!" könnten mit atl. Sexualverboten in Verbindung gebracht werden. Oder man denke an Gen 20,4: Ἀβιμέλεχ δὲ οὐχ ἥψατο αὐτῆς (sc. τὴν Σάρραν) – dasselbe Verb wie in μὴ ἅψῃ. Für Qumran ist auf das Verbot der Berührung bestimmter Dinge zu verweisen (z. B. CD X,13; XII,17), komplementär dazu das Verbot für Außenstehende, nicht die „Reinheit der Männer der Heiligkeit zu berühren" (1QS V,13). Aber der Hinweis auf die materialen Übereinstimmungen zwischen den in Kolossä erhobenen Forderungen und dem AT bzw. Judentum reicht nicht aus, um 22 atl.-jüdisch zu interpretieren. Denn der religionsgeschichtliche Hintergrund der hier genannten *Tabuvorschriften* ist ein anderer. Dahinter dürfte eine für das ewige Heil unerläßliche Askese stehen. „Paulus" will sagen: Meint nicht, der Glaube an Jesus Christus müsse unter allen Umständen durch solche asketischen Anordnungen ergänzt werden, damit der christliche Glaube überhaupt wirksam werden könne! Es geht also Deuteropaulus um das *solus Christus*.

22 beendet die Frage, die in 20 begonnen hat. All das, was nach 21 verboten ist, ist in Wirklichkeit für den Verbrauch und folglich zum Verderb bestimmt. Im Hintergrund dieser verallgemeinernden Aussage – πάντα! – steht der theologische Gedanke der Schöpfung: *Gott* hat die Dinge dieser Welt geschaffen, damit sich der Mensch ihrer bediene; also versündigen sich die kolossischen „Philosophen" mit ihren Tabuverboten und Askesegeboten gegen Gott als ihren Schöpfer (so z. B. Gnilka K 159; Lindemann K 51: „Der Verfasser tritt dafür ein, mit Profanem auch wirklich profan umzugehen."). Anfang des 2. Jh. wird diese Auffassung in den Pastoralbriefen ausgesprochen (1 Tim 4,3f; dort ist noch klarer der Bezug auf den Schöpfer ausgesprochen: ἀπέχεσθαι βρωμάτων, ἃ ὁ θεὸς ἔκτισεν εἰς μετάλημψιν). Wie *realitätsfern* die kolossischen „Philosophen" hinsichtlich der den Menschen bestimmenden jenseitigen Macht sind, zeigt 22b: Die Tabuverbote sind gar nicht Anordnungen aus der Transzendenz, sondern reine Produkte menschlicher Phantasie. Gehen sie aber auf menschliche Erfindung zurück, so ist allerdings zu fragen, ob die Weltelemente nach der Auffassung des AuctCol überhaupt existieren, ob sie nicht in Wirklichkeit nur die Projektion der Erfahrung des Bösen in die jenseitige Welt hinein sind (Feuerbach!). Man wird jedoch diese Frage verneinen müssen, da die Weltelemente ja, wie auch immer, mit den im Hymnus 1,15ff genannten übernatürlichen Mächten zusammenhängen. Diese Mächte sind aber nach der Auffassung des AuctCol existent. Dann wird man urteilen müssen, daß eine Existenz im Dienste jenseitiger böser Mächte Menschen dazu verführt, Satzungen zu produzieren, die die Realitätsferne dieser Menschen bewirken. Statt mit Gott zu rechnen, der „in Christus" als seinem Gnadenbereich heilswirksam präsent ist und somit die *Wirklichkeit* des Heils schlechterdings ausmacht, halten sie sich törichterweise an überirdische Wesen, deren Ziel es ist, die Menschen dazu zu bringen, genau diese Realität Gottes in der Bejahung der Irrealität eines angeblich dämonisch verursachten Heils zu verkennen. Der *gottlose Mensch* ist eben – und das ist eine Grundintention des AuctCol – der *realitätslose Mensch*. Sein eingebildetes Heil ist Heillosigkeit. Auch dies erinnert wieder an Paulus, sei es seine Argumentation in Röm 1,18 ff, wo sich das Geschöpf zum Gott macht, sei es seine Argumentation in Röm 7,7 ff, wo er die Blindheit des Menschen *ante Christum* hinsichtlich des Gesetzes Gottes zeichnet: Die Sünde hat die ἐντολὴ ἡ εἰς ζωήν zur ἐντολὴ ἡ εἰς θάνατον pervertiert (7,10); der unter der Gewalt der Sünde lebende Mensch ist aber so realitätsfern, daß er in seiner Verblendung im εἰς θάνατον das εἰς ζωήν sieht.

Der Entlarvung der Anti-Theologie der kolossischen „Philosophen", wie sie soeben expliziert wurde, entspricht das gezielt gewählte Vokabular des AuctCol. Mit Ernst K 213 kann man seine Sprache in 22 „drastisch-realistisch" nennen; εἰς φθοράν erinnert an Mk 7,18 f: εἰσπορεύεται ... εἰς τὴν κοιλίαν, καὶ εἰς τὸν ἀφεδρῶνα ἐκπορεύεται. D. Lührmann, HNT 3, 128, spricht im Blick auf diese Stelle mit ihrer Abort-Begründung der Ablehnung der mosaischen Speisegesetze ebenfalls von „drastisch". Freilich, das ist der Unterschied: der AuctCol lehnt Speiseverbote jüdisch-synkretistischer Provenienz ab, Markus, im Prinzip auf den historischen Jesus zurückgehend (H. Hübner, Das Gesetz in der synoptischen Tradition, Göttingen ²1986, 157 ff), die Speiseverbote der Torah. Die Begründung bei beiden ist aber sehr verwandt. Und auch in einem weiteren Punkte stimmen diese zwei ntl. Autoren überein. Sie beziehen sich beide auf Jes 29,13. Ein Vergleich von Kol 2,22, Mk 7,7 und Jes 29,13 LXX ist aufschlußreich:

> Kol 2,22: κατὰ τὰ ἐντάλματα καὶ διδασκαλίας τῶν ἀνθρώπων
> Mk 7,7: διδάσκοντες διδασκαλίας ἐντάλματα ἀνθρώπων
> Jes 29,13 (anders MT!): διδάσκοντες ἐντάλματα ἀνθρώπων καὶ διδασκαλίας.

Um den Vergleich dieser drei Texte sachgemäß durchzuführen, ist zunächst zu beachten, daß im Gegensatz zu Mk 7,6 f in Kol 2,22 – wie übrigens im ganzen Brief – kein formelles Zitat vorliegt. Der AuctCol spricht vielmehr innerhalb seiner eigenen theologischen Argumentation mit Worten des AT. Er bleibt aber mit seiner „bloßen" Anspielung auf den Text näher bei diesem als Markus bei seinem, mit einer *formula quotationis* angeführten Zitat. Doch stimmt insofern wiederum der AuctCol mit Markus überein, als beide ἀνθρώπων als letztes Wort bringen, also anders als der LXX-Text. Wie hoch man diesen Tatbestand wertet, ist Ermessensurteil. Könnte, so sei hier in aller Vorsicht und Behutsamkeit angefragt, dieses endbetonte ἀνθρώπων vielleicht ein Indiz dafür sein, daß das Jes-Wort in kirchlichen Diskussionen um die Speisegebote laufend zitiert wurde, so daß sich das endbetonte (τῶν) ἀνθρώπων in der laufenden mündlichen Wiederholung eingeschliffen hat? Aber selbst wenn diese Vermutung als unzulässige Spekulation abgetan werden sollte, zeigt die Berufung auf dieses Wort beim AuctCol als einem Paulus-Schüler und beim Evangelisten Markus, der in der paulinischen Tradition stehen dürfte, daß allem Anschein nach in heidenchristlichen Kreisen das Nein zu verpflichtenden Speisegesetzen mit Jes 29,13 zu begründen üblich war. Wendet sich Mk 7 unmittelbar gegen Bestimmungen der Torah, so Kol 2 mittelbar, nämlich über das Nein zu den Speiseverboten der kolossischen „Philosophen". Es ist aber zu fragen, ob der AuctCol, wenn er Jes 29,13 in – wenn auch nur geringen – Abweichungen bringt, hier wirklich die Schrift zitieren will. Es ist auch denkbar, daß er im Sinne seines Lehrers Paulus eine Auffassung vehement vertritt, die dieser in seinen Briefen und sicherlich auch in Verkündigung und theologischer Darlegung laufend vorgetragen hat. Doch wie immer man in Einzelfragen urteilt, man wird, was das Fazit von 22 angeht, mit Wolter K 153 sagen können: „Diese Konvergenzen (sc. von Jes 29,13LXX, Mk 7,6f und Kol 2,8) lassen erkennen, daß der Verf. des Kol Argumentationsmuster aufgreift, die wahrscheinlich in der Auseinandersetzung von heidenchristlich geprägten Gemeinden mit pharisäischen Reinheitsvorstellungen Verwendung gefunden haben." Und auch darin hat Wolter recht, wenn er sofort anschließend erklärt: „Wenn der Verf. des Kol hieran anknüpft, so heißt dies für sich genommen aber noch nicht, daß wir seine Gegner unter den Pharisäern zu suchen haben."

Die Exegeten tun sich schwer mit **23**. Deshalb zunächst ein exegesegeschichtlicher Exkurs.

Zur Syntax von Kol 2,23

Am schärfsten sagt es Hans Conzelmann K 192: „Dieser Abschnitt (sc. 2,16–23) kann nicht übersetzt werden; man kann den Sinn nur gerade ertasten und dann versuchen, ihn in Anlehnung an den griechischen Wortlaut einigermaßen wiederzugeben." In der Tat stießen wir ja schon zu 18 auf die Schwierigkeit, daß nicht recht deutlich wird, worauf sich ἅ bei ἑόρακεν ἐμβατεύων bezieht. Günther Bornkamm, Die Häresie des Kol, 151 f, will die fünf Schlagworte der Häretiker in 2,23 in Analogie zu 3,5 und 3,8 (jeweils fünf „Glieder" des alten Menschen) und 3,12 (fünf Kennzeichen des neuen Menschen) verstehen. Dagegen machen Dibelius/Greeven K 37 mit vollem Recht geltend, daß Schlagworte einer Lehre kaum dieselbe Neigung zu formelhafter Reihung haben wie die allgemein gültigen Begriffe der Tugenden und Laster. Aber die dann von ihnen gebotene Erklärung überzeugt auch nicht, sie ist recht künstlich: Paulus (Dibelius/Greeven sehen ja den Kol als authentischen Paulusbrief) habe wohl schreiben wollen (22f): ἅ ἐστιν πάντα εἰς φθορὰν τῇ ἀποχρήσει, οὐκ ἐν τιμῇ τινι πρὸς πλησμονὴν τῆς σαρκός. Und folglich sei der Text von κατὰ τὰ ἐντάλματα bis ἀφειδίᾳ σώματος Parenthese, wenn auch eine unvollständige. Die Möglichkeit einer solchen Parenthese, so gestehen Dibelius/Greeven allerdings zu, sei nicht syntaktisch, sondern nur psychologisch auszumachen: „die psychologischen Vorbedingungen aber scheinen mir bei Paulus – zumal wenn er diktiert – vorhanden zu sein."

Die Auseinandersetzung mit dem Text ist jedoch weit älter. Schon die alten Handschriften differieren. Der Text, wie er von Nestle-Aland[27] geboten wird, ist der von ℵ A C D et al.; p[46] B et al. lassen καί aus. Und noch E. Haupt, 113 (1902), 113, rechnet mit uralter Verderbnis des Textes (s. auch die bei Lohse K 183 Anm. 2 genannten Autoren, die Konjekturen versuchten). Es gibt heute so gut wie keinen wissenschaftlichen Kommentar, in dem nicht auf die syntaktischen Schwierigkeiten hingewiesen würde. Nimmt man aber die in 23 genannten Begriffe ἐθελοθρησκία etc. als Schlagworte der kolossischen „Philosophie" – diese Annahme ist m. E. nahezu evident –, so ist die Hauptaussagerichtung des AuctCol ziemlich eindeutig. Auch meine Übersetzung ist natürlich hypothetisch. Ich hoffe aber, daß sie den vom AuctCol intendierten Sinn zumindest in der Sache adäquat wiedergibt.

ἅτινα bietet bereits die erste Schwierigkeit. Lightfoot K 203 kommentiert: „Not only these particular precepts, μὴ ἅψῃ κ.τ.λ., but all precepts falling under the same category are condemned ... The antecedent here is not ἐντάλματα καὶ διδασκαλίας κ.τ.λ., but the prohibitions given in ver. 21." Demgegenüber bezieht sich ἅτινα nach Pokorný K 130 nicht auf die verbotenen Dinge von 21, sondern auf die menschlichen Gebote und Lehren von 22b, da 22a nur eine Zwischenbemerkung sei. Sollte man gar überlegen, ob ἅτινα gar nicht rückbezüglich ist? Wahrscheinlich sind unsere philologisch-syntaktischen Überlegungen zu spitzfindig. Man wird wohl am ehesten damit rechnen müssen, daß der AuctCol mit diesem relativen Anschluß auf das Gesamte der „philosophischen" Heilslehre zurückblickt: Sie mit all ihren Verboten, Tabuvorstellungen, Askesebestimmungen, mit ihrer Gottes-, Engel- und Weltsicht hat den λόγος, d. h. den Ruf, den Anschein von Weisheit, aber eben nur den Anschein. Warum? Weil sie sich mit den im Folgenden genannten Vorstellungen schmückt, mit ihnen kokettiert. Zuerst wird dabei die ἐθε-λοθρησκία genannt. Die Kommentatoren stimmen weitgehend darin überein, daß mit dem Wortteil ἐθελο- das Moment der Eigenbestimmung hervorgehoben sei. Dann ist ἐθελοθρησκία „selbsterwählter Kult" (Lohse), „freiwilliger Kult" (Gnilka), „selbstgemachte Verehrung" (Wolter), „selbstgemachte Frömmigkeit" (Ernst), „selbstgewählter Gottesdienst" (H. Balz, EWNT I, 923). Nun hat der AuctCol schon in 20, wohl mit einem leicht ironisierenden Ton, gefragt: τί . . . δογματίζεσθε; Was laßt ihr euch Anordnungen aufoktroyieren? Er sieht also die „Philosophen" als solche, die von Freiheit und Selbstbestimmung sprechen, aber die Knechtung praktizieren – und die dummen Anhänger der „Philosophie", die Sektierer, merken es nicht. In der Tat, die sogenannten Philosophen haben nur den Anschein von Weisheit! Sie sprechen von selbstgemachter, selbstbestimmter Frömmigkeit – und in Wirklichkeit sind sie armselige Gefangene ihrer eigenen weltanschaulichen und „religiösen" Ideologie. Sie verführen andere zur Sklaverei, meinen vielleicht sogar, sie führten sie zur Freiheit, und sind selbst bemitleidenswerte Sklaven. Es ist dasselbe „religiöse" Phänomen wie heute bei den Sekten – vielleicht nur mit dem recht bezeichnenden Unterschied, daß die modernen Sektenführer wissen, daß sie über Sklaven befehlen und sie erbärmlich ausnutzen. Zitiert nun der AuctCol das kolossische Schlagwort von der ἐθελοθρησκία, so hat es einen sarkastischen Tonfall. Deshalb wurde dieses Wort hier mit „angeblich selbstbestimmte Frömmigkeit" übersetzt. Das Wort ist *hapax legomenon* im NT und vor dem Kol nicht belegt. Nach Karl Ludwig Schmidt, ThWNT III, 159, und anderen Exegeten ist es paulinische bzw. deuteropaulinische Wortbildung. Da aber der AuctCol mit οὐκ ἐν τιμῇ das Wort karikiert, dürfte diese Annahme nicht zutreffen.

Die ταπεινοφροσύνη nannte der AuctCol als typisches Verhalten und „Ideal" der „Philosophen" schon in 18. Dort stand sie auch neben einer Form von θρησκεία, nämlich der Verehrung der Engel. Zu fragen, ob man deshalb auch die ἐθελοθρησκία als Engelkult interpretieren soll, ist müßig. Denn es geht sowohl in 18 als auch in 23 um das Gesamtphänomen der „Philosophie". Nur ist in 18 das Spezifikum der Engelverehrung hervorgehoben, während die Frömmigkeit in 23 unter dem Gesichtspunkt der angeblichen Selbstbestimmung polemisch bedacht wird. In der Trias der Charakteristika der „Philosophie" wird schließlich die ἀφειδία genannt, mit Lohse K 185 „das harte, schonungslose Verhalten", das „in Verbindung mit σῶμα auf die asketische Strenge" hinweist. Das in 21 zum Ausdruck gekommene asketische Moment wird hier auf den Begriff gebracht; erneut handelt es sich um eine Selbstcharakterisierung der kolossischen „Philosophen".

Die folgenden Worte von 23 kann man am besten als eigenen Hauptsatz fassen (so trotz bloßer Kommatrennung auch Lohse K 169; Gnilka K 156). Stammt schon ἐμβατεύειν in 18 aus der Mysteriensprache, so wird man gleiches auch von τιμή annehmen dürfen; Lohse K 185 zu οὐκ ἐν τιμῇ: „In den Mysterienreligionen wird mit τιμή die Erwählung und Vergottung bezeichnet, die dem Mysten widerfährt. Aber das eben wird ihnen bestritten:

Was sie treiben, verdient mitnichten τιμή genannt zu werden." Mit Lohse K 185 Anm. 5 ist erneut auf Apuleius, Met zu verweisen (XI, 22): *te felicem, te beatum, quem propitia voluntate numen augustum tantopere dignatur.* Das Urteil ist hart: Die sich Vertreter der Philosophie nennen und sich mit göttlicher Ehre ausgestattet wähnen (im Sinne von Wahn!), sie sind in Wirklichkeit, ohne es auch nur im entferntesten zu ahnen, entehrt. Und ihre Ehrlosigkeit führt sie „zur Befriedigung des Fleisches", πρὸς πλησμονὴν τῆς σαρκός. In πλησμονή steckt sicher eine Anspielung auf ihre Behauptung, von der göttlichen Welt *erfüllt* zu sein. „Befriedigung des Fleisches" ist nicht im sexuellen Sinne zu verstehen, sondern in der Wirkungsgeschichte des paulinischen Begriffs σάρξ als die Verkehrung der Person ins Gottlose hinein. Ihre asketische Daseinsweise macht ja eine sexuelle Deutung von σάρξ unmöglich. So ist auch ihre Entehrung nicht im Bereich des Moralischen zu orten. Vielleicht waren es Fundamentalisten in asketischer Strenge, die alles verstanden, nur nicht, was Gnade Gottes ist! Mit diesem *fortissimo* des Verdiktes der kolossischen „Philosophen" schließt die Polemik gegen sie. Und unmittelbar danach, geradezu ohne Übergang, als Konsequenz des zuvor Gesagten, spricht „Paulus" die christlichen Kolosser in 3,1 auf ihr Sein in Christus an, das er bereits in 2,6ff so ausführlich beschrieben hat.

Die kolossische „Philosophie" – Aporie einer religionsgeschichtlichen Fragestellung?

Literatur: Außer der zu Kol 2,16–23 angegebenen Lit. s. R. A. ARGALL, The Source of a Religious Error in Colossae, CTJ 22 (1987) 6–20. – A. J. BANDSTRA, Did the Colossian Errorists Need a Mediator?, in: R. N. Longenecker/M. C. Tenny (ed.), New Dimensions in NT Study, Grand Rapids 1974, 329–343. – BORNKAMM, Die Häresie des Kol. – F. F. BRUCE, Colossian Problems. III: The Colossian Heresy, BS 141 (1984) 195–208. – CONZELMANN K 193–195. – DEMARIS, The Colossian Controversy. – DIBELIUS/GREEVEN K 38–40. – DUNN K 23–35. – GNILKA K 163–170. – GUNTHER, St. Paul's Opponents, passim. – L. HARTMAN, Humber and Confident. On the So-Called Philosophers in Colossians, in: Mighty Minorities? Minorities in Early Christianity – Positions and Strategies, FS J. Jervell, Oslo u. a. 1995, 25–39. – M. D. HOOKER, Were there false teachers in Colossae?, in: dies., From Adam to Christ. Essays on Paul, Cambridge 1990, 121–136. – HOPPE, Der Triumph des Kreuzes, 125–145. – H. W. HOUSE, Doctrinal Issues in Col, I: Heresies in the Colossian Church, BS 149 (1992) 45–59. – LÄHNEMANN, Der Kol, 63–107. – LIGHTFOOT K 71–111. – LOHSE K 186–191. – S. LYONNET, Paul's Adversaries in Colossae, in: FRANCIS/MEEKS, Conflict at Colossae, 147–161. – A. M. MOYO, The Colossian Heresy in the Light of Some Gnostic Documents from Nag Hammadi, JTSA 48 (1948) 30–44. – T. J. SAPPINGTON, Revelation and Redemption at Colossae (JSNT.S 53), 1991. – E. W. SAUNDERS, The Colossian Heresy and Qumran Theology, in: Studies in the History and Text of the NT, FS K. W. Clark (StD 24), 1967, 133–145. – H.-M. SCHENKE, Der Widerstreit gnostischer und kirchlicher Christologie im Spiegel des Kol, ZThK 61 (1964) 391–403. – W. SCHMITHALS, NT und Gnosis (EdF 208), 1984, 67–80. – A. L. WILLIAMS, The Cult of Angels at Colossae, JThS 10 (1909) 413–438. – WOLTER K 155–163. – R. YATES, Christ and the Powers of Evil in Col, JSNT.SS 3 (1980) 461–468. – DERS., Col and Gnosis, JSNT 27 (1986) 49–68.

Von der kolossischen „Philosophie" wissen wir nur durch den Kol. Und dort ist von ihr nur in polemischer Weise die Rede. Hinzu kommt, daß diese aggressiven Aussagen lediglich fragmentarischen Charakter haben. Eine systematische Darstellung der „Philosophie" wird vom AuctCol nicht geboten. Aus Fragmenten aber, die nicht das Ganze abdecken, läßt sich kein zuverlässiges Bild gewinnen. Wir müssen also davon ausgehen, daß wir nur Teilinformationen – in welchem Ausmaß auch immer – besitzen, und diese noch in recht verzerrter Überlieferung. Lindemann K 81 f bringt als Vergleich ein modernes Beispiel: Angenommen, wir besäßen aus dem „Kirchenkampf" in Deutschland nach 1933 als einziges theologisches Dokument lediglich die Theologische Erklärung von Barmen aus dem Jahre 1934: „Aus dem Text dieser Erklärung läßt sich die Lehre der hier bekämpften ‚deutschen Christen' gewiß nicht vollständig rekonstruieren; sie wird aber in Umrissen durchaus faßbar, sofern man die sonstige politische und geistige Situation jener Zeit jedenfalls ungefähr kennt." Damit nennt er das weitere Kriterium neben der einzig erhaltenen Quelle, nämlich die aus anderen Quellen zu erhebende geschichtliche Situation, soweit sie für die Fragestellung relevant ist. Das wären in unserem Fall die Nachrichten über das Diasporajudentum im damaligen Kleinasien, über das wir immerhin einiges an Information besitzen. Deutlich ist schon *a prima vista*, daß es irgendein synkretistisch gefärbtes Judentum sein könnte, das zur Rekonstruktion der kolossischen „Philosophie" in Frage käme. Außerdem ist die übrige kleinasiatische Religionsgeschichte zu Rate zu ziehen. Doch alle diesbezüglichen Informationen vermögen keineswegs eine solche „Philosophie" in genau der Gestalt zu verifizieren, wie sie sich im Kol in gewissen Umrissen abzeichnet.

Methodisch geht Lindemann K 82 so vor, daß er damit beginnt, aus den Angaben des Kol „zunächst die *sicher* greifbaren Erscheinungsformen und theologischen Tendenzen herauszuarbeiten". So wird man mit ihm feststellen, daß die „Philosophie" von bestimmten *jüdischen Sitten* beeinflußt gewesen ist und deren Anwendung propagiert hat, nämlich die *Beschneidung*, die Beachtung bestimmter *Speisegebote* und bestimmter *Festzeiten*. Aber das Gesamtbild, das wir aus den fragmentarischen Aussagen des Kol gewinnen, läßt diese an sich jüdischen Forderungen in einem eigentümlichen Zwielicht erscheinen. Da ist zunächst die eindeutig unjüdische Engelverehrung. Zwar kennen das Alte Testament und das damalige Judentum die Engelwelt. Aber ihre Verehrung paßt nicht in jenes jüdische Denken. Vor allem aber spricht für außerjüdischen Einfluß die auf *Mysterienreligionen* weisende Terminologie, wobei die Forschung oft auch mehr oder weniger dominierende gnostische Elemente vermutete oder gar postulierte. Wie ist die laufende Betonung von ἐπίγνωσις, σοφία usw. zu deuten? Jetzt aber sind wir bereits bei der Interpretation und nicht mehr bei den „*sicher* greifbaren Erscheinungsformen" der kolossischen „Philosophie". Aber immerhin dürfte Martin Dibelius, Isisweihe, 55ff, nachgewiesen haben, daß ἐμβατεύω (Kol 2,18) ein wichtiger Begriff der Mysteriensprache gewesen ist (s. auch Dibelius/Greeven K 35, Exkurs: EMBATEYEIN).

Sollte man nicht wenigstens die genannten Elemente – jüdische Gesetzesforderungen, Engelverehrung, Suche nach Erkenntnis, Elemente aus den Mysterienreligionen – zusammensehen und synthetisch ein Ganzes erstellen, vorausgesetzt, man setzt davor ein christliches Vorzeichen und sieht die kolossischen „Philosophen" als Mitglieder der christlichen Gemeinde? So betrachtet Lindemann K 84 diese „Philosophen" als „Gruppe *innerhalb* des Christentums". Doch genau an dieser Stelle beginnt erst das eigentliche Problem. *Daß* diese Leute innerhalb der christlichen Gemeinde ihren Einfluß ausüben, daß sie sich ihr zugehörig wissen, steht außer Zweifel. Dennoch ist dieses „Innerhalb" zu hinterfragen. Zu fragen ist nämlich, *in welcher Hinsicht* sie ihre Identität in der christlichen Gemeinde sehen. Was meint überhaupt der Begriff „Philosophie"? Daß er hier in einem weiteren Sinne verstanden ist, wurde bereits bei der Auslegung von 8 gesagt. Zu fragen ist: Ist mit „Philosophie" ein *wesentliches* Moment ihrer Religionszugehörigkeit gemeint, also die Zugehörigkeit zur Gemeinschaft der an Christus Glaubenden? Anders gefragt: Verstanden sie ihre kirchliche Bindung als *exklusive* Zugehörigkeit? Einerlei ob der Kol noch vor dem verheerenden Erdbeben um 61 an die noch existierende Gemeinde von Kolossä oder nach dieser Katastrophe an eine nur noch in der Fiktion bestehende kolossische Gemeinde (oder nach der Hypothese Lindemanns an die Gemeinde von Laodikeia) gerichtet war, es handelte sich so oder so um eine Zeit, in der sich kirchliche Strukturen und theologische Aussagen noch im Prozeß des Werdens befanden. Die Kirche war um 60 hinsichtlich ihrer Struktur noch *Kirche im Werden*. Wogegen verstieß überhaupt die kolossische „Philosophie", soweit sie sich überhaupt noch rekonstruieren läßt? Gegen das Kerygma? Gegen dessen Wortlaut, wie er etwa aus 1Kor 15,3f ersichtlich ist? Aber die Formulierung dieses so alten Credos ist keineswegs so exklusiv formuliert, daß die Spezifika der kolossischen „Philosophie" ausgeschlossen wären. Da dieses Credo auch Ausdruck des judenchristlichen Glaubens etwa in der Gemeinde zu Jerusalem war, müssen wir registrieren, daß gerade sie diese in Kol 2,11 abgelehnte Beschneidung praktizierte. Verstießen die kolossischen „Philosophen" gegen bestimmte theologische Anschauungen? Auch das wäre kein Grund, sie als Irrlehrer zu denunzieren; denn die theologischen Entwicklungen (Plural!) verliefen in jener Zeit noch sehr divergent, so daß auch mit dem

Begriff der Häresie für jene Zeit noch sehr vorsichtig umgegangen werden muß. *Die* christliche Theologie gab es zu jener Zeit noch nicht! Das NT zeigt klar den Prozeß einer *Theologie im Werden.* Und die Theologie des Paulus, in deren Tradition der AuctCol steht, ist, sosehr wir heute ihre zentrale Stellung im NT von *unseren* theologischen Überzeugungen her hochhalten, kein Grund, die kolossischen „Philosophen" als Gegner des christlichen Glaubens zu sehen.

Die Problematik bedarf noch eines weiteren und radikaleren Fragens. Könnte es nicht sein, daß die Elemente der kolossischen „Philosophie", die für den AuctCol so anstößig waren, *aus der Optik ihrer Vertreter* gar nicht so sehr eine Frage des christlichen Glaubens waren, sondern vielmehr ihre kulturell bedingte *Welt*-Anschauung widerspiegeln? Sind nicht bestimmte Verhaltensweisen zunächst einmal Ausdruck der jeweiligen „gesellschaftlichen" Plausibilität, eingebettet in ein weites Plausibilitätsfeld, in das nun eine neue, in unserem Falle die christliche Plausibilität eingeordnet wird? Die Möglichkeit ist nicht von der Hand zu weisen: Wenn die „Philosophen" z. B. nach ihrer Bekehrung zum Christentum weiter die Weltelemente als existenzbestimmende Realität betrachten, so muß das für sie nicht ein Verstoß gegen den christlichen Glauben gewesen sein; denn dieser ihr christlicher Glaube stand aufgrund ihres Weltbildes und ihrer Weltanschauung *im Horizont eines Wirklichkeitsverständnisses,* in dem die sog. Weltelemente nicht einfach ihre Realität eingebüßt hatten. „Gesellschaftlich" vermitteltes Realitätsbewußtsein kann auch bei einem neuen Glauben durchgehalten werden. Und wer kann sagen, daß die aus dem hellenistischen „Heidentum" gekommenen Konvertiten mit ihrer Konversion auch zugleich den atl. Exklusivanspruch Gottes zur Kenntnis genommen haben? *Alte Weltanschauung,* einschließlich ihrer religiösen Implikationen, und *neuer Glaube* lassen sich – geschichtlich gesehen! – vermitteln. Konversion zum Christentum kann durchaus als Vorgang im synkretistischen Verstehenshorizont von uns geschichtlich verstanden werden.

Was also das *Wesen* der kolossischen „Philosophie" ausmachte, bleibt uns wahrscheinlich verschlossen. Wir können einige ihrer Elemente isolierend re-konstruieren. Wir können versuchen, bei diesen „Philosophen" Welt-Anschauung und christlichen Glauben, möglicherweise auf unterschiedlichen Ebenen gelegen, in ihrem Zueinander zu bedenken. Wir können auch religionsgeschichtliche Parallelen aus Judentum und Mysterienreligionen (wohl kaum aus der Gnosis) anführen (vor allem nachlesbar in den Kommentaren von Dibelius/Greeven und Lohse). Aber *der Blick auf das Ganze bleibt uns versperrt.* Hier bleibt es bei der Aporie.

Was wir aber vermögen, ist, den *theologischen Willen des AuctCol* angesichts der kolossischen „Häresie", *wie sie ihm erschien,* theologisch zu verstehen suchen. Schlagwortartig gesagt: *Theologie gegen Religionsgeschichte.* Präziser formuliert: Theologie des AuctCol gegen das Bild, das er sich als Theologe von den religionsgeschichtlichen Phänomenen in Kolossä machte. Zu dieser Theologie ist bereits Entscheidendes im hermeneutischen Exkurs zum Hymnus 1,15ff gesagt worden. Wir können die uns *theologisch* gestellte Aufgabe vielleicht wie folgt formulieren: Weltanschaulich bedingte Phänomene der Religionsgeschichte und christlicher Glaube, der notwendig die Tendenz zur Exklusivität hat, müssen in ihrer Unterschiedlichkeit, was die jeweilige Wirklichkeitsebene angeht, so weit wie möglich aufgewiesen werden. Die Soteriologie – und das ist nun für uns unverzichtbares paulinisches Erbe! – kann nur *theologisch* verstanden werden; sie hat mit Weltanschauung, wie sie im Kol in Bruchstücken durchschimmert, nichts zu tun. Das fundamentaltheologische Problem freilich, wie soteriologische Begriffe als Begriffe, die mit dem konkreten Menschen zu tun haben – vor allem mit ihm als forensischem Wesen –, zugleich das Handeln des *transzendenten* Gottes begrifflich zum Ausdruck bringen können, liegt auf einer anderen wissenschaftstheoretischen Ebene; hier kann jedoch diese fundamentaltheologische Fragestellung nicht diskutiert werden (dazu ausführlich meine BThNT I–III passim).

Um am Ende dieses Exkurses auf Lindemanns Beurteilung der kolossischen „Philosophie" zurückzukommen: Er bringt nach seinen Darlegungen zur Lehre der im Kol bekämpften Gegner (K 81ff) den Schlußabschnitt „Der Protest des Kol gegen die ‚kolossische Philosophie'" (K 86ff). Auch er führt also von der religionsgeschichtlichen zur theologischen Frage zurück. So lesen wir bei ihm (K 87): „Sein (sc. des AuctCol) entscheidender Widerspruch gegen die ‚kolossische Philosophie' kann deshalb lauten, daß ihre Vertreter sich nicht ‚an das Haupt', d. h. an Christus halten (2,19), weil sie das Kreuzesgeschehen nicht als endgültige Verwirklichung des Heils akzeptieren." Und noch einmal erwähnt er die These II von Barmen und erklärt dazu (K 89): „Die damals in Barmen verworfene Häresie der Deutschen Christen hatte ebenso wie einst die ‚kolossische Philosophie' das Bekenntnis zur Herrschaft Christi relativiert, den Anspruch Christi auf nur gewisse Teilbereiche des Lebens beschränkt. Die Barmer Erklärung und ebenso der Kolosserbrief stellen dagegen das Zeugnis der Wahrheit, daß Christi Herrschaftsanspruch alle Lebensbereiche umfaßt und daß Christus gerade darin Befreiung schenkt." Dem ist zuzustimmen! Was jedoch die Frage der Möglichkeit der Rekonstruktion der kolossischen „Philosophie" angeht, bin ich weit skeptischer als Andreas Lindemann.

3,1–4 Das Fazit

¹Wenn ihr nun mit Christus auferweckt seid, so sucht, was oben ist, wo der Christus zur Rechten Gottes sitzt! ²Auf das, was oben ist, sei euer ganzes Sinnen und Trachten gerichtet, nicht (aber) auf das, was auf der Erde ist! ³Denn ihr seid gestorben, und euer Leben ist mit dem Christus in Gott verborgen. ⁴Wenn nun der Christus, euer Leben, offenbar wird, dann werdet auch ihr mit ihm in Herrlichkeit offenbar werden.

Literatur: E. Delebecque, Sur un problème de temps chez Saint Paul (Col 3,1–4), Bib. 70 (1989) 389–395. – E. Grässer, Kol 3,1–4 als Beispiel einer Interpretation secundum homines recipientes, ZThK 64 (1967) 139–168. – J. R. Levison, 2 Apoc. Bar. 48:42–52:7 and the Apocalyptic Dimension of Colossians 3:1–6, JBL 108 (1989) 93–108. – F. J. Schierse, „Suchet, was droben ist!", GuL 31 (1958) 86–90.

Zumeist wird in 3,1–4 der Beginn des zweiten, nämlich paränetischen Teils des Kol gesehen (so auch die meisten Kommentatoren, z. B. Lohse K 192; Pokorný K 133; noch anders gliedert Gnilka K 155: 2,20–4,6 ist 3. Abschnitt des Briefes: „Weisung: Die Verwirklichung des neuen Lebens"): Der Einsatz mit εἰ οὖν könnte dies signalisieren. Aber die Aufforderung, das, was oben ist, zu suchen, ist zu allgemein formuliert, als daß sie notwendig als ethische Forderung zu verstehen wäre. Und zudem zeigt die Einzelexegese den starken und vom AuctCol auch gewollten Bezug auf die vorhergehenden Verse auf. 3,1–4 ist dementsprechend als die imperativische Konsequenz aus den Darlegungen über die kolossische Philosophie und zugleich als Abschluß des ersten Hauptteils des Kol zu interpretieren. Diese Auffassung vertritt auch Wolter K 164f. Er argumentiert zutreffend unter rhetorischer Perspektive: 3,1–4 ist die *peroratio*, die die Ausführungen der *argumentatio* resümierend aufnimmt. Auch er begreift von der theologischen Argumentation in Kap. 2 her 3,1–4 als den konsequenten und notwendigen Abschluß von 2,9–23. In der Tat (S. 165): „Im Unterschied zu den ethischen Imperativen von V 5ff., die sich auf ein konkretes Verhalten beziehen, sind diejenigen von V 1.2 als protreptische Imperative anzusehen." Es ist festzuhalten: *Kol 3,1–4 ist kein paränetischer Text* (s. bereits Lightfoot K 125: 2,4–3,4 ist mit „Polemical" überschrieben; s. auch Gräßer, ZThK 64, 151 Anm. 35).

In 2,12 zeigte sich bereits, wie „Paulus" theologisch über Paulus hinausging: Wir sind nicht nur mit Christus begraben, sondern auch mit ihm auferweckt. Der eschatologische Vorbehalt, den der Apostel in Röm 6,4 noch recht deutlich ausgesprochen hatte, ist in Kol 2,12 und jetzt auch in **3,1** aufgegeben. Das Sein der Getauften wird hier mit den drei Worten συνηγέρθητε τῷ Χριστῷ zusammengefaßt. Sie sind nach 2,20 mit Christus gestorben, sie sind aber zugleich mit ihm auferweckt. Dieses Sein ist es, das zur Entscheidung verpflichtet, zum bewährenden *Tun*. Sollen die Kolosser, was oben ist, erstreben, so dürfte τὰ ἄνω für den AuctCol, was das Vorstellungsmäßige betrifft, einen *räumlich* über der Erde liegenden Bereich meinen. Wir dürfen sicherlich davon ausgehen, daß er hier wie in 1,5 im Horizont eines Weltbildes denkt, in dem die Himmel den obersten Bereich des Ganzen einnehmen (anders später der Eph: über, ὑπεράνω, allen Himmeln liegt der Bereich, in den der erhöhte Christus aufgefahren ist, Eph 4,10): Nach 1,5 befindet sich unser Hoffnungsgut (ἐλπίς) ἐν τοῖς οὐρανοῖς, nach 2,12 ist unser *eigentliches* Ich dort oben, obwohl unsere geschichtliche Existenz auf der Erde ist. Nach 3,1 sollen die Kolosser nach dem, was oben ist, streben. Und dieses Oben ist der himmlische Thronsaal Gottes und Christi. Hinter dem Bild ὁ Χριστός ἐστιν ἐν δεξιᾷ τοῦ θεοῦ καθήμενος steht ψ 109,1 mit dem Wort des Herrn an den Jerusalemer Herrscher κάθου ἐκ δεξιῶν μου. Die Aufforderung τὰ ἄνω ζητεῖτε wird in **2** intensiviert: τὰ ἄνω φρονεῖτε! φρονεῖν meint hier – wie bei Paulus φρονεῖν und φρόνημα in Röm 8,5–7 – das aus dem Inneren der Person kommende Sinnen und Trachten, meint den Menschen in seiner geistgewirkten Ausrichtung seiner Existenz auf ein gutes Ziel. Existenz ist Aus-Sein-auf etwas; trotzdem wird der Christ in seinem Sein darauf angesprochen, seine gnadenhaft gegebene Grundausrichtung *geschichtliche* Wirklichkeit werden zu lassen. Diese Denkfigur wird uns im Verlaufe der weiteren Aussagen des Kol, auch und gerade im paränetischen Teil, laufend begegnen. Man darf diese *Dialektik* von *Sein* und *Intentionalität* nicht in der Weise abschwächen, als befände sich der Christ lediglich hier auf Erden, wenn auch im begnadeten Zustande, und würde nun sein Leben nach höchsten göttlichen Idealen gestalten. Gnilka K 173 f hat recht: Man darf die räumlichen Kategorien, die das Proprium des Kol sind, nicht aufweichen; als Auferweckte sind die Christen an einen anderen „höheren" Ort versetzt worden. Mit den Anführungsstrichen hat aber Gnilka den Duktus des AuctCol in richtiger Weise gezeichnet. Was zu 2,12 bereits ausgeführt wurde, sei hier noch einmal mit Nachdruck hervorgehoben: Der Getaufte und somit mit Christus Auferstandene ist mit der Taufe bereits in sein eigentliches, nämlich himmlisches Sein gelangt; dort „oben" befindet er sich schon in seinem eigentlichen Sein. *Von dort her* – diese Richtung ist entscheidend! – existiert er hier „unten" in seinem geschichtlichen Dasein. Noch anders gesagt: Des Christen eigentliches Sein im „Oben" läßt ihn in seinem geschichtlichen Dasein nach dem, was „oben" ist, sinnen und trachten. Dann aber ist anzunehmen, daß sich der AuctCol in der Tat nicht mit der *Vor*-Stellung eines topographischen Oben und Unten begnügt, sondern daß beide topographisch formulierten Angaben, so realistisch sie auch von ihm gedacht sind, in seinem Sinne letztlich *Existenzweisen* meinen. In Rudolf Bultmanns Terminologie: daß Oben und Unten, um aussagen zu können, worum es ihnen letzten Endes geht, *existential interpretiert* werden müssen, weil sie zuvor schon der AuctCol *existential gedacht* hat. Dann aber sind die Imperative von 1 und 2 die sich von selbst ergebenden Konsequenzen des Indikativs „Ihr seid mit Christus gestorben, ihr seid mit Christus auferweckt": Was Gott an Christus getan hat, das hat er *auch* an euch getan – deshalb seid auch ihr bereits im „Oben" bei ihm, deshalb seid ihr auf dieses „Oben" aus. Realisiert deshalb dieses euer gnadenhaftes Sein, φρονεῖτε! Nach dem Imperativ „Trachtet nach dem ‚Oben'!" ist 2b μὴ τὰ ἐπὶ τῆς γῆς im Grunde tautologisch. Diese Worte dienen nur der Unterstreichung des Imperativs von 2a. τὰ ἐπὶ τῆς γῆς meint selbstverständlich keine Abwertung der Schöpfung. „Erde" bedeutet im hiesigen Zusammenhang vielmehr die Intentionalität derjenigen Menschen, die nicht durch das Sichtbare, durch das irdisch Gegebene hindurch auf Gott als den Seinsgrund des irdischen Seins – einschließlich ihres eigenen Seins! – schauen können; sie wollen in ihrer Gesamtausrichtung auf die Immanenz der Erde beschränkt bleiben. Es sind diejenigen, deren Wirklichkeitsverständnis durch das vordergründig Vorfindliche begrenzt ist, Menschen also mit einem im wörtlichen Sinne „beschränkten Horizont", Menschen mit einem katastrophalen Verlust an Wirklichkeitssicht und folglich an Wirklichkeit selbst. Sie glauben, sie seien Realisten, weil sie sich an das „Reale" halten; doch tatsächlich sind sie das genaue Gegenteil, weil sie im Blick auf die angeblich reale Welt blind für den *realissimus Deus* sind. Also sehen sie sich selbst in ihrer Illusion nur als illusionäre Gestalten.

In 3 begründet „Paulus" mit dem ἀπεθάνετε, also mit dem Heilsindikativ, die zuvor ausgesprochenen Imperative. Hätte er statt ἀπεθάνετε das συνηγέρθητε von 1 wiederholt, so hätte sich am Sinn der Aussage so gut wie nichts verändert; denn mit Christus gestorben zu sein und mit Christus auferweckt zu sein ist für den AuctCol ein und derselbe Akt, ein und dasselbe Geschehen. 3b führt den Gedanken weiter. Heißt es da, daß „euer Leben *mit* dem Christus *in* Gott verborgen ist", so können wir paraphrasierend präzisieren: Euer *eigentliches* Leben ist in dieser eurer geschichtlichen Existenz verborgen, jedenfalls für den, der nicht glaubt. Ist es in Gott verborgen, so ist damit der verborgene „Ort" des „Oben" angegeben. Ob man in der Vorstellung vom Verborgen-Sein die Modifikation von apokalyptischen Vorstellungen sehen kann (die zukünftigen Heilsgüter wie der Garten Eden, der Name des Messias oder das Reich Gottes liegen als präexistente Größen schon jetzt im Himmel bereit), wie Gnilka K 174f vermutet, ist möglich, aber fraglich. Zumindest aber läßt sich seine Deutung, die Konzeption von der „Präexistenz der Heilsgüter" wolle Sicherheit geben, in der wohl nur geringfügigen Abänderung *„Jenseitigkeit* der Heilsgüter" aufrechterhalten. Der Sinn von κέκρυπται wird durch **4** deutlich, wo auf den Jüngsten Tag verwiesen wird. Die Korrespondenzen von 3 und 4 fallen sofort auf. Dem κέκρυπται entspricht zunächst das von Christus ausgesagte φανερωθῇ: Das eigentliche Leben der Kolosser ist jetzt noch mit Christus verborgen; mit Christus werden sie an jenem Tage offenbar werden. Jeweils in 3 und 4 begegnet ἡ ζωὴ ὑμῶν, doch in jeweils unterschiedlicher Bedeutung; in 3 als *„euer* eigentliches Leben", in 4 als *„Christus* ist euer eigentliches Leben". Das ist keine Ungeschicklichkeit des AuctCol, sondern bewußtes „Spielen" mit der Wendung ἡ ζωὴ ὑμῶν. Der Paulusschüler hat von seinem Meister gelernt; hat dieser doch in seiner linguistischen Begabung oft genug das breite Bedeutungsspektrum eines Wortes in seinem rhetorischen Vorgehen geschickt zur Argumentation genutzt (z. B. νόμος in Gal und Röm; man schaue nur auf die Differenz zwischen Gal 5,3 und 5,14). Dem AuctCol liegt an der Korrespondenz von Christus und den Kolossern und an der von Gegenwart und Zukunft. Nachdem κέκρυπται in 3 und φανερωθῇ in 4 einander entsprechen, entsprechen sich unter anderem Gesichtspunkt innerhalb von 4 φανερωθῇ und φανερωθήσεσθε: Christus wird am Ende der Tage offenbar werden, und die Kolosser werden es dann mit Christus sein. Es ist schon ein theologisch auffälliger Tatbestand, daß nicht nur von Christus das offenbarungstheologisch wichtige φανερωθῆναι ausgesagt wird, sondern auch von den Adressaten! Zudem wird φανερωθήσεσθε noch durch den Zusatz ἐν δόξῃ qualifiziert. Für Christus bringt ihn der AuctCol in 4 nicht; für ihn ist ja aufgrund seiner Göttlichkeit δόξα als Zentralprädikat Gottes selbstverständlich. Aber für Menschen die Aussagenkombination φανερωθῆναι und δόξα? Klingt sie nicht ein wenig blasphemisch? Doch bleibt Deuteropaulus mit ἐν δόξῃ deutlich in den theologischen Spuren des Paulus. So ist nach Röm 3,23 der Doxa-Verlust aller Menschen die Folge ihres Sündigens. Besaßen doch Adam und Eva vor ihrem sündhaften Ungehorsam eben diese

Doxa (s. VitAd 20 f!). Sie wollten sein wie der doxahafte Gott und verloren ausgerechnet dadurch ihre Doxa! Doch von uns als den in Christus Erlösten gilt nach 2Kor 3,18: μεταμορφούμεθα ἀπὸ δόξης εἰς δόξαν. Dies sagt Paulus im unmittelbaren Kontext der δόξα κυρίου. Die alttestamentliche Vorgeschichte darf nicht übersehen werden: Der כָּבוֹד – nur unzulänglich mit „Herrlichkeit" übersetzt – ist im theologischen Kontext vor allem Wesensmerkmal Jahwähs; כְּבוֹד יהוה ist zentrales alttestamentliches Idiom. Und als *Jahwähs* כָּבוֹד wird er offenbar, entweder in der Geschichte (Jes 40,5: וְנִגְלָה כְּבוֹד יהוה; LXX: καὶ ὀφθήσεται ἡ δόξα κυρίου) oder im Zusammenhang mit der Lichtmetaphorik als eschatologisches Geschehen (Jes 60,1: וּכְבוֹד יהוה עָלַיִךְ זָרָח; LXX: καὶ ἡ δόξα κυρίου ἐπὶ σὲ ἀνατέταλκεν).

3,1–4 ist vor allem für die Frage nach dem Verständnis der *Zeit* im Kol wichtig. Deutlich wurde schon in 1,5 und wird jetzt erneut in 3,1–4, daß der AuctCol keineswegs eine rein oder fast rein präsentische Eschatologie vertritt. Die theologische Bedeutsamkeit des Jüngsten Tages ist in 4 in aller Deutlichkeit zum Ausdruck gebracht. Eine gespannte Naherwartung freilich wie bei Paulus (1Thess 4,13–18; Röm 13,11–14) findet sich im Kol nicht; doch geht auch der Blick seines Vf. ziemlich intensiv auf das Parusiegeschehen. Denn dann erst wird Christus als das eigentliche Leben der Christen offenbar sein, dann erst wird für diese Christen ihr doxahaftes Leben nicht nur im Glauben erfaßbar sein. Der qualitative Unterschied zwischen dem Gnadenleben heute und dem in der eschatologischen Zukunft ist erheblich. Bedenkt man, daß für die Theologie des Paulus neben den Existentialien Zeitlichkeit und Geschichtlichkeit auch das Existential der Räumlichkeit von höchster Relevanz ist (Hübner, BThNT II, 179 ff), so kann man jedoch nicht behaupten, daß für den AuctCol das räumliche Denken gegenüber dem zeitlichen Denken eine weit höhere Priorität einnähme. Sicherlich ist das Ineinander von Zeitlichkeit, Geschichtlichkeit und Räumlichkeit bei ihm in etwas anderen Denkstrukturen vorgestellt als bei Paulus. Aber dies ist mehr eine Sache der Explikation als der grundsätzlichen strukturellen Differenz. Damit ist die Geschichtlichkeit des Christen in der Theologie unseres Autors gewahrt, also mit dem Blick in die Zukunft der Mensch als zeitliches und somit geschichtliches Wesen ernstgenommen. Wie nach dem Kol der Getaufte und Glaubende vom „Oben" her in seiner eigentlichen Weise existiert, so in gleicher Art auch von der endgültigen Heilszukunft her. 3,1–4 ist somit gerade als *peroratio* und als theologische Konsequenz der zuvor gebrachten *argumentatio* ein hoch bedeutsamer theologischer Text (zum Ganzen s. vor allem Lona, Die Eschatologie, 172 ff, und Gräßer, ZThK 64, 139 ff), der den „dogmatischen" Teil des Briefes abschließt und zum paränetischen Teil überleitet.

3,5–17 Weg von den Lastern! Hin zu den „Tugenden"!

⁵Tötet also die Glieder auf der Erde: die Unzucht, die Unreinheit, die Leidenschaft, die böse Begierde und auch die Habsucht, die nichts anderes als Götzendienst ist! ⁶Derentwegen kommt der Zorn Gottes [über die Söhne des Ungehorsams]. ⁷Unter ihnen seid auch ihr einst gewandelt, als ihr in diesen (Lastern) lebtet. ⁸Nun aber legt auch ihr das alles ab: Zorn, Wut, Bosheit, Lästerung und unflätige Schmährede aus eurem Munde! ⁹Belügt einander nicht! Habt ihr doch den alten Menschen mit seinen üblen Praktiken ausgezogen ¹⁰und den neuen

(Menschen) angezogen, (nämlich) den zur Erkenntnis erneuerten nach dem Bilde dessen, der ihn geschaffen hat. [11]Dort gibt es nicht mehr Griechen noch Juden, Beschneidung und Unbeschnittensein, Barbar, Skyten, Knecht, Freien. Vielmehr ist Christus alles und in allem!

[12]So ziehet nun an als Auserwählte Gottes, Heilige und Geliebte herzliches Erbarmen, Güte, Demut, Sanftmut und Langmut! [13]Ertraget einander und vergebt euch gegenseitig, wenn einer eine Beschwerde gegen einen anderen hat! Wie auch der Herr euch vergeben hat, so (vergebt) auch ihr (einander)! [14]Vor allem aber (zieht) die Liebe (an), die das Band der Vollkommenheit ist! [15]Und der Friede des Christus soll in euren Herzen regieren, zu dem ihr in dem einen Leibe auch berufen seid. Und seid dankbar! [16]Das Wort des Christus soll im reichen Maße unter euch wohnen, wobei ihr in aller Weisheit einander lehret und ermahnt. In euren Herzen singt Gott mit Psalmen, Hymnen und geistlichen Liedern, (die ihr) in der Gnade (lebt)! [17]Und alles, was ihr mit dem Worte oder mit dem Werke tut, (das tut) alles im Namen des Herrn Jesus und danket dabei Gott, dem Vater, durch ihn!

Literatur: L. HARTMAN, Code and Context: A View of Reflections on the Parenesis of Colossians 3:6–4:1, in: Understanding Paul's Ethics, ed. B. S. Rosner, Grand Rapids/Mich. 1995, 177–191. – P. W. VAN DER HORST, Observations on a Pauline Expression, NTS 19 (1972–73) 181–187. – E. KAMLAH, Die Form der katalogischen Paränese im NT (WUNT 7), 1964. – E. LARSSON, Christus als Vorbild (ASNU 23), 1962, 197–223. – B. MALINA, Does porneia mean Fornication?, NT 14 (1972) 10–17. – MERK, Handeln aus Glauben. – C. F. D. MOULE, „The New Life" in Colossians 3:1–17, RExp 70 (1973) 481–493. – S. E. PORTER, P. Oxy. 744.4 and Col 3,9, Bib. 73 (1992) 565–567. – R. SCHNACKENBURG, Der neue Mensch – Mitte christlichen Weltverständnisses Kol 3,9–11, in: DERS., Schriften zum Neuen Testament, München 1971, 392–413. – E. SCHWEIZER, Die Sünde in den Gliedern, in: Abraham unser Vater. FS O. Michel (AGSU 5), 1963, 437–439. – A. VÖGTLE, Die Tugend- und Lasterkataloge im NT (NTA 16/4–5), 1936. – S. WIBBING, Die Tugend- und Lasterkataloge im NT (BZNW 25), 1959.

Der Aufbau von 5–17, also des ersten Abschnitts des paränetischen Teils des Kol, ist durchsichtig und klar, ist nahezu symmetrisch. Der Aufforderung, vom Bösen Abstand zu nehmen, 5–9a, entspricht die komplementäre Aufforderung, als Auserwählte Gottes, Heilige und Geliebte zu leben, 12–17. Der *Imperativ* zur Absage an das frühere, nämlich schlimme, weil lasterhafte Leben wird in 9b.10 mit dem *Indikativ* begründet: Ihr *habt* den alten Menschen ausgezogen! Ihr habt den neuen Menschen angezogen!

Die Aufforderung in **5**, „die Glieder auf der Erde" zu töten, ist schon eine etwas eigenwillige Metaphorik! Denn der AuctCol versteht unter diesen „Gliedern" die im folgenden aufgezählten Laster. μέλη sind aber der Wortbedeutung nach zunächst einmal die Glieder des Leibes. Doch sind es ja die Laster, die die Glieder des Leibes gegen ihren Schöpfungssinn und somit gegen den Schöpfer mißbrauchen und die daher in der hier verwendeten Metaphorik mit diesen zu einer Sinneinheit verschmelzen. Eine idiomatisch gefällige Übertragung dieser sprachlichen Willkür in die deutsche Sprache ist nur dann möglich, wenn man einen gewissen Sinnverlust des griechischen Originals in Kauf nimmt. So soll es hier bei der gebotenen Übersetzung bleiben (sehr frei heißt es in der Einheitsübersetzung: „Darum tötet, was irdisch an euch ist."). Die Laster töten sollen die, die nach 2,20 bereits mit Christus gestorben sind. Dieses mit Christus Gestorben-Sein ist wiederum der theologische Indikativ zum Imperativ von 3,5. Mit der Redewendung von den Gliedern ist wohl die Hinfälligkeit des Christen zum Sündigen indirekt zum Ausdruck gebracht, die *pronitas*, oder, in der seit Augustinus üblichen Begrifflichkeit, die *concupiscentia*, ohne daß diese jedoch mit der Sünde identifiziert wäre. In der Dialektik von ἀπεθάνετε σὺν Χριστῷ und νεκρώσατε οὖν sind unterschiedliche Wirklichkeitsebenen angesprochen, die der AuctCol nicht in ein begriffliches Gefüge gebracht hat. Sein und Sollen sind in dieser Dialektik ausgesagt, ohne daß sie *als solche* reflektiert wird. Indem aber beide Aspekte genannt sind, hat der AuctCol erneut die *Geschichtlichkeit menschlicher Existenz* zum Ausdruck gebracht. Mit der Aufforderung zum Töten „der Glieder auf der Erde" befindet er sich eindeutig in der paulinischen Tradition von Röm 8,13 her; dort allerdings steht der Indikativ: Wenn ihr durch den Geist, nämlich den Geist Gottes, die Taten des Fleisches – σῶμα ist hier natürlich synonym mit σάρξ – tötet (θανατοῦτε), werdet ihr leben!

Als erstes der Laster wird die πορνεία genannt, die Unzucht. Auch damit steht der AuctCol in paulinischer Tradition. Denn der Apostel nennt im Lasterkatalog Gal 5,19 die πορνεία an erster Stelle (s. auch 1Kor 5,10f; 6,9), dort ebenfalls ἀκαθαρσία an zweiter Stelle. Bereits in 1Thess 4,3 ist die πορνεία sozusagen Inbegriff des absoluten Gegensatzes zum Willen Gottes und zum ἁγιασμός. Keinesfalls ist mit ihr die Abwertung der Geschlechtlichkeit des Menschen gemeint, sondern gerade der Mißbrauch dieser hohen Gabe Gottes. Bezeichnend ist die atl. Vorgeschichte: In der LXX werden πορνεύειν und πορνεία nur in Hos 4,10f im eigentlichen Sinne verstanden (s. auch 1QS IV, 10: זנות neben טמאה), sonst aber nur metaphorisch für den Götzendienst (z. B. Jer 3,9: καὶ ἐγένετο εἰς οὐθὲν ἡ πορνεία αὐτῆς, καὶ ἐμοίχευσε τὸ ξύλον καὶ τὸν λίθον). Auch die folgenden beiden Begriffe πάθος, Leidenschaft, und ἐπιθυμία κακή, böse Begierde, die im Griechischen allerdings ein breiteres Bedeutungsspektrum als den sexuellen Bereich haben, dürften in 5 in diesem Spektrum zu orten sein (s. auch Röm 1,24.26 und zuvor schon 1Thess 4,5.7; s. zudem Belege aus der jüdischen Welt, z.B. TestJos 4,6f; 7,8; Philon, Decal 129). Mit Wolter K 175 kann man in πορνεία den semantischen Leitbegriff des Katalogs sehen.

Neben der πορνεία und den mit ihr verwandten Lastern nennt der AuctCol in 5 noch die Habsucht, πλεονεξία. Ist die πορνεία ein Laster, das im jüdischen und christlichen Bereich in spezifischer Weise als Grundübel gesehen wurde, so ist demgegenüber die πλεονεξία ein Laster, das auch in der Umwelt von Judentum und Christentum scharf getadelt wurde (Gerhard Delling, ThWNT VI, 266–269). Der theologische Akzent der Verurteilung der Habsucht geschieht hier durch ihre Gleichsetzung mit dem Götzendienst, εἰδωλολατρία. Ähnlich finden wir es in TestJud 19,1, wo allerdings φιλαργυρία statt πλεονεξία zu lesen ist: ἡ φιλαργυρία πρὸς εἴδωλα ὁδηγεῖ, ein Gedanke, der auch in Mt 6,24/Lk 16,13 zum Ausdruck kommt. Wer sein Herz an die Güter dieser Welt bindet, hat die Bindung zu Gott gelöst.

Kommt nun wegen der in 5 genannten Laster nach **6** der Zorn Gottes über die Söhne des Ungehorsams (mit א A et al. kann ἐπὶ τοὺς υἱοὺς τῆς ἀπειθείας die ursprüngliche Lesart sein, doch lassen immerhin p[46] B diese Worte aus), so liegt dies auf der Linie von Röm 1,18ff her. ὀργὴ θεοῦ ist für Paulus das Gericht des Jüngsten Tages, das antizipierend schon jetzt seine verheerende Wirkung zeitigt. In gleicher Weise verwendet nun auch der AuctCol diesen Begriff. In **7** und **8** begegnet erneut das Einst-Jetzt-Schema. „Paulus" verweist auf den vorchristlichen, nämlich heidnischen Wandel der Adressaten, ποτέ. Jetzt aber, νυνί, habt auch (!) ihr das alles abgetan: Zorn, Wut, Schlechtigkeit im Sinne von abgrundtiefer Bosheit, von pervertierter Grundausrichtung des Menschen (κακία ist immerhin in der LXX häufige Übersetzung von רעה!), Schmähung (wegen des Kontextes dürfte βλασφημία hier kaum Gotteslästerung besagen, schon allein wegen der Gleichordnung mit αἰσχρολογία), unflätige Reden. Diese Fünferreihe beschreibt ein gemeinschaftszerstörendes Verhalten, mit Wolter K 177 „verbale Gemeinschaftsvergehen". Doch sollte man nicht wie er K 178 „das Verhalten innerhalb der Gemeinschaft der Getauften" der „ethische(n) Vervollkommnung des einzelnen" kontrastieren. Denn beides greift ja ineinander. Die Ermahnung in **9**, einander nicht zu belügen, dürfte das *Sein* des Getauften als *Wahrhaftig-Sein* und somit als Sein aus der Wahrheit im Auge haben; somit geht es um mehr als um die Vermeidung eines Fehlverhaltens unter anderen Fehlverhaltensweisen. Der verlogene Christ ist ein Widerspruch in sich! Diese Interpretation findet ihre Stütze auch darin, daß die theologisch schwergewichtige Aussage in 9 und **10**, nach der die Adressaten den „alten Menschen" mit seinen üblen Praktiken „ausgezogen" und den „neuen" „angezogen" haben, durch zwei Partizipien des Aorists syntaktisch mit dem Imperativ μὴ ψεύδεσθε verbunden sind. Die Wahrhaftigkeit ist es also, die den neuen Menschen ausmacht! Richtig Gnilka K 185: „Die Lüge als Gegensatz zur Wahrheit kennzeichnet das Wesen des alten Äons."

Auch die Metapher vom An- und Ausziehen ist bereits paulinisch; doch begegnet sie in Kol 3 gegenüber dem paulinischen Sprachgebrauch in modifizierter Weise. Gal 3,27 heißt es nämlich – auch hier jedoch als Anrede – „ihr habt Christus angezogen" (ähnlich Röm 13,14, dort aber als Imperativ). Gibt es also eine paulinische Parallele zu ἐνδύεσθαι, so doch keine zu ἐκδύεσθαι (2Kor 5,3 f meint einen anderen theologischen Sachverhalt und zudem ist ἐκδυσάμενοι in 5,3 textkritisch umstritten).

Woher der AuctCol die Begriffe „*alter Mensch*" und „*neuer Mensch*" hat, ist nicht mehr zu eruieren. Doch versteht sich die Wendung „den alten Menschen ausziehen" in ihrer Metaphorik aufgrund des Zusammenhangs in Kol 3 von selbst. Der Aorist ἀπεκδυσάμενοι verweist als Aussage, durch die die Einmaligkeit eines Vorganges zum Ausdruck gebracht wird, aller Wahrscheinlichkeit nach auf die Taufe. Schwieriger ist die Aussage von **10** zu verstehen. Zwar ist auch „den neuen Menschen angezogen haben" als Taufgeschehen zu interpretieren. Fast widersprüchlich ist aber die Aussage, daß der neue, also neu gewordene, Mensch der erneuert *werdende* Mensch sei. Denn wer bereits neu ist, braucht doch nicht mehr erneuert zu werden! Wie also ist das Verhältnis von Bereits-Geschehen-*Sein* und *Werden* zu verstehen? Als Lösung bietet sich die Auffassung an, daß das Ereignis, in dem der Täufling im Vollzug seiner Taufe seines alten Mensch-Seins entkleidet und mit seinem neuen Mensch-Sein bekleidet wird, als *Gottes* rettendes Handeln zu verstehen ist. Das Erneuert-Werden hingegen ist ein Prozeß, in den der neugewordene *Mensch* involviert ist. Er wird erneuert und läßt sich stetig erneuern, indem er sich auf dem Wege zu immer neuer Erkenntnis befindet. Sicherlich wird Heilserkenntnis von Gott geschenkt; εἰς ἐπίγνωσιν ist ja kein vom Menschen inszeniertes Eigenwerk! Aber das Fortschreiten zu je neuer Erkenntnis gehört zur *Geschichtlichkeit* der menschlichen Existenz mit ihrer Verantwortlichkeit. Es ist zwar in 10 nicht ausdrücklich gesagt, aber es ist anzunehmen, daß im Sinne des AuctCol ἐπίγνωσις (verstanden als Heilserkenntnis) und πίστις aufs engste zusammengehören. Die ständig fortschreitende Erneuerung im glaubenden Verstehen geschieht κατ᾽ εἰκόνα τοῦ κτίσαντος αὐτόν, „gemäß dem Bilde dessen, der ihn erschaffen hat". Meint der AuctCol, daß der neue Mensch gemäß dem Bilde Gottes, genauer: des Schöpfergottes, erneuert sei, wobei das Bild Gottes nach 1,15 der Sohn Gottes und somit der neue Mensch Bild dieses Bildes ist: „Der neue Mensch ist ... Abbild des Urbildes" (so z.B. Gnilka K 188)? Demgegenüber betont vor allem Wolter K 180 f den Bezug auf Gen

1,26 f κατ' εἰκόνα θεοῦ ἐποίησεν αὐτόν. In der Tat stimmen Kol 3,10 und Gen 1,27 in κατ' εἰκόνα wörtlich und in τοῦ κτίσαντος αὐτόν und θεοῦ dem Inhalt nach überein. Aber auch Gnilka bezieht in seine Überlegungen Gen 1,27 ein. Und da εἰκὼν τοῦ θεοῦ bzw. τοῦ κτίσαντος αὐτόν im Kol nur in 1,15 und 3,10 vorkommt, ist es äußerst unwahrscheinlich, daß 3,10 nach der Intention des AuctCol ohne Bezug auf 1,15 sein sollte. Und da dieser Kenntnis vom Röm gehabt haben dürfte, ist anzunehmen, daß er auch auf Röm 8,29 rekurriert: καὶ προώρισεν συμμόρφους τῆς εἰκόνος τοῦ υἱοῦ αὐτοῦ, εἰς τὸ εἶναι αὐτὸν πρωτότοκον (s. Kol 1,18!) ἐν πολλοῖς ἀδελφοῖς (s. auch 2Kor 3,18!).

Der Bezug auf Gal 3,27 wurde in 10 an ἐνδυσάμενοι deutlich. Bestätigt wird er durch **11**, denn dort ist der Einfluß von Gal 3,28 offenkundig. An dieser Stelle heißt es οὐκ ἔνι Ἰουδαῖος οὐδὲ Ἕλλην, in Kol 3,11 ὅπου οὐκ ἔνι Ἕλλην καὶ Ἰουδαῖος (s. auch 1Kor 12,13), erweitert durch περιτομὴ καὶ ἀκροβυστία (s. Gal 5,6 οὔτε περιτομή τι ἰσχύει οὔτε ἀκροβυστία!) und durch βάρβαρος, Σκύθης. Gal 3,28 οὐκ ἔνι δοῦλος οὐδὲ ἐλεύθερος findet ebenso sein Echo in Kol 3,11 δοῦλος, ἐλεύθερος, und Gal 3,26 πάντες ... υἱοὶ θεοῦ ἐστε ... ἐν Χριστῷ Ἰησοῦ in Kol 3,11 [τὰ] πάντα καὶ ἐν πᾶσιν Χριστός. An kaum einer anderen Stelle ist der Einfluß einer paulinischen Aussage auf den AuctCol so klar erkennbar und so stringent nachweisbar wie hier.

Mit **12** setzt aufgrund des οὖν ein neuer Abschnitt ein, der freilich mit ἐνδύσασθε die Aussage von 10 aufgreift. Erneut zeigt sich das Zueinander von Indikativ und Imperativ. Obwohl die Adressaten in der Taufe einen neuen Menschen angezogen haben, obwohl sie jetzt als die „Auserwählten Gottes" Heilige (s. 1,2) und von Gott Geliebte sind, werden sie nun in der Paränese aufgefordert, herzliches Erbarmen und andere diesem neuen Menschen entsprechende Verhaltensweisen anzuziehen. Wiederum also die unterschiedlichen Ebenen von Gottes bereits geschehenem Heilshandeln und der geschichtlichen Existenz der Getauften. Christliches Leben bedeutet Bewährung! Allerdings sind die beiden Formen von ἐνδύσασθαι in 10 und 12 dann nicht völlig synonym (einmal Gottes, einmal der Menschen Handeln). Auch der in 12 genannte Tugendkatalog besitzt Parallelen im Gal, nämlich in 5,22f χρηστότης, πραΰτης und μακροθυμία. Aus Gal 5,22f sind *hier* nicht genannt ἀγάπη, χαρά, εἰρήνη, ἀγαθωσύνη, πίστις und ἐγκράτεια, über Gal 5,22f hinaus finden sich in Kol 3,12 σπλάγχα οἰκτιρμοῦ und ταπεινοφροσύνη. Wolter K 185 findet für alle fünf Tugenden den gemeinsamen Nenner im Verzicht auf Selbstbehauptung und Machtausübung; das Prinzip des Miteinanders in der Gemeinde solle nicht Selbstverwirklichung sein. Mit diesem beliebten modischen Begriff hat er die Bedeutsamkeit unserer Stelle für die Gegenwart treffend formuliert. Nichts ist unbiblischer als die sogenannte Selbstverwirklichung!

Zu den einzelnen Lebensäußerungen der Getauften in 12! Bewußt wurde von Äußerungen gesprochen, da es deren *Sein* ist, das sich in ihren Taten nach außenhin manifestiert. Das alte scholastische Axiom *agere sequitur esse* beschreibt diesen „Sach"-Verhalt – besser: Existenzverhalt – in ausgezeichneter Weise. Deshalb ist die Formulierung von Gnilka K 193, daß der neue Mensch durch seine πράξεις, seine Handlungsweisen, konstituiert werde, nicht ganz zutreffend. Er wird vielmehr als neuer Mensch durch Gottes Gnadenhandeln in der Taufe konstituiert; *Gott* ist Subjekt eines derartigen Konstituierens. Wohl aber dokumentiert der neue Mensch sein Neu-*Sein* durch sein *Tun*, durch sein Gesamtverhalten, das zunächst einmal durch den sogenannten Tugendkatalog in 12 beschrieben wird. Wurde σπλάγχνα οἰκτιρμοῦ mit einer Reihe von Übersetzern mit „herzliches Erbarmen" wiedergegeben, so sollte doch auch auf die wörtliche Übersetzung hingewiesen werden: Eingeweide des Erbarmens, übertragen dann: das Innere, seelische Innere des Menschen, das als eben dieses innere Sein notwendig auf Erbarmen aus ist. Der Mensch, der durch sein neues Sein das Erbarmen übt, „äußert" also dieses sein „inneres" auf Erbarmen gerichtetes Sein. An jüdischen Parallelen seien hier als Beispiele genannt PsSal 2,14 τὴν κοιλίαν μου καὶ τὰ σπλάγχνα μου πονῶ ἐπὶ τούτοις, TestNaph 7,4 ἐγὼ δὲ ἐκαιόμην τοῖς σπλάγχνοις μου ἀναγγεῖλαι ὅτι πέπραται Ἰωσήφ, TestSim 4,4 Ἰωσὴφ δὲ ἦν ἀγαθὸς ἀνήρ, καὶ ἔχων πνεῦμα θεοῦ ἐν αὐτῷ, εὔσπλαγχνος καὶ ἐλεήμων ὑπάρχων. Nun ist jedoch nach der LXX–Idiomatik Gott selbst der οἰκτίρμων; zitiert sei hier nur die theologisch programmatische Stelle Ex 34,6: Κύριος κύριος ὁ θεὸς οἰκτίρμων καὶ ἐλεήμων, μακρόθυμος καὶ πολυέλεος καὶ ἀληθινός. In TestSeb 8,3 erfährt der Mensch, von dem σπλαγχνίζεται ausgesagt werden kann, gleiches von Gott. Doch ist diese Stelle wohl späte Interpolation (J. Becker, JSHRZ III, 89). Daß der AuctCol jedoch des Menschen Erbarmen als Widerspiegelung des göttlichen Erbarmens versteht, dürfte unbestreitbar sein. Analoges gilt für χρηστότης. Der Begriff meint zwar hier die Güte der Getauften, doch ist das Wort gerade in der LXX eine Aussage über Gottes Verhalten zum Menschen, vor allem in den Psalmen, z. B. ψ 24,7: κατὰ τὸ ἔλεός σου μνήσθητί μου σύ / ἕνεκα τῆς χρηστότητός σου, κύριε. Also: *Gottes und der Menschen Güte korrespondieren einander.* ταπεινοφροσύνη begegnete bereits im Zusammenhang mit der Abweisung der kolossischen „Philosophie" in 2,18, dort freilich im negativen Sinne. In 3,12 ist es die Verhaltensweise der Getauften, die Demut. In den Augen des Griechen war sie als unwürdiges serviles Verhalten ein Ding der Unmöglichkeit für einen freien Mann. Jedoch, mit Gnilka K 194f: „Die christliche Demut ist nicht die von F. Nietzsche verachtete Hundedemut, sondern jene Haltung, die im anderen Menschen ein Geschöpf Gottes und eine Schwester und einen Bruder Christi erblickt." Gibt es auch zur ταπεινοφροσύνη eine Entsprechung auf seiten Gottes? Im Kol kaum. Man kann höchstens fragen, ob der AuctCol den Hymnus Phil 2,5ff mit 2,8 ἐταπείνωσεν ἑαυτόν gekannt hat. Aber die Christologie des Kol ist vor allem auf *den* Christus ausgerichtet, der den Kosmos mit seiner Göttlichkeit erfüllt. πραΰτης ist fast synonym mit χρηστότης, sie ist Sanftmut, Milde, mit Hubert Frankemölle (EWNT III, 353) „Mut zum Dienst für die Menschen – unter Gewaltverzicht, im gläubigen Vertrauen auf Jahwe". Der letzte Begriff in der Fünferreihe ist μακροθυμία. Nach der oben zitierten Stelle Ex 34,6 ist Gott sowohl οἰκτίρμων als auch μακρόθυμος; zwei von den fünf Attributen Gottes, die hier aufgezählt werden, finden sich also unter den fünf „Tugenden" von Kol 3,12. Geht man davon aus, daß auch für den AuctCol Ex 34,6 eine vertraute Kardinalaussage der Schrift gewesen ist, so wäre dies ein weiteres Indiz dafür, daß sich in den in Kol 3,12 genannten christlichen Verhaltensweisen eine Antwort auf Gottes gnädiges Verhalten dem Menschen gegenüber spiegelt. Doch einerlei, wie man für 12 jeweils im einzelnen entscheidet, insgesamt ist theologisch zu urteilen, daß es hier nicht um „bloße" Ethik geht. Vielmehr dürfte eine sehr bewußt aus theologischem Denken und theologischer Überzeugung geborene Ethik vorliegen, in der jede „Tugend" im Sein und Verhalten Gottes ihr Fundament besitzt. *Ethik* ist hier im strengen Sinne des Wortes Theologie.

Die Partizipien ἀνεχόμενοι und χαριζόμενοι in **13** stehen als Partizipien des Präsens (anders als in 9f, wo die Partizipien des Aorists im indikativischen Sinne begründende Funktion haben) in der Verlängerung des Imperativs ἐνδύσασθε. Die Adressaten werden aufgefordert, einander zu ertragen und zu vergeben. Und auch hier wieder die Begründung im *göttlichen* Tun: Wie euch der Kyrios – gemeint ist der erhöhte Christus, nicht Gott (richtig Lohse K 213; Pokorný K 145: als der erhöhte Herr repräsentiert er Gott; anders Gnilka K 196; Merk, Handeln aus Glauben, 211 f, aber der Hinweis darauf, daß an allen vergleichbaren paulinischen [!] Stellen Gott der Autor des χαρίζεσθαι ist, bedeutet für einen deuteropaulinischen Text recht wenig; s. auch א*: θεός) – vergeben hat, so sollt auch ihr einander vergeben. Das καὶ ὑμεῖς bringt erneut die Korrelation von göttlichem und menschlichem Verhalten zum Ausdruck (in Mt 6,12 findet sich mit καὶ ἡμεῖς die in die entgegengesetzte Richtung gehende Argumentationsfigur; ähnlich Lk 11,4: καὶ γάρ). Mk 2,5parr und vor allem Lk 7,47 waren dem AuctCol wohl unbekannt. Vermißten wir in der Fünferreihe von 12 die ἀγάπη und εἰρήνη der paulinischen Vorlage Gal 5,22, so werden beide nun genannt, mit besonderer Betonung in **14** die ἀγάπη, die *Liebe*, die ja schon den „Tugendkatalog" von Gal 5,22 eröffnete. Der AuctCol hat sie also in 12 bewußt nicht genannt, um sie jetzt mit ἐπὶ πᾶσιν δὲ τούτοις hervorzuheben. *Sie* ist das Band der Vollkommenheit! Ist vielleicht der Imperativ ἐνδύσασθε aus 12 in 14 hinzuzudenken: „Vor allem aber zieht die Liebe an!"? So immerhin viele Kommentatoren. Spricht der AuctCol in 14 von der τελειότης, so sind unbedingt 1,28 und 4,12 mitzubedenken. Ist die Liebe das Band, σύνδεσμος, der Vollkommenheit, so ist sie sozusagen das *Lebensgesetz der Kirche.* ἀγάπη ist somit auch ein zentraler ekklesiologischer Begriff: Die Kirche ist die Verwirklichung der Liebe. Und weil es um Paränese geht, gilt zugleich: Verwirklicht die Liebe in der Kirche! Gut Hoppe K 147: „Übertragen auf die Gemeinde bedeutet das, daß sie durch die Liebe zusammengehalten wird und ihre Vollkommenheit im einen Leib erfährt."

Bei aller Betonung der theologischen Qualität der ἀγάπη als σύνδεσμος τῆς τελειότητος darf jedoch nicht übersehen werden, daß auch im außerjüdischen und außerchristlichen Bereich enge Parallelen begegnen. Vor allem ist Simplicius, Commentarius in Epicteti Enchiridion 30 zu nennen: Die Pythagoreer sahen in der φιλία die höchste Tugend: καὶ σύνδεσμον αὐτὴν πασῶν τῶν ἀρετῶν ἔλεγον, ebenso Plutarch, Numa 63e: Numa soll τῇ ... πατρίδι καὶ παντὶ τῷ Σαβίνων ἔθνει σύνδεσμος εὐνοίας καὶ φιλίας ... γενέσθαι. (Weitere Belege Dibelius/Greeven K 43f; die Verweise auf Reitzenstein können allerdings heute nicht mehr als zutreffende Parallelen verstanden werden.) Zu fragen ist allerdings noch, ob die kosmologische Vorstellung Platons in Tim 31a–c vom δεσμός als kosmischem Prinzip (im Wortfeld von σῶμα [= τὸ τοῦ πάντὸς ... σῶμα]!) in Kol 3,14 nachwirkt, vielleicht in einer Weise, wie sie bei Philon, Fug 112 vorliegt: Der Logos ist δεσμὸς ... τῶν ἀπάντων. Immerhin klingt ja kosmologisches Denken des AuctCol bereits im Hymnus 1,15ff an, wo τὰ πάντα betont erscheint.

In **15** wird die εἰρήνη sozusagen als göttliche Macht über die Kolosser genannt, und zwar in der auffälligen Wendung ἡ εἰρήνη τοῦ Χριστοῦ. Sonst ist im Kol nur noch im Präskript von der εἰρήνη die Rede, nämlich im üblichen Segensgruß 1,2 χάρις ὑμῖν καὶ εἰρήνη, jedoch nur ἀπὸ θεοῦ πατρὸς ἡμῶν. Von Christus ist in 1,2 keine Rede! Im Eph finden sich 8 Belege für εἰρήνη; vor allem ist der Beginn des Hymnus Eph 2,14 zu nennen, wo Christus als unser Friede besungen wird. Dennoch ist die Erwähnung des messianischen Friedens in Kol 3,15, und zwar unmittelbar nach der so starken Betonung der Liebe in 14, von solchem Gewicht, daß eine rein quantitative Betrachtungsweise theologische Akzente verkennen ließe. Wenn hier gesagt wird, daß „der Friede des Christus in euren Herzen herrsche", so ist die Bedeutsamkeit sowohl von βραβεύειν als auch von καρδία zu wägen. καρδία ist das Ich des Menschen in seiner ganzen trachtenden und wollenden Dimension, das Ich des Menschen in seiner personalen Tiefe (s. vor allem Bultmann, ThNT, 221 ff; was er hier zur paulinischen Theologie sagt, gilt *mutatis mutandis* auch für die deuteropaulinische Theologie des Kol). Es ist der Mensch als Person, als leibgeistiges Wesen in seiner ganzen personalen Ausrichtung. Heißt es also in 15 ἐν ταῖς καρδίαις ὑμῶν, so sind die Kolosser erneut in existentieller Weise angesprochen; „Paulus" will ja durch seinen Brief existentielle Betroffenheit bewirken. Genau da nun, wo die Kolosser in ihrem *Person*-Sein angesprochen sind, d. h. im Bereich ihrer personalen *Freiheit*, da ist – paradox genug! – vom Herrschen, vom βραβεύειν, die Rede. Es ist aber der Friede des Christus, also der Friede des göttlichen Kyrios, des göttlichen Herrschers, der die Herzen der Adressaten bestimmen soll. Noch einmal paradox gesagt: Die Herrschaft des Friedensmessias gibt ihnen die eigentliche, die wahre Freiheit. Und charakteristisch für paulinisches wie für deuteropaulinisches theologisches Denken zugleich ist es, wenn es dann heißt, die Kolosser seien in diesen Frieden hinein in dem einen Leibe, also in der einen Kirche, berufen (im Kol nur hier eine Form von καλέω). Eigentümlich auch der Akkusativ εἰς ἥν neben dem Dativ ἐν ἑνὶ σώματι. Denn in doppelter Weise begegnet hier das Denken im Existential der *Räumlichkeit*, das schon für Paulus so typisch war (s. o.). In den Frieden des Christus *hinein* sind die Kolosser berufen; man darf sicher als paulinische Parallele 1Kor 12,13 sehen, wonach wir alle in den einen Leib, εἰς ἓν σῶμα, *hinein*-getauft sind, also in die Gemeinde, in die Kirche hinein. Deuteropaulus spitzt diesen Gedanken zu, indem er den „Raum", in den hinein die Kolosser berufen sind, als Raum des Friedens qualifiziert. Dieses Hinein-Berufen-Werden geschieht aber im bereits bestehenden Heilsraum des einen Leibes, der Kirche. Was „Paulus" meint, dürfte trotz der nicht ganz klaren *Vor*-Stellung, trotz einer gewissen Unausgeglichenheit der Begrifflichkeit deutlich sein. Das Miteinander von εἰς und ἐν, wobei das ἐν das εἰς fundiert – nicht umgekehrt! –, meint mit ἐν die Vorgängigkeit des Heilsraumes, mit εἰς die geschichtliche Realisierung und Konkretisierung des Heilsgeschehens. Dafür sollen die Kolosser dankbar sein! Von der Dankbarkeit gegenüber Gott wird gleich noch einmal in diesem Abschnitt 3,5–17 die Rede sein, nämlich in 17.

In **16** begegnet erneut ein theologisch zentraler Begriff, ὁ λόγος τοῦ Χριστοῦ (Χριστοῦ u. a. nach p[46] ℵ[2] B D, ℵ* liest κυρίου, A C* θεοῦ). Vom Worte Gottes war schon im Zusammenhang mit der Würde des paulinischen Apostolats in 1,25 die Rede. Was die *geschichtliche* Ebene der Kirche angeht, so wird sie durch das Wort Gottes bzw. durch dessen Verkündigung konstituiert. Die Kirche ist für den AuctCol die Kirche des Wortes, weil Gott im Wort wirksam präsent ist. Eine weitere Parallele ist 1,5, wo das Wort Gottes als λόγος τῆς ἀληθείας τοῦ εὐαγγελίου „definiert" ist. Ist nun in 3,16 vom Worte *Christi* die Rede, so ist dieses Wort, weil Christus nach 1,15 in seinem göttlichen Sein die Ikone Gottes ist und somit Gott personhaft repräsentiert, mit dem Worte *Gottes* in offenbarungstheologischer Sicht identisch. Als Ikone Gottes ist Christus die *personhafte Offenbarung Gottes*. Und nichts anderes war ja auch mit der terminologisch fast überfrachtet wirkenden Wendung in 1,5 ausgesagt (s. z.St.). Denn ἀλήθεια und εὐαγγέλιον sind zentrale offenbarungstheologische Begriffe. Freilich ist die Perspektive von 3,16 eine andere als die von 1,25. Denn in 1,25 ging es um die Relation „Apostel – Wort Gottes", in 3,16 aber um die Relation „Gemeinde – Wort Christi". 3,16 geht auch insofern über 1,5 hinaus, als dort vom Hören (und implizit somit vom Glauben) die Rede war, jetzt aber von der Wirkung des glaubenden Hörens. Das Wort Christi soll in den Adressaten im reichen Maße wohnen. Während nach 2,9 in Christus die ganze Fülle der Gottheit leibhaft wohnt, κατοικεῖ, soll nach 3,16 in den Kolossern das Wort Christi reichlich wohnen, ἐνοικείτω. Beide Vorstellungen konvergieren in gewisser Weise und sind sicherlich auch nach der Intention des AuctCol aufeinander bezogen: Die volle Gottheit *in* Christus, das Wort

Christi – also dessen wirksame Repräsentation! – *in* den Glaubenden. Es eröffnet sich uns hier eine durchgezogene Linie: Gott – Christus – Kirche. Kann man sagen (so z. B. Lohse K 216), daß die Vorstellung vom Worte Christi, das in der Gemeinde „anwest", die christologische Variante von Sir 24,8 ist, wonach die Weisheit in Israel eine Bleibe fand? Auf jeden Fall ist anzunehmen, daß die paulinische Rede vom Wohnen des Geistes Gottes in den Glaubenden in Kol 3,16 ihre Wirkungsgeschichte zeitigt, z. B. Röm 8,9: πνεῦμα θεοῦ οἰκεῖ ἐν ὑμῖν (s. auch Röm 8,11 und 1Kor 3,16). Zu fragen ist aber dennoch, ob das in 16 genannte Wort Christi nach der Intention des AuctCol genau das meint, was mit dem Wort der Wahrheit des *Evangeliums* gemeint ist. Geht es wirklich in der *Paränese* um das Wort des Heilsindikativs? Oder ist nicht eher der Akzent auf die ethische Predigt der Kirche gesetzt? Ausschließen darf man wohl, daß das Wort des vorösterlichen Jesus gemeint ist, z. B. die Bergpredigt. Geht es doch im theologischen Gesamtduktus des AuctCol um das Wort des *erhöhten* Christus.

Um eine Antwort auf die Frage nach der Bedeutung dieses Wortes des Christus zu erhalten, sind die weiteren Aussagen von 16 zu exegesieren. Diese freilich scheinen auf den ersten Blick zwei unterschiedliche „Sitze im Leben" anzugeben. Denn wenn von Lehren und einander Ermahnen die Rede ist und anschließend vom Singen der Psalmen, Hymnen und geistlichen Gesänge, dann liegt es zunächst nahe, bei den ersten Aussagen an eine Aktivität zu denken, die nicht im Gottesdienst geschieht. Lohse K 216 hat recht, wenn er διδάσκειν und νουθετεῖν als nicht an ein bestimmtes Amt gebundene Tätigkeit bezeichnet, obwohl „Paulus" in 1,28 beides als seine Aktivitäten nennt. Ist danach vom Singen die Rede, so hat der AuctCol sicherlich den Gottesdienst vor Augen. Die Frage der Interpretation von 16 ist auch eine Frage der Interpunktion. Am besten wird der Text transparent, wenn sowohl nach πλουσίως als auch nach ἑαυτούς ein Komma gesetzt wird (Nestle-Aland[27] und The Greek NT bringen das Komma nach πλουσίως, Nestle-Aland[27] bringt es auch nach ἑαυτούς, The Greek NT aber nicht); der ganze Abschnitt 16c von ψαλμοῖς bis τῷ θεῷ dürfte als Sinneinheit zu beurteilen sein. Dann aber legte es sich nahe, 16a als übergeordnete Aussage zu sehen, 16b als paränetische Applikation und 16c als Aussage zum gottesdienstlichen Verhalten. Die Möglichkeit, den Gottesdienst auch als „Sitz im Leben" von gegenseitiger Lehre und Ermahnung zu sehen, ist allerdings ernsthaft zu erwägen (so zuletzt Wolter K 188 ff). Faßt man in dieser oder jener Weise 16 als dreifache Aussage, wobei die präsentischen Partizipien als Imperative zu verstehen sind, so läßt die Aufforderung, das Wort des Christus reichlich in ihrer Mitte wohnen zu lassen, dieses Wort als die Gesamtoffenbarung Gottes durch Christus verstehen. In allen Situationen soll Christi Wort unter ihnen präsent sein, das Evangelium samt den aus ihm folgenden Imperativen. Dabei ist aufgrund des paränetischen Kontextes mit Sicherheit an ethische Imperative gedacht; doch wird man auch an Imperative im Blick auf eine Intensivierung des Glaubens und der Hoffnung denken müssen.

Danach folgt nun die Aufforderung zu einem dem Worte Christi gebührenden gottes-dienstlichen Verhalten. Die Kolosser sollen Psalmen – es dürften trotz gelegentlicher Bestreitung die alttestamentlichen Psalmen gemeint sein – , Hymnen – vielleicht solche wie der in 1,15 ff zitierte – und geistgewirkte (πνευματικαῖς) Lieder singen. Wenn öfters gesagt wird (so etwa Lohse K 216f; Schweizer K 157; Wolter K 190), die drei Begriffe „Psalmen, Hymnen und geisterfüllte Lieder" seien austauschbare Bezeichnungen für den kultischen Gesang, so wird das für Hymnen und Lieder zutreffen, wahrscheinlich aber nicht für die Psalmen. Sowohl bei der Aufforderung zum Lehren und Ermahnen als auch bei der Aufforderung zum Singen im Gottesdienst bringt der AuctCol erläuternde Zusätze. Die Kolosser sollen „in aller Weisheit" lehren und ermahnen. σοφία dürfte, wie ἐν πάσῃ σοφίᾳ in 1,9 und 1,28, die gnadenhaft geschenkte Weisheit, hier die der Adressaten, zum Ausdruck bringen. Sie ist nicht im eigentlichen Sinne christologisch gemeint (wie z. B. 1Kor 1,21). Schwierig zu interpretieren ist ἐν [τῇ (nicht in ℵ* A C)] χάριτι; diese Worte wirken überladen, auch unter Berücksichtigung der Diktion des AuctCol; die Kommentatoren sind recht unsicher. Die Wendung enthält die Präposition ἐν wie in dem fast unmittelbar danach folgenden ἐν ταῖς καρδίαις ὑμῶν. Kann man beide Wendungen mit „Singt mit voller Zustimmung Gott, die ihr in seiner Gnade lebt" paraphrasieren?

17 bringt wieder Aufforderungen, einmal einen nicht ausgesprochenen Imperativ, dann ein imperativisch gemeintes Partizip. Zunächst: Alles was ihr mit dem Worte oder mit dem Werke tut, das tut – ποιεῖτε ist zu ergänzen – im Namen des Herrn Jesus! Jetzt ist wieder vom Alltag der Christen die Rede, nicht mehr vom Gottesdienst. Der Hinweis von Wolter K 191 auf Quintilian, Inst Orat III, 7, 15 ist hilfreich: *facta* und *dicta* bilden den *operum contextus* des Menschen. Die Aufforderung klingt mit dem imperativisch intendierten Partizip εὐχαριστοῦντες aus. Gemeint ist nicht die Feier der Eucharistie, sondern daß für das Leben des Christen bei allem, was je im Namen Jesu geschehen soll, die Dankbarkeit gegenüber Gott, dem Vater, durch Christus der Grundakkord des Verhaltens sei (s. zu 1,3.12).

3,18–4,1 Die Haustafel

[18]Ihr Frauen, ordnet euch (euren) Männern unter, wie es sich im Herrn gehört! [19]Ihr Männer, liebt eure Frauen und seid nicht bitter gegen sie! [20]Ihr Kinder, gehorcht (euren) Eltern in jeder Hinsicht; denn das ist wohlgefällig im Herrn! [21]Ihr Väter, reizt eure Kinder nicht, damit sie nicht mutlos werden! [22]Ihr Knechte, gehorcht in jeder Hinsicht euren irdischen Herrn, nicht in Augendienerei, als würdet ihr Menschen gefallen wollen, sondern mit aufrechtem Herzen! Fürchten (aber) sollt ihr (euren göttlichen) Herrn! [23]Was immer ihr auch tut, tut es aus (ehrlichem) Herzen, wie dem Herrn und nicht wie Menschen! [24]Ihr wißt ja, daß ihr vom Herrn die Belohnung des Erbes empfangen werdet. Dient (also) dem Herrn Christus! [25]Wer nämlich Unrecht tut, wird dafür gleiches als Strafe erhalten. (Denn) es gibt ja (bei Gott) kein Ansehen der Person. [1]Ihr Herren, gewährt (euren) Sklaven, was recht und billig ist! Denn ihr wißt, daß auch ihr einen Herrn im Himmel habt.

Literatur: J. E. Crouch, The Origin and Intention of the Colossian Haustafel (FRLANT 109), 1972. – P. Fiedler, Art. Haustafel, RAC 13 1063–1073. – M. Gielen, Tradition und Theologie ntl. Haustafelethik (BBB 75), 1990. – L. Goppelt, Jesus und die „Haustafel"-Tradition, in: Orientierung an Jesus, FS J. Schmid, Freiburg 1973, 93–106. – E. G. Hinson, The Christian Household in Col 3:18–4:1, RExp 70 (1973) 495–506. – F. Laub, Sozialgeschichtlicher Hintergrund und ekklesiologische Relevanz der ntl.-frühchristlichen Haus- und Gemeinde-Tafelparänese, MThZ 37 (1986) 249–271. – W. Lillie, The Pauline House-tables, ET 86 (1974/75) 179–183. – D. Lührmann, Neutestamentliche Haustafeln und antike Ökonomie, NTS 27 (1981) 83–97. – Merk, Handeln aus Glauben, 214–224. – Miot, Rivard, and Thériault, LTP 48 (1992) 65–79 (s. Lit. zu 1,24–2,5). – P.

MÜLLER, In der Mitte der Gemeinde. Kinder im NT, Neukirchen 1992, 319–341. – J. PIERRE, Totalité et plénitude: une stratégie de saturation de l'espace et du temps dans l'Épître aux Colossiens, LTP 48 (1992) 53–63. – W. SCHRAGE, Zur Ethik der ntl. Haustafeln, NTS 21 (1975) 1–22. – D. SCHROEDER, Die Haustafeln des NT, theol. Diss. Hamburg 1959. – G. STRECKER, Die ntl. Haustafeln, in: NT und Ethik. FS R. Schnackenburg, Freiburg 1989, 349–375. – K. THRAEDE, Zum historischen Hintergrund der „Haustafeln" im NT, in: Pietas. FS B. Kötting (JAC. E 8), 1980, 359–368. – K. WEIDINGER, Die Haustafeln (UNT 14), 1928. – S. WIBBING, Die Tugend- und Lastertheologie im NT (BZNW 25), 1959.

Zum Problem der Haustafeln

Haustafeln finden sich im NT vor allem im Kol und im Eph. Kontrovers ist die Zugehörigkeit anderer ntl. Texte zu dieser Gattung, z.B. 1Petr 2,13–3,7 (zur Diskussion um Begriff und Zugehörigkeit bestimmter ntl. Texte dieser Gattung s. vor allem Wolter K 194ff, Exkurs 4). Das Problem der Haustafeln ist sowohl ein theologisch-ethisches als auch ein formales. Vor allem ist zu fragen, ob die Gattung der Haustafeln im NT entstanden ist oder ob die ntl. Haustafeln auf außerjüdischen und außerchristlichen Vorbildern beruhen. Das theologische Problem besteht darin, ob sog. heidnische Ethik auf die ethischen Ausführungen des NT Einfluß hatten, für die Haustafeln zugespitzt unter dem Gesichtspunkt des ethischen Verhaltens im „Haus", d.h. in der Familie (Familie im weiteren Sinne des Wortes). Für das formale bzw. in literaturgeschichtlicher Hinsicht gattungsgeschichtliche Problem geht es um die Frage, ob die Gattung „Haustafeln" als an die einzelnen Mitglieder der „Familie" gerichtete Forderungen spezifisch ntl. und somit spezifisch christlich sind.

Geht es bei unserer Auslegung des Kol auch um seine Interpretation als *deutero-paulinisches* Schreiben, so stellt sich erneut die Frage, inwiefern in seiner Haustafel der Einfluß paulinischen Denkens deutlich wird. Diese Thematik zeigte sich ja bereits in 3,5ff. Daß die paulinische Ethik sowohl atl. Gehalte als auch Forderungen der griechischen Umwelt rezipiert hat, ist bekannt. Aus letzterer hat Paulus aufgegriffen, was in ethischer Sicht eben „einleuchtete", so z.B. mit den Worten von Röm 12,2, was gut, wohlgefällig (εὐάρεστον, in LXX nur Sap 4,10 und 9,10 [1. Jh. v. Chr.!]) und vollkommen ist (dazu H.-D. Betz, Das Problem der Grundlagen der paulinischen Ethik (Röm 12,1–2); in: ders., Paulinische Studien, Ges. Aufs. III, Tübingen 1994, 184–205). Die Gattung der Haustafel findet sich aber in den authentischen Paulinen nicht. So ist der Kol die älteste ntl. Schrift, die eine Haustafel bringt. Daß auch in Eph 5,21–6,9 eine solche vorliegt, erklärt sich daraus, daß der Eph sozusagen eine *editio secunda* des Kol ist.

Griechische Parallelen führt Lohse K 220f im Exkurs über die Haustafeln an. Er verweist auf ein festes Schema in der zeitgenössischen popularphilosophischen Unterweisung, in dem die Pflichten aufgeführt wurden, denen ein verantwortungsbewußter Mensch zu entsprechen hatte. So nennt er u.a. die Schilderung des Polybios über das vorbildliche Verhalten des Attalos in seinem Familienkreis (XVIII, 41, 8f). Freilich ist dies keine Haustafel im Sinne von ethischen Imperativen. Doch ist die Schilderung eines vorbildlichen Verhaltens immerhin zumeist ein impliziter Imperativ. Besser paßt wohl in unsere Thematik der von Lohse genannte ausführliche Katalog sittlicher Belehrungen in den Exzerpten des Hierokles bei Stobaios (s. Weidinger, Die Haustafeln, 27–33). Vor allem aber ist dieses Schema in der Stoa zu finden, wo das jeweilige καθῆκον, die jeweilige Pflicht, gegenüber den Göttern, Eltern usw. entfaltet wird. Unverzichtbar sind die von Dibelius/Greeven K 48f zusammengestellten stoischen Parallelen, vor allem von *Epiktet*, mag dieser auch etwas jünger als Paulus und der AuctCol sein (für intensivere Beschäftigung mit der Materie ist allerdings das Studium von SVF III geboten). Diss. II, 17, 31 läßt Epiktet den lernbegierigen Idealschüler sagen: θέλω δ᾽ ὡς εὐσεβὴς καὶ φιλόσοφος καὶ ἐπιμελὴς εἰδέναι τί μοι πρὸς τοὺς θεούς ἐστι καθῆκον, τί πρὸς γονεῖς, τί πρὸς ἀδελφούς, τί πρὸς τὴν πατρίδα, τί πρὸς ξένους. II, 14, 8 werden die Pflichten gegenüber folgenden Menschen aufgezählt: τὸν υἱόν, τὸν πατέρα, τὸν ἀδελφόν, τὸν πολίτην, τὸν ἄνδρα, τὴν γυναῖκα, τὸν γείτονα, τὸν σύνοδον, τὸν ἄρχοντα, τὸν ἀρχόμενον. Der AuctCol dürfte seine diesbezügliche Kenntnis wahrscheinlich über jene jüdischen oder judenchristlichen Kreise vermittelt bekommen haben, die im hellenistischen Kulturbereich lebten. Nun macht aber Wolter K 198 mit Recht darauf aufmerksam, daß Kol 3,18–4,1 in seiner konkreten literarischen Gestalt nicht aus der antiken Ökonomik ableitbar ist; es bleibe eine formgeschichtliche Erklärungslücke. Diese trete uns in der Form des popularphilosophischen Traktats entgegen, der sich an den Hausherrn wendet und die anderen Gruppen des Hauses nur mittelbar in den Blick nimmt. Wolter insistiert darauf, daß demgegenüber in Kol 3,18–4,1 in der Form der imperativischen paränetischen Weise *alle Gruppen direkt angeredet* werden. Seine Vermutung: „Geschlossen werden kann die Lücke aber vielleicht durch einen Text wie Ps.-Phocylides 175–227." Die Mahnungen sind hier überwiegend imperativisch formuliert; hier finden sich auch Mahnungen, die nicht an den Hausherrn adressiert sind und auch das Prinzip der Reziprozität erkennen lassen (195–197). Was Dibelius/Greeven und Lohse an Material vorgelegt haben, wird also durch die kritischen Bemerkungen von Wolter weitergeführt und präzisiert.

Die Aufforderung des AuctCol an die Frauen in **18**, sich ihren Ehemännern zu unterwerfen, ὑποτάσσεσθε, befremdet heute. Doch zunächst zum Zusatz „wie es sich im Herrn gehört". Er ist nicht eindeutig. Soll der mit ὡς eingeleitete Nebensatz die Begründung für die Unterordnung geben? Oder bekommt die Unterordnung durch das ἐν κυρίῳ eine besondere, nämlich „christliche Qualität"? Wird durch die reziproke Aufforderung an die Männer in **19**, ihre Ehefrauen zu lieben, dieses ἐν κυρίῳ theologisch dahingehend interpretiert, daß die zunächst geforderte Unterordnung zwar die damalige soziologische Stellung der Frau deutlich werden läßt, aber letztendlich durch den Imperativ von 19 relativiert, wenn nicht gar neutralisiert wird? Die Belege für die Unterordnung der Frau unter ihren Ehemann im damaligen hellenistischen Kulturkreis sind bekannt (z.B. Aristoteles, Pol I, 5, 1 f; Plutarch, Praec Coniug 11 und 19; vor allem aber die Papyri, die direkten Einblick in die damalige soziale Wirklichkeit geben). Aber auch im jahwistischen Schöpfungsbericht heißt es (Gen 2,18): ποιήσωμεν αὐτῷ βοηθὸν κατ' αὐτόν. (Das AT konnte freilich auch anders von der Frau reden: Deborah, Ri 5f, nach 5,7 „Mutter in Israel"!) Liest man die reziproken Imperative in 18f im Kontext von 12ff her mit der so deutlich herausgestellten ἀγάπη in 14, so liegt es nahe, den Imperativ ἀγαπᾶτε in 19 als die dominante Aussage zu sehen, einerlei, wie man das an das stoische καθῆκον erinnernde ὡς ἀνῆκεν interpretiert. Die damalige soziale Wirklichkeit wird keineswegs geändert, aber ihre christliche Deutung darf nicht übersehen werden. Sofern die soziale Stellung der Frau *de iure* nicht geändert wird, ist ὑποτάσσεσθε Relikt einer vergangenen Zeit und darf theologisch nicht repristiniert werden. Es darf auch nicht übersehen werden, daß der AuctCol in 11 die – paulinische! – Aussage von Gal 3,28 οὐκ ἔνι ἄρσεν καὶ θῆλυ nicht übernommen hat! Darin blieb er Kind seiner Zeit. Und er fiel damit sogar theologisch hinter seinen Lehrer Paulus zurück. Dennoch, sein Anliegen ist es, das *gegenseitige* Verhalten von Mann und Frau von der ἀγάπη her zu bestimmen. Keinesfalls – so dürfen wir sicherlich interpretierend sagen – ist die soziologische und gesellschaftliche Konstellation die vor Gott eigentlich geltende Wirklichkeit. Was allein zählt, ist die ἀγάπη!

Reziprok sind auch die Imperative in **20** und **21**, wo es um das Verhältnis von Eltern und Kindern zueinander geht. Die Kinder sollen in jeglicher Hinsicht ihren Eltern gehorchen. Auffällig ist aber dann, daß in 21 nicht die Eltern angesprochen sind, sondern nur die Väter. Auch ein Stück Kulturgeschichte, sowohl der hellenistischen wie der jüdischen Welt! Gnilka K 219 spricht wegen des κατὰ πάντα zutreffend von der Strenge, die nur begreiflich werde, wenn man die Rolle des Kindes in der zeitgenössischen Gesellschaft bedenkt. Habe doch die Antike im Kind vor allem das Unfertige, Kindische erblickt.

111

Sicherlich war der Gehorsam hervorstechendes Merkmal der Elternbeziehung des Kindes im hellenistischen Bereich. Doch wird man, wieder mit Gnilka, sehen müssen, daß das AT schon im Dekalog vom Ehren der Eltern spricht (Ex 20,12; Dtn 5,15; Sir 3,1 f). Indem aber die Kinder ihre Eltern ehren, ehren sie zugleich die Herkunft ihrer Vorfahren vom rettenden Tun Jahwähs beim Exodus aus Ägypten her. Steht doch das Vierte Gebot unter der theologischen Überschrift des Ersten Gebots. In 20 findet sich erneut ἐν κυρίῳ, zugleich aber auch das bereits bedachte εὐάρεστον. Das ἐν κυρίῳ ist sicherlich auch für 21 bestimmend: Die *patria potestas* des Vaters darf nicht Willkürherrschaft über das Kind sein! Die Väter dürfen ihre Kinder nicht reizen, um sie nicht mutlos zu machen. Die Kinder dürfen nicht aufgrund der Erziehung resignieren, dürfen nicht, wie es heute so oft gesagt wird, „frustriert" werden. Das Kind ist, modern gesprochen, Person vor Gott.

Der Abschnitt 3,22–4,1 ist prekär und brisant. Das Problem der Sklaven begegnete schon bei der Interpretation des Phlm. Paulus hat die Einteilung der Menschen in Freie und Sklaven als gesellschaftliche Realität hingenommen und keinen Gedanken daran verschwendet, diese soziologische Struktur, in der dem einen Teil der Menschheit geradezu die Würde genommen wird, zu verändern. Noch einmal sei in diesem Zusammenhang 1Kor 7,20 in Erinnerung gerufen: Jeder soll in demjenigen Stande – wörtlich: in derjenigen Berufung, κλῆσις – bleiben, in dem er berufen wurde (zur Diskussion um das umstrittene Wort κλῆσις s. die 1Kor-Kommentare). Zur Haltung des Apostels kann man immerhin sagen, daß er in der intensiven Naherwartung stand und daher eine Umwälzung aller irdischen Verhältnisse für sinnlos halten mußte. 1Kor 7,20 steht im Schatten – oder wenn man will: im Lichte – von 1Kor 7,31: παράγει γὰρ τὸ σχῆμα τοῦ κόσμου τούτου. Nun hat sich aber gezeigt, daß der AuctCol zwar auch eine futurische Eschatologie kannte, sein theologisches Denken aber keineswegs von einer hochgespannten Naherwartung der Parusie Christi bestimmt war. Könnte man dann aber nicht von ihm erwarten, daß er die Gleichgültigkeit des Paulus gegenüber den gesellschaftlichen Strukturen aufgäbe und deren Umgestaltung theologisch reflektierte? Das Wort von der Sklavenhaltergesellschaft war zwar dominierender Begriff derer, die selbst die Repräsentanten einer Sklavenhaltergesellschaft waren (und z. T. noch sind). Aber da dieses in sozialistischen Diktaturen übliche Wort auch zuweilen in ernsthafter exegetischer Literatur auftaucht, sei es genannt und als gar nicht so unzutreffender Begriff gesehen. Wenn also Deuteropaulus – so ist zu fragen – mit einer längeren Dauer der Weltgeschichte rechnete als Paulus, warum dann keine Bemühungen seinerseits zur Umgestaltung? Zu antworten ist, daß er selber in der Geschichtlichkeit seiner Existenz gesehen werden muß, um ein gerechtes Urteil über ihn zu fällen. Die Struktur der damaligen Gesellschaft wurde durch die politische Realität zementiert. Die gesellschaftlichen Strukturen konnte man aber nur verändern, wenn man in der Lage war, die politischen Strukturen zu verändern. Diese aber waren die des allgewaltigen Imperium Romanum. Und die „Weltkirche", deren universale Dimension der vom AuctCol redaktionell überarbeitete Hymnus so grandios herausstellte, war, was ihre geschichtliche Größe anging, „die kleine Herde" von Lk 12,32.

„Paulus" war aber gar nicht so gleichgültig gegenüber der sog. Sklavenhaltergesellschaft. Er brach sie nämlich von innen auf. Zeigte sich soeben, daß er das Kind als Person ernst nahm und somit auch dessen Menschenwürde, obwohl er eine Pädagogik vertrat, die nicht mehr die unsere sein kann, so gilt gleiches für die Aufforderungen an die Sklaven in 22 ff.; sie umfassen 4 Verse, die an die Herren jedoch nur einen einzigen. Sofort fällt auf, daß Kinder in 20 und Sklaven in **22** mit demselben Imperativ „Gehorcht!" angeredet werden, die einen im Blick auf ihre Eltern, die anderen im Blick auf ihre Herren. Beide Imperative enthalten auch das in unseren Augen ärgerliche κατὰ πάντα: totaler Gehorsam! Aber „Paulus" relativiert den absoluten Gehorsam, so unlogisch auch eine solche Formulierung klingen mag. Denn die Herren sind nur Herren κατὰ σάρκα, also nur nach den nicht letztgültigen Maßstäben dieser Welt. Stärker als mit κατὰ σάρκα können irdische Mächte *sub specie aeternitatis* nicht relativiert werden! Die irdischen Herren sind Herren nur in „abgeleiteter" Weise. Wird aber das Herr-Sein gehörig depotenziert, so wird auch das Sklave-Sein in einem erheblichen Maße seiner Würdelosigkeit entzogen. Der relativierte Herr „besitzt" nur relativierte Sklaven.

Die Sklaven werden auch darin ernstgenommen, daß sie aufgefordert werden, ihren Sklavendienst in ehrlicher, nämlich nicht heuchlerischer Gesinnung zu tun. Sie sollen sich ihren sog. Herren gegenüber nicht in Augendienerei, ἐν ὀφθαλμοδουλίᾳ, verhalten. Sie sollen nicht Augendienerei in heuchlerischer Haltung praktizieren, als ob sie es darauf absähen, Menschen zu gefallen, ὡς ἀνθρωπάρεσκοι (s. Gal 1,10: ἢ ζητῶ ἀνθρώποις ἀρέσκειν;). Verlangt wird vielmehr die Einfalt des Herzens. In Sap 1,2 werden die Herrscher der Erde aufgefordert, ἐν ἁπλότητι καρδίας den (göttlichen) Herrn zu suchen (s. auch TestRub IV, 1; TestLev XIII, 1). *Dieser* Herr wird nun in Kol 3,22 in der Wendung φοβούμενοι τὸν κύριον genannt. Klingt hier der *terminus technicus* für die nichtjüdischen Sympathisanten des Judentums an, nämlich φοβούμενοι τὸν θεόν? Oder ist nur einfach ein atl. Idiom, das sprichwörtlich geworden ist, aufgegriffen (z. B. Lev 19,14: καὶ φοβηθήσῃ κύριον τὸν θεόν σου, ψ 21,24: οἱ φοβούμενοι κύριον, αἰνέσατε αὐτόν)? Lohse K 228 macht eigens darauf aufmerksam, daß mit diesen Worten von 22 nicht wie im AT (und Apk 15,4) auf Gott, sondern auf Christus hingewiesen sei.

Wenn dann die Sklaven in **23** aufgefordert werden, was immer sie auch tun, ἐκ ψυχῆς zu tun, also aus ihrem eigentlichen Inneren heraus, so wird damit der Gedanke von 22 fortgeführt. Die dort geforderte radikale Aufrichtigkeit wird erneut christologisch fundiert: Was die Sklaven tun, sollen sie so tun, daß ihr Sklavendienst letztlich nicht Menschen gilt, sondern ὡς τῷ κυρίῳ. Es ist eine erneute Relativierung der irdischen Herren. Der *eigentliche* Herr der Sklaven ist Christus! 17 klingt nach: Alles, was ihr tut, auch ἐν ἔργῳ, das tut im Namen des Kyrios Jesus! 17 wird also auf das den Sklaven gebotene Verhalten angewendet (Lohse K 228). Pokorný K 154 sieht darüber hinaus in 23 „eine Applikation der allgemeinen Regel des christlichen Lebens (→ 3,17)". **24a** begründet 23 unter Hinweis auf die ἀνταπόδοσις (ntl. Hapax legomenon); **24b** nennt apodiktisch im Imperativ τῷ κυρίῳ Χριστῷ δουλεύετε noch einmal den eigentlichen Herrn des δοῦλος.

25 bringt, wie Ernst Käsemann (Sätze heiligen Rechtes im NT, in: ders., Exegetische Versuche und Besinnungen II, 69–82), formgeschichtlich zutreffend klassifiziert, einen Satz heiligen Rechtes. Entspricht dieser Satz aber dem paulinischen theologischen Denken, in dessen Tradition doch der AuctCol steht? Denn daß der, der Unrecht tut, sich Unrecht zuzieht, ist doch – einmal abgesehen davon, daß hier der weisheitliche Tun-Ergehens-Zusammenhang ausgesprochen ist – Werkgerechtigkeit in Reinkultur. Lindemann K 67 meint unter Verweis auf Röm 2,12–16, daß dieser Gedanke gut paulinisch sei und die zwingende Voraussetzung für die Rechtfertigungslehre des Apostels bilde, die ja im Kol fehle. Nun ist es zwar richtig, daß in Röm 2,12ff die *Voraussetzung* der paulinischen Rechtfertigungstheologie ausgesprochen ist. Aber die Ebene, auf der der Apostel dies sagt, ist nicht die Ebene, auf der sich die theologische Argumentation ab Röm 3,21 bewegt. In Kol 3,25 ist dann der genannte Satz im Blick auf die *christlichen* Sklaven gesagt.

Auch Pokornýs Bemerkung (K 155), das Gericht bestehe darin, daß Gott einige Werke oder Einstellungen des Menschen lobe und einige ablehnen müsse, so daß der Mensch in das neue Leben verwandelt eingehe, dürfte der nicht überzeugende Versuch sein, den Satz heiligen Rechtes von 25 theologisch zu rechfertigen. M. E. sollten wir hier offen zugeben, daß eine Unausgeglichenheit der Argumentation beim AuctCol vorliegt. Daß es bei Gott kein Ansehen der Person gibt, wie es 25b heißt, ist freilich gut paulinisch. οὐκ ἔστιν προσωπολημψία entspricht Gal 2,6 πρόσωπον [ὁ] θεὸς ἀνθρώπου οὐ λαμβάνει.

4,1 spricht nun endlich die Herren an; sie sollen den Sklaven gewähren, was recht und billig ist. τὸ δίκαιον ist Begriff der popularen Philosophie, ging aber dann im Sinne von „was recht ist" in die Umgangsprache ein. Für ἰσότης, Billigkeit, sei auf Philon, Spec Leg IV, 231, verwiesen: μήτηρ δικαιοσύνης (s. vor allem G. Stählin, ThWNT III, 355f, dort auch das Verhältnis der ἰσότης zur Gerechtigkeit in der Stoa und bei Philon).

Zu den Weisungen der Haustafel insgesamt sei noch einmal Lindemann K 68 zitiert: „Offenbar ... war es für die christliche Paränese durchaus möglich, vom Christusbekenntnis her die Unterordnung zu begründen, nicht jedoch Herrschaftsansprüche. So werden die irdischen ‚Herren' denn auch keineswegs als ‚Abbilder' Christi beschrieben ... Die Haustafel des Kolosserbriefes ist ein gutes Beispiel dafür, daß es unmöglich ist, ethische Aussagen des NT ohne weiteres als zeitlos gültige Normen anzusehen und in die Gegenwart zu übertragen." Das dürfte an der hier gebotenen Auslegung deutlich geworden sein.

4,2–6 Letzte Ermahnungen

²Haltet am Gebet fest! Wachet dabei in Dankbarkeit! ³Betet zugleich auch für uns, damit Gott uns eine Tür für das Wort öffne, um das Geheimnis des Christus zu verkündigen, um dessentwillen ich auch gefesselt bin, ⁴damit ich es so offenbar mache, wie ich es verkündigen muß. ⁵In Weisheit wandelt gegenüber denen, die „draußen" sind! Kaufet die Zeit aus! ⁶Euer Wort (geschehe) jederzeit „in Anmut, (doch) mit Salz gewürzt"! (Dann nämlich) versteht ihr euch darauf, wie man jedem jeweils zu antworten hat.

Literatur: M. Bockmuehl, A Note on the Text of Col 4:3, JThSNS 39 (1988) 489–494.

Insgesamt macht der sog. paränetische Teil des Briefes ein wenig den Eindruck des Unkonzentrierten. Da brachte „Paulus" im 3. Kap. zunächst in 3,1–4 das Fazit aus den „dogmatisch"-polemischen Darlegungen, um dieses Fazit dann wiederum als Ausgangspunkt für seine Ermahnungen zu nehmen, 3,5–17. Diese wiederum leiteten zur Haustafel in 3,18–4,1 über. Doch nun folgen in 2–6 erneut einige Ermahnungen, sozusagen „letzte Ermahnungen" (Lohse K 232). Es scheint, als wollte der AuctCol mit ihnen einen für ihn besonders wichtigen Schlußpunkt in der Paränese setzen: Gebet – Wandel in Weisheit – Verantwortung gegenüber allen Menschen. Deshalb wird man aus diesem kleinen Abschnitt heraushören müssen, wie der Briefschreiber den Kolossern ans Herz legen will, woran ihm ganz besonders liegt.

Vom Beten war im Kol schon 1,3.9 die Rede; aber „Paulus" sprach hier zum Eingang seines Briefes von seinem eigenen Gebet für die Gemeinde in Kolossä. Jetzt, am Ende des Briefes, geschieht die Aufforderung zum Gebet an die Adressaten. In **2** werden sie ermahnt, am Gebet festzuhalten. Damit steht Deuteropaulus wieder in paulinischer Tradition. Heißt es hier τῇ προσευχῇ προσκαρτερεῖτε, so erinnert das sofort an Röm 12,12 τῇ προσευχῇ προσκαρτεροῦντες (s. auch 1 Thess 5,17). Die Mahnung zu ständigem Gebet ist allerdings nichts spezifisch Paulinisches, sondern allgemein ntl. (z. B. Lk 18,1: δεῖν πάντοτε προσεύχεσθαι). Zum Gebet gehört Wachsamkeit. γρηγοροῦντες läßt sofort an die Gethsemane-Szene mit Mk 14,38 denken: γρηρορεῖτε καὶ προσεύχεσθε. Es ist aber nicht ausgemacht, daß der AuctCol diese Überlieferung, die Markus erst um 70 in seiner Evangelienschrift rezipierte, bereits gekannt hat. Das Wachen soll in Dankbarkeit – natürlich gegenüber Gott! – geschehen. Mit ἐν εὐχαριστίᾳ greift „Paulus" 3,17 auf, wo es nicht um Dankbarkeit nur beim Gebet ging, sondern in grundsätzlicher Weise bei allem Tun, also Dankbarkeit als Grundhaltung christlicher Existenz. Für die εὐχαριστία gilt auch, worauf zur προσευχή hingewiesen wurde: Zunächst sagt sie „Paulus" von sich selbst aus (1,3), dann ermahnt er die Gemeinde dazu.

Dem Substantiv τῇ προσευχῇ in **2** folgt in **3** das Partizip προσευχόμενοι. Mit ihm bittet „Paulus" um ein Gebet für sich selbst. Erneut die Reminiszenz an den Röm: In Röm 15,30–32 bittet Paulus die Römer, mit ihm in ihren Gebeten „mitzukämpfen", συναγωνίσασθαι, daß er bei der Ablieferung seiner Kollekte in Jerusalem vor den Nachstellungen der „Ungläubigen" gerettet werde – wohl nicht so sehr aus der Sorge um sein persönliches Schicksal, sondern doch wohl vor allem deshalb, damit er im Auftrag Gottes sein Missionswerk weiterführen, also sein Wort des Evangeliums weiter den Völkern verkündigen kann. Genau das ist aber die *theologische* Intention in **3**. Der Kol ist ja Dokument der Wirkungsgeschichte der paulinischen Worttheologie. 4,3 greift betont 1,25 πληρῶσαι τὸν λόγον τοῦ θεοῦ auf. Und zugleich ist mit δι᾽ ὃ καὶ δέδεμαι auch 1,24, außerdem 1,26 mit der Explikation des Logos Gottes als τὸ μυστήριον τοῦ Χριστοῦ im Blick. Die Ermahnung in 4,2ff ist also weit mehr als Ermahnung, sie ist noch einmal eine gezielte Zusammenfassung der deuteropaulinischen Apostolats- und Missionstheologie unter dem zentralen theologischen Begriff des Wortes Gottes. Die theologische Terminologie in **4** ist charakteristisch für den hohen ekklesiologischen Stellenwert der kirchlichen Position des Apostels. Er soll das Mysterium des Christus offenbar machen, ἵνα φανερώσω αὐτό. φανεροῦν war aber in 3,4 eschatologisches Schlüsselwort: Christus wird am Jüngsten Tage offenbar werden, wird sich offenbaren; die Kolosser werden mit ihm offenbar werden – φανερωθῇ, φανερωθήσεσθε. φανερωθῆναι bedeutet hier die heilvolle Erscheinung von Personen; das *personale* Element ist in dieser grammatisch passiven, aber dem Sinn nach aktiven Verbform betont. Wenn „Paulus" nach 4,4 das Mysterium des Christus verkündigt – λαλεῖν meint als *terminus technicus* der Missionssprache „verkündigen" (vgl. Mk 2,2: ἐλάλει αὐτοῖς τὸν λόγον; s. auch Mk 8,32; 13,11) –, so verkündigt er ja Christus *als* dieses Geheimnis. Nach Kol 1,27 ist ja „Christus in euch", d. h. „Christus in den Völkern", das Geheimnis. Und weil „Paulus" das Geheimnis des Christus verkündigen muß, entspricht das 1 Kor 9,16: οὐαὶ γάρ μοί ἐστιν ἐὰν μὴ εὐαγγελίζωμαι (nach ℵ* A et al., anders Nestle-Aland²⁷).

Ist in **5** vom Wandel in der Weisheit die Rede, so ist noch einmal ein tragender Begriff des Briefes genannt, der im Kontext der Wort- und Missionstheologie des AuctCol erscheint, nämlich σοφία, vor allem 2,3 und 3,16. Gefestigt in eben dieser Weisheit des im Wort verkündigten Geheimnisses Christi sollen die Kolosser denen begegnen, die „draußen" sind, πρὸς τοὺς ἔξω. So sollen sie „die Zeit auskaufen". Hier steht καιρός, nicht χρόνος.

Sie sollen also zum richtigen Augenblick das Richtige sagen, sie sollen sich in der *Geschichtlichkeit* ihrer Existenz der ihnen obliegenden Verantwortung bewußt sein und danach handeln. Sie sollen so viel Weisheit – σοφία freilich im Sinne des durch den AuctCol Gesagten! – haben, daß sie den Kairos erkennen und dadurch in ihrem glaubenden Selbst-Verstehen der jeweils geschichtlichen Situation und jeweils geschichtlichen Begegnung gerecht werden. Das kann niemals in einer „gesetzlichen" Einstellung geschehen. Gesetz-liche Pedanterie gegenüber Bestimmungen, die jedes Verhalten in jeder denkbaren Mög-lichkeit im voraus berechnet und fixiert, hat mit verantwortlicher Existenz des glauben-den Menschen nichts zu tun. Wer den Kairos „auskaufen" will, bedarf der geistigen und zugleich geistlichen Beweglichkeit. Das hat der AuctCol, wenn er τὸν καιρὸν ἐξαγοραζόμε-νοι formulierte, aus dem rechten Verständnis der paulinischen Theologie gesagt. Es ist genau diejenige Haltung, die auch nach dem Gleichnis vom barmherzigen Samariter Lk 10,25 ff erwartet wird: Die jeweilige *Begegnung läßt verstehen*, was zu tun ist, läßt verste-hen, wie man sich in Wort und Tat jeweils neu zu verhalten hat. In diesem Sinne ist auch **6** geschrieben. Vom Wort, λόγος, der Kolosser ist die Rede. ἐν χάριτι, ἅλατι ἠρτυμένος dürfte sprichwörtlich sein, wie Dibelius/Greeven K 50 f richtig herausgearbeitet haben: Eure Worte seien voll Anmut und mit Salz gewürzt. Sie verweisen dafür u. a. überzeugend auf Plutarch, Garr 514 F: χάριν τινὰ παρασκευάζοντες ἀλλήλοις ὥσπερ ἁλσὶ τοῖς λόγοις ἐφηδύνουσι τὴν διατριβήν (weitere Belege ib. 51); frei übersetzt: „*Sie begegnen einander mit Anmut, während sie mit ihren Worten wie mit Salz ihre Diskussion führen.*" Das meint, mit einem lateinischen Sprichwort gesagt: *Suaviter in modo, fortiter in re*, Ernstnehmen der Person, aber zugleich die unverzichtbare Deutlichkeit der Sache. Den Logos, die Ant-*Wort* auf die Frage nach dem *Wort* Gottes, kann nur geben, wer im Glauben gefestigt ist, d. h. wer, um die eigene Existenz wissend, den anderen als Existenz mit all seinen Fragen versteht.

4,7–18 Grüße als Abschluß des Briefes

[7]**Wie es um mich steht, das alles wird euch Tychikos berichten, (mein) geliebter Bruder und treuer Diener und Mitknecht im Herrn. **[8]**Den habe ich genau zu diesem Zweck zu euch geschickt, damit ihr über uns Bescheid wißt und er eure Herzen tröste. **[9]**(Ihn schickte ich) zusammen mit Onesimos, dem treuen und geliebten Bruder, der ja aus eurer Mitte stammt. Über alles, was sich hier abspielt, werden sie euch informieren.**

[10]**Es grüßen euch Aristarchos, mein Mitstreiter, und Markus, der Vetter des Barnabas – seinetwegen habt ihr (bereits) Anordnungen empfangen; wenn er zu euch kommt, so nehmt ihn auf! – **[11]**und Jesus, der Justus genannt wird. Diese sind die einzigen (meiner) Mitarbeiter am Reiche Gottes aus dem Judentum, sie sind mir zum Trost geworden. **[12]**Es grüßt euch Epaphras, der (auch) aus eurer Mitte stammt, ein Knecht Christi Jesu, der alle Zeit für euch in (seinen) Gebeten kämpft, damit ihr vollkommen dasteht und in allem erfüllt seid, was Gottes Wille ist. **[13]**Denn ich bezeuge ihm, daß er sich um euch und um die in Laodikeia und die in Hierapolis große Mühe gibt. **[14]**Es grüßen euch Lukas, der geliebte Arzt, und Demas. **[15]**Grüßt die Brüder und Schwestern in Laodikeia und Nympha und ihre**

Hausgemeinde. [16]Und nachdem der Brief bei euch vorgelesen worden ist, sorgt dafür, daß er auch in der Gemeinde der Laodikeia vorgelesen wird und auch ihr den (Brief) aus Laodikeia vorlest. [17]Und sagt dem Archippos: „Achte auf das Amt, das du im Herrn empfangen hast, um es zu erfüllen!"

[18](Hier) der Gruß mit meiner eigenen Hand, der des Paulus. Gedenket meiner Fesseln! Die Gnade sei mit euch!

Literatur: C. P. ANDERSON, Who Wrote the Epistle from Laodicea?, JBL 85 (1966) 436–440. – G. E. LADD, Paul's Friends in Col. 4,7–16, RExp 70 (1973) 507–514. – LINDEMANN, WuD 16, 111 ff. – E. LOHSE, Die Mitarbeiter des Apostels Paulus im Kol, in: Verborum Veritas, FS G. Stählin, Wuppertal 1970, 189–194. – P. MÜLLER, Anfänge der Paulusschule, 293–298. – OLLROG, Paulus und seine Mitarbeiter, 44–49. – SCHNIDER/STENGER, Studien, 92–167. – ZEILINGER, Die Träger der apostolischen Tradition, 175–190.

Vielleicht kann man sagen, daß nun der konkreteste Teil des Briefes folgt. Name über Name wird genannt. So war es auch dieser abschließende Teil des Briefes, der wegen seiner konkreten Lebendigkeit so manchen Forscher bewegt hat, im Kol einen authentischen Paulusbrief zu sehen. Kann man derart mit noch lebenden Gemeindegliedern umspringen, daß man sie zu Figuren eines pseudonymen Briefes macht? Dieser Einwand ist jedoch aus modernem Empfinden formuliert; er projiziert dieses unangemessen in die Antike. Die meisten der Namen stammen aus dem authentischen Philemon-Brief, in der Reihenfolge der Erwähnung in diesem Brief genannt: Archippos (2; Kol 4,17), Onesimos (10; Kol 4,9), Epaphras (23; Kol 4,12), Markus (24; Kol 4,10), Aristarchos (24; Kol 4,10), Demas (24; Kol 4,14) und Lukas (24; Kol 4,14). Geht man davon aus, daß der Kol entweder kurz vor oder kurz nach dem Erdbeben von 61 geschrieben wurde, vielleicht auch erst um 70, so ist damit zu rechnen, daß zur Zeit der Niederschrift des Briefes ein großer Teil der in Kol 4,7 ff Genannten noch lebte, vielleicht sogar, daß der AuctCol einige von ihnen, wenn nicht alle, persönlich kannte. Ist Paulus kurz nach der Kollektenreise nach Jerusalem den Märtyrertod gestorben – m. E. noch vor 60 –, so dürfte der Phlm wahrscheinlich in die Mitte der fünfziger Jahre zu datieren sein (s. die Phlm-Auslegung dieses Kommentars). Dann aber ist mit großer Wahrscheinlichkeit zu vermuten, daß die Angabe des AuctCol, Onesimos und Epaphras gehörten zur Gemeinde von Kolossä, auf guter Information beruhte. Sollte die Annahme Lindemanns zutreffen, daß der eigentliche Adressat die Gemeinde von Laodikeia (nach dem Erdbeben) war, so änderte sich an der eben geäußerten Vermutung wenig. Soviel steht jedenfalls fest: Die im authentischen Phlm genannte Personengruppe gibt für den deuteropaulinischen Kol die historisch verifizierbare Szene ab, die diesem Brief die erwähnte Lebendigkeit gibt, mehr noch: die ihm ein gewisses reales geschichtliches Fundament gibt. Sollte der AuctCol im Westen der Asia Minor gelebt haben, wofür doch vieles spricht, dann muß zumindest die *Frage* gestellt werden, ob es nicht doch irgendeine Übereinkunft zwischen ihm und wenigstens einigen der Genannten gab, wonach sie in Kol 4 mit Namen aufgelistet würden. Die Antwort können *wir* nicht geben; aber die Frage läßt sich nicht vermeiden, wenn wir geschichtlich anschaulich denken wollen. Das Rätsel des Kol bleibt, da wir aufgrund der völlig unzureichenden Quellenlage das Verhältnis zwischen dem AuctCol und den im Phlm und Kol Genannten nicht rekonstruieren können. Phlm war mit Sicherheit literarische Quelle für Kol 4,7 ff. Alles übrige bleibt im Dunkeln. Gehörte aber der AuctCol zur

Paulus-Schule, vielleicht sogar zum engeren Kreis dieser Schule, so ist eine Verbindung zwischen ihm und den anderen, nämlich den in beiden Briefen genannten Mitarbeitern des Apostels – wie auch immer – , zu vermuten. Eine solche Verbindung von vornherein aus der geschichtlichen Realität jener Zeit als ausgeschlossen zu postulieren, ist in methodologischer Sicht ein Unding.

Der erste, der in 4,7ff mit Namen erwähnt wird, ist in **7** Tychikos. „Paulus" nennt ihn seinen geliebten Bruder, treuen Diener und Mitknecht im Herrn. Doch gerade dieser Tychikos begegnet im Phlm nicht. Nach den eben skizzierten Überlegungen ist mit Sicherheit anzunehmen, daß er zum Paulus-Kreis gehörte und daß seine vom AuctCol gezeichnete Charakteristik zutrifft. Sie stimmt fast wörtlich mit der überein, die „Paulus" in 1,7 von Epaphras gegeben hat (s. z.St.). 1,7 ist im NT die älteste Stelle, an der Tychikos erscheint. Eph 6,21 gibt keine weitere Information, da diese Stelle literarisch von Kol 4,7 abhängig ist. Was die Tradition wert ist, die 2Tim 4,12 und Tit 3,12 zugrunde liegt, in Zeugnissen also aus der ersten Hälfte des 2. Jh., sei dahingestellt. Sonst wird Tychikos nur noch in Act 20,4 – Lukas nennt ihn und Trophimos als Ἀσιανοί – erwähnt. Gehörte er zu den für die Kollekte Verantwortlichen?

Aus **8** ist zu schließen, daß Tychikos Überbringer des Briefes an die kolossische Gemeinde sein soll. Er soll zudem über die näheren Umstände der Gefangenschaft des „Paulus" informieren und die Gemeinde trösten, sie also stärken. Mit ihm schickt „Paulus" Onesimos, wie Tychikos treuer und geliebter Bruder; vor allem aber stammt er selbst aus der Gemeinde Kolossä. Wenn die eben geäußerten Vermutungen über 7ff zutreffen, dürfte Onesimos, den Paulus, nachdem er, ein Sklave, seinem Herrn Philemon entlaufen war, zurückgeschickt hatte, wohl im Einvernehmen mit diesem, seinem (ehemaligen?) Herrn Kolossä verlassen haben. War er das erstemal aus Kolossä geflohen, so hat er nun den Ort auf legalem Wege verlassen und befindet sich erneut auf der Rückreise. Dieser sein zweiter Aufenthalt außerhalb von Kolossä dürfte also mit höchster Wahrscheinlichkeit historisch sein. Da Onesimos durch Paulus Christ geworden ist und dann als Christ zum Christen Philemon zurückgeschickt wurde, liegt die – freilich nicht zwingende – Annahme nahe, daß er danach aufgrund des gemeinsamen Glaubens beider aus dem Sklavenstand entlassen wurde. Dann spricht auch viel für eine tatsächlich geschehene erneute Abreise aus Kolossä; als ἐλεύθερος verläßt er diesmal die Stadt am Lykos. Reine Spekulation ist allerdings, er sei mit dem von Ignatius, IgnEph 1,3 genannten Bischof von Ephesus identisch. Wolters K 215 Widerspruch gegen die Annahme Pokornýs K 161, Onesimos sei wie Tychikos „Diener und Mitsklave im Herrn" gewesen, also kirchlicher Amtsträger, besteht zu Recht. Wohl aber soll er zusammen mit Tychikos der Gemeinde in Kolossä über die Zustände im Gefängnis, wo „Paulus" inhaftiert ist, berichten.

Die im folgenden genannt werden, sind nicht auf dem Wege nach Kolossä. Von ihnen bestellt „Paulus" daher Grüße. In **10** nennt er zunächst Aristarchos, den „Mitgefangenen", συναιχμάλωτος. Nach Phlm 24 wird er neben Markus, Demas und Lukas als „Mitarbeiter", συνεργός, genannt und nur Epaphras als συναιχμάλωτος bezeichnet. Gnilka K 237 versteht „Mitkriegsgefangener" in Kol 4,10 bildlich: Er hatte aktiven Anteil an den Kämpfen und Leiden für das Evangelium (unter Berufung auf V. C. Pfitzner, Paul and the Agon Motif [NT.S 16], 1967, 161: „familiar military metaphor"; dieser beruft sich seinerseits auf G. Kittel, ThWNT I, 196f: Wäre συναιχμάλωτος im wörtlichen Sinne verstanden, so wäre σύνδεσμος oder συνδεσμώτης wahrscheinlich). Gnilka: „Am besten bezieht man das für den Makedonier auf die Begleitung des Paulus in Kaisareia und bei der

Schiffsreise nach Rom. Alles andere wäre Spekulation." Mit Ollrog, Mitarbeiter, 76 und 76, Anm. 78 und H. Balz, EWNT III, 711, dürfte aber ein tatsächlicher Gefängnisaufenthalt gemeint sein; das philologische Argument Kittels ist m. E. nicht überzeugend. Auch nach Lohse K 242, Anm. 2 liegt es am nächsten, das Wort im eigentlichen Sinne zu verstehen. Aristarchos dürfte mit dem Act 27,2 erwähnten Aristarchos aus Thessalonike identisch sein, Act 19,29 als Makedonier genannt und 20,4 zusammen mit Tychikos u. a. erwähnt (s. o.). Er gehörte also zeitweilig zu den Mitarbeitern des Paulus auf dessen Missionsreisen. Den Markus charakterisiert Gnilka K 237 als „Mann der ersten Stunde der paulinischen Missionsarbeit". Act 12,12.15; 15,37–39 begegnet er als Johannes Markus und stammt möglicherweise aus Jerusalem (dagegen Ollrog, Mitarbeiter, 48: Ein Mitglied der antiochenischen Gemeinde wurde in der Jerusalemer Urgemeinde verankert). Mehr als eine Möglichkeit kann die These von Jerusalem als der Heimat des Markus angesichts der exegetischen Probleme von Act 12 nicht sein (s. H. Conzelmann, HNT 7, 76ff). Ebenso kompliziert ist die Frage nach der Teilnahme des Markus an der sog. ersten Missionsreise des Paulus, auf der er nach Act 13,13 zum Ärger des Paulus (15,37–39!) von Perge aus wieder nach Jerusalem zurückkehrt. Die Historizität dieser sog. ersten Missionsreise ist aber bis heute umstritten. So wie sie Act 13f geschildert ist, verträgt sie sich nicht mit der *narratio* des Gal. *Daß* es jedoch zur Auseinandersetzung und zur Trennung zwischen Paulus und Markus kam, ist wohl anzunehmen, ebenso aber auch, und gerade durch das Zeugnis von Kol 4,10, daß es zu einem späteren Zeitpunkt wieder zur Versöhnung kam. Kann die Trennung zwischen den beiden Menschen mit dem *factum Antiochenum* Gal 2,11ff zusammenhängen, da es ja dort wegen der Haltung des Barnabas zum Bruch zwischen diesem und Paulus kam, Markus aber nach Kol 4,10 Vetter des Barnabas war? Welcherart die Anweisungen waren, die die Kolosser wegen des Markus erhalten hatten, wissen wir nicht. Die Aufforderung, ihn aufzunehmen, hängt aber irgendwie mit diesen Anweisungen zusammen. Und irgendwie dürfte dieser Bemerkung auch ein gewisses historisches *fundamentum in re* innewohnen. Im Laufe der Zeit avancierte Markus sogar zum Evangelisten (Papias bei Eusebius, HE III, 39, 15; dazu U. H. J. Körtner, Papias von Hierapolis [FRLANT 133], 206ff).

Als dritter wird in **11** „Jesus genannt Justus" erwähnt. Über ihn gibt es im übrigen NT und auch in der sonstigen zeitgenössischen Literatur keine Information. Von Aristarchos, Markus und Jesus Justus heißt es, sie seien die einzigen Judenchristen – wörtlich: ἐκ τῆς περιτομῆς –, die „Paulus" als Mitarbeiter geblieben seien; sie seien ihm zum Trost – παρηγορία ist *hapax legomenon* im NT – geworden. Diese Angabe dürfte den geschichtlichen Sachverhalt zuverlässig deutlich machen: Der zum Heidenapostel berufene Jude Saulus Paulus muß erleben, daß er in seinen Missionsgemeinden praktisch kaum noch Männer und Frauen aus seinem eigenen Volk um sich hat. Der Ton von Kol 4,11 gleicht dem von Röm 9,1–5. Aber von Röm 11,26 spürt man im Kol kaum etwas. Auf jeden Fall läßt uns Kol 4 etwas von dem verspüren, was der geschichtliche Paulus tatsächlich empfand. Wer auch immer den Kol geschrieben hat – es ist zu vermuten, daß er wohl aus der persönlichen Begegnung mit dem Völkerapostel etwas von dessen Schmerz über den Unglauben Israels mitbekommen hatte und dies dann in 4,11 zum Ausdruck brachte. Er spricht in diesem Zusammenhang von den Mitarbeitern am Reiche Gottes. Wieweit βασιλεία τοῦ θεοῦ als formelhafter Ausdruck genannt wird, dessen Bedeutung abgeschliffen sei, so daß der eschatologische Charakter des Begriffs nicht mehr hervortrete, wie Lohse K 242 sagt, sei dahingestellt. Immerhin hat der AuctCol diesen Begriff in seiner theologischen Argumentation nicht verwendet.

Den Epaphras, der in **12** als Grüßender erwähnt wird, nannte „Paulus" bereits in 1,7 als den, der ihm Gutes über die Gemeinde von Kolossä berichtet hatte. Dort wurde er als ἀγαπητὸς σύνδουλος ἡμῶν bezeichnet, hier als δοῦλος Χριστοῦ [Ἰησοῦ]. Er kämpft allezeit – πάντοτε wie 1,3 vom Gebet des „Paulus" – für die Kolosser in seinen Gebeten, damit sie vollkommen dastehen (τέλειοι wie 1,28). πεπληροφορημένοι erinnert an πεπληρωμένοι in 2,10 und ist mit diesem so gut wie synonym; aber im Unterschied zu 2,10, wo die Verbform mit ἐν αὐτῷ (sc. Χριστῷ) ergänzt wird, geschieht es hier mit ἐν παντὶ θελήματι τοῦ θεοῦ. Doch ist in 1,9 auch vom Willen Gottes im Zusammenhang mit πληροῦσθαι die Rede: ἵνα πληρωθῆτε τὴν ἐπίγνωσιν τοῦ θελήματος αὐτοῦ. Es zeigt sich also laufend in 4,7ff der Bezug auf zuvor gebrachte zentrale theologische Aussagen. Dem Epaphras bezeugt der AuctCol in **13**, daß er sich um die Kolosser, aber auch um die Gemeinden von Laodikeia und Hierapolis bemüht habe.

In **14** wird wieder ein Mitarbeiter des Paulus genannt, dem man später die Würde eines Evangelisten zugesprochen hat, nämlich Lukas, der Arzt. Man hat ihn zum Leibarzt des Paulus auf dessen Missionsreisen gemacht. Der Phantasie waren ja von jeher keine Grenzen gesetzt. Daß kein Reisebegleiter des Paulus die Act geschrieben hat, hat Vielhauer, Geschichte der urchristlichen Lit., 391, treffend formuliert: „Der Verfasser befindet sich in so kompakten historischen Irrtümern über das Leben des Paulus, wie sie keinem Begleiter unterlaufen konnten." Zusammen mit Lukas wird Demas (zu beiden s. Phlm 24) genannt. Lukas wird auch 2Tim 4,11 als Mitarbeiter des Paulus erwähnt.

Die Kolosser sollen auch ihrerseits Grüße bestellen **15**, und zwar an die Brüder und Schwestern in Laodikeia (ἀδελφοί meint natürlich beide Geschlechter) und an Nympha samt ihrer Hausgemeinde (s. zu Phlm 2). Auch hier also wieder ein Hinweis auf die Struktur der Gemeinden mit ihren Hausgemeinden. Nympha war mit Sicherheit eine Frau; nur der Mehrheitstext und westliche Zeugen lesen αὐτοῦ statt αὐτῆς. Daß im Laufe der Textgeschichte eine Frau zum Mann wird, braucht nicht allzusehr zu verwundern.

16 bringt die Aufforderung, den an die Gemeinde zu Kolossä geschriebenen Brief nach der dort vorgenommenen Verlesung nach Laodikeia weiterzugeben, damit er auch der dortigen Gemeinde verlesen werde. Analog sollte der an die Gemeinde zu Laodikeia geschriebene Brief auch vor der Gemeinde von Kolossä verlesen werden. Zunächst eine auch noch 15 in den Blick nehmende Bemerkung zur Terminologie: ἐκκλησία findet sich im Kol nur in 1,18 und 4,15f. In 1,18 ist ἐκκλησία als redaktionelle Interpretation des Hymnus durch den AuctCol Begriff für die Gesamtkirche. Paulus faßte zwar auch zuweilen ἐκκλησία (τοῦ θεοῦ) als Gesamtgemeinde (Gal 1,13; Phil 3,6; 1Kor 15,9). Doch versteht er unter der ἐκκλησία vor allem die Einzelgemeinde, und zwar besonders mit Blick auf ihre gottesdienstliche Versammlung (1Kor 11,18; 14,23). Es scheint aber, daß der AuctCol mit dem Begriff in erster Linie die Gesamtkirche aussagen will, da 1,18 an zentraler Stelle des Briefes steht. In 4,16 ist jedoch unter ἐκκλησία die Ortsgemeinde verstanden, die in Kolossä und die in Laodikeia, in 4,15 sogar innerhalb der Ortsgemeinde von Laodikeia die Hausgemeinde der Nympha: ἡ κατ' οἶκον ἐκκλησία. Doch auch dieser Sprachgebrauch ist paulinisch, wie bereits Phlm 1f zeigt: Φιλήμονι ... καὶ τῇ κατ' οἶκόν σου ἐκκλησίᾳ. Der Begriff ἐκκλησία ist also nicht eindeutig; mit ihm kann die Gesamtkirche, die Ortskirche und die Hauskirche gemeint sein; dies gilt für Paulus wie für Deuteropaulus, nur die Akzente sind bei beiden jeweils anders gesetzt.

Wichtiger ist, daß wir registrieren, wie wichtig dem AuctCol die *Ortskirche von Laodikeia* ist. Sein Anliegen ist die Bekämpfung der in der Literatur „kolossische Philosophie" genannten Häresie. Ist der Brief zwar nach dem Märtyrertod des Paulus, aber noch vor der Zerstörung Kolossäs durch das Erdbeben geschrieben, dann besagt die Anweisung von 16, daß der AuctCol auch eine Bedrohung der Gemeinde von Laodikeia durch die „kolossische" sog. Philosophie sieht. Sollte aber der Brief erst nach dem Erdbeben verfaßt sein – so die meisten Autoren – , also zu einer Zeit, da die Stadt Laodikeia, nicht aber Kolossä wiederaufgebaut wurde, so ist *lediglich* eine Bedrohung des Glaubens in Laodikeia denkbar – vorausgesetzt, Kolossä wurde tatsächlich damals zerstört (s. die Einleitung!). Auffällig ist auch, daß trotz der Erwähnung von Hierapolis in 13 diese Stadt in 15 nicht erwähnt ist! Dann aber gewinnt die Hypothese von Andreas Lindemann K 12f (auch WuD 16, 111–134), Kolossä sei Scheinadresse und die Gemeinde von Laodikeia die eigentliche Adressatin, an Plausibilität. Es bleibt jedoch auch bei dieser Annahme das bereits genannte Problem, wie das Verhältnis des AuctCol zu den in 4,7ff genannten Personen zu verstehen ist. Man hat sie ja sicherlich in Laodikeia gekannt; womöglich wohnten sogar nun einige von ihnen nach der Katastrophe des Erdbebens in dieser Stadt. Haben sie bei diesem pseudonymen Brief „mitgespielt"? Die Exegese von 16 kann nur mit einem solchen Fragezeichen enden. Erwähnt sollte aber noch werden, daß Lindemanns Hypothese inzwischen ernsthaft erwogen wird (z. B. Pokorný K 17; Wolter K 220f scheint sie nicht für unmöglich zu halten, plädiert aber dafür, daß wir die faktischen Adressaten des Kol in einer dritten Stadt Kleinasiens zu suchen hätten, deren Namen wir nicht kennen).

In **17** befiehlt „Paulus", den Archippos zu ermahnen, sein Amt ordentlich zu führen. In der Tat, diese Mahnung ist „wenig freundlich formuliert" (Lindemann K 77). Was Paulus in Phlm 2, also bereits im Präskript des Briefes, über ihn sagt, klingt anders: Ἀρχίππῳ τῷ συστρατιώτῃ ἡμῶν.

Ist der Brief deuteropaulinisch, so ist auch der mit eigener Hand geschriebene Gruß des Paulus**18** fiktiv. Die Bitte, sich seiner Fesseln zu erinnern, fügt sich bestens in das Paulus-Bild des AuctCol. Mit dem Gruß „Die Gnade (sei) mit euch!" schließt der Brief.

Rückblick auf die Theologie des Kolosserbriefes

Steht das, was „Paulus" im Kol an theologischer Intention, Überlegung und Argumentation bringt, in Übereinstimmung mit der Theologie des geschichtlichen Paulus? Es zeigte sich im Verlauf der Auslegung des Briefes, daß es dem deuteropaulinischen Verfasser tatsächlich im hohen Maße um das ging, was zuvor zentrales Anliegen des Völkerapostels war, soweit es sich aus den authentischen Paulinen entnehmen läßt. Der Mann aus Tarsus wußte sich zur *Mission der Völkerwelt* berufen, der „Paulus" des Kol auch. Der Mann aus Tarsus verstand seine apostolische Existenz als existentielles Zeugnis vom Tode Jesu Christi, also auch als Existenz des Leidens. Ebenso, wenn auch mit kräftigeren Farben gezeichnet, der deuteropaulinische „Paulus". Das Selbstverständnis und Selbstbewußtsein des authentischen Paulus einerseits und das in der theologischen Reflexion vorgestellte „Selbst"-Zeugnis des „Paulus" andererseits koinzidieren in erheblichem Ausmaß. Im Widerfahrnis der in oder bei Damaskus erfolgten Berufung gründet die *Christologie* des Paulus. Von ihr aus ist Christologie zugleich auch Soteriologie: *Allein* in Christus, der wesenhaft der Sohn Gottes ist, ist *alles Heil* gegeben. Diese Intention ist auch für das theologische Denken des Deuteropaulus bestimmend. Durch die Übernahme des Hymnus in 1,15ff geschieht jedoch eine gewisse Neuakzentuierung der Christologie, wobei nicht übersehen werden darf, daß der Grundgedanke des ursprünglichen Hymnus auch bei Paulus durchaus vorliegt (1Kor 8,6). In der Literatur wird laufend darauf verwiesen, daß beim AuctCol trotz seiner so starken Hervorhebung der im soteriologischen Kontext gefaßten Christologie ein essentielles Defizit gegenüber Paulus zu verzeichnen sei, nämlich der nahezu völlige *Ausfall der Rechtfertigungslehre*. Nun ist die Redeweise von der *Lehre* der Rechtfertigung in den Paulus-Briefen, vor allem im Gal und Röm, eine etwas unglückliche Diktion; man sollte besser von der Rechtfertigungsverkündigung und Rechtfertigungstheologie des Paulus sprechen. Verstandene Rechtfertigungsverkündigung und verstandene Rechtfertigungstheologie bedeuten aber verstandenen Glauben oder – anders formuliert – glaubendes Selbstverstehen. Das existentielle Moment darf in diesem Zusammenhang nicht ignoriert werden. Nur der Glaubende kann seinen Glauben verstehen, nur der Glaubende hat verstanden, und zwar im *eigentlichen* Sinne verstanden, was Theologie in reflektierter Begrifflichkeit sagt. So ist es nun die Frage, ob die im Kol vorliegende Theologie von einem geschrieben sein kann, der die Rechtfertigungstheologie des Paulus existentiell verstanden hat, aber in seiner christologischen Darlegung ihren wesentlichen Gehalt nicht bringt. Kann man, so könnte man die Frage auch formulieren, in der genuinen Tradition der paulinischen Theologie stehen, ohne in einer christologischen Reflexion zentrale Begriffe der paulinischen Rechtfertigungstheologie zu verwenden? Nur unter Berücksichtigung dieser *existentiellen Frage* kann die zunächst gestellte Frage „sach"-gemäß beantwortet werden.

Paulus bringt seine Rechtfertigungstheologie in theologisch-begrifflicher Explikation nur in zweien seiner Briefe, und zwar im Röm in einem erheblich anderen theologischen Gesamtrahmen als zuvor im Gal. Im 1Kor tangiert er die Frage, ohne sie thematisch werden zu lassen (vor allem 1Kor 1,29–31). Von daher besagt es zunächst recht wenig, wenn im Kol bestimmte Begriffe wie z. B. νόμος oder δικαιωθῆναι nicht begegnen. Wir müssen anders fragen: Können Aussagen des Kol über εὐαγγέλιον, πίστις, ἀλήθεια, χάρις usw., also über Begriffe, die bei Paulus im Wortfeld der Rechtfertigungstheologie begegnen, so verstanden werden, daß sich im Hintergrund der Horizont der Rechtfertigungstheologie auftut? Und weiter gefragt: Gibt es Gründe in Kolossä (oder Laodikeia), daß der AuctCol die von ihm gebrachten christologischen und soteriologischen Begriffe akzentuiert, sich aber nicht genötigt sieht, andere, von Paulus her verwandte Begriffe zu verwenden?

Ist es auch kaum möglich, die kolossische „Philosophie" zu rekonstruieren, so können wir doch gewisse Elemente von ihr erkennen. In unserer theologischen Sprache: Die alleinige Heilsmittlerschaft Christi ist bestritten, bestritten nämlich von einer „Philosophie", in der jüdische, heidnische und auch christliche Vorstellungen synkretistisch zusammengewachsen sind. Wie sinnvoll ist es angesichts einer solchen Situation, die Grundelemente der Rechtfertigungstheologie zu bringen? So viel läßt sich wohl mit einiger Bestimmtheit sagen: Die kolossischen „Philosophen" haben zwar Elemente des jüdischen Glaubens in ihre sog. Heilslehre eingebaut, sie selbst sind aber keine Judaisten. Sie fordern zwar die Beschneidung, verstehen aber anscheinend nicht wie die Judaisten in Galatien die Beschneidung als Eintritt in die jüdische Religion und als Verpflichtung zum Halten des mosaischen Gesetzes. Die paulinische Antithese „nicht aus Werken – aus Glauben" als Grundsatz der Rechtfertigungstheologie wäre also keine polemische Formel gegen die Intention der Unruhestifter in Kolossä. Die Stoßrichtung der Polemik des Paulus gegen seine judaistischen Gegner in Galatien oder anderswo wäre also im Kol fehl am Platze. Setzen wir deshalb an einer anderen Stelle für den Vergleich zwischen paulinischer und deuteropaulinischer Theologie an!

Aus dem theologischen Denken des Paulus ist das *„räumliche"* Element übernommen: Gott hat *„in* Christus" den Heils-Raum geschaffen. 1,13 ist für diese theologische Grundaussage des „Paulus" von programmatischem Gewicht. Insofern ist Deuteropaulus also Pauliner, als er sich in der Tat ein überaus wichtiges Element der paulinischen Theologie zu eigen gemacht, mehr noch: dieses Element zu einem Konstitutivum seiner eigenen Theologie gemacht hat. Allerdings erhält bei Paulus dieses so wichtige Element des Räumlichen erst dadurch seine eigentliche und *eigen*-tümliche Aussagekraft, daß es in engster, untrennbarer Verbindung zur Vorstellung vom Menschen als dem *essentiell forensischen Wesen* steht (Hübner, BThNT II, 110f). Grundsätzlich weiß sich ja jeder Mensch *verantwortlich*, vor welcher Instanz auch immer. Das Existential vom Menschen als dem forensischen Wesen ist dabei zunächst gar nicht spezifisch theologisch gedacht. Der Anhänger einer politisch totalitären Partei weiß sich als ihr Kader verantwortlich vor ihren Direktiven und weiß sich eben dadurch in seinem Gewissen an sie gebunden. Gleiches gilt für fanatische Sekten. Aber für den, der glaubt, der also mit Gott als personalem Gegenüber rechnet, wird es zum Sich-verantwortlich-Wissen vor Gott. Die anthropologische Voraussetzung für die Rechtfertigungslehre ist genau dieses Existential der Verantwortlichkeit.

Nun gibt es jedoch z. Zt. eine starke Strömung der neutestamentlichen Forschung, vor allem in Amerika, die die Rechtfertigungstheologie des Paulus relativieren und somit abwerten will. Dabei greift sie Tendenzen der Paulus-Forschung auf, wie sie bereits von William Wrede (Paulus, Halle 1904) und Albert Schweitzer (Die Mystik des Apostels

Paulus, Tübingen 1930) vertreten wurde: Die Rechtfertigungslehre des Apostels ist eine bloß situationsbedingte „Kampfeslehre", ist ein „Nebenkrater" der paulinischen Theologie. Zu nennen ist für die gegenwärtige Forschung vor allem Ed. P. Sanders, Paul and Palestinian Judaism, London 1977 (deutsche Übersetzung: Paulus und das palästinische Judentum, Göttingen 1985): „Rechtfertigung aus Glauben" als Schlagwort des Paulus muß als Schlüssel für das theologische Denken des Paulus aufgegeben werden. Sanders betont die „Transfer-Terminologie" (deutsche Übersetzung S. 438 ff). Der „Übergang" vom Herrschaftsbereich der Sünde in den Herrschaftsbereich Christi (mit Ernst Käsemann: Herrschaftwechsel) wird durch die Partizipationsterminologie konkretisiert: mit dem Herrschaftswechsel erhält der Christ die *Teilhabe* am Tode Christi.

Vergleicht man die Theologie des Kol mit Sanders' Verständnis der Theologie des Paulus, so ist die Übereinstimmung zunächst frappierend. Man könnte fast sagen, daß der Kol genau diejenige Theologie enthält, die Sanders für Paulus behauptet. Hat also bereits der AuctCol die paulinische Theologie so verstanden, wie es heute dieser Exeget tut? Müßte man diese Frage bejahen, so wäre dies ein gefundenes Argument für ihn. Wir müßten vielleicht sogar sagen, daß der AuctCol, der ja immerhin aus der Paulus-Schule stammte, der doch wohl persönlichen Kontakt mit Paulus und seiner Theologie hatte, eigentlich besser als wir nach 2000 Jahren die Theologie seines Lehrers verstanden haben müßte. Denn daß die *programmatische* Aussage 1,13 ganz auf der Linie der Paulus-Interpretation durch Sanders liegt, ist kaum zu bestreiten.

Alles hängt dann in der Tat daran, ob sich die Soteriologie des Kol im Horizont der Rechtfertigungsverkündigung und Rechtfertigungstheologie des Paulus verstehen läßt, ohne daß unsere Argumentation gekünstelt wirken dürfte. Gibt es also, so müssen wir fragen, im Kol Aussagen, die sich zwanglos als theologische Gedanken interpretieren lassen, deren Hintergrund die paulinische Rechtfertigungsverkündigung und Rechtfertigungstheologie ist? Das aber dürfte der Fall sein, wie die folgenden Überlegungen zeigen sollen.

Die Soteriologie des Kol ist im Koordinatensystem des Einst-Jetzt-Schemas entworfen. Zwischen beiden Zeiten liegt Gottes versöhnendes Handeln, ἀποκαταλλάξαι (1,20.22). Einst waren die Adressaten in ihrer innersten Gesinnung und somit in ihrer verantwortlichen Existenz Feinde Gottes. Durch das Blut von Christi Kreuz (1,20) sind sie aber dazu versöhnt worden, daß sie heilig und untadelig „vor Gott hingestellt werden". Die Wendung παραστῆσαι ὑμᾶς ἁγίους ... κατενώπιον αὐτοῦ in 22 indiziert den forensischen Gedanken; sie erinnert an die für den 1 Thess bereits typische forensische Wendung ἔμπροσθεν τοῦ θεοῦ/τοῦ κυρίου ἡμῶν Ἰησοῦ (1 Thess 1,3; 2,12.19; 3,9.13). Finden sich aber im Kol Aussagen, die den Menschen als fundamental forensisches Wesen im soteriologischen Kontext sehen, und das, obwohl die Rechtfertigung allein aus dem Glauben gar nicht Angriffspunkt der kolossischen „Philosophen" war, so steht die Theologie des Kol doch näher bei Paulus als in der Paulus-Auslegung durch Sanders (zur Auseinandersetzung mit ihm H. Hübner, Pauli theologiae proprium).

Ein vorläufiges Fazit: Man muß die Auffassung, der AuctCol habe Abstand von der zentralen Stellung der Rechtfertigungsverkündigung und Rechtfertigungstheologie des Paulus genommen, schon in diesen Brief hineinlesen, um derartiges behaupten zu können. Keinesfalls sei aber geleugnet, daß im Vollzug der theologischen Argumentation des Kol der Akzent auf räumliche Anschauung gesetzt ist, wobei diese Räumlichkeit freilich auch im Horizont des Zeitlichen reflektiert wird (3,1–4). Mit dieser gegenüber Paulus neuen Akzentsetzung hängt aber die stärkere Betonung der *Ekklesiologie* zusammen. Wie sehr der AuctCol an ihr interessiert ist, geht schon aus 1,18a hervor, wo τῆς ἐκκλησίας seine Kommentierung und in einem damit seine Modifikation des Hymnus von 1,15 ff dokumentiert. Die Kirche ist σῶμα τοῦ Χριστοῦ (1,24), dessen Haupt, κεφαλή, Christus ist (1,18). Die Glaubenden befinden sich aber in diesem Christusleib als in ihrem Heils-Raum, sie sind insofern ἐν Χριστῷ. Gerade die so zentralen soteriologischen Aussagen in 2,6 ff werden ja, wie unsere Analyse zeigte, von diesem ἐν αὐτῷ und ἐν ᾧ strukturiert und bestimmt. Daß aber die Kirche im theologischen Denken des „Paulus" so dominant ist, hängt mit der Bekämpfung der kolossischen „Philosophie" zusammen: Wer sich „in Christus" befindet und folglich des vollen Heils bereits teilhaft ist, der braucht keine Engelverehrung, der braucht keine Askese! Wer sich schon in der Basileia des Sohnes Gottes befindet (1,13), der ist doch schon am Ziel angelangt, auch wenn sein endgültiges Offenbarwerden ἐν δόξᾳ (3,4) noch aussteht. Es wird dann der AuctEph sein, also Tritopaulus als Überarbeiter des Briefes des Deuteropaulus, der diese ekklesiologischen Ausführungen des AuctCol theologisch konzentrieren und ausbauen und somit seinen Brief zu einem – fast kann man es so sagen – Traktat über Ekklesiologie machen wird. Es bleibt die theologische Bedeutsamkeit des Kol und des Eph, die *geistliche Realität der Kirche* theologisch zum Bewußtsein gebracht zu haben. Der katholische Theologe Romano Guardini hat vor Jahrzehnten vom „Erwachen der Kirche in den Seelen" gesprochen, eine Formulierung, die uns heute vielleicht als sprachlich zu schwülstig erscheint, deren *fundamentum in re* uns aber zum Nachdenken bringen sollte. Und ähnliche Stimmen hat es auch im evangelischen Raum zur gleichen Zeit gegeben (Bischof Otto Dibelius). Heute ist – vielleicht sogar in beiden Konfessionen, vor allem aber im evangelischen Denken – das Bewußtsein, daß Kirche in erster Linie geistliche Realität ist, weitgehend geschwunden. Kirche wird vorwiegend in soziologischen o. ä. Kategorien untersucht. Kirchensoziologie ist notwendig, ist unverzichtbar, wenn man sie in ihrer geschichtlichen Dimension sehen will. Aber derartige Fragestellungen sind nur von sekundärem Rang! Ein Hören auf die deuteropaulinische und tritopaulinische Theologie bzw. Ekklesiologie sollte deshalb gerade in unserer Zeit als dringendes Postulat verstanden werden.

Mit der Hervorhebung der Ekklesiologie hängt wiederum die Betonung des *apostolischen Amtes* zusammen, wie es vor allem in 1,23 ff zum Ausdruck kommt. „Paulus" stellt sich als Apostel vor, und das bedeutet für ihn: als Diener des Evangeliums (1,23) und Diener der Kirche (1,25). Damit ist aber die enge Verbindung von *kerygmatischer Theologie* einschließlich ihrer soteriologischen Implikationen und *Ekklesiologie* gegeben. „Paulus" ist wie Paulus *Theologe des Wortes Gottes.* Das Wort Gottes konstituiert, was die *geschichtliche* Wirklichkeit der Kirche angeht, deren Dasein. Wie bei Paulus lebt die Kirche von der Verkündigung des Evangeliums. *Die Kirche ist Geschöpf des Wortes Gottes, und sie ist „Raum" des verkündigten Wortes Gottes.* Es zeigt sich hier, wie sich die einzelnen Bausteine der Theologie des AuctCol zu einem bewunderswerten Ganzen zusammenfügen.

Ein Wort zur *Ethik* des Kol ist anzufügen: Wo die Kirche als „Raum" des Heils lebt, deren Glieder die Glaubenden sind, da sind sie kraft ihres Glaubens, ihrer Hoffnung und ihrer Liebe Menschen, die zur Heiligkeit und Untadeligkeit berufen sind (Paränese im Zusammenhang mit 1,3 ff).

An die Epheser

1,1–3,21 Die theologische Grundlegung des Briefes

1,1–2 Das Präskript

¹Paulus, Apostel Christi Jesu durch den Willen Gottes an die Heiligen, die in Ephesos sind, und die Gläubigen in Christus Jesus. ²Gnade sei mit euch und Friede von Gott unserem Vater und dem Herrn Jesus Christus.

Literatur: E. Best, Eph 1,1: in: Text and Interpretation: Studies in the NT, FS M. Black, Cambridge 1979, 29–41. – Ders., Eph 1,1 Again, in: Paul and Paulinism, FS CH. K. Barrett, London 1982, 273–279. – Ders.: Recipients and Title of the Letter to the Ephesians: Why and When the Designation „Ephesiens"?, in: ANRW II.25.4, 3247–3279. – N. A. Dahl, Adresse und Proömium des Eph, ThZ 7 (1951) 241–261. – E. J. Goodspeed, Meaning of Ephesians, Chicago 1933, 77 ff. – Ders., The Key to Ephesians, Chicago 1956, 1–75. – A. Lindemann, Bemerkungen zu den Adressaten und zum Anlaß des Eph, ZNW 67 (1976) 235–251. – M. Santer, The Text of Eph 1,1, NTS 15 (1968/69) 247–248. – Schmid, Der Eph des Apostels Paulus, 125 ff.

Das Präskript entspricht in Form und Inhalt weithin dem Formular, wie es in den authentischen Paulinen und im Kol begegnet. Während in Kol 1,2 der Gnaden- und Friedenswunsch nur mit ἀπὸ θεοῦ πατρὸς ἡμῶν ausklingt, findet sich in Eph 1,2 auch wieder das für die paulinischen Briefe typische zusätzliche καὶ κυρίου Ἰησοῦ Χριστοῦ, wohl ein klares Indiz dafür, daß der AuctEph literarisch nicht nur vom Kol abhängig ist. Dies wird sich laufend bei der Exegese des Briefes bestätigen. Während in Kol 1,1 als Mitabsender noch Timotheus genannt wird, erscheint er hier nicht. „Paulus" stellt sich aber wie in Kol 1,1 als ἀπόστολος Χριστοῦ Ἰησοῦ διὰ θελήματος θεοῦ vor. Das bedarf hier keiner erneuten Interpretation.

Das schwierige, wahrscheinlich nicht mehr lösbare Problem des Präskripts, die *crux interpretum*, sind die Adressaten. Urteilt man strikt nach den üblichen textkritischen Kriterien, so gehört ἐν Ἐφέσῳ in der Adresse τοῖς ἁγίοις τοῖς οὖσιν ἐν Ἐφέσῳ καὶ πιστοῖς ἐν Χριστῷ Ἰησοῦ keinesfalls zum ursprünglichen Text des Briefes. Denn in den wichtigsten Handschriften (vor allem p⁴⁶ ℵ⋆ B⋆, aber auch Origenes!) fehlen diese Worte (sie stehen u. a. in ℵ² A B² D). Also der klassische Fall für das Urteil „sekundär"! Dann aber ergibt der übriggebliebene Text keinen rechten Sinn. Dieses Dilemma führt zur Hypothese, es handele sich ursprünglich um einen Rundbrief, in den der jeweilige Bestimmungsort eingetragen wurde (so schon Beza!, sonst z. B. Schlier K 31 f: „Zirkularschreiben"). Schnackenburg K 38 gibt zwar zu, daß sich τοῖς κτλ ohne ἐν Ἐφέσῳ syntaktisch nicht glatt lese, doch lasse sich der Text als zweigliedrige Anrede verstehen: „den Heiligen und Gläubigen in Christus Jesus". Aber diese Lösung kann auch nicht recht überzeugen. Noch anders Mußner K 35: Man habe in sekundärer Angleichung an die echten Paulinen die Ortsangabe „in Ephesos" eingefügt; und dann habe „ein grammatisch geschulter Mann" noch τοῖς οὖσιν vor der Ortsangabe eingefügt. Auch diese Lösung ist höchst hypothetisch. Neuerdings hat man sich nun über das textkritische kleine Einmaleins hinweggesetzt und ihm zum Trotz doch wieder ἐν Ἐφέσῳ als ursprünglichen Text beurteilt. Gnilka K 6 f verlangt wegen der engen Beziehung des Eph zum Kol „eine lokale Erklärung". Er rechnet mit einem Kreis von Schülern und Mitarbeitern des Paulus, die nach dessen Tod ihren Standort in Ephesos hatten. So kombiniert er die Enzyklika-Hypothese mit der Originalität von ἐν Ἐφέσῳ. Später hätte man dann diese beiden Worte aus dem Präskript gestrichen, um den gesamtkirchlichen Charakter des Briefes herauszustellen (analog zur Streichung der Anschrift im Präskript des Röm bei z. T. denselben Textzeugen, die für den Eph die Ephesos-Adresse vermissen ließen). Besonders engagiert hat sich für die Ursprünglichkeit des ἐν Ἐφέσῳ Lindemann (ZNW 67, 235 und K 10 f). Wahrscheinlich sei die Ortsangabe ursprünglich, jedoch schon verhältnismäßig früh von einigen Abschreibern getilgt worden, weil sie sich mit dem Charakter des Briefes nur schwer in Einklang hätte bringen lassen. Hingegen hat sich Best wiederholt für den sekundären Charakter der beiden Worte ausgesprochen. Mit Nachdruck macht er die Schwierigkeiten *aller* überlieferten Lesarten deutlich: Weder p⁴⁶ mit τοῖς ἁγίοις οὖσιν καὶ πιστοῖς noch ℵ⋆ B mit τοῖς ἁγίοις τοῖς οὖσιν καὶ πιστοῖς noch A samt der Mehrheit der Textzeugen mit τοῖς ἁγίοις τοῖς (om. D) οὖσιν ἐν Ἐφέσῳ καὶ πιστοῖς bieten einen befriedigenden Text. Deshalb neigt Best zu der von Josef Schmid, Der Eph des Apostels Paulus, 125 ff, und anderen Autoren ins Spiel gebrachten Hypothese, nach der der ursprüngliche Text, der freilich von keinem Textzeugen gestützt wird, lautete: τοῖς ἁγίοις καὶ πιστοῖς ἐν Χριστῷ Ἰησοῦ (ANRW II.25.4, 3251: „The Z text may have been original." Aber eben nur: may!). Doch auch diese Lösung ist nicht ohne Schwierigkeiten. Best sieht sich gezwungen, für diese Hypothese anzunehmen: 1. Der außen auf der Rolle des Briefes stehende Titel hieß τοῖς ἁγίοις. 2. Dieser Titel wurde später in τοῖς ἁγίοις τοῖς οὖσιν ἐν Ἐφέσῳ geändert. 3. Zu einem noch späteren Zeitpunkt wurden die Worte τοῖς οὖσιν ἐν Ἐφέσῳ in die Briefadresse hineingenommen, wie es A bezeugt. Best ist zuzugeben, daß der sog. Z-Text mit seiner sprachlich eingeengten Wortfolge eine äußerst bestechende Lösung bietet. Aber die genannte Hypothesensequenz macht skeptisch. Will man sich nicht mit einem *non liquet* bescheiden, so bleiben die beiden Annahmen von Gnilka und Lindemann einerseits und Schmid und Best andererseits als diejenigen Lösungsvorschläge, denen am meisten Konsequenz und Stringenz zukommt. Alle anderen Hypothesen scheitern m. E. aufgrund mangelnder Plausibilität. Ich halte eine Entscheidung, in welche der beiden Richtungen auch immer, für spekulativ, neige aber doch ein wenig mehr zu der von Schmid und Best. Zur Auseinandersetzung mit der unhaltbaren Hypothese von Goodspeed, Onesimos habe den Eph als Vorrede zu einer Sammlung paulinischer Briefe geschrieben, s. neuestens Pokorný K 37 f.

Ist bei der Auslegung des Eph von den *Ephesern* die Rede, so meint das nicht notwendig, daß die Mitglieder der Gemeinde in Ephesos angesprochen sind. Wer will, möge das Wort in Anführungszeichen setzen.

1,3–14 Die Eulogie

³Gepriesen (sei) Gott und der Vater unseres Herrn Jesus Christus, der mit jeglichem geistlichen Segen in den Himmeln uns (als die, die) *in Christus* (sind,) gesegnet hat, ⁴wie er uns ja *in ihm* vor Grundlegung der Welt auserwählt hat, damit wir heilig und untadelig vor ihm seien, ⁵der uns ⁴in Liebe ⁵zur Kindschaft

durch Jesus Christus auf ihn hin vorherbestimmt hat, (und dies) gemäß dem Entschluß seines Willens – [6]zum Lob der Herrlichkeit seiner Gnade, mit der er uns *in dem geliebten* (Sohn) begnadet hat. [7]*In ihm* haben wir die Erlösung durch sein Blut, die Vergebung der Sünden, gemäß dem Reichtum seiner Gnade, [8]die er in reichem Ausmaß uns zuteil werden ließ. Der uns in all (seiner) Weisheit und Erkenntnis [9]das Geheimnis seines Willens kundgetan hat, gemäß seinem Heilswillen, den er für den Plan der Fülle der Zeiten *in ihm* festgesetzt hat, [10](nämlich) das All *in dem Christus* wie in einem Haupt zusammenzufassen, das in den Himmeln und das auf der Erde – in ihm! [11]*In ihm* ist uns das Los zuteil geworden, die wir gemäß dem Ratschlag dessen, der alles wirkt, vorherbestimmt sind, gemäß dem Ratschluß seines Willens, [12]damit wir, die wir unserer Hoffnung *in Christus* (existierend) haben, zum Lobe seiner Herrlichkeit da sind. [13]*In ihm* habt auch ihr das Wort der Wahrheit gehört, das Evangelium unseres Heils, *in dem* wir auch als die Glaubenden durch den Heiligen Geist der Verheißung versiegelt sind, [14]der das Angeld unseres Erbes ist, zu der im Heils-„Besitz" bestehenden Erlösung – zum Lobe seiner Herrlichkeit.

Literatur: J. P. Tosaus Abadia, Cristo y el Universo. Estudio lingüístico y temático de Ef 1,10b, en Efesios y en la obra de Ireneo de Lyon, Salamanca 1995. – D. von Allmen: Réconciliation du mode et christologie cosmique, RHPhR 48 (1968) 32–45. – J. Cambier, La bénédiction d'Eph 1,3–14, ZNW 54 (1963) 58–104. – J. Coutts, Eph 1,3–14 and 1Petr 1,3–12, NTS 3 (1956/57) 115–127. – N. A. Dahl, Adresse und Proömium des Eph, ThZ 7 (1951) 241–264. – Deichgräber, Gotteshymnus und Christushymnus, 65–76. – A. Drager, La nostra adozione a figli de Dio in Ef 1,5, RivBib 19 (1971) 203–219. – F. Dreyfus, Pour la louange de sa gloire (Ep 1,12–17). L'origine vétérotestamentaire de la formule, in: Paul de Tarse, 233–248. – P. Grelot, La structure d'Eph 1,3–14, RB 96 (1989) 193–209. – W. H. Harris, „The Heavenlies", Reconsidered: Οὐρανός and Ἐπουράνιος in Eph, BS 148 (1991) 72–89. –O. Hofius, Erwählt vor Grundlegung der Welt (Eph 1,4), ZNW 62 (1971) 123–128. – Th. Innitzer, Der Hymnus im Epheserbrief 1,3–14, ZKTh 28 (1904) 612–621. – H. Krämer, Zur sprachlichen Form der Eulogie Eph 1,3–14, WuD 9 (1967) 34–46. – Lindemann, Die Aufhebung der Zeit, 89–106. – CH. Maurer, Der Hymnus von Eph 1 als Schlüssel zum ganzen Briefe, EvTh 11 (1951/52) 151–172. – P. T. O'Brien, Eph 1: An Unusual Introduction to a NT Letter, NTS 25 (1979) 504–516. – F. Montagnini, Christological Features in Eph 1,3–14, in: Paul de Tarse, 529–539. – F. Mussner, Das Volk Gottes nach Eph 1,3–14, Conc I (1965) 842–847. – L. Ramaroson, La grande bénédiction d'Éph 1,3–14, ScEs 33 (1981) 93–103. – CH.J. Robbins, The Composition of Eph 1,3–14, JBL 105 (1986) 677–687. – J. T. Sanders, Hymnic Elements in Eph 1–3, ZNW 56 (1965) 214–232. – Schille, Frühchristliche Hymnen, 65–73. – R. Schnackenburg, Die große Eulogie Eph 1,3–10, BZ 21 (1977) 67–87.

Die Eulogie – ein Hymnus?

Über *Form*, *Gliederung* und *Abgrenzung* der Eulogie (Dahl, ThZ 7, 241 ff: Briefeingangseulogie) **3–14(12?)** gehen bis heute die Auffassungen stark auseinander: Liegt ein durch den AuctEph bearbeiteter, d.h. interpolierter Hymnus zugrunde? Oder hat er selbst ein hymnusartiges Stück geschaffen? Und wenn eine Art Hymnus vorliegt – ist er in poetischer oder prosaischer Sprache verfaßt? Welche Worte oder Wendungen strukturieren Aufbau und Gedankenfolge? Wie ist er gegliedert? Wie weit reicht die Eulogie?

    Auf keinen Fall ist 3–14 in der vorliegenden Form ein Hymnus im strengen Sinne des Begriffs. Doch verweist die Sprache auf hymnisch-liturgischen Stil. Sollte der AuctEph einen von ihm interpolierten Hymnus in seinen Brief eingebaut haben, so hätte er das gleiche wie der AuctCol getan, und zwar ebenfalls zu Beginn seines Schreibens. Sollte er wirklich gewußt haben, daß Kol 1,15 ff kommentierte Wiedergabe eines Hymnus ist, der der Empfängergemeinde bekannt war? Falls – wie wahrscheinlich – nicht, wäre diese Duplizität ein bemerkenswerter Zufall. Der Unterschied wäre allerdings folgender: Vorausgesetzt, man faßt Kol als einen Brief in eine konkrete Gemeindesituation, so hätte sein Vf. ein der Gemeinde zu Kolossä (oder Laodikeia?) vertrautes Lied durch geringfügige Interpolationen (s. Exkurs: Der Hymnus Kol 1,15–20) der Gesamtargumentation seines Briefes nutzbar gemacht. Da aber der Eph kein eigentlicher Brief an eine konkrete Gemeinde, sondern eher als Epistel (im Sinne Deissmanns) zu verstehen ist, wäre dann die vom AuctCol verfolgte Intention für den AuctEph gerade nicht anzunehmen. Doch hängt an der exegetischen Entscheidung, ob 3–14 ein interpolierter Hymnus zugrundeliegt, nicht viel. Denn die wohl mit letzter Sicherheit nicht entscheidbare Frage ist für die Interpretation der Eulogie ziemlich unerheblich, weil ihre theologische Aussageintention im entscheidenden auch ohne Antwort auf diese Frage erhellt werden kann.

Die Suche nach einem zugrundeliegenden Hymnus hat aber die Herausarbeitung von Strukturierungselementen, also die Erkenntnis der Denkstruktur des AuctEph, gefördert, wobei auch jenen Lösungen, die in Sackgassen führen, ein heuristischer Wert nicht abgesprochen werden kann. In die Irre führte der Versuch, den Text durch die Partizipien εὐλογήσας, προορίσας und γνωρίσας zu strukturieren (Kehl, Der Christushymnus, 77 ff, u. a.), da sie keine gleichartigen Elemente im syntaktischen Aufbau sind (auch Gnilka K 55 ff gliedert aufgrund der Partizipien, beurteilt aber die Argumente für die Existenz eines vorgegebenen Liedes als nicht überzeugend; auch von Strophen sollte nicht gesprochen werden). Eher leuchtet der Gliederungsversuch Fischers (Tendenz und Absicht des Eph, 113 ff) ein, der drei gleichgebaute Strophen mit je gleichem „Refrain" εἰς ἔπαινον (τῆς) δόξης αὐτοῦ rekonstruiert (s. auch Dibelius/Greeven K 59: „möglicherweise") und für die zweite und dritte Strophe anaphorisches ἐν ᾧ vorfindet, dem in der 1. Strophe ἐν αὐτῷ entspricht. Der Preis für diese Rekonstruktion ist jedoch der Zwang zu erheblicher Streichung des Textes (vor allem 3.9–11.12*13*). Fischer müßte freilich erklären können, warum der dreifache „Refrain" in 6.12.14 in stets variierter Form vorliegt. Auf ἐν αὐτῷ/ἐν ᾧ als Entsprechungen mit „disponierende(r) Kraft" verweisen auch Dibelius/Greeven K 59. Krämer, WuD 9, 34 ff, der entschieden die These eines zugrundeliegenden Hymnus ablehnt, sieht jedoch in der Eulogie eine in Strophen gegliederte Einheit im hymnischen Stil mit dem Gliederungsprinzip der Satzschlüsse: Wie 3 auf ἐν Χριστῷ zustrebt, so laufen parallel dazu alle einem ἐν ᾧ vorangehenden Stücke in den gleichen, durch Artikel betonten Begriff aus, 6.10.12. Er faßt die epexegetischen Appositionen als Charakteristika des Eulogiestils, ἐν ἀγάπῃ 4 mit Greeven als Nachtrag zu ἐξελέξατο, 4–12 als die dreifach gegliederte zweite Strophe, aus jeweiligem „Skelett" Relativpronomen, Hauptverb, Aoristpartizip, κατά (göttlicher Wille), εἰς (final-konsekutiv) bestehend (s. das Schema Krämers, 39). Ein gewisses Ausmaß an Durchsichtigkeit der Gedankenbewegung von 1,3–14 gewinnt Schnackenburg (K 43 ff; BZ 21,66 ff) durch „strukturale Analyse", mit der er jedoch keinen Hymnus rekonstruieren will: Wiederkehrende formale Ähnlichkeiten wie καθώς und κατά mit häufig darauf folgender Zielangabe fallen auf.

Nordens zumeist abgelehntes Urteil, Eph 1,3–14 sei das monströseste Satzkonglomerat, das ihm in der griechischen Sprache begegnet sei (Agnostos Theos, 253, Anm. 1), ist schon allein dann unhaltbar, wenn, wie wahrscheinlich, das dreifache ἐν ᾧ 7.11.13 nicht als jeweilige Einleitung eines Relativsatzes, sondern als relativer Anschluß zu fassen ist. Dann aber ist die *Einzelexegese* der jeweiligen *Sinneinheiten* 3–6, 7–10, 11 f und 13 f methodisch angebracht.

Alles in allem mit Lindemann K 22: „Die Rekonstruktion eines ‚Liedes' etwa in der Art von Kol 1,15–20 oder Phil 2,6–11 gelingt nicht. Der Gedankengang des Proömiums läßt sich jedoch klar erfassen." Pokorný K 54 weist darauf hin, daß religiöse Texte immer die Tendenz zu „erhöhter Rede" hatten; somit sei anzunehmen, daß sich der AuctEph in Stil und Inhalt an Taufeulogien – oder sagen wir es allgemeiner: an Eulogien – angelehnt habe, die in der Gemeinde gebraucht wurden.

Der erste und thematisch grundlegende Teil der Eulogie **3–6** ist übersichtlich gegliedert: Der Lobpreis Gottes 3a wird in der artikulierten Partizipialkonstruktion 3b expliziert, die ihrerseits in dem mit καθώς eingeleiteten Nebensatz 4a ihre Begründung findet. Ihr folgt in 4b eine mit εἶναι konstruierte Finalaussage, die mit κατενώπιον αὐτοῦ endet. Mit Schlier K 38, Gnilka K 72, Schnackenburg K 52 u.a. (anders z. B. Dibelius/Greeven K 60, Krämer K 42, Lindemann K 21) ist ἐν ἀγάπῃ wegen seiner Stellung nach κατενώπιον αὐτοῦ προορίσας zu 5 zu ziehen, es sei denn, man versteht mit Krämer ἐν ἀγάπῃ als Nachtrag zu ἐξελέξατο, keinesfalls aber zu εἶναι κτλ. Das Partizip προορίσας dürfte in der Logik der Aussage parallel zu καθώς ἐξελέξατο stehen, kaum aber parallel zu ὁ εὐλογήσας. Die parenthetische Wendung κατὰ τὴν εὐδοκίαν τοῦ θελήματος αὐτοῦ in 5 verstärkt lediglich das in gewisser Weise präzisere προορίσας und trennt so die Partizipialkonstruktion von der Finalaussage εἰς ἔπαινον δόξης κτλ. Der ihr untergeordnete Relativsatz ἧς ... ἠγαπημένῳ bringt im Grunde keinen neuen Gedanken.

3 Εὐλογητός findet sich öfters in der LXX (z. B. Gen 14,20; ψ 17,47; Tob 13,1); doch dürfte der AuctEph hier wohl kaum auf die LXX zurückgreifen, da 3a εὐλογητός ... Χριστοῦ wörtliche Übernahme von 2Kor 1,3 ist. Als methodischer Grundsatz gilt für die Auslegung von Eph, daß die Reihenfolge Kol, authentische Paulinen und dann erst LXX für die Erklärung von wörtlichen Übereinstimmungen maßgebend ist. Insofern ist die Korrespondenz mit hebräischem בָּרוּךְ אֱלֹהִים o. ä., z. B. Ps 66,20, für die Exegese von 1,3 unerheblich; selbst wenn der AuctEph Judenchrist gewesen sein sollte, muß er nicht des Hebräischen kundig gewesen sein. Sicherlich rhetorisch gewollt ist die Sequenz εὐλογητός – εὐλογήσας – εὐλογία, in deutscher Übersetzung nicht imitierbar. Hier liegt nicht die rhetorische Form der Antanaklasis (Lausberg, Handbuch der literarischen Rhetorik, § 663) vor (gegen Schlier K 43, er schreibt zwar „Antanaklisis, meint aber anscheinend die „Antanaklasis, z. B. Isidorus Hispalensis, Origines II, 21, 10: *eodem verbo contrarium exprimit sensum*), da in 3 kein Dialog geführt wird; außerdem liegen keine *contraria* vor. Daß das dreifache ἐν in 3b als Semitismus (בְּ) zu erklären wäre, ist nicht sicher; es kann auch bewußte Gestaltung hymnischer Sprache vorliegen. ἐν πάσῃ εὐλογίᾳ πνευματικῇ ist *dativus instrumentalis* und verweist bereits auf das Ende der Eulogie 13: Gottes Segensgeschenk ist sein Geist; wo aber Gott diesen schenkt, ist die Fülle des Segens: πάσῃ (s. auch 1QS IV, 7; 1QSb I, 5). ἐν τοῖς ἐπουρανίοις, eine innerhalb des NT nur im Eph zu findende Wendung (1.3.20; 2,6; 3,10; 6,12), ist lokal zu verstehen; das Segensgut, mit dem uns Gott gesegnet hat, liegt also im Himmel für uns bereit, und zwar seit der Vorzeit, wie der Kontext 4f zeigt (s. Kol 1,5). Nicht sicher zu entscheiden ist, ob τοῖς ἐπουρανίοις maskulinisch (ergänze τόποις) oder neutrisch ist. Da diese Wendung sowohl den Bereich Gottes bzw. Christi als auch den der widergöttlichen Mächte aussagen kann (zum Weltbild mit mehreren Himmeln s. den Exkurs: Zum Weltbild im Eph), versteht Schlier K 48 ἐν Χριστῷ als notwendigen erläuternden Zusatz; gemeint sei innerhalb der Himmel der Machtbereich Christi, nicht der der widergöttlichen Mächte. Da dies aber eine Selbstverständlichkeit ist, dürfte ἐν Χριστῷ eher als Bestimmung von ὁ εὐλογήσας zu verstehen sein, zumal in **4** das parallele ἐν αὐτῷ Bestimmung von ἐξελέξατο ἡμᾶς ist.

Die Frage, ob ἐν Χριστῷ in 3 und ἐν αὐτῷ in 4 lokal oder instrumental zu verstehen sind, ist als Alternativfrage nicht ganz richtig gestellt. Denn daß Gott uns „in Christus" erwählt hat, dürfte besagen, daß er uns *„damals"* vor Grundlegung der Welt als solche erwählt hat, die *jetzt* „in Christus" sind, wobei das διὰ Ἰησοῦ Χριστοῦ von 5, das im διὰ τοῦ αἵματος αὐτοῦ von 7 expliziert wird, die *„instrumentale"* Dimension der *„lokalen"* Dimension angibt

(s. u.). Christologische lokale Aussagen sind eben im Eph – wie auch sonst weithin im NT – nicht bloß lokal. Gut Schnackenburg K 51: „Christus und die in ihm Erlösten sind nicht voneinander zu trennen", auch und gerade nicht in Gottes vorzeitlichem Heilsplan. Das ἐν αὐτῷ ist gewissermaßen die Klammer zwischen Gottes vorzeitlichem Erwählungshandeln und des Menschen gegenwärtigem Erwählt-Sein. Zugespitzt ist die Formulierung Schliers K 49: „Sofern wir Erwählte sind und als Erwählte prä-existieren, prä-existieren wir schon in Christus." Er meint es zwar nicht als Prädestination der Seelen im Sinne Platons, doch bedarf seine Auffassung noch der philosophischen, hermeneutischen und theologischen Reflexion des Seinsbegriffs (s. den Exkurs: Die Theologie der Eulogie). πρὸ καταβολῆς κόσμου blickt auf die Zeit vor der Erschaffung der Welt, ohne daß „Paulus" darüber reflektiert, ob es eine Zeit vor der Zeit der Welt gab. κόσμος ist hier wertneutral verstanden, anders als 2,2.12, wo der negative Akzent deutlich ist. Das Theologumenon der Erwählung ist atl. breit belegt; die in 4 vorfindliche Form ἐξελέξατο begegnet in LXX 29mal, oft mit Gott als Subjekt. Doch dürfte der AuctEph hier auf 1 Kor 1,27 f zurückgreifen. Nur dort begegnet noch im Corpus Paulinum dieses Verb, und zwar bezeichnenderweise genau diese grammatische Form – rhetorisch durch dreifaches Vorkommen betont! Ob der AuctEph auch an Dtn 14,2 ὅτι λαὸς ἅγιος εἶ κυρίῳ τῷ θεῷ σου, καὶ σὲ ἐξελέξατο κύριος ὁ θεός σου γενέσθαι σε αὐτῷ λαὸν περιούσιον ἀπὸ πάντων τῶν ἐθνῶν τῶν ἐπὶ προσώπου τῆς γῆς dachte (Gnilka K 70 u. a.), ist nicht beweisbar; doch ist das Wortfeld dieser Stelle einschließlich der finalen Infinitivkonstruktion partiell mit dem von Eph 1,4 identisch, so daß ein Rückgriff auf sie nicht auszuschließen ist. Qumranstellen wie z. B. 1QH XV, 23 כִּי בָם בַּחַרְתָּה מִכּוֹל können hingegen höchstens die Verbreitung des Erwählungsglaubens im damaligen Judentum signalisieren, kommen aber nicht als literarische Quelle in Frage. εἶναι ἡμᾶς ἁγίους καὶ ἀμώμους ist final verstanden, zumindest von Gott her. Nach Schnackenburg K 51 läuft die Erwählung „auf die uns in der Zeit gestellte Aufgabe hin, ,heilig und untadelhaft vor ihm ... zu sein'"; dann wäre die Finalität auch im Blick auf die Kirche ausgesagt. Der AuctEph greift auf Kol 1,22 zurück, wo παραστῆσαι ὑμᾶς ἁγίους καὶ ἀμώμους καὶ ἀνεγκλήτους κατενώπιον αὐτοῦ die von Gott geschaffene Befähigung aussagt. Wahrscheinlich verschlingen sich in εἶναι von Eph 1,4 finaler und konsekutiver Aspekt. Das aufgrund seiner Satzstellung betonte κατενώπιον αὐτοῦ besagt wie in Kol 1,22 das alles entscheidende Sein *coram Deo* (s. auch das forensische ἔμπροσθεν τοῦ θεοῦ Ἰησοῦ 1 Thess 1,3; 2,19; 3,9.13); Sein *in* Christus ist somit zugleich Sein *vor* Gott.

προορίσας in **5**, durch ἐν ἀγάπῃ in 4 qualifiziert, präzisiert ἐξελέξατο, das schon durch πρὸ καταβολῆς κόσμου „zeitlich" fixiert war. Dieser vorzeitliche Aspekt ist bereits bei Paulus angelegt, vgl. Röm 8,28: τοῖς κατὰ πρόθεσιν κλητοῖς οὖσιν (s. zu Eph 1,11) und vor allem 8,29 f: Sequenz προέγνω – προώρισεν – ἐκάλεσεν – ἐδικαίωσεν – ἐδόξασεν. Daß der AuctEph auf Röm 8,28–30 zurückgreift, zeigen auch die jeweiligen Explikationen in beiden Briefen: συμμόρφους τῆς εἰκόνος τοῦ υἱοῦ αὐτοῦ, εἰς τὸ εἶναι αὐτὸν πρωτότοκον ἐν πολλοῖς ἀδελφοῖς zu προώρισεν in Röm 8,29 und entsprechend εἰς υἱοθεσίαν διὰ Ἰησοῦ Χριστοῦ εἰς αὐτὸν zu προορίσας ἡμᾶς in Eph 1,5. Obwohl Kol 1,15 ff in der theologischen Aussage engste Berührung mit Eph 1,4 f aufweist, dürfte jedoch aufgrund der auffälligen Sach- und Sprachparallelen der AuctEph hier auf Röm 8,28–30 zurückgreifen. Auffällig ist auch, daß in Eph 1,4 f der für Kol 1,15.18 tragende Begriff πρωτότοκος, wie überhaupt im ganzen Eph, nicht vorkommt (wohl aber Röm 8,29!, s. jedoch εἰκών in Röm 8,29 und Kol 1,15, nicht aber im Eph). υἱοθεσία findet sich im NT außer Eph 1,5 nur bei Paulus (Röm 8,15.23; 9,4; Gal 4,5; nicht in LXX); seine von Haus aus juristische Bedeutung (Adoptivsohnschaft) hat es im Eph wie zuvor schon bei Paulus eingebüßt. Durch das innerhalb des Eph singuläre διὰ Ἰησοῦ Χριστοῦ (s. o.) wird εἰς υἱοθεσίαν soteriologisch interpretiert. Ob εἰς αὐτόν auf Gott oder Christus zu beziehen ist, ist umstritten. Für den Bezug auf Gott argumentiert Cambier, ZNW 54, 75 f, mit Hinweis auf das parallele κατενώπιον αὐτοῦ und Schnackenburg K 53 mit dem Hinweis auf den theozentrischen Zug der ganzen Eulogie auf κατὰ τὴν εὐδοκίαν κτλ und die nähere Relation zu εἰς ἔπαινον κτλ in 6. Keiner der angeführten Gründe ist jedoch mehr als ein Indiz; die Frage muß offen bleiben. κατὰ τὴν εὐδοκίαν τοῦ θελήματος αὐτοῦ ist, für Eph charakteristisch, aus fast synonymen Abstrakta gebildeter Doppelausdruck (Dibelius/Greeven K 60); er unterstreicht in seiner parenthetischen Stellung προορίσας und betont durch εὐδοκία den Willen Gottes, der auf das Heil der in der Kirche befindlichen Menschen gerichtet ist. Während εὐδοκία bei Paulus die wohlwollende Willensausrichtung des Menschen meint (Röm 10,1; Phil 1,15; umstritten Phil 2,13), bezeichnet es in Eph 1,5.9 den Willen Gottes (Lindemann K 21: κατὰ τὴν εὐδοκίαν τοῦ θελήματος αὐτοῦ = gemäß der freien Entscheidung seines Willens). θέλημα hingegen steht in der Regel sowohl bei Paulus als auch im Eph für den Willen Gottes (in der Eulogie dreimal; nur im Plural 2,3 auf den Menschen bezogen).

Der dreimal in der Eulogie begegnende „Refrain" εἰς ἔπαινον δόξης αὐτοῦ (6.12.14) findet sich in **6** in der durch τῆς χάριτος und einen Relativsatz erweiterten Form. Das Lob der Herrlichkeit Gottes ist also das Ziel der von ihm selbst inszenierten Heilsökonomie. Das dreifache Vorkommen dieses „Refrains" jeweils am Ende einer Sinneinheit innerhalb der Eulogie macht offenkundig, wie wichtig dieser Aspekt für den AuctEph ist. δόξα findet sich laufend bei Paulus und ist ebenso für Kol und Eph konstitutiv. Das Genitiv-Attribut τῆς χάριτος zeigt aber, daß Gottes Herrlichkeit im soteriologischen Kontext ausgesagt wird. τῆς χάριτος wird durch den Relativsatz betont: Gott hat uns ἐν τῷ ἠγαπημένῳ begnadet. Diese Wendung kann zusammen mit ἐν ἀγάπῃ als *inclusio* dieser Einheit verstanden und insofern als zusätzliches Argument für die Zugehörigkeit von ἐν ἀγάπῃ zu προορίσας angesehen werden.

Betrachtet man **7–10** als Untereinheit der Eulogie, so bilden ἐν ᾧ und ἐν αὐτῷ wiederum eine *inclusio*. Der relative Anschluß ἐν ᾧ eröffnet auch in 11 und 13 einen jeweils neuen Abschnitt der Eulogie; in 7.11.13 bildet also ἐν ᾧ die rhetorische Figur der Anapher. Die optischen Zäsuren in Nestle-Aland[27] bestehen also zu Recht (im Gegensatz zum Komma in Nestle-Aland[25] nach 6). Der Aufbau von 7–10 ist durchsichtig. Auf den Hauptsatz 7a folgt in 7b die Apposition τὴν ἄφεσιν κτλ, danach die modale Ergänzung κατὰ τὸ πλοῦτος τῆς χάριτος αὐτοῦ. Diese χάρις wird dann in 8a, einem Relativsatz, in ihrer Wirkung erläutert. Die meisten Autoren betrachten ἐν πάσῃ σοφίᾳ καὶ φρονήσει in 8b als Abschluß von 7f, Gnilka K 76ff und wenige andere aber als Bestimmung zu γνωρίσας von 9. Schließt man sich aus inhaltlichen Gründen dieser Abgrenzung an (s. u.), so ergeben sich zwei formal parallele Partizipialkonstruktionen: ἐν ἀγάπῃ προορίσας und ἐν πάσῃ σοφίᾳ καὶ φρονήσει γνωρίσας. γνωρίσας ist *participium coniunctum* zu ἔχομεν in 7 und erweitert die soteriologische Aussage um die Offenbarungsdimension. 9b greift in κατὰ τὴν εὐδοκίαν αὐτοῦ die fast gleiche, nur um τοῦ θελήματος erweiterte Aussage von 5b auf, wodurch 3–6 und 7–10 inhaltlich und verbal miteinander verflochten werden, nachdem bereits zuvor τῆς χάριτος αὐτοῦ in 7c auf τῆς χάριτος αὐτοῦ und ἐχαρίτωσεν in 6 Bezug nimmt. 10 bringt mit εἰς οἰκονομίαν κτλ und der Infinitivkonstruktion ἀνακεφαλαιώσασθαι κτλ zwei aufeinander bezogene Finalaussagen. 7–10 hat also wie 3–6 einen finalen Schluß, jedoch als einziger Abschnitt der Eulogie nicht den genannten „Refrain".

In 3–6 wurde Gott wegen seines *vorzeitlichen* Gnadenhandelns gepriesen, Gegenwartsaussagen „über" ihn geschahen letztlich im Blick auf *unser* Sein von Ewigkeit her. Lediglich in διὰ Ἰησοῦ Χριστοῦ 5 wurde die *geschichtliche* Verwirklichung des ewigen Beschlusses Gottes kurz angedeutet, deren Konkretisierung aber dann in 7–10 in theologisch zentralen Begriffen ausgesagt wird, die fast wörtlich aus Kol 1,14 ἐν ᾧ ἔχομεν τὴν ἀπολύτρωσιν, τὴν ἄφεσιν τῶν ἁμαρτιῶν und Kol 1,20 διὰ τοῦ αἵματος τοῦ σταυροῦ αὐτοῦ entnommen sind.

διὰ τοῦ αἵματος αὐτοῦ in **7** ist Kurzformel für das Erlösungsgeschehen am Kreuz (Paulus sagt ἐν τῷ αὐτοῦ αἵματι o. ä., Röm 3,25; 5,9; 1Kor 11,25); ἀπολύτρωσις meint die durch dieses Geschehen erwirkte und deshalb jetzt wirksame Erlösung, die durch die Apposition τὴν ἄφεσιν τῶν παραπτωμάτων nur z. T. expliziert ist. Erlösung ist nämlich weit mehr als der bloße Nachlaß der Sünden, da das Heil im Sinne des Eph mehr in positiven als in negativen Kategorien beschrieben wird. Die für Paulus vielleicht sinnvolle Diskussion, ob im Begriff der ἀπολύτρωσις (mit Deissmann, Licht vom Osten, 270ff) der antike Rechtsbrauch der sakralen Sklavenbefreiung impliziert ist, stellt sich für Eph nicht. Daß der AuctEph παραπτώματα, Verfehlungen, statt mit der Kol-Vorlage ἁμαρτίαι, Sünden, sagt, ist inhaltlich unerheblich. In 7c erfolgt die zweite κατά-Aussage der Eulogie: die Erlösung geschah nicht nur gemäß der Gnade Gottes, sondern sogar gemäß dem Reichtum seiner Gnade; πλοῦτος ist Lieblingswort im Eph (1,7.18; 2,7; 3,8.16; siebenmal in den authentischen Paulinen, davon fünfmal im Röm), mit Genitiv τῆς χάριτος auch in 2,7, wo πλοῦτος außerdem durch emphatisches ὑπερβάλλον gesteigert ist. Eine ähnliche Steigerung bringt der AuctEph auch in **8**; es begegnet also immer wieder der überschwengliche Stil: im Übermaß ließ Gott die Gnade über uns kommen. Das Verb περισσεύειν steht im Eph nur hier, im Kol nur 2,7, dort aber nicht als Aussage „über" Gott. Paulus hingegen braucht dieses Verb sehr oft (24mal), Subjekt ist Röm 3,7 die ἀλήθεια Gottes, Röm 5,15 die χάρις Gottes; und so könnte der AuctEph hier in paulinischer Tradition stehen.

ἐν πάσῃ σοφίᾳ καὶ φρονήσει 8b fügt sich nicht besonders gut an 8a an, obwohl es nicht unmöglich ist. Symptomatisch für die Schwierigkeit ist die Unsicherheit der Exegeten, ob Gottes (Gnilka K 77) oder der Menschen (Schlier K 59, Schnackenburg K 55, Lindemann K 24) Weisheit und Einsicht gemeint sind. Für die zweite Interpretation könnte zwar auf Kol 1,9 verwiesen werden. Daß Gott uns mit dem überschwenglichen Reichtum seiner Gnade beschenkt hat, und zwar mit *unserer* Weisheit und Einsicht, paßt aber schlecht zum Aussageduktus des bisher exegesierten Abschnitts der Eulogie, wo es doch gerade um *Gottes* Erlösungshandeln an uns ging.

Das Partizip γνωρίσας hingegen gehört zur Terminologie der *Offenbarung*, „ein im Wortfeld der Offenbarung angesiedeltes Verbum, das der Verf. bevorzugt" (Schnackenburg K 56). In der Tat besteht das Heilswerk nicht nur in Sündenvergebung, sondern auch in der Kundgabe eines *Mysteriums* (Dibelius/Greeven K 61). Teilt uns aber Gott das μυστήριον seines Heilswirkens mit, so ist es „aller menschlichen Weisheit und Erkenntnis" angemessen, es im rechten Sinne zu ergreifen und zu verstehen. So dürfte 8b tatsächlich mit Gnilka K 78f u.a. zu **9** zu ziehen sein. Aber auch einige dieser Exegeten verstehen Weisheit und Einsicht als von Gott ausgesagt (so zuletzt Gnilka K 78). μυστήριον begegnet auch bei Paulus im Kontext der σοφία (1Kor 2,1.7), doch dürfte der AuctEph eher auf Kol rekurrieren, wo der Begriff viermal begegnet (1,26f; 2,2; 4,3), zumal sich beide Autoren hinsichtlich seiner Bedeutung weithin einig sind (s. zu Kol 1,26f). Krämer setzt insofern Kol und Eph voneinander ab, als im Eph für μυστήριον das eschatologische Moment fehle;

EWNT II, 1103: „Das Revelationsschema hat weniger die zeitliche Aufeinanderfolge zweier Äonen als die Unterscheidung zweier kosmischer Bereiche nach Unkenntnis bzw. Kenntnis des μυστήριον im Blick." Obwohl es sich um einen ursprünglich apokalyptischen Begriff handelt, ist Eph mit seiner Betonung der Heilsgegenwart alles andere als eine apokalyptische Schrift. Die religionsgeschichtliche Herleitung von μυστήριον ist also für die Interpretation von 9 nur partiell ergiebig. Im Kontext der Eulogie und überhaupt des ganzen Eph meint „*Geheimnis*" den Inhalt des Heilswillens Gottes; deshalb der inhaltlich zutreffende Genitiv τοῦ θελήματος αὐτοῦ. Vielleicht kann man es noch etwas stärker sagen: das Geheimnis *ist* der Heilswille Gottes. Mit seiner Kundgabe wird er Wirklichkeit. Offenbarung des Geheimnisses Gottes ist, so sehr das noëtische Moment gegeben ist, mehr als ein nur noëtischer Vorgang. Die erneute κατά-Wendung profiliert die Spezifizierung der Bedeutung auf das deutlichste: προ-έθετο; was Gott vor Urzeiten beschlossen hat, macht er jetzt im Geheimnis offenkundig, indem er es zugleich geschichtliche Realität werden läßt (so auch Schlier K 63; Gnilka K 78). Das ursprüngliche apokalyptische Schema „jetzt – bald", im Rahmen dessen einem apokalyptischen Seher das auf die nächste Zukunft bezogene, unaufhaltsam auf die Menschheit zurollende Endschicksal offenbart wird, ist nun umgewandelt in das Schema „einst – jetzt", wobei insofern auf dem Jetzt der Ton liegt, als die Gegenwart durch Gottes *vor*-zeitlichen Beschluß qualifiziert wird (s. auch zu 2,1 ff). Eine entschieden andere Interpretation bietet Lindemann, Die Aufhebung der Zeit, 89 ff, der aus 9 folgert (ib. 94; anscheinend in K 24 im abgeschwächten Sinne): „Die Offenbarung steht nicht in einem geschichtlichen Zusammenhang." Die Auseinandersetzung mit seinem radikalen Verständnis nicht nur dieser Stelle, sondern überhaupt der theologischen Intention des Eph erfolgt im Exkurs über das Zeitverständnis des AuctEph.

οἰκονομία in **10** findet sich bei Paulus nur 1Kor 9,17, und zwar im Blick auf das apostolische Amt des Paulus, ähnlich Kol 1,25. In Eph 1,10 aber ist Gottes Heilsveranstaltung (Dibelius/Greeven K 61), d. h. die Durchführung, Verwirklichung, planmäßige Erfüllung (Schnackenburg K 57) von Gottes Plan durch ihn selbst gemeint. Dieser Abweichung von paulinischer Begrifflichkeit einerseits steht andererseits eine erneute Abhängigkeit von paulinischer Theologie gegenüber; denn τοῦ πληρώματος τῶν καιρῶν entspricht Gal 4,4 τὸ πλήρωμα τοῦ χρόνου. Daß der AuctEph diese Stelle vor Augen hatte, wird durch Eph 1,5 bestätigt, wo wie in Gal 4,5 als Ziel des göttlichen Handelns unsere υἱοθεσία genannt wird. In beiden Briefen steht also unsere Gottessohnschaft im Kontext der Fülle der Zeiten. Im Gal wie im Eph wird Gottes Heilshandeln im Horizont der Gegenwart ausgelegt; in beiden Briefen geht der Blick gerade deshalb, wenn auch unterschiedlich weit, in die Vergangenheit. Leben wir aber jetzt in der Fülle der Zeiten, so ist *jetzt* die eschatologische Zeit! Der ursprünglich von Rudolf Bultmann für Joh geprägte Begriff „präsentische Eschatologie" ist also auch für den Eph angebracht. Schnackenburg K 57 verweist auf Parallelen in der jüdisch-apokalyptischen Literatur (u. a. 4Esr 4,37; syBar 40,3; 1QpHab VII, 13 f), stellt dann aber mit Recht heraus, daß der Eph an der Aufeinanderfolge und Ausdehnung der Zeiten kein Interesse hat. Der Unterschied wird schon allein an dem Worte des Erzengels Jeremiel 4Esr 4,36 f deutlich, der auf die Frage „Wie lange noch?" antwortet: *Quando impletus fuerit numerus similium vobis, quoniam in statera ponderavit saeculum, et mensura mensuravit tempora et numero numeravit tempora, et non commovebit nec excitabit usquedum impleatur praedicta mensura.* „*Wenn die Zahl der euch Ähnlichen erfüllt sein wird. Denn er hat die Welt auf der Waage gewogen und mit dem Maß der*

Zeiten gemessen und mit der Zahl die Zeiten gezählt. Und er wird nicht bewegen und nicht erwecken, bis das vorhergesagte Maß erfüllt ist."

Die Zielansage der Heilsökonomie Gottes wird in 10 durch den finalen Infinitiv ἀνακεφαλαιώσασθαι expliziert: Alles, ausnahmslos alles in den Himmeln und auf der Erde, soll in Christus als dem Haupt zusammengefaßt werden. Ist auch dieses Verb etymologisch von κεφάλαιον (Hauptsache, Hauptabschnitt) und nicht von κεφαλή (Haupt) abgeleitet, so läßt doch das für den AuctEph so wichtige Christologumenon von Christus als dem Haupt der Kirche, ihrer κεφαλή, (s. zu 1,22 und Kol 1,18) vermuten, daß dennoch κεφαλή die Wahl des Wortes mit beeinflußt hat; nach Schnackenburg K 58 f muß man in ἀνακεφαλαιώσασθαι (im NT sonst nur noch Röm 13,9; dort aber eher von seiner Etymologie her verstanden) im Kontext des Eph wohl „in Christus als dem Haupt" mithören. Gegen eine solche Vermutung könnte aber angeführt werden, daß mit dem Objekt τὰ πάντα an genau dieser Stelle der Eulogie der Bereich der Kirche, also des Leibes Christi – *dessen* Haupt er doch ist! – transzendiert wird. Würde nämlich in ἀνακεφαλαιώσασθαι wirklich κεφαλή mitzuhören sein, so wäre vom AuctEph Christus *auch* als Haupt des Alls einschließlich der widergöttlichen Mächte ausgesagt. Dann aber stellte sich sofort die Frage, wie das Verhältnis der Vorstellung von Christus als dem Haupt der Kirche zur Vorstellung von ihm als dem Haupt des Alls zu verstehen ist. Die modale Auskunft Schliers, er werde (!) das Haupt des Alls, indem er zugleich das Haupt der Kirche werde (K 65), ist eine dogmatische Konklusion, aber keine exegetische Begründung. Die Exegese von Kol 1,18 führte ja zur Erkenntnis, daß der AuctCol die Vorstellung des von ihm übernommenen Hymnus, die Welt als das Pleroma sei der Leib Christi mit diesem als dem Haupt, dahingehend modifiziert hat, daß er diesen Leib durch den redaktionellen Zusatz τῆς ἐκκλησίας als Kirche interpretierte; das aber bedeutet, daß z.Zt. der Niederschrift des Kol kosmische und ekklesiologische Leib-Christi-Vorstellungen konkurrierten. Trotz, ja gerade aufgrund der Hymnusredaktion durch den AuctCol durchdringen sich in Kol 1,15 ff der kosmische und der ekklesiologische Aspekt; doch passen die nahe an die Allversöhnungslehre herankommenden Aussagen Kol 1,20 nicht ganz zum ekklesiologischen Akzent Kol in 1,18. Analog stört in Eph 1,10 das *plötzliche Auftauchen des kosmischen Horizonts.* In etwa entspricht ἀνακεφαλαιώσασθαι Eph 1,10 dem ἀποκαταλλάξαι Kol 1,20, zumal an beiden Stellen betontes τὰ πάντα steht und die Wendung τὰ ἐπὶ τοῖς οὐρανοῖς καὶ τὰ ἐπὶ τῆς γῆς in Eph 1,10 das τὰ ἐπὶ τῆς γῆς εἴτε τὰ ἐν τοῖς οὐρανοῖς von Kol 1,20 aufgreifen dürfte.

Der so unvermittelt erscheinende kosmologische Aspekt ist um so auffälliger, als 11–14 schon wieder ganz im Rahmen kirchlicher Realität bleiben. Auch im Blick auf den ganzen Brief ist dieser Aspekt merkwürdig unmotiviert. Die Kommentatoren bleiben hier eigentümlich vage; Gnilka K 80 f spricht von der einseitig weitergeführten Christologie von Kol 1 und sieht die kosmokratorische Stellung Christi angegeben und verweist, wie die meisten Autoren, auf Phil 2,9 ff. Die Frage ist aber, *warum* hier Christus so unvermittelt als Kosmokrator ausgesagt ist. Die Auskunft, daß aus für uns nicht mehr rekonstruierbaren Gründen in Eph 1 eine Unausgeglichenheit vorliege, wird sich kaum vermeiden lassen. Hat der kosmokratorisch interpretierte Hymnus Kol 1,15 ff den AuctEph hier beeinflußt?

Einen in sich geschlossenen Gedankengang will Mußner, Christus, das All und die Kirche, 64–66, in Eph 1,10 im Zusammenhang der Eulogie sehen. Er interpretiert τὰ πάντα als „das All" und faßt ἀνακεφαλαιώσασθαι (Derivat von κεφάλαιον, nicht von κεφαλή) als „zusammenfassen", hier nun im Sinne von „zu einem Ganzen vereinigen": Die ursprüngliche All-Einheit werde „in Christus" *wieder*-hergestellt, also die durch die dämonischen Mächte verursachte Störung dieser All-Einheit rückgängig gemacht. Aber so organisch auch diese Auslegung von Eph 1,10 im Rahmen der ganzen Eulogie zunächst erscheint, es bleibt die Frage nach dem Wechsel der Perspektive von der Kirche zu der des Alls und dann wieder zurück zu der der Kirche.

Die Vorstellung von Christus als dem, der das All in sich zusammenfaßt, zeigt Affinität zunächst zur stoischen Auffassung vom Kosmos, der von Gottes Geist durchwaltet wird, vor allem aber zur orphischen Sicht, wonach der Kosmos ein göttlicher Leib ist, in dem Zeus Haupt und Mitte ist und alles in sich birgt und wieder aus sich herausgehen läßt, Orph Fr 21a. Nach Fr 168 liegt alles im großen Leib des Zeus. So wenig man hier geistesgeschichtliche Zusammenhänge bestreiten sollte, so sehr ist doch die entscheidende Differenz vor allem zum stoischen Pantheismus zu betonen. Der hamartiologische Kontext gerade des Eulogie-Abschnittes 7–10 und überhaupt des ganzen Briefes (vor allem 2,1 ff) gestattet keine eigentliche religionsgeschichtliche Ableitung von der Stoa mit ihrem pantheistisch-harmonistischen Weltverständnis. Die orphischen Vorstellungen vom Bösen sind mit dem Sündenverständnis des Eph nicht vereinbar; so ist auch hier eine religionsgeschichtliche Ableitbarkeit nicht anzunehmen. Äußerste Vorsicht ist auch gegenüber Ableitungsversuchen aus der Gnosis geboten (zum Ganzen s. zu Kol 1,15ff und Exkurs zum Kirchenverständnis des Eph und seinem Verhältnis zur Gnosis). Entscheidend ist für Eph 1,10 die dominante Stellung Christi über alles und seine Transzendenz gegenüber allem, so daß selbst die in den Himmeln existierenden widergöttlichen Mächte dem ἀνακεφαλαιώσασθαι nicht entgehen können; die Antimacht zu Gott und Christus hat keinen Bereich mehr für sich!

11–12 ist der kürzeste Abschnitt der Eulogie (Krämer, WuD 9, 44). Der wie in 7 mit dem relativischen Anschluß ἐν ᾧ beginnende Hauptsatz mündet in das mit der zweifachen κατά-Wendung bestimmte *participium coniunctum* προορισθέντες, um dann in 12 mit dem um τὸ εἶναι ἡμᾶς und τοὺς προηλπικότας ἐν τῷ Χριστῷ erweiterten „Refrain" zu schließen. Insgesamt also ein ähnlicher Aufbau wie in 7–10. Auch dieser Abschnitt ist wie der in 3–6 durch den Rückblick in die Vor-"Zeit" charakterisiert. προορισθέντες nimmt προορίσας aus 5 auf, κατὰ πρόθεσιν blickt wie 5 auf Röm 8,28–30 zurück. προηλπικότας ist das einzige in der Eulogie mit προ- beginnende Wort, das nicht auf die Vor-"Zeit" schaut. Die inhaltliche Verknüpfung mit 7–10 geschieht durch τὰ πάντα in 10 und 11; die Exegese wird zeigen, daß es an beiden Stellen nicht genau das gleiche besagt. Auch Schnackenburg K 46 f faßt 11 f als eigenen „Absatz" der Eulogie, läßt ihn aber mit ἐν αὐτῷ am Ende von 10 beginnen. Schon allein der jeweilige Neuansatz mit ἐν ᾧ in 7.11.13 spricht jedoch gegen diese Zuordnung von ἐν αὐτῷ.

ἐκληρώθημεν ist Hapax legomenon im NT, nicht aber der mit ihm ausgesagte theologische Sachverhalt. Nach Gal 3,28f sind die „in Christus Jesus" Existierenden κατ' ἐπαγγελίαν κληρονόμοι; daß aber der Kontext von Gal 3,28f dem AuctEph vor Augen gestanden hat, zeigt nicht nur 10 mit dem Rekurs auf Gal 4,4 (s. auch Röm 4,13f; 8,17; Gal 4,1.7). In 14 ist von „unserer κληρονομία" die Rede (auch 1,18; 5,5), bei Paulus findet sich dieses Substantiv nur in Gal 3,18. Der häufige Bezug der Eulogie auf paulinische Aussagen im Kontext von κληρ-Aussagen dürfte wahrscheinlich machen, daß dies auch für das Verb κληροῦν gilt; doch sollte zuvor nicht Kol 1,12 τὴν μερίδα τοῦ κλήρου τῶν ἁγίων ἐν τῷ φωτί (κλῆρος nicht bei Paulus und im Eph) übersehen werden (Schnackenburg K 61). Inwieweit die atl. Vorstellung vom Los (in LXX sehr häufig κλῆρος, κληρονομία, κληρονομεῖν, selten κληρονόμος, κληροῦν) mitbestimmend war (so z. B. Gnilka K 82, Bouttier K 72, dagegen Lindemann K 25), ist schwer zu sagen; doch spricht der Duktus der theologischen Argumentation des ganzen Eph gegen die Aufnahme der atl. Vorstellung vom Land als dem verheißenen Erbe. Denn in Christus sind wir des Loses als diejenigen teilhaft geworden, denen es nach der πρόθεσις des alles bewirkenden Gottes bestimmt war; τὰ πάντα ist also hier nicht das All, sondern die Gesamtheit des vom Heilswirken Gottes Bewirkten. Ob die zweite κατά-Wendung parallel zur ersten steht oder sie explizierende Aussage ist, läßt sich nicht eindeutig entscheiden. τοῦ θελήματος αὐτοῦ greift auf 5 zurück; κατὰ τὴν βουλήν entspricht dem dortigen κατὰ τὴν εὐδοκίαν ohne besondere inhaltliche Modifizierung. Die Einfügung τὸ εἶναι ἡμᾶς in den „Refrain" geschah wohl wegen des betonten Zusatzes τοὺς προηλπικότας ἐν τῷ Χριστῷ; τοὺς προηλπικότας ist Apposition zu ἡμᾶς (Schlier K 67, Schnackenburg K 61; prädikative Verbindung: Abbott K 21;, Dibelius/Greeven K 61 f, Gnilka K 82). Die zuweilen vertretene Deutung dieses Partizips auf „Paulus" (R. Bultmann, ThWNT II, 531: mögliche Auslegung; Mußner K 49 f) oder Paulus (Schlier K 67; M. Barth K I 130–133), der sich hier als Judenchrist ausgebe und die „vor" dem Kommen des Messias gehegte Hoffnung der Juden auf diesen ausdrücke, fügt sich nicht in die theologische Gesamtargumentation des Eph, ganz abgesehen davon, daß das „wir" bisher in der Eulogie immer alle Christen aussagte. Die sog. judenchristliche Deutung ist also äußerst unwahrscheinlich. Auch müßte man dann ἐν τῷ Χριστῷ als Dativ-Objekt fassen; dies ist zwar an sich möglich, doch ist in der ganzen Eulogie ἐν τῷ Χριστῷ bzw. ἐν αὐτῷ/ᾧ immer anders verstanden. Der Eph eignet sich nicht für eine heilsgeschichtliche Aufwertung der Geschichte des Volkes Israel (s. zu 2,1 ff). Gemeint ist in 12, daß wir alle, die wir „in Christus" existieren, also alle Christen (Schnackenburg K 63), die Hoffenden sind. Hat der AuctEph das sehr seltene προελπίζειν nur gebracht, um anzuzeigen, daß das Hoffen dem nicht weiter bezeichneten Gegenstand der Hoffnung vorausgeht (Lindemann K 25)? Oder ist dieses Verb verstärkter Ausdruck des Hoffens der „in Christus" Existierenden, wobei die perfektische Form das Fortdauern des Zustandes betont, der besteht, seitdem wir zu Hoffenden wurden (Gnilka K 83 f)? Auch hier ist eine sichere Entscheidung nicht möglich. Kaum zutreffend dürfte die Erwägung einer Gewichtung des προ- im Hinblick auf einen noch nicht erreichten Zustand sein (so jedoch Gnilka K 84). Gegen die unbedingt abzulehnende judenchristliche Deutung spricht auch die formgeschichtliche Beobachtung Dahls, wonach sich die Briefeingangseulogie nach der Lobpreisung der Taten Gottes zunächst dem Wir der Gemeinde und dann den Adressaten zuwendet (so auch Dibelius/Greeven K 62).

Der letzte Abschnitt der Eulogie **13–14** weicht insofern von 7–10 und auch 11–12 ab, als dem ersten relativischen Anschluß ἐν ᾧ, als *participium coniunctum* konstruiert, ein zweiter folgt. Die beiden Partizipien ἀκούσαντες und πιστεύσαντες hängen von ἐσφραγίσθητε ab. In 14 folgt ein Relativsatz. Dem doppelten ἐν ᾧ zu Beginn der Einheit entspricht ein doppeltes εἰς, wobei die zweite Finalaussage nun zum letzten Mal den „Refrain" wiedergibt. Im Unterschied zur übrigen Eulogie, die mit der sich bis 12 durchziehenden 1. Person Plural Bekenntnischarakter hat, wechselt 13 f zur Anrede in der 2. Person Plural. Der Versuch Schilles, Frühchristliche Hymnen, 68 f, diese Verse deswegen und auch wegen ihres angeblich prosaischen Charakters als nicht zur ursprünglichen Eulogie zu rechnen, muß freilich erst die Hypothese eines zugrundeliegenden Hymnus voraussetzen. Masson K z. St. will hingegen dadurch die Annahme eines traditionellen Hymnus einschließlich 13 f retten, daß er für diese Verse die 1. Person Plural als ursprünglich annimmt (so schon die sekundäre Lesart ἡμῶν in ‏א‎[1] A u. a. gegenüber ὑμῶν, vor allem p[46] ‏א‎* B D). Aber daß die Eulogie am Ende die Applikation auf die Leser vornimmt, ist nicht verwunderlich. „Der Übergang vom Wir zum Ihr erklärt sich aus der Nachahmung liturgischen Stils und möglicherweise der Rücksichtnahme auf eine fingierte Briefsituation" (Gnilka K 84). Gerade das betonte καὶ ὑμεῖς spricht für 13 f als integrativen Teil der Eulogie. Sie zielt auf die Applikation. Auffällig ist allerdings in 13 der Wechsel der theologischen Begrifflichkeit; doch ist dieser durch die geschickte Folge von ἀκούσαντες mit dem doppelten Objekt τὸν λόγον τῆς ἀληθείας und τὸ εὐαγγέλιον τῆς σωτηρίας ὑμῶν als Folge des Hörens auf beides bedingt.

Die theologische Eigenart von 13 f ist das Thema des Geistes. ἀρραβὼν τῆς κληρονομίας dürfte paulinisches ἀρραβὼν τοῦ πνεύματος modifizieren (ἀρραβών: 2Kor 1,22; 5,5; sonst nicht mit NT). Auch der λόγος τῆς ἀληθείας ist von Paulus entlehnt (2Kor 6,7), ebenso σφραγίζειν (2Kor 1,22 im Kontext von πνεῦμα; anders Röm 15,28). 13 f ist also durch und durch von zentralen Begriffen der paulinischen Theologie geprägt; sie finden sich, einmal von εὐαγγέλιον oder ἀπολύτρωσις abgesehen, nicht im Kol. Selbst σωτηρία begegnet dort nicht. Die *Eulogie* ist also *gegen Ende auf zentrale Inhalte der Theologie des Paulus zugespitzt*, allerdings *nicht im polemischen Sinne der Rechtfertigungstheologie* (s. zu 2,5.8). Es sind vor allem die Offenbarungstermini des Apostels, die der AuctEph hier an besonderer Stelle gehäuft und somit betont vorträgt. Sie sind es, die den Adressaten zugesprochen werden; diese sind ja im Geiste versiegelt als solche, die Gottes Offenbarung glaubend angenommen haben. *Existenz des Glaubenden* ist also *Existenz im Geist*. Ist somit die Erlösung bereits Besitz, περιποίησις, der Glaubenden geworden? Doch wohl eher mit Gerhard Schneider, EWNT III, 179, „Erlösung, durch die wir (Gottes) Eigentum werden"! Ebenso urteilt mit Recht Gnilka K 86 f. Dafür spricht auch 1Thess 5,9 εἰς περιποίησιν σωτηρίας.

Zum theologischen Gehalt der Eulogie

Da in diesem Kommentar nicht die Hypothese vertreten wird, der AuctEph habe einen von ihm übernommenen Hymnus redaktionell überarbeitet, entfällt die Aufgabe, einer etwaigen Differenz zwischen der Theologie des Hymnus und der des AuctEph nachzuspüren. Auf wesentliche Aspekte des theologischen Gehaltes der Eulogie wurde im Verlauf der Einzelexegese schon hingewiesen. Schaut man rückblickend auf die Eulogie als ganze, so fällt auf, wie stark *Finalaussagen* den Gesamtduktus bestimmen. Der mehrfache „Refrain" εἰς ἔπαινον τῆς δόξης αὐτοῦ o. ä. stellt das hymnisch gestaltete Stück unter ein betontes *ad maiorem Dei gloriam*. Das neunfache εἰς deckt aber auch soteriologische Sachverhalte ab, so z. B. εἰς υἱοθεσίαν 5, εἰς οἰκονομίαν 10, εἰς ἀπολύτρωσιν 14. Finale Aussage geschieht auch im Blick auf das, was wir sein sollen, εἶναι ἡμᾶς κτλ 4. Diesem finalen Moment korrespondieren die vielen *lokalen* Aussagen; die meisten der 15 Vorkommen von ἐν stehen im Dienst dieses Aspekts, wobei das laufend wiederholte betonte ἐν Χριστῷ bzw. ἐν αὐτῷ/ᾧ auffällt. Daß wir „in Christus" sind, ist als ekklesiologische Aussage paulinisches Erbe. Ein Interpretationsproblem entsteht nun dadurch, daß unser Sein „in Christus" im Blick auf unsere Erlösung vor Grundlegung der Welt – also *protologisch* – ausgesagt wird. Auch Paulus sieht den Ursprung des soteriologischen Wirkens Gottes in der Vorzeit gelegen, Röm 8,28–30 (s. zu 1,4 f); doch formuliert er es nicht so, daß unser In-Christus-Sein als ein bereits vorzeitiges verstanden werden müßte. Die wohl extremste Interpretation von Eph 1,4 vertritt Schlier K 49: Wir *existierten* schon in unserer Erwählung in Christus vor der Weltenschöpfung. „Sofern wir Erwählte sind und als Erwählte prä-existieren, prä-existierten wir schon in Christus." Die Präexistenz sieht Schlier als christliche Umbildung des jüdischen Theologumenons von der Präexistenz, und zwar nicht nur des Messias, sondern auch der des Heilsvolkes und der Heilsgüter. Nun ist der Gedanke der Präexistenz im theologischen Spektrum und in religiösen Vorstellungsgehalten des damaligen Judentums für Gestalten wie etwa die der Sophia oder des Menschensohns nachweisbar. Doch geben die von Schlier genannten Stellen des aethHen (z. B. 38,1; 39,4 ff; 40,5) nicht die Vorstellung von der vorweltlichen Existenz der Kahal der Gerechten o. ä. her. Die Vorstellung von der Präexistenz, die dann in wichtigen Schriften des NT auf Jesus Christus übertragen ist, kann als solche also nicht dafür angeführt werden, daß *wir* „in Christus" präexistierten. Auch heißt es Eph 1,4 nicht ἐξελέξατο ἡμᾶς ἐν αὐτῷ ὄντας πρὸ καταβολῆς κόσμου. Wenn man dennoch, was sprachlich durchaus möglich ist, interpretiert „Gott hat uns als diejenigen auserwählt, die bereits vor der Gründung der Welt ‚in Christus' waren", dann stellt sich erst das eigentliche Problem: *In welchem Sinne* ist ein vorzeitiges Sein-In-Christus gemeint? Spricht der AuctEph hier in *ontologischer* Denkweise? Er tut es sicherlich nicht im Sinne der Präexistenz der Seelen gemäß der platonischen Ideenlehre (Phaidon, Menon). Das meint auch Schlier nicht, obwohl er den Eph weithin in ontologischen Kategorien interpretiert. Seine zunächst eindeutig ontologischen Aussagen scheint er nämlich später wieder abzuschwächen (K 51): „Als Christ ... bin ich nun, was ich nach Gottes erwählendem Sinn immer schon allem zuvor war. Sein heißt für den Christen, der ja in Christus ist, ... immer schon allem zuvor von Gott erwählt sein." Dann aber bewegt sich Schlier in einem Zirkeldenken; denn er definiert die Präexistenz des Christen vom Erwählt-Sein her, hat aber zuvor das Erwählt-Sein als Präexistenz bestimmt.

Berechtigt ist Schliers *Intention* einer theologischen Deutung des Seins der (des) Erwählten, also die *theologischen Bestimmung* eines zunächst philosophischen, genauer: *ontologischen Begriffs*. Geht es nämlich in der Eulogie wirklich um eine Aussage über das *Sein* der Erwählten und ist sie wirklich aus einem bestimmten *Daseinsverständnis* heraus formuliert, so ist die Interpretation auf das sich in ihr aussprechende Daseinsverständnis methodisch geboten. Eine existentiale Interpretation von Eph 1,3 ff ist dann angebracht, wenn von vornherein klar ist, daß es nicht um eine in individualistischer Engführung vorgenommene Interpretation geht (H. Hübner, ³EKL I, 1034–1036). Bleibt es bei der klassischen Frage nach dem Selbstverständnis, hier also nach dem Selbstverständnis dessen, der sich vor aller Zeit in Christus erwählt weiß, so erschließt es sich gerade dann in besonderer Weise, wenn Erwählung und Vorherbestimmung von ihrem Gegenpol her beleuchtet werden, nämlich vom Verstehen des Daseins als einer nur rein zufällig gewordenen Existenz, also des Daseins als bloßer und reiner Kontingenz. Vorzeitige Erwählung meint dann im Gegenzug dazu die Negation aller Zufälligkeit als *der alleinigen Bestimmung* des menschlichen Daseins; der Mensch versteht sich im Glauben vor Gott neu, weil er sein Sein als ein *Von-Gott-her-Sein* neu begreift, qualifiziert als ein *In-Christus-Sein*. Es geht somit um den *absoluten Unterschied*, ob man sich lediglich als Produkt zufälliger, rein immanenter Faktoren sieht oder sich trotz und in aller Kontingenz als vom jenseitigen Gott seit Ewigkeiten gewollt begreift. Das diesseitige Sein des Menschen bekommt also seinen *eigentlichen* Sinn vom jenseitigen Gott her. Der diesseitige Mensch ist der vom jenseitigen Gott Gewollte.

Dieses Von-Gott-her-Sein als In-Christus-Sein ist freilich zugleich, da es im theologischen Kontext des Themas „Kirche" (allerdings begegnet erst 1,22 der Begriff ἐκκλησία) ausgesagt wird, immer auch ein *Mit-allen-anderen-Erwählten-erwählt-Sein*. Gerade an diesem Mit-Sein zeigt sich, daß existentiale Interpretation, wenn sie wirklich *existential* ist, menschliches Dasein fundamentalontologisch als *In-der-Welt-sein* begreift und aus genau diesem Grunde gar nicht individualistisch verengt geschehen kann.

Der *soteriologische* Aspekt ist in der Eulogie unübersehbar. Trotzdem besteht ein gewisser *Hiatus zwischen Erwählung und Erlösung*. Denn der Erwählungsbegriff ist im Prinzip auch ohne den Erlösungsbegriff denkbar. Wollte man 1,3–5 isoliert interpretieren, so wäre er durchaus ohne den soteriologischen Gedanken von 7 und 14 verständlich. Dann wäre die berühmte scholastische Frage *Utrum Christus venisset, si Adam non peccasset* wie von einem großen Teil der Franziskanerschule (Matthäus von Aquasparta, William von Ware, Duns Scotus) positiv beantwortet. Wenn z. B. Matthäus von Aquasparta sagt (Quaestiones de Christo, 178): *Pie credo, ... quod si homo non fuisset lapsus, Filius Dei nihilominus fuisset incarnatus*, so liegt dies nicht zuletzt in der theologischen Wirkungsgeschichte derjenigen Teile der Eulogie, die nicht notwendig soteriologisch zu interpretieren sind. Und es ist allen Ernstes zu fragen, ob diese franziskanische Anschauung – bei aller Einseitigkeit und Zeitbedingtheit ihrer Fragestellung – nicht doch etwas Richtiges in der Theologie des Eph erkannt hat: Darf man die Erwählung wirklich nur unter hamartiologischem Aspekt sehen?

Mit diesen Überlegungen wäre ein bestimmter thematischer Komplex der Theologie der Eulogie, zumindest in einer gewissen Abrundung, in der Weise beleuchtet, daß sich wichtige Konturen abgezeichnet haben. Dennoch sei noch einmal bei der Frage nach der *Präexistenz der Kirche*, die ja in ihrem In-Christus-Sein als dem Im-präexistenten-Christus-Sein gründet, eingesetzt. Die Präexistenz-Christologie ist bekanntlich nur eine unter mehreren Christologien des NT. Diese Christologien sind aber *insofern* nicht miteinander vereinbar, als sie auf der Ebene der Vorstellungen und begrifflichen Reflexion differieren. Die sich in den Vorgeschichten von Mt und Lk manifestierenden Christologien rechnen ja mit einem Werden des Gottessohnes aufgrund seiner sog. jungfräulichen Empfängnis durch den Heiligen Geist. Es ist also zu fragen, ob sich *jenseits* der theologischen, also begrifflichen Differenz der verschiedenen ntl. Christologien ein gemeinsamer Bezugspunkt manifestiert. In der hier gebotenen Kürze die Antwort, die im Rahmen einer systematischen Christologie grundsätzlicher diskutiert werden müßte: Ist Theologie grundsätzlich Glaubenswissenschaft, so gilt das in der gebotenen Spezifizierung auch für die Theologie des NT. Auch sie gründet im Glauben an den Gott, der sich in Jesus Christus selbst geoffenbart und erschlossen hat. Es gibt zwar keinen Glauben, der sich nicht irgendwie worthaft artikulierte, weil der Mensch nun einmal ein sprachlich verfaßtes Wesen ist und die Sprache das Haus unseres Seins ist, in dem wir beheimatet sind (M. Heidegger, Unterwegs zur Sprache, Pfullingen [4]1971, 166; s. auch Hübner, BThNT I, 222f). Dennoch ist der Glaube, der sich notwendig sprachlich zum Ausdruck bringt, noch nicht Theologie im eigentlichen Sinne des Wortes. Glaube ist vielmehr das Sich-in-Gott-gegründet-Wissen, christlicher Glaube also der Glaube, der dieses Sich-gegründet-Sein in dem Gott aufgehoben weiß, der sich in Christus geoffenbart hat. Der Christ weiß seine eigentliche Heimat, seine eigentliche Existenz „*im*" transzendenten Gott. Das *eigentliche* Woher des Gott offenbarenden Christus ist demnach Gott selbst, mit Joh 1,18: ὁ ὢν εἰς τὸν κόλπον τοῦ πατρὸς ἐκεῖνος ἐξηγήσατο. Anders gesagt: Der ewige Gott hat sich in Christus in Zeit und Geschichte offenbart. Und so ist gerade die Präexistenz-Christologie des Joh diejenige, die mit Joh 1,14 sagt „Gottes Ewigkeit wurde Zeit und Geschichte". Dann geht es aber in ihr in letzter Konsequenz nicht um chronologisch und chronometrisch verstandene Präexistenz. Wer Präexistenz chronometrisch definiert, hat sie in ihrer eigentlichen Intention nicht verstanden, weil er sie nicht vom sich erschließenden und begnadenden Gott her versteht! Gott als der Ewige untersteht keiner Zeit. Und so läßt sich der *menschliche*, der immanente Gedanke der Chronometrie nicht zur Erfassung der göttlichen Ewigkeit in den Dienst nehmen.

Haben wir aber in diesem Sinne Präexistenz als Begriff im Bereich der immanenten Vorfindlichkeit in Anspruch genommen, der das gnadenhafte Woher auch unseres Seins, als *nova creatura* verstanden, immanent und somit nicht essentiell aussagt, so hat es seinen guten Sinn, mit Heinrich Schlier von der Präexistenz der Kirche *im* präexistenten Christus zu sprechen.

1,15–23 Dank und Fürbitte

[15]**Deshalb,** *auch ich* **– ich hatte ja von eurem Glauben, (den ihr) im Herrn Jesus (habt), und (eurer) Liebe zu allen Heiligen gehört –** [16]**(also: deshalb) höre ich nicht auf, für euch zu danken und in meinen Gebeten (eurer) zu gedenken,** [17]**damit der Gott unseres Herrn Jesus Christus, der Vater der Herrlichkeit, euch den Geist der Weisheit und der Offenbarung gebe, um ihn zu erkennen,** [18]**(damit er euch damit auch) die erleuchteten Augen eures Herzens (gebe), auf daß ihr dann wißt, was die Hoffnung seines berufenden Handelns ist, was der Reichtum der Herrlichkeit seines Erbes unter den Heiligen** [19]**und was die überwältigende Größe seiner Macht in Hinsicht auf uns (ist), die wir ja gemäß der Wirksamkeit der Kraft seiner Stärke**

glauben, [20]die er in (an?) dem Christus gewirkt hat, als er ihn aus den Toten auferweckte und zu seiner Rechten in den Himmeln inthronisierte [21] – über jegliche Macht und Gewalt und Kraft und Herrschaft und (über) jeglichen Namen, der nicht nur in diesem Äon, sondern auch im kommenden genannt wird. [22]Und alles hat er unter seine Füße gelegt und ihn der Kirche zum Haupt über alles gegeben, [23]die sein Leib ist, die Fülle, die alles in allem erfüllt.

Literatur: T. G. ALLEN, Exaltation and Solidarity with Christ: Eph 1,20 and 2,6, JSNT 28 (1986) 103–120. – BEST, One Body in Christ, 139–159. – M. BOGDASOVICH, The Idea of Pleroma in the Epistles to the Colossians and Ephesians, DR 83 (1965) 118–130. – C. COLPE, Zur Leib-Christi-Vorstellung im Eph, 172–187. – G. DELLING, ThWNT III, 283–309. – ERNST, Pleroma und Pleroma Christi, Regensburg 1970. – A. FEUILLET, L'Église plérôme du Christ d'après Eph 1,23, NRTh 78 (1956) 449–472.593–610. – FISCHER, Tendenz und Absicht des Eph, 118–120. – H. J. FLOWERS, Paul's Prayer for the Ephesians: A Study of Eph 1,15–23, ET 38 (1926/27) 227–233. – R. FOWLER, Eph 1,23, ET 76 (1965) 294. – GEWIESS, Die Begriffe πληροῦν und πλήρωμα im Kol und Eph, 128–141. – R. H. GUNDRY, σῶμα in Biblical Theology, Cambridge 1976, 223–244. – H. HÜBNER, EWNT III, 256–264. – LINDEMANN, Die Aufhebung der Zeit, 59–63.204–217. – MUSSNER, Christus, das All und die Kirche, 29–64.118–174. – P. L. OVERFIELD, Pleroma: A Study in Content and Context, NTS 25 (1979) 384–396. – P. POKORNÝ, σῶμα Χριστοῦ im Eph, EvTh 20 (1960) 456–464. – I. DE LA POTTERIE, Le Christ, Plèrôme de l'Église (Eph 1,22–23), Bib. 58 (1977) 500–524. – H. SCHLIER, ThWNT III, 672–682. – R. YATES, A Re-examination of Eph 1,23, ET 83 (1972) 146–151.

Dieser abschließende Passus des 1. Kap. bleibt auf der Sprachhöhe der Eulogie, wenn auch zunächst, und zwar in deutlichem Anklang an Kol 1,3 ff, Dank und Fürbitte des „Paulus" ein wenig schlichter formuliert sind. Doch schiebt sich die hohe liturgische Sprache sehr rasch in diesen Satz hinein, dessen Ende man in 21 sehen mag. Mit Sicherheit läßt sich nur 22 f als selbständiger Satz bestimmen, während 15–21, darin der Eulogie vergleichbar, ein wohl zusammenhängendes syntaktisches Gefüge bilden – eine Fülle von Satzteilen und partizipialen und präpositionalen Wendungen. Umstritten ist, ob man in 20–23 (bzw. Teilen dieser Verse) nur hymnische Sprache oder einen vom AuctEph in seine Darlegungen eingebauten Hymnus sehen kann. Der Nachweis für einen zugrundeliegenden Hymnus ist m. E. kaum gelungen. Vielleicht kann man mit Dibelius/Greeven K 64 von „einer Art Hymnus" sprechen.

Zur Frage der literarischen Abhängigkeit

Am Beispiel von Phlm 4 f, Kol 1,3 f und Eph 1,15 f sei durch ein Schaubild veranschaulicht, wie stark der AuctEph von seinen Vorlagen Kol und Phlm abhängig ist.

1. Phlm 5:   ἀκούων σου τὴν ἀγάπην καὶ τὴν πίστιν, ἣν ἔχεις πρὸς τὸν κύριον Ἰησοῦν καὶ εἰς
             πάντας τοὺς ἁγίους
    Kol 1,4:   ἀκούσαντες τὴν πίστιν ὑμῶν ἐν Χριστῷ Ἰησοῦ καὶ τὴν ἀγάπην ἣν ἔχετε εἰς πάντας
             τοὺς ἁγίους
    Eph 1,15: ἀκούσας τὴν καθ' ὑμᾶς πίστιν ἐν τῷ κυρίῳ Ἰησοῦ καὶ τὴν ἀγάπην τὴν εἰς πάντας
             τοὺς ἁγίους
2. Phlm 4:   πάντοτε μνείαν σου ποιούμενος ἐπὶ τῶν προσευχῶν μου
    Kol 1,3:   πάντοτε περὶ ὑμῶν προσευχόμενοι
    Eph 1,16: μνείαν ποιούμενος ἐπὶ τῶν προσευχῶν μου

Die Unterstreichungen, die die wörtlichen Übereinstimmungen verdeutlichen sollen, zeigen also, daß der AuctEph allem Anschein nach literarisch nicht nur vom Kol, sondern auch vom Phlm abhängig ist. Laufend könnte nun durch derartige synoptische Schaubilder die literarische Abhängigkeit des AuctEph vom Kol (auch vom Phlm und von Paulus) aufgewiesen werden. Es möge aber genügen, an einem Einzelbeispiel den Umgang des AuctEph mit dem Kol und den authentischen Paulinen veranschaulicht zu haben. Doch wird es immer wieder erforderlich sein, die Rezeption und Weiterentwicklung der paulinischen und deuteropaulinischen Theologie durch Tritopaulus in aller Konkretheit deutlich und verstehbar werden zu lassen.

In **15** ist der Neueinsatz mit διὰ τοῦτο unübersehbar. Eigentlich hat ein solches „deshalb" die Funktion, einen neuen Abschnitt einzuleiten, in dem die Konsequenz aus dem unmittelbar zuvor Gesagten gezogen wird. Doch es leuchtet nicht recht ein, daß „Paulus" aus der Eulogie mit ihren theologisch so grundsätzlichen Aussagen und dem betonten, dort laufend begegnenden ἡμᾶς o. ä. folgert, er höre nicht auf, „für euch", ὑπὲρ ὑμῶν (!), zu beten. Eher würde schon die – erst *nach* dem διὰ τοῦτο stehende – paränetische Partizipialwendung ἀκούσας κτλ die Veranlassung zu einem solchen Gebet bieten. Zu beachten ist, wie betont „Paulus" mit κἀγώ von sich spricht: *Ich* habe von eurem Glauben und eurer Liebe gehört. *Ich* bete ständig für euch. „Paulus" nimmt also mit Nachdruck sein Apostel-Sein für die Adressaten in Anspruch. Er hat vom Glauben und der Liebe der Epheser gehört. τὴν καθ᾽ ὑμᾶς πίστιν ἐν τῷ κυρίῳ Ἰησοῦ ist, wie sich bereits bei der Exegese von Kol 1,4 zeigte, nicht eindeutig. Für diese Stelle, auf die der AuctEph hier zurückgreift, wurden in der von uns gebotenen Auslegung die parallelen Worte als „euer Glaube, den ihr in Christus Jesus habt" gedeutet. Allerdings steht sie in Kol 1,4 recht nahe bei dem ἐν Χριστῷ von 1,2, wo mit ihr eindeutig in metaphorisch-räumlicher Weise der Heilsbereich Christi gemeint ist. Zwar findet sich auch im Präskript des Eph und mehrfach in der Eulogie ἐν (τῷ) Χριστῷ (Ἰησοῦ), aber doch nicht in so engem Zusammenhang mit 15, daß sich notwendig die gleiche Konsequenz wie für Kol 1,4 ergäbe. Deshalb sollte durchaus die Möglichkeit erwogen werden, ob nicht πίστιν κτλ in Eph 1,15 mit „Glaube an den Herrn Jesus" zu übersetzen ist (so z. B. Dibelius/Greeven K 62; Gnilka K 88; Bouttier K 81: „*ἐν (dans)* remplace ici εἰς habituel et plus dynamique"). Andererseits denkt aber der AuctEph derart zentral vom theologischen Existential des ἐν Χριστῷ aus (s. auch 2,5 ff), daß sich die Waagschale doch wohl mehr zugunsten der gleichen Übersetzung wie für Kol 1,4 neigt (so vor allem mit Nachdruck Schlier K 76; außerdem Mußner K 51 f; Lindemann K 26 f; Hoppe K 32): Die Epheser sind, weil sie glauben, „im Herrn Jesus" und deshalb seinsmäßig, nämlich aufgrund ihres von Gott geschenkten *Seins*, Liebende. Sie üben die Liebe gegenüber *allen* Heiligen. So wird die gegenseitige Liebe zum Markenzeichen christlichen Seins; ἀγάπη ist daher auch *ekklesiologischer* Begriff. Es fällt aber auf, daß der AuctEph die paulinische und deuteropaulinische (Kol) Trias πίστις – ἀγάπη – ἐλπίς (s. Schaubild und Exegese zu Kol 1,4 f und Exkurs „Glaube im Kol") auseinanderreißt. Von πίστις und ἀγάπη ist in 15 die Rede, von ἐλπίς aber erst in 18. Der AuctEph hat also diese drei Begriffe gar nicht mehr als Einheit empfunden. Die Trias verschwindet in 15 ff schon rein formal innerhalb der ganzen Fülle der vielen gewichtigen theologischen Begriffe.

16 bedarf nach dem zu Kol 1,4 und Eph 1,15 Gesagten keiner weiteren Auslegung. **17** spricht als finaler Nebensatz mit ἵνα die Intention des Autors aus: „Paulus" betet darum, daß Gott, der Vater unseres Herrn Jesus Christus und zugleich der Vater der Doxa, den Ephesern seine Gnadengaben schenke. Diese beiden Kennzeichnungen Gottes sind auffällig. Nur hier ist im NT von Gott als dem „*Gott* unseres Herrn Jesus Christus" die Rede (richtig Lindemann K 28; der in der Literatur oft begegnende Hinweis auf 1,3 als Parallele ist unzutreffend, weil dort der Genitiv τοῦ κυρίου κτλ nur den Nominativ πατήρ bestimmt, nicht aber den Nominativ ὁ ϑεός). Von besonderem theologischen Gewicht ist der zweite Gottestitel: ὁ πατὴρ τῆς δόξης. Auch diese Formulierung ist ungewöhnlich. Daß δόξα hier in der atl. Tradition des כְּבוֹד יהוה steht, bedarf keiner Begründung. Und diese Vorstellung von der „Herrlichkeit" Jahwähs (die Übersetzung „Herrlichkeit" sagt nur sehr schwach aus, was der so zentrale atl. Begriff an göttlicher Transzendenz aussagen will) bedeutet ja im AT weniger das Wesen Gottes (im abendländischen Verständnis des Wortes „Wesens", οὐσία, *essentia*) als vielmehr den sich in seiner „Herrlichkeit" offenbarenden Gott (Sinaiperikope) (s. zu Kol 3,4). Für die Theologie des AT ist in der Tat der Begriff „Wesen" reichlich unpassend, er ist anachronistisch – es sei denn, wir verständen ihn vom Handeln Gottes aus. Denn Gott *ist* im AT „das" (das Neutrum für Gott kann nur in Anführungsstriche gesetzt werden!), was er in Gericht und Gnade *tut*, was er als der über aller Geschichte Stehende in der Geschichte geschichtlich *wirkt* (s. die Problematik des hebräischen Verbs היה im Blick auf Gott; zu Ex 3,14 s. Hübner, BThNT I, 106). Gottes Wirken an Israel und den Völkern ist aber nach tiefster atl. Überzeugung seine Selbstoffenbarung als eben dieser sich in Wort und geschichtlicher Tat kundtuende Gott. Wer Gott sagt, im atl. Sinne „Wesen" Gottes sagt, sagt zugleich *Offenbarung*. Und das Wort des sich selbst offenbarenden Gottes ist immer zugleich sein Handeln an Israel, sein Handeln am Menschen. *Gott setzt offenbarend, sich offenbarend, neues Sein.* Fragen wir also nach dem Wesen des Gottes der Doxa, „des Vaters der Doxa", in 17, so erschließt es sich *neutestamentlich* in seinem Offenbar-Werden „in Christus". Und es ist ein machtvolles Offenbar-Werden Gottes! Gut sagt dies Schlier K 77: „Das (sc. ὁ πατὴρ τῆς δόξης) meint nicht nur, daß die Glorie ein Wesensmerkmal dieses ‚Vaters' ist, daß er in der himmlischen Glorie sein Wesen hat, vgl. ὁ ϑεὸς τῆς δόξης Apg 7,2; ὁ κύριος τῆς δόξης (Christus) 1Kor 2,8; Jak 2,1; Χερουβὶν δόξης Hebr 9,5, sondern auch, daß von ihm die Glorie ausgeht, in ihm ihr Wesen hat, vgl. 2Kor 1,3 ὁ πατὴρ τῶν οἰκτιρμῶν ..." Daß Gottes Doxa die *machtvolle* Doxa ist, ist auch schon atl. erwiesen. Und ntl. gilt dies vor allem von der Auferweckung Jesu, wobei der AuctEph hier auf Röm 6,4 rekurrieren dürfte (s. u. zu 20). Noch einmal Schlier, der K 77 programmatisch formuliert: „Δόξα und δύναμις sind also auch bei Paulus [gemeint ist Paulus als der AuctEph] Wechselbegriffe, ... Der Glanz Gottes ist der Glanz seiner Macht und die Macht Gottes ist die Macht seines Glanzes." Indem Paulus durch den Gottes-"Titel" ὁ πατὴρ τῆς δόξης so stark den Offenbarungs-Begriff δόξα betont und sein Gebet für die Gemeinde in Ephesos unter diesen theologischen Fundamentalgedanken stellt, greift er aber zugleich auch die für die Eulogie konstitutive Wendung εἰς ἔπαινον (τῆς) δόξης (αὐτοῦ) auf (1,6.12.14): Die Kirche existiert zum Lob der Doxa Gottes; in dieser Doxa Gottes gründet ihre Existenz. Das Hin-Sein der Kirche hat seinen Grund in ihrem Her-Sein. Noch anders formuliert: Ursprung und Ziel der Kirche koinzidieren in Gott, dessen Offenbarung seine Doxa ist.

Der Vater der Herrlichkeit soll den Ephesern das πνεῦμα σοφίας καὶ ἀποκαλύψεως geben, und zwar ἐν ἐπιγνώσει αὐτοῦ. Umstritten ist, ob dieses ἐν ἐπιγνώσει αὐτοῦ auf πνεῦμα κτλ zu beziehen ist (Schlier K 74: „... Gott ... gebe euch den Geist ..., ihn zu erkennen"; ebenso übersetzt Lindemann K 26; Bouttier K 78 paraphrasiert: „que ... vous donne un esprit ... *qui vous mène* en sa connaissance") oder schon zu 18 gehört (Gnilka K 90). Wie immer man hier exegetisch entscheidet, am Sinn des vom AuctEph Gemeinten ändert sich wenig. Denn was er in 17f mit den theologisch so dichten, geradezu überladenen, z. T.

146

inhaltlich sich überschneidenden Aussagen zum Ausdruck bringen will, ist, zumindest in seiner Grundintention, deutlich: „Paulus" bittet Gott, den Adressaten seinen Geist zu geben, damit sie zur vollendeten Gotteserkenntnis gelangen.

Damit stellt sich aber bereits ein eigenartiges, keineswegs unwichtiges Problem: Nach 13 sind die Epheser schon durch den Heiligen Geist, den Geist der Verheißung, versiegelt. In diesem Vers der Eulogie ging es ja darum, daß der Heilige Geist sein Werk durch den Vollzug der Taufe bereits getan hat. Jetzt aber in 17 bittet „Paulus" Gott, er möge ihnen den Geist noch geben (ähnlich fragt z.B. Hoppe K 33). Wie reimt sich das zusammen? Zweifelsohne handelt es sich um einen eklatanten Widerspruch – jedenfalls solange, wie man im Bereich einer eindimensionalen Betrachtungsweise beides zusammenbringen will. Doch gerade eine solche Sichtweise widerspricht genuinem biblischen Denken, in dem sich ja unterschiedliche Zeiten und Weisen des Handelns Gottes ineinanderschieben. Im Zeit-Raum der Gnade hat zwar auch die chronometrisch ablesbare Zeit ihren „Ort", aber die Absolutsetzung der Chronometrie in der *theo*-logischen Reflexion ist eine katastrophale Reduktion der Wirklichkeit. Gott wirkt aus seinem Bereich der alles überlegenen Transzendenz; er wirkt, wie schon unsere theologische Reflexion über die Präexistenz des göttlichen Gnadenhandelns zeigte, aus seiner freien Souveränität über alle Zeit in die Zeit hinein, in die Geschichte hinein (s. den Exkurs zur Theologie der Eulogie). Sein im Prinzip endgültiges Heilshandeln in der Taufe des Glaubenden geschieht an diesem als dem *geschichtlich* Existierenden. Geschichtlichkeit des Menschen – das gilt nicht erst seit 1927 mit den §§ 72ff von Heideggers „Sein und Zeit"! – meint aber notwendig das ständige Werden seines Seins, das auch und gerade als Prozeß eines ständigen Verstehens zu sehen ist. Verstehen meint immer sowohl Verstehen der Welt als auch Selbstverstehen. Existiert nun der Christ in seiner Geschichtlichkeit im ständigen Sich-neu-Verstehen aus dem Gnadenwirken Gottes, versteht er so sein Dasein als das kraft seines Geschaffen-Seins geschenkte Sein und zudem als das in seinem Neu-Geschaffen-Sein neu geschenkte Sein, das auf Bewährung hin aus ist, so gibt es seinen guten Sinn, sowohl das *punctum mathematicum* der Taufe als auch das *fieri in vita procedenda* in der jeweils neu zu realisierenden und realisierten Korrelation zu sehen.

Ehe wir nun weiter über die zur Gotteserkenntnis befähigende Gabe Gottes nachdenken, muß erneut unsere Aufmerksamkeit darauf gerichtet werden, daß der AuctEph als Tritopaulus die Theologie des AuctCol, also des Deuteropaulus, in seine eigene theologische Konzeption übernimmt (wobei hier unberücksichtigt bleiben kann, ob er vom deuteropaulinischen Charakter des Kol wußte). Der AuctCol hatte aber, wie die Auslegung seines Briefes ergab, keine pneumatologischen Interessen, bemerkenswerterweise sein Rezeptor, der AuctEph, aber sehr wohl. Dies ist ein deutliches, ja unübersehbares Indiz für dessen Rückgriff auf die paulinische Pneumatologie. Es ist festzuhalten: Tritopaulus geht – über das pneumatologische Defizit des Deuteropaulus hinweg – auf Paulus selbst zurück, auf ein Herzstück seiner Theologie, auf *Wesen*-tliches seines glaubenden Selbstverstehens (z.B. Röm 8). Auch die Wendung πνεῦμα σοφίας hat ihre atl. Vorgeschichte. Sie erinnert an die messianische oder zumindest quasimessianische Prophetie Jes 11,2 καὶ ἀναπαύσεται ἐπ᾽ αὐτὸν πνεῦμα τοῦ θεοῦ, πνεῦμα σοφίας καὶ συνέσεως, ..., πνεῦμα γνώσεως καὶ εὐσεβείας. Nach Schlier K 77 „braucht" es „nicht ein spezieller Anklang" an diese Stelle zu sein. Aber er sieht sie immerhin im Horizont anderer verwandter LXX-Aussagen und zitiert (K 78, Anm. 1) – m.E. mit vollem theologischen Recht – u. a. aus dem Gebet Salomons Sap 7,7: διὰ τοῦτο εὐξάμην, καὶ φρόνησις ἐδόθη μοι./ἐπεκαλεσάμην, καὶ ἦλθέν μοι πνεῦμα σοφίας. Und mit Schlier (ib.) sollte man auch auf Bar 3,9–4,4 aufmerksam machen, wo πνεῦμα und ἀποκάλυψις im selben Wortfeld stehen. Dort ist übrigens auch vom Geben Gottes in Verbindung mit dem Lob Gottes die Rede, 3,6f. In diesem Zusammenhang darf nicht übersehen werden, daß Paulus diesen Abschnitt in 1Kor 1,18ff exegetisch, fast midraschartig, verarbeitet hat (Hübner, Der vergessene Baruch). Ob Tritopaulus ἀποκάλυψις als apokalyptischen Begriff übernommen und ihm dabei bewußt seine apokalyptische Spitze abgebrochen hat, sei hier dahingestellt. Größeren Einfluß als die LXX hatte auf ihn wohl die Hermeneutik des Paulus, die hier sicherlich nachgewirkt hat, vor allem sein so wichtiger hermeneutischer Exkurs 1Kor 2,6–16, wo es thematisch um die σοφία geht und wo vom πνεῦμα, vom ἀποκαλύπτειν Gottes und vom γινώσκειν des Menschen die Rede ist. An die Offenbarungsterminologie und Offenbarungstheologie des Eph erinnert vor allem 1Kor 2,7: ἀλλὰ λαλοῦμεν θεοῦ σοφίαν ἐν μυστηρίῳ τὴν ἀποκεκρυμμένην, ἣν προώρισεν ὁ θεὸς πρὸ τῶν αἰώνων εἰς δόξαν ἡμῶν. Die Hermeneutik des Paulus und die des Tritopaulus zeigen also eine überaus enge Verwandtschaft in der Struktur ihres theologischen Denkens.

Hermeneutica sacra: Verstehen – Glauben

ἐπίγνωσις findet sich im Corpus Paulinum sowohl bei Paulus als auch in Kol und Eph. αὐτοῦ meint τοῦ θεοῦ, nicht Χριστοῦ. „Erkenntnis Gottes" ist jedoch auffälligerweise in den authentischen Paulinen keine geprägte Wendung (der Sache nach Röm 1,28 und 10,2; wohl anders Phil 1,9). Hermeneutisch relevant ist aber für die beiden Röm-Stellen Röm 3,20, wo Paulus von der ἐπίγνωσις ἁμαρτίας spricht. Zwar kann gemäß der Argumentationslinie des Röm in 3,20 nicht die Erkenntnis der Tiefendimension der Sünde gemeint sein; die ist ja dem Leser des Briefes erst in Kap. 7 möglich (Hübner, Das Gesetz bei Paulus, 62ff). Aber für die „Erkenntnis Gottes" besagt auch eine Partialerkenntnis der Hamartia bereits, daß es bei der ἐπίγνωσις um eine Erkenntnis geht, die das *Selbstverständnis* notwendig impliziert. Wer schließlich die Sünde in ihrer ganzen grauenhaften Furchtbarkeit im Sinne von Röm 7 erkennt, ist in der Lage, sich als Sünder zu erkennen und – im tiefsten und somit im existentiellen Sinne! – zu *verstehen*. Diese Erkenntnis der Sünde und somit dieses Selbstverstehen als Sünder ermöglicht erst die echte Erkenntnis Gottes (*e contrario* Röm 10,3!). Ist nun in Eph 1,17 von dieser „Erkenntnis Gottes" die Rede, so meint sie mit hermeneutischer Notwendigkeit die Erkenntnis *des* Gottes, der durch seine Selbstoffenbarung, durch sein Sich-zu-verstehen-Geben, den Menschen zum Verstehen seiner selbst als des Erlösten – paulinisch gesprochen: des Gerechtfertigten – bringt. Wer sich in dieser Weise selbst versteht, sich also vom erlösenden Gott her versteht, der allein vermag sich „richtig" zu sehen. Gott ist also nur da zu-*treffend* verstanden, wo er als *Deus iustificans* und eben als solcher im Sinne des *Deus hermeneuticus* verstanden ist (Hübner, Deus hermeneuticus). Sowohl die Theologie des Paulus als auch die jeweilige Theologie des „Paulus" des Kol und des „Paulus" des Eph sind wesenhaft hermeneutisch. Auch und gerade in Eph 1,17ff wird erneut deutlich, daß Theologie, will sie wirklich zur Sprache bringen, was das Wort „Gott" meint, wurzelhaft – *radikal!* – hermeneutisch ist. *Theologia est hermeneutica aut non est theologia!* Gott offenbart sich und gibt sich so zu *verstehen* (nicht: macht sich begrifflich erfaßbar oder gar *per conclusionem* beweisbar!); und der Gott so verstehende Mensch ist, paulinisch gesprochen, die *nova creatura* (Gal 6,15; 2Kor 5,17). Der sich zu verstehen gebende Gott und der Gott verstehende Mensch – das ist es, was Paulus und seine beiden Schüler, der AuctCol und AuctEph, uns sagen wollen. Und die Theologie des Paulus, die des Kol und die des Eph – *verstehen* kann sie nur, wer im Sinne dieser ntl. Theologen sich selbst versteht. Die Hermeneutik *unseres* Verstehens dieser ntl. Schriften ist somit im Prinzip die Hermeneutik ihrer Verfasser. Insofern gibt es keinen „neutralen" Zugang zu dem, was die genannten ntl. Autoren *eigentlich* sagen wollen. Wer an Gott nicht als an den glaubt, der auch ihn erwählt und erlöst hat, hat weder Paulus noch den AuctCol und AuctEph verstanden. Theologie ist also *per definitionem* Glaubenswissenschaft; anders wird sie zur Karikatur ihrer selbst. Dann aber ist es gerade die allgemeine, für *jede* Schrift geltende Hermeneutik, die notwendig für die Theologie eine *spezifische* Hermeneutik postuliert. In der Sprache der Hermeneutik z. B. des Johann Jakob Rambach oder des frühen Hermann Samuel Reimarus: Ausgerechnet die *hermeneutica universalis* ist es, die die *hermeneutica sacra* aus sich selbst heraussetzt (H. Hübner, Die „orthodoxe" hermeneutica sacra des Hermann Samuel Reimarus, erscheint 1998 in M. Riedel (Hg.), Die Hermeneutik der Aufklärung)! So paradox dies zunächst auch klingen mag, es ist in der Tat die Konsequenz des genuinen Denkens der Aufklärung. Diese hermeneutischen Überlegungen, die leicht als bloß formale Aussagen aufgefaßt werden könnten, bedürfen jedoch noch der materialen Auffüllung. Wolfgang Hackenberg hat für die echten Paulus-Briefe Erkenntnis als „Anerkenntnis (des Willens Gottes), die im Verhalten des Erkennenden wirksam wird", definiert (EWNT II, 63): „Intellektuelles Verstehen und existentielles Anerkennen gehören zusammen." Dem kann man zustimmen. Aber es findet doch schon eine gewisse Verschiebung des von Paulus Gemeinten statt, wenn er dann, unter Berufung auf Röm 1,28, von „der rechten Erkenntnis des Willens Gottes" her das paulinische Verständnis der ἐπίγνωσις interpretiert und diese Linie schließlich über den Kol bis hin zu Eph 1,17 (und 4,13) durchzieht (s. schon Schlier K 79: „Πίστις und ἀγάπη sind notwendige Bedingungen, um zu solcher ἐπίγνωσις zu gelangen ..."; nach Gnilka K 90 geht es hier „primär nicht um eine Bereicherung des Intellekts, sondern der Fähigkeit, Gottes Willen zu tun"). Nun ist zuzugeben, daß im AT „Erkenntnis Jahwähs", דַּעַת יהוה, oder „Erkenntnis Gottes", דַּעַת אֱלֹהִים, z. B. Hos 6,3.6, das von Jahwäh geforderte gerechte Verhalten intendiert. Das zeigt auch der LXX-Text von Hos 6,6: διότι ἔλεος θέλω καὶ οὐ θυσίαν καὶ ἐπίγνωσιν θεοῦ ἢ ὁλοκαυτώματα. Und es ist auch einzuräumen, daß für den AuctEph das heilige Verhalten der im heiligen Raum der Kirche Befindlichen zentral ist (1,4; 2,10 u. ö.). Auch darf nicht der Kontext der ἀγάπη in Eph 1,15 übersehen werden. Dennoch ist in 17 zunächst die im Glauben an Gott gegebene „Erkenntnis Gottes" als Verstehen des begnadenden Gottes und in einem damit das Verstehen des eigenen von Gott Begnadet-Seins ausgesagt. Aus solcher „Erkenntnis Gottes" erwächst aber dann – nicht mechanisch, aber sozusagen organisch – die Heiligkeit des christlichen Lebens. Von diesem Verständnis der ἐπίγνωσις θεοῦ aus wird deutlich, was die Präposition ἐν in der Wendung ἐν ἐπιγνώσει αὐτοῦ besagt: Hat Gott den „Geist der Weisheit und Offenbarung" gegeben, so befinden sich die Begnadeten im Heilsraum der ἐπίγνωσις θεοῦ. Der Geist Gottes führt also in diesen Raum hinein, so daß die oben gebotene Übersetzung „um ihn zu erkennen" vielleicht ein wenig blaß ist, aber in der Sache das von AuctEph Gemeinte treffen dürfte.

Der eminent hermeneutische Charakter des Eph schält sich in **18** noch schärfer heraus. Der AuctEph spricht von „den erleuchteten Augen des Herzens" (ob ὑμῶν ursprünglich ist, bleibt unsicher; es fehlt z. B. in p[46] B, steht aber in ℵ A D* u. a.; wie man in dieser Frage urteilt, ist theologisch irrelevant). Ausleger verweisen gern und auch ganz zu Recht auf 2Kor 4,6, wo es von Gott heißt ἐκ σκότους φῶς λάμψει, ὃς ἔλαμψεν ἐν ταῖς καρδίαις ἡμῶν πρὸς φωτισμὸν τῆς γνώσεως τῆς δόξης τοῦ θεοῦ ἐν προσώπῳ [Ἰησοῦ] Χριστοῦ. Das gemeinsame theologische Wortfeld dieses Paulus-Wortes und Eph 1,15ff ist evident. καρδία ist biblisches Elementarwort, das Herz meint den Menschen in der Intentionalität des Innersten seines Person-Seins. Das Herz ist also der Mensch in der Eigentlichkeit der Ausrichtung seines Erkennens und Wollens (s. auch Bultmann, ThNT, § 20, z. B. S. 221: „Bezeichnung des Ich als eines wollenden, planenden, trachtenden"). Es ist der Mensch in seinem *Aus-Sein-auf* Gott, die Welt und sich selbst. Es ist also der Mensch in der Tiefe seiner ganzheitlichen Existenz, dem die Erleuchtung von Gott her widerfährt. Als der von Gott Erleuchtete sieht er und versteht er Gott und somit sich selbst. Søren Kierkegaards Worte kommen einem in den Sinn:

> Herr, gib mir blöde Augen
> Für Dinge die nicht taugen,

Und Augen voller Klarheit
Für alle deine Wahrheit!

Mit solchen durch Gott erleuchteten Augen sollen die Epheser erkennen – auch εἰδέναι ist hermeneutisches Schlüsselwort! –, was die Hoffnung ihrer Berufung ist, was der Reichtum seines (αὐτοῦ! = von ihm gegebenen) Erbes im Bereich (ἐν!) der Heiligen, d.h. im Heils-Bereich der Kirche, und schließlich in **19**, was die überwältigende Größe seiner Macht in ihrer Bedeutsamkeit für uns ist, die wir gemäß der Wirksamkeit seiner Kraft – man beachte die für den AuctEph typische Anhäufung von Synonymen und Quasisynonymen: δύναμις, ἐνέργεια, κράτος, ἰσχύς – die Glaubenden sind. Nach der bisherigen Auslegung der Grundgedanken des AuctEph ist eine Einzelinterpretation dieser „Begriffe" nicht mehr erforderlich. Sie sprechen in gewaltiger Sprache für sich. Und für sie als Synonyme, die in rhetorischer, aber nicht logischer Manier durch Genitive und Partizipien zusammengefügt sind, ist eine scharfe Begriffsbestimmung ohnehin nicht möglich.

Der hermeneutische Gedanke, der in 17 mit ἵνα einsetzt, wird in **20** fortgeführt: Die Macht Gottes wird an seinem lebenschaffenden Wirken *und somit zugleich* an ihrer Wirkung in uns aufgezeigt. (Bezieht sich ἥν auf τὴν ἐνέργειαν oder auf τῆς ἰσχύος αὐτοῦ? Vom Sprachduktus her möchte man sich wie viele Autoren für die zweite Alternative entscheiden. Aber signalisiert nicht das Verb ἐνήργησεν die Verbindung zu κατὰ τὴν ἐνέργειαν? Zumindest ist diese Möglichkeit ernsthaft zu erwägen.)

War in 19 von der δύναμις Gottes die Rede, von seiner ἐνέργεια, so manifestiert sich diese „energische" Macht Gottes (Mußner K 55: „‚Energie' des Vaters") in der Auferweckung des Christus „aus" den Toten. Vom Kreuz Christi ist hier nicht die Rede. Die kerygmatische Soteriologie von 15ff steht ganz im Lichte der Erhöhungschristologie (Pokorný K 81: „Die Auferstehungsbotschaft enthielt von Anfang an die Vorstellung von seiner Erhöhung, die auch im Kyrios-Titel zum Ausdruck kommt [Röm 1,3f].") Auffallend ist die Formulierung τὴν ἐνέργειαν (oder τῆς ἰσχύος αὐτοῦ?) . . ., ἥν ἐνήργησεν <u>ἐν τῷ Χριστῷ</u> ἐγείρας αὐτὸν ἐκ νεκρῶν. Gott hat also „*in* dem Christus" seine Leben schaffende Macht manifestiert. Soll man interpretieren „im Bereich des Christus"? Aber die fragliche Wendung bedeutet hier wohl nicht das ekklesiologische ἐν Χριστῷ; vielmehr dürfte die Präposition ἐν kausalen Charakter haben. Dann wäre zu übersetzen: durch den Christus. In 20a wird die schon von Paulus übernommene Ostertradition (z. B. 1Kor 15,3ff) in ihrer nachpaulinischen Wirkungsgeschichte sichtbar. Der Zweite Artikel des Credo begegnet hier mit spezifischer Akzentsetzung und in eigenwilliger Diktion. Koordiniert zu ἐγείρας steht καθίσας. Der von den Toten erweckte Christus ist zugleich der in den Himmeln, ἐν τοῖς ἐπουρανίοις, (s. zu 1,3) zur Rechten Gottes inthronisierte Christus. Wie bereits bei Paulus (1Kor 15,25) geschieht auch hier der Rekurs auf ψ 109,1 κάθου ἐκ δεξιῶν μου, / ἕως ἂν θῶ τοὺς ἐχθρούς σου ὑποπόδιον τῶν ποδῶν σου. Ein formelles Zitat liegt aber nicht vor. Schon der Vergleich des Wortlauts von 20b mit dem LXX-Text zeigt dies, einmal ganz abgesehen von der fehlenden *formula quotationis*. Der AuctEph hat den Psalmvers in seine theologische Argumentation eingebaut und ihn auf zwei Verse (20b und 22) verteilt (es sei denn, man sähe in 22 wie in 1Kor 15,27 eine Anspielung auf ψ 8,7: πάντα ὑπέταξας ὑποκάτω τῶν ποδῶν αὐτοῦ). Zu registrieren ist aber, daß auch an anderen Stellen des NT ψ 109,1 zitiert wird (Mk 12,36parr; Act 2,34f; an diesen Stellen wird in der *formula quotationis* jeweils David als Sprecher erwähnt). Paulus baut jedoch wie der AuctEph die Psalmenworte in 1Kor 15,25ff in seine theologische, genauer: eschatologische Argumentation ein.

150

Entscheidend für das Verständnis der Intention des AuctEph ist die erhebliche Differenz zu Paulus bei der Frage, wozu die christologische Bedeutung von ψ 109,1 (und ψ 8,7?) dienen soll. Paulus ging es um die Rolle Christi im futurisch-eschatologischen Geschehen: Am Ende der Geschichte wird er alle gottfeindlichen Mächte unterwerfen, sich selbst aber dann Gott unterordnen (1Kor 15,28: ὁ υἱὸς ὑποταγήσεται) (A. Lindemann, WuD 19, 87–107). Der AuctEph hingegen sieht das, was Paulus als *Zukunft*, als Geschehen am Ende der Welt, wenn auch in ziemlicher Kürze, erwartet, als *Gegenwart*. Diese Zeitdifferenz ist von höchster theologischer, christologischer, soteriologischer und ekklesiologischer Relevanz. In der Analyse dieses Sachverhalts sind sich die Autoren einig. Zur Deutung kommen wir bei der Auslegung von 22.

Zuvor ist aber noch ein anderer Aspekt zu nennen, der unseren Blick nun auf den *ganzen Brief* lenkt. 20a und 20b haben nicht nur ihren theologisch-christologischen Selbstzweck, sondern auch vorbereitende Funktion. ἐγείρας und καθίσας begegnen nämlich bereits im nächsten Abschnitt 2,1–10 wieder. In 2,6 werden dieselben Verben auf die Gegenwart des Glaubenden bezogen, denen dasselbe Widerfahrnis als Tat Gottes zugeschrieben wird wie in 1,20 dem Christus: Wie dort ist auch in 2,6 Gott das Subjekt: συνήγειρεν καὶ συνεκάθισεν. Und auch das ἐν τοῖς ἐπουρανίοις findet sich an beiden Stellen. Allerdings dürfte ἐν Χριστῷ Ἰησοῦ in 2,6 inhaltlich anderes aussagen (συν- in den beiden Komposita wird in ἐν Χριστῷ Ἰησοῦ ekklesiologisch expliziert) als ἐν τῷ Χριστῷ in 1,20.

21f bringen den Gegensatz der Herrschaft Christi zu den gottfeindlichen Mächten. Sie sind jetzt schon überwunden! 6,10 steht damit in engem inhaltlichen Zusammenhang: Der Kampf der Christen gegen die teuflischen Mächte ist die geschichtliche, somit prozeßhafte Seite dessen, was „in Christus" nach 1,21f schon vollendetes Heils-Sein ist. *Sein* „in Christus" und *Werden* „in Christus" machen die Dialektik des christlichen Daseins aus – eine Denkfigur, die sich im Verlauf der Darlegungen des AuctEph ständig zeigt. Und das πλήρωμα-Motiv, mit dem der Abschnitt in 23 schließt, ist eines der besonders wichtigen Motive des Eph (1,10.23; 3,19; 4,10.13; 5,18). Im Bilde: Spinnennetzartig ziehen sich die Fäden von 1,20–23 (man könnte freilich auch noch einige Verse vor 20 zurückgehen) über den ganzen Brief. Um im Bilde zu bleiben: Die Spinne sitzt, wenn wir von 1,20ff sprechen, nicht in der Mitte des Netzes. Es ist ex-zentrisch gebaut. Ohne Bild: Bereits im ersten Kapitel findet sich ein Konzentrationspunkt der Theologie des Eph. Es gehört aber zur Eigenart des Briefes, daß man Analoges auch von anderen Stellen in ihm sagen könnte. Der Eph ist ein kunstvolles Geflecht von einander ergänzenden und sich gegenseitig kommentierenden Aussagen. So ist er ein Schreiben von ungeheurem Reichtum.

In **21** werden die Mächte aufgezählt, über die Gott den Christus erhöht hat. ὑπεράνω muß mit dem Tonfall gehört werden, den das Wort für den AuctEph hat (4,10!): Ganz oben residiert der Christus in göttlicher Majestät, an Gottes Herrschaftssouveränität partizipierend. Hat es Sinn, die ἀρχαί, ἐξουσίαι, δυνάμεις und κυριότητες genau zu definieren? Daß der AuctEph hier von Kol 1,16, also vom Hymnus 1,15ff abhängig ist, versteht sich von selbst. M. E. ist es müßig, darüber zu diskutieren, ob er selbst genau zwischen den einzelnen Mächten unterscheiden wollte. Das erforderliche religionsgeschichtliche Material ist von Schlier K 87f zusammengestellt worden; darauf sei hier verwiesen. Woran aber alles hängt, ist, daß in 21 widergöttliche Mächte gemeint sind. Das geht aus **22** einwandfrei hervor. Zumeist wird καὶ πάντα ὑπέταξεν ὑπὸ τοὺς πόδας αὐτοῦ als Zitat oder Anspielung auf ψ 8,7 gesehen. Dafür kann man vor allem die Worte πάντα ὑπέταξεν anführen. Dem Sinne nach besagt aber ψ 109,1b das gleiche. Sollte der AuctEph jedoch in

22 unmittelbar auf 1Kor 15,27 rekurrieren (er hat jedenfalls gegen ψ 8,7 [ὑπέταξας] mit 1Kor 15,27 ὑπέταξεν geschrieben, ebenso gegen ψ 8,7 [ὑποκάτω τῶν ποδῶν αὐτοῦ] mit 1Kor 15,25 ὑπὸ τοὺς πόδας αὐτοῦ), so könnte man dies als Indiz dafür sehen, daß er weder in 20 noch in 22 bewußt auf atl. Psalmverse zurückgreift, sondern paulinische Aussagen in eine neue Richtung bringt (s. auch Lincoln K 66: „It is likely that Eph 1:20,22 are dependent on 1Cor 15, which in turn draws on a common exegetical tradition in the early church whereby Ps 8:6 had become linked to Ps 110:1 in drawing out the implications of Christ's resurrection and exaltation ... The mediation of this use of the OT via 1Cor 15:24–28 is suggested by the fact that the wording of Ps 8:6 is the same in both cases and the terminology for the subjugated powers is the same, except that Ephesians has added ‚dominion‘ to the end of the list."). Wichtig ist aber vor allem – das sei festgehalten –, daß der AuctEph durch πάντα ὑπέταξεν, einerlei woher diese Worte stammen, besonders die Herrschaft Christi über die Mächte herausstellt. Sie sind ihm untertan! Und indem sie als Unterworfene in aller Deutlichkeit dem Leser des Briefes vor Augen gestellt werden, also ihre elende, weil aussichtslose Situation betont wird, will der AuctEph doch allem Anschein nach sagen, daß sie sich zuvor gegen den Christus gestellt hatten, also gott- und christusfeindliche Mächte sind. Dagegen wird man nicht einwenden können, daß, weil in dem πάντα alle Menschen eingeschlossen sind und sich unter diesen auch die Glaubenden befinden, nicht alle Mächte notwendig als widergöttlich gedacht werden müssen. Von 22 ist noch einmal auf 21 zurückzublicken. Neben den Mächten ist von „jedem genannten Namen" die Rede. Vielleicht kann man Gnilka K 95 zustimmen, daß „die Namen" ebenfalls für Mächte stehen, wobei sich hinter dieser Titulatur „uralter Namenglaube" verbirgt, „der mit dem Namen den Zugang zu einem Wesen oder einer Person erschlossen sieht".

Nicht mehr in paulinische Terminologie fügt sich in 21 οὐ μόνον ἐν τῷ αἰῶνι τούτῳ ἀλλὰ καὶ ἐν τῷ μέλλοντι. Denn Paulus bringt nirgends die Wendung *„kommender Äon"*, und wo er von *diesem* Äon spricht (ὁ αἰὼν οὗτος: Röm 12,2; 1Kor 1,20; 2,6.8; 2Kor 4,4), da tut er es im abwertenden Sinn. Dabei überlappen sich bei ihm „dieser Äon" und die mit Christus bereits angebrochene Heilszeit (Röm 3,21!). Paulus denkt also nicht im apokalyptischen Zwei-Äonen-Schema. Übernimmt nun der AuctEph verbal dieses Schema, so denkt auch er keinesfalls im ursprünglich apokalyptischen Sinne. Denn die „Zukunft", also der αἰὼν μέλλων, hat für ihn schon begonnen. Sieht er aber eine gewisse Gleichzeitigkeit von ὁ αἰὼν οὗτος und ὁ αἰὼν μέλλων, so ist dies der Ausdruck seines Realismus: Die Heilszeit ist da! Aber sie ist – paradoxerweise! – mitten in der bösen Zeit da. Die Heils-"Zeit" ist sozusagen das überzeitliche Moment des Heils, das der Zeit, dem χρόνος, Entnommensein. Die böse Zeit hingegen, also „dieser Äon", sind die *zeitlichen*, die *geschichtlichen* Umstände der Existenz der Kirche. Man sieht also immer wieder das Denken des AuctEph auf zwei Ebenen: *Mitten in der Zeit* existiert der Christ und existiert die Kirche *außerhalb der Zeit*.

Lindemann K 31 stellt die heuristisch wichtige Frage, warum der AuctEph trotz der erheblichen Modifikation apokalyptischer Vorstellungen in apokalyptischer Sprache redet. Seine Antwort äußert er als Vermutung: Vielleicht habe der AuctEph gerade deshalb in überkommener, „konservativer" Sprache schreiben wollen, weil der Inhalt dessen, was er hier zu sagen gehabt hätte, alles andere als „konservativ" gewesen sei. Möglich! Immerhin konstatieren wir hier einen Vorgang, der seine Parallele im Joh hat, nämlich, um Bultmanns bekannte Terminologie seiner Auslegung des Vierten Evangeliums zu übernehmen, die Umbiegung der „futurischen Eschatologie" in die „präsentische Eschatologie". Besonders deutlich zeigt sich dieses Verfahren an Joh 5,25 (die unterstrichenen Worte kennzeichnen die Einfügungen des Evangelisten, wodurch er eine traditionelle Aussage futurischer Eschatologie zur Aussage präsentischer Eschatologie um-„funktion"-iert): ἔρχεται ὥρα <u>καὶ νῦν ἐστιν</u> ὅτε οἱ νεκροὶ ἀκούσουσιν (Futur!) τῆς φωνῆς τοῦ υἱοῦ τοῦ θεοῦ καὶ οἱ ἀκούσαντες ζήσουσιν (Futur!). Die wahrscheinlichste Annahme ist immer noch, daß man am Ende des 1.Jh. – Eph und Joh sind etwa zur selben Zeit geschrieben, womöglich im selben geographischen Raum – mit dem Ausbleiben bzw. der Verzögerung der Parusie Jesu fertig werden mußte. Man behielt zwar die traditionelle Sprache bei, sah sich aber genötigt, mit ihr einen modifizierten Inhalt auszusagen, wobei freilich die substantielle Kontinuität gewahrt blieb. Solche Kontinuität wäre nur da preisgegeben, wo ein chronologisch-chronometrisches Zeitverständnis als Parameter für den christlichen Glauben vorausgesetzt worden wäre. Doch Chronometrie war nicht einmal im AT für theologische Aussagen konstitutiv (Hübner, BThNT III, 216 ff: Epilegomena: Der Zeit-Raum der Gnade).

Die letzte Aktivität Gottes, die der AuctEph in 22b nennt, besteht darin, daß er der Kirche den Christus als Haupt über alles gegeben hat (so ist mit Gnilka K 97, Lindemann K 32, Lincoln K 67 f [dort ausführliche Begründung] u. a. τὰ πάντα zu erklären; anders z.B. Mußner K 51: „alles überragendes Haupt der Kirche"; ders., Christus, das All und die Kirche, 30: ὑπὲρ πάντα ist attributiver Präpositionalausdruck zu „Haupt"). Lindemann K 32 macht mit Recht auf eine gewisse Inkonsistenz der Gedankenführung aufmerksam: Wäre die Aussage, Christus sei als Herrscher über den Kosmos von Gott der Kirche „gegeben", ganz wörtlich zu verstehen, so wäre diese als „präexistente" Größe vorgestellt, die es bereits „vor" und ohne Christus gegeben habe. Natürlich kann dies nicht die Meinung des AuctEph sein! Und Lindemann stellt dann auch zutreffend heraus, daß der AuctEph von Christus als der Gabe an die Kirche sprechen kann, weil er sie nicht von ihrer irdischen Konkretion her versteht, sondern weil es für ihn Kirche „auch und gerade *jenseits ihrer geschichtlichen Wirklichkeit*" gibt (Kursive durch mich).

Die Konturen von 22b werden noch schärfer, wenn dieser Vers synoptisch mit 4,7 ff gelesen wird: Jedem ist seine χάρις, Amtsgnade, nach dem Maß der Gabe des Christus gegeben (*passivum divinum* ἐδόθη!); und so „gab", ἔδωκεν, Gott die einen als Apostel, die anderen als Propheten usw. (s. z. St.). Also fundiert 1,22b die – im rechten Sinne verstandene! – „Amtskirche". Im ἔδωκεν von 1,22 gründet das ἔδωκεν von 4,11.

Ist nach **23** die Kirche der Leib Christi, so begegnet wieder ein Gedanke, der schon von der Kommentierung des Christushymnus Kol 1,15 her bekannt ist. In 1,18 hatte der AuctCol zum Hymnustext ἡ κεφαλὴ τοῦ σώματος, diesen *ekklesiologisch* interpretierend, τῆς ἐκκλησίας hinzugefügt. Die für den AuctCol maßgebende Ekklesiologie hat der AuctEph als Grundthema seines Briefes weiter ausgebaut. Im Kol-Hymnus findet sich auch πλήρωμα (1,19), dort allerdings als christologischer Begriff. In Eph 1,23 ist πλήρωμα jedoch ekklesiologischer Begriff: Die ἐκκλησία ist das πλήρωμα, freilich das πλήρωμα dessen, der alles – noch einmal: τὰ πάντα!, Mußner, Christus, das All und die Kirche, 31: τὰ πάντα bedeutet die gesamte Schöpfung – in allem erfüllt (πληρουμένου ist Medium). πλήρωμα ist also hier anders als in 10 verstanden, wo von der Fülle der Zeiten die Rede ist. Gnilka K 98 sieht in 23b den noch einmal ins Kosmische geweiteten Blick. In der Tat tut sich mit dem erwähnten τὰ πάντα der immense Horizont der alles umfassenden Wirklichkeit auf, einer Wirklichkeit, die bis in den „Raum" der Transzendenz reicht.

Zum Schluß der Auslegung von 1,15–23 sei noch einmal zustimmend Mußner K 55 zitiert (Kursive durch mich): „Das *Handlungssubjekt* ist *Gott*; und seine Kraft und Stärke, seine ,Herrlichkeit', zeigten sich in der Machttat der Auferweckung Jesu von den Toten, also in der Macht über den Tod, und in Erhöhung Jesu zur Rechten Gottes in den himmlischen Bereichen. Beides ist menschenunmöglich; beides ist nur Gott möglich. Es geht also in dem Abschnitt 1,15–23 *primär* um *Gottesverkündigung* und *erst in zweiter Linie* um *Christusverkündigung*. Das Geschehen an Christus wird ganz und gar als Tat Gottes verkündigt."

2,1–22 „Paulus" an die heidenchristlichen Epheser

[1]Auch euch, die ihr aufgrund eurer Übertretungen und Sünden tot wart, [2]in denen ihr einst wandeltet gemäß dem Äon dieser Welt, gemäß dem Herrscher des Machtbereichs der Luft, (nämlich) dem Geist, der sein schändliches Treiben in den ungehorsamen Söhnen wirkt, [3]unter denen auch wir alle einst in den Begierden unseres Fleisches unser Leben führten, indem wir das böse Wollen des Fleisches und (unserer bösen) Gedanken in die Tat umsetzten und so von Natur aus Kinder des Zornes wie die übrigen waren, [4.5]uns also, die wir aufgrund unserer Übertretungen tot waren, hat aber Gott, der reich an Erbarmen ist, wegen seiner übergroßen Liebe, mit der er uns liebte, zusammen mit Christus lebendig gemacht – *Durch Gnade seid ihr gerettet!* [6]und mitauferweckt und miteingesetzt in den himmlischen Bereichen IN CHRISTUS JESUS, [7]damit er in den kommenden Äonen den übermäßigen Reichtum seiner Gnade in seiner Güte uns gegenüber IN CHRISTUS JESUS offenkundig mache. [8] – *Durch seine Gnade seid ihr nämlich gerettet, durch den Glauben! Und das (geschah) nicht aus euch heraus, (es war) Gottes Geschenk!* [9]*(Es geschah) nicht aus Werken, damit sich keiner rühme!* – [10]Sind wir doch seine Schöpfung, IN CHRISTUS JESUS zu guten Werken erschaffen, die Gott im voraus bereitet hatte, damit wir in ihnen wandeln.

[11]Deshalb seid eingedenk, daß ihr einst Heiden im Fleisch wart, (ihr,) die sogenannte Vorhaut, so genannt von der sogenannten Beschneidung, die am Fleisch mit Händen vorgenommen wurde! [12](Seid auch eingedenk,) daß ihr in jener Zeit ohne Christus wart, aus der Glaubensgemeinschaft Israels ausgeschlossen und unkundig der (von ihm) mehrfach festgesetzten Verheißung, ohne Hoffnung und ohne Gott in der Welt! [13]Jetzt aber wurdet ihr, die ihr damals fern wart, IN CHRISTUS JESUS nahe durch das Blut Christi – denn:

> [14]Er selbst ist unser Friede,
> der beide Teile (der Menschheit) zu einem gemacht
> und die trennende Mauer – die Feindschaft –
> an seinem Fleisch niedergerissen hat,
> [15]der das Gesetz mit seinen Geboten, denen Ver-
>   ordnungscharakter eignet, außer Kraft setzte,
> um IN SICH die beiden Teile zu einem neuen
>   Menschen zu machen
> und so den Frieden zu bewirken,
> [16]und die beiden in *einem* Leib mit Gott durch das

> **Kreuz zu versöhnen,**
> **indem er die Feindschaft in sich selbst tötete.**

[17]**Und er kam und verkündete den Frieden euch, die ihr fern wart, und (ebenso) den Frieden denen, die nahe waren,** [18]**daß wir durch ihn den Zugang zum Vater haben, beide (nämlich, die wir) in** *einem* **Geiste (existieren).** [19]**Also: Ihr seid jetzt nicht mehr Unkundige und Menschen zweiter Klasse! Ihr seid vielmehr Mitbürger der Heiligen und Hausgenossen Gottes!** [20]**Ihr seid „aufgebaut" auf dem Fundament der Apostel und Propheten! Und Jesus Christus ist der Eckstein.** [21]**In ihm ist der ganze Bau zusammengefügt und wächst so zu einem heiligen Tempel im Herrn heran.** [22]**In ihm werdet auch ihr „mitaufgebaut" zu einer Wohnung Gottes im Geiste.**

Literatur: ADAI, Der Heilige Geist als Gegenwart Gottes, 161–193. – E. BEST, Dead in Trespasses and Sins (Eph 2,1), JSNT 13 (1981) 9–25. – FAUST, Pax Christi et Pax Caesaris. – FINDEIS, Versöhnung – Apostolat – Kirche, 446–537. – FISCHER, Tendenz und Absicht des Eph, 121–137. – H. HÜBNER, Glossen in Epheser 2, in: Vom Urchristentum zu Jesus, FS J. Gnilka, Freiburg 1989, 392–406. – DERS., BThNT II, 371–374. – LINDEMANN, Die Aufhebung der Zeit, vor allem 106–192. – DERS., Paulus im ältesten Christentum, 123–125. – LONA, Die Eschatologie im Kol und Eph, 242–267. – U. LUZ, Rechtfertigung bei den Paulusschülern, in: Rechtfertigung, FS K. Käsemann, 1976, 365–383. – MERKLEIN, Das kirchliche Amt nach dem Eph, 118–158. – DERS., Christus und die Kirche. Die theologische Grundstruktur des Eph nach Eph 2,11–18 (SBS 66), 1973. – MUSSNER, Christus, das All und die Kirche, 76–118. – STEINMETZ, Protologische Heils-Zuversicht, vor allem 51–67. – TACHAU, ‚Einst' und ‚Jetzt' im NT, 134–143. – B. VILLIGAS, Redacción y tradición en Ef. 2,11–22, TyV 33 (1992) 179–184.

Eph 2 ist als *Anrede* an die Epheser in seiner Argumentationsstruktur recht durchsichtig. Die Adressaten werden in **1–10** zunächst auf ihre heidnische, nämlich sündige Vergangenheit angesprochen, 1f. Damit soll Gottes Heilshandeln an ihnen um so leuchtender herausgestellt werden. In 3 wechselt der AuctEph aber zum „wir": Gott hat in seinem Erbarmen und seiner Liebe *uns* (in 5 wird ὄντας νεκροὺς τοῖς παραπτώμασιν aus 1 aufgegriffen, zuvor setzt er in 4 neu ein) in die Gemeinschaft mit Christus hineingenommen. Aber diese Herausstellung des göttlichen Heilshandelns geschieht eben nicht um seiner selbst willen, sondern wegen der impliziten Ermahnung zum Wandel in guten Werken.

Die paränetische Ausrichtung dieses ersten Abschnitts von Eph 2 wird durch eine *inclusio* hervorgehoben: 2 ἐν αἷς ποτε περιεπατήσατε – 10 ἵνα ἐν αὐτοῖς (sc. ἔργοις ἀγαθοῖς) περιπατήσωμεν. Sie bringt deutlich den *antithetischen* Charakter zum Ausdruck, der für das ganze Kapitel bezeichnend ist: Wandel in den Sünden – Wandel in guten Werken. Die „dogmatischen" Aussagen stehen also offenkundig im Dienst der paränetischen Aussagen. Erneut zeigt sich, wie der ganze Brief von der Paränese bestimmt ist.

Wie dominant der Anredecharakter des Ganzen ist, wird wieder zu Beginn von **11–13** deutlich; denn „Paulus" leitet diesen neuen, wiederum antithetischen Abschnitt mit betontem, ja beschwörendem διὸ μνημονεύετε ein. Noch einmal verweist er auf die Vergangenheit der Epheser, diesmal jedoch nicht mehr so sehr auf ihren damaligen Wandel in Sünden (höchstens angedeutet mit τὰ ἔθνη ἐν σαρκί) als vielmehr auf ihre vormals von Israel ferne und somit heils- und hoffnungslose Situation. Fand sich in 1–10 für die zeitliche Gegenüberstellung nur ποτέ, während νυνί lediglich in der Beschreibung des Heilshandelns Gottes impliziert war, so heißt es jetzt in *zeitlicher* und *inhaltlicher* Antithese ποτὲ... χωρὶς Χριστοῦ – νυνὶ δὲ ἐν Χριστῷ Ἰησοῦ. Diese doppelte Antithese wird unter Bezug auf Jes 57,19LXX noch um die *räumliche* Dimension erweitert: οἵ ποτε ὄντες μακρὰν – νυνὶ δὲ... ἐγενήθητε ἐγγύς.

14–16 wird von vielen als *Hymnus* bezeichnet (zur Frage, ob ein Hymnus zugrunde liegt, s. Auslegung und Exkurs), den der AuctEph als ihm überkommene Tradition in seine Argumentation eingebaut habe und anschließend in **17–22** kommentiere. Hierbei greife er in 17 erneut auf Jes 57,19LXX zurück und deute dann in 18 den Schlüsselbegriff des Hymnus, εἰρήνη, als Frieden zwischen Juden und Heiden (οἱ ἀμφότεροι 18 als Interpretation von τὰ ἀμφότερα im Hymnus 14; freilich bereits in 16 die maskuline Form, wahrscheinlich durch redaktionellen Eingriff des AuctEph bedingt). 18 ist zwar als Begründung formuliert, doch ist für das zuvor mit apostolischer Autorität Gesagte eigentlich keine Begründung erforderlich. **19–22** sei *Explikation* des Hymnus und seiner Kurzinterpretation. Die Bilder in dieser Explikation passen freilich nicht ganz zueinander. „Paulus" verweist zunächst auf die Beziehung der Epheser zu Kirche und Gott; dann aber wird die auf dem Fundament der Apostel und Propheten und auf dem Eckstein des Baus, Jesus Christus, gegründete Kirche als wachsender (!) Bau vorgestellt, wobei dieser Vorgang als ἐν πνεύματι geschehend gesehen wird. Im Blick auf diesen pneumatischen Vorgang bringt der AuctEph somit die Vorstellung eines organischen Prozesses, der – unvorstellbar! – mit der Vorstellung eines Bauvorgangs vermischt wird.

„Paulus", der in 1,15 den Glauben und die Liebe der Epheser lobend genannt hat, verweist nun in **1** – man gewinnt den Eindruck, daß es recht abrupt geschieht – auf deren dunkle Vergangenheit. Er nennt in Anlehnung an Kol 2,13 ihre Verfehlungen, παραπτώματα, und, so nicht in Kol 2,13, ihre Sünden, ἁμαρτίαι. Es besteht aber wohl keine große Bedeutungsdifferenz zwischen beiden Termini. Unpaulinisch ist der Plural ἁμαρτίαι. Denn Paulus verstand ja unter ἁμαρτία die dem Menschen gegenüberstehende und sich seiner bemächtigende Sündenmacht (z. B. Röm 3,9; 5,12; Kap. 7 passim); für Sündentaten verwendete er entweder den Begriff παράβασις (z. B. Gal 3,19) oder παράπτωμα (z. B. Röm 5,16). Von ἁμαρτίαι (Plural!) sprach Paulus nur in traditionellen Wendungen (z. B. 1Kor 15,3). Den Ernst dieses sündigen Seins und Verhaltens – darin gleicht „Paulus" dem Paulus, daß er das sündige *Tun* im sündigen *Sein* gegründet weiß – sieht der AuctEph ähnlich gravierend wie der Völkerapostel (und der AuctCol): Wer sündigt, ist im Grunde schon tot, ὄντας νεκρούς. Paulus freilich denkt hier dialektischer; Röm 6,11: οὕτως καὶ ὑμεῖς λογίζεσθε ἑαυτοὺς εἶναι νεκροὺς μὲν τῇ ἁμαρτίᾳ ζῶντας δὲ τῷ θεῷ, 6,13: παραστήσατε ἑαυτοὺς τῷ θεῷ ὡσεὶ ἐκ νεκρῶν ζῶντας, 7,9 f: ἡ ἁμαρτία ἀνέζησεν, ἐγὼ δὲ ἀπέθανον, 8,6: τὸ γὰρ φρόνημα τῆς σαρκὸς θάνατος, τὸ δὲ φρόνημα τοῦ πνεύματος ζωὴ καὶ εἰρήνη. Doch dürfte der AuctEph weniger diese Stellen vor Augen gehabt haben als hier vielmehr literarisch von der schon genannten Stelle Kol 2,13 abhängig sein: καὶ ὑμᾶς νεκροὺς ὄντας ἐν τοῖς παραπτώμασιν (die Fortsetzung von Kol 2,13 dürfte ihn in 5 und 11 bestimmt haben; s. u.). Nachweisbar ist hier Tritopaulus von Deuteropaulus abhängig; aber letztlich will er, über Deuteropaulus zurück, theologisch Paulus selbst in der Gegenwart das Seine sagen lassen.

Wenn in **2** vom Wandel in den Sünden die Rede ist, περιπατεῖν, so können erneut paulinische Parallelen genannt werden (z. B. Röm 8,4: τοῖς μὴ κατὰ σάρκα περιπατοῦσιν, ähnlich 2Kor 10,2 f); aber auch hier ist wieder literarische Abhängigkeit vom Kol deutlich, Kol 3,7: ἐν οἷς καὶ ὑμεῖς περιεπατήσατέ ποτε. Über Kol und Paulus zurück liegt mittelbar atl. Einfluß vor. Im AT kann „gehen", הלך, im übertragenen Sinne den Wandel des Menschen vor Gott, in der Nachfolge Jahwähs oder heidnischer Götter, auf deren Wegen bedeuten (G. Sauer, THAT I 486–493; F.J. Helfmeyer, ThWAT II 415–433). Die Wendung הלך אַחֲרֵי, „nachfolgen", kann daher zur Umschreibung der gesamten Lebenshaltung benutzt werden (Sauer, op. cit. 490). Das in 2 negativ gefaßte περιπατεῖν korrespondiert dem positiven Gebrauch des Verbs in 10. Der Kontrast, der durch diese *inclusio* deutlich wird, charakterisiert und strukturiert somit den gesamten antithetisch konzipierten Abschnitt 1–10.

Der Wandel in den Sünden geschieht gemäß dem Äon dieser Welt. Umstritten ist die Bedeutung von αἰών. Ist er als *personale* Größe, dessen Name sich möglicherweise an die Vorstellung vom Ewigkeitsgott Aion anlehnt, aufzufassen (Gnilka K 114, ähnlich Pokorný K 98ff; Lindemann K 35f)? Oder behält Äon hier, weil man den Genitiv „dieses Kosmos" epexegetisch versteht, nämlich im Gegensatz zum jüdisch-apokalyptischen „kommenden Zeitalter", seinen *zeitlichen* Sinn und ist daher eben nicht mit dem unmittelbar danach genannten „Fürsten der Luftmacht" identisch (Mußner K 59)? Für ein personales Verständnis sprechen die parallelen Formulierungen κατὰ τὸν αἰῶνα und κατὰ τὸν ἄρχοντα, zumal es in 7 gerade der Plural ist, der dort dem Zusammenhang nach die kommenden Weltzeiten aussagt. Ist aber der Äon eine personale Größe von immenser diabolischer Macht, so befanden sich die Adressaten des „Paulus" einst, ποτέ, in dessen teuflischem Machtbereich. Schon bei Paulus sind ja Daseinsraum und existenzbestimmende Macht untrennbar (ἁμαρτία oder δικαιοσύνη θεοῦ). Ist aber der Raum menschlicher Existenz zugleich deren bestimmender *Zeit-Raum*, so dürfte Schlier – trotz seiner wohl überspitzten Auffassung von der Welt als personhaftem Ewigkeitsgott, die Paulus in Eph 2,7; 3,9.11 vertreten haben soll – ein gewisses Recht damit haben, daß in ὁ αἰὼν τοῦ κόσμου τούτου der Kosmos mehr die Welt in Hinsicht auf das Gesamte des Daseinsraumes meint, der Äon jedoch sie mehr in Hinsicht auf das Gesamte der Weltzeit meint (K 102). Trifft nun mit den meisten Autoren die personale Deutung zu, so ist jedoch damit ein gnostisches oder auch nur protognostisches Verständnis des Äons noch keinesfalls nachgewiesen. Wie sehr der AuctEph ihn von jüdischen Voraussetzungen her versteht, zeigt das syntaktisch gleichgeordnete κατὰ τὸν ἄρχοντα τῆς ἐξουσίας τοῦ ἀέρος. Dieser Herrscher ist eine satanische Gestalt, wobei die Luft als sein Herrschaftsgebiet gedacht ist. Immer wieder begegnet also ein Denken in Raum- und zugleich Machtbereichsvorstellungen, freilich im Horizont der Zeit. Es ist die gleiche Vorstellung wie in Kol 1,13, wo sich die beiden Machtbereiche ἡ ἐξουσία τοῦ σκότους und ἡ βασιλεία τοῦ υἱοῦ τῆς ἀγάπης αὐτοῦ gegenüberstehen. In Eph 2,2 ist τοῦ πνεύματος wahrscheinlich Apposition zu κατὰ τὸν ἄρχοντα (mit Gnilka K 115, Anm. 5, gegen Schlier K 104, der τοῦ πνεύματος als Apposition zu τοῦ ἀέρος faßt). Der Herrscher des Luftreichs hat nach damaliger weltanschaulicher Sicht direkten Einfluß auf das Wollen, Denken und Tun der Menschen; die Vorstellung vom bösen, aus dem Luftreich ins Erdreich wirkenden Äon wird also vom AuctEph geteilt, wenn auch als eine im Glauben überwundene Wirklichkeit. Wohnt nämlich nach 3,17 Christus durch den Glauben in den Herzen der Adressaten, so sind sie von innen her gegen den von außen, d.h. von oben her kommenden dämonischen Einfluß gefeit, der zuvor ihr ganzes Sein bestimmte. Die Annahme des Glaubens bedeutet somit ein *gewandeltes Selbstverständnis*: für den Glaubenden sind nicht mehr satanische Mächte existenzbestimmend, sondern allein Christus. Die räumlichen Aussagen des Eph sind freilich im Blick auf den Glaubenden nicht ganz stimmig. Wie bei Paulus (Gal 2,20 gegenüber z. B.

Gal 3,26–28) ist Christus in den Glaubenden, und diese *sind* in Christus – ein Hinweis darauf, daß Paulus, Deuteropaulus und Tritopaulus primär *Existenzaussagen* ausgesprochen haben, wenn auch die eigentlich räumliche Komponente bei ihnen nicht völlig verlorenging. Für sie war Räumlichkeit eben keine primär stereometrische Angelegenheit, sondern, grundlegend für ihre Denkstruktur, ein Existential im Sinne einer grundlegenden und unverzichtbaren Existenzaussage für jedermann. Weder die Theologie des Paulus noch die Theologien seiner Schüler erschließen sich uns, wenn wir nicht den Versuch machen, diese damals existential *verstandene* Räumlichkeit heute selber in existentialer Interpretation als Existential der Räumlichkeit zu *verstehen*. Und das ist eben nur partiell eine Sache des intellektuellen Erfassens.

Religionsgeschichtlicher Exkurs: Der Aion und der Herrscher des Machtbereichs der Luft

Literatur: J. DUCHESNE-GUILLEMIN, Ormazd et Ahriman, 1953. – W. FAUTH, Art. Aion (Αἰών): KP 1 185–188. – T. HOLTZ: EWNT I, 105–111. – LINDEMANN, Die Aufhebung der Zeit, 56–59.108–110. – NILSSON, Geschichte der griechischen Religion II, 497–507. – E. NORDEN, Die Geburt des Kindes. Geschichte einer religiösen Idee, Darmstadt ⁴1969 (= ¹1924). – REITZENSTEIN, Die hellenistischen Mysterienreligionen, 166–181. – H. SASSE: ThWNT I, 197–209. – DERS.: RAC I, 193–204.

In Eph 2,2 mischen sich biblische, nichtbiblisch-jüdische und heidnische Vorstellungen religionsgeschichtlicher Art, die ihrerseits weitgehend durch weltbildliche und weltanschauliche Vorstellungen bestimmt sind. Insofern liegt hier *Synkretismus* vor.

Nehmen wir αἰών und ἄρχων τῆς ἐξουσίας τοῦ ἀέρος als identische Person, so sind die zeitgenössischen Aussagen sowohl über den Äon als auch über den (die) Herrscher im Luftreich (Luftbereich) zu berücksichtigen. Über beide finden sich aber in der damaligen Zeit eine solche Fülle von Aspekten und Vorstellungen, von sich überschneidenden und widersprüchlichen Aussagen, daß angesichts der Kargheit und Unbestimmtheit der Formulierung von Eph 2,2 eine deutliche Bezugnahme der Begriffe dieses Verses auf religionsgeschichtliche und philosophische Vorstellungen und Begriffe nicht möglich ist. Hier anders als unter dem äußersten Vorbehalt des Hypothetischen zu argumentieren wäre Vermessenheit.

1. Zum Begriff bzw. Namen *Aion*: Seine primäre Bedeutung „Leben" und von daher auch „Lebenszeit" bei Homer und Aischylos ist für unsere Überlegungen irrelevant. Wichtiger ist die *philosophische* Spekulation über den αἰών, bereits bei den Vorsokratikern im Sinne eines kosmischen Raum-Zeit-Begriffs. Vor allem ist aber *Platon* zu nennen, insonderheit sein in vor-ntl. und ntl. Zeit vor allem in Alexandria viel kommentierter Timaios. In Tim 37d wird im Rahmen der platonischen Grundkonzeption zwischen dem unbewegten αἰών und seinem Abbild, dem χρόνος, als κατ' ἀριθμὸν ἰοῦσαν αἰώνιον εἰκόνα unterschieden. Will man von diesem philosophischen Zeitbegriff die *religionsgeschichtlich* wichtige Gottesgestalt Αἰών absetzen, was im Prinzip durchaus richtig ist, so darf jedoch nicht übersehen werden, daß der für die Anfänge der Ptolemäerzeit nachweisbare Aion-Kult in Berührung mit der Isis-Verehrung stand, die ihrerseits philosophische Implikationen aufwies. Isis galt als Natur des Aion, aus der alle Menschen entstanden sind (Athenagoras, Pro Chr. 22: περὶ τῆς Ἴσιδος ἦν φύσιν αἰῶνος, ἐξ ἧς πάντες ἔφυσαν καὶ δι' ἧς πάντες εἰσιν, λέγουσιν.). So besteht zumindest eine gewisse Affinität zwischen der Relation αἰών – φύσις und der Relation αἰών (= Isis) – πάντες. Daß einerseits Zeitgott und Zeit, also göttliche Personifikation der Zeit als Ursprung der Zeit, und andererseits Ablauf der Zeit aufs engste zusammengehören, versteht sich ohnehin von selbst. Zeit, verstanden als *geschichtlich* ablaufende Zeit, hat aber in ihrem konkreten Verständnis immer auch eine Konnotation des *Raumes*. (Zu dieser Problematik immer noch unverzichtbar Nilsson, Geschichte der griechischen Religion II, vor allem 497 ff, und Norden, Die Geburt des Kindes, 14–50, vor allem 24 ff.)

Als religionsgeschichtliche Parallele ist noch der *Mithrazismus* zu nennen. Er kennt einen Gott der

Ewigkeit, dem man gewöhnlich den Namen Aion beilegte (Nilsson, Geschichte der griechischen Religion II, 498 f; dort auch ältere Lit.; neuere Lit. TRE 23, 526). Die alles beherrschende, weil ewige Zeit, der Αἰών, wird durch die meist löwenköpfige Gottheit, die von einer Schlange umwunden ist, dargestellt. Daß hier persischer Ursprung vorliege, wie Nilsson annahm (Zervan akarana), wird inzwischen in Frage gestellt (Duchesne-Guillemin, Ormazd und Ahriman, 126).

2. Zum *„Archonten des Machtbereichs der Luft"*: Eine schöne Parallele wäre TestBen III, 4 ὑπὸ τοῦ ἀερίου πνεύματος τοῦ Βελίαρ. Diese Stelle aus der Handschrift β–a, z. B. von Schlier K 103 und Lincoln K 96 als Beleg zitiert, unterliegt jedoch dem Verdacht auf interpretierende Anfüllung (J. Becker, Untersuchungen zur Entstehungsgeschichte der Testamente der zwölf Patriarchen [AGJU VIII], 1970, 246 Anm. 3). In Betracht zu ziehen ist jedoch *SlHen 29,5* (Übersetzung JSHRZ V, 910 f): *„Und ich warf ihn [sc. Sataneal] von der Höhe hinab mit seinen Engeln. Und er flog fortwährend in der Luft, oberhalb des Abgrunds."* Gemeint ist hier die Luft als sublunare Sphäre, und zwar im Gegensatz zum göttlichen Äther; s. auch Philo, z. B. *Gig 6–16*. Eph zeigt auch in 3,10 und 6,12, daß diese Vorstellung für ihn von besonderer Wichtigkeit ist.

Auch hier ist ein Blick auf den Mithrazismus angebracht. Er übernahm die Lehre, daß die vom Himmel niedersteigenden und die Planetensphären durchschreitenden Seelen von diesen die ihnen entsprechenden Eigenschaften erhielten. Wenn sie dann auf demselben Wege zur obersten achten Sphäre zurückkehrten, mußten sie in jeder Planetensphäre ein Tor passieren, das von einem ἄρχων bewacht wurde oder Grenzen, die von „Zöllnern", τελώνια, bewacht wurden. In jeder Sphäre legten sie dabei diejenigen ihrer Leidenschaften ab, die den Eigenschaften der einzelnen Planeten entsprachen, bis sie nackt, nämlich von allen Mängeln befreit, in den achten Himmel eingingen. Inwieweit diese Lehre des Mithrazismus im Hintergrund von Eph 2,2 steht, ist schwer zu sagen. Angesichts der weiten Verbreitung dieser Religion ist aber durchaus damit zu rechnen (Nilsson, Geschichte der griechischen Religion II, 498). Das bedeutet aber keinesfalls, daß in Eph 2 im eigentlichen Sinne gnostischer Einfluß vorliegt (zum Ganzen mit unterschiedlichem religionsgeschichtlichen Urteil Schlier K 99–105, Pokorný K 96–100).

Das *philosophische* und *religionsgeschichtliche Umfeld* des Eph ist mit diesen Angaben, soweit es für die Kommentierung von Eph 2,2 von Belang ist, in etwa umschrieben. Mit dem Aufweis der genannten Vorstellungen ist jedoch keine Erklärung der theologischen Aussage des Verses gegeben. Denn die *Theologie* des AuctEph ist ja keineswegs mit dem Aufweis von religionsgeschichtlichen oder anderen Traditionen zum Verstehen gebracht. Entscheidend für das theologische Verstehen ist, daß die theologische Intention erfaßt ist, in der der Vf. einer ntl. Schrift religionsgeschichtliche oder philosophische Vorstellungen aufgriff und sie von seinem theologischen Verständnis aus mit neuer Bedeutsamkeit erfüllte. Es war (und ist ab und zu noch) das Elend einer bestimmten Frage-*Richtung* innerhalb der religionsgeschichtlichen Forschung – die Rede ist nicht vom Elend der religionsge- schichtlichen Forschung!, alles hängt davon ab, *in welcher Intention* sie betrieben wird – , wenn in rückwärts gewandter Sicht die einflußreichen Vorstellungen der Umwelt den biblischen Text in seinem Sinngehalt „erklären" sollen und somit wegen des offensichtlich reduzierten Fragens nur reduzierte Antworten möglich sind (zum hermeneutischen Defizit der Religionsgeschichtlichen Schule s. G. Sinn, Christologie und Existenz (TANZ 4), 1991, vor allem 111–117). Es ist das alte Problem des Verhältnisses von Tradition und Redaktion, das hier wieder virulent ist. Es geht um die *Rezeption* der Tradition, wobei diese niemals starr in ihrer bisherigen Bedeutung bleibt. Rezeption ist immer ein *geschichtlicher* Prozeß, in dem bisher Gedachtes, Gesagtes und Geschriebenes in den neuen Verstehenshorizont des Rezipierenden eingehen. Rezeption bedeutet, will man nicht blind gegen- über der Geschichtlichkeit jeglichen Verstehens sein, notwendig Modifikation, mag sie kaum wahrnehmbar oder, wie im Fall des Eph, offenkundig sein.

Der Relativsatz **3** hängt syntaktisch vom Relativsatz 2 ab; die Verschachtelung des Satzgefüges wird immer komplizierter, ein Subjekt des ganzen Satzes begegnet immer noch nicht. Mit dieser so verschachtelten Satzkonstruktion gelingt es aber dem AuctEph, eine Ausdehnung der Perspektive deutlich werden zu lassen. Mit ἡμεῖς πάντες bezieht „Paulus" nun auch die Juden in die kosmische Unheilsgeschichte ein. Auch sie wandelten

„einst" in den Begierden ihres Fleisches und taten so, was dieses wollte. Im Grunde meint schon die σάρξ die Verfallenheit des *ganzen* Menschen an seine Sünden und Begierden; doch stellt der AuctEph eigens noch die θελήματα τῶν διανοιῶν heraus. Sie sündigten in der klaren geistigen Erkenntnis ihres eigenen bösen Tuns. Menschlicher Wille und Verstand stehen also in gemeinsamer Aktion gegen Gottes heiligen Willen. Es ist das eiskalte intelligente Handeln, das sich in Verkennung der eigenen Elendssituation den Zorn Gottes zuzieht. So waren eben auch die Juden φύσει, von Natur aus, Kinder des Zornes – genau wie die in 1 angesprochenen Heiden! Waren aber beide Menschengruppen durch und durch dem Bösen verfallen, so ist 2,1–3 dem Inhalt nach eine konzentriert formulierte Kurzfassung von Röm 1,18–3,20, dort mit 3,9 als zugespitzter These: *Alle* – Juden und Heiden – stehen unter der Macht der ἁμαρτία. Es liegt nahe, in Eph 2,1–3 nicht nur eine inhaltliche Parallele zu diesen Aussagen des Röm zu sehen, sondern auch anzunehmen, daß der AuctEph sie vor Augen hatte. Auch Paulus spricht in diesem Zusammenhang von der ὀργή (Röm 1,18). In beiden Briefen meint Gottes Zorn im jeweiligen Zusammenhang den *gegenwärtigen* Zorn Gottes, nicht erst den des Endgerichtes, obwohl gemäß der theologischen Gesamtkonzeption beider Briefe das eschatologische Moment für Aussagen über die Gegenwart mitgegeben und somit auch schon die gegenwärtige ὀργή als Ausdruck des göttlichen Endgerichts zu verstehen ist. Wenn aber beide Autoren die Auswirkung des göttlichen Zornes in der Gegenwart hervorheben, so hat auch dies wiederum seine atl. Wurzeln, vor allem in der deuteronomisch-deuteronomistischen Theologie, z. B. Dtn 29,20: τότε ἐκκαυθήσεται ὀργὴ κυρίου. Gottes Zorn überläßt Israel, das sich von seinem Gott abgewendet und dessen Gesetz übertreten hat, den Folgen seiner Sünde. Der atl. Beter weiß um die nichtende und vernichtende Todeswirkung dieses Zornes, z. B. ψ 89,7: ἐξελίπομεν ἐν τῇ ὀργῇ σου. φύσει darf allerdings nicht als substantielle Verderbnis der menschlichen Natur interpretiert werden. Die Sünder sind vielmehr durch ihr überlegtes böses Tun so sehr in die Fänge des Bösen geraten – bei aller Intelligenz durchschauen sie nicht die dämonischen Drahtzieher ihres eigenen bösen Wollens (2) –, daß es sozusagen zu ihrer „Natur" geworden ist, das Böse zu vollbringen. Die Vorstellung vom eigentümlichen Schwebezustand, als Werkzeug dämonischer Macht zu fungieren und dennoch eigenverantwortlich für die Bosheit des eigenen Tuns zu sein, teilt Deuteropaulus wiederum mit Paulus: Auch nach Röm 1–3 sündigt die ganze Menschheit in nicht entschuldbarer Weise, ist aber zugleich das unter der Sündenmacht versklavte Ensemble verführter Wesen.

In **4** endlich begegnet das Subjekt: Der an Erbarmen reiche Gott! Doch das Prädikat bringt der Autor mit der Wiederholung von 1 erst in 5. Die Vorstellung von dem an Erbarmen reichen Gott ist genuin atl., wobei Ex 34,6f einer der schönsten Belege ist: Κύριος κύριος ὁ θεὸς οἰκτίρμων καὶ ἐλεήμων, μακρόθυμος καὶ πολυέλεος καὶ ἀληθινός, καὶ δικαιοσύνην διατηρῶν καὶ ποιῶν ἔλεος εἰς χιλιάδας, ἀφαιρῶν ἀνομίας καὶ ἀδικίας καὶ ἁμαρτίας. *„Der Herr, der Herr, der barmherzige und gnädige Gott, langmütig, voller Erbarmen und wahrhaftig! Er bewahrt die Gerechtigkeit und übt Barmherzigkeit gegenüber Tausenden, indem er Gesetzlosigkeiten und Ungerechtigkeiten und Sünden hinwegnimmt."* In Eph 2,4 wie auch in Ex 34,6f ist es also *Gott*, der aus eigener Initiative Erbarmen übt, nicht aber, weil Israel Erbarmen verdiente. Dieser Gott liebt „uns", also zunächst die Juden bzw. Judenchristen. So muß in diesem Zusammenhang auch Hos 11,1 genannt werden: καὶ ἐγὼ ἠγάπησα αὐτὸν [sc. Ἰσραήλ] καὶ ἐξ Αἰγύπτου μετεκάλεσα τὰ τέκνα αὐτοῦ (Biblia Hebraica: בְּנִי). In **5** wird, wie schon gesagt, das Akkusativ-Objekt aus 1 wieder aufgegriffen, freilich nun zusätzlich noch ein erneutes ἡμᾶς gebracht. Es ist jedoch anzunehmen, daß spätestens hier die inzwischen mehrfach begegnende 1. Person Plural die angesprochenen ehemaligen Heiden und jetzigen Heidenchristen einschließt. Jetzt endlich bringt der Vf. auch das Prädikat, genauer: das erste von mehreren theologisch hochbedeutsamen Prädikaten: Gott hat uns mit Christus „mitlebendiggemacht". Daß Gott Christus in der Auferwekkung lebendiggemacht hat, ist, wie sich schon zu Kol 2,12f zeigte, modifiziertes paulinisches Erbe, sicherlich aber auch Reflexion des urchristlichen Kerygmas. Paulus bringt Röm 8,11 ζωοποιεῖν als futurisch-eschatologische Aussage für die Christen, es ist Synonym für das im Blick auf Christus ausgesprochene ἐγείρειν. Deuteropaulus schließt Christus und die Christen im συνεζωοποίησεν zusammen, wobei jedoch das Futur von Röm 8,11 in Eph 2,5 in die Vergangenheit gebracht ist. Die partielle Wegnahme des paulinischen eschatologischen Vorbehalts (Röm 6,4!) von Kol 2,12f wird hier wieder aufgegriffen. συνεζωοποίησεν findet sich ja in beiden Briefen in gleicher Bedeutung. Das vom AuctCol aus Röm 6,4 aufgegriffene συνταφέντες in Kol 2,12 hat in Eph 2 keine Entsprechung, dem συνηγέρθητε in Kol 2,12 entspricht in Eph 2,6 συνήγειρεν. Während Kol 2 wohl bewußt auf Röm 8 (und Röm 6) rekurriert, kann gleiches für Eph 2 nicht erwiesen werden. Eph 2 dürfte nämlich, wie 2,1.5.6 zeigen, literarische Überarbeitung von Kol 2 sein. Gerade hier zeigt sich deutlich, wie der AuctEph seine literarische Vorlage aus *theologischem* Gestaltungswillen überarbeitet hat.

Weit geht der AuctEph über die theologische Aussage von Kol 2 hinaus, indem er über die dortigen συν-Verben hinaus in **6** überbietend hinzufügt: συνεκάθισεν ἐν τοῖς ἐπουρανίοις ἐν Χριστῷ Ἰησοῦ. Die Christen sind nicht nur mit Christus lebendig gemacht und mit ihm auferweckt. Sie sind sogar mit ihm im Himmel inthronisiert! Sie haben Anteil an seiner Königswürde, also an seiner Messiaswürde (s. aber auch Mt 19,28/Lk 18,30; zur atl. Vorgeschichte s. Dan 7,27)! Der AuctCol hatte in 3,2 „nur" gesagt, daß die Kolosser mit Christus auferweckt seien und deshalb nach dem, was oben ist, streben sollten, wo nun Christus – er allein! – zur Rechten Gottes sitzt. Nach Eph 2 aber hat der Χριστὸς καθήμενος die zur Seite bekommen, von denen das συνεκάθισεν gilt. Allerdings ist die Vorstellung „zur Seite bekommen" dann doch wieder insofern etwas modifiziert, als es nicht heißt συνεκάθισεν <u>σὺν</u> Χριστῷ Ἰησοῦ, sondern συνεκάθισεν <u>ἐν</u> Χριστῷ Ἰησοῦ. Wieder ist, um die Tragweite dieser Aussage zu verstehen, nicht nur das *Selbstverständnis*, das sich hier ausspricht, zu bedenken, sondern auch das *Selbstbewußtsein*. Von Gott seid ihr dem Christus gleichgemacht! Das Sein „in Christus", ein genuin paulinischer Gedanke, wird hier in extremer Weise expliziert. Es bestätigt sich, daß Eph 1,3 mit dem fast wortgleichen ἐν τοῖς ἐπουρανίοις ἐν Χριστῷ theologisch extensiv ausgelegt werden mußte. Der geistliche Segen von 1,3 findet in 2,6 seinen theologischen Kommentar.

Theologischer Exkurs: Die im Himmel inthronisierten Christen

Was „Paulus" in Eph 2,5f in Überbietung der präsentischen Eschatologie von Kol 2,12f; 3,1–4 sagt, klingt zunächst einmal nach Blasphemie. Schon für die Aussagen des Kol stellte sich ja die Frage, ob hier nicht die Grenze zwischen Mensch und Gott überschritten ist. Diese Frage stellt sich jetzt noch drängender. Doch hat schon *Paulus* Formulierungen gebracht, die in dieser Hinsicht Unerhörtes und Ungeheures aussagen. Schon Gal 2,20 bringt Unvorstellbares: Christus wohnt in mir! Der Christ als die Präsenz des Christus! Nach 1Kor 6,19 ist der Leib des Christen der Tempel des Heiligen Geistes.

Der Gedanke wird noch weitergetrieben: Nach 2Kor 3,18 werden wir von δόξα zu δόξα, also von *himmlischer* Herrlichkeit zu weiterer himmlischer Herrlichkeit, umgestaltet – hier und jetzt! Röm 8,9–11 bringt dann wieder den Gedanken der Einwohnung des Geistes Gottes in uns. Die Aussagen steigern sich in Röm 8,29f: vom Vorhererkanntwerden durch Gott über die Vorherbestimmung, dem Bilde seines Sohnes gleichgestaltet zu werden, bis hin zur Verherrlichung. Die Kette in Röm 8,29f schließt mit dem nicht mehr überbietbaren ἐδόξασεν. Die δόξα ist aber nicht nur gemeinsames Prädikat Christi und der Christen, sie ist darüber hinaus gemeinsames Prädikat Gottes (z.B. Röm 1,23; 6,4) und der Christen (zur protologisch verlorenen δόξα Adams Röm 3,23 s. u.).

Im Horizont dieser paulinischen Aussagen verlieren die des Kol und des Eph an Brisanz. Sie erscheinen jetzt gar nicht mehr so einmalig. Selbst 2Petr 1,4 mit dem als griechische Metaphysik oft diskreditierten θείας κοινωνοὶ φύσεως wirkt dann nicht mehr so exzentrisch (Hübner, BThNT II, 405f). Alles kommt nun darauf an, in welchem *Seinsverständnis* diese Aussagen zu interpretieren sind. Versteht man sie im Rahmen einer Metaphysik, in der stufenweise das Seiende von der leblosen Materie über Pflanze, Tier, Mensch und Engel zu Gott aufsteigt, so werden solche Aussagen wie die eben gebrachten in der Tat äußerst bedenklich. Geht man aber davon aus, daß die eigentliche Scheidung die zwischen dem gebenden, dem schenkend begnadenden Gott und dem beschenkten und begnadeten Geschöpf ist, so erhalten all die hohen Auszeichnungen des Christen bei Paulus und bei Deutero- und Tritopaulus einen völlig anderen Stellenwert. So ist es bezeichnend, daß im hermeneutischen Exkurs des Paulus 1Kor 2,6–16, wo ähnlich hohe Aussagen vom Christen gemacht werden, diese durch 2,12 χαρισθέντα ἡμῖν den theologischen Ort und somit auch den theologischen Stellenwert unüberhörbar angewiesen bekommen. Es ist eben etwas anderes, ob Gott *als* Gott die δόξα eignet – „eignet" als wesenhaft zu *eigen* sein verstanden – oder ob dem erlösten Menschen seine ursprüngliche, aber durch Adams Schuld verlorene δόξα (Röm 3,23!) wiedergegeben wird. δόξα ist nicht gleich δόξα; und wer kraft seiner Göttlichkeit neben Gott der καθήμενος ist, hat doch ein anderes *Sein* als der, dem das συνεκάθισεν *widerfahren* ist. Gott nimmt den Menschen wohl in seine Nähe; aber selbst, wer nach 2Petr 1,4 „teilhaft der göttlichen ‚Natur'" geworden ist, ist noch nicht Gott! Theologie spricht zuweilen eine gefährliche Sprache. Wo sie aber aus dem Wissen um die Grunddifferenz von Gott und Mensch richtig gehört wird, da soll sie ruhig in ihrer Gefährlichkeit gesprochen werden!

Die Parenthese „durch Gnade seid ihr gerettet" in 6 (in der Übersetzung hier und in 8f durch Kursivdruck kenntlich gemacht) zerreißt in eigentümlicher, ja befremdender Weise die drei συν-Verben. Sie begegnet unmotiviert, zudem noch inmitten von Aussagen über „uns" in der 2. Person Plural. Und wenn wirklich eine uns unbekannte Motivation gegeben sein sollte, warum steht die Parenthese hinter dem ersten, nicht aber hinter dem letzten Verb? Sie fügt sich auch stilistisch schlecht in die Aussage von 5f. Der Verdacht, daß eine Glosse in den Text eingedrungen sein könnte, stellt sich, läßt sich jedoch an dieser Stelle noch nicht zwingend erweisen. Erst 8f wird weitere Klarheit geben.

7 bringt die Finalaussage für den in 5f genannten soteriologischen Sachverhalt: Daß wir mit Christus der gewaltigen Heilsgaben teilhaftig geworden sind, geschah, damit künftigen Geschlechtern der übergroße Reichtum an Gnade kundwerde, ein Reichtum kraft der Güte Gottes zu uns. Zu fragen ist, ob ἐν Χριστῷ Ἰησοῦ auf πλοῦτος τῆς χάριτος αὐτοῦ, auf ἐν χρηστότητι oder auf ἡμᾶς zu beziehen ist. Von 1,3f her gibt letzteres guten Sinn, doch ist dieser Bezug nicht zwingend. Die zuweilen erwogene personale Deutung von ἐν τοῖς αἰῶσιν τοῖς ἐπερχομένοις (z.B. Dibelius/Greeven K 67 und Schlier K 113 mit R. Reitzenstein, Das iranische Erlösungsmysterium, Bonn 1921, 236) ist äußerst unwahrscheinlich. Sie wäre auch für den Zusammenhang wenig passend; denn Sinn des Abschnitts 2,1ff ist es doch, die heidenchristlichen Adressaten auf ihre Vergangenheits- und Gegenwartssituation anzusprechen. Und nun soll Ziel des Heilshandelns Gottes sein, den „staunend herankommenden Archonten" den Gnadenreichtum der Epheser zu verkünden (Dibelius/Greeven K 67; s. aber Eph 3,10!)? Es ist schon eigentümlich genug, daß das *kerygmatische* Geschehen Ziel des *soteriologischen* Geschehens sein soll! Aber diese zunächst etwas befremdende Aussage kann im Ganzen des Briefes immerhin so interpretiert werden, daß die göttliche Kundgabe des Mysteriums integrativer Teil des Heilshandelns Gottes ist, nämlich daß aufgrund des schon verwirklichten Heils an den Adressaten künftige Generationen die Verkündigung der in der Vergangenheit geschehenen Heilstat Gottes in Christus Jesus hören *und* in einem damit die ekklesiologische Heilswirklichkeit der Gegenwart als Heilshandeln an sich selbst erfahren. Und vor allem ist es in paulinischer Tradition die Wirkkraft des verkündigten Evangeliums: *Das Wort als solches wirkt Heil* (Röm 1,16f; Eph 3,6).

Die den Fluß der Aussage störende Parenthese von 5 begegnet, nun in erweiterter Form, erneut in **8**. Sie ist diesmal durch γάρ als Begründung eingeführt und durch διὰ πίστεως präzisiert. Eigentümlich ist aber, daß in Kap. 2 erst hier vom Glauben die Rede ist. Die Diktion ist zwar nicht direkt paulinisch, wohl aber in etwa der Inhalt. Die antithetischen Formulierungen in **8b** und **9** erinnern überdies an paulinische Argumentationsweise. Durch den Gegensatz οὐκ ἐξ ὑμῶν – θεοῦ τὸ δῶρον soll das Gerettetwerden aufgrund der Gnade zum Ausdruck gebracht werden; διὰ πίστεως soll im hier gegebenen Kontext deutlich machen, daß, wie schon bei Paulus, der Glaube kein menschliches Werk ist. So wird dieses διὰ πίστεως, wiederum ganz im paulinischen Sinne, durch οὐκ ἐξ ἔργων erläutert. Freilich heißt es nicht wie bei Paulus ἐξ ἔργων νόμου (Röm 3,20; vgl. 3,28). Paulinisch ist auch die Finalaussage für dieses „nicht aus Werken": „Damit sich niemand rühme" (s. 1Kor 1,29; Röm 3,27).

8f ist also eine gedankliche Einheit, die jedoch zu **10** in inhaltlicher Spannung steht. Zwar könnte man αὐτοῦ ποίημα als Paraphrase von θεοῦ τὸ δῶρον in **8** verstehen. Aber daß wir in Christus „zu guten Werken geschaffen" sind, die Gott im voraus bereitet hat, damit wir in ihnen wandeln (vgl. 1,4), verwundert im Blick auf **8f** schon ein wenig. Sicherlich ist es möglich, οὐκ ἐξ ἔργων und ἐπὶ ἔργοις ἀγαθοῖς zur Not in eine stimmige Aussagesequenz zu bringen, indem man für die erste Wendung die Werke als das abzulehnende Mittel der Rechtfertigung versteht, für die zweite Wendung hingegen die guten Werke als Ausdruck der bereits erfolgten Rechtfertigung interpretiert. Da aber eine solche Sequenz von Mittel und Ausdruck in **8–10** recht künstlich wäre, bietet sich als einfacherer Weg an, die Parenthese in **5** tatsächlich, wie eben vermutet, als Glosse zu beurteilen und in Parallele dazu ebenso **8f**. Interpretiert man nämlich die beiden Glossen als Kommentierung von 2,1–10 durch einen Leser, der dadurch dem Text den eindeutig paulinischen Aussagesinn geben wollte, so wäre damit eine, wenn auch nur hypothetische Erklärung der Inkonsistenzen gegeben. Und 2,4–10 liest sich dann ohne die mutmaßlichen Glossen als ein in sich stimmiger Satz. Diese Hypothese ist zwar textgeschichtlich in keiner Weise verifizierbar. Aber sie hat den nicht geringen Vorteil, daß sich durch eine solche literarkritische Entscheidung 2,1–10 besser in die Gesamtaussage des Briefes fügt. Man mag aus Gründen der Erhaltung der Textintegrität die vorgeschlagene literarkritische Hypothese ablehnen, doch dürfte zumindest ihr heuristischer Wert nicht zu bestreiten sein. Sie läßt nämlich das theologische Problem der Passage schärfer erkennen. Wer sie ablehnt, muß dem AuctEph die aufgewiesene Inkonsistenz zumuten.

διὸ μνημονεύετε in **11** wurde hier mit „Seid eingedenk!" übersetzt, um den etwas gehobenen Ton der Anrede zu Beginn der kleinen Einheit 2,11–13 zum Ausdruck zu bringen. Es geht um mehr als einen bloß flüchtigen Rückblick auf eine vergangene, nun aber endgültig abgeschlossene Zeitspanne. Das in 13 endlich ausgesprochene νυνί erhält seine prägnante Bedeutung durch den Kontrast mit dem ποτέ von 11. Es ist die *erinnerte Vergangenheit*, die der Gegenwart ihren eigentlichen Sinn zukommen läßt. Es gibt nur wenige Stellen im NT, die so eindrucksvoll wie unsere Stelle bewußt werden lassen, was später Augustinus über das Verhältnis der Gegenwart zur Vergangenheit sagen wird: *praesens de praeteritis memoria* (Conf XI, 20). Der Glaubende ohne *memoria* verliert nämlich mit der heillosen Vergangenheit zugleich die heilvolle Gegenwart. 2,11–13 macht so die *Geschichtlichkeit* der christlichen Existenz deutlich: Ist für die Verkündigung des Eph die Offenbarung des μυστήριον (schon 1,9 genannt und kurz nach 2,11–13 in 3,3ff im Zusammenhang mit dem Apostolat des „Paulus" thematisiert) konstitutiv und zentral, so zeigt sich darin, wie stark der AuctEph die christliche Botschaft im Horizont von *Zeit* und *Geschichte* denkt. Allerdings ist hier von Zeit letztlich deshalb die Rede, weil dieser Zeit die *Vor-„Zeit"* vor-gegeben ist (1,4!). Diese Vor-„Zeit" konstituiert die Zeit der Offenbarung des Mysteriums. Erst diese Relation läßt uns die „Geschichtstheologie" des Eph in ihrem eigentlichen Sinn verstehen.

Von διὸ μνημονεύετε sind zwei mit ὅτι eingeleitete, syntaktisch gleichgeordnete Nebensätze in 11 und 12 abhängig. Der erste ὅτι-Satz stellt heraus, daß die Epheser einst (ποτέ) Völker, genauer: Heiden im Fleische waren. ἐν σαρχί ist in der Wendung τὰ ἔθνη ἐν σαρχί im abwertenden Sinne gemeint, wie 2,3 zeigt, wo der Begriff σάρξ zur Charakterisierung der sündigen Vergangenheit der Adressaten begegnet. 2,11 steht ja immerhin im argumentativen Zusammenhang mit 2,1–10 (διό!). Spricht „Paulus" von den Völkern „im Fleische", so eignet dieser Wendung eine gewisse *räumliche* Komponente. Denn σάρξ ist beim AuctEph nicht wie bei Paulus der jeweils individuelle Ort der transsubjektiven ἁμαρτία, sondern wird selbst, sofern sie nicht die leibliche Existenz aussagt, zum transsubjektiven Begriff. Somit würde die Wendung in paulinischer Diktion lauten τὰ ἔθνη ἐν ἁμαρτία: die Heiden, die damals im Bereich der Sündenmacht dahinvegetierten. Das zeitlich definierte ποτέ wird somit durch das räumlich definierte ἐν σαρχί zu einer Aussage über einen negativ qualifizierten *Zeit-Raum*, eine Denkfigur, die für den ganzen Eph bestimmend ist.

Die an τὰ ἔθνη anschließende appositionelle Aussage οἱ λεγόμενοι ist *constructio ad sensum*, es sei denn, man bezöge οἱ λεγόμενοι auf ὑμεῖς. Die Heiden sind die sogenannte Vorhaut. Zwar ist das Partizip Passiv, grammatisch von ὑπὸ ... abhängig, eigentlich zu übersetzen: Die Heiden, die von der *genannten* Beschneidung ... *genannt* werden (Beschneidung für Beschnittene). Aber sicherlich ist eine ironisch gemeinte Korrespondenz von λεγόμενοι und λεγομένης vom AuctEph intendiert; Vorhaut und Beschneidung, jeweils theologisch negativ oder positiv qualifiziert, sind mit der in Christus geschehenen Offenbarung der Heilszeit ein für allemal überholt. Weder bedeutet jetzt das eine die Heilslosigkeit, noch das andere eine Heilspräferenz. Theologisch besagt beides einfach – nichts! Die Beschneidung ist lediglich mit Händen gemacht (vgl. u. a. Act 7,48; 17,24, Hebr 9,11.24), und zwar ἐν σαρχί. Dann aber meint diese Wendung jetzt nicht in disqualifizierender Weise den Machtbereich der transsubjektiven Sünde, sondern nur, daß „am Fleisch", also am Leibe, die Beschneidung mit Händen vorgenommen wurde. Folglich sind die beiden ἐν σαρχί in 11 nicht synonym.

Ging es in 11 darum, die theologische Differenz zwischen Juden und Heiden einzuebnen, so geht die Aussageintention in **12**, im zweiten ὅτι-Satz also, in die genau entgegengesetzte Richtung. 12 hat mit 11 zwar den Rückblick gemeinsam, da τῷ καιρῷ ἐκείνῳ gleichbedeutend mit ποτέ ist. Wenn jedoch als katastrophales Defizit der Heiden ihr Sein ohne den Messias behauptet wird, so ist *implizit* damit deutlich Israels Sonderstellung in Gottes Heilsplan ausgesagt. Die Heiden waren von der πολιτεία τοῦ Ἰσραήλ ausgeschlossen. ἀπηλλοτριωμένοι (vgl. 4,18, zudem Kol 1,21) dürfte als Partizip Passiv ein *passivum divinum* sein: Gott selbst war es, der sie von der Politeia Israels ausgeschlossen hat! πολιτεία meint dem Zusammenhang nach weniger Israel als Staat oder Volk, denn es geht um die *theologische* Qualifikation Israels. Dann gibt hier aber auch die Bedeutung „Bürgerrecht" keinen rechten Sinn. Vielleicht könnte man, indem man Augustins bekannten Begriff inhaltlich ein wenig modifiziert, von *civitas Dei* sprechen. Am treffendsten ist aber wohl die Deutung „durch Gott erwählte Hoffnungs- bzw. Glaubensgemeinschaft". ξένοι meint hier weniger „fremd" als vielmehr – denotativ möglich und konnotativ wahrscheinlich – „unkundig". Die διαθῆκαι sind die von Gott verfügten Heilssetzungen, die für Israel freilich Heilssetzungen allein für die Zukunft sind (s. den Exkurs über die theologische Bedeutsamkeit Israels). Dies ist durch den *genitivus qualitatis* τῆς ἐπαγγελίας eindeutig ausgesagt. Was dieses theologische Defizit für die Heiden bedeutet, zeigt sich an der nächsten Aussage: Sie haben keine Hoffnung, sie sind hoffnungslose Kreaturen. Und ein Mensch ohne Hoffnung führt ein Leben ins Nichts hinein. Diese *nihilistische* Aussage über die Völker wird noch verstärkt durch ἄθεοι ἐν τῷ κόσμῳ. Die Heiden sind „atheistisch", weil sie, ohne daß es ihnen bewußt ist, keinen Gott kennen, der für sie *Zukunft* bedeutet. Ihre Götter, unfähig, Zukunft als Heilszukunft zu schaffen, erweisen sich gerade darin als nichtige und somit nichtende Götzen. Das Sein der Heiden ist also ein Sein in einer nichtigen, weil zukunftslosen „Welt". Die *räumliche* Aussage ἐν τῷ κόσμῳ sagt daher inhaltlich das gleiche wie das erste ἐν σαρκί in 11.

Doch damit ist nun die Schilderung der heillosen Vergangenheit abgeschlossen. In **13** wird dem grauenhaften ποτέ das heilvolle νυνί entgegengesetzt: Wie in 11 werden die Epheser betont mit ὑμεῖς angeredet, so daß sich in dem kleinen Abschnitt 2,11–13 dieses Personalpronomen gut als *inclusio* verstehen läßt. Inhaltlich wird die *antithetische* Aussage vor allem durch den Gegensatz χωρὶς Χριστοῦ und ἐν Χριστῷ Ἰησοῦ ausgesagt. In 13 wird auf *Jes 57,19* angespielt: εἰρήνην ἐπ᾽ εἰρήνην τοῖς μακρὰν καὶ τοῖς ἐγγὺς οὖσι. Zwar ist in 13 noch nicht vom Frieden die Rede; in 14 beginnt aber der „Hymnus" damit, daß das Bekenntnis zu Christus als unserem Frieden ausgesprochen wird. Die Fernen und die Nahen aus Jes 57, die dort freilich die Exilierten und die im Lande Gebliebenen meinen, werden hier auf die Heiden und die Juden gedeutet. Die Heiden sind jetzt durch das Blut des Christus nahe geworden (instrumentales ἐν). Gerade nicht ist die Rede davon, daß sie Israel nahe geworden sind. Denn Israel ist auf keinen Fall die neue Heilsgemeinschaft! Diese ist eindeutig die Kirche.

Theologisch-hermeneutischer Exkurs: Zeit- und Raumdenken im Eph

Literatur: E. KÄSEMANN, Ephesians and Acts, in: Studies in Luke and Acts, FS P. Schubert, Nashville 1966, 288–297. – LINDEMANN, Die Aufhebung der Zeit. – F. MUSSNER, Die Geschichtstheologie des Eph, in: Studiorum Paulinorum Congressus Internationalis Catholicus 1961 II (AnBib 18), 1963, 59–63. – TACHAU, „Einst" und „Jetzt" im NT, 134–143.

Es ist auffällig, daß wichtige Monographien über die Zeit im NT dem Eph keinen eigenen Abschnitt widmen, z. B. O. CULLMANN, Christus und die Zeit. Die urchristliche Zeit- und Geschichtsauffassung, Zürich ³1962. – DERS., Heil als Geschichte. Heilsgeschichtliche Existenz im NT, Tübingen ²1967. – G. DELLING, Das Zeitverständnis des NT, Gütersloh 1940; DERS., Zeit und Endzeit, Zwei Vorlesungen zur Theologie des NT (BSt 58), 1970.

Die mit Abstand wichtigste Monographie über das Zeit- und Raumproblem im Eph ist Andreas Lindemann, Die Aufhebung der Zeit. Wieder einmal zeigt sich in der Geschichte der Theologie, daß es eine Dissertation ist, die die weitere Forschung anregt, daß es die theologische Debütarbeit eines Theologen ist, die zur Debütarbeit der darauffolgenden theologischen Bemühungen wird. Das gilt in diesem Fall insofern in besonderer Weise, als die Grundthese Lindemanns eine *opinio communis* in Frage stellt. So zeigt sich in der exegetischen und gerade auch der hermeneutischen Literatur zum Eph, daß da, wo es um die Frage des Zeit- und/oder Raumverständnisses dieses Briefes geht, der Dialog bzw. die Auseinandersetzung mit Lindemann geführt wird. Was in dem hier vorgelegten Kommentar bisher zu diesem Problem gesagt wurde, zeigt eine nicht geringe Differenz zu Lindemanns Interpretation. Die kritische Stellungnahme zu ihm muß aber im Rahmen seiner *Gesamtinterpretation* gesehen werden. Und da ist zunächst mit Nachdruck hervorzuheben, daß Lindemann schon allein deshalb die Grund-*Frage* richtig erfaßt, weil er den Eph im Horizont des Verhältnisses von *Geschichte* und *Eschatologie* untersucht und so bei ihm *Exegese als Theologie* und *theologische Exegese als Hermeneutik* verstanden ist (im eigentlichen Sinne des Wortes „*verstehen*"!). Richtig hat Lindemann auch erfaßt, daß das gegenseitige Verhältnis von *Raum* und *Zeit* im Eph gegenüber Paulus einer Neubestimmung bedarf. Schon bei der Exegese von Kol 1,5 zeigte sich die Bedeutungsdifferenz von ἐλπίς gegenüber dem paulinischen Begriff: als *im* Himmel bereitliegendes Hoffnungsgut inhäriert der ἐλπίς im Kol ein erheblich stärkeres Moment der Räumlichkeit als bei Paulus; doch hat der AuctCol keineswegs das Moment der Zeitlichkeit aus dem Blick verloren. Beide Aspekte rufen schon bei Paulus nach einer existentialen Interpretation. Es wurde in diesem Kommentar bereits gesagt, daß Bultmann, der den ntl. Menschen in exstentialer Interpretation als zeitliches Wesen sah und der mit dieser Erkenntnis der ntl. Exegese eine theologisch-hermeneutische Bereicherung geschenkt hat, deren Ausmaß bis heute noch nicht hinreichend gewürdigt ist, erstaunlicherweise das Existential der *Räumlichkeit* nicht wirklich thematisierte (Hübner, BThNT II, 179–189). Es ist festzuhalten, daß eine existentiale Interpretation des Kol davon zu überzeugen vermag, daß in ihm dem Existential der Räumlichkeit auf Kosten des Existentials der Zeitlichkeit eine größere Bedeutsamkeit zukommt. Richtig hat Lindemann gesehen, daß sich dieser Prozeß im Eph verstärkt. Der AuctEph denkt in seinen theologisch-christologischen Aussagen noch stärker vom Raum und von der Räumlichkeit her als der AuctCol.

Soweit also die generelle Zustimmung zu Lindemanns Konzeption! Nun war es vor allem unsere Auslegung von Eph 2,1 ff – in ihr haben wir ja versucht, uns in den Argumentationsgang des AuctEph hineinnehmen zu lassen – , die gegenüber der Auslegung durch Lindemann erhebliche Modifikationen zeigte. Man müßte nun seine Einzelexegesen mit den jeweils von uns gebotenen vergleichen, man müßte des weiteren seine Analyse „eschatologischer" Begriffe ausführlich thematisieren, um in einen echten Dialog mit ihm zu kommen. Nur so könnte man seiner Auffassung von der Kirche als zeitloser Größe (op. cit. 238), seiner These von der Ablösung der Zeitvorstellung durch die Raumvorstellung (ib. 239) oder seiner Interpretation von ποτέ und νυνί (ib. 106ff) gerecht werden. Da eine solche Detaildiskussion im Rahmen dieses Kommentars nicht geführt werden kann, wird im folgenden der für die Thematik des Exkurses relevante „Sach"-Verhalt als solcher dargestellt.

Die Frage nach dem Zeit- und Raumdenken hat sich bereits für die Auslegung des *Kolosserbriefes* mit Nachdruck gestellt. Die Ausrichtung auf das zeitliche, nämlich futurisch verstandene Eschaton konnte aber immer noch als in diesem Briefe ausgesprochen erwiesen werden (Kol 3,4); doch zeigte sich gegenüber Paulus ein entschieden anderer Akzent im Blick auf das in ihm zum Ausdruck kommende *Selbstverständnis* des Glaubenden. Diese Akzentverschiebung entspricht einer neuen Bedeutsamkeit des Existentials der Räumlichkeit. Wer bereits mit Christus auferweckt *ist* (Kol 3,1), der sucht im Grunde nur noch, was er bereits ist. Befindet er sich doch bereits *mit Christus* und – selbstverständlich! – *in Christus* im himmlischen Bereich.

Diese Linie von den authentischen Paulinen zum Kol wird nun im *Epheserbrief* noch stärker ausgezogen. Der Akzent wird noch kräftiger auf den Raum bzw. das Existential der Räumlichkeit gesetzt. Das ist, wie gesagt, das Wahrheitsmoment der m.E. in dieser Hinsicht zu weit gehenden Interpretation dieses Briefes durch Lindemann.

Was das spezifische Denken des AuctEph im Blick auf Zeit und Raum betrifft, so ist zunächst das noch engere Aufeinanderbezogensein von beidem gegeben, sowohl in der „objektiven" Vorstellung als auch in existentialer Hinsicht: *Zeit und Raum gehören aufs engste zueinander, ebenso als deren existentiales Pendant Zeitlichkeit und Räumlichkeit.*

Die *Zeit* ist in zwei völlig entgegengesetzte Perioden geteilt: 1. die *Zeit der Sünde* – 2. die *Zeit der Gnade.* Ganz so antithetisch ist jedoch nicht gedacht, was der AuctEph zum *Raum* zu sagen hat. Zwar waren die Menschen damals im Raum der Sünde; doch sind sie jetzt in *dialektischer* Weise – das so oft mißbrauchte Wort „Dialektik" ist hier angebracht – sowohl auf Erden als auch in eigentlicher Weise im Himmel bzw. in den Himmeln; sie sind mit Christus auferweckt (so schon der Kol) und (so noch nicht der Kol) mit ihm inthronisiert (2,6).

Versuchen wir, dieses zunächst recht summarische Ergebnis weiterzudenken. „Paulus" blickt in 2,1–13 zurück, *um aus der Retrospektive die Gegenwart zu deuten.* Aus dem Rückblick auf das Unheil wird die Größe des gegenwärtigen Heils erst richtig deutlich. Es geht also keineswegs um die Vergangenheit als solche. Sie ist lediglich die düstere Hintergrundsfolie, um den Adressaten die Helle der heilserfüllten Gegenwart bewußtzumachen. Es ist nicht die Information über einen vergangenen Sachverhalt, der registrierend und objektivierend zur Kenntnis genommen würde. Die Adressaten werden vielmehr auf ihr eigenes vergangenes *Sein,* auf ihre eigene vergangene Existenz angesprochen. In ihrer existentiellen Betroffenheit verstehen sie sich jetzt als die, die aus ihrer eigenen, von ihnen selbst als dunkel und beschämend empfundenen Vergangenheit kraft des göttlichen Gnadenaktes herausgerissen sind. Der Rückblick auf die katastrophale Vergangenheitsexistenz soll, so „Paulus", das Bewußtsein nicht nur der Freiheit, sondern das Bewußtsein des Frei-*Geworden*-Seins bei den Ephesern provozieren. In unserer heutigen hermeneutischen Diktion: Sie sollen sich als *geschichtliche* Wesen kraft ihrer *memoria* ihrer Geschichte, ihrer geschichtlichen Herkunft entsinnen, um sich selbst in ihrer gegenwärtigen geschichtlichen Existenz zu *verstehen.* Es ist jenes Bewußtsein der Befreiung, wie es z.B. Ps 124,7 aussagt: „Unsere Seele ist entronnen wie ein Vogel dem Netze des Vogelfängers; das Netz ist zerrissen, und wir sind frei." Von außen gesehen, läßt sich freilich ein solches Geschehen nur referierend und somit nur uneigentlich berichten und daher nicht wirklich verstehen. Nur wer ein Befreit-*Werden* erfahren hat, weiß, was Freiheit wirklich ist!

Ist also das Netz der Sünde zerrissen, so ist der Weg in den Bereich des Heils frei. Auch das Bild des Weges, der menschlichen Existenz als „auf dem Wege Sein", ist ja vom AT her vertraut. Als Beispiel hier nur Ps 25,4.6: „Herr, zeige mir deine Wege und lehre mich deine Steige! ... Gedenke, Herr, deiner Barmherzigkeit und deiner Güte, die von Ewigkeit her gewesen sind." Die LXX-Übersetzung ψ 24,4ff antizipiert diesen Grundgedanken des Eph: τὰς ὁδούς σου, κύριε, γνώρισόν μοι ... / ὁδήγησόν με ἐπὶ τὴν ἀλήθειάν σου ... / καὶ τὰ ἐλέη σου, ὅτι ἀπὸ τοῦ αἰῶνός εἰσιν. In Kol 1,13 war von dem Gott die Rede, der die Kolosser aus dem Machtbereich der Dunkelheit herausgerissen und in das Reich des Gottessohnes versetzt hat; dem ἐρρύσατο folgt das μετέστησεν. Dieser Gedanke wird in Eph 2 noch deutlicher herausgestellt, wenn die Versetzung aus dem Zustand des Todes in den des Lebens geradezu als „Christologisierung" (im Sinne von 2,6: συνεκάθισεν) der Erlösten ausgesagt wird. Als die mit Christus Auferweckten und jetzt mit Christus im Himmel Residierenden befinden sie sich im göttlichen Bereich des „in Christus". Wie in 1,3 ἐν τοῖς ἐπουρανίοις parallel zu ἐν Χριστῷ steht, so auch in 2,6. Durch diese Parallele ist allerdings indiziert, daß Unheilszeit und Unheilsraum nicht die ursprüngliche Existenzzeit und der ursprüngliche Existenzraum sind. Was jetzt die Heilszeit der Christen ausmacht, ist in seiner *Eigentlichkeit* die konkrete geschichtliche Realisierung dessen, was in der bisherigen Exegese als Vor-"Zeit" sprachlich zum Ausdruck gebracht wurde. Die „Vorstellung" von dem, was als „vor" aller Zeit „war" (sollte man nicht eher „ist" sagen?), was also mit Termini umschrieben ist, die dem Zeitdenken entnommen sind, impliziert somit essentiell ein räumliches Moment, wobei *Raum* und das Existential *Räumlichkeit* zusammengehören. Wie aber letztlich das, was der AuctEph als zeitlich vor allen Äonen ausspricht (1,3ff), aller menschlichen Zeit-Vorstellung entzogen ist, so auch das, was er als göttlichen, als transzendenten „Raum" aussagt. Wieweit er hier in der Lage war, seine eigenen Aussagen über Vor-Zeit und Zeit und über göttlichen und menschlichen Raum hermeneutisch zu bedenken, ist kaum zu beantworten. Aber soviel wird man mit großer Wahrscheinlichkeit sagen dürfen, obwohl wir es im „modernen" Vorstellungs- und Denkhorizont formulieren: Die konkrete Heilszeit der Gegenwart *gründet* in der göttlichen Vor-Zeit, die wir in streng theologischer Diktion als *Ewigkeit* bezeichnen. Wir wissen heute, schon allein aus naturwissenschaftlicher Kenntnis, mehr als der AuctEph über die Zeit als Funktion von Materie und Raum. Wir können daher die Zeit als das Nicht-Letzte in physikalischer Hinsicht in bestimmten Grenzen denkend erfassen. Wir begreifen heute durchaus, wenn gesagt wird, daß Zeit in etwas anderem *gründet*. Aber der AuctEph hat dies – sollen wir sagen: in großer Genialität? in bewunderns- würdiger Ahnung? – bereits intuitiv erfaßt und zugleich theologisch gesehen. Begreifen wir aber als Menschen des ausgehenden 20. Jh., an Albert Einstein u.a. geschult, den elementaren Seins-Zusam- menhang von Zeit und Raum, dann kann nur bewundernd gesagt werden, daß das *Zueinander* vom *Sein der Erlösten im transzendenten Raum* der Himmel, ἐν τοῖς ἐπουρανίοις, *und in der* in der göttlichen Ur-Zeit und Vor-Zeit gründenden *geschichtlichen Zeit* des geschichtlich existierenden Glaubenden im Lichte unseres heutigen Koordinatensystems des Verstehens als äußerst sinnvoll rezipiert werden kann. Die heutige Physik kann keinen theologischen Existenz-Verhalt erklären, doch sie kann einen Fingerzeig auf nicht Vorstellbares geben.

Gehört aber zur Geschichtlichkeit der menschlichen Existenz das *Aus-sein-auf*, nämlich auf die *Zukunft*, gehört zu dieser Geschichtlichkeit die existentielle Bewegung von der jeweiligen Gegen- wart in die Zukunft, so muß gefragt werden, ob der AuctEph für diese Dimension menschlicher Existenz ein Gespür hatte. Die Antwort kann nur lauten: Ja, er hatte es! Schon allein der Tatbestand, daß es im Eph, vor allem in seinem zweiten Teil, um Paränese geht, um ethische Anweisungen, die zum Tun auffordern, zeigt, daß das Sein in den Himmeln keine solche Mystik meint, die den Menschen aus seinen irdischen Bindungen, sprich: aus seinen konkreten Verpflichtungen für die Zukunft herausreißt. Um Koh 5,1 zu modifizieren: „Du bist im Himmel, also bist du auf Erden!" Die Paränese des Eph ist aber keine in sich bestehende Ethik, sondern sie hat, wie noch zu zeigen ist, ihr Fundament wesensmäßig in Theologie und Christologie. Die gleich noch auszulegende Stelle 2,20 ff – der Bau der Kirche, in Jesus Christus als dem Eckstein zusammengefaßt, *wächst*, αὔξει, zu einem heiligen Tempel im Herrn – zeigt das Leben der Kirche als *Prozeß* im Heiligen Geiste. Es geht nach vorn! Doch die Redeweise *„es geht nach vorn"* bedarf wiederum der theologischen Explikation: Es ist die *geschichtlich existierende Kirche*, die nach vorn geht. Sicherlich ist dieses Nach-vorn-Gehen nicht mehr wie bei Paulus von einer heißen Naherwartung der Parusie getragen. Der Jüngste Tag ist nicht im Blickpunkt. Der AuctEph schreibt ja ungefähr zur gleichen Zeit wie der Evangelist Johannes mit seiner präsentischen Eschatologie. Aber er übersieht nicht, daß die Kirche, mit Heinrich Schlier gesprochen, kraft ihrer „Prä-Existenz" (s.o. zu 1,3ff) die Un-Zeit der Sünde aufgrund der Prä- Existenz und somit aufgrund göttlicher Initiative überspringt und auf diese Weise in die Heilszeit und die Dialektik vom Sein in den Himmeln und zugleich vom Sein auf der Erde gerät. Dabei hat sie in den Himmeln ihren festen Halt, um auf Erden geschichtlich zu bestehen und in Verantwortung von Gott her und vor Gott auf die Zukunft zuzugehen.

Der Abschnitt **2,14–21** stellt vor zwei Probleme. 1. Vor ein *inhaltliches* Problem: Was soll die in 14 genannte trennende Mauer, τὸ μεσότοιχον τοῦ φραγμοῦ, symbolisieren? Die Trennung zwischen Himmel und Erde? Die Trennung zwischen Juden und den Völkern? Gelten vielleicht beide Bedeutungen, womöglich die eine in einer Vorlage und die andere in der Auffassung des AuctEph, der sie im Horizont seiner Auffassung umdeutete? 2. Vor ein *formales* Problem: Hat der AuctEph einen Hymnus in seine theologische Argumenta- tion eingefügt und ihn durch weitere Hinzufügungen kommentiert, ähnlich wie es der AuctCol in Kol 1,15 ff. getan hat? Beide Probleme hängen eng miteinander zusammen. Es empfiehlt sich daher, dadurch Licht in die verworrene Problematik zu bringen, daß man die Struktur der einen einzigen Satz bildenden Verse 2,14–16 analysiert und dabei zugleich auf die inhaltliche und argumentative Aussagesequenz und auf mögliche formale Elemen- te, die Bauelemente eines Hymnus sein könnten, achtet. Dabei ist es gerade für unseren

Abschnitt erforderlich, inhaltliche Parallelen aus der zeitgenössischen jüdischen, aber auch nichtjüdischen Literatur zu beachten.

Literatur (nur zu 2,14ff): BURGER, Schöpfung und Versöhnung, 117–157. – DEICHGRÄBER, Gotteshymnus und Christushymnus, 165–167. – FAUST, Pax Christi et Pax Caesaris, 115–483. – GNILKA K 147–152. – MERKEL, ANRW II.25.4, 3230–3235. – H. MERKLEIN, Zur Tradition und Komposition von Eph 2,14–18, BZ 17 (1973) 79–102. – POKORNÝ K 117–122. – SANDERS, ZNW 56 216–218. – P. STUHLMACHER, „Er ist unser Friede" (Eph 2,14). Zur Exegese und Bedeutung von Eph 2,14–18, in: NT und Kirche, FS R. Schnackenburg, Freiburg 1974, 337–358. – G. WILHELMI, Der Versöhner-Hymnus in Eph 2,14ff, ZNW 78 (1987) 145–152.

14 ist zunächst Begründung von 13. Der *Friede* – εἰρήνη ist das grundlegende Motivwort für den in 14–18 beschriebenen Heilszustand – ist Christus selber, in dessen Blut, also kraft dessen Selbsthingabe in seinem Kreuzestod, die in 11–13 Angesprochenen „die Nahen" geworden sind. Somit ist zunächst *innerhalb der Argumentationssequenz* von 11ff die in Christus personifizierte εἰρήνη von *Jes 57,19* her gesehen. In 13 war nur auf die Worte τοῖς μακρὰν καὶ τοῖς ἐγγύς dieses Verses Bezug genommen worden, in 14 aber geht es nun um das dort als Schlüsselwort fungierende εἰρήνην ἐπ᾽ εἰρήνην. Der Aussage, daß Christus Jesus der Friede *ist*, folgt die für hymnische Sprache kennzeichnende Partizipialwendung ὁ ποιήσας, syntaktisch parallel mit den Partizipien λύσας und καταργήσας. Bis zu diesem dritten Partizip kann der Text durchaus als Hymnus rezitiert werden, zumal schon der Einsatz mit αὐτὸς (γάρ) ἐστιν ein weiteres Indiz dafür sein könnte:

> Αὐτὸς γάρ ἐστιν ἡ εἰρήνη ἡμῶν,
> ὁ ποιήσας τὰ ἀμφότερα ἓν
>   καὶ τὸ μεσότοιχον τοῦ φραγμοῦ λύσας,
>   τὴν ἔχθραν ἐν τῇ σαρκὶ αὐτοῦ,
>   τὸν νόμον τῶν ἐντολῶν ἐν δόγμασιν καταργήσας.

Was also Christus als Friede in Person für die angesprochenen Heiden bedeutet, ist zunächst die Wiederaufnahme der Heilsaussage in 13, wobei ὁ ποιήσας τὰ ἀμφότερα ἕν gar nicht anders denn als inhaltliche Wiederholung des in 13 Gesagten verstanden werden kann. ὁ ποιήσας partizipiert somit am begründenden γάρ von 14. Dann sollte aber gleiches auch für das dem ὁ ποιήσας koordinierte λύσας gelten. Wenn 14f bis zumindest καταργήσας (oder nur 14?) ein übernommener oder von „Paulus" selbst gedichteter Hymnus ist, so stehen, wie die oben abgedruckten Zeilen zeigen, ποιήσας und λύσας in – sicher gewollt! – chiastischer Stellung und bilden folglich einen synthetischen Parallelismus. Dann aber spricht alles dafür, *im Sinne des AuctEph* die Trennmauer, τὸ μεσότοιχον τοῦ φραγμοῦ, als Mauer zwischen Menschengruppen zu interpretieren, also als Mauer zwischen Israel und den heidnischen Völkern (anders z. B. Lindemann K 47ff.122). Die so verstandene Mauer (zu ihren politischen Implikationen s. die wichtige Monographie von Eberhard Faust, Pax Christi et Pax Caesaris; dazu meine in ThR 1998 erscheinende Rezension) ist für uns heute wohl ein erheblich eindrücklicheres Bild als für frühere Generationen; denn wir mußten ja erleben, wie Betonmauern aus politischer und weltanschaulicher Engstirnigkeit und Schuld gebaut und zur schrecklichen Veranschaulichung von Eph 2,16 wurden (z.B. der Mauerbau in Berlin). Noch schlimmer und geradezu die Negation, die Zurücknahme des theologischen Gedankens von Eph 2,14 waren die weiter in der Vergangenheit zurückliegenden Mauern der jüdischen Ghettos, wo erneut μεσότοιχα τοῦ φραγμοῦ zwischen Israel und den ἔθνη – diesmal von „christlichen" ἔθνη! – errichtet wurden. Sollte der AuctEph einen Hymnus zitieren und interpretieren und sollten nur 14 und 15b aus ihm stammen, so ist mit der Möglichkeit, wenn nicht sogar mit der Wahrscheinlichkeit zu rechnen, daß die Mauer nach ursprünglichem Verständnis im horizontalen Sinne Himmel und Erde trennte (religionsgeschichtliche Parallelen bei Schlier K 127 ff).

In 14d steht τὴν ἔχθραν als synthetischer Parallelismus zu τὸ μεσότοιχον τοῦ φραγμοῦ von 14c. Die Mauer bedeutet demnach die Feindschaft, genauer: die aktive Feindschaft der Menschen gegen Gott. Nach der in Nestle-Aland[27] gebotenen Interpunktion (kein Komma hinter ἔχθραν, so aber The Greek NT) ist Christus dadurch unser Friede, daß er ἐν τῇ σαρκὶ αὐτοῦ, also aufgrund seiner Selbsthingabe im Kreuzestod, die Mauer der Feindschaft eingerissen hat. Denn mit σάρξ ist ja die am Kreuz in den Tod gegebene σάρξ Christi gemeint.

Nun ist es allerdings syntaktisch auch möglich, das Akkusativ-Objekt τὴν ἔχθραν statt auf λύσας auf καταργήσας zu beziehen, so daß diesem Partizip zwei Objekte zuzuordnen wären: τὴν ἔχθραν und τὸν νόμον (s. z. B. Gnilka K 132.141; Lindemann K 42 [in: Die Aufhebung der Zeit, 157, rekonstruiert er als Vorlage des AuctEph: τὴν ἔχθραν καταργήσας]; Pokorný K 112; Faust, Pax Christi et Pax Caesaris, 116; auf λύσας beziehen τὴν ἔχθραν z. B. Abbott K 61 ff; Schnackenburg K 104; Mußner K 69; Conzelmann K 98; Bouttier K 108; Merklein, Christus und die Kirche, 14). Unabhängig von der Frage, wie in einem möglicherweise zugrunde gelegenen Hymnus der grammatische Bezug gewesen ist, wird man im jetzigen Text des Eph eher τὴν ἔχθραν mit λύσας verbinden als mit καταργήσας. Denn es ist sinnvoller, die Mauer als Bild der trennenden Feindschaft zu verstehen, als denn Feindschaft und Gesetz in inhaltlicher Parallele zu sehen – auch unabhängig von dem von Abbott K 61 genannten idiomatischen Sachverhalt, daß λύειν ἔχθραν bei klassischen griechischen Autoren oft begegnet.

Mit dieser Entscheidung ist aber immer noch die Frage offen, ob ἐν τῇ σαρκὶ αὐτοῦ mit Nestle-Aland[27] auf λύσας zu beziehen ist. Die oben genannte Begründung eines solchen grammatischen Bezugs dürfte jedoch einleuchten. Das heißt aber dann auch, daß er durch seine Selbsthingabe in den Tod Friedensfeindlichkeit in Frieden, ἔχθρα in εἰρήνη verwandelt hat. *So* hat er dann das Gesetz der trennenden Gebote zunichte gemacht. Bedenkt man ferner, daß der AuctEph den Kol als schriftliche Vorlage benutzte, daß er also in Kol 1,20 – wiederum in einem Hymnus! – sowohl das Partizip εἰρηνοποιήσας als auch die Wendung διὰ τοῦ αἵματος τοῦ σταυροῦ αὐτοῦ las, also das Friedenswirken Christi durch seinen Kreuzestod, so spricht zudem diese literarische Abhängigkeit für die von uns favorisierte Interpretation von Eph 2,14f.

15 führt den in 14 ausgesprochenen Gedanken weiter und präzisiert ihn heilsgeschichtlich. ποιήσας und λύσας werden, wie schon angedeutet, durch καταργήσας interpretiert: Christus ist unser Friede und der Bewirker der Einheit, weil er als unser Friede das jüdische Gesetz der Gebote mit seinen verpflichtenden Bestimmungen abrogierte. Damit ist allerdings das mosaische Gesetz disqualifiziert. Denn Christus mußte, um die Einigung der Menschheit vorzunehmen, ausgerechnet dieses Gesetz beseitigen, mußte es, wie καταργεῖν übersetzt werden kann, „vernichten". Damit steht Eph 2,15 mehr in der Tradition des Gal als in der des Röm. Der Vers ist sogar noch radikaler formuliert als bestimmte antinomistische, zumindest antinomistisch anmutende Aussagen des Gal (zur Differenz Gal – Röm: exegetischer Nachweis Hübner, Das Gesetz bei Paulus, passim; im weiteren Horizont ders., BThNT II, passim). Ist aber das Gesetz des Mose abgetan, so ist

Israel durch Christus sein ureigenes Spezifikum genommen. So hart es für Israel klingt: Nach Eph 2 haben Israel und die heidnischen Völker ihr gemeinsames Heil erlangt, weil die einzig und allein Israel gegebene Verheißung (2,12) in Erfüllung gegangen ist und gerade dadurch das auserwählte Volk seine religiöse Prärogative verloren hat (s. u. den Exkurs: Die theologische Bedeutsamkeit Israels).

Warum hat aber der AuctEph zu τὸν νόμον noch τῶν ἐντολῶν ἐν δόγμασιν hinzugefügt, wo doch die kürzere Formulierung τὸν νόμον καταργήσας viel einprägsamer und wirkungsvoller gewesen wäre (Lindemann, Die Aufhebung der Zeit, 172, spricht von der geradezu grotesken Häufung von Attributen)? Die Hinzufügung eines Genitivs samt zusätzlicher präpositionaler Wendung ist aber charakteristisch für die Stilistik des Auct Eph. Vor allem dürfte es wohl die literarische Abhängigkeit vom Kol – konkret von Kol 2,14 – sein, durch die die fragliche Wendung bedingt ist. Bei der Exegese jenes Verses zeigte sich das Problem der Deutung von τοῖς δόγμασιν: Sind diese δόγματα im Sinne des AuctCol *in malam partem* oder *in bonam partem* zu verstehen? Sind sie von der Frage τί ... δογματίζεσθε; in Kol 2,20 her zu interpretieren? In unserer Exegese von Kol 2,14 wurden die δόγματα *in bonam partem* interpretiert, weil die in 2,13 genannten παραπτώματα nach der theologischen Überzeugung des AuctCol nicht Verstöße gegen Tabu-Vorschriften der kolossischen „Philosophie", sondern gegen Forderungen des Willens Gottes sind. Der AuctCol hat also keinesfalls ein καταργεῖν dieser δόγματα im Sinn gehabt. Dann aber liegt die Annahme nahe, daß der AuctEph die von ihm in Kol 2,14 gelesenen δόγματα vom polemischen δογματίζεσθε in Kol 2,20 her verstanden hat. Es ist also davon auszugehen, daß der AuctEph in 15 Kol 2,14.20 rezipiert hat, dabei die in 2,14 vom AuctCol positiv verstandenen δόγματα als negativ gemeinte aufgriff und sie so in seine theologische Argumentation einbaute. Seine Intention ist nun klar: Christus als unser Friede hat die trennende Mauer zwischen Israel und den Völkern eingerissen, indem er das Spezifikum Israels, nämlich das Gesetz, beseitigte (Faust, Pax Christi et Pax Caesaris, 117 ff: Die Trennmauer, verstanden als Feindschaftsprinzip, ist das Ritualgesetz). Die Vernichtung des Gesetzes hat das erklärte Ziel (ἵνα!), die ent-*zwei*-ten Teile der Menschheit zu dem *einen* neuen Menschen zu machen. Genau das bedeutet ποιῶν εἰρήνην. Christus *ist* unser Friede, weil er den Frieden *wirkte* (ähnlich z. B. Lindemann, Die Aufhebung der Zeit, 167). Die gesamtbiblische Denkstruktur, nach der *Sein* und *Tun* koinzidieren, wird auch hier wieder erkennbar: Das ἐστιν von 14 wird im ποιῶν von 15 konkret. Betont ist in 15 die Wendung ἐν αὐτῷ. *In* Christus, der der Friede ist und den Frieden wirkt, existieren die Christen als die, die nur aufgrund dieses In-Seins an der göttlichen Gabe des Friedens partizipieren. Friede ist somit nicht nur ein soteriologischer, sondern auch ein *ekklesiologischer* Begriff: Die Kirche ist die geschichtliche Verwirklichung des Friedens, weil sich ihr *Sein* aus dem *In-Sein* in Christus, der der Friede schlechthin *ist*, konstituiert. Mit Gnilka K 142: „Er (sc. Christus) ist der universale Anthropos, der die Zwei und mit ihnen die Menschheit in sich aufnimmt, vereint, pazifiziert. Dabei wird nicht etwas ehemals schon Vorhandenes restituiert, sondern etwas Neues, ein *neuer* Mensch geschaffen. Es ist die eschatologische Tat."

Erneut war der Kol literarische Vorlage. Wenn der AuctEph vom εἰς καινὸς ἄνθρωπος sprach, so hatte er Kol 3,9 f vor Augen. War dort vom alten und vom neuen Menschen die Rede, so als Bezeichnungen des unerlösten und des erlösten Menschen (s. z. St.). In Eph 2,15 ist die anthropologisch-soteriologische Vorstellung ekklesiologisch ausgeweitet. Die aus dem Kol übernommene Vorstellung von der Kirche als dem Leib Christi ist jetzt mit der ebenfalls aus ihm entlehnten Vorstellung vom neuen Menschen zu einem christologischen und zugleich ekklesiologischen Theologumenon verbunden. Die Kirche ist sozusagen der in Christus existierende Makrokosmos bzw. Makroanthropos. Woher stammt religionsgeschichtlich diese Vorstellung?

Die Kirche – eine gnostische Vorstellung?

Literatur: K. BERGER / R. M. WILSON, Art. Gnosis/Gnostizismus: TRE 13, 519–550 (Lit.). – U. BIANCHI (Hg.), Le Origini dello Gnosticismo, Leiden 1967. – COLPE, Die religionsgeschichtliche Schule. – FISCHER, Tendenz und Absicht des Eph. – JONAS, Gnosis und spätantiker Geist I und II. – KÄSEMANN, Leib und Leib Christi. – LINDEMANN, Die Aufhebung der Zeit. – POKORNÝ, Der Eph und die Gnosis. – RUDOLPH, Die Gnosis. – SCHLIER, Christus und die Kirche im Eph. – WEISS, Gnostische Motive und antignostische Polemik im Kol und Eph.

Dieser Exkurs ist in der Auslegung des Eph der längste, weil es in ihm in besonderer Weise um das theologische und religionsgeschichtliche Denken des Tritopaulus geht, sowohl um methodologische Grundpositionen als auch um zentrale inhaltliche Fragen. Wie im Brennpunkt eines Brennglases sammeln sich in der Frage nach einem eventuellen gnostischen oder antignostischen Denken des AuctEph die hermeneutischen und *deshalb* theologischen Fundamentalfragen nach dem Wesen dessen, was der Eph uns zu sagen hat.

Daß die Frage nach der Bedeutung der Gnosis für die zentrale Thematik des Eph, nämlich die Kirche als Leib Christi, äußerst kontrovers beantwortet wird, kam bereits in der Einleitung zu Sprache. Bis heute ist der Streit, ob der Begriff der Kirche im Eph (und Kol) von seinen Ursprüngen her gnostisch ist, nicht zu Ende gekommen. Das hängt allerdings nicht nur am problematischen religionsgeschichtlichen Befund, sondern auch, wenn nicht sogar vornehmlich, an der Einstellung des jeweiligen Interpreten zu den relevanten religionsgeschichtlichen Zeugnissen.

Zunächst ist einzuräumen, daß wichtige christologische, soteriologische und ekklesiologische Aussagen des NT, vor allem der authentischen Paulinen, der Deuteropaulinen und des Joh, sich von gnostischen Vorstellungen her gut und verstehbar lesen lassen. Die *Stärke* der sog. „gnostischen Interpretation" ntl. Schriften ist unbestreitbar die z. T. inhaltliche Konvergenz, ja Koinzidenz von ntl. und gnostischen Aussagen. Dazu gehört die Vorstellung des vom Himmel kommenden Erlösers und seiner Rückkehr, von der „Identität" – wie immer man diesen Begriff auch interpretiert – des Erlösers mit den Erlösten, die Konstatierung des Bösen auf dieser Erde, die dualistische Sprache, ja, die dualistische Gesamtsicht der Welt. Die *Schwäche* der gnostischen Interpretation ist, daß gnostische Zeugnisse dieser Art frühestens aus dem 2. Jh. n. Chr. nachweisbar sind. Rudolf Bultmann und seine Schule meinten aber dennoch zeigen zu können, daß die Gnosis des 2. Jh. und späterer Zeiten ihre Wurzeln in nichtjüdischen und nichtchristlichen Überlieferungen habe, auch wenn dies literarisch nicht nachweisbar sei. Daß zwischen dem frühesten *literarischen* Zeugnis und dem Entstehen eines Gedankens, eines Motivs, einer religiösen oder weltanschaulichen Überzeugung eine größere Zeitspanne liegen kann, mehr noch, daß in den meisten Fällen eine solche Zeitspanne sogar zu postulieren ist, sollte eigentlich nicht bestritten werden. Es wäre eine methodologische *petitio principii*, von vornherein eine vorchristliche Gnosis nur deshalb zu bestreiten, weil literarische Zeugnisse aus dieser Zeit fehlen. Das Problem ist komplexer.

Geht man bei diesen Überlegungen lediglich von Vorstellungen, Begriffen und Motiven aus, nimmt man also den „objektiven" Befund als Grundlage des Vergleichs, so ist damit bereits das enorme *hermeneutische Defizit* des methodischen Vorgehens offenkundig. Freilich ist ein solcher „religionsgeschichtlicher" Vergleich unabdingbar. Die Klärung biblischer und religionsgeschichtlicher Vorstellungen und Begriffe ist unverzichtbar. Es ist aber zugleich evident, daß ein bloßer Begriffs-, Vorstellungs-, ja Motivvergleich wurzelhaft fragmentarisch ist. Geboten ist unbedingt der Blick auf die jeweilige Konnotation und Konstellation der einzelnen Vorstellungen und Begriffe. Anders gesagt: Das *Vorstellungs- und Begriffsgefüge* ist auf beiden Seiten zu vergleichen. Es geht also um die *Vorstellungs- und Denkstrukturen*, um das *Motivgefüge*, in die bzw. in das die einzelnen Vorstellungen, Begriffe und Motive einzuordnen sind. Es geht um die jeweilige Sicht auf die theologische oder religionsgeschichtliche *Ganzheit*, wodurch sich ein Sich-Begnügen mit einzelnen Mosaiksteinchen, die kein Gesamtbild ergeben können, verbietet. Oft genug besitzen wir jedoch aufgrund des fehlenden Materials so wenige solcher Steinchen, daß die historische Rekonstruktion notwendig im Fragmentarischen steckenbleibt (s. den Exkurs zur kolossischen „Philosophie"!). In solchen Fällen dennoch vorgenommene Rekonstruktionen sind dann derart hypothetisch, daß sie mit der geschichtlichen Wirklichkeit oft nur noch wenig zu tun haben.

Aber selbst da, wo Vorstellungs-, Begriffs- und Motivganzheiten verifiziert werden können, ist das *Eigentliche* immer noch nicht getan. Das gilt in besonderer Weise für die Gnosis. Andreas Lindemann hat gegen die (teilweise berechtigte) Kritik an der Rekonstruktion des „klassischen" Verständnisses des Urmensch-Erlöser-Mythos – vor allem durch Carsten Colpe, Die religionsgeschichtliche Schule – mit vollem Recht eingewandt, daß man das Problem, ob es eine vorchristliche Gnosis gab, kaum lösen könne, wenn man „Gnosis" von der Existenz eines ausgebauten Mythos abhängig macht (Die Aufhebung der Zeit, 168 f): „Es scheint aber das Entscheidende an der ‚Gnosis' gar nicht der Mythos, sondern vielmehr das *Weltverständnis* zu sein." Er beruft sich dafür auch auf Köster, Häretiker im Urchristentum als theologisches Problem, 75, der das wesentliche Moment der Gnosis nicht in einem bestimmten Erlösermythos, sondern in einer „Lehre über die gegenwärtige Situation des Menschen sowie über die Möglichkeiten, sich von den bindenden Mächten des Diesseits und der Geschichte zu befreien" sieht. Doch ist es schon wieder etwas zu objektiviert gesagt, wenn Köster von „Lehre" spricht. Richtig ist es auf jeden Fall, wenn Lindemann das Welt- und Daseinsverständnis als das für die Gnosis Entscheidende herausstellt. Dieses gnostische Welt- und Daseinsverständnis will er nun für die Eph 2,14 ff zugrunde liegende Tradition voraussetzen. Ob dies zu Recht geschieht, ist später zu erörtern.

Geht es bei der Beurteilung der Gnosis um die Erfassung ihres *Wesens* und ist dieses Wesen in ihrem *Welt-* und *Daseinsverständnis* gegeben, so sind die für die Gnosis in Frage kommenden Schriften mit Hilfe der *existentialen Interpretation* auszulegen. Das heißt, daß sie auf das sich in ihnen aussprechende Welt- und Daseinsverständnis zu befragen sind. Damit habe ich sehr bewußt die Grundintention der Gnosisdeutung von *Hans Jonas* übernommen, der in seinem zweibändigen Werk „Gnosis und spätantiker Geist" für seine hermeneutischen Überlegungen „auf eine schon ausgearbeitete Ontologie des Daseins", nämlich auf die Existenzanalyse Martin Heideggers, zur Gewinnung der anstehenden Fragehinsichten zurückgriff (I, 90 f; II, vor allem 13 ff). Hierin folgt er Rudolf Bultmann. Beide Forscher sind aber Heidegger nicht in dem Ausmaß verpflichtet, wie sie wohl selbst annahmen. Zudem dachten beide nicht daran, daß sie in Heideggers Fundamentalontologie eine *philosophia perennis* besäßen. Jonas (I, 90; Kursive durch mich) erklärte ausdrücklich, daß für ihn Heideggers Existenzanalyse „nicht etwa der Stein der Weisen ist . . . , sondern eine Möglichkeit der Geschichtsbefragung, für die man sich, wissend um ihren notwendigen Versuchssinn, also mit Überzeugung und ‚Ironie' zugleich, entschieden hat". Und deshalb sagt er auch (I, 90 f): „Wir wollen es mit dieser versuchen, weil sie uns nach dem gegenwärtigen Stande der philosophischen Daseinserkenntnis das erreichbare Optimum an existenzialer Wesentlichkeit im Ansatz, an Schärfe der kategorialen Ausarbeitung und daher auch an hermeneutischer Fruchtbarkeit zu sein scheint." Ich betrachte es daher als methodisch gerechtfertigt, ihm *im Prinzip* zu folgen. Das jedenfalls scheint mir der unverzichtbare Kern der existentialen Interpretation der Gnosis zu sein, daß der Gnostiker in seinem *Sich-Verstehen* als „In-der-Welt-sein" der die *Gnosis Verstehende* ist. Die Gnosis *will* den Gnostiker sich selbst und gerade so sich selbst in der Welt verstehen lassen, will die Koinzidenz von Selbstverstehen und Weltverstehen bewirken, will den Mythos als Objektivation dieses *Verstehens* bieten. Es geht der Gnosis also nicht primär um ihren Mythos *als* Objektivation, und es geht analog den ntl. Autoren nicht primär um das Kerygma *als* Objektivation. Daß jedoch die Zurkenntnisnahme der Objektivation *als* Objektivation für den Forscher unerläßlich ist, also die historische Rekonstruktion unverzichtbar ist, versteht sich von selbst. Aber, und das hat Bultmann als programmatisches Resümee zutreffend formuliert, die *Rekonstruktion* steht *im Dienste der Interpretation* (ThNT, 600)! Ein Rückfall hinter diese Erkenntnis wäre tödlich für Exegese und Theologie.

Methodisch gehen wir nun so vor, daß wir nicht beim Referat gnostischer Aussagen einsetzen, sondern zunächst Vorstellungen und Begriffe, die als Objektivationen in vorgnostischen Schriften begegnen und sich irgendwie mit Objektivationen in gnostischen Texten berühren, zur Kenntnis nehmen. Denn das ist ja konstitutiv für jedwede *Rezeptionsgeschichte*, daß jeder neue Gedanke in gewisser Weise alte Vorstellungen und Gedanken aufgreift, sei es im Sinne der terminologischen Kontinuität von bloßen Objektivationen, sei es, in Kontinuität und/oder Diskontinuität, um mit derartigen Vorstellungen und Gedanken das eigene Selbst- und Weltverstehen zum Ausdruck zu bringen.

Wieder bietet sich *Platons* Timaios als Ausgangspunkt an (s. bereits den Exkurs: εἰκών in philosophie- und religionsgeschichtlicher Sicht). Seine Kosmologie ist zugleich Theologie und als theologische Kosmologie zugleich Protologie. Der gute Schöpfer (Tim 29e: ἀγαθὸς ἦν) schuf den κόσμος als beseeltes und geistiges Lebewesen, ζῷον ἔμψυχον ἔννουν (Tim 30b). Wie wichtig Platon dieser Sachverhalt war, wird auch daran deutlich, daß er den Timaios mit ihm beschließt, Tim 92c: Der Kosmos ist ein sichtbares Lebewesen, das seinerseits Lebewesen in sich birgt, ζῷον ὁρατὸν τὰ ὁρατὰ περιέχον. Als dieses Lebewesen ist er der sinnlich erfaßbare Gott, θεὸς αἰσθητός, und als solcher Bild des θεὸς νοητός. Inwieweit die Theologie des Timaios damit einen pantheistischen Sinn erhält, kann hier nicht erörtert und muß der speziellen Platonforschung überlassen werden. Aufgrund der unklaren Aussagen Platons über das Verhältnis von Gott und dem Reich der Ideen ist m. E. eine eindeutige Antwort äußerst schwierig, wenn nicht sogar unmöglich. Daß in Tim 30 und 92 *Vorstellungselemente* für den theologischen Begriff der Kirche als σῶμα Χριστοῦ im Eph vorliegen, deren Abgrenzung gegenüber dem All unklar bleibt (Eph 1!), ist offenkundig. Damit ist natürlich keine direkte Linie von dort zum Kirchenbegriff des Eph behauptet. Fragen wir also nach dem *Selbstverständnis*, das sich im Timaios ausspricht! Man wird schwerlich leugnen können, daß in diesem späten platonischen Dialog ein erheblich positiveres Selbstverständnis des geschichtlichen Menschen sich zu Worte meldet als z.B. im Phaidon, wo seine somatische Existenz deutlich abgewertet ist (z.B. Phaid 76ff). Im Timaios aber partizipiert der Mensch als Lebewesen *im* göttlichen Lebewesen des θεὸς αἰσθητός an dessen Göttlichkeit. Zugleich werden allerdings Beschwerden des somatischen Seins (Krankheiten) recht ausführlich dargestellt (vor allem Tim 82ff).

Von der grandiosen Sicht Platons auf das Reich der Ideen und der von dort gegebenen relativen Deifizierung der sichtbaren Welt einschließlich des Menschen ist das Denken der *Stoa* radikal geschieden. Wurde eben die Frage nach einem eventuell pantheistischen Zug im platonischen Denken gestellt, wenn auch nicht beantwortet, so ist in der Stoa der Pantheismus Grundzug der Kosmologie. Der Kosmos ist *einer*, εἷς, und σωματικός (SVF II, Nr. 530), ist σύστημα ἐξ οὐρανοῦ καὶ γῆς καὶ τῶν ἐν τούτοις φύσεων (Chrysipp, ib. 527). Dementsprechend wird der Kosmos in anderer Art (ἑτέρως, Druckfehler in SVF) Gott genannt, ὁ (!) θεός; ihm gemäß geschieht die Verwaltung, διακόσμησις, und Vollendung (ib. 527). An Platon erinnert – allerdings nur in der Terminologie! – Galenus: ζῷόν ἐστιν ὁ κόσμος. Es ist aber das πνεῦμα, das sich in verwaltender Funktion durch alles hindurchzieht: τὸ διῆκον ἔχον διὰ πάντων αὐτῶν ἀρχηγὸν καὶ πρωτόγονον πνεῦμα (ib. Nr. 638). Es ist schon bemerkenswert, wie eng die terminologischen Berührungen und wie stark die Ähnlichkeiten hinsichtlich der Vorstellungselemente bei entschieden differenten weltanschaulichen Grundkonzeptionen sind. Erneut können wir also beobachten, wie die Rezeptionsgeschichte geistiger Gehalte vom Verhältnis von Kontinuität und Diskontinuität bestimmt ist.

Nun ist es die *Sapientia Salomonis* die, ganz in der monotheistischen Tradition des biblischen Judentums stehend, bei Wahrung dieses atl. Monotheismus platonische und stoische Vorstellungen und Begriffe aufgreift, sie aber in ihren Glauben an den einen Gott voll integriert (Hübner, Die Sap und die antike Philosophie, 71ff). Heißt es Sap 1,7 ὅτι πνεῦμα κυρίου πεπλήρωκεν τὴν οἰκουμένην, /καὶ τὸ συνέχον τὰ πάντα γνῶσιν ἔχει φωνῆς, so fällt sofort stoische Terminologie ins Auge. Aber es ist eben das Pneuma des *Kyrios*, das den Erdkreis erfüllt! Vielleicht hatte der AuctSap Jer 23,24LXX vor Augen: μὴ οὐχὶ τὸν οὐρανὸν καὶ τὴν γῆν ἐγὼ πληρῶ; λέγει κύριος. Auf Sap 7,22ff, vor allem 7,24ff, als besonders eindrückliches Beispiel der Mischung von platonisierenden und stoischen Elementen wurde schon im Exkurs zu εἰκών verwiesen. Fast ist man geneigt, für die Sap von der Philosophie als *ancilla theologiae* zu sprechen.

Ob man für *Philon* ähnlich urteilen kann, sei dahingestellt, obwohl auch er philosophisches Denken für die allegorische Deutung des Pentateuchs fruchtbar macht. Die immer wieder diskutierte

Frage, ob er primär Schriftausleger oder philosophischer Denker ist, soll jetzt außer Betracht bleiben. Denn hier ist nur von Belang, daß er in seiner allegorischen Schriftauslegung, die als solche in ihrer genuinen Denkstruktur – trotz aller stoischen Einflüsse – platonisch ist, diesem platonischen Denken verhaftet ist, und zwar gerade in der für unseren Exkurs relevanten Diskussion über Anthropos und Kosmos. Erneut also eine *Station in der Rezeptionsgeschichte* der Vorstellung vom Kosmos als einem belebten Le bewesen! Von den in Frage kommenden Aussagen sei zunächst Rer Div Her 155 genannt (Philon zitiert zustimmend): Nach dem Gesetz der Analogie ist der Mensch τὸ βραχύτατον ζῷον gegenüber τῷ παντὶ κόσμῳ. Denn sowohl vom Menschen wie vom Kosmos gilt: ἑκάτερον ἐκ σώματος καὶ ψυχῆς καθέστηκε λογικῆς, ὥστε καὶ ἐναλλάττοντες βραχὺν μὲν κόσμον τὸν ἄνθρωπον, μέγαν δὲ ἄνθρωπον ἔφασαν τὸν κόσμον εἶναι. *„Beide bestehen aus einem Leib und einer denkenden Seele. Folglich erklären sie, daß der Mensch ein kleiner Kosmos sei, der Kosmos aber ein großer Mensch."* Die *Welt* ist demnach für Philon ein großer Mensch, ein *Makroanthropos.* Dem entspricht, daß der *Mensch* ein *Mikrokosmos* ist (ähnlich Migr Abr 220). Plant 7 heißt es vom κόσμος: τὸ μέγιστον σωμάτων ἐστὶ καὶ πλῆθος ἄλλων σωμάτων ὡς οἰκεῖα ἐγκεκόλπισται μέρη. Ist aber hier davon die Rede, daß der Kosmos der größte aller Körper und voll von anderen belebten Körpern sei, so sagt diese Vorstellung als solche noch nichts von einer Göttlichkeit aus. Hier ist also in dieser Hinsicht weniger gesagt als in Tim 92c.

Im Zusammenhang mit dieser Anschauung ist die Auffassung Philons vom göttlichen *Logos* zu sehen. Genauer müßte man sagen: Die unterschiedlichen, oft in Inkonsistenz miteinander stehenden Anschauungen von ihm. Es ist das Verdienst von Gerhard Sellin, auf die z. T. widersprüchlichen Aussagen über den λόγος bei Philon und ihre weitgehende Nichtbeachtung in der Forschung aufmerksam gemacht zu haben (Der Streit um die Auferstehung der Toten, 95 ff; s. z. B. seine berechtigte Kritik an Jervell, ib. 103, Anm. 87, der die doppelte Menschenschöpfung von Leg All I im Sinne der Ideenlehre von Op Mund versteht). Auch und gerade dieser Begriff ist in unterschiedlichen Schriften Philons unterschiedlich verstanden, worauf bereits Eduard Zeller, Die Philosophie der Griechen III/2, 417 ff, vor allem 424, aufmerksam gemacht hat. Setzen wir bei Op Mund 24 ein! Der Logos Gottes bzw. des Weltschöpfers ist der νοητὸς κόσμος. Diesen Begriff hat wahrscheinlich erst Philon für die platonische Ideenwelt als Gegenüber zum αἰσθητὸς κόσμος Platons geprägt. Noch wichtiger dürfte seine Modifikation der platonischen Ideenlehre sein: Er verstand unter diesen Ideen die Gedanken Gottes und brachte so die unscharfe Theologie Platons in den Horizont des atl.-jüdischen Glaubens an den einen Gott. Der in Op Mund 24 ausgesprochene Gedanke von der Gleichsetzung der intelligiblen Welt mit dem Logos Gottes darf aber nicht zur Erstellung eines Gesamtsystems Philons verwendet werden, zumal es ein solches System überhaupt nicht gibt. Sein eben skizzierter Gedanke muß im Zusammenhang seiner Aussagen über die Erschaffung des Menschen (Gen 1,26f; in Op Mund 24 wird Gen 2,7 nicht genannt, die Gegenüberstellung der Idee des Menschen nach Gen 1,27 und des konkret irdischen Menschen nach Gen 2,7 findet sich erst Op Mund 134 f; noch anders Leg All 31 f [dazu Sellin, op. cit. 101 ff]) verstanden werden: Nach Op Mund 25 ist der nach Gen 1,27 geschaffene Mensch κατ' εἰκόνα θεοῦ gestaltet worden, διετυπώθη. Diese Vorstellung wird dann kosmologisch in Verbindung mit dem σύμπας αἰσθητὸς οὑτοσὶ κόσμος gebracht. Dieser Kosmos ist als μίμημα θείας εἰκόνος das Abbild des Logos und somit das Abbild des νοητὸς κόσμος. So kann Philon hier von der sichtbaren Welt als der εἰκὼν εἰκόνος sprechen. Unsere sichtbare Welt ist also Bild des Logos, der seinerseits Bild Gottes ist. Dieser Gedanke begegnet auch Spec Leg I, 81, allerdings in erneuter Modifikation gegenüber der Vorstellung von Op Mund 24f: Der Logos ist zwar auch hier εἰκὼν θεοῦ, δι' οὗ σύμπας ὁ κόσμος ἐδημιουργεῖτο. Aber der Kontext ist ein anderer: Ist schon der Körper, σῶμα, des Priesters, der von Natur aus, φύσει, sterblich ist, vor Schädlichem bewahrt, um wieviel mehr dann seine unsterbliche Seele, ψυχὴν τὴν ἀθάνατον, von der es heißt, sie sei gemäß dem Bilde Gottes geprägt, τυπωθῆναι κατὰ τὴν εἰκόνα τοῦ ὄντος.

Es sieht nun so aus, als ob Philons Vorstellung, trotz aller Anklänge an Platon und trotz aller Rezeption zentraler platonischer Vorstellungen und Begriffe, keine direkten Parallelen zu den Aussagen des Christus – philonisch gesprochen: der Leib des Gott abbildenden göttlichen Logos – ist. Der Logos ist für Philon als κόσμος νοητός das Urbild des κόσμος αἰσθητός, aber nicht die den Kosmos durchwaltende göttliche Macht. Nun heißt es aber Rer Div Her 188 vom Logos, daß durch ihn die Dinge zusammengebunden seien, λόγῳ σφίγγεται θείῳ. Also: κόλλα γὰρ καὶ δεσμὸς οὗτος πάντα τῆς οὐσίας ἐκπεπληρωκώς. Allerdings sind Übersetzung und Interpretation, ja sogar der Text als solcher umstritten. Als mögliche Übersetzung sei vorgeschlagen: „Dieser (sc. der Logos) ist nämlich Leim und Band, der (so) alles mit seinem Wesen erfüllt." (F. H. Colson und G. H. Whitaker übersetzen in LCL, Philo IV 377: „filling up all things with his being"; s. aber ib. 571!).

Das Ganze wird dann noch einmal erheblich komplizierter, wenn wir nach dem Begriff νοῦς bei Philon fragen und dessen Aussagen über ihn in Relation zu den ekklesiologischen Aussagen des Eph setzen. Johannes Behm (ThWNT IV, 954f) stellt das Erbe der griechischen Psychologie und Kosmologie für die philonischen νοῦς-Aussagen heraus, sagt aber zugleich, daß die Klarheit des Begriffs oft im Nebel der Mystik verschwimme. Ob Mystik das richtige Wort ist, sei dahingestellt; aber die für Philon typische Unschärfe, ja z. T. bis zum offenen Widerspruch gehende Inkonsistenz im Gebrauch der Begriffe ist auch hier wieder festzustellen. Der νοῦς gehört zum Menschen, gehört zur Welt, vor allem aber gehört er zu Gott. Man kann geradezu sagen, daß der νοῦς das ist, was Gott, Welt und Mensch zusammenbindet. So kann Philon vom νοῦς des Menschen – soll man mit „Geist", mit „Vernunft" übersetzen? – in erhabener Weise sprechen. Des Menschen νοῦς ist „gottgeformt" in Hinsicht auf die archetypische Idee, nämlich den hoch oben existierenden Logos: θεοειδὴς ὁ ἀνθρώ-πινος νοῦς πρὸς ἀρχέτυπον ἰδέαν, τὸν ἀνωτάτω λόγον, τυπωθείς (Leg Spec III 207). Des Menschen νοῦς ist demnach Bild des Logos, ist irgendwie die Sichtbarkeit des göttlichen νοῦς. Somit ist das Jenseitig-Göttliche *in uns*, τὸ οὐράνιον τῶν ἐν ἡμῖν (Gig 60). Mose versichert seinen Zuhörern, daß der νοῦς *in* ihnen ist, wie er ja auch – es klingt, als sei es so nebenher gesagt – in der ganzen Schöpfung ist, καὶ τῷ παντί ἐστι (Migr Abr 186). Also ist *Gottes* Geist sowohl in den Menschen als auch im ganzen Kosmos. In diesem Sinne ist wohl auch Op Mund 69 gemeint: ὃν γάρ ἔχει λόγον ὁ μέγας ἡγεμὼν ἐν ἅπαντι τῷ κόσμῳ, τοῦτον ὡς ἔοικε καὶ ὁ ἀνθρώπινος νοῦς ἐν ἀνθρώπῳ. Hier ist also die Rede davon, daß Gott den λόγος im ganzen Kosmos habe, wie der menschliche νοῦς im Menschen sei. λόγος und νοῦς erscheinen hier als synonyme Begriffe. Aber eine wirkliche Identität zwischen dem Nous, wie er in den letzten Zitaten vorkommt, und dem Logos Gottes, wie er in den davor gebrachten Zitaten begegnete, ist nicht gegeben. Die Aussagen Philons über den Logos Gottes als Bild Gottes und die über den Nous geschehen in jeweils anderem Zusammenhang. Wenn also der Nous Gottes im ganzen sichtbaren Kosmos anwesend ist, wenn er diesen Raum erfüllt, so ist es die noushafte Omnipräsenz *Gottes*. Und folglich ist es nur sehr bedingt eine Parallele etwa zu Sap 1,7, wo das von Gott unterschiedene Pneuma den Erdkreis erfüllt. Insofern sind die Aussagen über Gott als Nous auch keine eigentliche Parallele zu den ekklesiologischen Aussagen des Eph über die Kirche als Leib Christi, die ja dort *nicht* als Leib *Gottes* theologisch ausgesagt wird. Will man dennoch in Op Mund 69 eine Parallele zu Sap 1,7 und sogar zur Ekklesiologie des Eph sehen, so wird man allerdings auch noch bedenken müssen, daß es nach Philon der *ganze* sichtbare Kosmos ist, der in Relation zu dem mit dem Kosmos der Ideen identischen Logos steht, und daß sich also für ihn das Problem des für den Eph so unklaren Verhältnisses von Kosmos und Ekklesia zueinander gar nicht stellt.

Was Platon, die Stoa und die Sap an diesbezüglichen Vorstellungen bieten, sind daher sicherlich interessantere Parallelen für den Eph als das, was Philon sagt – freilich *auf der Ebene der Vorstellungen!* Was Philon getan hat, ist demnach, daß er die z. B. in Sap 1,7 ausgesprochene Vorstellung in das Koordinatensystem der von ihm modifizierten Ideenlehre des Platon projiziert hat. Dadurch wurde aber dieser Gedankenkomplex derart kompliziert, daß eine nur sehr ferne Affinität der theologischen Aussagen Philons und der Ekklesiologie des Eph besteht.

Kannte der AuctEph Werke von Philon? Kannte er zumindest einige seiner zentralen Gedanken? Diese Fragen stellen sich angesichts dessen, daß er zur Paulus-Schule zu rechnen ist und Paulus, wie es vor allem Sellin (s. o.) gezeigt hat, mit dem philosophischen Denken Philons (wohl spätestens in Korinth über Apollos) in Berührung gekommen ist. Aber zwischen dem Todesjahr des Paulus und der Niederschrift des Eph sind zwei oder drei Jahrzehnte vergangen, so daß es gut vorstellbar ist, daß der AuctEph von der Theologie und Philosophie Philons nichts mehr wußte.

Der Vergleich zwischen Philon und der *Gnosis* zeigt zunächst eine eigentümliche Verwandtschaft hinsichtlich des Begriffs des *Leibes*, diesmal allerdings verstanden als Leib des Menschen, also in anthropologischer, nicht aber in kosmologischer Hinsicht. Daß die Gnosis in ihrem ontologischen und daraus resultierenden anthropologischen Dualismus den *Leib* auf der negativen Seite sah, bedarf hier keiner Begründung. Darauf aber, daß auch Philon den Leib abgewertet hat, muß hier zunächst kurz eingegangen werden. Den Sachverhalt hat Sellin, op. cit. 128 ff, ausführlich und zutreffend dargestellt: Der anthropologische Dualismus von νοῦς und σῶμα ist in einen ontologischen Dualismus eingebettet (zwei φύσεις). Er sieht richtig, daß für das dualistische Denken Philons einerseits der Mensch ein *Mischwesen* aus Geist und Leib ist, also aus der unsterblichen und der sterblichen Natur (Op Mund 135), und dementsprechend die Erlösung die Loslösung von der sterblichen und die Hinwendung zur unsterblichen Natur. Andererseits versteht Philon den Menschen vor allem als *ganzheitlichen* in dualistischer Perspektive: er ist entweder als ganzer „himmlisch" oder als ganzer „irdisch" (ib. 128; dort ausführliche Stellenangaben; s. auch ib. 131). Festzuhalten ist jedoch, daß σῶμα in der Regel (Ausnahme Op Mund 137) negativ bewertet wird, z. B. Leg All III, 42: Wer in seinem Leib wohnt, kann nicht zu Gott gelangen. Die Wendung τὸν κατοικοῦντα ἐν σώματι setzt voraus, daß das σῶμα nicht zum eigentlichen Ich, dem νοῦς, gehört! Gott muß ihn aus diesem Gefängnis, ἐκ τοῦ δεσμωτηρίου, befreien. Rer Div Her 274 erinnert zwar terminologisch, nicht aber in der theologischen Intention an Joh: ἄνωθεν ἀπ᾿ οὐρανοῦ καταβὰς ὁ νοῦς ἐνδεθῇ ταῖς σώματος ἀνάγκαις. Diese und andere Stellen erinnern vielmehr stark an solche Aussagen Platons, in denen der Leib abgewertet wird und der Tod als Befreiung vom versklavenden Leib gesehen wird (z. B. Phaid 64 ff). Sellin hat recht (op. cit. 131): „Die Tradition dieser negativen Sicht des Leibes geht über Plato zurück in den Pythagoreismus und die Orphik."

Nehmen wir diese Aussagen Philons ernst, so geht es gar nicht mehr um theoretische Lehre, um Vorstellungen, um Objektivationen, sondern um sehr konkrete Aussagen, die aus einer bestimmten *Daseinshaltung* gemacht wurden, um Aussagen aus *Betroffenheit*, um die Artikulation eines bestimmten Selbstverständnisses oder, besser gesagt, *Selbstverstehens*. In dieser Hinsicht stimmen der Platon des Phaidon (nicht des Timaios!), Philon und die Gnosis überein. Äußerst unterschiedliche religiöse und weltanschauliche Denksysteme treffen sich in wichtigen Dimensionen des Selbstverstehens ihrer Anhänger, diese als geschichtliche Wesen verstanden. Noch einmal Zustimmung zu Sellin (op. cit. 132): „Der Mensch dieser Tradition … lebt im Zwiespalt zu seinem eigenen Körper, der ihm als fremd gegenübersteht; er sucht die Selbstentfremdung in Subjekt- und Objektexistenz aufzuheben in einer ‚eigentlichen' ungespaltenen Existenz (von der Zweiheit zur Einheit) … Das, was Hans Jonas als gnostische Daseinshaltung (Fremdheitsgefühl) herausgestellt hat, könnte gerade darin (sc. konkret erfahrenes Fremdheitsgefühl in der Diaspora) seinen konkreten Ursprung haben." Da sich in diesem Punkte Philon und die Gnosis nahekommen, ist die Frage, ob die Gnosis bereits ins 1. Jh. n. Chr. zu datieren ist, letztlich als Frage für die Auslegung des Neuen Testaments überholt und nur noch als Frage für die historische Einordnung von Objektivationen interessant.

Schauen wir auf die in diesem Exkurs gebrachten philosophie- und religionsgeschichtlichen Parallelen zurück, so sagen sie kaum etwas Relevantes zum Verhältnis von σῶμα und κεφαλή in der Ekklesiologie des Kol und Eph. Auch das vielzitierte orphische Fragment 168 mit Ζεὺς κεφαλή hilft nicht weiter, m. E. auch nicht gnostische Parallelen (Stellen genannt und z. T. zitiert in H. Schlier, ThWNT III, 675–677; s. auch Fischer, Tendenz und Absicht des Eph, 62–65).

Der AuctEph kennt ein solches leibfeindliches und somit auch geschichtsfeindliches Daseinsverständnis, wie es sich in einigen Schriften Platons, bei Philon und in der Gnosis manifestiert, nicht. Schon allein seine Hochschätzung der Ehe in Eph 5,22 ff zeigt das in aller Deutlichkeit!

Sicherlich, Philon und der AuctEph stimmen darin überein, daß sie das *eigentliche* Leben des Glaubenden in der jenseitigen, der himmlischen Heimat gegründet wissen. In Leg All III, 42 ist von θεῷ συγ-γενέσθαι die Rede, in Eph 2,6 von συν-ήγειρεν καὶ συν-εκάθισεν ἐν τοῖς ἐπουρανίοις ἐν Χριστῷ Ἰησοῦ. Doch der AuctEph weiß sich in zwei Welten zugleich, Philon und die Gnosis wollen jedoch diese irdische Welt verlassen. Das ist der entscheidende Unterschied!

16 bietet, formal gesehen, mit καὶ ἀποκαταλλάξῃ den zweiten Teil des mit ἵνα … κτίσῃ in 15 beginnenden Finalsatzes. Die beiden Konjunktive des Aorists mit ihrer parataktischen Stellung lassen sich gut als einander interpretierende Aussagen verstehen. Und tatsächlich ist Christus, der die beiden Teile der Menschheit zusammenfügt, derjenige, der dies durch seine Lebenshingabe am Kreuz tat. Diese beiden finalen Aussagen meinen aber einen Zweck, der bereits Wirklichkeit geworden ist. Christus als unser Friede hat schon die beiden Teile der Menschheit zu einem Ganzen vereint, er hat ja schon beide durch das Kreuz mit Gott versöhnt und daher schon „in sich" die Feindschaft „getötet". Im Grunde sagt 16 nichts Neues. Spricht „Paulus" von der vereinten und versöhnten Menschheit durch das Kreuz, so entspricht διὰ τοῦ σταυροῦ inhaltlich dem ἐν τῷ αἵματι τοῦ Χριστοῦ in 13. τοὺς ἀμφοτέρους sagt in personaler Diktion, was mit τὰ ἀμφότερα in 14 neutrisch formuliert war. Von der ἔχθρα ist sowohl in 14 als auch jetzt in 16 die Rede. Das ἐν αὐτῷ wiederholt das Motiv des ἐν Χριστῷ Ἰησοῦ, das für die Beschreibung der christlichen Existenz in 6–13 konstitutiv war. Das den zweiten Finalsatz in 13f dominierende Verb ἀποκαταλλάξῃ begegnet im Eph nur hier. Daß es paulinisches Erbe ist, versteht sich von selbst; zu nennen sind Röm 5,10 und 2Kor 5,18–20. Zitiert sei hier nur aus Röm 5,10, weil dies die sprachlich am meisten verwandte Parallele ist: ἐχθροὶ ὄντες κατηλλάγημεν τῷ θεῷ διὰ τοῦ θανάτου τοῦ υἱοῦ αὐτοῦ. Und sicherlich dürfte dem AuctEph diese Stelle vertraut gewesen sein, da es ja äußerst wahrscheinlich ist, daß er den Röm kannte. Dennoch ist anzunehmen, daß der Finalsatz ἵνα ... ἀποκαταλλάξῃ nur mittelbar auf paulinische Aussagen zurückgeht, unmittelbar aber auf den Hymnus Kol 1,15ff, in dessen zweiter Strophe nicht nur ἀποκαταλλάξαι zu lesen ist (20) – nur Kol 1,20.22 und Eph 1,16 findet sich das Kompositum ἀποκαταλλάσσειν; Paulus bringt an allen 6 Stellen in Röm und 2Kor das Simplex – , sondern auch das für das Grundmotiv von Eph 2,14 (εἰρήνη) bezeichnende εἰρηνοποιήσας (Eph 2,15: ποιῶν εἰρήνην!) und διὰ τοῦ αἵματος τοῦ σταυροῦ αὐτοῦ. In Kol 1,22 kommentiert Deuteropaulus vom Hymnus den Vers 20 durch ἀποκατήλλαξεν ἐν τῷ σώματι τῆς σαρκὸς αὐτοῦ διὰ τοῦ θανάτου, was in Eph 2,16 mit ἐν ἑνὶ σώματι seine sprachliche Entsprechung hat, aber in der Bedeutung deutlich different ist. Insgesamt wirkt 16 als eine sprachlich und terminologisch so dichte Zusammenfassung von zuvor Gesagtem, daß eine Zugehörigkeit zu einem möglicherweise mit 14 einsetzenden Christushymnus fraglich ist. Zwar könnte es durchaus sein, daß der AuctEph wegen des Vorkommens von ἀποκαταλλάξαι und zugleich εἰρηνοποιήσας in Kol 1,20 beim Zitieren des εἰρήνη-Hymnus in 16 καὶ ἀποκαταλλάξῃ hinzugefügt hat. Aber mehr als eine hypothetische Aussage ist in dieser Hinsicht nicht möglich.

Der in 15 genannte Begriff εἰς καινὸς ἄνθρωπος wird in 16 ekklesiologisch mit ἐν ἑνὶ σώματι aufgegriffen; wahrscheinlich verbinden sich aber in dieser Wendung beide Bedeutungselemente von σῶμα, sowohl der am Kreuz hingegebene Leib Christi als auch die Kirche als Leib Christi (so schon 1Kor 10,14ff; 11,23ff; Hübner, BThNT II, 173.178ff). Damit kommt zum Ausdruck, daß sich in diesem Begriff soteriologische und ekklesiologische Bedeutsamkeit überschneiden. Festzuhalten ist aber, daß die Ekklesiologie in der Soteriologie, und das heißt: in der Christologie, gründet. Ekklesiologisch ist in 16 auch ἐν αὐτῷ zu interpretieren: Christus hat die Feinschaft „in sich" getötet. Diese Aussage ist von 2,6.7.10.13 her zu verstehen: „In sich" hat Christus die beiden Teile der Menschheit vereinigt und Frieden zwischen ihnen so geschaffen, daß diese Einheit eben eine „Einheit ἐν Χριστῷ Ἰησοῦ" ist und also die Feindschaft nicht mehr besteht.

In **17** ist recht eigentümlich, daß Christus, der nach 14 der Friede *ist* und der durch seine Lebenshingabe am Kreuz den Frieden geschichtliche Wirklichkeit werden ließ, nun als der genannt ist, der diesen Frieden als Evangelium verkündet hat: εὐηγγελίσατο εἰρήνην. Und vielleicht noch befremdlicher ist, daß er nicht nur dieses Evangelium den „Nahen", also Israel, verkündet hat, sondern auch den „Fernen". Wann aber hat denn Jesus τοῖς μακράν gepredigt? Oder ist vielleicht Jesu Predigt *durch* die apostolische Verkündigung nach Ostern gemeint (so z. B. Abbott K 66f unter Verweis auf Joh 14,18 und Act 26,23: „the words of Christ preaching by His Spirit in the apostles", gegen Chrysostomos u. a.; Gnilka K 145 f). Wahrscheinlich steht hinter dem (Χριστός) εὐηγγελίσατο εἰρήνην, daß Jes 57,19 εἰρήνην ἐπ᾽ εἰρήνην ... Wort des Kyrios ist, vgl. 57,15: Τάδε λέγει κύριος ὁ ὕψιστος. Und mit Röm 10,15 ist wohl auch an *Jes 52,7* zu denken: ὡς πόδες εὐαγγελιζομένου ἀκοὴν εἰρήνης, ὡς εὐαγγελιζόμενος ἀγαθά.

Wurde für Eph 2,13–17 laufend auf Jes verwiesen, so dürfte der AuctEph mit größter Wahrscheinlichkeit auch *Mich 5,5LXX* vor Augen gehabt haben (so vor allem Mußner K 74 f), wo es im Blick auf den in 5,2–4 verheißenen Heilsherrscher aus Bethlehem heißt: καὶ ἔσται αὕτη εἰρήνη, zu übersetzen mit „und genau dies (sc. das Kommen des Verheißenen) ist der Friede." Oder war der AuctEph vielleicht sogar mit dem hebräischen Text von Mich 5,4 vertraut: וְהָיָה זֶה שָׁלוֹם, „Und *dieser* ist der Friede"? Dann wäre die Mich-Stelle eine noch engere Parallele zu Eph 2,14 als in der Übersetzung der LXX.

18 begründet und verweist von Christus her auf den Vater. Christus ist deshalb unser Friede, weil wir als οἱ ἀμφότεροι, also wir als Juden und als die Völker, den Zugang zum Vater haben. Der Bezug auf *Röm 5,2* ist wahrscheinlich, wo Paulus allerdings statt τὴν προσαγωγήν ... πρὸς τὸν πατέρα schreibt: τὴν προσαγωγήν ... εἰς τὴν χάριν ταύτην (προσαγωγή im NT nur Röm 5,2 und Eph 2,18; 3,12). An beiden Stellen ist von der προσαγωγή im Kontext des Geistes Gottes die Rede. Und beide Stellen stehen zudem im ekklesiologischen Kontext der *einen* Kirche aus Juden und Heiden, Röm 5,2 von Kap. 1–4 her, Eph 2,18 als Teil einer solchen Argumentation. 18 hat, ein wenig anachronistisch formuliert, trinitarischen Charakter: 1. πρὸς τὸν πατέρα, 2. δι᾽ αὐτοῦ, 3. ἐν ἑνὶ πνεύματι.

Der Begründung in 18 folgt die Konsequenz, ἄρα οὖν, in **19** gemäß dem Gesamtduktus von Kap. 2 wieder in Form der Anrede: Ihr Heidenchristen seid nicht mehr Unkundige. ξένος im Sinne von „Unkundige" gibt, wie in 12, auch hier wieder guten Sinn: Ihr seid jetzt nicht mehr solche, die um ihre Heillosigkeit gar nicht wissen und in solchem Ausmaße hoffnungslos sind, weil sie sich außerhalb der Hoffnungsgemeinschaft Israel ihrer Hoffnungslosigkeit gar nicht bewußt sind und deshalb außerhalb des „Hauses" als πάρ-οικοι existieren. Ihr seid jetzt, unter Anspielung auf ἀπηλλοτριωμένοι τῆς πολιτείας τοῦ Ἰσραήλ in 12, συμπολῖται, freilich nicht τοῦ Ἰσραήλ, sondern τῶν ἁγίων, und somit „Haus"-genossen Gottes. Das Wortspiel πάροικοι und οἰκεῖοι bringt einen kontradiktorischen, keinen bloß konträren Gegensatz zum Ausdruck; es geht nämlich um zwei *radikal entgegengesetzte Existenzweisen*: Wer, im dämonischen Bann gefangen, sich im *Machtbereich* des Luftdämons (2,2) aufhält, der ist ein radikal anderer als der, der im *Machtbereich* Christi existiert. Existenz ist ja nach paulinischem wie auch nach deutero- und tritopaulinischem Denken jeweils Existenz in einem Machtbereich. Jede Existenz hat in dieser Hinsicht ihren theologisch qualifizierten „Ort". Erneut begegnet die *existentiale „Räumlichkeit"*, die für jegliches menschliches Sein gilt und die im NT theologisch qualifiziert wird. Und da gibt es nur ein absolutes Entweder – Oder. Eph 2 schildert den Prozeß: Vom völligen Dunkel ins helle Licht!

20 bis **22** spielt „Paulus" mit Worten des Stammes οἰκ-. Nach **20** sind die Adressaten auf dem Fundament der Apostel und (christlichen) Propheten aufgebaut, ἐπ-οικοδομηθέντες, wobei jedoch dieses Fundament im Eckstein Christus Jesus (Jes 28,16 als Wort des Herrn: Ἰδοὺ ἐγὼ ἐμβαλῶ εἰς τὰ θεμέλια Σιὼν λίθον πολυτελῆ ἐκλεκτὸν ἀκρογωνιαῖον ἔντιμον εἰς τὰ θεμέλια αὐτῆς, καὶ ὁ πιστεύων ἐπ᾽ αὐτῷ οὐ μὴ καταισχυνθῇ.) seinen eigentlichen Halt besitzt.

In diesem Eckstein „wächst" (!) der ganze Bau, οἰκοδομή, zu einem heiligen Tempel im

Herrn, **21**. Das Bild ist, wie schon gesagt, verunglückt. *Kol 2,19*, wo die Metapher vom Wachsen ihren guten Sinn hat, ist in Eph 2,21 in *eine* Perspektive mit *1Kor 3,9* geraten: ϑεοῦ οἰκοδομή ἐστε. Doch schon Paulus selbst bietet dort die Vermischung der Bilder, denn er bringt diesen Satz unmittelbar nach einem aus der Landwirtschaft genommenen Vergleich zwischen sich und Apollos, 1Kor 3,6–9, der in dem sinnvollen Bild endet: ϑεοῦ γεώργιόν (ἐστε). Das dann angefügte ϑεοῦ οἰκοδομή ἐστε sprengt also hier genauso die Vorstellung wie in Eph 2,21 (zur recht verwickelten Argumentation in Eph 2,11–22 aus linguistischer Sicht s. Kitzberger, Bau der Gemeinde, 310ff). Entscheidend ist aber, daß das ganze *Sein* (οἰκοδομή als der bisher erstellte Bau) und das ganze *Geschehen* (οἰκοδομή als Prozeß) unter das ἐν κυρίῳ gestellt ist. Wieder wird theologisches Denken als „räumliches" Denken deutlich. Dieses ist auch mit dem Bild des ναὸς ἅγιος gegeben. Und auch hier dürfte wieder der Rekurs auf 1Kor 3 vorliegen, nämlich auf 3,16f, wo die Korinther als ναὸς ϑεοῦ angesprochen sind (s. auch 2Kor 6,16; nichtpaulinischer Einschub in 2Kor 6,14–7,1).

In **22** werden die Adressaten erneut auf ihr In-Christus-Sein angesprochen. Als die „im Herrn" Befindlichen werdet „auch ihr" – betontes ὑμεῖς συνοικοδομεῖσϑε – zur Wohnung Gottes, κατοικητήριον, *mit*-auferbaut, συν-οικοδομεῖσϑε. Und noch einmal der betonte pneumatologische Aspekt mit ἐν πνεύματι am Ende des gesamten Abschnitts; das ἐν ἑνὶ πνεύματι von 18 wird aufgegriffen.

Ein Hymnus in Eph 2,14ff?

Literatur: s. Literaturangaben zu 2,14–22.

Liegt in 2,14ff ein von „Paulus" übernommener und theologisch interpretierter Hymnus vor, und wenn ja, in welchem Umfang? Deshalb auch hier in der Überschrift die nur vage Angabe 2,14ff; denn bis zu welchem Vers innerhalb der Einheit 14–22 er reicht, wenn tatsächlich, wie im Falle von Phil 2,5ff oder Kol 1,15ff, ein Hymnus zugrundeliegen sollte, ist äußerst schwer zu sagen. Um die Diskussion über dieses Problem sofort in die richtige Optik seiner theologischen Bedeutsamkeit zu bringen, sei schon zu Beginn zustimmend Pokorný K 119 zitiert: „Der theologische Ertrag würde sich nicht viel ändern, wenn wir 2,14–17a dem Verfasser des Epheserbriefs zuschrieben, nur der Zusammenhang mit Kol 1,15–20, Eph 1,20–23 und 6,10ff wäre weniger deutlich. Übrigens rechnen fast alle Exegeten damit, daß der Verfasser hier zumindest traditionelle Wendungen benutzt hat, die er kommentiert." Das Hauptproblem bei der Rekonstruktion eines eventuell anzunehmenden Hymnus ist die dann zu stellende Frage, ob eine möglicherweise zu eruierende Differenz zwischen der Grundaussage des ursprünglichen Hymnus und der theologischen Intention des durch Zusätze kommendierenden AuctEph besteht. Nach unserer Exegese gilt in diesem Fall unsere Aufmerksamkeit vor allem der Mauer, dem μεσότοιχον τοῦ φραγμοῦ, in 14.

Zunächst waren es *formale* Momente, die zur Hypothese eines zugrundeliegenden Hymnus führten. Schille, Frühchristliche Hymnen, 24–31, und Jack T. Sanders, ZNW 56, 216–218, haben sich mit guten Beobachtungen zur sprachlichen Form zu Wort gemeldet. Vgl. Sanders, 217 (z. T. Berufung auf Schille, 17f): „The hymnic elements here are prominent. Participial predications, as well as the opening predication on the pattern αὐτός ἐστιν, the heavy use of participles, the *parallelismus membrorum* (spread type), and the cosmic language all lend support to the conclusion that this passage is a hymn." Auffällig ist allerdings, daß Eduard Norden, Agnostos Theos, 250–254, wohl dem Hymnus von Kol 1 große Aufmerksamkeit schenkt – mit z. T. denselben Argumenten wie Sanders für Eph 2,14ff! –, diese Eph-Verse aber ignoriert (dabei beruft sich Sanders, 217, Anm. 16, ausgerechnet auf Norden!). Trotzdem, die von Schille, Sanders u. a. genannten formalen Charakteristika von 14 ff sind unübersehbar, die Argumentation mit ihnen von gleicher Gewichtigkeit wie für Kol 1,15 ff. Mögen diese Autoren auch recht unterschiedliche Rekonstruktionen vornehmen, so besagt das jedoch nichts gegen die Hypothese als solche. Vielleicht vermag diejenige Rekonstruktion am meisten zu überzeugen, die die kürzeste ist – vorausgesetzt, der Rest läßt sich ziemlich ungezwungen als interpretatorische Glossen des AuctEph verständlich machen.

Neben diesem inhaltlichen Gesichtspunkt sollte aber doch wenigstens auf das mit dem Begriff μεσότοιχον τοῦ φραγμοῦ in 14 gegebene *religionsgeschichtliche* Problem eingegangen werden. Daß sich die Vorstellung von der Trennmauer bestens in ein gnostisches Weltbild einfügt, ist unbestreitbar und wurde auch eine Zeitlang unter den Exegeten als schlagendes Argument dafür in Anspruch genommen, daß der AuctEph, sei es Paulus, sei es ein Paulusschüler, hier in gnostischer Terminologie und inhaltlich im Horizont gnostischer Vorstellungen denkt – natürlich in antignostischer Tendenz! In diesem Zusammenhang ist besonders Heinrich Schlier zu nennen. Er „hat" – so zustimmend Dibelius/Greeven in der letzten Auflage von HNT 12 (1953), 69 – „nachgewiesen, daß das Durchstoßen der Mauer durch den Erlöser zur Vorstellungswelt der Gnosis gehört". Schlier verweist (vor allem in: Christus und die Kirche, 18–26, und K 129 ff u.a.) auf folgende Stellen: Ginza (Lizbarski), 551,9 f, wo der Erlöser zur Seele sagt: *"In diese Mauer, die Eisenmauer, werde ich dir eine Bresche schlagen."* Acta Thomae 32: Die Schlange spricht zum Apostel Thomas: Ἐγώ εἰμι ὁ διὰ τοῦ φραγμοῦ εἰσελθὼν ἐν τῷ παραδείσῳ. Vom φραγμός ist auch in den Acta Thaddaei (Euseb, hist. eccl. I, 13, 20) die Rede: καὶ ἐσταυρώθη καὶ κατέβη εἰς τὸν Ἅιδην καὶ διέσχισε φραγμὸν τὸν ἐξ αἰῶνος μὴ σχισθέντα καὶ ἀνήγειρεν νεκρούς. Schlier K 129 hat recht, wenn er die Ausführungen in den mandäischen Schriften als deutlicher beurteilt. Zu Parallelen von Nag-Hammadi-Schriften zu Eph 2,14 ff s. Fischer, Tendenz und Absicht des Eph, 133 f (Titellose Schrift NHC II, 5 pl. 146,11–23; EvPhil NHC II, 3, 78; NHC VI, 2) und Lindemann K 49 (EvPhil NHC II, 78; deutscher Text: Lindemann K 133). Gnilka K 149 ist aber zuzustimmen, wenn er darauf verweist, daß die kosmische Mauer nicht nur zum Inventar des gnostischen Weltbildes gehört, wie z.B. aethHen 14,9 zeigt.

Rekonstruiert man den in Eph 2,14 ff zugrunde liegenden Hymnus, wie es Lindemann K 47 tut, so ist die Hypothese für die kosmische Mauer im horizontalen Verständnis als Trennmauer zwischen Himmel und Erde einleuchtend (im folgenden die von ihm rekonstruierte Vorlage):

1. Er ist unser Friede,
2. der beides zu einem gemacht hat,
3. und der die Scheidewand (des Zaunes?) zerbrochen hat,
4. indem er die Feindschaft vernichtete,
5. auf daß er die Zwei in sich schaffe zu Einem neuen Menschen,
6. indem er Frieden stiftete
7. und die Feindschaft tötete in sich (oder: in ihm;
   im Griechischen nicht unterscheidbar).

Stimmt man dem zu – eine nicht geringe Wahrscheinlichkeit spricht dafür, auch wenn man die Rekonstruktion in einigen Punkten anders vornähme – , so ergibt sich aber aufgrund des Einbaus dieses Hymnus durch den AuctEph in seine übergeordnete Argumentation, daß er dadurch aus der *kosmischen Mauer* die *Mauer zwischen Israel und den Völkern* gemacht hat. Insofern unterscheidet sich allerdings Lindemanns Auslegung von der in diesem Kommentar gegebenen.

Theologischer Exkurs: Die theologische Bedeutsamkeit Israels

Literatur: Bouttier K 286 f. – E. Grässer, Der Alte Bund im Neuen. Eine exegetische Vorlesung. 3. Eph 2,12, in: ders., Der Alte Bund im Neuen. Exegetische Studien zur Israelfrage im NT (WUNT 35), 1985, 25–34. – A. T. Lincoln, The Church and Israel in Eph 2, CBQ 49 (1987) 605–624. – Mussner, Christus, das All und die Kirche, 76–118. – Ders., Traktat über die Juden, München 1979, 45–48. – Ders. K. 179–181. – M. Rese, Die Vorzüge Israels in Röm 9,4f und Eph 2,12, ThZ 31 (1975) 211–222. – C. J. Roetzel, Jewish Christian – Gentile Christian Relations: A Discussion of Eph

2,15a, ZNW 74 (1983) 81–89. – R. Schnackenburg K 332–336. – Ders. Zur Exegese von Eph 2,11–22 im Hinblick auf das Verhältnis von Israel und Kirche, in: The New Testament Age, FS B. Reicke, Macon 1984, 467–491.

Man hätte diesem Exkurs mit sachlichem Recht auch die Überschrift „Israel und die Kirche" geben können. Es geschah jedoch deshalb nicht, weil ausgerechnet da, wo im Eph von Israel die Rede ist, der Begriff ἐκκλησία nicht begegnet. „Paulus" kommt auffälligerweise im ganzen 2. Kap. ohne diesen Begriff aus. Von Israel redet er in Eph 2 theologisch prägnant im *heilsgeschichtlichen* Horizont. Aber dieser Horizont ist nicht mehr der des historischen Paulus. Denn dessen Problem war ja der Unglaube der Majorität Israels; erst die *Zukunft* wird Israels Heil bringen, Röm 11,26: πᾶς Ἰσραὴλ σωθήσεται. Daß es ein auch glaubensloses Israel gibt – gerade dieser Sachverhalt hat Paulus umgetrieben –, ist hingegen aus Eph 2,11 ff nicht zu ersehen. „Paulus" formuliert vielmehr so, als ob außer den zu Christen gewordenen Heiden auch ganz Israel zur Einheit der Kirche gefunden hätte, 2,14: ὁ ποιήσας (Aorist!) τὰ ἀμφότερα ἕν. Kein israelkritisches Wort! Auch von einer Rivalität zwischen Juden und Christen ist nicht im geringsten die Rede.

Daß aber dann der AuctEph das Israel-Thema so betont aufgreift, ist angesichts dieses Sachverhaltes auffällig. Nimmt man nämlich, wie in diesem Kommentar vorausgesetzt, den Eph als literarische Überarbeitung des Kol, in dem ja Israel als theologische Größe überhaupt nicht thematisiert ist und der hinsichtlich dieser Thematik lediglich Andeutungen bringt (Kol 2,11.13), so ist der Rekurs auf Israel in Eph 2 überraschend. Inwieweit in dieser Hinsicht hier ein Einfluß des Röm vermutet werden kann, ist schwer zu sagen. Angesichts der Tendenz des Eph zur präsentischen Eschatologie ist eine präsentische Umbiegung von Röm 11,26 durchaus denkbar, keinesfalls aber erweisbar. Überlegungen, ob der AuctEph durch seine Kenntnis authentischer Paulusbriefe oder aus anderen Gründen wieder auf die Israel-Thematik zurückgreift, bleiben letztendlich Spekulation.

Es darf keinesfalls übersehen werden: Als eigene, geschichtlich und theologisch bedeutsame Größe ist im Eph einzig und allein das Israel der Vergangenheit thematisiert. Paradox formuliert: Es ist gerade das Israel der *Vergangenheit*, das als Israel mit *Zukunft* eingeführt wird. Diesem Volk, das als exklusiver Heilsraum einem vergangenen Äon angehörte, waren die „Heilssetzungen der Verheißung" gegeben (Eph 2,12). Deshalb und nur deshalb war es ein Volk der Hoffnung. Lediglich dieses Heilshandeln Gottes gab Israel seine Besonderheit; aus sich und als Volk an sich ist das jüdische Volk nichts anderes als die übrigen Völker, τὰ ἔθνη! Es war diese Heilshoffnung, die theologisch für Israel das mit dem Kommen Christi aufgehobene Spezifikum ausmachte.

In der Kirche, der vor und nach Eph 2 genannten ἐκκλησία (1,22; 3,10.21; 5,23ff), ist Israels theologische Sonderstellung absorbiert. Die Beschneidung als Bundeszeichen ist in 2,11 als *sogenannte* Beschneidung ironisiert und mit der gleichzeitigen Nennung der *sogenannten* Vorhaut in ihrer theologischen Bedeutsamkeit nivelliert. Die Heilsgegenwart in Christus bedeutet die Erfüllung der in Jes 57,19 verheißenen gegenseitigen Nähe von Israel und den Völkern. Die theologische Aussagerichtung des Eph ist falsch verstanden, wenn man den für seinen Vf. wichtigen Gedanken verkennt, daß die Heiden eben nicht in Israel hineinintegriert werden. Das neue In-Sein der Heiden ist aufgrund des heilbringenden Todes Christi (2,13: ἐν τῷ αἵματι τοῦ Χριστοῦ) gerade nicht das Sein in Israel, sondern das mit diesem Israel jetzt (νυνί!) gemeinsame *Sein in Christus*. Das bereits der vorzeitlichen Prädestination zugehörige ἐν Χριστῷ von 1,3f macht im neuen Zeitalter des νυνί eine spezifische Heilsbedeutsamkeit Israels überflüssig. Israel *war* die geschichtliche Größe des erst zukünftigen Empfangs der Heilsverheißung; die Kirche *ist* jetzt die geschichtliche Größe der Erfüllung dieser Verheißung. Israel hat stellvertretend für die Völker gehofft; die Völker, einst ohne Hoffnung – und wer ohne Hoffnung existierte, existiert letztlich in tiefster Sinnlosigkeit, existiert nihilistisch als dem Nichts anheim- und preisgegeben, selbst wenn ihm seine heils- und somit haltlose Existenz nicht bewußt ist –, haben nun das Hoffnungsgut (s. die Bedeutung und Bedeutsamkeit von διὰ τὴν ἐλπίδα τὴν ἀποκειμένην ὑμῖν ἐν τοῖς οὐρανοῖς, Kol 1,5) zugeeignet bekommen. Israels Aus-Sein-auf war also sein *Aus-Sein-auf die Kirche*, anders formuliert: die Existenz Israels war eine Existenz auf die Kirche hin. *Um der Kirche willen* existierte Israel als das vormals exklusiv auf das Heil hoffende Volk, *in der Kirche* existiert es heute als glaubendes Volk. Eine Heilspräferenz für die Gegenwart hat Gott Israel nicht zugesagt. Für den AuctEph hat die Kirche die Heilsrelevanz Israels ein für allemal abgelöst. Er vertritt also unbestreitbar die oft so polemisch bestrittene *Substitutionstheorie. Sie ist nicht eine Erfindung bestimmter Exegeten, sondern genuin neutestamentlich!*

Aber nicht nur der Beschneidung wird ihre theologische Relevanz bestritten. Indem Christus unser Friede ist, nämlich der kosmische Friede zwischen Israel und den Völkern, ist auch das *Gesetz* abgeschafft, sogar vernichtet (2,15: καταργήσας!). Die kirchliche Einheit ist dadurch Wirklichkeit geworden, daß Christus die trennende Mauer zwischen einem noch gesetzesgebundenen Israel und den das Gesetz nicht besitzenden Völkern (s. aber Röm 2,14f!) eingerissen und so das sogar durch Feindschaft bestimmte Verhältnis zwischen beiden Gruppen beseitigt hat. Beide sind auf diese Weise miteinander versöhnt worden, wobei eben Israel nicht mehr das heilsrelevante Israel blieb und die Völker nicht mehr die hoffnungslosen Völker. Beiden ist so der Weg zum Vater freigemacht worden, den sie jetzt *miteinander* gehen. Sind nun die Völker Mitbürger der Heiligen und Hausgenossen Gottes (2,19), so heißt das nicht, daß sie jetzt Mitbürger der Israeliten in Israel sind, sondern daß sie jetzt mit diesen in gemeinsamer und gleicher Würde Anteil an der himmlischen *civitas Dei* haben, also als συμπολῖται τῶν ἁγίων – mit Paulus gesprochen: – am πολίτευμα ἐν οὐρανοῖς (Phil 3,20) partizipieren. Es ist höchst bezeichnend, daß Eph 2,20 als *Fundament,* θεμέλιον, der Kirche die Apostel und (christlichen) Propheten und als Eckstein dieses Fundaments Jesus Christus nennt. Die Kirche ist der pneumatische Bau in Christus. Ist sie „im Herrn" (21), so ist sie zugleich „im Geiste" (22). Israel hatte *nur* den Vorrang der Verheißung. Es lebte zur Zeit der Verheißung nicht in der Heilszeit des Geistes; vom Geist ist im Blick auf Israel keine Rede, ebenso nicht vom Frieden. Es fehlte ihm also damals die exklusive Möglichkeit eines Seins im Heil, nämlich des Seins in Christus. Freilich ist auch von der Sünde Israels nur implizit in 2,3 die Rede; weder nimmt der AuctEph auf die Anklage der atl. Propheten noch auf die deuteronomistische Theologie Bezug. Doch dürfte Israels Schuld impliziert sein. Bei allem gilt aber: Israel war es gegeben, damals *exklusiv* hoffen zu dürfen. Diese *Würde* kann ihm nicht genommen werden!

Etwas anders setzt *Franz Mußner* die Akzente (K 179ff). Richtig nennt er als Vorzüge Israels die Messiashoffnung, die Bildung eines „Gemeinwesens", den קְהַל יהוה, die ihm gehörenden Verheißungstestamente und die damit gegebene Hoffnung. Problematisch ist aber, wenn er erklärt, Israel lebe (Präsens!) in der Gottesgemeinschaft und in der Gotteserkenntnis im Kosmos. Sicherlich impliziert das Prädikat ἄθεοι für die Völker der vergangenen Unheilszeit (2,12), daß Israel damals gerade nicht „atheistisch" war. Aber seine Gottesgemeinschaft war, insofern sie vor Christus schon Realität war, wie eben dargestellt, eine *Realität auf Hoffnung hin*. Es war die Gemeinschaft mit dem das Heil verheißenden Gott. Man wird wohl auch mit Mußner sagen können, daß im Eph „die Ekklesiologie vor dem Horizont Israels entworfen" werde. Aber es ist problematisch, dies mit dem instinktiven Wissen des AuctEph zu begründen, „daß die Kirche ohne ihre ‚Wurzel' Israel (Röm 11,16–19) ein geschichtsloses Abstraktum wäre". Einerlei, wie man diese Röm-Stelle interpretiert – die Israel gegebenen Verheißungen machen nach Eph 2 nicht Israel zur Wurzel der Kirche; es ist vielmehr der Gott, der die Verheißung an Israel gegeben hat, in dem das jetzige Kirche-Sein Israels und zugleich das damit identische Kirche-Sein der Völker gründen. Die „Wurzel" – der Völker *und* Israels – ist also *Gott*. Mit Mußner ist aber wieder festzuhalten, daß es für den AuctEph keine Ekklesiologie ohne Blick auf Israel gibt, daß wir – Mußner zitiert Joseph Blank – somit Israel nicht als unbeteiligte Zuschauer betrachten können. Er wendet sich entschieden gegen das genannte Substitutionsmodell (und andere ähnliche Modelle) und will an deren Stelle das Partizipationsmodell setzen. Er beruft sich dafür auf 3,6, wonach die Heiden *Mit*-Erben, *Mit*-Eingeleibte und *Mit*-Teilhaber an der Verheißung in Christus Jesus durch das Evangelium sind. Nun ist unbestreitbar in dieser Stelle unausgesprochen die Israelthematik in den Blick genommen, vor allem durch den Begriff der Verheißung, die ausschließlich Israel gegeben war. Aber ebenso steht fest, daß diese Stelle inhaltlich nicht über das in Eph 2 Gesagte hinausgeht und im theologischen Horizont des in diesem Exkurs Gesagten verbleibt.

3,1–13 Das Amt des Paulus und das Geheimnis Christi

[1]Deshalb *ich*, Paulus, der Gefangene Christi Jesu – [2]ihr habt ja von (meinem) Wirken gemäß der mir von Gott für euch gegebenen Amtsgnade gehört, [3]da (daß?) mir, wie ich euch soeben geschrieben habe, das Geheimnis kundgetan wurde. [4]Daran könnt ihr, wenn ihr es lest, mein Verständnis des Geheimnisses Christi erkennen, [5]das in früheren Generationen den Menschen nicht kundgetan wurde, wie es jetzt seinen heiligen Aposteln und Propheten im Geiste offenbart worden ist: [6]Die (ehemals) heidnischen Völker sind „in Christus" *Mit*-Erben und *Mit*-Leib und *Mit*-Teilhaber an der Verheißung durch das Evangelium, [7]dessen Diener ich gemäß der Gabe der mir gegebenen Amtsgnade Gottes geworden bin, gemäß der Wirksamkeit seiner Macht. [8]Mir, dem Geringsten aller Heiligen, wurde diese Amtsgnade gegeben, um den heidnischen Völkern den unerforschlichen Reichtum Christi als Evangelium zu verkünden [9]und ans Licht zu bringen, was die Wirksamkeit des Geheimnisses ist, das seit Beginn der Weltzeiten in Gott, dem Schöpfer von allem, verborgen war, [10]damit jetzt den Mächten und Gewalten in den Himmeln die vielfältige Weisheit Gottes durch die Kirche kundgetan werde, [11]gemäß (seinem) vor aller Zeit gefaßten Ratschluß, den er in Christus Jesus, unserem Herrn, geschichtlich verwirklicht hat. [12]In ihm haben wir die Zuversicht und den Zugang (zu Gott) im Vertrauen durch den Glauben an ihn. [13]Deshalb bitte ich (euch), angesichts meiner Drangsale, (die ich) für euch (ertrage), nicht zu verzagen!

Literatur: N. A. Dahl, Das Geheimnis der Kirche nach Eph 3,8–10, in: Zur Auferbauung des Leibes Christi, FS P. Brunner, Kassel 1965, 63–75. – Lindemann, Die Aufhebung der Zeit, 221–230. – Lona, Die Eschatologie, 281–305. – Merklein, Das kirchliche Amt, 159–224. – Mussner, Christus, das All und die Kirche, 144–147. – Reynier, Évangile et mystère, 15–87. – G. H. P. Thompson, Eph 3,13 and 2 Tim 2,10 in the Light of Col 1,24, ET 71 (59/60) 187–189.

Mit 3,1 beginnt ein Neueinsatz: „Paulus" stellt sich mit betontem Ich vor, wobei er mit τούτου χάριν auf das zuvor Gesagte verweist. Jedoch bricht mit 2 der Neueinsatz ab, und es beginnt ein langer Einschub, der mit 13 abschließt. Erst in 14 bringt „Paulus" das Prädikat zu 1: Ich beuge meine Knie vor dem Vater. Diese Aussage mündet in 16 in ein Gebet, das in 21 mit Amen schließt. Die überaus lange Parenthese 2–13, die formal an 2,1–5 mit seinem Anakoluth erinnert, bringt Aussagen über die „Ökonomie" der Gnade Gottes durch den Apostel und das ihm gegebene Geheimnis, nämlich die Rettung der Heiden. Doch ist all das, was in diesem Zusammenhang an inhaltlichen theologischen Aussagen begegnet, nicht um seiner selbst willen ausgeführt, sondern im Blick auf die apostolische Gnade des „Paulus". Tritopaulus thematisiert *theologisch* den Paulus. Das, was der AuctCol in Kol 1,23 ff Paulus von sich sagen läßt, wird hier in theologisch modifizierter Form aufgegriffen. Die in der Einzelexegese aufzuweisenden Differenzen von Eph 3 zu Kol 1 lassen die spezifische Intention des AuctEph erkennen. Aber auch das Gebet 14–21 bringt materiale theologische Aussagen.

Versteht man **1–13** als in sich geschlossene Einheit innerhalb des Aufbaus des Briefes, so ist ὑπὲρ ὑμῶν in 1 und 13 in der Terminologie der antiken Rhetorik *inclusio*. In beiden Versen spricht „Paulus" von sich als dem, der für seine ehemals heidnischen Adressaten leidet, in der 1. Person Singular; dem ἐγὼ Παῦλος ὁ δέσμιος τοῦ Χριστοῦ Ἰησοῦ zu Beginn entspricht am Ende ἐν ταῖς θλίψεσίν μου. Es ist also der um seiner Aufgabe willen leidende Apostel, der sich hier vorstellt. Ohne daß in diesem Abschnitt Worte wie Apostel oder Apostolat (ἀποστολή weder im Kol noch im Eph, in den authentischen Paulinen nur Röm 1,5; 1Kor 9,2; Gal 2,8; ἀπόστολος für Paulus im Eph nur 1,1, ebenso im Kol) begegnen, wird das *Ihm-gegeben-Sein* als Konstitutivum seiner apostolischen Aufgabe und Würde herausgestellt. δοθῆναι ist Schlüsselwort der Passage (2.7.8). Dieses δοθῆναι geschieht um der *Verkündigung* willen. Es ist das *Geheimnis* Christi, μυστήριον τοῦ Χριστοῦ, das auf sein Verkündet-Werden drängt. Es will den heidnischen Völkern verkündet werden, weil deren Heil sein Inhalt ist, 5f. Es hat sozusagen seit Ewigkeiten auf den Apostel Paulus und die anderen Apostel und die Propheten gewartet und will jetzt *durch sie* mit Macht Wirklichkeit werden. Es ist ihnen nach dieser langen Epoche offenbart worden, ἐγνωρίσ-θη, νῦν ἀπεκαλύφθη, 5, speziell auf Paulus gesagt: es ist „mir" gemäß einer Offenbarung kundgetan worden, κατὰ ἀποκάλυψιν ἐγνωρίσθη, 3. Dies alles ist *apokalyptische Terminologie ohne* einen eigentlich *apokalyptischen Horizont.* Das γνωρισθῆναι des Geheimnisses, das dem Paulus und den übrigen Verkündigern der Kirche widerfährt und zur Verkündigung auf der ganzen Erde drängt, soll seine Fortsetzung im ἵνα γνωρισθῇ an nichtirdische Mächte finden, 10f. Was Paulus als Geheimnis Christi zu verkünden hat, wird in 6 als das den heidnischen Völkern verheißene Heilsgut expliziert. Aussagen über Amtsgnade und Evangelium, über Ewigkeitsgrund und Inhalt dieses Evangeliums durchdringen sich gegenseitig. Der paränetischen Zwecksetzung des Briefes entspricht es, daß die Darstellung des paulinischen Apostolats mit der Bitte schließt, wegen seiner Drangsale nicht zu verzagen.

Daß es Tritopaulus darum geht, den Ephesern die Bedeutsamkeit des Paulus eigens „für sie" vor Augen zu stellen, zeigt sich in **1** zunächst an τούτου χάριν. Zuvor wurden ja die Adressaten auf das ihnen in Christus geschenkte Heil bzw. auf ihren Heilsstatus mit Christus angesprochen. Dem betonten ὑμᾶς in 2,1 entspricht das betonte ἐγὼ Παῦλος in 3,1 (s. Kol 1,23). Der AuctEph bringt sicherlich nicht ohne Absicht in diesen beiden Versen das Personalpronomen, erst die 2. Person Plural, dann die 1. Person Singular. Denn dadurch sollen Paulus und seine Gemeinde in engste Verbundenheit gebracht werden. Es ist der in Gefangenschaft lebende Paulus, der seinen Gefängnisaufenthalt als „Gefangener Christi Jesu" interpretiert; er ist es *„für euch, die Heiden"* (im Sinne der literarischen Vorlage Kol 1,24?; zur paulinischen Parallele 2Kor 4,7ff: Hübner, BThNT II, 220ff). Diese wenigen Worte in 1, immerhin im Kontext von Kap. 2 geäußert, enthalten also bereits eine Kurzform der *Missions- und Apostolatstheologie* des AuctEph. 3,1ff bezieht sich zwar hauptsächlich auf Kol 1,23ff; doch ist ὁ δέσμιος τοῦ Χριστοῦ [Ἰησοῦ] von Kol 4,18, dem Abschiedsgruß dieses Briefes, literarisch abhängig: μνημονεύετέ μου τῶν δεσμῶν (s. auch Phlm 1.9; Phil 1,13.17). Wenn dann dort im Anschluß an diese Worte ἡ χάρις μεθ᾿ ὑμῶν zu lesen ist, so könnte auch in 2 mit τῆς χάριτος τοῦ θεοῦ eine Anspielung auf Kol 4,18 vorliegen.

„Paulus" spricht in **2** die Epheser auf das an, was sie bereits von ihm wissen. ἠκούσατε erinnert an Gal 1,13. Doch verweist Paulus an dieser Stelle auf seine beschämende Vergangenheit, „Paulus" in Eph 3,2 hingegen auf sein apostolisches Amt (Gnilka K 163: „Diese Gnade ist identisch mit dem ihm übertragenen Amt, dem Apostolat."; Lindemann K 58: „Gnadenamt"). Die Epheser haben ja von der οἰκονομία τῆς χάριτος τοῦ θεοῦ gehört. οἰκονομία begegnete bereits in 1,10. In 3,2 hat allerdings dieser hochtheologische Begriff eine spezifischere Bedeutung, und zwar im Blick auf die Missionstheologie; er meint die Durchführung, die Verwirklichung der χάρις, das apostolische Wirken gemäß dieser χάρις, die hier, spezifisch als apostolische Amtsgnade verstanden, Paulus für die Adressaten gegeben ist. εἰς ὑμᾶς in 2 ist somit das eigentliche, das missionstheologische Ziel der οἰκονομία. Die übliche Übersetzung „Verwaltung" ist also nicht falsch, gibt aber die hier auf das apostolische Amt des Paulus zugespitzte Bedeutung und die damit für die Epheser gegebene Bedeutsamkeit nur unscharf wieder. Intendiert ist mit diesem Begriff die *geschichtliche* Verwirklichung des in der „*Vor*"-*Zeit* durch Gott prädestinierten Heils. In ihm ist die ganze Realität der apostolischen Mission einschließlich ihrer protologischen Fundierung zusammengefaßt (1,3f). Sagt οἰκονομία in 1,10 mehr die göttliche Aktivität aus, also das übergeschichtliche Wirken Gottes und somit sein Wirken aus der Ewigkeit in die Geschichte hinein, so intendiert der Begriff in 3,2 das geschichtliche Pendant in menschlicher Aktivität, die aber letztlich wieder in göttlicher Aktivität gründet (s. auch 1Kor 4,1: οἰκονόμους μυστηρίων θεοῦ). Das missionarische Wirken des Apostels aufgrund der ihm „gegebenen" Amtsgnade, das im Heil der Völker ihr Ziel erreicht, genau dieser Doppelaspekt von göttlicher und menschlicher Aktivität bei absoluter Vorgängigkeit des göttlichen Handelns ist nach 3,2 die „Ökonomie" des Paulus. Ein optimal passendes deutsches Wort gibt es für diesen griechischen Begriff nicht. Nicht übersehen werden darf, daß es gerade nicht diese „Ökonomie" ist, die Gott gibt, sondern die für sie erforderliche Amtsgnade.

In **3** findet sich wieder der für den Eph zentrale Begriff μυστήριον. Auch er begegnete schon in der Eulogie, 1,9, also hier wie dort ganz in der Nähe von οἰκονομία. Beide Begriffe stehen somit in einem gemeinsamen Wortfeld; allerdings gilt das noch nicht für den Kol. Dem AuctEph liegt unbedingt daran, daß das Mysterium dem Paulus – wohl zum Zeitpunkt seiner Berufung – gemäß einer Offenbarung, κατὰ ἀποκάλυψιν, bekanntgegeben worden ist (s. 1,17). Auch ἀποκάλυψις findet sich noch nicht im Kol (dort auch nicht das Verb ἀποκαλύπτειν), wohl aber im Gal (1,12; 2,2). Gal 1,11f hat zudem mit Eph 3,3 das Verb γνωρίζειν gemeinsam (wenn auch mit unterschiedlichem Subjekt und Adressat); wichtiger ist, daß nach Gal 1,12 dem Paulus das von ihm verkündigte Evangelium durch eine „Apokalypse" zuteil wurde: δι᾽ ἀποκαλύψεως Ἰησοῦ Χριστοῦ. Ist folglich ein Bezug von Eph 3,3 auf Gal 1,11f wahrscheinlich, so verstärkt sich damit die oben ausgesprochene Vermutung, daß wohl auch ἠκούσατε in Eph 3,2 aus Gal 1,13 stammt.

Mysterium ist also, wie schon 1,9 zeigte, ein *offenbarungstheologischer* Begriff. „Paulus" selbst verweist hier auf zuvor Geschriebenes und meint damit wohl die soeben genannte Stelle 1,9 (anders z.B. Pokorný K 139: Bezug auf einen anderen Brief des Paulus oder seiner Schule). Nach **4** können die Epheser daran seine Einsicht in das Geheimnis, sein theologisches Verständnis dieses Geheimnisses (*nicht* des *Begriffs* „Geheimnis"!), erkennen, das nun als „Geheimnis des Christus" bezeichnet wird. Dieses Christus-Geheimnis ist aber das Geheimnis der Weltmission. Pokorný K 139 hat recht: Man muß fragen, wie man aufgrund der zwei Verse folgern kann, Paulus habe „Einsicht (σύνεσις) in das Geheimnis Christi" gewonnen. Der Relativsatz **5** steht in gewisser Weise parallel zu 4, da beide Relativsätze das Mysterium zum Gegenstand ihrer Aussage machen; er bringt die zeitliche Terminierung: Anderen, nämlich früheren Geschlechtern, wurde es nicht wie jetzt – ὡς νῦν greift das νυνί von 2,13 auf – den heiligen Aposteln Christi und den Propheten ἐν πνεύματι geoffenbart, wörtlich: enthüllt, ἀπεκαλύφθη. Hier reiht sich „Paulus" unter die übrigen Apostel ein! Die zu diesen parallel genannten Propheten sind die schon bei

Paulus genannten ntl. Propheten, 1Kor 12,29; 14,29.32.37 (Röm 1,2 und 11,3 sind jedoch die atl. Propheten gemeint, ebenso 1Thess 2,15). ἐν πνεύματι begegnet im Eph inzwischen zum dritten Mal; in 2,18 ist mit dieser Wendung auf die Wirklichkeit der Gesamtkirche geblickt, in 2,22 auf die Wirklichkeit der Ortskirche von Ephesos; jetzt aber ist mit ihr das Offenbarungs-*Geschehen* zum Ausdruck gebracht (s. auch 1,13). Der Geist Gottes ist also derjenige, der sowohl das die Kirche konstituierende Offenbarungsgeschehen bewirkt als auch das Lebensprinzip der Welt- und Ortskirche ausmacht. *Werden und Sein der Kirche* sind somit pneumatischen Charakters; es gibt nichts im Heilsraum der Kirche, was nicht vom Geiste Gottes bestimmt wäre. Ist unbestritten eines der Grundthemen, wenn nicht *das* Grundthema des Eph die Kirche, so zeigt sich, daß es eben die Kirche als *pneumatisch durchwirkte Kirche* ist. *Im Eph ist Ekklesiologie zugleich Pneumatologie.*

In **6** wird das missionstheologisch „definierte" Geheimnis Christi expliziert: Die Heidenvölker sind in Christus Mit-Erben, Mit-Leib und Mit-Teilhaber der Verheißung durch das Evangelium. Wie in 2,5f drei Verben als Komposita jeweils mit συν- beginnen, so in 3,6 drei Substantive: συγ-κληρόνομα, σύσ-σωμα, συμ-μέτοχα. Die *Verheissungswirklichkeit* Israels kommt wieder zur Sprache (s. den theologischen Exkurs: Zur theologischen Bedeutsamkeit Israels); die Seins-Aussage ἐν Χριστῷ Ἰησοῦ bestimmt inhaltlich sowohl τῆς ἐπαγγελίας als auch διὰ τοῦ εὐαγγελίου, also sowohl das *Wort der Verheißung* als auch das *Wort der Erfüllung.* Israel war vor dem Kommen des Christus nicht ohne diesen (verheißenen) Christus (s. 2,12), jetzt aber ist die Kirche die Heilsgemeinschaft *Christi* und somit die exklusive Heilsgemeinschaft schlechthin. Wie der Geist ihre Wirklichkeit bestimmt, so auch Christus. *Ekklesiologie* ist also nicht nur Pneumatologie, sie *ist auch Christologie.*

In **7** kommt „Paulus" erneut auf sich selbst zu sprechen, genauer: auf seine Aufgabe. Er ist Diener, διάκονος, dieses Evangeliums geworden, und zwar – Formulierungen aus 2 begegnen wieder – gemäß dem Geschenk der ihm gegebenen Gnade Gottes. Diesem κατὰ τὴν δωρεὰν τῆς χάριτος τοῦ θεοῦ folgt eine zweite κατά-Wendung: κατὰ τὴν ἐνέργειαν τῆς δυνάμεως αὐτοῦ. In der griechischen Philosophie, vor allem der des Aristoteles, sind δύναμις und ἐνέργεια komplementäre ontologische Kategorien. δύναμις bzw. δυνάμει ὄν ist das der Möglichkeit nach Seiende, also das Noch-nicht-Seiende, das auf Verwirklichung hin angelegte Seiende, ἐνέργεια das der Wirklichkeit nach Seiende. In der lateinischen mittelalterlich-scholastischen Rezeption sind es dann *potentia* und *actus,* die terminologisch und sachlich bis in die Gegenwartsphilosophie hinein mit unterschiedlichen Vorzeichen relevant sind. In Eph 3,7 begegnen beide Termini jedoch in umgekehrter Reihenfolge, zudem ist ἐνέργεια durch den Genitiv τῆς δυνάμεως determiniert. Der philosophisch gebildete antike Leser mußte also diese Wendung ein wenig eigentümlich empfinden. Anders jedoch, wer den LXX-Gebrauch von δύναμις oder den paulinischen Umgang mit diesem Begriff vor Augen hatte. Idiomatisch ist z.B. vor allem im Psalter die Wendung κύριος τῶν δυνάμεων (ψ 23,10; 45,12 u. ö.), der Begriff begegnet aber auch im *soteriologischen* Zusammenhang, z. B. ψ 139,8: κύριε, κύριε, δύναμις τῆς σωτηρίας μου. Sogar im Kontext der für den Hymnus Eph 2,14ff zentralen εἰρήνη kann δύναμις stehen, z. B. ψ 121,7: γενέσθω δὴ εἰρήνη ἐν τῇ δυνάμει σου. Gott ist also deshalb der Mächtige, weil er Heil wirken kann und es auch will. Geradezu programmatisch klingt Hab 3,19: κύριος ὁ θεὸς δύναμίς μου. Ganz in dieser atl. Tradition steht Paulus, wie vor allem Röm 1,16f zeigt, wo er die δύναμις θεοῦ damit begründet, daß in ihr die δικαιοσύνη θεοῦ offenbart wird (vielleicht ist das offenbarungstheologische Wort ἀποκαλύπτεται zu übersetzen: „sich in ihr offenbart"; Hübner, BThNT I, 173 ff; II, 258 ff). Der in der griechischen Philosophie ausgesagte Möglichkeitscharakter von δύναμις ist insofern, wenn auch sicherlich unreflektiert, festgehalten, als Gott ja dabei ist, seine Macht durchzusetzen, und dieses Sich-Durchsetzen Gottes in seiner Prozeßhaftigkeit die *Geschichtlichkeit* des göttlichen Wirkens deutlich macht. ἐνέργεια findet man hingegen in der LXX nur in Sap und 2 u. 3 Makk; für das Verb ἐνεργεῖν ist auf Jes 41,4 zu verweisen: τίς ἐνήργησε καὶ ἐποίησε ταῦτα; Formuliert nun der AuctEph κατὰ τὴν ἐνέργειαν τῆς δυνάμεως αὐτοῦ, so sind beide Begriffe wohl nahezu synonym; es liegt nahe, von einem Pleonasmus zu sprechen. Die Interpretation „gemäß der Verwirklichung der in seiner Möglichkeit gelegenen göttlichen Macht" ist zwar nicht völlig ausgeschlossen, aber unwahrscheinlich.

Wichtiger ist die Frage, ob es von 3,1 an darum geht, den Apostolat des Paulus theologisch zu explizieren, oder ob in entgegengesetzter Argumentationsrichtung aufgrund der Charakterisierung des Apostolats gesagt werden soll, daß es gerade *Paulus* ist, auf den die Aussage von der hohen apostolischen Würde zutrifft. Anders gefragt: Will der AuctEph einen theologischen Exkurs über das Wesen des apostolischen Amtes schreiben, oder will er aufgrund dieses Exkurses über das Amt die überaus große Würde der Person des Paulus herausstellen? Da jedoch nur von Paulus, von keinem anderen aber gesagt wird, daß er „für euch, die Heiden" der Gefangene Christi Jesu ist, 1, und somit nur von ihm dieses spezielle Sein für die Adressaten in 1 angeführt wird – in 2 ff ist dieser Gedanke aber nicht mehr genannt –, so legt sich recht plausibel die Annahme nahe, daß eben Paulus und nicht der Apostolat des Paulus der Skopus in Eph 3 ist.

In **8** führt „Paulus" ein weiteres an, was nur auf die Person des Paulus zutrifft und in 1 Kor 15,9 f seine literarische Vorlage haben dürfte: ihm ist als dem Geringsten aller Heiligen (!) – anders 1 Kor 15,9: ich bin der Geringste aller *Apostel* – die Amtsgnade gegeben, den Heiden den unerforschlichen Reichtum Christi als das Evangelium zu verkündigen. Vom πλοῦτος τῆς χάριτος αὐτοῦ war schon in 1,7 die Rede, ebenso in 2,7. Der Reichtum Christi ist also der Reichtum seiner Gnade (in 1,7 und 2,7 war χάρις jedoch im weiteren Sinne verstanden, also nicht als apostolische Amtsgnade). Paulus soll nach **9** ans Licht bringen – φωτίσαι ist sò zu übersetzen, weil πάντας sekundär sein dürfte (s. die Kommentare, vor allem Schlier K 152 f und Gnilka K 171) –, was die „Ökonomie" (s. 2!) des vor den Äonen, also vor Urzeiten, in Gott verborgenen Mysteriums ausmacht. ἀπὸ τῶν αἰώνων ist zeitlich zu verstehen (so zuletzt auch wieder Pokorný K 145), nicht personal (so Lindemann K 61: kosmische Mächte). Ist das Geheimnis verborgen, ἀποκεκρυμμένου, so ist dieses Verb der Gegenterminus zu ἀπεκαλύφθη in 5. Dann aber ist das εὐαγγελίσασθαι von 8 die apostolische Aktivität *innerhalb* der göttlichen Aktivität von ἀποκρύπτειν und ἀποκαλύπτειν.

Daß der AuctEph in 8 f literarisch von Kol 2,2 f abhängig ist, bedarf keiner eigenen Begründung (s. zu Kol 2,2 f). An Eph 3 zeigt sich also von neuem, wie das *geschichtliche* Tun der Verkündigung in das *ewige* göttliche Tun eingebettet ist. Aber gerade dieses Hineingenommensein in die göttliche Selbsterschließung macht die ungeheure, nicht mehr steigerbare Würde des Paulus aus. Gerade als der, der durch seine Schuld der Verfolgung der Gemeinde vor seiner Berufung im Übermaße unwürdig geworden war, wurde er von Gott gewürdigt, an dessen ureigenem Tun, der Selbsterschließung aus göttlicher Liebe (1,4: ἐν ἀγάπῃ!), mitzuwirken – wenn auch „nur" aus Gnade. Auffällig ist aber, daß Gott in diesem Zusammenhang in 9 als Schöpfer des Alls – τὰ πάντα schließt natürlich auch die gesamte Menschheit ein – bezeichnet wird. Und vielleicht noch auffälliger ist, freilich nach 1,10 (ἀνακεφαλαιώσασθαι τὰ πάντα ἐν τῷ Χριστῷ) nicht völlig unerwartet, daß nach **10** auch den satanischen Mächten und Gewalten (s. 1,22f) in den Himmeln (s. 1,3) ausgerechnet durch die Kirche (!) die vielfältige Weisheit Gottes kundgetan werden soll (γνωρίζειν ist nach 3 Gottes Handeln an Paulus, nach 10 der Kirche Handeln an den himmlischen Mächten und Gewalten). Hier treffen wir zum dritten Mal im Eph auf den Begriff σοφία. Zuvor begegnete er in 1,8 neben φρόνησις als Weisheit Gottes, dem syntaktischen Zusammenhang nach als „Eigenschaft" Gottes zu verstehen, und in 1,17 als Gabe Gottes an die Epheser; diese Gabe ist aber nicht so sehr die Weisheit selbst als vielmehr der Geist der Weisheit und der Offenbarung. In beiden Fällen läßt sich die σοφία nicht als personale Größe neben Gott verstehen; die jüdischen Weisheitsspekulationen, nach denen die σοφία bzw. חָכְמָה eine transzendente und präexistente Gestalt ist (z.B. Prov 8; Sir 24; Sap 9), dürften also hier nicht vorliegen. Die Konnotation von σοφία und πνεῦμα von Eph 1,17 ist auch in Sap gegeben (1,6; 7,22ff), aber von der Präexistenz einer personal verstandenen σοφία ist an beiden Stellen von Eph 1 keine Rede. Dann aber legt sich auch nicht nahe, ἡ πολυποίκιλος σοφία τοῦ θεοῦ in Eph 3,10 im Sinne der mythologischen präexistenten Weisheit zu interpretieren (so aber z.B. Schnackenburg K 141f; in unserem Sinne Gnilka K 176: „Diese Theozentrik [sc. die Offenbarung des Geheimnisses, die an die Initiative Gottes gebunden ist] bleibt stets im Blick. Darum hat die σοφία τοῦ θεοῦ einen weit weniger personalen Charakter als das in den Weisheitsbüchern oder gar in der Gnosis der Fall ist."). Vielmehr liegt eine Parallele zu 1,8 vor. Die Möglichkeit, die σοφία in 3,10 wenigstens teilweise von den genannten atl. Stellen her zu interpretieren, braucht aber nicht völlig ausgeschlossen zu sein.

Zu Heinrich Schliers theologischer Deutung von Eph 3

Heinrich Schliers Interpretation von ἡ πολυποίκιλος σοφία τοῦ θεοῦ verdient Aufmerksamkeit. Im Vorwort zu unserem Kommentar wurde schon gesagt, daß das Gespräch mit diesem Exegeten und Theologen in besonderer Weise geführt werden soll. Nun eignet sich gerade seine Auslegung von Eph 3 bestens dafür, daß seine Theologie in einem eigenen Exkurs thematisiert wird. Schlier konstatiert die Identität von μυστήριον und σοφία, des weiteren (bei seiner Annahme, daß Paulus auch der Autor des Eph ist) die Identität von Christus und θεοῦ σοφία in 1Kor 1,24.30. Im Geheimnis enthüllt sich somit die Weisheit Gottes (K 156). In das durch die Begriffe *Geheimnis* und *Weisheit* abgesteckte theologische Koordinatensystem gehört für Schlier auch das *Evangelium*, dessen Diener Paulus ist. In diesem Sinne spricht er von der *einen* großen Bewegung der energischen Macht Gottes, die „von der Aufweckung Jesu Christi von den Toten an über die Abgabe der Gnade Gottes an den Apostel und seinen Dienst zur Einverleibung der Heiden in den Leib Christi unter Erschließung des Erbes der Hoffnung" reiche; diese eine große Bewegung Gottes *ist* die Bewegung der Gnade (K 152). In diese „energische Gnadendynamik Gottes" gehört die paulinische Verkündigung des Geheimnisses. Ist aber für Schlier die Trias „Mysterium – Weisheit – Evangelium" durchaus zu Recht im eigentlichen Sinne das Konstitutivum der theologischen Aussage von Eph 3 und haben wir bei der Auslegung von Kol 1,25, einem Vers aus der literarischen Vorlage von Eph 3, das Evangelium im Anschluß an Röm 1,16f (δύναμις θεοῦ) als die Präsenz des „dynamischen" Gottes bestimmt, weil er als der rechtfertigende Gott im Evangelium präsent ist, so haben wir damit auch mit Schlier die theologische Kontinuität von Paulus zum AuctEph herausgestellt, auch wenn wir uns außerstande sehen, mit ihm an der Identität von Paulus und diesem ntl. Autor festzuhalten. *Daß* Gal 1,15f, Röm 1,1 und 1,16f vom AuctEph in Eph 3 theologisch zutreffend rezipiert wurden, steht außer Frage; somit können wir hier unsererseits ihm in der „Sache" weithin folgen.

Nun hat Schlier aber den soeben skizzierten theologischen Grundgedanken in seiner Auslegung von Eph 3 noch *ekklesiologisch* weiter ausgeführt. Es ist zu fragen, wie weit ihm hier der evangelische Exeget folgen kann. Sind seine ekklesiologischen Darlegungen in seiner Interpretation dieses Kapitels möglicherweise zu sehr von seiner Biographie her geschrieben? Schlier deutet das vom AuctEph der Weisheit zugeschriebene πολυποίκιλος, „sehr mannigfaltig", als Andeutung der mannigfaltigen Erscheinung (!) des einen Wesens der σοφία, vor allem aber, weil diese sich hier 1. als Schöpfungsweisheit, 2. in Christus und 3. durch die ἐκκλησία nacheinander darstelle (K 156). Also kämen wir so „zu einer neuen Aussage über das *Mysterium*" (K 157; Kursive durch mich): „Es ist in einer bestimmten Hinsicht auch *die Kirche*." Wir stellen fest: Schlier identifiziert nicht nur Geheimnis, Weisheit und Evangelium miteinander – und es zeigte sich ja, daß damit auch *Christus* in diese Identität hineingenommen wurde –, sondern auch die Kirche mit dem Geheimnis. Dann folgt aber nach logischem Gesetz die Gleichung: *Kirche = Christus.* Und sofort ist für viele damit die theologische Allergie gegeben. Man sieht hier die Propagierung eines unevangelischen Katholizismus. Daß die aufgezeigte Gleichung im Sinne der Beeinträchtigung des Evangelischen verstanden werden *kann,* sei zugestanden; die Frage ist aber nicht, ob man Schlier so verstehen kann, sondern ob man ihn so verstehen muß. Also fragen wir nun, *wie er* die von ihm vorgenommene Gleichsetzung von Mysterium und Kirche *interpretiert.* Er erklärt zunächst (157): „Denn die vielfältige Weisheit Gottes wird jetzt, da sich das Geheimnis durch den apostolischen Dienst des Evangeliums enthüllt, διὰ τῆς ἐκκλησίας, bekannt." Und das διὰ τῆς ἐκκλησίας versteht er dann auf folgende Weise: „daß die Kirche durch das εὐαγγελίζεσθαι und φωτίζειν des Apostels vor den Augen der Weltmächte und also in der kosmischen Öffentlichkeit in Erscheinung tritt". Das sei, so weiter Schlier, angesichts von 2,7 (die Kirche ist als das ποίημα τοῦ θεοῦ in den Himmeln) und 2,20 (Transzendenz der οἰκοδομή auf Erden) nicht verwunderlich. Also „kann kein Zweifel sein, daß bei διὰ τῆς ἐκκλησίας die ‚Gestalt' der Kirche als gesamte, die *Wirklichkeit der Kirche als ganze* gemeint ist" (Kursive durch mich). Das Fazit: „Sie (sc. die Kirche) ist die *Manifestation der Weisheit Gottes.*" Es sei sofort zugegeben: Die Sprache, die Art der Formulierung, ist nicht der adäquate Ausdruck der Theologie des Eph. Aber schaut man auf die *eigentliche* Intention der theologischen Argumentation Schliers, so muß man darauf achten, *was* er sagt, *woraus* er es sagt und, last but not least, *was* er *nicht* sagt. „Die Kirche als Manifestation der Weisheit Gottes" – doch was ist Manifestation? Das lateinische Verb *manifestare* meint „sichtbar machen, deutlich zeigen, offenbaren, an den Tag legen" (K. E. Georges, Ausführliches lateinisch-deutsches Handwörterbuch II, Darmstadt 1985, 797). Dementsprechend ist Manifestation der Weisheit Gottes das Offenbar-Machen dieser Weisheit, also das Offenbar-Machen Gottes *(genetivus subiectivus et obiectivus).* Aber schon im Sinne des Paulus ist die Kirche der Ort dieses Offenbar-Machens durch die Verkündigung des Evangeliums, dieses verstanden als der im Wort präsente Gott (s. o.). Und gleichfalls gilt das für die theologische Grundkonzeption des Eph. Es ist ja die *offenbarungstheologische Linie von Paulus bis zu Tritopaulus: Gott offenbart sich in seinem Sohn, und genau diese Offenbarung als Gegenwärtig-Werden des heilsetzenden Gottes wird im Evangelium Ereignis.* In diesem offenbarungstheologischen Horizont ist die Rede von der Kirche als der Manifestation der Weisheit Gottes theologisch zutreffend, nämlich das theologische Ziel genau in der Mitte treffend. Schlier K 157 spricht kurz nach dem zuletztgenannten Zitat, jetzt in Auslegung von Eph 3,11 f, von der „Bekanntgabe des Geheimnisses Christi und der also in ihm waltenden Weisheit durch die Erscheinung der Kirche". Wiederum, ich würde nicht so formulieren. Aber diese Formulierung fügt sich inhaltlich in die bereits mit Zustimmung bedachten Zitate Schliers. Was hier sein eigentliches theologisches Anliegen ist, ist nämlich nichts anderes als die – unerläßliche! – Betonung der *geistlichen Realität der Kirche.* Diese ist aber gemeinsames Glaubensgut aller christlichen Konfessionen: *Credo in unam, sanctam, catholicam (id est universalem) et apostolicam ecclesiam.* Mit der wissenschaftlichen Diskussion um eventuelle sogenannte frühkatholische Züge in spätneutestamentlichen Schriften hat dies nichts zu tun.

κατὰ πρόθεσιν τῶν αἰώνων in **11** als erneuter Hinweis auf die Vor-„Zeit" (s. 1,3 f) verankert die geschichtliche Heilsära im göttlichen Urgeschehen. Wie zu Beginn der Eulogie umfaßt ἐν τῷ Χριστῷ Ἰησοῦ τῷ κυρίῳ ἡμῶν Vor-„Zeit" und Zeit. In **12** wird der gegenwärtige Gnadenstand zum Ausdruck gebracht. Eine Anspielung auf Röm 5,1 ist wegen des gemeinsamen Wortfeldes wahrscheinlich: πίστις, προσαγωγή, Ἰησοῦς Χριστός (s. Eph 2,18). Und wenn in Röm 5,1 von der εἰρήνη die Rede ist, so bezieht sich ja Eph 3,1 mit τούτου χάριν auf den Friedenshymnus in 2,14 ff. In **13** bittet daher „Paulus" die Epheser, wegen seiner Trübsale für sie nicht zu verzagen. Diese ϑλίψεις sind ja „eure Herrlichkeit", δόξα ὑμῶν. Es klingt schon fast johanneisch, wenn Leiden und Doxa koinzidieren. Dahinter steht aber vor allem 2Kor 4.

Das verborgene und offenbarte Geheimnis

Literatur: W. BIEDER, Das Geheimnis des Christus nach dem Eph, ThZ 11 (1955) 329–343. – G. BORNKAMM: ThWNT IV, 809–834. – R. E. BROWN, The Semitic Background of the term „Mystery" in the NT (FB.B 21), 1968. – CARAGOUNIS, The Ephesian Mysterion. – J. GNILKA, Mysterium I. In der Schrift: LThK, VII 727–729. – H. KRÄMER, Zur Wortbedeutung „Mysteria", WuD 6 (1959) 121–125. – DERS., Art. μυστήριον: EWNT II, 1098–1105. – LINDEMANN, Die Aufhebung der Zeit, 74–80.91–95.221–230. – D. LÜHRMANN, Das Offenbarungsverständnis bei Paulus und in den paulinischen Gemeinden (WMANT 16), 98–140. – MERKLEIN, Das kirchliche Amt, 202–222. – POKORNÝ K 140–142. – REYNIER, Évangile et mystère. – B. RIGAUX, Revelation des mystères et perfection à Qumrân ed dans le NT, NTS 4 (1957/58) 237–263. – E. VOGT, „Mysteria" in textibus Qumran, Bib 37 (1956) 247–257.

Für das Verständnis des Begriffs μυστήριον im Eph ist die Bedeutung dieses Wortes in der griechischen Religionsgeschichte weniger relevant. Wichtig ist vielmehr, so paradox es zunächst scheint, der Gebrauch des Begriffs in der *apokalyptischen* Literatur für den *nichtapokalyptischen* Eph wichtig. Für die jüdische Apokalyptik sind vor allem Dan, aethHen und 4Esr zu nennen; außerdem ist auf die nur mit Vorbehalt als Zeugnisse apokalyptischer Denkweise zu verstehenden Schriften aus Qumran zu verweisen.

Für apokalyptisches Denken ist aramäisches רָז in Dan 2 bezeichnend: Gott enthüllte dem Daniel in einer nächtlichen Vision das Geheimnis, רָזָה גְלִי, Dan 2,19. Inhalt des Geheimnisses ist die Aufrichtung des eschatologischen, niemals zerstörbaren Reiches Gottes, 2,44. Durch dieses Reich wird der Reihe der irdischen Reiche ein Ende bereitet. Inhalt des Geheimnisses ist also der bevorstehende Anbruch der eschatologischen Heilszeit. Für die Sprache des Eph ist die griechische Übersetzung von Dan 2 aufschlußreich. *Dan 2,19ϑ'* τῷ Δανιὴλ ἐν ὁράματι τῆς νυκτὸς τὸ μυστήριον ἀπεκαλύφϑη. *„Daniel wurde in einer nächtlichen Vision das Geheimnis offenbart."* (2,19LXX: τὸ μυστήριον τοῦ βασιλέως ἐξεφάνϑη εὐσήμως) steht im Kontext von 2,23: ὅτι σοφίαν καὶ δύναμιν ἔδωκάς μοι καὶ νῦν ἐγνώρισάς μοι … *„Denn du hast mir Weisheit und Kraft gegeben und mir nun zu erkennen gegeben."* (s. u. a. auch 2,28). *Das Wortfeld von Dan ϑ' deckt sich also weithin mit dem von Eph 3.* Außer den Dan-Stellen sei noch u. a. auf aethHen 13,8; 63,3; 103,2 f, 106,19 und 4Esr 12,35 ff; 14,1 ff.45 f verwiesen. Zitiert sei hier nur 4Esr 14,3.5: *Et dixit (sc. Dominus) ad me: Revelans revelatus sum super rubum, et locutus sum Moysi quando populus meus serviebat in Aegypto … Et enarravi ei mirabilia multa, et ostendi ei temporum secreta et finem, et praecepi ei, dicens: Haec in palam facies verba, et haec abscondes.* *„Und der Herr sagte zu mir: Ich habe mich über dem Dornstrauch geoffenbart und zu Mose gesprochen, als mein Volk Sklavendienste in Ägypten leistete … Ich berichtete ihm viele wunderbare Dinge und zeigte ihm die Geheimnisse und das Ende der Zeiten. Und ich befahl ihm: Diese Worte sollst du öffentlich kundtun, jene aber geheimhalten."*

In *Qumran* ist das Spektrum der Inhalte der geoffenbarten Geheimnisse breit – meist für den Plural רָזִין, gelegentlich im Singular רוֹד – , u. a. Weisheit, Erkenntnis, kosmische Sachverhalte. Für die Auslegung von Eph 3 ist vor allem relevant, daß von den Geheimnissen der Sünde, רָזֵי פֶשַׁע, die Rede ist, die Gottes Werke sündhaft beeinträchtigen, 1QH V, 36. Aber die Herrschaft der Sünde geht ihrem Ende entgegen, wie es im eschatologischen Stück 1QS III–IV geschildert wird: Gott hat in den Geheimnissen seiner Einsicht und der Weisheit seiner Herrlichkeit dem Bösen ein Ende gesetzt, IV, 18. Er wird die von ihm Auserwählten läutern, indem er allen Geist des Frevels aus ihrem Inneren tilgen und sie durch den Heiligen Geist reinigen wird, IV, 20f. Die Parallelen zu Inhalt und Wortfeld von Eph 2f sind offenkundig.

Im apokalyptischen bzw. quasiapokalyptischen Horizont wird als Inhalt des Geheimnisses bzw. der Geheimnisse in den jüdischen Paralleltexten zu Eph 3 ein *futurisches* Heilseschaton verheißen. In Eph 3, vor allem 3,9, wird hingegen – unter Rückgriff auf Kol 1,26f – das seit Urzeiten verborgene Mysterium, τὸ μυστήριον τὸ ἀποκεκρυμμένον ἀπὸ τῶν αἰώνων καὶ ἀπὸ τῶν γενεῶν, als *präsentisches* Heilseschaton ausgesagt. Ein zentrales Vorstellungselement der futurischen Apokalyptik wird also in die Gegenwart eingetragen, sein wesentlicher Sinn, nämlich Gottes Sich-Erschließen, aber weithin beibehalten.

Helmut Krämer (EWNT II, 1103) hat etwas Richtiges gesehen, wenn er im μυστήριον des Eph das eschatologische (gemeint: futurisch-eschatologische) Element als fehlend erkennt. „Das Revelationsschema hat weniger die zeitliche Aufeinanderfolge zweier Äonen als die Unterscheidung zweier kosmischer Bereiche nach Unkenntnis bzw. Kenntnis des μυστήριον im Blick." Aber *insofern* ist doch das zeitliche Moment gegeben, als mit dem Gegensatz von ποτέ und νυνί in Kap. 2 Unheils-*Zeit* und Heils-*Zeit* als sich ablösende Perioden gesehen sind, auch wenn sich mit dem Beginn des νυνί Unheils-Zeit und Heils-Zeit gewissermaßen überlagern und in der Ära des ποτέ immerhin Israel die Hoffnung auf das messianische Heil anvertraut war.

Bei Paulus hat der Gedanke des μυστήριον seine Parallele im hermeneutischen Abschnitt 1Kor 2,6–16, wo der Apostel nach 2,7 die θεοῦ σοφίαν ἐν μυστηρίῳ, τὴν ἀποκεκρυμμένην erwähnt. Sie hat Gott vor aller Zeit, πρὸ τῶν αἰώνων, vorherbestimmt. In 2,8 wird sie mit dem gekreuzigten Herrn der Herrlichkeit gleichgesetzt. Dieser staurologische Akzent fehlt aber in Eph 3, überhaupt im Kol und Eph. Im hermeneutischen Kontext steht auch die berühmte und vieldiskutierte Stelle Röm 11,25f, wo das Mysterium darin besteht, daß ganz Israel „so", nämlich auf dem Umweg über seinen eigenen Unglauben und den Glauben der Völker, gerettet wird (Hübner, BThNT II, 316f; ausführlicher ders., Gottes Ich und Israel, 109–114). Auch hier ist wieder das Geheimnis als Geschichtsgeheimnis verstanden.

Das AT, Qumran, jüdische apokalyptische Schriften, Paulus – das alles sind die religionsgeschichtlichen und biblischen Parallelen, auf die für den theologischen Begriff μυστήριον des (Kol und) Eph hinzuweisen ist (vgl. vor allem Caragounis, The Ephesian *Mysterion*, 20–34, wo diese Stellen in kommentierter Weise zusammengestellt sind). Mit dem Aufweis der in religionsgeschichtlicher Sicht relevanten Stellen ist jedoch die eigentliche Arbeit noch nicht getan. Denn sie besteht in der Interpretation des μυστήριον als eines *theologischen* Begriffs im Eph. Auch hierfür hat Caragounis wichtige Gesichtspunkte erarbeitet, vor allem im Abschlußkapitel „Μυστήριον in Eph" (ib. 136–161). Für den Geheimnis-Begriff verweist er zunächst auf die Häufigkeit der Präposition ἐν in der Wendung ἐν Χριστῷ bzw. ἐν αὐτῷ und spricht von der *ἐν-Dimension des Eph*. Einer ihrer Charakterzüge ist ihre Zeitlosigkeit. Doch versteht er sie, anders als Lindemann (s. den Exkurs über das Zeit- und Raumdenken im Eph), nicht als Ausfall des zeitlichen und geschichtlichen Denkens beim AuctEph, sondern als komplementäre Dimension zur Dimension der Geschichtlichkeit. Unsere Erwählung durch Gott geschah „before time and outside space". Die Dimension unseres Seins ἐν τοῖς ἐπουρανίοις und ἐν Χριστῷ schließt ein „the components of timelessness or atemporality and of *beyond-world-ness* or the *hypercosmic*" (ib. 136). Also lebt der Christ *zugleich* (simultaneously) in zwei Sphären (ib. 137). Hat sich Caragounis zunächst vor allem auf Aussagen zu Beginn der Eulogie konzentriert (unter ihnen μυστήριον in 1,9), so blickt er dann auf Eph 2 und 3, um den *Inhalt* des Mysteriums zu bestimmen: Nach Eph 2 hat Christus „die beiden inkompatiblen Elemente der Menschheit" vereint und mit Gott versöhnt, nach Eph 3 geht es um die Verkündigung dieses Werkes Christi. Insgesamt sieht er aber das ganze Aussagengefüge von Eph 1–3 als Inhalt des Mysteriums. Es sei „a very comprehensive concept" (ib. 140). Als einem Begriff der himmlischen, also göttlichen Dimension träfen sich in ihm Vergangenheit, Gegenwart und Zukunft. Und so erklärt er (ib. 141; Kursive durch mich): „These concepts are again *relative* to the human point of view. For God there is but present: He wills and acts eternally; He plans and performs outside the bounds of time. But from the human viewpoint the revelation of this eternal planning and execution comes bit by bit: first the Jews, then also the Gentiles; the result is the Church."

All das geht weitgehend mit dem konform, was bisher in unserer Interpretation der Theologie des

Eph gesagt wurde. Die Frage ist jedoch, ob Caragounis bei der Bestimmung von μυστήριον als einem „very comprehensive concept" („concept" als *Begriff* verstanden) verbleibt oder ob er – gerade angesichts seines Versuchs, die irdisch-geschichtliche Dimension in die überzeitliche, also in die Dimension der Ewigkeit zu transzendieren – irgendwie auf dem Wege ist, es über seine Bestimmung als *Begriff* hinaus schließlich als die *Realität* selbst zu verstehen. Bei Schlier (s. Exkurs zu Schlier nach Eph 3,10) u. a. geht die Tendenz darauf hinaus, das Mysterium als die Wirklichkeit der Erlösung, die ja die Wirklichkeit des erlösenden Gottes mit einschließt, zu sehen. Und unsere Interpretation geht genau diesen Weg. M. E. ist die Auslegung des Eph durch Caragounis auf diese Sicht hin offen; sie könnte gerade in der oberen der beiden Dimensionen angelegt sein. *Expressis verbis* sagt er es aber so (noch?) nicht.

Das zweite bedeutende und bedeutsame Werk über μυστήριον im Eph ist Chantal Reynier, *Évangile et mystère*. Der Verfasserin geht es um die neue Wirklichkeit, *„réalité nouvelle"*, der Kirche, die nach einer neuen Sprache verlange, *„un nouveau langage théologique"*. Diese neue Realität sei nicht im AT angekündigt (ib. 242), sicherlich eine für manche anstößige These. Sie hat die unbestreitbar terminologische Kontinuität vom AT zum Eph erkannt, insistiert aber darauf, daß *die* neue Realität, nämlich die Realität „Jesus Christus", vom AT als solchem gerade nicht ausgesagt ist. Ich sehe in Frau Reyniers Interpretation des Verhältnisses vom AT und Eph eine gewisse Verwandtschaft zu meiner These der Differenz von *Vetus Testamentum per se* und *Vetus Testamentum in Novo receptum*. Wichtig für die Thematik des Exkurses ist Chantal Reyniers Beurteilung des gnoseologischen Vokabulars des Eph (ib. 164f), die – in linguistischer Begrifflichkeit – gemäß zweier Codes benutzt sei. Der erste Code sei der strikt kognitive Typ: „Il décrit la connaissance du mystère, d'origine divine et de dimension universelle." Der zweite Code sei der Typ der Verbreitung, type divulgativ: Die genannte Erkenntnis ist dazu bestimmt, weitergegeben zu werden: „Elle fait l'objet d'une proclamation qui ... donne accès à Dieu par la foi au Christ." Mehr noch: Diese Erkenntnis wendet sich nicht nur an den menschlichen Verstand. Sie bewirkt den Appell an den Akt des Glaubens, der – noch einmal dieselbe Formulierung – Zugang zu Gott gibt, und zwar in einer Haltung der Freiheit und des offenkundigen Vertrauens („dans une attitude de liberté et de confiance manifeste"). Es geht um das *Verstehen*: *„saisir le mystère dans son caractère transcendant"*. Das Mysterium ist ein Äquivalent des Evangeliums. Diese Aussagen von Chantal Reynier besagen, daß im Akt des Erkennens des Mysteriums die Wirklichkeit dieses evangelischen Mysteriums den Erkennenden gnadenhaft zu einer neuen Kreatur umgestaltet. Dann aber ist das Mysterium, wie der AuctEph von ihm spricht, nicht mehr bloßes Erkenntnis-Objekt im Sinne des Subjekt-Objekt-Schemas, sondern die neue Realität, die réalité nouvelle, deren Bestandteil der an Christus Glaubende und ihn Erkennende geworden ist. Er gehört nun zur Wirklichkeit des Mysteriums. Somit ist die Theologie des Eph, die das Mysterium thematisiert, eine Theologie von existenzwandelnder Dynamik; m. a. W.: sie ist Theologie im eigentlichen Sinne des Wortes.

3,14–21 Das Gebet des Apostels

[14]Deshalb beuge ich meine Knie vor dem Vater, [15]von dem jedes Geschlecht in den Himmeln und auf der Erde seinen Namen hat, [16]damit er euch nach dem Reichtum seiner Herrlichkeit gebe, daß ihr hinsichtlich eures inneren Menschen stark werdet, (und dies) durch seinen Geist, [17]daß Christus durch (euren) Glauben in euren Herzen wohne, die ihr ja in der Liebe verwurzelt und fest gegründet seid, [18]damit ihr fähig werdet, mit allen Heiligen zu erfassen, was die Breite und Länge und Höhe und Tiefe ist, [19]und die alle Erkenntnis überragende Liebe Christi zu verstehen, damit ihr in die ganze Fülle Gottes hinein erfüllt werdet!
[20]Dem aber, der über alle (irdischen Möglichkeiten) hinaus mehr zu wirken

imstande ist, als wir erbitten oder verstehen gemäß (seiner) Wirkkraft in uns, [21]ihm (eignet) die Herrlichkeit in der Kirche in Christus Jesus für alle Geschlechter des Äons der Äonen! Amen.

Literatur: Arnold, Ephesians: Power and Magic, 85–102. – N. A. Dahl, Cosmic Dimensions Religious Cosmic Dimensions and Religious Knowledge (Eph 3:18), in: Jesus und Paulus, FS W. G. Kümmel, Göttingen 1975, 57–75. – Deichgräber, Gotteshymnus, 2–40. – G. Harder, Paulus und das Gebet (NTF 10), 1936. – Mussner, Christus, das All und die Kirche, 71–75. – E. von Severus, Art. Gebet I, RAC VIII (1972) 1134–1258, vor allem 1162–1188. – G. P. Wiles, Paul's Intercessory Prayers, MSSNTS 24, 1974. – H. Stuiber, Art. Doxologie, RAC IV (1959) 210–226; s. auch die zu 3,1–13 angegebene Literatur.

In **14** greift „Paulus" das τούτου χάριν von 1 wieder auf und bringt endlich das dort vermißte Verb: κάμπτω. „Paulus" beugt seine Knie vor dem Vater. Warum? Bezieht sich τούτου χάριν in 14 wie in 1 auf 2,14ff, also auf die der *ganzen* Kirche geschenkte εἰρήνη, oder auf das in der Parenthese 3,2–13 Gesagte? Wenn „Paulus" das τούτου χάριν von 1 aufgreift, so müßte eigentlich in 14 der Friedenshymnus 2,14ff gemeint sein. Man wird aber, was den theologischen Gehalt angeht, wahrscheinlich gar nicht so scharf zwischen den Abschnitten 2,14ff und 3,2ff differenzieren dürfen. Denn für den AuctEph meint beides dieselbe Wirklichkeit, nur unter einer jeweils anderen Perspektive gesehen. Es ist die *Realität der Kirche*, in der sich der Friede Gottes seinen geschichtlichen Ausdruck in der Einheit des Glaubens von Juden und Heiden geschaffen hat. „Paulus" ist überwältigt von der grandiosen Heilsrealität der Kirche. Und in solchem Überwältigtsein sinkt er auf seine Knie und bekennt in **15**, daß aus Gott jedes Geschlecht in den Himmeln und auf der Erde seinen Namen hat. ἵνα in **16** schließt an κάμπτω an: „Paulus" fällt deshalb auf die Knie, um den Vater zu bitten, daß er den Adressaten gemäß dem Reichtum seiner Doxa gebe, durch seinen Geist im Blick auf den inneren Menschen, also im Blick auf das, wodurch der Mensch Person vor Gott ist, gestärkt zu werden. Man beachte: Indem es hier im Singular heißt εἰς τὸν ἔσω ἄνθρωπον, ist inmitten der Adressaten der jeweilige *Einzelne* mitgemeint, ohne daß der AuctEph die Kirche aus dem Blick verliert.

Nach **17** soll Christus durch ihren (jetzt wieder Plural!) Glauben in ihren Herzen wohnen. ἐν ταῖς καρδίαις ὑμῶν will dasselbe aussagen wie zuvor εἰς τὸν ἔσω ἄνθρωπον. Wie bei Paulus korrespondieren die Vorstellungen „wir in Christus" und „Christus in uns"; beide – rein vorstellungsmäßig unvereinbaren – Vorstellungen sind also hier wie bei Paulus Ausdruck dafür, daß die *räumlichen Vorstellungen* letztlich im Dienste von *Existenzaussagen* stehen (vgl. ἐν ἐμοὶ Χριστός in Gal 2,20 mit dem häufigen paulinischen ἐν Χριστῷ εἶναι). Jetzt erscheint auch wieder der ethische Aspekt: Gott solle, so bittet „Paulus", den Ephesern geben, in der Liebe verwurzelt und fest gegründet zu sein. Wie die Apostel und ntl. Propheten das Fundament, θεμέλιον, der Kirche sind, 2,20, so die ἀγάπη das Fundament christlicher Existenz. Die Liebe ist aber kein von Menschen zu wirkendes Werk, sondern die *Aus-Wirkung des Seins* in Christus aufgrund der Prädestination der Kirche durch Gott: Heilig-*Sein* und Untadelig-*Sein* vor Gott, der uns ἐν ἀγάπη prädestiniert hat (1,4f). ἐν ἀγάπη in 3,17 deckt auch den in 2,10 ausgesprochenen Gedanken ab: Wir sind zu guten Taten vorherbestimmt und erschaffen. Zugleich zeigt sich, daß der AuctEph wieder Aussagen des Kol modifiziert aufgreift: Kol 1,23 εἴ γε ἐπιμένετε τῇ πίστει τεθεμελιωμένοι καὶ ἑδραῖοι καὶ μὴ μετακινούμενοι ἀπὸ τῆς ἐλπίδος τοῦ εὐαγγελίου und Kol 2,7 ἐρριζωμένοι καὶ ἐποικοδομούμενοι ἐν αὐτῷ καὶ βεβαιούμενοι τῇ πίστει.

Unmittelbar zuvor findet sich in Kol 2,6 die paränetische Aufforderung ἐν αὐτῷ (sc. Χριστῷ) περιπατεῖτε (s. Eph 2,10).

In **18** folgt die nach 16 zweite ἵνα-Aussage im Gebet des „Paulus"; er bittet den Vater, daß die Epheser imstande seien, also „instandgesetzt würden", mit allen Heiligen zu erfassen, καταλαβέσθαι, was die Länge, Breite, Höhe und Tiefe ist.

Die vier Dimensionen

„Paulus" betet in 18 darum, daß die Epheser „die Breite und Länge und Höhe und Tiefe" erfassen. In der Auslegung dieser Stelle wird immer wieder darauf verwiesen, daß hier nicht drei, sondern vier Dimensionen aufgezählt werden. Zudem: Alle vier Dimensionen werden als Angaben einer Einheit genannt, ohne daß ein Genitivattribut darüber informieren würde, wessen Breite usw. gemeint ist. Sofort stellt sich die Frage, ob *religionsgeschichtliche Parallelen* eine Erklärung bieten könnten. Genaue atl. Parallelen gibt es nicht (s. u.), wohl aber gibt es Zauberformeln und gnostische Texte, in denen in der Tat das Erkennen von Dimensionen, auch vier Dimensionen, genannt wird. Reitzenstein, Poimandres, 25, zitiert ein Zaubergebet, in dem der Beter den lebendigen Gott, den Schöpfer des unsichtbaren Lichtes, bittet, ihm die Kraft zu geben (δός, Eph 3,16: ἵνα δῷ), in das Feuer zu kommen und es mit göttlichem Geiste zu inspirieren (ἐνπνευμάτωσον αὐτὸ θείου πνεύματος, Eph 3,16: κραταιωθῆναι διὰ τοῦ πνεύματος αὐτοῦ). Danach folgt dann der vor allem für Eph 3,18 wichtige Text: ἀνοιγήτω μοι ὁ οἶκος τοῦ παντοκράτορος θεοῦ ..., καὶ γενέσθω φῶς πλάτος βάθος μῆκος ὕψος αὐγή, καὶ διαλαμψάτω ὁ ἔσωθεν, ὁ κύριος. *„Das Haus des Allherrschers, des Gottes, öffne sich mir ..., und es werde Licht, Breite, Tiefe, Länge, Höhe, Glanz. Und es leuchte der Herr, der (es) von innen her (tut)."* Die Reihenfolge der Dimensionen ist gegenüber der in Eph 3,18 genannten vertauscht, aber es sind die in unserem Text von Tritopaulus genannten. Und die Anklänge an andere Verse in 2,14ff sind frappierend. Sicherlich wird keine literarische Verbindung zwischen beiden Texten bestehen; eine solche Annahme bedeutete die Wiederbelebung einer überholten literarkritisch-religionsgeschichtlichen Methodik. Aber der von Reitzenstein zitierte Text zeigt die (vermutlich mündliche) Verbreitung von Gebetsformeln – und auch Eph 3,14f ist ein Gebet! –, die wohl als mündliche Verbreitung anzusehen sind, zumal auch andere ähnliche Texte erhalten sind (s. Dibelius/Greeven K 77; Schlier K 171–173). Die hermetische Parallele CH X, 25 ist ebenfalls aufschlußreich: Keiner der himmlischen Götter kommt zur Erde herab, aber: ὁ δὲ ἄνθρωπος καὶ εἰς τὸν οὐρανὸν ἀναβαίνει καὶ μετρεῖ αὐτόν. Der Mensch mißt zwar nicht die o. g. Dimensionen, aber er weiß aufgrund seines Messens ποῖα μὲν αὐτοῦ ἐστιν ὑψηλά, ποῖα δὲ ταπεινά. Nun wird man die vier Dimensionen im zuerst zitierten Zaubertext wohl kaum so deuten dürfen, daß die in ihm genannte Vierheit als Ausdruck für ein Sein interpretiert werden kann, das das vorfindliche dreidimensionale Sein transzendierte. Könnte man aber Eph 3,18 im Zusammenhang des ganzen Briefes so interpretieren?

Zunächst jedoch ein Hinweis auf Gnilka K 186–189. Richtig sieht er, daß im AT die Dimensionen des Weltalls ausgelotet werden, um Gottes Allgegenwart zu veranschaulichen (z.B. Ps 139, 8–10; Hiob 11,7–9). Aber die Vierdimensionalität ist nicht atl. (hierin berechtigter Einspruch Gnilkas K 187, Anm. 2, gegen R. Feuillet, NRTh 78 [1956] 593–602). Mit Gnilka K 188 wird man in der Zusammenstellung „Länge, Breite, Höhe und Tiefe" eine *kosmische Formel* zu sehen haben. Kann man ihm aber auch darin folgen, daß es in Eph 3,18 erneut um jene Auseinandersetzung geht, die sich am deutlichsten anhand einer korrigierenden Übernahme eines Christusliedes in 2,14ff ablesen ließ? Gnilka vermutet, daß sich die Vertreter der kosmischen Christologie, auf die der ursprüngliche Hymnus zurückgehe, dieser Formel bedienten, um die weltweiten Ausmaße des Universal-Anthropos Christus zu beschreiben. Der AuctEph bediene sich also der gleichen Mittel wie in 2,14ff, um die Geschichtlichkeit des Erlösungswerkes, die er bedroht sieht, abzusichern.

Dennoch dürfte ein anderer Gedanke hier noch mehr im Vordergrund der Intention des AuctEph gelegen haben, der aber auch bei Gnilka K 188f zumindest anklingt: Da für Tritopaulus die Welt als Heilsraum nicht in Frage komme, sei es die Kirche, deren Konturen erkennen lassen, daß *sie* der

Raum ist, den es mit allen Heiligen zu erfassen gelte. So, wie es Gnilka hier formuliert, verträgt es sich nicht ganz mit Eph 1,10. Aber die Grundanschauung ist richtig: Die Kirche ragt nicht nur in die ἐπουράνια hinein, die ja auch der Raum überirdischer Wesen sind. Denn das Weltbild des AuctEph (s. den Exkurs über das Weltbild) kennt nach 4,10 einen *über* den ἐπουράνια gelegenen Bereich, nämlich den Bereich ὑπεράνω πάντων (!) τῶν οὐρανῶν, in den der von den Toten auferweckte Christus hinaufgefahren ist (ὁ ἀναβάς) und in dem – dies ist für das Selbstverständnis des AuctEph wesentlich! – auch die auf dieser Erde noch verweilenden Christen bereits inthronisiert sind (2,6: συνεκάθισεν ἐν τοῖς ἐπουρανίοις, da dies ἐν Χριστῷ geschehen ist, dürfte die Wendung ἐν τοῖς ἐπουρανίοις in 2,6 in terminologischer Unausgeglichenheit der Aussage von 4,10 entsprechen). Weil nun die Kirche und somit die Christen zugleich in zwei Welten existieren, reicht ihre Erkenntnis, ihr καταλαβέσθαι und γνῶναι, bis in den „Raum" des ὕψος hinein, obwohl sie sich noch in ihrem geschichtlichen „Raum" des βάθος befinden. So können sie nicht nur die Länge und Breite dieser Welt erkennen, sie können auch neben der vorfindlichen „Tiefe" (vgl. 4,9: κατέβη εἰς τὰ κατώτερα [μέρη] τῆς γῆς, s. z. St.) die Welt Gottes erfassen. Ihr *Gott-, Welt- und Selbstverstehen* reicht bis in den obersten Himmel, reicht bis Gott, weil sie „*in* Christus" sind und somit sich zur Rechten Gottes befinden. Dann aber läßt sich in der Tat fragen, ob nicht doch etwas Richtiges an dem Gedanken ist, daß die Vierdimensionalität von 3,18 die Transzendierung der Dreidimensionalität der vorfindlichen Welt aussagen will. Für eine solche Interpretation spricht durchaus einiges, was der Eph theologisch und christologisch aussagt. Gnilka K 189 sagt es auf folgende Weise: „So bleibt das Paradox: sich um die Erkenntnis einer Sache bemühen, die die Erkenntnis niemals einholen kann, deren Dimensionen in menschlichen Dimensionen niemals aufgehen. Was sich daraus ergibt, ist nicht Resignation, sondern Anbetung."

Mit dem Erfassen der Länge, Breite, Höhe und Tiefe ist also das glaubende Verstehen der gesamten „in Christus" geschenkten und bestehenden Heilswirklichkeit gemeint. Dieses Verstehen ist ein Verstehen Gottes, *insofern* er der *Deus pro nobis* ist. Es ist das glaubende Verstehen des Handelns Gottes an eben diesen Verstehenden. Es ist das glaubende Selbstverständnis; es geht nicht um Gottes An-sich-Sein, nicht um seine sog. Aseität. Diese ist auch dem Glaubenden notwendig verborgen, wenn Gott wirklich *Gott* ist. Was der AuctEph demnach in 2,14ff tut, ist im besten biblischen Sinne *existentiale Interpretation*. Er interpretiert nämlich im soteriologischen Horizont Gottes Handeln an uns. Noch einmal wird der theologisch-hermeneutische Impetus des AuctEph deutlich: Theologisches Verstehen ist *per definitionem* glaubendes Verstehen – nicht weil Theologie Glaube wäre, sondern weil der Glaube die noëtische Voraussetzung für die Theologie ist; denn sonst wäre Theologie nicht Theologie! Es gibt für den „Paulus" des Eph, es gibt für das Neue Testament überhaupt kein theologisches Verstehen, das nicht im glaubenden Verstehen fundiert wäre. Vom NT aus gibt es keine methodologisch „a-theistische" Theologie, keine *methodologisch neutrale Hermeneutik*.

Dies zeigt sich auch in **19**. „Paulus" bittet, daß die Epheser die jede Erkenntnis überragende Liebe Christi erkennen, γνῶναι (fast oder vielleicht völlig synonym mit καταλαβέσθαι in 18), „damit" – und nun noch einmal in diesem Gebet ein ἵνα-Satz! – „ihr zur (εἰς!) ganzen Fülle Gottes erfüllt werdet". πλήρωμα begegnet im Eph inzwischen zum dritten Mal. Zunächst fand es sich in der Eulogie 1,10, wo es in εἰς οἰκονομίαν τοῦ πληρώματος τῶν καιρῶν im zeitlichen Sinne begegnet, und zwar im Zusammenhang der zentralen Zielaussage ἀνακεφαλαιώσασθαι τὰ πάντα ἐν τῷ Χριστῷ. In 1,23 ist es, präziser noch, ein zentraler ekklesiologischer Begriff; die Kirche als Leib Christi ist τὸ πλήρωμα τοῦ τὰ πάντα ἐν πᾶσιν πληρουμένου. Jetzt in 3,19 hingegen steht πλήρωμα als Anrede an die Epheser zur Kennzeichnung ihres Heilsstandes. Sie partizipieren also gewissermaßen an der Fülle Gottes. Der *noëtische* Tatbestand des καταλαβέσθαι und γνῶναι hat somit einen *ontischen* zum Ziel, die ganze Fülle Gottes!

Theologische, christologische und ekklesiologische Aspekte des πλήρωμα

Literatur: P. BENOIT, Leib, Haupt und Pleroma in den Gefangenschaftsbriefen, in: ders., Exegese und Theologie, Düsseldorf 1965, 246–279. – G. DELLING: THWNT VI, 283–309. – GEWIESS, Die Begriffe πληροῦν und πλήρωρα. – ERNST, Pleroma und Pleroma Christi. – H. HÜBNER, EWNT III, 256–264. – JONAS, Gnosis und spätantiker Geist I, 362–375. – LINDEMANN, Die Aufhebung der Zeit, 59–63.201-204. – MUSSNER, Christus, das All und die Kirche, 46–64. – P. O. OVERFIELD, Pleroma: A Study in Content and Context, NTS 25 (1978/79) 384–396. – POTTERIE, I. DE LA, Le Christ, Plérôme de l'Église (Eph 1,22–23), Bib. 58 (1977) 500–524. – SCHLIER K 96–99.

Manches, was zu dem für den AuctEph zentralen Begriff πλήρωμα zu sagen ist, findet sich der Sache nach schon in früheren Exkursen, z. B. in den Ausführungen über das Problem des Verhältnisses wichtiger Aussagen des Eph zu terminologisch verwandten Aussagen in der Gnosis. So können wir auf manches, was jetzt mit einer Fülle von Belegen ausgeführt werden könnte, verzichten und somit unnötige Wiederholungen und Doppelungen vermeiden.

Die religionsgeschichtliche Ableitung ist überaus schwierig (s. auch Lindemann, Die Aufhebung der Zeit, 59). Daß atl. Tradition mit im Spiel ist, versteht sich von selbst. Auf Jer 23,24 wurde schon früher verwiesen: μὴ οὐχὶ τὸν οὐρανὸν καὶ τὴν γῆν ἐγὼ πληρῶ; λέγει κύριος. Und auch Sap 1,7 begegnete schon öfter: ὅτι πνεῦμα κυρίου πεπλήρωκεν τὴν οἰκουμένην, / καὶ τὸ συνέχον τὰ πάντα γνῶσιν ἔχει φωνῆς. Diese LXX-Stellen sind auf jeden Fall in Betracht zu ziehen; auch wenn eine direkte literarische Abhängigkeit von ihnen in Eph 3,19 nicht vorliegen sollte, ist es doch der in ihnen ausgesprochene Gedanke, der dem AuctEph bekannt gewesen sein dürfte. Die Belege für πλήρωμα in gnostischen Schriften sind von geringer Relevanz, nicht etwa, weil sie erst in späteren Schriften zu verifizieren sind, sondern weil, um nur dieses Beispiel zu nennen, in der valentinianischen Gnosis Gott selbst nicht dem Pleroma angehört, sondern dieses die Fülle der aus Gott heraustretenden Emanationen ist (Hippolyt, Refutatio VI, 29, 1 ff). Selbst für Lindemann, Die Aufhebung der Zeit, 61, ist es fraglich, ob sich das Verständnis des Begriffs πλήρωμα im Eph aus der Gnosis *ableiten* läßt. Eher ist an eine Verwandtschaft mit Aussagen (nicht mit dem theologischen Kontext dieser Aussagen!) hermetischer Schriften zu denken (CH IV, 4; XVI, 3: Gott ist mit dem Pleroma identisch, er wird als Herrscher von allen Dingen, Schöpfer und Vater angerufen, weiterhin als – in pantheistischer Formulierung – καὶ πάντα ὄντα τὸν ἕνα, καὶ ἕνα ὄντα τὰ πάντα, daraufhin expliziert als τῶν πάντων γὰρ τὸ πλήρωμα ἕν ἐστι καὶ ἐν ἑνί) (Hübner, EWNT III, 264). Man wird wohl mit Eduard Lohse, Der Kol 99 (zu Kol 1,19) sagen können: „Aus der hellenistischen Umwelt hat die christliche Gemeinde das Wort πλήρωμα aufgenommen, um von Gottes Fülle zu reden, die in dem Einen zu wohnen beschloß. Damit aber ist der Begriff aus dem Zusammenhang der Kosmologie in den der Soteriologie übertragen worden."

Sinnvoller als die Frage nach der religionsgeschichtlichen Ableitung zu stellen ist es, auch hier wieder den Weg von Paulus über Deuteropaulus zu Tritopaulus abzuschreiten. πλήρωμα bringt Paulus einmal im Gal, einmal im 1Kor und viermal im Röm. In Gal 4,4 heißt es τὸ πλήρωμα τοῦ χρόνου, in 1Kor 10,26 τοῦ κυρίου γὰρ ἡ γῆ καὶ τὸ πλήρωμα αὐτῆς (= ψ 23,1) – man beachte: τὸ πλήρωμα αὐτῆς! Von *Gottes* πλήρωμα ist also hier gerade nicht die Rede, auch nicht vom οὐρανός bzw. den οὐρανοί. Im Röm begegnet πλήρωμα zum ersten Male in 11,12, doch geht es dabei um die Fülle der Israeliten, in 11,25 um die Fülle der Völker. In 13,10 ist von der ἀγάπη als dem πλήρωμα νόμου die Rede, in 15,29 von der Fülle des Segens, mit der Paulus zu den Römern kommt. An keiner Stelle aber findet sich bei Paulus πλήρωμα als *direkte* Aussage „über" Gott. Hingegen spricht der *AuctCol* in 1,19 und 2,9 mit betontem *christologischen* Akzent vom πλήρωμα: Christus ist der, in dem die ganze göttliche Fülle wohnt; ἐν αὐτῷ ist also an beiden Stellen nicht ekklesiologische, sondern christologische Formel. Heißt es in 1,19 πᾶν τὸ πλήρωμα, so ist diese Wendung durch 2,9 mit πᾶν τὸ πλήρωμα τῆς θεότητος inhaltlich bestimmt.

Der *AuctEph* führt diesen Gedanken weiter aus, indem er zum theologisch-christologischen Akzent noch den *ekklesiologischen* hinzufügt. Eph 1,10 fällt allerdings aus diesem Rahmen; mit πλήρωμα τῶν καιρῶν dürfte Gal 4,4 aufgegriffen sein. In 3,19 ist jedoch dann klar der *theo*-logische

197

Gedanke des Begriffs, wie er sich im Kol findet, rezipiert: πᾶν τὸ πλήρωμα τοῦ ϑεοῦ. Es ist aber nun genau dieses Pleroma *Gottes*, das in 1,22f christologisch und ekklesiologisch ausgesagt wird: Die Kirche ist der Leib Christi, dieser Christus ist aber τὸ πλήρωμα τοῦ τὰ πάντα ἐν πᾶσιν πληρουμένου (s. zu 1,23). *Das Pleroma Gottes ist also das Pleroma Christi.* Und dieser Gedanke von Christus, der als die Fülle alles erfüllt, ist der *Seins*-Grund dafür, daß die Epheser in alle Fülle Gottes hinein erfüllt werden. Sie *sind* in der Fülle Gottes, weil sie in dem *sind*, der die Fülle Gottes *ist*. Und dieses *Sein* wird immer intensiver. In diesem Prozeß ist Sein notwendig auch *Werden*, weil geschichtliches Sein nicht anders als werdend existiert. In 4,13 ist dann auch ausdrücklich vom πλήρωμα τοῦ Χριστοῦ die Rede, und zwar, wieder ekklesiologisch verstanden, im Blick auf die Auferbauung, οἰκοδομή, des Leibes Christi, also der ἐκκλησία.

Blicken wir auf den Prozeß innerhalb des Corpus Paulinum zurück, so zeigt sich, wie sich Theologie, Christologie und Ekklesiologie zu einer festen theologischen Einheit fügen, in die die Glaubenden hineingenommen sind. Die Einheit dieser Trias von Theologie, Christologie und Ekklesiologie ist keine begriffliche Einheit, die „wir" in neutraler Abständigkeit reflektierten. Wir sprechen vielmehr „über" sie als diejenigen, die *in* dieser Einheit existieren.

20 und **21** schließen das Gebet mit einer Doxologie ab. τῷ δὲ δυναμένῳ erinnert an 7 κατὰ τὴν ἐνέργειαν τῆς δυνάμεως αὐτοῦ. Doch ist die Sprache in 20 weit überschwenglicher als dort. Noch mehr an 7 erinnert κατὰ τὴν δύναμιν τὴν ἐνεργουμένην ἐν ἡμῖν. Hierzu ist erneut das zu 7 Gesagte zu bedenken. Typisch für die *theologische* Gesamtausrichtung des Eph ist, daß Gott die Doxa „in der Kirche" akklamiert wird, wobei die Parallele ἐν τῇ ἐκκλησίᾳ und ἐν Χριστῷ Ἰησοῦ zunächst recht eigenartig wirkt. Da aber ἐν Χριστῷ nicht nur bei Paulus, sondern auch – sogar in vertiefter Weise – bei Tritopaulus eine ekklesiologische Aussage ist, dürfte die Koordination beider Wendungen ihren guten theologischen Sinn haben. Die Formulierung εἰς πάσας τὰς γενεὰς τοῦ αἰῶνος τῶν αἰώνων läßt annehmen, daß der AuctEph noch mit einer überaus langen Zeit der irdischen Weltgeschichte rechnet. Mit Amen endet dann der erste Teil des Briefes.

Eph 4,1–6,24 Der paränetische Teil des Briefes

Der zweite Teil des Eph kann mit Recht als paränetischer Teil charakterisiert werden. Denn dessen drei Kapitel enthalten zum größten Teil Ermahnungen. Freilich muß zugleich gesagt werden, daß es sich um eine Paränese handelt, die von der theologischen und christologischen Reflexion des Autors geprägt ist. Natürlich geschieht die Paränese zunächst einmal um der Ermahnung willen. Doch zugleich muß gesehen werden, daß der AuctEph gar nicht in der Lage ist, Paränese untheologisch und unchristologisch zu denken.

Er beginnt mit der Mahnung, einig zu sein. Aber das Prinzip der *Einheit* ist gar nicht so sehr das Verhalten der Epheser, sondern die aus Gott resultierende Wirklichkeit, die die Einheit im Geiste ist. Sie ist christologisch begründet. Das Psalmzitat ψ 67,19 in 4,8 beweist das, wobei zugleich die Einheit als Einheit unterschiedlicher, diakonisch verstandener *Ämter* betont wird. Christus gab diese Ämter, ἔδωκεν, 4,11. *Auf diese Weise* werden die Heiligen zum Werk des Dienstes zugerüstet, und zwar mit dem Ziel der Erbauung des Leibes. Das zielgerichtete Denken von 2,20ff findet hier seine Fortsetzung. Erneut ist vom Wachsen die Rede, nämlich vom Wachsen auf das Haupt hin, das Christus ist. Die Verflechtung der Argumentationen von Kap. 2 und Kap. 4 ist unübersehbar. Dazu gehört auch, daß der Gegenüberstellung vom alten und neuen Äon in Kap. 2 die Gegenüberstellung vom alten und neuen Menschen in Kap. 4 entspricht. Und folglich endet Eph 4 mit *ethischen Weisungen*.

Eph 5 führt die ethischen Ermahnungen weiter. Erneut findet sich der starke theologische und christologische Akzent: Gottes Beispiel und Christi Liebe. Das Denken in Gegensätzen wird dann durch die Metapher von Finsternis und Licht weitergeführt. Das Bild vom Licht wird schließlich christologisch durch die Rede von der Erleuchtung durch Christus expliziert, καὶ ἐπιφαύσει σοι ὁ Χριστός, 5,14. Dieser Vers dürfte einen vom AuctEph übernommenen Hymnus wiedergeben.

Mit 5,21 beginnt eine sog. christliche *Haustafel*. Es sind Mahnungen für das Verhalten innerhalb des Hauses, d. h. innerhalb der Familie, zunächst Mahnungen an die Frauen, Männer und Kinder, dann an die Sklaven und die Herren (bis 6,9). Auch die Haustafel ist christologisch und theologisch begründet. Die *Ehe* ist Geheimnis, da sie das Verhältnis von Christus und seiner Kirche abbildet, 5,32. Und das Verhältnis von Herr und Sklave ist theologisch damit begründet, daß der Herr auf Erden den Herrn im Himmel vor Augen haben soll, 6,9.

Den Ernst der bedrohlichen Situation beschreibt der Abschnitt 6,10–20. Es ist die *Wirklichkeit des Satanischen*. Christliche Existenz ist nicht nur Existenz „in Christus", sie ist auch Kampf gegen die Mächte der Finsternis. Hilfe in diesem Kampf ist der Glaube, 6,16, das Wort Gottes, 6,17, und das Gebet, 6,18.

Die ganze Paränese ist als Paränese des „Paulus" geschrieben, der der Gefangene Christi Jesu ist, 4,1, der in Ketten liegt, 6,20. Beide Stellen fungieren zwar nicht als wörtliche, wohl aber als inhaltliche *inclusio* des Briefteils 4,1–6,20. Die christologisch-theologische Paränese wird erst dann richtig verständlich, wenn zuvor 1,1–3,21 gelesen ist. Denn die Einheit des zweiteiligen Briefes ist durch das Aufeinanderbezogensein von 1,1–3,21 und 4,1–6,20 bewirkt. Dieses Aufeinanderbezogensein ist ein fast durchgängiges Ineinanderverflochtensein des sog. dogmatischen und des paränetischen Teils.

6,21 f erwähnt den Briefüberbringer Tychikus. Mit dem *Friedensgruß* 6,23 f endet der Brief.

4,1–16 Die Einheit des Geistes

[1]Ich ermahne euch nun, *ich*, der Gefangene im Herrn, würdig der Berufung zu wandeln, mit der ihr berufen wurdet, [2]mit aller Demut und Sanftmut, mit Langmut. Ertraget einander in Liebe! [3]Seid dabei bemüht, die Einheit des Geistes durch das Band des Friedens zu wahren. [4](Denn es sind) *ein* Leib und *ein* Geist, wie ihr auch in *einer* Hoffnung eurer Berufung berufen seid. [5]*Ein* Herr, *ein* Glaube, *eine* Taufe. [6]*Ein* Gott und Vater aller, der über allen und durch alle und in allen ist. [7]Jedem einzelnen von uns ist aber die Gnade nach dem Maß des Geschenkes Christi gegeben worden. [8]Deshalb sagt er (sie?):

„Nachdem er zur Höhe aufgefahren war, machte er Gefangene,
er gab den Menschen Gaben."

[9]Doch dieses „Er stieg auf", was meint es anderes, als daß er (zuvor) auch in die unteren Teile der Erde herabgestiegen war? [10]Der herabgestiegen war, er ist es,

der (danach) auch weit über alle Himmel hinaufgestiegen ist, um das All zu erfüllen. [11]Und er, er gab die einen als Apostel, die anderen als Propheten, wieder andere als Evangelisten, andere als Hirten und Lehrer – [12]zur Zurüstung der Heiligen für das Werk des Dienstes, für die Auferbauung des Leibes Christi, [13]bis wir alle zur Einheit des Glaubens und der Erkenntnis des Sohnes Gottes gelangt sind, zum vollkommenen Mann (geworden sind), zum Ausmaß der Größe der Fülle Christi, [14]damit wir nicht mehr Unmündige seien, die von den Wogen hin- und hergewirbelt und von jedem Wind der Lehre umhergetrieben werden – durch das listige Würfelspiel der Menschen, durch die Verschlagenheit, der es um die Strategie der Täuschung geht. [15]Vielmehr wollen wir als die in der Liebe Wahrhaftigen in allem auf ihn hin wachsen, der das Haupt ist, Christus. [16]Von ihm her ist der ganze Leib zusammengefügt und zusammengehalten durch jegliches Gelenk, das der Unterstützung dient – gemäß der Wirkung, die nach dem Maße eines jeglichen Gliedes das Wachstum des Leibes zum Aufbau seiner selbst in Liebe bewirkt.

Literatur: C. Basevi, La missione di Cristo e dei crístiani nella Lettera agli Efesini. Una lettura di Ef 4,1–25, RivBib 38 (1990) 27–55. – P. Benoit, Eph 4,1–24: Exhortation à l'unité, ASeign 71 (1963) 14–26. – Best, One Body in Christ, 146–152. – C.J. Bjerkelund, Parakalô. Form, Funktion und Sinn der parakalô-Sätze in den paulinischen Briefen (BTN 1), 1967. – G. B. Caird, The Descent of Christ in Eph 4,7–11, StEv II/1 (1964) 535–545. – J. Cambier, La signification christologique d'Eph. IV. 7–10, NTS 9 (1962/63) 262–275. – H. Greeven, Propheten, Lehrer, Vorsteher bei Paulus, ZNW 44 (1952/53) 1–43. – W. H. Harris, The Ascent and Descent of Christ in Eph 4,9–10, BS 151 (1994) 198–214. – H.-J. Klauck, Das Amt in der Kirche nach Eph 4,1–16, WiWei 36 (1973) 81–110. – D. P. Kuske, Ministry According to Ephesians 4:1–16, WLQ 91 (1994) 205–216. – Merklein, Das kirchliche Amt, 57–117.362–383. – Ders., Eph 4,1–5,20 als Rezeption von Kol 3,1–17, in: Kontinuität und Einheit, FS M. Mußner, Freiburg 1981, 194–210. – I. Peri, Gelangen zur Vollkommenheit. Zur lateinischen Interpretation von κατανταω in Eph 4,13, BZ 23 (1979) 269–278. – P.J. du Plessis, ΤΕΛΕΙΟΣ. The Idea of Perfection in the NT, Kampen 1959. – E. Peterson, ΕΙΣ ΘΕΟΣ. Epigraphische, formgeschichtliche und religionsgeschichtliche Untersuchungen (FRLANT 41), 1926. – J. Rohde, Urchristliche und frühkatholische Ämter, Berlin 1976. – R. Rubinkiewicz, Ps LXVIII 19 (= Eph IV 8). Another Textual Tradition of Targum?, NT 17 (1975) 219–224. – R. Schnackenburg, Ursprung und Sinn des kirchlichen Amtes, in: Ders., Maßstab des Glaubens, Freiburg 1978, 119–154. – G. V. Smith, Paul's Use of Psalm 68:18 in Ephesians 4:8, JETS 18 (1975) 181–189. – A. Vögtle, Exegetische Reflexionen zur Apostolizität des Amtes und zur Amtssukzession, in: Offenbarungsgeschehen und Wirkungsgeschichte. Ntl. Beiträge, Freiburg 1985, 221–279.

Der Abschnitt Eph 4,1–16, hier überschrieben mit „Die Einheit des Geistes", läßt sich als gegliederte inhaltliche Einheit verstehen. Der gefangene Apostel ermahnt die Epheser zu einem ihrer Berufung würdigen Wandel, nämlich die Einheit des Geistes zu wahren. Dieser *Imperativ* wird aber als *Indikativ* expliziert: Die zu wahrende Einheit des Geistes ist die von Gott in dem einen Geiste gegebene Einheit. Sie ist freilich eine durch unterschiedliche Ämter gegliederte bzw. strukturierte Einheit, wie die Interpretation des Schriftbeweises aufgrund von ψ 67,19 zeigt. Diese „Amtskirche" – im guten Sinne des Wortes, weil Ämter als Dienste verstanden sind! – sorgt für die Einheit des Glaubens und der Erkenntnis Gottes. In der so verstandenen Kirche geschieht das *Werden* zum „vollkommenen Manne", so daß es nicht zu Turbulenzen unter den Glaubenden kommt. Der Gedankengang endet mit der Aus-Sicht auf das Wachstum der Kirche als des Leibes Christi. Der

Aufbau von 4,1–16 läßt die zu Beginn möglicherweise statisch erscheinende Einheit der Kirche als einen geistgewirkten *Prozeß* sehen, in dem die Glaubenden durch ihr Verhalten das göttliche Sein dieser einen Kirche manifestieren.

In **1** ist der Neueinsatz durch παρακαλῶ οὖν ὑμᾶς deutlich markiert. Die *Paränese* beginnt (vgl. Röm 12,1). Dem AuctEph liegt daran, sie als Paränese des gefangenen Paulus zu formulieren. Wie in 3,1 steht betontes ἐγώ, wie in 3,1 ὁ δέσμιος. Statt des dort vorfindlichen Genitivs τοῦ Χριστοῦ ['Ιησοῦ], also der Angabe der Zugehörigkeit, hier nun die *Seins*-Aussage ἐν κυρίῳ (Äquivalent von ἐν Χριστῷ εἶναι). Der „im Herrn" und somit „in Christus" existierende Apostel wendet sich an die „in Christus" existierenden Epheser. Dieses geistliche Band zwischen Briefschreiber und Adressaten ist von massiverer Wirklichkeit als das Band der Ketten von 6,20, die den Gefangenen fesseln. Er ruft die Epheser zu würdigem Wandel auf, zu dem sie ihre Berufung verpflichtet. Der Anfang des paränetischen Textes entspricht verbal dem Anfang der Eulogie, also dem Anfang des sog. dogmatischen Teils: Das ἀξίως περιπατῆσαι in 4,1 entspricht dem εἶναι ἡμᾶς ἁγίους καὶ ἀμώμους in 1,4, und die Berufung, κλῆσις, der Auserwählung vor Grundlegung der Zeit, 1,4f. Die Berufung ist zunächst ein geschichtlicher Akt Gottes, der allerdings seine „vor"-geschichtlichen Wurzeln hat. Die κλῆσις ist somit Gottes prädestinierendes und geschichtliches Wirken in einem; was Gott in der Ewigkeit und „vor" allen Zeiten tut bzw. „tat" und was er innerhalb der Geschichte tut, ist letztlich ein einziger göttlicher Akt. Erkennt man also, von der Eulogie herkommend, diese Korrespondenz von 1,3ff und 4,1, so zeigt sich an einem zweiten Punkte, daß die Paränese inhaltlich von Eph 1,3 herkommt und daher ein äußerst enges theologisches Band zwischen Eulogie und Paränese besteht, also eine bewußt vom AuctEph vorgenommene literarische Strategie des gegenseitigen Bezugs der beiden Briefteile aufeinander.

Stellt aber der tritopaulinische Autor derart stark den gefangenen, den leidenden Apostel heraus, so greift er erkennbar auf Kol 1,24ff zurück. In Eph 3,1 geschieht dieser Bezug auf die vom AuctCol gezeichnete theologische Sicht des leidenden Apostels im Kontext der Missionsaufgabe des Paulus, jetzt in 4,1 im Kontext der Paränese. Der leidende Apostel ist zunächst der Verkündiger des befreienden Evangeliums, er ist aber auch der, der die durch das Evangelium bereits Befreiten zur christlichen Existenz aufruft, d. h. zur geschichtlichen Verwirklichung ihrer Berufungsexistenz. Der leidende Apostel gehört also, in Begriffen paulinischer Theologie gesagt, sowohl zum Indikativ als auch zum Imperativ.

In **2** werden die für die Berufungsexistenz erforderlichen Grundhaltungen aufgezählt, „die Lebenshaltung, die der Berufung entspricht" (Pokorný K 161). Kol 3,12–14 war unmittelbare literarische Vorlage, doch muß auch auf Gal 5,22 und 2Kor 6,6 verwiesen werden.

Aufschlußreich ist eine Synopse von Eph 4,2f und Kol 3,12 (die Übereinstimmungen sind durch Unterstreichung kenntlich gemacht).

Eph 4,2f: μετὰ πάσης <u>ταπεινοφροσύνης</u> καὶ <u>πραΰτητος</u>, μετὰ <u>μακροθυμίας</u>, <u>ἀνεχόμενοι</u> <u>ἀλλήλων</u> ἐν <u>ἀγάπῃ</u>, σπουδάζοντες τηρεῖν τὴν ἑνότητα τοῦ πνεύματος <u>ἐν τῷ συνδέσμῳ τῆς</u> εἰρήνης.

Kol 3,12ff: 'Ενδύσασθε οϝν ὡς ἐκλεκτοὶ τοῦ θεοῦ, ἅγιοι καὶ ἠγαπημένοι, σπλάγχνα οἰκτιρμοῦ, χρηστότητα, <u>ταπεινοφροσύνην</u>, <u>πραΰτητα</u>, <u>μακροθυμίαν</u>, <u>ἀνεχόμενοι ἀλλήλων</u> καὶ χαριζόμενοι ἑαυτοῖς ἐάν τις πρός τινα ἔχῃ μομφήν. καθὼς καὶ ὁ κύριος ἐχαρίσατο ὑμῖν οὕτως καὶ ὑμεῖς. ἐπὶ πᾶσιν δὲ τούτοις τὴν <u>ἀγάπην</u>, ὅ ἐστιν <u>σύνδεσμος τῆς</u> τελειότητος.

Die literarische Abhängigkeit der Eph-Stelle von der Kol-Stelle ist, wie das Schaubild zeigt, offenkundig.

Wie sehr hier Forderungen genannt sind, die dem griechischen Ideal vom Menschen widersprechen, ist schon allein daran ersichtlich, daß ταπεινοφροσύνη nach griechischem Denken und Empfinden von Sklaven, nicht aber von Freien verlangt wurde (Euripides, Andr 164f; Aristoteles, Pol 1295b). Griechischem Denken mußte eine solche Forderung an Nichtsklaven als Zumutung erscheinen, geradezu als Verachtung der Menschenwürde. Man muß das emotionale Moment, das eine solche Forderung provozieren mußte, sehr ernst nehmen, um zu verstehen, wie abstoßend gewisse christliche Verhaltensweisen vielen erscheinen mußten. Aber das Kreuz Christi, in dem Demut, Sanftmut und Langmut des Christen begründet sind, war ja schon als solches zur Genüge Stein des Anstoßes. Freilich würde man die genannten Forderungen wurzelhaft falsch verstehen, wollte man sie als isolierte Trias sehen. Nur als Äußerungen der Liebe, der ἀγάπη, sind sie verständlich (Th. Söding, Die Trias Glaube, Hoffnung, Liebe bei Paulus. Eine exegetische Studie [SBS 150], 150f, 180f).

Diese Liebe ist es, aus der der in **3** genannte Eifer erwächst, um die Einheit des Geistes und das Band des Friedens zu bewahren. Die Einheit des Geistes meint nicht, daß menschliche Gesinnung, menschlicher „Geist", die Einheit der Kirche konstituieren könnte. Vielmehr ist πνεῦμα hier der Geist Gottes, der die Einheit bewirkt. Der AuctEph rekurriert auf die Existenz ἐν πνεύματι, von der ja schon mehrfach in Kap. 1–3 die Rede war. Als ekklesiologische Formel begegnete die Wendung in 2,18.22 und 3,5, im Friedenshymnus 2,18 sogar präzisiert als ἐν ἑνὶ πνεύματι. Wiederum also konstatieren wir den deutlichen Bezug auf den ersten Teil des Briefes. Und es ist auch bezeichnend für den AuctEph, daß εἰρήνη und ἐν ἑνὶ πνεύματι bzw. ἡ ἑνότης τοῦ πνεύματος sowohl im Hymnus 2,14ff als auch in 4,3 als gemeinsames Wortfeld begegnen. Wo der Geist Gottes, da die Einheit der Kirche! Auffällig ist auch die bewußt ausgesprochene Korrespondenz von ἐγὼ ὁ δέσμιος ἐν κυρίῳ in 1 und ἐν τῷ συνδέσμῳ τῆς εἰρήνης in 3.

Dieser theologisch zentrale Gedanke der Einheit wird in **4–6** expliziert. In griffiger Formulierung heißt es in **4** ἓν σῶμα καὶ ἓν πνεῦμα. Der eine Leib ist der Leib Christi, also die Kirche. Sie existiert aber deshalb als die *eine* Kirche, weil der *eine* Geist ihr Lebensprinzip ist. Und nur weil es den einen Geist, nämlich den einheitstiftenden Geist Gottes gibt, gibt es die Kirche als Einheit! Dem entspricht, daß es in der *einen* Kirche nur die *eine* Hoffnung gibt. „Paulus" kann von dem einen Leib und der einen Hoffnung reden, weil die Adressaten als solche berufen sind, die in der einen Hoffnung, durch die Berufung von Gott gegeben, existieren. Der in 1 begegnende Begriff κλῆσις wird hier wieder aufgegriffen, verstärkt dadurch die Anrede ἐκλήθητε. Es darf keinesfalls übersehen werden, daß, ehe in 6 der eine Glaube genannt wird, von der einen Hoffnung die Rede ist. Christliche Existenz ist eben *Existenz in der Hoffnung*. Christen sehen hoffnungsvoll nach vorn. So etwas kann nur gesagt werden, wo Menschen etwas von der *Zukunft* erwarten, wo sie nicht in der Selbstzufriedenheit grauenvoller Selbstillusion – im wörtlichen Sinne!: – hoffnungs-los, also bar aller Hoffnung sind. Hat sich auch mit dem Kommen des Christus die Hoffnung Israels erfüllt (2,11–13), so bleibt doch der hoffnungsvolle Blick auf das weitere Wachsen der Kirche (2,21; 4,15).

In **5** steht eine triadische Formel, deren Grundstruktur Pokorný K 163 mit Recht „*trinitarisch*" nennt, wenn auch „in umgekehrter Reihenfolge". εἷς κύριος ist bereits paulinisch (1Kor 8,6), ist aber vor allem schon Schlagwort in der philosophischen Tradition der Griechen, dort jedoch in der Form εἷς θεός (s. u. zu 6). Für den alttestamentlichen Traditionsprozeß ist Dtn 4 ff relevant (G. Braulik, Das Dtn und die Geburt des Monotheismus, in: ders., Studien zur Theologie des Dtn [SBAB 2], 1988, 257–300; Hübner, BThNT I, 240 ff). Doch dürfte für das theologische Denken des AuctEph diese Herkunft kaum bestimmend gewesen sein. Wichtig ist, daß in der „trinitarischen" Denkweise dieses Autors zunächst in 4 ἓν πνεῦμα zu lesen ist, in 5 εἷς κύριος, nämlich der Kyrios Jesus Christus (Akklamation?, so z. B. Schlier K 187), und in 6 εἷς θεός, der Vater von allen (anders Dibelius/Greeven K 79). Ist aber Jesus Christus als der eine Kyrios genannt, so ist damit seine Göttlichkeit prononciert ausgesprochen; εἷς κύριος hat gleiches göttliches Gewicht wie εἷς θεός. Die über drei Verse verteilte „trinitarische" Triade ἓν πνεῦμα – εἷς κύριος – εἷς θεός bildet aber nicht so sehr eine formale Einheit wie die Dreierformel in 5.

Triaden in Eph 4,4–6?

Freilich ist zu überlegen, ob nicht die Einheit der Trias in 5 durch die drei Geschlechter εἷς – μία – ἓν signalisiert wird (Gnilka K 201: „besondere Einprägsamkeit"; Lincoln K 239: „a striking change from the masculine to the feminine to neuter of the numeral one, which gives the whole triad a ringing quality"; Dibelius/Greeven K 79 sprechen vom „Rhythmus der Worte", in 5 f sei „ein gewisser architektonischer Aufbau" deutlich), so daß εἷς θεός in 6 der krönende Abschluß der beiden Triaden in 4 und 5 wäre. Aber die erste Triade ist weniger einprägsam formuliert als die zweite, so daß aus formaler Sicht die Struktur „3 und 3 und 1" keinesfalls mit Sicherheit erwiesen ist. Deshalb sind neben solch formalen Überlegungen vor allem die inhaltlichen Beziehungen der einzelnen mit εἷς usw. herausgehobenen Begriffe zueinander zu klären.

Zu εἷς κύριος bedarf es keiner weiteren Interpretation. μία πίστις ist hier eher im Sinne der *fides quae creditur* verstanden (Gnilka K 202), nämlich als das objektivierte Credo. Ähnlich „objektiven" Charakter hat ἓν βάπτισμα. Sind aber Glaube und Taufe nebeneinander genannt, so läßt sich fragen, ob hier dem Glauben nicht insofern ein gewisses subjektives Moment innewohnt (Schlier K 188: Glaube im Sinn des *Glaubensgutes*, den alle im je eigenen *Glaubensvollzug* ergreifen müssen), als der AuctEph an den Akt des Glaubensbekenntnisses bei der Taufe gedacht haben könnte und folglich die *fides qua creditur* mit im Blick ist (1,15!). Sollte diese Überlegung zutreffen (s. z. B. Gnilka K 202), so fragt sich allerdings, warum dann nicht der Inhalt des Glaubensbekenntnisses, nämlich der εἷς κύριος, erst nach der μία πίστις genannt wird. Eine mögliche Antwort wäre, daß die Reihenfolge der Geschlechter in 5 maßgeblich war. Für Gnilka K 202 ist der Glaube *einer*, weil er den εἷς κύριος zum Inhalt hat. Es bleibt hier bei unverbindlichen Erwägungen, die Frage muß offenbleiben.

Die bereits genannte εἷς-θεός-Formel (Näheres s. zu 1Kor 8,6) wird in **6** durch πατὴρ πάντων (Parallele z. B. Philon, Rer Div Her 62 u. ö.) und die dreifache präpositionale πᾶς-Wendung (ἐπί, διά, ἐν, Dibelius/Greeven K 79: Präpositionsspiel) näher bestimmt. Auch hinter dieser Dreierformel steht Tradition. Diese All-Aussagen meinen den Kosmos. Von den außerjüdischen und außerchristlichen Parallelen (bei Peterson, ΕΙΣ ΘΕΟΣ, 255 f) sei hier nur Marc Aurel VII,9,2 genannt: κόσμος τε γὰρ εἷς ἐξ ἁπάντων καὶ θεὸς εἷς διὰ πάντων καὶ οὐσία μία καὶ νόμος εἷς, λόγος κοινὸς πάντων τῶν νοερῶν ζῴων, καὶ ἀλήθεια μία, εἴγε καὶ τελειότης μία τῶν ὁμογενῶν καὶ τοῦ αὐτοῦ λόγου μετεχόντων ζῴων. *„Denn es ist* *ein* Kosmos aus allen und *ein* Gott durch alle und *eine* Wesensheit und *ein* Gesetz, *ein* gemeinsamer Logos aller denkenden Wesen und *eine* Wahrheit, wenn es denn *eine* Vollkommenheit der miteinander Verwandten und derjenigen Lebenden gibt, die an eben diesem Logos teilhaben." Auch hier findet sich also wieder das „Präpositionsspiel".

Nachdem in 1–6 die *Einheit* der Kirche als gottgewollte Einheit im Geiste herausgestellt und emphatisch ausgesprochen wurde, wird nun die *Vielfalt* innerhalb der Einheit der Kirche mit Hilfe eines Schriftbeweises aufgewiesen. Nach **7** ist einem jeden von uns (!) die χάρις gegeben. Dieser Begriff ist nach den bisher exegesierten Stellen des Eph sowohl im Sinne der vom Diakoniegedanken verstandenen Amtsgnade her (3,2.7f) als auch ganz allgemein als die Erlösungsgnade (z.B. 1,6f) verstanden. In 4,7 dürfte wieder die Bedeutung Amtsgnade vorliegen, wie 4,11 noch zeigen wird. Zunächst ist zu registrieren, daß χάρις mehrfach im selben Wortfeld mit dem *passivum divinum* ἐδόθη vorkommt (für „Paulus" 3,2: τὴν οἰκονομίαν τῆς χάριτος τοῦ θεοῦ τῆς δοθείσης μοι) und dem damit stammverwandten δωρεά (für „Paulus" 3,7: διάκονος κατὰ τὴν δωρεὰν τῆς χάριτος τοῦ θεοῦ τῆς δοθείσης μοι). Neu gegenüber bisher Gesagtem ist jedoch die eigentümliche Wendung κατὰ τὸ μέτρον τῆς δωρεᾶς τοῦ Χριστοῦ. Wieso Maß? Nach der Aufzählung der Ämter in 11 geht es um unterschiedliche Qualitäten der Ämter, aber doch nicht um numerische Maße! Wilhelm Pesch, EWNT II, 1037, hat vielleicht die richtige Deutung von μέτρον gegeben: Gott hat jedem in der Heilsarbeit sein Maß zugedacht, wobei der Gedanke im Hintergrund steht, daß die Kirche ein ideales vollkommenes Maß hat, das es zu erreichen gilt. Merklein, Das kirchliche Amt, 64f, spricht zutreffend von Differenzierung, um das apostolische Amt nicht völlig einzuebnen. Auf jeden Fall geht aus 7 (der Vers ist mit Merklein, op. cit. 62f, von 11 her zu verstehen) hervor, daß es unterschiedliche Ämter gibt (s. zu 11). Und festzuhalten ist vor allem, daß das *kirchliche Amt Gabe Gottes* ist. Eine ämterlose Kirche ist weder nach Paulus noch nach dem Eph auch nur von ferne denkbar. Neutestamentlich gibt es keine ämterfreie und somit keine in diesem Sinne nivellierte Kirche! Dagegen läßt sich auch nicht die Vorstellung vom allgemeinen Priestertum aller ins Feld führen (Ex 19,6 in 1Petr 2,9), da diese Aussage auf einer anderen Ebene liegt (einmal ganz abgesehen davon, daß das AT trotz der Bezeichnung des Volkes Israel als βασίλειον ἱεράτευμα Ex 19,6 ein spezielles Amtspriestertum kannte).

In **8** steht das begründende Zitat ψ 67,19, eingeleitet mit der *formula quotationis* διὸ λέγει. Als Subjekt ist wahrscheinlich ὁ θεός zu denken (möglich auch ἡ γραφή). Das Zitat selbst unterscheidet sich jedoch erheblich vom LXX-Text, nämlich mit geradezu entgegengesetzter Aussagerichtung (die Übereinstimmungen sind durch Unterstreichung kenntlich gemacht):

ψ 67,19:

ἀνέβης εἰς ὕψος, ἠχμαλώτευσας αἰχμαλωσίαν,
ἔλαβες δόματα ἐν ἀνθρώπῳ

Zitat Eph 4,8:

ἀναβὰς εἰς ὕπψος ἠχμαλώτευσεν αἰχμαλωσίαν,
ἔδωκεν δόματα τοῖς ἀνθρώποις.

Für die Interpretation des tritopaulinischen Zitats macht es wenig aus, daß ἀνέβης in das Partizip ἀναβάς umgeformt, auch nicht, daß in der 2. Zeile das artikellose ἀνθρώπῳ in den artikulierten Plural umgeändert ist. Die Substitution von ἔλαβες des LXX-Textes durch ἔδωκεν ist freilich gravierend. Ein Blick auf den hebräischen Text bringt für die Exegese von Eph 4,8 nichts (Ps 68,19: לָקַחְתָּ entspricht LXX). Bringt der Verweis auf das rabbinische Judentum die Erklärung, da in ihm der Vers auf Mose bezogen wurde, der den Dekalog am Sinai gebracht hat (Billerbeck III, 596ff; dazu neuestens Pokorný K 13f)? Auch hier werden wir die Frage unbeantwortet sein lassen müssen (s. aber u.!). Vermutlich ist damit zu rechnen, daß, wie auch immer, dem AuctEph die Form ἔδωκεν schon vorgegeben war. Dann hat er den Vers als die Erhöhung des auferweckten Christus gelesen, der der Kirche vom Himmel her als seine himmlischen Gaben die Ämter gab, er hat also eine *Aussage über Gott auf Christus bezogen.*

9 ist eine Konklusion in Frageform, und zwar als midraschartige Auslegung des ἀνέβης bzw. ἀναβάς von ψ 67,19: Die Voraussetzung für einen Aufstieg – gemeint ist der Aufstieg über die ἐπουράνια hinaus (10!) – ist der Abstieg in die unteren Bereiche der Erde.

In 9 findet sich nach κατέβη in $\aleph^2$ B et al. πρῶτον, Nestle-Aland[27] bringt die von p[46] $\aleph^\star$ A C* D et al. bezeugte Leseart. Sollte, was möglich, aber wenig wahrscheinlich ist, πρῶτον ursprünglich sein, würde das am Sinn des Textes kaum etwas ändern. Schwieriger zu entscheiden ist, ob μέρη sekundär ist. Dafür sind u. a. immerhin p[46] D* Zeugen. Doch lesen wir dieses Wort in $\aleph$ A B C et al. Aber auch die Möglichkeit, daß μέρη sekundär wäre, veränderte den Inhalt des Verses nicht.

Die von den Vätern und im Mittelalter verbreitete Auslegung, wonach τὰ κατώτερα [μέρη] τῆς γῆς die Unterwelt meint und somit hier Christi *descensus ad inferos* biblisch begründet sei, ist noch im 20. Jh. von Friedrich Büchsel, ThWNT III, 641–643, und Johannes Schneider, ib. IV, 602, vertreten worden. Doch ist eine solche Auslegung offensichtlich falsch. Sie fügt sich nicht in den Kontext von 9 und ergibt auch für die Argumentation von Kap. 4 keinen Sinn. Die von vielen Exegeten vorgetragene Auslegung, wonach der Aufstieg des Mose zum Sinai und dessen dann erfolgter Abstieg nach Ex 19 überboten werde (z. B. Gnilka K 209), ist ernsthaft zu erwägen, jedoch nicht zwingend. Wie immer man auch hier urteilt, entscheidend ist, daß dem AuctEph daran liegt, Himmel und Erde zugleich und somit den ganzen Kosmos als den jetzt heilsrelevanten Bereich herauszustellen. Wiederum haben wir es mit einem immens weiten Horizont zu tun, in dem sich der Präexistente, dann der Inkarnierte und schließlich der Erhöhte befindet. Räumliches Denken wird wieder deutlich. Zu fragen ist dann aber, ob auch das *existential*-räumliche Denken hier impliziert ist. Leicht kann man in 9 den Gedanken von 2,6 mit seinem so gewaltigen συνεκάθισεν eintragen, denn er ist ja für das Selbstverständnis der Leser des Eph seit dem 2. Kap. präsent. Diese können seit 2,6, wenn sie wirklich ernst nehmen, was der AuctEph dort geschrieben hat, gar nicht anders, als sich in der hier dargelegten Weise dialektisch auf Erden und zugleich im Himmel zu sehen. Trotzdem ist die unterschiedliche Denk-*Bewegung* in 4,7ff zu beachten: Christus ist in die oberste Höhe aufgefahren, um seine Gaben auf die Erde *herab*-zusenden. Bei dieser Ämtertheologie des Eph geht es also um die Richtung *von oben nach unten,* in 2,16 aber um die Richtung *von unten nach oben.*

10 stellt das in 9 Formulierte noch deutlicher heraus. Der herabgestiegen ist, er ist es – αὐτός –, der über alle Himmel hinaufgefahren ist. Mit ὑπεράνω πάντων τῶν οὐρανῶν ist ausgesagt, daß er sogar über die ἐπουράνια hinaus in den eigentlichen göttlichen „Bezirk" gelangt ist. Höher hinauf geht es nicht mehr! Doch liegt dem AuctEph gar nicht so sehr an dieser erhabenen Höhe als solcher, sondern an der mit dem Gedanken der Höhe begründeten Finalaussage ἵνα πληρώσῃ τὰ πάντα. Daß das Theologumenon bzw. Christologumenon von der *Erfüllung,* sei es mit dem Subjekt πλήρωμα, sei es mit dem Verb πληρόω ausgesagt, zu den Schlüsselbegriffen des Eph gehört, zeigte sich schon mehrfach (1,10.23;

3,19; s. den Exkurs zu πλήρωμα); Jesus Christus wird ja als πλήρωμα bezeichnet, der alles in allem erfüllt; er *ist* das πλήρωμα Gottes. Im Zusammenhang von 4,7ff geschieht also die Aussage sowohl im *kosmologischen* wie im *ekklesiologischen* Horizont. Anders gesagt: In seiner ekklesiologischen Intention sieht der AuctEph die Kirche *auch* in kosmischer Dimension. Daß die Sicht des Kosmos und die der Kirche in engster Relation stehen, daß im Eph sogar zuweilen nicht einmal ganz klar ist, ob und wie Kosmos und Ekklesia, was die Realität des kosmischen Christus angeht, koinzidierende oder zumindest partiell koinzidierende Größen sind, hat sich bereits bei der Auslegung der Eulogie gezeigt.

In 4,10 ist zumindest aufgrund des Kontextes klar, daß der erhöhte Christus und eben als solcher der über allen Höhen Thronende das All als seinen Herrschaftsbereich erfüllt. Es ist der Gedanke der Ubiquität. Somit gibt er, wenn er nach 11 die unterschiedlichen Ämter der Kirche „gab", etwas aus dem Himmel, etwas aus der göttlichen Transzendenz. Daß, wie gezeigt, ψ 67,19 in 8 christologisch interpretiert wird, daß also eine Aussage, die im Literal- und Ursprungssinn eine Aussage „über" Gott ist, auf den aufsteigenden, weil nach seinem Tode erhöhten Christus bezogen wird, verwundert nicht. Denn dies entspricht bekanntlich frühchristlicher (und auch späterhin christlicher) Schriftauslegung. Wenn nun das aus ψ 67,19 variatus stammende ἔδωκεν in 11 so interpretiert wird, daß der Christus die Ämter „gegeben hat", und zwar als Gaben aus der Höhe, aus dem ὕψος, so tut er es kraft seiner göttlichen Vollmacht. Denn das ist ja der Sinn des christologischen Vorzeichens vor ψ 67,19, daß Christus die Gaben Gottes nur deshalb geben kann, weil sein *Tun* das Tun Gottes ist. Sein göttliches Tun entspringt aber seinem göttlichen *Wesen*, dem Wesen Gottes. Wenn man so will: Die Einsetzung der kirchlichen Ämter ist eine Einsetzung vom Himmel her, von Gott her. Die Ämter sind keine bloßen „Funktionen", die Amtsträger sind keine bloßen „Funktionäre", deren Aufgaben sich aus der jeweiligen konkreten Situation ergäben. Nein, es ist keine Übertreibung: *Ämter* und *Amtsinhaber* haben himmlische, also *göttliche Dignität*! Haben wir bereits feststellen können, daß der AuctEph keine amtsfreie Kirche denkt, keine derartige Kirche überhaupt zu denken in der Lage ist, daß also Kirche gemäß seinem theologischen Denken *seinshaft* „Amtskirche" ist, so muß jedoch zugleich mit allem Nachdruck gesagt werden, daß diese göttliche Dignität der Ämter, der Amtsträger und der Amtskirche einzig und allein von ihrem Verkündigungsauftrag her zu definieren ist. Von sich aus ist der Amtsträger nichts! Vom Himmel her, von Gott und Christus her, ist er aber alles! Die Ordination zum Verkündigungsamt und zu den anderen daraus resultierenden Ämtern, die im Grunde im Himmel stattfindet, läßt das Amt am himmlischen *Sein* partizipieren, doch seinen Träger, was seine Person angeht, zur Demut aufgerufen sein. Der Amtsträger muß sich dessen bewußt sein, daß der, der „alles in allem erfüllt", ihm aus dieser Fülle das Amt „gibt" und nur so dieses an seiner Fülle teilhaben läßt.

In **11** werden dann die einzelnen Ämter genannt. Ihre Reihenfolge dürfte sehr bewußt vorgenommen worden sein. Zuerst werden Apostel genannt, also dasjenige Amt, mit dem sich „Paulus" in 1,1 vorstellt: Παῦλος ἀπόστολος Χριστοῦ Ἰησοῦ. Es ist das Amt, das Gott will, das, mit 1,1 gesprochen, durch den Willen Gotten gestiftet ist. Unmittelbar nach den Aposteln werden in 4,11 die Propheten genannt, die, wie bereits gesagt, christliche Propheten sind (s. zu 2,20; 3,5). An dritter Stelle folgen die Evangelisten, also Prediger des Evangeliums, denen jedoch nicht die einmalige Würde eines Apostels zukommt, an vierter und fünfter Stelle die Hirten, wohl die Leiter der Gemeinde, und die Lehrer. Das Gefälle der Aufzählung geht auf eine immer geringere Teilhabe an der eigentlich kerygmatischen Aufgabe zu. Aufschlußreich ist ein Vergleich mit *1Kor 12,28*. Paulus erklärt eigens, daß Gott an erster Stelle, πρῶτον, in der Kirche Apostel „gesetzt hat", ἔθετο, an zweiter Stelle Propheten und an dritter Stelle Lehrer. Der Unterschied zum AuctEph besteht also darin, daß der Apostel die „hierarchische" Rangfolge im formaler Hinsicht betont. Sein eigenes Amt ist das höchste! Er nennt diese Ämter im Unterschied zum Eph χαρίσματα. Eigens hebt Paulus Gott als den hervor, der die Ämter eingesetzt hat, nicht Christus wie im Eph. In den Kommentaren und anderen Publikationen wird mit steter Regelmäßigkeit darauf aufmerksam gemacht, daß verwunderlicherweise zwei Ämter in Eph 4,11 nicht genannt werden, obwohl sie zur Zeit der Abfassung des Eph doch üblich gewesen seien, nämlich das Amt des Bischofs, ἐπίσκοπος (Act 20,28; 1Tim 3,2; Tit 1,7) und das des Presbyters (Act 14,23; 1Tim 5,17; Tit 1,5). Es ist nicht zu entscheiden, ob diese beiden Ämter hier nicht erwähnt sind, weil sie dem AuctEph unbekannt waren oder weil er, obwohl er sie kannte, nichts von ihnen wissen wollte. Zumindest wird jedoch in der Regel angenommen, daß selbst dann, wenn er diese beiden Ämter gekannt haben sollte und sie also bewußt ignorierte, keine eigentliche Polemik in 11 vorliegt. Für die theologische, genauer: ekklesiologische Gedankenführung ist eine Antwort auf diese offen bleibende Frage unwichtig.

Worauf es aber gemäß der Argumentationsrichtung von Eph 4 ankommt, wird in **12** betont: Christus hat mit göttlicher Autorität die in 11 genannten Ämter zur Ausrüstung der Heiligen – im Sinne von: um die Heiligen auszurüsten – gegeben, hat sie zum Werk des Dienstes, zu Erbauung des Leibes Christi gegeben. Die immer wieder gestellte Frage, ob die drei Zweckangaben (mit den Präpositionen πρός, εἰς, εἰς) eigenständige Aufgaben angeben oder Umschreibungen von ein und derselben Aufgabe sind, ist wohl so zu beantworten, daß πρὸς τὸν καταρτισμὸν τῶν ἁγίων die übergeordnete Aussage ist: Die Heiligen erhalten ihr Amt, um für ihre Aufgabe zugerüstet zu sein, nämlich εἰς ἔργον διακονίας und εἰς οἰκοδομὴν τοῦ σώματος τοῦ Χριστοῦ. Die beiden letzten Bestimmungen lassen sich aber kaum voneinander trennen, denn das Werk des Dienstes ist ja eben die Erbauung der Kirche. Was in 2,20 mehr als ἔργον Gottes erscheint, auch wenn dieser Begriff dort nicht genannt ist, wird hier als ἔργον der Amtsträger herausgestellt. Trotz aller evangelischen Antipathie gegen eine „synergistische" Terminologie – hier darf sie theologisch stehen, weil des Menschen „Werk" letztlich *Gottes* Werk ist.

Insgesamt läßt sich das Amtsverhältnis des AuctEph wie folgt charakterisieren: Die Ämter der Apostel, der Propheten, der Evangelisten, der Hirten und der Lehrer sind primär von der *Verkündigung des Evangeliums*, der Verkündigung *des Wortes Gottes* her verstanden, wenn auch im aufgewiesenen Gefälle. Es sind die Hoheit und die Würde des Evangeliums, woher das Amt seine Hoheit und Würde „besitzt". In Erinnerung ist aber auch zu rufen, daß nach 2,17 Christus selbst als Evangelist erscheint. Und wenn es dort εὐηγγελίσατο εἰρήνην heißt, so bedeutet das ja letztlich, daß Christus, der der Friede *ist*, sich selbst als den Frieden *verkündet*. Doch gerade diese Verkündigung erfolgt jetzt, wie schon zu 2,17 gesagt, *durch die Kirche*. Diese Stelle ist also notwendiger Kommentar zu 4,7ff. Damit steht „Paulus" unübersehbar in der zentralen theologischen Nachfolge des Paulus. Die theologische Wucht von Röm 1,16f und 1Kor 1,18 schlägt bis Eph 4 durch. Sowohl bei Paulus als auch bei Tritopaulus versteht sich das kirchliche Amt als Amt des Wortes von Christus *(genetivus obiectivus)*, mehr noch: als Amt des Wortes Christi *(genetivus subiectivus)*. *Das Wort „über" Christus ist das Wort von Christus her.* Ist für Paulus das Evangelium die δύναμις θεοῦ und somit die Dynamik Gottes als des präsenten heilsmächtigen Gottes im Wort, so steht der AuctEph theologisch sehr nahe bei dieser Konzeption, wonach *Ekklesiologie* vor allem *kerygmatisch zu entfalten* ist. Paulus und Tritopaulus – beide vertreten sie dezidiert die *Theologie des Wortes Gottes.*

In **13** wird als Ziel von „uns allen", οἱ πάντες, zunächst unsere Hin-Kunft zur Einheit des Glaubens und der Erkenntnis des Sohnes Gottes genannt. Nach der Unterschiedlichkeit der Ämter in der einen Kirche nun wieder die Betonung der Einheit! In εἰς τὴν ἑνότητα τῆς πίστεως wird die μία πίστις von 5 aufgegriffen. Hatte „der eine Glaube" dort sein inhaltliches Schwergewicht in der *fides quae creditur,* so wird man sicherlich zumindest implizit eine solche Tendenz auch in 13 anzunehmen haben. Trotzdem muß es zu denken geben, daß sich die Kirche auf dem *Wege* zur Einheit des Glaubens befindet: μέχρι καταντήσωμεν. Dann aber divergieren beide Aussagen. Ist es nur eine Differenz der Nuance? Oder ist es nicht doch mehr? Da ist immerhin zunächst die objektive, geradezu statische Sicht der schon bestehenden Einheit in 4, dann aber eine prozeßhafte, also werdende und noch nicht erreichte Einheit in 13 – wie ist das vereinbar? Unwahrscheinlich erscheint zunächst der Ausweg, οἱ πάντες in 13 meine alle Menschen, so daß zu interpretieren wäre: bis wir alle, nämlich alle Menschen dieser Erde, eines Tages zur Einheit des Glaubens und Erkenntnis des Sohnes Gottes gelangen. Denn die 1. Person Plural in καταντήσωμεν meint doch wohl nur das „wir" der Glaubenden. Dann aber bliebe nur die Deutung, daß wir alle, nämlich alle Glaubenden, die Einheit des Glaubens dadurch intensivieren – besser noch: daß Gott unsere Einheit des Glaubens dadurch intensiviert –, daß wir zu immer tieferer Erkenntnis des Sohnes Gottes gelangen. Es wäre nach dieser Hypothese das im „Raum" der Kirche von Gott gewirkte existentielle Erfassen dessen, was Christus für uns bedeutet – mit Philipp Melanchthon: unser immer besseres *Christi beneficia cognoscere,* also nicht nur der fortschreitende Prozeß eines rein intellektuellen Erkennens des soteriologischen „Sach"-Verhalts, sondern das immer intensivere Verstehen unserer selbst als Erlöste, wobei dieses Verstehen der Erlösungstat Gottes in eins ginge mit dem glaubenden Selbstverstehen. Dieses Verstehen in doppelter Hinsicht implizierte aber dann den ontischen Prozeß eines ständigen Wachsens unserer engen Verbindung mit Gott im Bereich des „in Christus". So einleuchtend diese Interpretation zunächst erscheint, sie wird zumindest dadurch relativiert, daß der AuctEph im Rahmen seiner Gesamtkonzeption den Prozeß des Wachsens der Kirche im Zusammenhang mit dem Prozeß der ständig wachsenden Erfüllung des Alls durch Christus darstellt. Pokorný K 179 sagt bei seiner Deutung von 13 unter Hinweis auf 1,10 mit vollem Recht, daß „das innere Wachstum der Kirche und ihr Dienst nach außen nicht deutlich unterschieden werden ... Die Kirche verändert also die Welt, indem sie selbst in Christus wächst". Und so ist ihm auch darin zuzustimmen, daß im Eph die *Eschatologie* eng mit der *Ekklesiologie* verbunden ist. Bewußt wurde gesagt, daß die zuerst genannte Deutung durch diesen neuen Aspekt zwar relativiert, nicht aber negiert sei. Vielmehr ist mit großer Wahrscheinlichkeit anzunehmen, daß sich beide Interpretationsmomente überlagern, gewissermaßen eine Interferenz beider Deutungen erfolgt ist (s. auch u.).

Die Diskussion um die Bedeutung von „zum vollkommenen Mann" zeigt erneut die Schwierigkeit der Exegese von 13. Die Herkunft des Bildes läßt sich nicht mehr feststellen; alle Ableitungsversuche bleiben überaus spekulativ (s. Exkurs). Doch ist eine solche Antwort für die Deutung des Sinnes von 13 auch gar nicht erforderlich, da eine textimmanente Interpretation die Aussageintention des Verses zur Genüge klärt: Die göttliche Fülle Christi hat als Ziel die göttliche Fülle in ekklesiologischer und kosmologischer Hinsicht.

So dürfte εἰς ἄνδρα τέλειον Bild für die mehr in theologischer Begrifflichkeit gehaltene Wendung εἰς μέτρον ἡλικίας τοῦ πληρώματος τοῦ Χριστοῦ sein. Erneut also μέτρον (s. o. zu 7), das auch hier wieder mehr das qualitative als das quantitative „Maß" meint, mag auch ἡλικία zunächst die Bedeutung „Leibesgröße" (Dibelius/Greeven K 82; Pokorný K 180) aussagen; vielleicht schwingt aber in dem Wort auch die Bedeutung „Reife" mit. Mit Dibelius/Greeven dürfte also mit πλήρωμα die Raumvorstellung nahegelegt sein, diese aber, so wäre wohl zu präzisieren – selbst wenn im strengen Sinne der *Vorstellung* des Raumes gefaßt –, als Ausdruck dessen, was die „Größe" Gottes theologisch aussagen will (z. B. ψ 144,3: μέγας κύριος ... καὶ τῆς μεγαλωσύνης αὐτοῦ οὐκ ἔστιν πέρας). Dieser Größe korrespondiert das Klein-Sein des Menschen vor Gott, so daß der räumlichen Vorstellung ein Moment existentieller Betroffenheit innewohnt. Daß sich in 13c christologische und ekklesiologische Intentionen und auch christologische und ekklesiologische Dimensionen treffen, ja überlappen, ist evident. Pokorny' K 181 spricht, einen noch anderen Aspekt einführend, von den Dimensionen Gottes, die wiederum die Dimensionen seiner Liebe seien.

Zum Problem des ἀνὴρ τέλειος

Die Herkunft des Bildes vom ἀνὴρ τέλειος bleibt im dunklen. Es vom christologisch-ekklesiologischen Begriff des Leibes Christi abzuleiten könnte für die paulinische Theologie, wäre er dort gegeben, einleuchten, nicht aber für die tritopaulinische Ekklesiologie, wonach ja Christus das Haupt des Leibes ist, aber gerade nicht der Leib selbst. Vielleicht trifft die nüchterne Feststellung Schnackenburgs zu, daß hier nur ein Bild für den Reifezustand der Kirche vorliegt, die sie mit vollkommener Einheit in Glauben und Liebe erreichen soll (K 188). Dibelius/Greeven K 82 beziehen sich auf Schlier (Christus und die Kirche, 28) und sehen im vollkommenen Manne den Christus, den „Anthropos selbst, der als höchste Spitze seines eigenen Pleroma gedacht ist". Aber die Annahme, daß die Vorstellung vom Pleroma mit der der mythischen Gestalt des Anthropos in Beziehung steht, ist doch reichlich spekulativ. *Daß* jedoch, wie es Lindemann K 80 für möglich hält, mythische Sprache – welche auch immer – vorliegt, ist wahrscheinlich. Wenn er einräumt, daß die Stelle für uns nicht wirklich zu deuten sei, so mag das durchaus für die religionsgeschichtliche Herleitung der Begriffe gelten. *Was* jedoch der AuctEph *inhaltlich* mit seiner Begrifflichkeit zum Ausdruck bringen will, dürfte mit ziemlicher Sicherheit schon allein aus textimmanenter Interpretation hervorgehen: *Wir* – Plural! – sind es, die zum „vollkommenen Manne" werden; also ist „der vollkommene Mann" die *Kirche*. Eine andere Interpretation ist m. E. nicht möglich. Und wenn dann dem εἰς ἄνδρα τέλειον das syntaktisch gleichgeordnete εἰς μέτρον ἡλικίας τοῦ πληρώματος τοῦ Χριστοῦ folgt, so geht es um das Maß der Größe der Kirche, nämlich das Maß, das ihr durch die Fülle Christi gegeben ist. Die Kirche strebt also als Leib auf ihr Haupt zu, das der Christus ist.

Daß sich nach **14** die angesprochene Gemeinde in einer doch wohl gefährdeten Lage befindet, nämlich in der Versuchung, sich falscher Lehre, διδασκαλία, anzuschließen, ist symptomatischer Hinweis darauf, daß dasjenige Interpretationselement, nach dem die Epheser noch in ihrer Christuserkenntnis wachsen müssen, gegenüber dem an zweiter Stelle genannten Interpretationsmoment dominieren dürfte. Die Adressaten stehen wohl doch nicht so fest in der christlichen Lehre; denn sonst befänden sie sich nicht in der Gefahr, durch eine Lehre dazu verführt zu werden, in der Glaubensfrage – also in der entscheidenden Frage nach Leben und Tod! – hin und her zu schwanken (zu κλυδωνιζόμενοι καὶ περιφερόμενοι παντὶ ἀνέμῳ τῆς διδασκαλίας vgl. Jes 57,21: οἱ δὲ ἄδικοι οὕτως κλυδωνισθήσονται). Wie in einem Seesturm könnten sie hin- und hergeworfen werden, ohne Halt im Tiefsten ihrer Existenz, jeder willkürlichen Indoktrination durch Ideologen preisgegeben, wie es gerade das Bild vom Würfelspiel so anschaulich macht. Wahren und wirklichen Halt gibt es nur in Christus und *seiner* διδασκαλία! Dann aber kann dieser Begriff, sofern er positiv verwendet wird, keinesfalls primär das Vermitteln objektivierter religiöser Inhalte in einem intellektuellen Akt meinen, sondern die Verkündigung der christlichen Wahrheit, die den Menschen in seiner ganzen existentiellen Weite und Tiefe anspricht und ihn so mit dem sich in Christus offenbarenden Gott konfrontiert. Die Adressaten sind also keine Marionetten einer Vollkommenheits-"Dogmatik", sondern Menschen in ihrer konkreten Geschichtlichkeit, gezeichnet in jenem breiten Spektrum, das vom Versagen bis zum Bestehen-Können reicht. Gerade an dieser Stelle wird die Paränese des Briefes lebendig. Die Epheser können durchaus Opfer boshafter Intrigen und Täuschungen werden. πανουργία und πλάνη sind für sie ernst zu nehmende Realität; die schon Gen 3 an Eva ergangene Versuchung „wiederholt" sich auch hier. Ist mit πρὸς τὴν μεθοδείαν τῆς πλάνης eine „methodisch" angelegte Strategie der Verführung angedeutet oder gar ausgesprochen? In taktvoller Weise bezieht „Paulus" sich selbst in die gefährliche Situation mit ein: Damit *wir* nicht mehr Unmündige seien! Auch ein „Paulus" gibt sich gefährdet!

διδασκαλία in Eph 4,14

Die meisten Autoren verstehen διδασκαλία in der Wendung περιφερόμενοι παντὶ ἀνέμῳ τῆς διδασκαλίας, wie auch in unserer Auslegung vertreten, als die Lehre derer, die in ihrer List die Epheser täuschen wollen, so daß sie haltlos „in *jedem* Wind der [Irr]-Lehre dahintreiben". Gegen diese Deutung hat sich Helmut Merklein, Das kirchliche Amt, 108 f, ausgesprochen. Er sieht ἐν τῇ κυβείᾳ τῶν ἀνθρώπων als zu παντὶ ἀνέμῳ τῆς διδασκαλίας gehörig. Somit gebe es den Ort an, wo die christliche Lehre zu einem „Windhauch" werde. Wo also das Würfelspiel geschieht, da sei das Moment des Zufälligen betont. „ Ἄνεμος τῆς διδασκαλίας ist demnach die Pervertierung christlicher Lehre, wie sie zustande kommt, wenn sie dem ‚Zufallsspiel der Menschen' überlassen wird." Der Gegensatz zum „Zufallsspiel der Menschen" sei die διακονία der Ämter. Dieser Interpretation schließt sich Schnackenburg K 189 an. Lincoln K 258 wendet jedoch mit Recht dagegen ein, daß der Einfluß von Kol 2,22 (κατὰ τὰ ἐντάλματα καὶ διδασκαλίας τῶν ἀνθρώπων) auf den Wortlaut von Eph 4,14 nicht bedacht sei. Überzeugend dürfte vor allem sein Hinweis auf das Gewicht von „jeder" in der Wendung „jeder Wind der Lehre" sein, „which suggests any and all kinds of teaching in contrast to the unity of faith and knowledge of which the writer has spoken". Vom Verständnis der falschen „Lehre" in Eph 4,14, die nicht nur falsch informiert, sondern zu einer falschen Lebensausrichtung führt, läßt sich folgern, was für den AuctEph διδασκαλία im christlichen Sinne meint: sie ist, wie bereits in unserer Exegese von 4,14 gesagt, bedeutsam im kerygmatischen Sinne. Wer sie im echten Sinne des Wortes *verstehend* aufnimmt, ist nicht mehr haltlos jedem religiösen oder weltanschaulichen Treiben, jedem ideologischen Scharlatan preisgegeben; vielmehr ist seine Existenz in der Wahrheit Gottes und Christi gegründet. Eine alles andere als antiquierte Mahnung des „Paulus"!

In **15** heißt ἀληθεύοντες ἐν ἀγάπῃ entweder „die Wahrheit in der Gesinnung der Liebe sagen" (Schnackenburg K 173: „die Wahrheit in Liebe bezeugen"; Pokorný K 167; Lincoln K 259; Gnilka K 217 stellt heraus, daß „hinter der Wahrheit" das Evangelium zu erkennen ist) oder „in der Liebe wahrhaftig sein" (Abbott K 123: „‚cherishing truth in love' … Verbs in -εύω express the doing of the action which is signified by the corresponding substantive in -εία"). Trotz des von Abbott genannten Arguments wird man der ersten

Alternative zustimmen, vor allem aufgrund des Zusammenhangs von 14 mit dem, was der AuctEph unmittelbar zuvor gesagt hat.

Schauen wir nun rückblickend auf die Aussagesequenz von 12–15 und vertiefen dabei bereits Gesagtes! Ist in 12 die Bewegung nach vorn ausgesagt, also das Prozeßhafte hinsichtlich der Existenz, so wird dies in 13 noch deutlicher. Wie in 12 wird ein Ziel angegeben, diesmal nun als das Hingelangen zur Einheit des Glaubens, εἰς τὴν ἑνότητα τῆς πίστεως, und zur Einheit der Erkenntnis des Sohnes Gottes. Die Genitive τῆς πίστεως und τῆς ἐπιγνώσεως hängen ja, syntaktisch gleichgeordnet, von τὴν ἑνότητα ab. Dann ergibt sich aber notwendig die Folgerung, daß die Einheit des Glaubens und in einem damit die Erkenntnis des Sohnes Gottes *noch nicht* gegeben ist. Damit stellt sich jedoch die Frage: Wie verträgt sich diese Aussage vom noch nicht Erreichten mit 5, wo indikativisch konstatiert wird, es existiere bereits der *eine* Glaube, und zwar genauso wie der *eine* Herr und die *eine* Taufe? Hier wird man kaum mit der Erklärung ausweichen dürfen, das „schon jetzt" von 5 sei eben die theologische Antizipation des „noch nicht". Was sich über Jesu βασιλεία-Verkündigung und die δικαιοσύνη-Theologie Pauli sagen läßt, gibt hier wenig Sinn. Und zu sagen, Statik und Prozeß seien die zwei Seiten der einen Realität, ist Flucht in den „begrifflichen" Ausweg.

Kommen wir weiter, wenn wir die Wendung οἱ πάντες reflektieren? Im Duktus der Argumentation von Kap. 4 legt sich zunächst einmal die Vermutung nahe, daß es sich hier um alle Glieder der einen Kirche handelt, nämlich um die Judenchristen und die Heidenchristen, die jetzt nicht mehr durch eine Mauer getrennt sind. Damit wäre das Thema von Eph 2 wieder aufgegriffen. Wie ist aber dann mit 4,12f mit seinem Gedanken des Prozeßhaften zu vereinbaren, daß nach 2,4ff „wir", die Christen und Glieder der Kirche, doch bereits mit unserer ganzen Existenz in die geistliche Realität der Kirche hineingenommen sind? Wir *alle* sind doch schon – trotz unseres Erdendaseins – in die himmlische Herrlichkeit hineingelangt, so daß nach 2,6 sogar das auffällige συνεκάθισεν von uns gilt. Diejenigen also, von denen die Prädikate von 2,5f gelten, können sich dann aber gar nicht mehr, wenn wir die Sprachmodalitäten des AuctEph zum Kriterium nehmen, *auf dem Wege* zur Einheit des Glaubens befinden! Dann aber legt sich erneut die Interpretation nahe, daß die πάντες von 13 eben doch nicht nur „alle Mitglieder der Kirche" sind, sondern *alle Menschen*. Diese Exegese beseitigt immerhin die Differenz von 4,13 zu 4,5. Die Interpreten von 4,13 verstehen allerdings nahezu einmütig unter οἱ πάντες die Glieder der Kirche. So interpretiert z.B. Schnackenburg K 187, der eine Glaube, den alle in der Taufe bekennen (4,5), müsse sich auch im kirchlichen Leben verwirklichen; so drücke das Verb καταντᾶν das von Gott ermöglichte, von den Verkündigern unterstützte, von allen Gläubigen aufzunehmende Hinstreben zur Vollendung aus, nämlich „zum vollkommenen Mann, zum Vollmaß". Also verschiebe sich hier im Eph die streng eschatologische Blickweise des Paulus (Phil 3,11) in die Vertikale. Gnilka K 214 sieht in „wir alle" eine ekklesiale Dimension angedeutet: „Die Welt kommt zunächst nicht in den Blick, auch nicht eine missionarische Verpflichtung der Kirche der Welt gegenüber." So sei der Aufbau der Kirche eben „ein intensiver, kein extensiver Vorgang". Das *Problem* einer Zusammenschau von 3 bzw. 5 und 13a sieht sehr klar auch Lindemann K 80: Die auf die Zukunft gerichtete Aussage von 13a sei insofern überraschend, als ja in 3 die Einheit des Geistes als bereits gegenwärtige Realität behauptet worden war. 13 und 14 stellten somit den Ausleger vor kaum lösbare Probleme. „Der in V. 13a enthaltene Zukunftsaspekt hebt aber die vorangegangenen Gegenwartsaussagen nicht auf, sondern fordert – wie zuvor

1,17... – deren ‚dialektische‘ Interpretation." Unter Einbeziehung von 14 sieht er in 11 ff folgenden – möglichen! – Gedankengang (K 81): „Christus setzte (V. 11) Menschen als Apostel, Propheten usw. ein, damit (V. 12) die Christen den Leib Christi auferbauen können, bis schließlich (V. 13) ‚wir alle‘, und das hieße dann: alle Menschen, Christus erkennen und zur Christus entsprechenden Fülle gelangen, um (V. 14) nicht mehr als ‚Unmündige‘ durch falsche Religionen verführt zu werden." Lindemann spricht in diesem Zusammenhang von einem missionstheologischen Exkurs; erst in 15 f kehre der AuctEph wieder zur eigentlichen innerkirchlichen Mahnung zurück.

Der hier bewußt ausführlicher als sonst gehaltene Hinweis auf unterschiedliche Interpretationen sollte deutlich machen, daß es bei diesen widersprüchlichen Auslegungen nicht um Marginaldifferenzen geht, sondern daß sie den theologischen Kern der Theologie des Eph betreffen. Die Alternative mag sich zunächst so stellen: Geht der Blick nur *innerekklesiologisch nach innen* oder nur *missionarisch nach außen?* Diese Alternative ist jedoch zu einfach. Schon allein der Sachverhalt, daß sich die Passage innerhalb eines paränetischen Abschnitts befindet, in dem es um die οἰκοδομή geht, also um einen zwar primär von Gott ausgehenden Prozeß, in den aber wir als verantwortliche Glieder der Kirche hineingenommen sind, zeigt, daß auch „wir", wie auch immer, auf die Einheit des Glaubens zugehen, obwohl wir doch unsere kirchliche Existenz bereits von dieser Einheit her haben. Dann aber läßt sich der zunächst so änigmatische Vers so interpretieren, daß zwar μία πίστις von 4 tatsächlich in erster Linie von der *fides quae creditur* zu verstehen ist, daß aber in 13 diese *fides quae* der existentiellen Vertiefung bedarf, daß sie hier zwar sicherlich auch in ihrem theologischen Gehalt zu sehen ist, daß aber die Intensivierung, also das Wachsen im Glauben, Dominanz gewinnt. Das wird auch durch die Einheit der „*Erkenntnis* des Sohnes Gottes" deutlich. Denn die ἐπίγνωσις ist ja in ihrer Eigentlichkeit gerade nicht das intellektuelle Erfassen eines Tatbestands, hier: eines transzendenten Gehaltes, sondern vereinigt Gotteserkenntnis und Selbsterkenntnis, da Gotteserkenntnis notwendig Selbsterkenntnis impliziert, will sie wirklich Erkenntnis *Gottes* sein. Denn nur eine Erkenntnis Gottes, die Gott als *Deus pro nobis* verstehen läßt, läßt Gott als den Gott der biblischen Offenbarung verstehen. Nur wer Gott in *dieser* Weise versteht, also ihn in eigentlicher Weise *versteht*, gelangt kraft seiner ἐπίγνωσις und somit kraft seines Glaubens, seiner πίστις – denn die ἐπίγνωσις τοῦ υἱοῦ τοῦ θεοῦ ist im tiefsten und letzten Glauben! –, in den Bereich Gottes hinein. Erkenntnis Gottes durch Erkenntnis des Sohnes Gottes ist somit über das intellektuelle Erkennen und Verstehen hinaus, also über das gnoseologische Moment hinaus, ein ontisches Geschehen. Denn der Glaubende ist in seinem *Sein* ein anderer als der Nichtglaubende. Kurz: Von 5 her bleibt in 13 die πίστις notwendig *fides quae creditur;* sie ist aber, auch gerade als *fides quae creditur*, zugleich *fides qua creditur.*

16 hat Kol 2,19 zur Vorlage. So sei zum Verständnis des Verses auf die Auslegung der Kol-Stelle verwiesen. Die Differenz beider Aussagen hat Lindemann K 82 zutreffend herausgestellt: 1. die direkte Ketzerpolemik von Kol 2,19 fehlt in 4,16. 2. Der AuctEph fügt gegenüber Kol 2,19 betont einen ausführlichen Hinweis auf „jeden einzelnen" ein, womit der Gedanke, auch in der Formulierung, bewußt zum Anfang, nämlich 7, zurückgelenkt wird. Wir halten fest: In 16 hat der AuctEph eine polemische Äußerung des AuctCol seinen Ausführungen über die Ämter der einen Kirche eingefügt.

212

4,17–5,2 Nicht der alte Mensch – nein, der neue!

[17]Das sage ich nun und bezeuge es im Herrn: Ihr sollt euch nicht mehr so verhalten, wie es die Heiden in der Nichtigkeit der aus ihrem Inneren kommenden Einstellung tun, [18](nämlich) verdunkelt in der Grundhaltung (ihres) Denkens, entfremdet dem Leben Gottes wegen der in ihnen herrschenden Unwissenheit, wegen der Verhärtung ihres Herzens. [19]Abgestumpft haben sie sich selbst der Zügellosigkeit hingegeben, um jegliche Unreinheit in Habsucht zu praktizieren. [20]Ihr aber habt Christus *so* nicht kennengelernt, wenn ihr wirklich von ihm gehört habt und in ihm unterrichtet wurdet, wie es schließlich (die) Wahrheit in Jesus ist, [22]nämlich den alten Menschen – *er* kennzeichnete (euren) frühen Wandel! – abzulegen, der nach den Begierden der Täuschung zugrunde geht, [23]den Geist eurer inneren Gesinnung zu erneuern [24]und den neuen Menschen anzuziehen, der nach Gott in Gerechtigkeit und Heiligkeit der Wahrheit geschaffen ist.

[25]Deshalb legt die Lüge ab! „Redet ihr, ein jeder (von euch), in Wahrheit zu seinem Nächsten!" Sind wir doch Glieder untereinander! [26]„Zürnt, aber sündigt nicht!" Die Sonne soll nicht über eurem Zorne untergehen! [27]Gebt dem Teufel keinen Raum! [28]Wer (bisher) ein Dieb (war), stehle nicht mehr! Mehr noch, er mühe sich ab, mit seiner Hände (Arbeit) das Gute zu erwirken, damit er etwas habe, das er dem Bedürftigen geben kann! [29]Kein übles Wort komme aus eurem Munde, sondern, wenn (ihr redet), dann ein gutes (Wort), das, wo erforderlich, den Hörenden Gnade vermittelt. [30]Und beleidigt nicht den Heiligen Geist Gottes, in dem ihr auf den Tag der Erlösung hin versiegelt seid! [31]Fern von euch bleibe alle Bitterkeit und Wut und Sorge und Geschrei und Lästerung samt aller Schlechtigkeit! [32]Seid vielmehr gütig zueinander, barmherzig, vergebt einander, wie Gott in Christus euch vergeben hat!

[1]Werdet also Nachfolger Gottes wie (seine) geliebten Kinder! [2]Und wandelt in (der) Liebe, wie euch (uns?) der Christus geliebt und sich selbst für euch als Gabe und Opfer an Gott hingegeben hat – zu einem äußerst angenehmen Wohlgeruch!

Literatur: E. Best, Eph 4,28: Thieves in the Church, IBSt 14 (1992) 2–9. – H. D. Betz, Nachfolge und Nachahmung Jesu Christi im NT (BHTh 37), 1967. – M. Coune, Revêtir l'homme nouveau (Eph 4,23–28), ASeign 74 (1963) 16–32. – Fischer, Tendenz und Absicht des Eph, 147–161. – Larsson, Christus als Vorbild, 223–230. – B. Lindars, Immitation of God and Immitation of Christ, Theol. 76 (1973) 394–402. – F. Montagnini, Echi di parenesi cultuale in Ef 4,25–32, RB 37 (1989) 257–282. – I. de la Potterie, Jésus et la vérité d'après Eph 4,21, in: Studiorum Paulinorum Congressus Internationalis Catholicus 1961 (AnBib 17), 45–57. – J. P. Sampley, Scripture and Tradition in the Community as Seen in Eph 4,25ff, StTh 26 (1972) 101–109. – E. Schweizer, Gottesgerechtigkeit und Lasterkataloge bei Paulus (inkl. Kol und Eph), in: Rechtfertigung, FS E. Käsemann, Tübingen/Göttingen 1976, 461–477. – S. auch Literatur zu Eph 4,1–16.

Das Ende des mit 4,17 beginnenden Abschnitts wird unterschiedlich bestimmt (Gnilka K 221ff: 4,17–32, unterteilt in 17–19, 20–24, 25–32; Mußner K 132ff: 4,17–24, 4,25–32 neuer eigener Abschnitt; Schlier K 209ff: 4,17–24; 4,25–5,2 neuer eigener Abschnitt; ebenso Lindemann K 83ff; Lincoln K 270ff). Ob man jedoch 4,17–5,2, wie hier geschehen, als zusammengehörigen Abschnitt innerhalb der Kap. 4–6 nimmt oder in diesen Versen gleichrangige Abschnitte dieser Kapitel sieht, ob man andere Versabgrenzungen vornimmt – alle derartigen Entscheidungen sind von untergeordneter Bedeutung, weil eine strenge Gliederung gar nicht in der Intention des AuctEph liegt. Es gehört zu seiner Darstellungsart, einen Gedanken an den anderen anzuschließen, wobei zuweilen ein Abschnitt organisch in den nächsten einmündet. So mag man z. B. dem οὖν in 4,17 eine stärkere zäsurgebende Funktion als dem οὖν in 5,1 zuerkennen. Oder man urteilt in dieser Frage anders und läßt deshalb mit 5,1 einen neuen Absatz beginnen. Somit bleiben exegetische Entscheidungen hinsichtlich formaler Fragen gerade im zweiten Teil des Briefes immer wieder Ermessensurteile.

Die mit Kap. 4 einsetzende Paränese brachte zunächst Aufforderungen, in denen nur nach vorn geschaut wurde. Es waren Aufforderungen, in denen die Adressaten auf ihr christliches Sein hin angesprochen wurden, ohne daß von ihrem früheren verdorbenen Leben die Rede war und ohne daß auf das sündige Leben der Heiden Bezug genommen wurde. In **17** ändert sich aber die Perspektive. Das Wort μηκέτι indiziert die Blickrichtung: Die Epheser haben einst ein unwürdiges, durch und durch sündhaftes Leben geführt. So sollen sie jetzt *nicht mehr* leben! Denn so leben die Heiden! Zweimal begegnet περιπατεῖν in diesem Vers, ein Verb, das mit seinem atl. Hintergrund schon aus der Exegese des Kol bekannt ist (1,10; 2,6; 3,7; 4,5, die auffällige literarische Strategie des AuctCol: in jedem Kapitel einmal), ähnlich im Eph (bisher 2,2.10; 4,1; später noch 5,2.8.15). Es meint im Guten wie im Bösen die Gesamthaltung, die Gesamteinstellung des Menschen bzw. der Menschen. Daß die Epheser als „Tote" aufgrund ihrer Sündentaten gemäß dem Wesen des bösen Geistes wandelten, wurde ja in 2,1ff drastisch genug gesagt. Und auf genau diese Stelle spielt der AuctEph in 4,17 an: *Die* Heiden leben so, es ist sozusagen der Grundzug heidnischer Existenz. Tritopaulus nimmt sich also die Freiheit, die Epheser noch einmal auf ihre elende Vergangenheit anzusprechen. Wenn er vom Wandel ἐν ματαιότητι τοῦ νοὸς αὐτῶν spricht, vom Lebenswandel in der Nichtigkeit ihres Denkens, also von einer durch Nihilismus gekennzeichneten Existenz, dann dürfte bei diesem Gedanken wieder einmal Paulus Pate gestanden haben. Den Wortstamm ματαιο- bringt dieser nämlich gern im Zusammenhang mit dem Denken. Nach 1Kor 3,20 durchschaut Gott die Gedanken der „Weisen", τοὺς διαλογισμοὺς τῶν σοφῶν; denn sie sind nichtig, μάταιοι, sie führen die, die sich für weise halten, ins Nichts, so daß sie erledigt sind. Sie wissen nicht, in welch erbärmlichem und erbarmungs-"würdigem" Zustand sie sich befinden! In Röm 1,21 ist dieser Gedanke zugespitzt: Diejenigen, die Gott und Götzen in nicht mehr zu überbietender Torheit verwechseln, die die Hölle für den Himmel halten, hat Gott in den äußersten Nihilismus gestürzt (ἐματαιώθησαν ist *passivum divinum*). Gott hat ihre Gedanken verwirrt, hat sie per-vertiert: erneut ἐν τοῖς διαλογισμοῖς αὐτῶν. Tritopaulus spricht also wie Paulus, nach dessen theologischer Reflexion es Gott selbst ist, der durch den Nihilismus der sündigen Menschen die Schöpfung zum *nihil* werden läßt, Röm 8,20. Da der Kol diesen Topos des Nihilistischen nicht bringt, liegt es nahe anzunehmen, daß der AuctEph direkt auf die genannten Stellen aus 1Kor und Röm zurückgreift: Ins Nichts rennt der, dessen Denken verleitet und vergiftet ist. Ohne daß er sich des Begriffs bedient, fordert der AuctEph, daß die Epheser bei ihrer – paulinisch gesprochen (Röm 2,4; 2Kor 7,9f) – μετά-νοια, ihrem Um-Denken, beharren. Jetzt sind sie „etwas", freilich nur ihrem In-Christus-Sein.

18 bleibt noch bei dem in 17 ausgesprochenen Gedanken: Wer sich im Nichtigen aufhält, hält sich in der Dunkelheit auf. Die διάνοια ist die geistige Grundhaltung des Menschen, seine personale Grundausrichtung. Es ist un-sinnig, also ohne Sinn, Sinn-los, in der Verblendung – Ver-Blendung! – die Dunkelheit für das Licht zu halten! Nur wo Gott Licht schenkt, weil er selbst Licht ist, da versteht der Mensch, was Licht und was Finsternis ist (s. den Exkurs über Licht und Finsternis). Es ist ein bereits atl. Gedanke, wie er z.B. ψ 26,1 ausgesprochen ist: κύριος φωτισμός μου καὶ [καί *explicativum!*] σωτήρ μου. Nur wer Gott als den freimachenden Gott erfahren hat, in dessen Geist das Licht der Erkenntnis zum echten Verstehen und Selbst-Verstehen geführt hat, der erfährt wahre „Auf-Klärung". Nur da ist – borgen wir uns von Heidegger die Terminologie! – die Lichtung des Seins als die Lichtung des menschlichen Daseins! Nur wer sich von der Gnade her im Lichte Gottes sieht, weiß, was das wahre Licht ist. Es klingt fast johanneisch, Joh 8,12: ἐγώ εἰμι τὸ φῶς τοῦ κόσμου. Es werden also die, die jetzt im Lichte sind, eigentümlicherweise *e contrario* angesprochen. Es wird ihnen gegenüber paränetisch vom Dunkel gesprochen, das sie freilich als im Lichte Lebende erst richtig als Dunkel verstehen. Also eine bemerkenswerte Hermeneutik: Nur wer im Hellen lebt, weiß um die Furchtbarkeit des Dunkels. Vor allem aber: Tritopaulus bietet eine *hermeneutische Paränese*. Paränese kommt nur da zum Ziel, wo die Hörenden die Verstehenden sind, wo, im Bilde gesprochen, das Licht die Antihermeneutik der Dunkelheit begreift.

Religionsgeschichtliche Parallelen zu Eph 4,18

Notiert werden sollten als religionsgeschichtliche Parallelen zu ἐσκοτωμένοι τῇ διανοίᾳ ὄντες einige Stellen aus TestXII, ohne daß jedoch damit eine literarische Abhängigkeit behauptet werden sollte. Die im folgenden genannten Zitate sind aber bezeichnend für eine damals anscheinend verbreitete Idiomatik. TestXII Rub III,8: καὶ οὕτως ἀπόλλυται πᾶς νεώτερος, σκοτίζων τὸν νοῦν αὐτοῦ ἀπὸ τῆς ἀληθείας, καὶ μὴ συνιῶν ἐν τῷ νόμῳ τοῦ θεοῦ, μήτε ἀκούων νουθεσίας πατέρων αὐτοῦ... „Und so geht jeder junge Mann zugrunde. Er verfinstert seinen Verstand – weg von der Wahrheit. Und er versteht nicht das Gesetz Gottes und hört nicht auf die Ermahnung seiner Väter." Zu beachten ist, daß hier vom Verfinstern des Verstandes im Zusammenhang mit der Abkehr von der Wahrheit die Rede ist, der AuctEph aber kurz nach 4,18, nämlich in 25, ebenfalls von der Wahrheit spricht. Außerdem sind beide Texte paränetischen Charakters. TestXII Dan II,4: περιβάλλεται γὰρ αὐτὸν τὸ πνεῦμα τοῦ θυμοῦ τὸ δίκτυον τῆς πλάνης καὶ τυφλοῖ τοὺς ὀφθαλμοὺς αὐτοῦ, καὶ διὰ τοῦ ψεύδους σκοτοῖ τὴν διάνοιαν αὐτοῦ... „Denn der Geist des Zorns wirft das Netz der Täuschung und verfinstert seine Augen. Und durch die Lüge verdunkelt er seinen Verstand." Vom Zorn ist in Eph 4 ebenfalls im Kontext von 18 die Rede, nämlich in 26. TestXII Gad VI,2... τὸ πνεῦμα τοῦ μίσους ἐσκότιζέ μου τὸν νοῦν, καὶ ἐτάρασσέ μου τὸν λογισμὸν πρὸς τὸ ἀνελεῖν αὐτόν. „Der Geist des Hasses verdunkelte meinen Verstand und verwirrte mein Denken, daß ich ihn tötete."

Syntaktisch parallel zum Partizip ἐσκοτωμένοι steht ἀπηλλοτριωμένοι. Wer in seinem Denken verfinstert ist, der ist dem Leben Gottes und somit dem lebendigen Gott entfremdet (s. in der Vorlage Kol 1,21, wo ebenfalls ἀπηλλοτριωμένοι im Kontext von διάνοια begegnet). Ist der Mensch Gott fremd geworden? Oder ist Gott dem Menschen fremd geworden? Es ist eine Art Vexierfrage, denn beides geht ineinander über. Es ist einerseits ein selbstverschuldetes Geschehen, daß der, der in seiner Sündhaftigkeit sein Denken zerstört, schuldhaft die *aversio a Deo* vollzieht; andererseits ist es aber Gott, der den Schuldigen sich weiter von ihm als seinem Schöpfer entfernen läßt. Wer aber Gott entfremdet ist, ist, da er ja Geschöpf Gottes ist, sich selbst entfremdet, sich selbst fremd geworden. Das führt zum paradoxen Zustand, daß der Gott und sich selbst Fremde den Zustand seiner Katastrophe gar nicht mehr bemerkt. Sein Verstand ist so verfinstert, daß er dessen Verdunkelt-Sein als Helle mißdeutet. Auch hier also wieder eine für das NT bekannte Argumentationsfigur. Sie findet sich im bereits genannten Abschnitt Röm 1,18ff, aber auch in Röm 7,7ff – Tritopaulus erweist sich erneut als guter Pauliner – , sie findet sich im Eph selbst, nämlich in 2,12, wo der AuctEph bereits das Partizipium ἀπηλλοτριωμένοι verwendet hat. Es sind die in der Gefangenschaft ihrer wahrheitsfeindlichen Grundausrichtung Irregeleiteten. Vielleicht ist sogar das Wort „Grundausrichtung", das ja die Gegen-Richtung zur Richtung auf Gott hin aussagen soll, ein wenig unpassend. Denn der den Weg geht, der von Gott fortführt, hat ja eigentlich eine Richtung im strengen Sinne des Wortes verloren. Er ist orientierungslos geworden, und als Orientierungsloser schwankt er nun in der Irre und weiter in die Irre hinein. Er hat den Weg Gottes als den Weg zu Gott verloren. Er hat den Weg des lebendigen Gottes verloren und treibt so, sich selbst schon bereits im Bereich des Todes aufhaltend, ganz und gar auf den Tod zu (s. auch zu Kol 1,21).

Nach den beiden Partizipien folgen zwei mit διά eingeleitete Wendungen, auch beide syntaktisch parallel. Die erste, διὰ τὴν ἄγνοιαν τὴν οὖσαν ἐν αὐτοῖς, bringt inhaltlich im Grunde nichts Neues; denn mit dem Begriff ἄγνοια – sprachlich gekonnt als Charakteristik der διά-νοια! – ist nur der Zustand der Verdunkelung noch einmal in einer anderen Sprachweise ausgesagt. Vielleicht darf man annehmen, daß mit ἐν αὐτοῖς ein gewisses dramatisches Moment ausgesprochen ist: Im tiefsten Inneren der in geistlicher Hinsicht Denkunfähigen ist furchtbarstes, nichtendes Dunkel. Die Torheit geistlicher Urteilsfähigkeit findet sich bei Paulus u.a. in Röm 10,2: οὐ κατ᾽ ἐπίγνωσιν. Was Paulus dort über die Blindheit der ohne Christus nach Gott suchenden Juden sagt, sagt Tritopaulus in Eph 4 mit dem Begriff ἄγνοια über die Heiden. Gnilka K 224 macht mit Recht auf Epiktet, Diss I,26,6 aufmerksam, wo ἡ ἄγνοια als Ursache des Sündigens genannt wird.

Die Wendung πώρωσις τῆς καρδίας findet sich in der LXX nicht (πωροῦν nur Hiob 17,7 und für Prov 10,20 nur A, nicht aber ℵ B), doch ist der mit ihr ausgesprochene theologische Gedanke, daß Gott selbst das Herz von Menschen verhärtet, der Sache nach deutlich im AT ausgesprochen, vor allem in Ex 4–17 mit der stereotypen Formulierung ἐγὼ δὲ σκληρυνῶ τὴν καρδίαν Φαραώ o. ä. oder *passivum divinum* καὶ ἐσκληρύνθη ἡ καρδία Φαραώ. πώρωσις ist im NT selten. Der AuctEph kennt dieses Substantiv und das entsprechende Verb aus Röm 11,7.25. Und gerade Röm 11,25 zeigt am Beispiel Israel, daß die Verhärtung für Paulus kein endgültiger Zustand ist. Vom verhärteten Herzen ist aber außer Eph 4,18 nur im Mk (3,5; 6,52; 8,17) und in Joh 12,40 die Rede. In Eph 4,18 kommt keinesfalls mit dem Begriff πώρωσις die Vorstellung der *praedestinatio gemina* mit der *praedestinatio in interitum* zum Ausdruck (auch nicht Röm 9,22!). Daß aber der AuctEph auch die Erzählungen von der Verhärtung des Herzens des Pharaos durch Gott vor Augen hatte, ist wahrscheinlich, nicht aber erweisbar. Mit einem Relativsatz werden in **19** die ἐσκοτωμένοι und ἀπηλλοτριωμένοι noch einmal charakterisiert: Sie sind abgestumpft (ἀπηλγηκότες ist Hapax legomenon im NT), empfinden also den Schmerz, das ἄλγος, ihrer geistlich so bedrohlichen Situation überhaupt nicht. Dieses Kennzeichen des Abgestumpftseins, des Stumpf-Sinns, unterstreicht, was der AuctEph zuvor über die sich selbst gegenüber Blinden gesagt hat. In ihrer totalen Defizienz an normalerweise anzunehmender Sensibilität haben sie sich in weiteres Unheil hineinmanöveriert und sich der tödlichen Selbsttäuschung anheimgegeben. Hatte der AuctEph das dreifache παρέδωκεν von Röm 1,24ff im Ohr? Auf Röm 1,18ff wurde ja schon mehrfach hingewiesen. Den Subjektwechsel von der 3. Person Singular (Gott) zur 3. Person Plural hat er wohl bewußt vorgenommen, um die übergroße Schuldhaftigkeit der „Heiden" deutlich zu machen. Freilich wollte er damit keineswegs die diesbezügliche Aktivität Gottes bestreiten. Das *Verhältnis von Schuld und Verhängnis* sieht Tritopaulus ja ähnlich wie Paulus, wie die bisherige Auslegung des Eph zeigte. Von der ἀσέλγεια ist allerdings in Röm 1,24ff nicht die Rede. Aber das, wozu Gott die gottlose, weil götzenbestimmte Menschheit preisgegeben hat, kann durchaus mit diesem Wort, mit „Zügellosigkeit", umschrieben werden. Es findet sich auch bei Paulus (Gal 5,19 im Lasterkatalog; 2Kor 12,21; Röm 13,13), nicht aber im Kol. Somit kann man vermuten, daß der AuctEph es aus den ihm bekannten authentischen Paulinen übernommen hat. Neben der ἀσέλγεια spricht er hier vom Wirken jeglicher Unreinheit, ἀκαθαρσία, in Habsucht, πλεονεξία. ἀκαθαρσία steht aber im Kol – und zwar sogar im paränetischen Kapitel, Kol 3,5 –, dort neben πορνεία und πλεονεξία. Im oben bereits genannten Lasterkatalog Gal 5,19 nennt Paulus sie neben πορνεία, also in etwa einem Äquivalent für ἀκαθαρσία, ἀσέλγεια und anderen Lastern. Man sieht also, wie der AuctEph Aussagen des Paulus und des Deuteropaulus ineinanderwebt und auf diese Weise seine eigenen Akzente setzt. Bemerkenswert ist vor allem, daß der AuctCol die πλεονεξία als εἰδωλολατρία interpretiert, während der AuctEph dahingehend korrigiert, daß er die ἀκαθαρσία von der πλεονεξία her deutet. Damit wird im Eph die Habsucht mehr als Disqualifikation in ethischer Hinsicht bestimmt, während sie in der literarischen Vorlage, dem Kol, als Gottlosigkeit gedeutet wurde (zum Ganzen s. zu Kol 3,5).

Doch jetzt von der sündigen Vergangenheit der Epheser – und der Gegenwart der Heiden! – zur Gegenwart der Adressaten! Aus **20** mag man vielleicht einen etwas drohenden Unterton heraushören: Ihr aber – betontes ὑμεῖς! –, ihr habt den Christus auf solche Weise nicht kennengelernt! Und wahrscheinlich ist dieser Unterton auch nicht ganz auszuschließen. Aber man sollte daraus nicht unbedingt folgern, daß der AuctEph eine in Unmoral versinkende Gemeinde im letzten Augenblick noch vor einem fast nicht mehr aufzuhaltenden Verderben zur Umkehr rufen wollte. Vorsichtig und vielleicht zutreffend hat es Pokorný K 187 formuliert: Der Rückfall in eine solche Lebensweise droht den Ephesern als ständige Gefahr. Ob man wegen ἐμάθετε von christlicher Katechese sprechen sollte (so z. B. Pokorný K 187), sei dahingestellt. Doch eher ist wohl mit Lindemann K 85 μανθάνειν ein Stichwort für das Annehmen der Missionspredigt (Kol 1,7; aber schon bei Paulus Phil 4,9.11). Gut vor allem seine Feststellung (K 85): „Der Inhalt der Christusverkündigung und Christus selbst sind letztlich identisch." Das liegt ganz in der Linie von der paulinischen Spitzenaussage Röm 1,16f her, wie es vor allem bei der Exegese von Eph 3 deutlich wurde.

Die nächsten Verse zeigen die enge Parallelität von Eph 4 und Kol 3. In **21f** ist mit ἀποθέσθαι ὑμᾶς Kol 3,8 mit νυνὶ δὲ ἀπόθεσθε καὶ ὑμεῖς τὰ πάντα aufgegriffen. Und während der AuctCol τὰ πάντα mit einem Lasterkatalog inhaltlich füllt, verweist der AuctEph noch einmal auf die Vergangenheit der Adressaten: κατὰ τὴν πρότεραν ἀναστροφήν, um danach erst das Objekt des ἀποθέσθαι zu nennen: τὸν παλαιὸν ἄνθρωπον (s. u.). Das Ganze steht aber in Eph 4,21f unter der in 21a genannten Voraussetzung: Wenn ihr ihn, nämlich den Christus, gehört habt und „in ihm" unterrichtet seid. Damit ist das ἐμάθετε von 20 aufgegriffen. Mit Lindemann K 85: „Ihn hören" meint, was in 1,13 mit „das Wort der Wahrheit hören" gesagt ist. Wenn es nun in 4,21 als Explikation von αὐτὸν ἠκούσατε heißt: καὶ [καί *explicativum*] ἐν αὐτῷ ἐδιδάχθητε, so ist für das inhaltlich zunächst eindeutig zu bestimmende ἐν αὐτῷ erneut auf 1,13 zu verweisen; denn dort heißt es ja ἐν ᾧ [sc. τῷ Χριστῷ] ὑμεῖς ἀκούσαντες τὸν λόγον τῆς ἀληθείας. Das Gefüge der theologischen

Terminologie des Eph zeigt also, daß „Jesus hören" keinesfalls bedeuten kann, die Predigt des vorösterlichen Jesus hören. Schnackenburg K 203 paraphrasiert: „Hier ist die Person Jesu Christi als Gegenstand der Taufkatechese gemeint, darüber hinaus die Christuserfahrung in der Taufe selbst." Überinterpretation könnte freilich die Annahme von Pokorný K 187 sein, daß der AuctEph vor einer Theologie warnen wolle, die Christus als Jesus unterschätzt, also eine Warnung vor einer Vorform des Doketismus.

Für den Begriff ὁ παλαιὸς ἄνθρωπος sind im Grundsätzlichen keine Erläuterungen erforderlich, da sie bereits für Kol 3,9 gegeben sind. Einige Differenzen zwischen Kol 3,8–10 und Eph 4,21–24 sind rein sprachlicher und syntaktisch-grammatischer Natur. Noch einmal sei aber darauf hingewiesen, daß ἀπόθεσθε κτλ im Kol einen Lasterkatalog zum Objekt hat und das Akkusativobjekt τὸν παλαιὸν ἄνθρωπον vom Nominativ ἀπεκδυσάμενοι regiert wird. Der AuctEph läßt jedoch in 22 aus dem Gegensatzpaar ἀπεκδυσάμενοι – ἐνδυσάμενοι das erste Wort weg und konstruiert ἀποθέσθαι syntaktisch mit τὸν παλαιὸν ἄνθρωπον. Er lädiert damit allerdings die Symmetrie des sprachlichen Gefüges von Kol 3,9f. Aufmerksamkeit erfordert aber in Eph 4,22 die redaktionelle Modifikation τὸν φθειρόμενον κατὰ τὰς ἐπιθυμίας τῆς ἀπάτης. Denn hier spricht der AuctEph erneut von der Täuschung, inhaltlich genauer: vom *Getäuschtwerden* des alten Menschen, der gemäß den Begierden dieses Getäuschtwerdens in sein Verderben hineinrennt, ohne es zu merken. **23f** aber bringen weitgehend den theologischen Gedanken von Kol 3,10. Jedoch fügt der AuctEph bezeichnenderweise hinzu: ἐν δικαιοσύνῃ καὶ ὁσιότητι τῆς ἀληθείας. Die Gerechtigkeit, δικαιοσύνη, meint hier das aus dem neuen Sein erwachsene gerechte Sein und Handeln des Menschen, mit ἐν ... ὁσιότητι τῆς ἀληθείας ist die geschichtliche Realisierung der in der vorgeschichtlichen Prädestination grundgelegten Heiligkeit (1,3ff) zum Ausdruck gebracht. Diese Heiligkeit ist aber die Wirklichkeit der ἀλήθεια, von der im bisherigen Verlauf der Auslegung des Eph zur Genüge die Rede war. Es ist festzuhalten: Der AuctEph hat Kol 3,11 nicht übernommen. Eigentlich paßte dieser Vers gut in die Aussageintention von Eph 2,14ff her. Wir könnten nur raten, warum der AuctEph dieses für den AuctCol so wichtige Diktum streicht.

Auch wenn man berücksichtigt, daß die paränetischen Aussagen in **25ff** in recht lockerer Reihenfolge, in mehr assoziativer als in streng geordneter Weise gebracht werden, fallen einige strukturelle Eigenheiten auf. Man kann zunächst davon ausgehen, daß in diesem Abschnitt Gebote der *Zweiten Tafel* des *Dekalogs* maßgebend sind. Die Aufforderung „Legt die Lüge ab!" in 25d dürfte sich auf das Achte Gebot „Du sollst kein falsches Zeugnis gegen deinen Nächsten reden" (Ex 20,16; Dtn 5,20) beziehen, „Der Dieb soll nicht mehr stehlen!" in 28a auf das Siebente Gebot (Ex 20,15; Dtn 5,19). Schwierig ist hingegen die Deutung von 26 (Gnilka K 235: „rätselhaft"). Der AuctEph zitiert wörtlich, freilich nicht als formelles Zitat, ψ 4,5: ὀργίζεσθε καὶ μὴ ἁμαρτάνετε (anders MT: „Sinnet nur in euren Herzen – doch verfehlt euch nicht!"). Die Adressaten dürfen also zürnen, aber nicht sündigen? Wäre das Psalmwort so zu verstehen, dann würde 26b mit der Forderung, die Sonne nicht über ihrem Zorn untergehen zu lassen, bedeuten, daß man zürnen darf, aber eben nicht über den Sonnenuntergang hinaus. Gnilka K 235f entscheidet sich, auch im Blick auf Qumran (CD IX,6; 1QS V,26–VI,1), in diesem Sinne, freilich mit der bemerkenswerten Deutung, daß die Sünde gegen den Bruder primär darin bestehe, daß man sich seiner nicht annimmt. Lindemann K 88 hingegen votiert mit dem Hinweis auf 31 für die Auslegung, daß der AuctEph das Zürnen wie das Sündigen verbieten wolle (er hält jedoch die zuerst genannte Deutung für „grammatisch ... möglich"). Einerlei, welche Lösung man für diese *crux interpretum* wählt (s.u.), es dürfte das Fünfte Gebot (Ex 20,15LXX; Dtn 5,18LXX) im Hintergrund stehen – vorausgesetzt allerdings, man betrachtet die in diesem Vers vorfindliche Formulierung als in derselben Tradition stehend wie die Erste Antithese der Bergpredigt (Mt 5,21–26). Eigentümlich ist es aber dann, daß in 27 völlig unvermittelt vom Teufel die Rede ist. Warum unterbricht der AuctEph seine konkreten Aufforderungen, um vor ihm zu warnen? Ist nur der nachtragende Zorn so schlimm, daß er dem Teufel Raum gibt? Stellen wir diese Frage, so stehen wir sofort vor einer zweiten ähnlichen Frage: Warum unterbricht er in 30 noch einmal seine konkreten paränetischen Mahnungen, um vom Heiligen Geist zu sprechen? Dem nämlich sollten wir auf jeden Fall unsere Aufmerksamkeit schenken: Der AuctEph spricht vom Teufel und vom Heiligen Geist in analoger Weise innerhalb der rhetorischen Struktur von 25 ff. Daß er dies nicht ohne Absicht tut, ist anzunehmen. Bemerkenswerterweise wird also der Abschnitt 25–32 durch den „Dualismus" von Teufel und Gott zusammengehalten: Ihr lebt jetzt im Herrschaftsbereich Gottes, laßt darum nicht den „Raum" eurer gnadenhaften Existenz zum „Raum" teuflischer Intrigen werden! Laßt eure in 2,1 ff beschriebene böse Vergangenheit nicht wieder zu eurer Gegenwart und Zukunft werden! Ethik ist also hier wiederum im Koordinatensystem der Theologie ausgesagt.

Spricht somit viel dafür, daß der AuctEph in 25 ff auf den Dekalog anspielt – und diese Annahme wird hier vertreten – , so wundert es schon ein wenig, daß in diesem Abschnitt an keiner Stelle das jeweilige Dekaloggebot *expressis verbis* zitiert ist. Doch schauen wir genauer auf den Text! In **25** ist mit διό auf das zuvor Gesagte zurückgeblickt, nämlich auf das Anziehen des neuen Menschen, der in Gerechtigkeit und Heiligkeit der Wahrheit geschaffen ist. Hat ἐν ... ὁσιότητι τῆς ἀληθείας in 24 bewirkt, daß der AuctEph in 25 die Aufforderung zum Ablegen der Lüge (ψεῦδος, s. Ex 20,16 mit οὐ ψευδομαρτυρήσεις und μαρτυρίαν ψευδῆ) ausgesprochen hat und mit Sach 8,16, wie danach dann in 26, ein atl. Zitat bringt, und zwar ein solches, in dem von der ἀλήθεια die Rede ist? Hat er also aus diesem Grunde das Achte Gebot vor das Siebente und Fünfte gesetzt? 25b ist jedenfalls fast wörtlich LXX-Text, lediglich bringt der AuctEph μετά (mit Genitiv) statt πρός (mit Akkusativ). Doch will die je unterschiedliche Bedeutung von ἀλήθεια in 24 zum einen und 25 bzw. Sach 8,16 zum anderen bedacht sein. Die ὁσιότης τῆς ἀληθείας meint den neuen Menschen gemäß der in Christus erschienenen Wahrheit Gottes. ἀλήθεια ist hier (s. auch 21!) ein ontologisch-personaler Begriff, während es in 25 mit λαλεῖτε ἀλήθειαν um die Wahrhaftigkeit der Redenden geht. Diese Differenz ist aber keine totale. Denn der Mensch, der in Gerechtigkeit und Heiligkeit der Wahrheit geschaffen ist, ist ja derjenige, der dieses sein *Wesen* der Wahrheit im *Reden* der Wahrheit manifestiert. Die seinsmäßige Wahrheit der Glaubenden und Erlösten ist der Seinsgrund des Redens der Wahrheit dieser Menschen. Es klingt fast schon johanneisch: Die Glaubenden sind in dem, der die Wahrheit ist (Joh 14,6!), sie *sind* also *in der Wahrheit* und somit als Menschen der Wahrheit die Wahrhaftigen. Das Gefüge der seinshaften Wahrheit von Christus und Christen und der Wahrheit des Redens und somit der Redenden hat Folgen für das Zusammenleben, mehr noch: ist im Sinne des AuctEph *nota ecclesiae*: Ein jeder rede *mit seinem Nächsten*, μετὰ τοῦ πλησίον αὐτοῦ, die Wahrheit! Ist nun in **26** wie zuvor in 25 ein atl. Text ohne *formula quotationis* zitiert und somit nicht als formelles Zitat gekennzeichnet, so hat das zu der Vermutung Anlaß gegeben, in 25f rekurriere der AuctEph auf eine bereits traditionelle Spruchsammlung (so z.B. Lindemann K 88). Das ist durchaus möglich, jedoch nicht erweisbar. 26b ist vielleicht Zitat eines Sprichworts (Gnilka K 235); zu 26 s. auch Jak 1,19f.

Auf die eigenartige Erwähnung des Teufels in **27** – διάβολος findet sich in den authentischen Paulinen nicht – wurde bereits hingewiesen. Bouttier K 213 spricht von diesem Vers als „une vérité d'ordre général" und verweist dafür auf Gen 4,7. Doch wäre höchstens der hebräische Text, nicht aber der LXX-Text eine entfernte Parallele. Es scheint jedoch so, daß der AuctEph den Zorn als spezifische Einbruchstelle des Teufels sieht. Doch hat er in 2,2 das *ganze* verworfene Leben der noch nicht Erlösten als Wirkung der Verführung durch dämonische Mächte gesehen. Hat er, so kann man durchaus fragen, den Teufel vielleicht deshalb *symptomatisch* in 27 eingeführt, um gleich danach in 30 den Heiligen Geist um so überzeugender als überlegene Gegenmacht deutlich werden zu lassen? In **28** wird, wie gesagt, auf das Siebente Gebot angespielt; die Formulierung μηκέτι κλεπτέτω – erneutes μηκέτι! – ist mit dem οὐ κλέψεις von Ex 20,14 sprachlich enger verwandt als 25 mit der von Ex 20,16. Der Unterschied zum Dekaloggebot besteht vor allem darin, daß dort jedem zu stehlen verboten wird, während hier *lediglich der Dieb* aufgefordert wird, von seinem Tun abzulassen. Die Aufforderung zur Arbeit erinnert mit ἐργαζόμενος [ταῖς] ἰδίαις χερσίν an 1Thess 4,11 (καὶ ἐργάζεσθαι [ταῖς] ἰδίαις χερσὶν ὑμῶν); wahrscheinlich besteht literarische Abhängigkeit. Der AuctEph geht aber insofern über Paulus hinaus, als er das Arbeiten mit den eigenen Händen ausdrücklich noch motiviert: Er soll mit dem Guten, das er erarbeitet, etwas haben, daß er es dem Armen gebe! Auch der Arme ist der „Nächste" von 25.

Ist es nun das Stichwort ἀγαθός, das **29** mit 28 verbindet? Doch kann man 29 auch in Kontinuität bereits von 25 her verstehen. Denn wer als der Mensch der Wahrheit die Wahrheit spricht, aus dessen Mund kommt ja kein faules, verdorbenes und verderbendes Wort (s. auch Mk 7,20ff!). Angesprochen ist jetzt wieder die ganze Gemeinde, nachdem die Forderung von 28 nur dem (ehemaligen?) Dieb galt. Aber es gibt noch eine andere Verbindungslinie zwischen 28 und 29. In 28 war vom Geben materieller Güter an den Armen die Rede, in 29 in Überhöhung des zuvor Gesagten vom Wort, das dem Hörenden Gnade gibt. In 28 ging es um den materiell Bedürftigen, τῷ χρείαν ἔχοντι, in 29 um die Erbauung dort, wo Menschen ihrer bedürftig sind, πρὸς οἰκοδομὴν τῆς χρείας. Man wird wohl hinter die Feststellung von Lindemann K 89, mit 29 beginne ein neues Thema, ein Fragezeichen setzen müssen; doch sieht auch er in diesem Vers eine mögliche „weitere Konsequenz aus V. 27". So sagt er zutreffend, der AuctEph denke an die *Kraft des Wortes* innerhalb der Kirche. Wiederum ist das *Wesen der Kirche vom Wort her bestimmt.* Kerygma und Ekklesia gibt es nur zusammen, oder es gibt keines von beiden! Kirche existiert vom Worte Gottes her. Dieser theologische „Sach"-Verhalt wird auch in der Paränese ausgesprochen, denn *Paränese* ist für den AuctEph *wesenhaft theologisch.*

μὴ λυπεῖτε in **30** wird zumeist mit „betrübt nicht!" übersetzt (z. B. Dibelius/Greeven K 88; Schlier K 222; Pokorný K 190; Lindemann K 87). Bultmann hat jedoch auf den Zusammenhang mit 29 verwiesen und dementsprechend 30 interpretiert: Verstärkung der Mahnung, sich vor jedem häßlichen Wort zu hüten; er hat deshalb ThWNT IV, 324, vorgeschlagen, λυπεῖν hier als kränken oder beleidigen zu verstehen. Dem ist zuzustimmen, zumal λυπεῖν im Sinne von „betrüben" dem Geist Gottes eine zu emotionale Stimmung unterstellte, die jedoch der theologischen Gesamtaussage des Eph nicht entspricht; Hos 11 oder ähnliche atl. Stellen sprechen in einem anderen Tonfall von Gott als der AuctEph. Wenn dieser in 30b vom Versiegeltsein der Epheser im Heiligen Geiste spricht, also auf 1,13 zurückverweist (zu ἐν ᾧ ἐσφραγίσθητε s. daher zu 1,13), so will er damit sagen, daß ein Verstoß gegen die Mahnungen der zuvor ausgeführten Paränese ein

Verstoß gegen den Geist Gottes ist und somit dessen Beleidigung. Die z. B. von Schnakkenburg K 207.213 und Gnilka K 221.238 gebotene Übersetzung „kränken" geht also in die richtige Richtung, bleibt aber im Blick auf den Heiligen Geist und somit auf Gott selbst noch zu subjektiv. Die Übersetzung „beleidigen" dürfte daher am ehesten angemessen sein. Umstritten ist, ob eine Anspielung auf Jes 63,10 vorliegt: αὐτοὶ δὲ ἠπείθησαν καὶ παρώξυναν τὸ πνεῦμα τὸ ἅγιον αὐτοῦ. Gnilka K 238 verweist auf diese Stelle, nach Pokorný K 194 müssen wir mit einer solchen Anspielung rechnen. Der unmittelbare Kontext von 63,10, nämlich 63,9, macht sie so gut wie sicher. Denn dort heißt es αὐτὸς ἐλυτρώσατο αὐτούς und in Eph 4,30 εἰς ἡμέραν ἀπολυτρώσεως. Allerdings steht in Jes 63,9f Israels Sünde als Faktum nach der Erwähnung der durch Gott gewirkten Erlösung, während es in Eph 5,30 um die Warnung vor einem lediglich möglichen Faktum geht. Jes 63 steht im weiteren Kontext des eschatologischen Endheils Israels, z. T. in apokalyptischen Farben gezeichnet. Dies könnte die Absicht des AuctEph indizieren, mit dem Hinweis auf den Tag der Erlösung auf den Jüngsten Tag zu verweisen. Dann wäre 30 eine Aussage, in der *auch* die futurische Eschatologie ausgesprochen wäre. Es wäre dann in atl. Diktion ἡ ἡμέρα τοῦ κυρίου, יהוה יוֹם. Allerdings spricht der AuctEph nicht vom Tag des Gerichts, wie es die atl. Aussagen vom Tage Jahwähs tun, z. B. Amos 5,18: ἡ ἡμέρα τοῦ κυρίου ... ἐστι σκότος καὶ οὐ φῶς, oder Joel 2,2f: πάρεστιν ἡμέρα κυρίου, ὅτι ἐγγὺς ἡμέρα σκότους καὶ γνόφου. Es ist der Tag des göttlichen Zornes, Zeph 1,15: ἡμέρα ὀργῆς ἡ ἡμέρα ἐκείνη (s. auch 1,18; 2,3). Zu verweisen ist auch auf Eph 1,14, wo der Begriff ἀπολύτρωσις wie in 4,30 im Wortfeld von σφραγίζω und πνεῦμα steht (1,13).

31 bringt einen Lasterkatalog. Vorlage ist wieder Kol 3,8, aus der θυμός, ὀργή, βλασφημία und das (zusammenfassende) κακία stammen. Aus dieser Stelle ist jedoch αἰσχρολογία nicht übernommen, hinzugefügt hat der AuctEph πικρία und κραυγή. Hatte der AuctEph vielleicht ψ 9,28 vor Augen, wo der Fluchende den Mund voll von πικρία hat (in Röm 3,14 zitiert)? Mit Pokorný K 195 ist anzunehmen, daß das Wort von ihm bewußt eingeschoben wurde, da es in Kol 3,8 nicht genannt ist. ἀρθήτω ἀπ' ὑμῶν heißt wörtlich übersetzt „es soll von euch weggenommen werden". Diese Übersetzung würde aber implizieren, daß die in 31 genannten Laster in der Gemeinde der Adressaten praktiziert würden. Das wäre jedoch eine Situation, die im Eph insgesamt gerade nicht vorausgesetzt ist. Dibelius/Greeven K 88 übersetzen daher zutreffend „Fern von euch sei ..." Die oben gebotene Übersetzung bemüht sich um eine Präzisierung dieser Tendenz: „Fern von euch bleibe ..." Der hierbei übernommene Singular ist grammatisch nicht ganz korrekt, aber wohl stilistisch besser als der Plural und daher vorzuziehen. Er bringt immerhin das Gefüge der Laster als Verhaltenseinheit zum Ausdruck. In diesem Sinne übersetzt auch Lincoln K 292: „Let all bitternis ... be removed from you with all malice."

Dem Lasterkatalog von 31 folgt in **32** der Tugendkatalog. γίνεσθε wird man nach dem, was zu ἀρθήτω in 31 gesagt wurde, mit „Seid ...!" wiedergeben. χρηστός, hier in der Bedeutung „gütig", findet sich im Corpus Paulinum sonst nur noch in Röm 2,4, wo es jedoch um τὸ χρηστὸν τοῦ θεοῦ geht (sonst nur noch in dem 1Kor 15,33 zitierten Sprichwort). In Eph 2,7 ist ebenso von Gottes χρηστότης die Rede (s. auch Röm 2,4; 11,22; χρηστότης des Menschen Röm 3,9 [verneinend gesagt], 11,22 [dort neben der χρηστότης Gottes!]). Für εὔσπλαγχνος, "barmherzig", gibt es ebensowenig wie für χρηστός Belege im Kol; dieses Adjektiv findet sich im NT sonst nur noch in 1Petr 3,8. Beide vom AuctEph gebrachten Worte stehen aber in semantischer Nähe zu χαριζόμενος κτλ, einer z. T. wörtlichen Übernahme aus Kol 3,13. Strittig ist, ob ὑμῖν in ὁ θεὸς ... ἐχαρίσατο ὑμῖν textkritisch als ursprüngliche Lesart zu beurteilen ist (so p⁴⁶ ‭א‬ A u. a.; ἡμῖν p⁴⁹ [3. Jh.] B D Mehrheitstext). Eine sichere Entscheidung ist nicht möglich (Diskussion bei Abbott K 145; s. auch Gnilka K 241, Anm. 2); die meisten Kommentatoren setzen, oft undiskutiert, ὑμῖν voraus. Bouttier K 206 entscheidet sich jedoch für ἡμῖν.

Daß in **5,1** der Imperativ, die Epheser sollten als die geliebten Kinder – τέκνα ἀγαπητά im Sinne von ὡς τέκνα ἀγαπητὰ τοῦ θεοῦ – Nachahmer Gottes und somit Nachahmer ihres göttlichen Vaters sein, singulär im NT ist, wird allgemein in der Kommentierung dieses Satzes mit Nachdruck herausgestellt. Der sofort darauffolgende Imperativ, in der Liebe zu wandeln – ἐν ἀγάπῃ greift eindeutig ἀγαπητά aus 1 auf: als von Gott Geliebte sollen sie in der Liebe wandeln –, ist komplementär zu dem ersten Imperativ. Die Aufforderung zur *imitatio Dei* – nicht *imitatio Christi!* – hat trotz ihrer Einmaligkeit im NT ihre biblischen Wurzeln, zunächst im AT, vor allem im deuteronomisch-deuteronomistischen Text (z.B. Dtn 13,5; 1Kön 14,8, aber auch Jer 2,2 oder Hos 11,10), הָלַךְ אַחֲרֵי. Ntl. ist aber zunächst die Forderung des Paulus, *seine* Nachahmer zu werden, 1Kor 4,16; 11,1: μιμηταί μου γίνεσθε. Diese Nachfolge hat jedoch ihren Grund in der Nachfolge Christi. So fährt Paulus in 1Kor 11,1 mit καθὼς κἀγὼ Χριστοῦ fort. Die *imitatio apostoli* gründet also in der *imitatio Christi*, einem Begriff, der durch die *Libri quatuor de imitatione Christi* des Thomas von Kempen in theologischer und religiöser Tradition (nicht nur der katholischen Kirche!) beheimatet ist. In Eph 5,1 ist aber Paulus, wie es auf den ersten Blick scheint, im Rückgang auf das AT übergesprungen. Doch ist das nur der erste Anschein. Denn wenn, wie in diesem Kommentar angenommen, 4,17 auf 5,1 f wie auf seine vorläufige Zielaussage zuläuft, so ist schon die enge inhaltliche Verklammerung von 5,1 mit 4,32 auffällig; denn dort ist das Subjekt ὁ θεός, dessen soteriologisches Handeln mit ἐχαρίσατο ὑμῖν ausgesagt ist, christologisch dann durch ἐν Χριστῷ präzisiert. Dieses ἐν Χριστῷ kann so verstanden werden, daß Gott „*durch* Christus" begnadend an den Adressaten gehandelt hat, aber auch so, daß er dies „*in* Christus" tat – schon protologisch von 1,3, her, dann aber auch geschichtlich von 1,6 her, wo bezeichnenderweise ἐχαρίτωσεν neben ἐν τῷ ἠγαπημέ-νῳ steht! –, wobei ἐν Χριστῷ eben nicht nur ἐχαρίσατο, sondern auch ὑμῖν bestimmt. Wahrscheinlich ist in der Präposition ἐν beides zu hören. Und bedenkt man ferner, daß 5,1 an 4,32 insofern organisch anschließt, als der Imperativ in 32a insgesamt ein Handeln ἐν ἀγάπῃ (5,2!) beschreibt, so mag man 4,32–5,2 als Zusammenfassung der theologisch konzipierten Ethik des AuctEph begreifen. Dem göttlichen Tun des ἐν ἀγάπῃ προορίσας κτλ in 1,4 f soll nach **2** das menschliche Tun ἐν ἀγάπῃ entsprechen! Die „Hierarchie" Gott – Christus – Christ ist also hier durchaus zum Ausdruck gebracht, also Gottes *und Christi* Liebe den Christen zur Nachfolge vor Augen gestellt, auch wenn *verbaliter* nicht von der *imitatio Christi* die Rede ist. Es spricht in der Tat einiges dafür, daß Tritopaulus den Paulus mit 1Kor 4,16; 11,1 (s. auch 1Thess 1,6 καὶ ὑμεῖς μιμηταὶ ἡμῶν ἐγενήθητε καὶ τοῦ κυρίου!) bei der Formulierung von 4,32–5,2 vor Augen hatte. Indirekt ist die *imitatio Christi* in 2b ausgesprochen, da ja dem περιπατεῖτε ἐν ἀγάπῃ das ὁ Χριστὸς ἠγάπησεν ἡμᾶς entspricht, das durch das soteriologische Handeln *Christi* (in Parallele zum soteriologischen Handeln *Gottes* in 4,32) die Ethik in den Kontext einer christologisch gefaßten Soteriologie stellt.

Daß Christus uns liebte, wird durch das explikative καὶ παρέδωκεν ἑαυτὸν ὑπὲρ ἡμῶν soteriologisch konkretisiert. Der AuctEph dürfte hier Aussagen des Gal vor Augen haben. Neben Gal 1,4 ist vor allem Gal 2,20 zu nennen, wo es vom Sohne Gottes heißt: τοῦ ἀγαπήσαντός με καὶ παραδόντος ἑαυτὸν ὑπὲρ ἐμοῦ. In *kultischer Sprache*, aber *unkultischer Intention* wird diese Selbsthingabe Christi interpretiert: προσφορὰν καὶ θυσίαν τῷ θεῷ.

ψ 39,7, vielleicht dem AuctEph vor Augen, verwendet ebenfalls diese kultischen Begriffe in kultkritischer Absicht: θυσίαν καὶ προσφορὰν οὐκ ἠθέλησας. Statt dessen geht es dem Beter darum, den Willen Gottes zu tun, ψ 39,9: ποιῆσαι τὸ θέλημά σου. Auch der AuctEph spricht bald nach 5,2, nämlich in 5,17, vom θέλημα τοῦ κυρίου (s. auch Hebr 10,5–7, wo ψ 39,7–9 zitiert ist). Die Formel εἰς ὀσμὴν εὐωδίας findet sich atl. im kultischen Kontext, z. B. Ex 29,18.25,41; Lev 2,9.12). In Eph 5,2 dient sie aber bewußt dem unkultischen Denken. Also verbale Übernahme bei fundamental inhaltlicher Divergenz!

5,3–20 Ihr seid Licht! – Seid also Licht!

[3]Unzucht und jegliche Unreinheit oder Habsucht sollen unter euch nicht einmal genannt werden, wie dies ja eigentlich für Heilige eine Selbstverständlichkeit ist! [4]Ebenso zotenhafte Sprache, gedankenloses Geschwätz oder schlüpfriges Gerede! Das alles geziemt sich nicht. Vielmehr übt Danksagung! [5]Denn das sollt ihr genau wissen: Kein Unzüchtiger oder Habsüchtiger – solche sind Götzendiener! – hat ein Erbteil an der Herrschaft Gottes und Christi!

[6]Keiner betrüge euch mit leeren Worten! Dieserhalb kommt nämlich der Zorn Gottes über die Söhne des Ungehorsams! [7]Macht euch nicht mit ihnen gemein! [8]Denn ihr wart einst Finsternis, nun aber (seid ihr) Licht im Herrn. Wandelt (also) wie Kinder des Lichtes – [9]denn die Frucht des Lichtes (besteht) ja in Gutsein und Gerechtigkeit und Wahrheit – [10]und prüft dabei, was dem Herrn wohlgefällig ist! [11]Und laßt euch nicht auf die unfruchtbaren Werke der Finsternis ein! Überführt sie vielmehr! [12]Denn was durch sie heimlich geschieht, das ist (bereits) schändlich, wenn davon auch nur geredet wird. [13]Denn alles, was seines wahren Wesens überführt wird, wird vom Licht offenbar gemacht. [14]Denn alles, was im überführenden Sinne wirkt, ist Licht. Deshalb heißt es:

> Wach auf, der du schläfst!
> Und steh von den Toten auf!
> Und es wird dich Christus zum Lichte machen.

[15]Paßt also genau darauf auf, wie ihr wandelt! Nicht wie Menschen ohne Weisheit, sondern wie Weise! [16]Kauft die Zeit aus; denn die Tage sind böse! [17]Deshalb seid nicht wie Menschen ohne jegliche Weisheit, sondern versteht, was der Wille des Herrn ist! [18]Darum betrinkt euch nicht mit Wein – in solchem Verhalten steckt Liederlichkeit –, sondern laßt euch mit dem Geist erfüllen [19]und sprecht untereinander mit Psalmen und Hymnen und geisterfüllten Liedern! Singet und lobsinget dem Herrn mit euren Herzen [20]und danket Gott und dem Vater immerdar für alles im Namen unseres Herrn Jesus Christus!

Literatur: CH. BIGARÉ, Sagesse chrétienne pour le temps présent, Ep 5,15–20, ASeign 51 (1974) 38–43. – G. DELLING, Der Gottesdienst im NT, Göttingen 1952. – F.J. DÖLGER, Sol Salutis. Gebet und Gesang im christlichen Altertum, LQ 16/17 (²1925) 364–374. – T. ENGBERT-PEDERSEN, Eph 5,1–12: ἐλέγχειν and Conversion in the NT, ZNW 80 (1989) 89–110. – FISCHER, Tendenz und Absicht des Eph, 140–147. – P. W. GOSNELL, Eph 5,18–20 and Mealtime Propriety, TynB 44 (1993) 363–671. – F. HAHN, Der urchristliche Gottesdienst (SBS 41), 1970. – A. HAMMAN, La prière I Le

Nouveau Testament, Tournai 1959. – K. G. Kuhn, Der Eph im Lichte der Qumrantexte, NTS 7 (1960/61) 334–345. – H. Lewy, Sobria ebrietas (BZNW 9), 1929. – L. Nieder, Die Motive der religiös-sittlichen Paränese in den paulinischen Gemeindebriefen, MThS I/12 (1956) 58–60. – J. M. Niele, Gebet und Gottesdienst im NT, Freiburg 1934. – B. Noack, Das Zitat in Eph 5,14, StTh 5 (1952) 52–64. – S. E. Porter, ἴστε γινώσκοντες in Eph 5,5: Does Chiasm Solve a Problem?, ZNW 81 (1990) 270–276. – R. Schulte, Se conduire en enfants de lumière (Ep 5,8–14), ASeign 17 (1969). – E. Schweizer, Gottesgerechtigkeit und Lasterkataloge bei Paulus (inkl. Kol und Eph) in: Rechtfertigung, FS E. Käsemann, Tübingen/Göttingen 1976, 461–477. – M. Trowitzsch, Eph 5,14 – Predigt und Fortführungen, EvTh 45 (1985) 546–560.

Nachdem die Ermahnungen von 4,25 ff in 4,32 ihren theologischen Höhepunkt erreicht haben, der durch 5,1 f theologisch fundiert wird, beginnen mit 5,3 die neuen Ermahnungen von **3–20**, die in 8 ff programmatisch vergrundsätzlicht werden und in 14 in einen Weckruf münden. In 15 wird das für die Paränese des AuctCol und AuctEph charakteristische Stichwort περιπατεῖν im erneuten Imperativ der 2. Person Plural aufgegriffen, wobei allerdings die Adressaten nun auf ihr Weise-Sein und ihre geistliche Verständigkeit angesprochen werden. Die Echtheit dieses Verhaltens läßt sich an ihrem Gebet und ihrer Dankbarkeit ablesen (19 f). Nahezu ohne Übergang geht unser Abschnitt dann in die Eheparänese 21–33 über; erneut ein Hinweis darauf, daß unsere Gliederungsversuche zwar ihren guten Sinn darin haben, daß *wir* uns durch sie den Inhalt des Briefes besser vergegenwärtigen können, dem AuctEph aber nicht gerade sonderlich viel an einer formalen Gliederung des Ganzen lag (anders Lindemann K 91). Formale Gesichtspunkte dürfen nicht ignoriert werden. Denn auch da, wo ein Autor seine Gedanken ohne äußerlich erkennbares Gliederungsprinzip niederschreibt, will er doch argumentierend – also in der *Sequenz* seiner einzelnen Argumentationselemente und folglich in der gebotenen *Konsequenz* der Gedanken – seine Leser überzeugen. Somit ist der Beitrag des Auslegers eines Textes zur Gliederung oft auch (!) ein Teil seines Bemühens, (mit Schleiermacher und Dilthey) einen Autor besser zu verstehen, als er sich selbst verstanden hat.

Das Verschwommene der Darstellung in 3–20 zeigt sich formal vor allem daran, wie Imperativ an Imperativ gereiht, diese Reihe aber durch imperativisch gemeinte Partizipien unterbrochen wird und dabei auch Begründungen (z. B. durch καθώς in 3 oder γάρ in 5.6.8.9.12.14) oder finale Aussagen (z. B. μή in 15) eingeschoben sind.

Im ganzen Abschnitt ist die literarische Abhängigkeit des AuctEph vom Kol mit Händen zu greifen, wie dies ja auch schon im 4. Kap. zuweilen der Fall war. Die Einzelexegese hat dies im Detail aufzuweisen.

Haben wir in **3** einen gewissen Neuansatz der paränetischen Ausführungen des Auct Eph angenommen, so zeigt jedoch der hier mit δέ deutlich ausgesprochene Gegensatz zu 2, wie fließend die Übergänge sind. Die Aufzählung von πορνεία, ἀκαθαρσία πᾶσα und πλεονεξία nennt in 4,19 Gesagtes noch einmal, greift aber nun doch deutlicher als dort auf Kol 3,5 zurück. Die Reihenfolge πορνεία, ἀκαθαρσία (hier erweitert zu ἀκαθαρσία πᾶσα) und πλεονεξία in Eph 5,3 entspricht der von Kol 3,5, doch übernimmt der AuctEph nicht πάθος und ἐπιθυμία κακή aus der Vorlage (πάθος überhaupt nicht im Eph, ἐπιθυμία in 2,3 und kurz zuvor in 4,22, also in der Nähe von 19!). Daß diese Laster „nicht einmal bei euch genannt werden sollen", heißt (zutreffend mit Schnackenburg K 222), daß „der Verf. bei den Christen schon in den Anfängen wehren" will. So geziemt es sich den Heiligen! πρέπει ist hier Ausdruck für eine Selbstverständlichkeit. Noch einmal ist also von den Heiligen die Rede; und noch einmal sei daran erinnert, daß schon im Präskript die Adressaten als Heilige angesprochen wurden. Im ganzen Corpus Paulinum begegnet nur im Röm (20mal) das Wort ἅγιος öfter als im Eph (12mal). Sind die Epheser nach 1,4 dazu auserwählt, vor Gott heilig und untadelig zu sein, so ist 5,3 die Konkretisierung. Ethik ist somit für den AuctEph nur dann *Ethik*, wenn sie *im Horizont der protologischen Auserwählung* gesehen wird. Ist nun die πορνεία der sinnenfällige Ausdruck der Verneinung der Heiligkeit und Heiligung, die in Christus ihren seinshaften Grund haben, so ist dies ein Gedanke, der schon im ältesten Paulusbrief in aller Klarheit ausgesprochen ist, 1Thess 4,3: „Es ist ὁ ἁγιασμὸς ὑμῶν, daß ihr euch von der πορνεία fernhaltet." Das ist ja der Wille Gottes! Einerlei nun, ob καλεῖν in 1Thess 4,7 vorzeitliches oder geschichtliches Berufen durch Gott meint, auf jeden Fall entspricht die enge theologische Verbindung von Berufung, Ablassen von der πορνεία und Heiligung genau der theologisch-ethischen Auffassung des Eph; die Formulierung des Paulus οὐ γὰρ ἐκάλεσεν ἡμᾶς ὁ θεὸς ἐπὶ ἀκαθαρσίᾳ ἀλλ' ἐν ἁγιασμῷ bietet das gleiche Wortfeld wie Eph 5.

In **4** werden drei weitere Laster aufgelistet, durchweg Hapax legomena im NT: αἰσχρότης meint Schändlichkeit, hier wohl Unanständigkeit, zotenhafte Sprache, μωρολογία, dummes, gedankenloses Geschwätz – gedankenlos im Blick auf das, was sich geziemt –, εὐτραπελία schließlich leichtfertiges, vielleicht auch schlüpfriges, vor der geschlechtlichen Würde des Menschen achtungsloses Gerede. Hoppe K 70 interpretiert die scharfe Rüge dieser „griechischen Grundworte für die folgenden drei Begriffe Sittenlosigkeit albernes und zweideutiges Geschwätz" recht zutreffend: „Damit ist nicht verklemmter Humorlosigkeit das Wort geredet, denn selbstgefällige und alle geistlose Zweideutigkeit hat mit Humor nichts zu tun." Dibelius/Greeven, K 89 verweisen darauf, daß in der Profangräzität εὐτραπελία durchaus nicht als etwas schlechthin Verwerfliches galt. So hat Philogelos (Anekdotensammlung des 5. Jh. n. Chr.) Witze von εὐτράπελοι gebracht (Nr. 140–153.259–262). Und nach Aristoteles, Eth Nic II, 7, 1108a, ist die εὐτραπελία die rechte Mitte, wie ja alle Tugend μεσότης δύο κακιῶν ist, nämlich τῆς μὲν καθ' ὑπερβολήν, τῆς δὲ κατ' ἔλλειψιν (II, 6, 1107a); im Falle der εὐτραπελία ist es die rechte Mitte zwischen aufdringlicher Possenreißerei (βωμολοχία) und bäuerisch-ungebildetem Wesen (ἀγροικία). Der Hinweis auf den Profangebrauch des Begriffes ergibt aber keine neue Bedeutung für das, was der AuctEph mit εὐτραπελία hatte sagen wollen. Im Gegensatz zur perversen Sittenlosigkeit, die mit den drei Begriffen in 4a beschrieben ist und die „sich nicht schickt", ἃ οὐκ ἀνῆκεν, steht die Grundhaltung des Dankens, der Eucharistie. Schon im Kol wurde sie betont herausgestellt (εὐχαριστία: 2,7; 4,2; εὐχαριστεῖν: 1.3.12; 3,17). Ist nun hier in Eph 5,4 die Dankbarkeit ebenso als eine Grundhaltung und Grundeinstellung genannt, so geschieht auch das in der Rezeption des Kol.

In **5** folgt die begründete Aufforderung, zur Kenntnis zu nehmen – statt γινώσκετε das betonte ἴστε γινώσκοντες –, daß kein Hurer (πόρνος für obenstehende πορνεία) oder Unreiner (ἀκάθαρτος für ἀκαθαρσία) oder habgieriger Mensch (πλεονέκτης für πλεονεξία) sein Erbteil an der Herrschaft Christi und Gottes hat. Die drei lasterhaften Grundtypen, Vertreter der drei Laster, sind Menschen des Götzendienstes, der εἰδωλολατρία. Auch dies ist ein Rückgriff auf Kol, nämlich Kol 3,5, wo u. a. πορνεία, ἀκαθαρσία und πλεονεξία als εἰδωλολατρία charakterisiert werden. κληρονομία findet sich in Kol 3,24, also nicht im Abschnitt 3,5–9, sondern in der Paränese an die Sklaven (κληρονομεῖν weder im Kol noch im Eph). Daß nach Eph 5,5 kein Hurer usw. ein Erbteil an der Basileia Christi und Gottes besitzt, hat ebenfalls keine Parallele im Kol, wohl aber bei Paulus in 1Kor 6,9f: Die

Ungerechten, ἄδικοι, werden die Basileia Gottes nicht erben, weder die πόρνοι, noch die εἰδωλολάτραι, noch andere lasterhafte Menschen. Wiederum rekurriert Tritopaulus ohne Umweg über Deuteropaulus auf Paulus selbst. Eigenartig ist aber die Rede von der Basileia Christi *und* Gottes. Hier könnte Einfluß aus dem Kol vorliegen; denn in Kol 1,13 ist die Rede von der βασιλεία τοῦ υἱοῦ τῆς ἀγάπης αὐτοῦ, in 4,11 von der βασιλεία τοῦ θεοῦ. Allerdings kennt der 1Kor neben der Basileia Gottes (4,20; 6,9f; 15,50) auch die Basileia Christi (15,24). Es muß jedoch nicht unbedingt eine durch den AuctEph vollzogene Kombination von Kol 1,13 und 4,11 sein, die die Formulierung in Eph 5,5 bewirkt hat.

6–14 schließt zwar an unmittelbar zuvor Gesagtes an, dürfte aber bei *unserem* Versuch, den Brief zu gliedern, so etwas wie einen eigenen Abschnitt darstellen, der unter der Überschrift „Ihr seid das Licht im Herrn" steht.

6 ist wieder eine recht deutliche Warnung. In den Augen des AuctEph stehen die Adressaten anscheinend in der akuten Gefahr, Opfer böswilliger Täuschung zu werden. Womöglich ist die verbreitete Ansicht, der Eph, mehr Epistel als Brief, sei nicht in eine konkrete Situation hineingeschrieben, sondern die theologische Abhandlung einer mehr generellen, übergemeindlichen Thematik, doch ein wenig zu relativieren. Vom Täuschen bzw. Getäuschtwerden war ja schon in 4,22 die Rede: τὰς ἐπιθυμίας τῆς ἀπάτης. Daß der AuctEph in 4,17ff wieder auf das Thema der unseligen Vergangenheit der Adressaten zu sprechen kommt, haben wir ja zur Kenntnis genommen. Immerhin wurden sie in 4,17 darauf aufmerksam gemacht, daß es sich nicht gezieme, in die verderbte alte Lebensweise zurückzufallen. Und jetzt in 5,6 das vielleicht noch etwas härter klingende μηδεὶς ὑμᾶς ἀπατάτω! Es ist eine Täuschung durch leere Worte, κενοῖς λόγοις. Es wird nicht gesagt, was das für ein Betrug mit diesen „leeren Worten" ist. Sind es Gegner des Christentums, die antichristliche weltanschauliche Parolen verbreiten, vielleicht in rhetorisch raffinierter Form? Oder sind es „nur" Libertinisten, die die Epheser von ihrem hohen ethischen Niveau herabziehen wollen? Die Kommentatoren bringen unterschiedliche Nuancen in der Auslegung des Begriffs. Schlier K 236 denkt an Kreise indifferenter oder libertinistischer Gnosis, wobei er wegen des διὰ ταῦτα in 6b an die zuvor genannten Sünden denkt. Pokorný K 202 interpretiert die „leeren Worte" als eine Lehre, die sich nicht im konkreten Leben auswirke. Vielleicht ist aber das doch eine gewisse Verharmlosung des in 6 Gesagten. Etwas vage bleibt Lindemann K 93, wenn er mit einem von außen kommenden Einfluß rechnet, von Menschen, die, statt von Gott zu reden, „leere Worte" sprechen, also von Nichtigem statt von der Wahrheit.

Nun ist einzuräumen, daß das Motiv der Täuschung im Eph nicht *ad hoc* geschaffen wurde, sondern auf Kol 2,8 (s. auch 2,4) zurückgeht (die Terminologie ἀπατᾶν, ἀπάτη ist unpaulinisch, nicht aber die durch sie ausgesprochene Realität). Dort ging es um die Verführung durch eine spezielle „Philosophie" (s. den entsprechenden Exkurs und zu Kol 2,8ff), der der AuctCol mit theologischer, genauer: christologischer Reflexion begegnete. Er hat also jene „Philosophie" mit ihrem lehrhaften, weltanschaulichen Inhalt für so wichtig und deshalb für so gefährlich gehalten, daß er sie der Widerlegung durch theologisch-christologische Reflexion würdigte (wobei „würdigte" hier sehr ernst gemeint ist!). Der AuctCol hat also keineswegs die „Philosophen" in vordergründiger Polemik moralisch diffamiert, er hat sich nicht des oft so wirksamen Schemas bedient: Schlechter Glaube, schlechte Moral. Nun ist allerdings die offensichtliche Übernahme des ἀπάτη-Motivs des Kol durch den AuctEph in eine andere Perspektive gerückt worden. Denn bei ihm ist ja dieses Motiv durchaus im Zusammenhang mit der Schwarz-Weiß-Malerei von sündigem Einst und heiligem Jetzt genannt. Und daß diese absolute Antithetik simplifiziert und dem sogenannten Heidentum nicht wirklich gerecht wird, soll und darf nicht verschwiegen werden. Dennoch ist *im Prinzip* Richtiges gesagt. Hat es sich doch bei der bisherigen Auslegung des Eph gezeigt, daß grundlegende christologisch-ekklesiologische Gedanken aufs innigste mit paränetischen Ausführungen verflochten sind. *Eigentliche* Heiligkeit ist Aus-Wirkung der seinsmäßigen Verbundenheit mit Gott durch das In-Christus-Sein, wodurch eben dieser Gott der letztlich Wirkende ist. Daß die in der Kirche praktizierte Liebe in der Liebe Gottes zur Kirche fundiert ist, zieht sich, wie wir sahen, als roter Faden durch den ganzen Brief. So dürfte im Rückschluß von diesem theologisch-christologischen Grunddatum aus die Annahme erlaubt sein, daß auch die κενοὶ λόγοι in irgendeiner, wenn auch von uns nicht näher verifizierbaren Weise ihre theologischen Implikationen besaßen. Dann aber ist der Tatbestand, daß Lindemann in seiner Auslegung von Eph 5,6 etwas vage bleibt, gar nicht so sehr als ein negatives Urteil zu werten. Er bleibt vage, weil die Angaben des Eph vage sind. Und Lindemann hätte – vorausgesetzt, wir haben mit der soeben gebotenen Interpretation zumindest die richtige Richtung eingeschlagen – etwas sehr Richtiges erkannt, wenn er in der Wendung „leere Worte" den *Gegensatz von Gott und Nichtigem* ausgesprochen sieht. In der Tat sind es die Worte des Nichts, es ist das Sich-Aussprechen des radikalen Nihilismus, der die, die ihm anhangen, in das heillose und orientierungslose Nichts hineinzieht. Es ist dann nicht übertrieben, wenn wir die hier diskutierte Aussage des AuctEph wie folgt deuten: Er kämpft gegen das Nichts des Nihilismus, damit die Epheser nicht in diesen nihilistischen Strudel hineingerissen werden. Denn wer sich durch die Schalmeienklänge des Nihilismus betören läßt, „nichtet" sich selbst. Es stimmt schon, wie es Heidegger formulierte: „Das Nichts nichtet."

Wie ernst es Tritopaulus mit seiner Warnung meint, macht 6b noch deutlicher, wo er ganz massiv mit dem Gericht Gottes droht. Wegen des gottlosen Wandelns kommt der Zorn Gottes, die ὀργὴ τοῦ θεοῦ, also das Gericht Gottes, auf „die Söhne des Ungehorsams". Wer den „leeren Worten" glaubt, glaubt Gott nicht; wer Gott nicht glaubt, ist ihm ungehorsam. Freilich ist die Formulierung ἐπὶ τοὺς υἱοὺς τῆς ἀπειθείας wörtlich aus Kol 3,6 übernommen (ἀπείθεια im NT sonst nur noch Röm 11,30.32; Hebr 4,6.11); erinnert sei auch daran, daß in Eph 2,2 bereits von „den Söhnen des Ungehorsams" die Rede war, und zwar, wie in 5,2, zur Kennzeichnung der Menschen im Zeit-Raum des ποτέ, also im Zeit-Raum des Unheils. In **7** dann noch einmal der Imperativ: Die Epheser sollen sich nicht mit denen gemein machen, die Täter und zugleich Opfer der Täuschung sind. Und als ob die Sachlage immer noch nicht klar genug wäre, folgt in **8** eine neue Begründung: Denn ihr wart einst – erneutes ποτέ! – Finsternis, jetzt aber – erneutes νῦν! – seid ihr Licht, nämlich Licht im Herrn. Im Eph steht fünfmal φῶς, allesamt hier in 5,8–14. Der Kol bringt den Begriff nur in 1,12, und zwar zur Bezeichnung des Erbes, das den Heiligen, also den in Christus Existierenden, zuteil geworden ist. Die Wendung ἐν τῷ φωτί von Kol 1,12 begegnet im Eph nicht. Nach dem Kol *befinden sich* die Glaubenden im Licht, nach dem Eph *sind* sie Licht. Sie sind aber Licht nur <u>ἐν κυρίῳ</u>. Der nicht ausgesprochene Zwischengedanke zu 8b, wo die Adressaten als τέχνα φωτός bezeichnet werden, ist dann: Als im Herrn Existierende seid ihr Licht, weil ihr euer Sein in Christus als dem habt, der Gott und somit Gott als Licht repräsentiert. Wer aber als Christ Christus und somit Gott als Licht repräsentiert, wer als Christ auf dieser geschichtlichen Welt Licht ist, hat auch die Aufgabe, als Mensch des Lichtes zu wandeln. Hat schon der Imperativ περιπατεῖτε ἐν ἀγάπη in 2 Gott und Mensch durch die beide umgreifende Realität ἀγάπη verbunden, so ist diese Verbindung in 8 durch den Imperativ ὡς τέκνα φωτὸς περιπατεῖτε zum Ausdruck gebracht.

Licht und Finsternis

Literatur: AALEN, Die Begriffe „Licht" und „Finsternis" im AT, im Spätjudentum und im Rabbinismus. – DERS., ThWAT I, 160–182. – O. BÖCHER, Der johanneische Dualismus im Zusammenhang des nachbiblischen Judentums, Gütersloh 1965. – R. BULTMANN, Zur Geschichte der Lichtsymbolik im Altertum, in: ders., Exegetica, Tübingen 1967, 323–355. – H. CONZELMANN, ThWNT VII, 424–446. – DERS., ThWNT IX, 302–349. – M. DIBELIUS, Die Vorstellung vom göttlichen Licht. Ein Kapitel aus der hellenistischen Religionsgeschichte, DLZ 36 (1915) 1469–1483. – W. HACKENBERG, EWNT III, 610–612. – M. PULVER, Die Lichterfahrung im Joh, im Corpus Hermenticum, in der Gnosis und in der Ostkirche, ErJb X (1943) 253–296. – R. REITZENSTEIN, Poimandres. Studien zur griechisch-ägyptischen und frühchristlichen Literatur, Darmstadt 1966 (= Leipzig 1904). – H. RITT, EWNT III, 1071–1075. – M. WINTER, EWNT III, 1076–1078.1078–1080.

Licht ist ein philosophischer und ebenso ein religiöser und theologischer Begriff; es ist aber auch – vor allem – eine Wirklichkeit, die im sog. alltäglichen Leben existenzbestimmend ist. Und so ist es gerade das vorwissenschaftliche, das alltägliche Dasein, das das Licht als die lebensermöglichende und lebensfördernde Macht und die Finsternis als die lebensfeindliche und todbringende Gegenmacht erfährt. Die Totalität von Licht und Finsternis ist für den Menschen sozusagen das Gesamtwiderfahrnis schlechthin. So ist es nicht verwunderlich, daß diese beiden als Mächte erfahrenen Wirklichkeiten in sprachlicher Hinsicht den Bereich der Metaphorik besetzten. Was dem Leben bejahend und fördernd begegnet, wurde mit dem Prädikat „Licht" bedacht und benannt, und umgekehrt, was ihm lebenshindernd, lebensverneinend oder gar lebensvernichtend entgegentritt, mit dem Prädikat „Finsternis".

Was so allgemein *phänomenologisch* zu dem Gegensatzpaar zu sagen ist, wurde nahezu immer und überall in der Philosophie- und der Religions- und Theologiegeschichte begrifflich reflektiert. Dabei wurden die Akzente sehr unterschiedlich einmal auf die *Metaphorik*, ein andermal auf die *Ontologie* gesetzt. In dem hier nun gebotenen Exkurs kann die Geistesgeschichte dieser Reflexion nicht einmal im groben dargestellt werden. Aber einige symptomatische Skizzen sind angebracht. Unser Einsatzpunkt sollte, wie so oft, *Platon* sein. In seiner Philosophie geht es um die *Erkenntnis* des eigentlichen Seins, d.h. um die Erkenntnis der Ideen. Da aber in Platons Philosophie die Ideen das schlechthin Seiende sind, steht bei ihm alles Ontische im Horizont des Noëtischen. Anders gesagt: Ontologie wird von ihm notwendig im Kontext der Gnoseologie betrieben. Und so ist es – erneut wird für unsere Auslegung des Eph seine *Politeia* wichtig – die Idee des Guten, ἡ τοῦ ἀγαθοῦ ἰδέα, die dem, das erkannt wird, die Wahrheit gewährt, τὸ τὴν ἀλήθειαν παρέχον τοῖς γιγνωσκομένοις, Resp 508e. Wie nun aber die Idee des Guten ontologisch mehr ist als Erkenntnis und Wahrheit, so analog auch die Sonne (ein θεός!) mehr als Licht und Gesichtssinn, φῶς τε καὶ ὄψιν, ib. 509a. Sowenig aber Licht und Gesichtssinn trotz aller Sonnenhaftigkeit (ἡλιοειδῆ) Sonne sind, so ist doch gerade diese Sonnenhaftigkeit, kraft deren das konkrete Gute auf dieser Erde „Sprößling des Guten" ist (so die Übersetzung von Schleiermacher und Otto Apelt), τὸν τοῦ ἀγαθοῦ ἔκγονον, ib. 508b. Die gleiche Analogie besteht für das Verhältnis von Sonne und Licht, ib. 508c. Bereits diese Aussagen Platons bieten einen gedanklichen Weg zu Eph 5,8: Die Epheser sind φῶς ἐν κυρίῳ, weil sie τέκνα φωτός sind. Platon kann die genannte Doppelanalogie kombinieren, wenn er die Seele, ψυχή, in seine Argumentation hineinnimmt. Wenn diese nämlich fest auf das gerichtet ist, worauf das Licht der Wahrheit und des Seienden fällt (so Apelts Übersetzung von ὅταν μὲν οὗ καταλάμπει ἀλήθειά τε καὶ τὸ ὄν), so erkennt sie es, ib. 508d. Die Sonne als Gott ist also in ontologischer Sicht der Grund des Lichtes, sie ist, interpretierend gesagt, das Licht an sich, sozusagen τὸ αὐτὸ φῶς. Hingewiesen sei auch noch – ohne Interpretation, da der Text nach dem bisher Gesagten für sich spricht – auf ib. 540a: ... ἀνακλίναντας τὴν τῆς ψυχῆς αὐγὴν εἰς αὐτὸ ἀποβλέψαι τὸ πᾶσι φῶς παρέχον, καὶ ἰδόντας τὸ ἀγαθὸν αὐτό, παραδείγματι χρωμένους ἐκείνῳ, καὶ πόλιν καὶ ἰδιώτας καὶ ἑαυτοὺς κοσμεῖν ... Übersetzung nach Otto Apelt: Man muß die Fünfzigjährigen nötigen, „*den Lichtstrahl ihrer Seele nach oben zu richten und unmittelbar in den Urquell alles Lichtes zu schauen; und haben sie das Gute selbst erschaut, so müssen sie diesem Musterbild als ihrem Leitstern folgend, ihr weiteres Leben lang ihre alles ordnende Fürsorge der Reihe nach abwechselnd dem Staat, den einzelnen Mitbürgern und sich selbst widmen . . .*"

Damit hätte bereits Platon auf den philosophischen Begriff gebracht, was in ψ 35,10 in kaum überbietbarer Tiefe und Schönheit gesagt ist: ὅτι παρὰ σοὶ πηγὴ ζωῆς, /ἐν τῷ φωτί σου ὀψόμεθα φῶς. Hans Conzelmann, ThWNT IX, 311, sieht allerdings die atl. „Herrlichkeit" Jahwähs, den כָּבוֹד יהוה, und Licht im Gegensatz zueinander: „*Die Herrlichkeit* ist um und an Jahwe; sie macht sein Wesen aus. Anders verhält es sich mit dem Licht: Jahwe ‚ist' nicht ‚Licht', sondern von ihm heißt es: *Der Herr ist mein Licht* (Ps 27,1); er ist der, der *sein Licht* leuchten läßt (Hi 37,3). Licht bezeichnet einen Bezug, nicht ein Sein." Nun stimmt es zwar, daß die atl. Autoren nicht ontologisch reflektieren und somit nicht Gottes Sein als εἶναι interpretieren. Aber auch Conzelmann scheint hier von der Ontologiephobie, die leider zuweilen unter evangelischen Theologen zu finden ist, infiziert zu sein. Und insofern stellt er antithetisch Bezug und Sein gegeneinander, obwohl auch der Bezug seine ontologischen Implikationen hat. Oder sagen wir es so: Der Lichtbezug Jahwähs und Israels ist von *uns*, die wir uns nicht von unserem inzwischen erfolgten geistesgeschichtlichen Gewinn des ontologischen Fragens distanzieren und von ihm abstrahieren können, nicht nur ontologisch interpretierbar; wir müssen uns sogar dieser Aufgabe stellen, wenn wir wirklich in unserem Verstehenshorizont *interpretieren* wollen!

Genannt werden muß *Qumran*. Die Mitglieder dieser jüdischen Glaubenspartei verpflichten sich als Söhne des Lichtes, „alle Söhne des Lichtes", כּוֹל בְּנֵי אוֹר, zu lieben und „alle Söhne der Finsternis", כּוֹל בְּנֵי חוֹשֶׁךְ, zu hassen, 1QS I,9f. Diese Formulierungen aus dem Selbstverpflichtungsritus können noch *rein* metaphorisch verstanden werden: das Gute als Licht und das Böse als Finsternis. Anders steht es mit dem dualistischen Stück 1QS III,13–IV,26, das in die Sektenregel eingefügt wurde. Deutlich ist hier eine *dualistische* Sprache erkennbar, die die Frage nach einer möglicherweise zugrundeliegenden Prädestinationstheologie hervorruft. Gut *und Böse* gehen auf Gottes ewigen Plan zurück, III, 15. Da ist der Fürst des Lichtes, שַׂר אוֹרִים, in dessen Hand die Herrschaft über alle Söhne der Gerechtigkeit liegt, und da ist der Engel der Finsternis, מַלְאַךְ חוֹשֶׁךְ, in dessen Hand alle Herrschaft über die Söhne des Frevels liegt, III,20f. In diesem Zusammenhang heißt es III,19, daß sich an der Quelle des Lichtes der Ursprung der Wahrheit befindet. Die Frage ist nun, was mit der *Quelle des Lichtes*, מַעֲיַן אוֹר, gemeint ist: Gott selbst? Oder ist im vorgeschichtlich-geschichtlichen Horizont der Anfang des Wirkens des Fürsten des Lichtes unter dieser Wendung verstanden? Der Text ist nicht eindeutig. Spricht für die Deutung auf Gott vielleicht, daß an dieser Quelle der *Ursprung der Wahrheit*, תּוֹלְדוֹת הָאֱמֶת, liegt? Wir müssen die Frage offen lassen, zumal es zumindest in 1QS, 1QM, 1QH und CD keine eindeutigen Aussagen gibt, in denen Gott als Licht genannt wäre. Doch wie immer man hier entscheidet – daß Gott kraft seines prädestinatianischen Handelns den Ursprung des Lichtes in sich birgt, wird man wohl so formulieren müssen. Irgendwie, *quodammodo*, gehört nach qumranischer Auffassung das Licht zum *Wesen* Gottes; es liegt hier kein bloßer Vergleich vor, kein bloßes Bild, der Begriff „Bild" als partizipierendes Subjekt verstanden (also nicht im Sinne von Kol 1,15). Daß in diesem dualistischen Abschnitt die Bedeutsamkeit der Frage nach dem Ursprung des Bösen für das Gottesverständnis Qumrans ein nicht lösbares theologisches Problem ist, sei hier nur vermerkt. Denn sobald die Vorstellung des uranfänglich Bösen in 1QS III,13–IV,26 verobjektivierend reflektiert wird, gerät der Theologisierende in die notwendig sich einstellende Aporie. *Alles in allem*: Das theologische Wortfeld des Dualismus in 1QS ist weitgehend deckungsgleich mit dem theologischen Wortfeld des Eph. Wie im Eph, so tendieren in 1QS die Lichtaussagen auf eine Verwurzelung des Lichtgedankens in Gott hin. Gott wird aber nicht als Licht „definiert" – einmal ganz davon abgesehen, daß jede „Definition" Gottes Un-Sinn ist. Wie im Eph wird vom Licht, das von Gott (wesenhaft) herkommt, im Kontext von Offenbarung und Erkenntnis gesprochen. Licht ist also auch in 1QS ein hermeneutischer Begriff. Und, last but not least, geschehen die Lichtaussagen von 1QS wie im Eph im engen Anschluß an die Paränese.

Philon durchdenkt als Exeget des LXX-Pentateuchs die platonische Ideenlehre im Horizont des jüdischen Monotheismus. So ist in der Tat in seinen Ausführungen Platon anwesend, natürlich ein *Platon variatus*, wenn er z.B. Som I,85, Gott als Vorbild der Sonne bezeichnet. Für die Christologie des Eph ist von noch größerem Interesse, wenn er in Op Mund 31 sagt: τὸ δὲ ἀόρατον καὶ νοητὸν φῶς ἐκεῖνο θείου λόγου γέγονεν εἰκὼν τοῦ διερμηνεύσαντος τὴν γένεσιν αὐτοῦ. Die Hineinnahme des Lichtes in das Wesen Gottes geschieht bei Philon also noch etwas intensiver als bei seinem Vorbild Platon.

Vom *Neuen Testament* sei symptomatisch nur ausgewählt, was in besonderer Weise für das Verständnis der Lichtaussagen im Eph hilfreich ist. Und das sind vor allem die *johanneischen Schriften*. Umstritten ist deren chronologische Reihenfolge. Georg Strecker hat die zeitliche Priorität der Joh-Briefe gegenüber dem Joh zu beweisen versucht (zuletzt in KEK XIV [1989]). Diese Hypothese hat sich aber bisher nicht durchzusetzen vermocht. Deshalb sei hier an der traditionellen Sicht festgehalten. Die Frage nach der (relativen) Chronologie ist *insofern* von großer Bedeutung, als im Joh Jesus als der Offenbarer das Licht der Welt ist, nach 1Joh aber Gott selbst. Schon im (vom Vf. des Joh bereits vorgefundenen und redaktionell ergänzten) Prolog ist das Verhältnis von Jesus, interpretiert als Logos, zum Licht thematisiert. Nach Joh 1,4 war (!) *im* Logos das Leben, dieses Leben war (!) τὸ φῶς τῶν ἀνθρώπων, zu übersetzen mit „das Licht für die Menschen". In 9 aber heißt es dann: Ἦν τὸ φῶς τὸ ἀληθινόν . . . ἐρχόμενον εἰς τὸν κόσμον. Wir interpretieren: τὸ φῶς τὸ ἀληθινόν meint τὸ φῶς *als* die aus sich selbst leuchtende ἀλήθεια, deren Wirken mit den Worten ὃ φωτίζει πάντα ἄνθρωπον umschrieben wird. Das Wort erleuchtet also, *indem* es gesprochen wird, jeden Menschen, genauer: jeden des Hörens fähigen Menschen (*e contrario* 8,43!). Der Logos ist somit das Licht, weil er den, der ihn hört und deshalb als den in seiner göttlichen Doxa Existierenden sehen kann (1,14), zum glaubenden Verstehen bringt. Der Logos als Licht ist folglich der in seiner Göttlichkeit *hermeneutische Logos*. Der Logos *ist* das Licht, weil er als der göttliche Hermeneut, d.h. als der göttliche Offenbarer, *wirkt*. Damit ist das *Sein* des Logos als *Licht* nicht abgeschwächt, weil Sein und Wirken im biblischen Denken nicht getrennt sein dürfen. Schon Ex 3,14 sagt dies als Wort Gottes: „Ich *bin* der, der an Israel zu dessen Heil *wirken* wird." In diesem Sinne heißt es dann im programmatischen Ich-bin-Wort 8,12 ἐγώ εἰμι τὸ φῶς τοῦ κόσμου. Und genau im Zusammenhang mit dieser Selbstaussage Jesu begegnet wieder die bereits in 1,4 ausgesprochene Identität von φῶς und ζωή: Wer Jesus folgt, wird das Licht des Lebens haben. τὸ φῶς τῆς ζωῆς ist das das Leben in sich bergende Licht, nicht aber das das Leben vermittelnde Licht, das dann nur ein „Mittel" für das Leben wäre! Ein solches Mittel wäre nicht mehr der μονογενὴς παρὰ πατρός von 1,14, wäre nicht mehr der μονογενὴς θεός von 1,18! Nur das göttliche Sein erweist sein „lichtendes" Wirken als göttliches Wirken. Noch einmal zeigt sich, daß Christologie das Sein Jesu eben nicht in reine Funktion auflöst, sondern denkerisch nur verantwortet werden kann, wenn Ontologie nicht diffamiert wird. Die auch in evangelischer Theologie unverzichtbare *analogia entis* (trotz Karl Barth, KD I/1, VIIIf!) erhält ihr offenbarungstheologisches Spezifikum durch den komplementären Begriff der *analogia verbi*. Denn der als θεός ausgesagte Logos, das göttliche Wort in Person also, hat zum menschlichen Wort, das das Evangelium verkündet, zur Analogie. Der ΛΟΓΟΣ und der λόγος sind in Analogie aufeinander bezogene theologische Größen. Im Sinne der johanneischen Christologie sind dann wiederum die *analogia verbi* und die *analogia lucis* zu sehen. Beide Analogien gründen aber in der *analogia entis*.

Haben wir also mit theologischem Recht sagen können, daß der Logos, der einziggeborene Sohn Gottes, Licht *ist*, so gilt Entsprechendes auch für die theologische Zentrierung dieses theologischen „Sach"-Verhaltes durch den Vf. des 1Joh. Sagt er nämlich in 1,5 ὁ θεὸς φῶς ἐστιν, so sollten wir uns nicht scheuen, auch hierin eine Wesensaussage zu sehen. Immerhin sagt selbst Conzelmann, ThWNT IX, 345, daß die Pointe dieser Stelle „die Bestimmung seines Wesens in der Tradition" sei; freilich fügt er sofort hinzu: „φῶς ist in 1,5 nicht eigentlich, sondern übertragen gebraucht." Natürlich ist Licht nicht „Definition" Gottes, denn Gott läßt sich nicht wie Etwas de-finieren. Und eine *gewisse* Metaphorik ist in theologischer Sprache letztlich unverzichtbar, wenn wir über den transzendenten Gott Aussagen mittels (!) unserer immanenten Begrifflichkeit machen. Der von Paulus genannten Sprache der Engel (1Kor 13,1) sind wir leider nicht mächtig. Insofern hat Strecker, op. cit. 76 (Kursive durch mich) durchaus recht: „Dieser Satz will *keine Definition des Wesens des An-und-für-sich Seins Gottes* aussprechen . . . , sondern er bedient sich einer antiken Redeweise, die Gottes Sein zu umschreiben versucht." Eine Definition des Wesens Gottes ist in der Tat *per se* unmöglich.

Aber umschreiben wir Gottes Sein, so sagen wir etwas zu Gottes Wesen, freilich unter der unumgänglichen Perspektive des *quoad nos*.

Haben wir so die theologische Denkstruktur des Joh und des 1Joh herausgearbeitet, so fällt ihre Kongruenz mit der theologischen Denkstruktur von Eph 5 sofort ins Auge. Was wir also hier versucht haben, war, uns einem zentralen *fundamentaltheologischen* Problem zu stellen. Daß exegetisches Fragen fundamentaltheologische Relevanz hat, liegt im Wesen evangelischer Theologie schon von Martin Luthers Hermeneutik her. Und daß im Bereich der katholischen Theologie heutzutage ähnlich gedacht wird, zeigt beispielhaft das Bemühen des Fundamentaltheologen der päpstlichen Universität Gregoriana, Gerald O'Collins, Retrieving Fundamental Theology, der, von der Dogmatischen Konstitution über die göttliche Offenbarung, *Dei Verbum*, des Zweiten Vatikanischen Konzils ausgehend, im fundamentaltheologischen Horizont das Wort Gottes und die biblische Exegese thematisiert.

Was das Verhältnis von NT und *Gnosis* angeht, ist die exegetische Forschung mit vollem Recht erheblich vorsichtiger geworden, als es noch vor einigen Jahrzehnten der Fall war. Wir können heute nicht mehr so unbesehen Abhängigkeiten behaupten. Nicht nur, daß die Texte von Nag Hammadi zur Behutsamkeit gegenüber den religionsgeschichtlichen Konstruktionen von gestern auffordern. Man wird vor allem in Anschlag bringen müssen, daß die Gnosis, auch und gerade, was das Selbstverständnis der gnostischen Weltanschauung angeht, nicht als plötzliches Ereignis in der Religionsgeschichte auftaucht. Das gnostisch-dualistische Selbst- und Weltverständnis ist *auch* das Resultat einer Entwicklung (s. den Exkurs: Die Kirche – eine gnostische Vorstellung?); freilich muß man Neuanfänge in dieser Entwicklung zur Kenntnis nehmen. Gibt es nun auffällige Parallelen zwischen ntl. und gnostischen Texten und ist man zudem gehalten, sich vor voreiligen genetischen Rekonstruktionen zu hüten, so sind solche Parallelen *insofern* aber von besonderer Wichtigkeit, als sie zeigen, wie in unterschiedlichen Kreisen dieselben Vorstellungen in differenten Gesamtanschauungen begegnen. Es sind nicht nur Parallelen einzelner Begriffe, sondern ganzer Wortfelder. Doch trotz dieser erheblichen terminologischen Übereinstimmungen wollen gleichlautende Aussagen sehr Verschiedenes, ja z. T. Widersprüchliches zum Ausdruck bringen. Unter diesem Vorbehalt sollte man von den gnostischen Texten symptomatisch den *Poimandres* nennen. Dem Gott Poimandres, der sich mit ὁ τῆς αὐθεντίας νοῦς vorstellt, erklärt der Ich-Autor von CH I, er wolle das, was ist, kennenlernen und Gott erkennen, γνῶναι τὸν θεόν (2f). Er erzählt in 4, wie sich Poimandres verändert: ὁρῶ (!) θέαν ἀόριστον (!), φῶς δὲ πάντα γεγενημένα εὔδιόν τε καὶ ἱλαρόν. Die Vision des Sehers, in welcher Finsternis und Licht, die vier Elemente usw. ein buntes, lebendiges und sich rasch bewegendes Bild bieten, führt schließlich zur erneuten Selbstoffenbarung des Poimandres, 6: Τὸ φῶς ἐκεῖνο … ἐγώ, Νοῦς, ὁ σὸς θεός, ὁ πρὸ φύσεως ὑγρᾶς τῆς ἐκ σκότους φανείσης. ὁ δὲ ἐκ Νοὸς φωτεινὸς Λόγος υἱὸς θεοῦ. *„Jenes Licht bin ICH, der Nous, DEIN Gott, der vor der feuchten Natur war, die aus der Dunkelheit erschien. Der aber aus dem Nous [entstand], ist der lichthafte Logos, der Sohn Gottes.“* Es ist aber dieser λόγος κυρίου, dem das Dreiheitsprädikat νοῦς πατὴρ θεός zukommt und der im Sehen des Visionärs sieht und hört, τὸ ἐν σοὶ βλέπον καὶ ἀκοῦον. Diese Dreiheit ist aber in Wirklichkeit nur ein einziger; die drei unterscheiden sich nämlich nicht voneinander: ἕνωσις γὰρ τούτων ἐστὶν ἡ ζωή. Und dementsprechend wird der νοῦς hernach ζωὴ καὶ φῶς genannt werden, 9. Der Seher aber muß dies alles verstehen, erkennen. Offenbarung muß verstanden werden, wenn sie wirklich Offenbarung sein will!

Die Terminologie und überhaupt das ganze Wortfeld von CH I sind voll von johanneischer Sprache. Es ist ein Text, der wie das Joh Offenbarung und also Verkündigung sein will. Gott ist Licht, er offenbart sich als Licht. Er will als Licht gesehen und verstanden werden. Die Rede ist vom Logos als Sohn Gottes. Licht und Leben sind innige Einheit. Gott ist Licht, der Logos ist Licht, weil – in soteriologischer Absicht – der Seher das göttliche Leben als sein Heil erlangen soll. Und dennoch ist die Grundtendenz von CH I völlig anders als die des Joh. Denn, typisch gnostisch, das irdische Leben wird aufgrund seiner unglücklichen Entstehung negativ beurteilt. Ist doch der Mensch sterblich durch sein σῶμα, obwohl er eigentlich unsterblich ist. Nun aber ist er der Heimarmene unterworfen, ist er Sklave, 15: ὑποκείμενος τῇ εἱμαρμένῃ, er ist δοῦλος geworden. Aber auch diese – aus der Perspektive des Joh gesagt – Karikatur von θεός, φῶς und ζωή zeigt, wie Gott Licht *ist*, indem er dem Menschen Leben *gibt*, nämlich ihn Ihn selbst sehen läßt. Auch hier wieder: *Gottes Sein ist Gottes Wirken*.

Der Exkurs hat gezeigt, daß es seinen guten theologischen Sinn hat, zu sagen, daß Gott Licht *ist*. Und er hat ebenso gezeigt, daß es – allerdings von der Voraussetzung her, daß Gott Seins-Ursprung des Lichtes ist – seinen guten soteriologischen Sinn hat, zu zeigen, daß der Christ Licht *ist*. Dies hat vielleicht am besten Heinrich Schlier in seiner Auslegung von Eph 5 gezeigt. Die Christen sind ganz andere geworden (K 236): „Sie *sind* nicht mehr Finsternis, die sie als Heiden waren, sondern sie *sind* nun Licht." Er sagt zu recht, daß zunächst vom Sein der Christen die Rede sei (K 237): „Es heißt also nicht nur: sie stammen aus dem Licht, sie gehören dem Licht, sie stehen im Licht und sie tun die Werke des Lichtes, sondern: sie sind Licht." Die Aussage des Eph habe vor allem mit den johanneischen Formulierungen von Jesus als dem „Licht" formale Ähnlichkeit. „Jedenfalls ist von daher deutlich, daß das Licht-Sein der Christen nicht nur das Erleuchtet-Sein des im Licht Stehenden meint, ... sondern auch das Leuchte-Sein. Sie, die Christen, sind jetzt Licht in dem Sinn, daß sie gelichtet Licht verbreiten oder lichten." Die terminologische Anleihe bei Heidegger ist unverkennbar, aber sie paßt im hiesigen Zusammenhang. Nach Schlier hat auch ἐν κυρίῳ einen präzisen Sinn wie 1,15, 2,21 f, 4,1 u.a. „Das lichtende Licht-Sein ist ein solches in der Dimension des Herrn, in die die Getauften zu stehen kamen und in der sie nun sind, wie Kol 1,12 f zeigt." Also: „Das Licht-Sein der Christen hat ihr ‚im-Herrn'-Sein zur Voraussetzung ... Das Licht-Sein erweist sich in einem Wandel derer, die sich dem Licht verdanken und von ihm leben." Bewußt wurde hier etwas ausführlicher auf Schlier eingegangen. Es geschah zum einen aus Gründen, die im Vorwort genannt sind, zum anderen aber vor allem, weil seine Auslegung des Eph, was das Problem der Angemessenheit von ontologischen Aussagen betrifft, weitgehend mit der Auffassung konform geht, die in unserem Kommentar vertreten und ausgeführt wird.

9 ist Parenthese in dem Satz, der sich von 8 bis 11 zieht. Was zu περιπατεῖτε in 4,17 und 5,2.8 (s. auch 5,15) gesagt wurde, läßt zur Genüge verstehen, was mit der Wendung ὁ καρπὸς τοῦ φωτός intendiert ist. Wieder findet sich wie schon in 4,24 die Zusammenstellung von δικαιοσύνη und ἀλήθεια mit der Präposition ἐν. Hinzu kommt noch der Begriff ἀγαθωσύνη. Hier dürfte Rekurs auf Gal 5,22 vorliegen, wo es in einem Tugendkatalog heißt: ὁ δὲ καρπὸς τοῦ πνεύματός ἐστιν ... ἀγαθωσύνη (dort allerdings nicht δικαιοσύνη und ἀλήθεια). Wenn z. B. p⁴⁶ und der Mehrheitstext für Eph 5,9 wie in Gal 5,22 τοῦ πνεύματος statt τοῦ φωτός (so p⁴⁹ ℵ B D* u. a.) lesen, so ist das mit an Sicherheit grenzender Wahrscheinlichkeit eine Angleichung an Gal 5,22. Als qumranische Parallelen zur Trias in Eph 5,9 nennt Gnilka K 253 1QS I, 5, 1QS V, 3 f.25 und 1QS VIII, 2. **10** ist Ernstnehmen der Adressaten. Der AuctEph greift hier auf Röm 12,2 zurück. Beide ntl. Autoren ermuntern zum eigenen theologischen Urteil. Paulus ermahnt, sich nicht „diesem Äon" anzugleichen – heute würde man sagen: sich nicht dem Zeitgeist anzupassen –, und fordert dann zum δοκιμάζειν (s. auch Phil 1,10) auf, das allerdings aus der steten Umwandlung durch die Erneuerung des Geistes erwächst. Theologisch urteilen sollen die Römer, was der Wille Gottes ist, nämlich τὸ ἀγαθὸν καὶ εὐάρεστον καὶ τέλειον. Die Epheser sollen darüber urteilen, τί ἐστιν εὐάρεστον τῷ κυρίῳ. In etwa ist dieses τῷ κυρίῳ Äquivalent für das paulinische τί τὸ θέλημα τοῦ θεοῦ. Tritopaulus hat von Paulus nicht τὸ ἀγαθόν übernommen; dafür steht aber schon in 9 ἐν πάσῃ ἀγαθωσύνῃ. So bleibt nur das τέλειον aus Röm 12,2, das in Eph 5,10 keine Entsprechung hat. In **11a** bringt der AuctEph die negativen Entsprechungen zu den gerade zuvor gemachten positiven Aussagen. Statt vom φῶς ist vom σκότος die Rede, ausführlicher noch: ὁ καρπὸς τοῦ φωτός findet sein Gegenbild in τοῖς ἔργοις τοῖς ἀκάρποις τοῦ σκότους (s. auch die positive Formulierung 2,10 κτισθέντες ἐν Χριστῷ Ἰησοῦ ἐπὶ ἔργοις ἀγαθοῖς). Die Aufforderung καὶ μὴ συγκοινωνεῖτε entspricht der Aufforderung von Röm 12,2 καὶ μὴ συσχηματίζεσθε τῷ αἰῶνι τούτῳ. Auch der AuctEph warnt also vor opportunistischem Mitgehen mit dem Zeitgeist, im Zusammenhang der Aufforderung zu eigenständigem Urteil. Es ist eine Warnung vor verantwortungsflüchtiger Gedankenlosigkeit.

Mit **11b** beginnt ein Passus, dessen Auslegung größte Schwierigkeiten bereitet. Zunächst scheint die Aussage noch klar zu sein. In der Paraphrase: Ihr sollt keine Gemeinschaft mit denen eingehen, die auf der Seite der Finsternis stehen; ihr sollt darüber hinaus – und das ist gegenüber dem Bösen eure eigentliche Pflicht! – die Bösen in ihrem bösen Tun überführen. Daß ἐλέγχειν, ein zunächst mehrdeutiges Verb, hier die Bedeutung „überführen" hat, geht aus 13 hervor, wo eine andere Bedeutung ausgeschlossen ist. Der Christen Pflicht ist also, in aller Klarheit das Böse beim Namen zu nennen. Mußner K 145 ist voll zuzustimmen: „Nur durch das mutige und offene Benennen der Dinge ist das rechte Verhalten möglich, wachsen das kritische Sensorium und die kritische Distanz, und beteiligt man sich nicht an den Werken der Finsternis." Der Christen Pflicht ist demnach der Mut. Sie dürfen nicht feige sein, indem sie nur in verschleierter Diktion das Böse böse nennen und so den Anschein ihrer „liberalen" Einstellung erwecken wollen. Solche Art von „Diplomatie" hat mit Ehrlichkeit und Aufrichtigkeit, aber auch mit echter liberaler Gesinnung nichts zu tun! Sicher gibt es Situationen, wo auch Vertreter der Kirche „klug wie die Schlangen, aber ohne Falsch wie die Tauben" (Mt 10,16) im Dienste anderer sogenannte Geheimdiplomatie praktizieren müssen. Aber in Eph 5,11b geht es darum, im Einstehen für seine Überzeugung wahrhaftig zu bleiben und nicht aus taktischer Finesse das Böse gutzuheißen. Hier ist schnöde Anbiederung getroffen, eine Haltung, die letzten Endes immer den sich Anbiedernden zerstört.

12 wird als Begründung formuliert: Von dem, was im Verborgenen von ihnen, d. h. von den Bösen, geschieht, auch nur zu reden, ist schändlich. Wie aber, so stellt sich die Frage, soll man die Bösen des Bösen überführen, wenn man das Böse nicht einmal nennen darf? Ist nicht 12 schon ein gewisser Widerspruch zu 11b? Aber vielleicht mag man diese geringe Inkonsistenz in der Argumentation dadurch noch weiter minimieren, daß man das Verbot, die bösen Verhaltensweisen zu nennen, im Zusammenhang mit dem μὴ συγκοινωνεῖτε von 11a sieht: Seht euch im Gespräch vor, daß ihr nicht so tut, als billigtet ihr das schändliche Tun!

Die wirkliche *crux* der Auslegung ist aber erst mit **13** und 14 gegeben: Alles, was aufgedeckt, was entlarvt wird, wird vom Licht offenbar gemacht. ἐλέγχειν und φανεροῦν scheinen hier vom AuctEph synonym verwendet zu sein. Jedenfalls verlangt es anscheinend so der Aussageduktus des Satzes. Was aber ist mit ὑπὸ τοῦ φωτός gemeint? Von welchem Licht – wohlgemerkt: mit Artikel – spricht der AuctEph? Mußner K 145 spricht vom „dunklen V. 13". Er will aber dadurch Licht in die Aussage vom Licht bringen, daß er den Vers von dem kleinen Lied in 14 her interpretiert. Dort ist ja Christus als Licht verstanden, nämlich als das erleuchtende Licht. Und so übersetzt Mußner 13: „‚Alles Überführte wird von dem (!) [Ausrufungszeichen von Mußner gesetzt] Licht offenbart', d. h. von Christus, der *das* Licht ist, das alles aufdeckt, was böse ist ..." Und er folgert dann, daß „es letztlich nicht die christliche Gemeinde" sei, „die das Böse ans Licht zieht, um es als Böses zu entlarven, sondern Christus". Somit helfe Christus als das Licht der Welt der christlichen Gemeinde, gut und böse klar voneinander zu unterscheiden. Diese Auslegung Mußners ist, wie zuzugeben ist, in sich konsequent. Sie dürfte aber auf einer Überinterpretation des Artikels in ὑπὸ τοῦ φωτός bzw. des Fehlens des Artikels von φῶς in 8 beruhen. Immerhin werden ja die *Adressaten* aufgefordert, das Tun der Bösen als böses Tun zu entlarven. καὶ ἐλέγχετε in 11b läßt sich daher am ungezwungensten so deuten, daß die Epheser, die „Licht im Herrn *sind*", nun in ihrem Verhalten und offenen Reden kraft dieses ihres Licht-Seins die Finsternis so ausleuchten, daß deren Bosheit unübersehbar wird. Zu 11 sagt Pokorný K 205 überzeugend: „Erst wenn das Licht leuchtet, ist Dunkelheit als Dunkelheit erkennbar." Ob er aber damit recht hat, daß in der Optik von 12 die geheimen Lehren oder Riten der prägnostischen Gruppen oder der Mysterien im Lichte des Evangeliums als des öffentlich verkündigten Geheimnisses (3,4–10) gefährlich erscheinen und der AuctEph das (auch auf dem Hintergrund der Polemik des AT gegen geheime Riten heidnischer Religionen, Jes 29,15; Ez 8,12–14) ausgenutzt hat, scheint recht fraglich. Auch die von ihm genannten gnostischen Texte belegen dies m. E. nicht.

Mit der hier nun gebotenen Auslegung bis 13 einschließlich dürfte eine einigermaßen in sich stimmige Exegese vorliegen. Sie wird aber durch **14a** – und in diesem Satz liegt nun das eigentliche Problem – in Frage gestellt. Er ist – erneutes γάρ! – als Begründung des zuvor Gesagten formuliert. Wie aber ist zu übersetzen? Faßte man mit Abbott K 156, der sich seinerseits auf Beza, Calvin, Grotius u.a. bezieht, φανερούμενον als Partizip des Mediums, so ließe sich der Satz als Fortsetzung der Argumentation bis 13 verstehbar machen: Denn alles, was offenbar macht, das ist Licht, also auch ihr Epheser, wenn euch denn solches Offenbar-Machen gelingt. Doch diese Deutung wird in der Forschung so gut wie allgemein abgelehnt. Gnilka K 258, Anm. 5, erklärt kategorisch: „Das ist abzulehnen." Für Pokorný K 206 ist Abbotts Exegese „grammatisch nicht akzeptabel". Zugleich aber stellt er fest, daß 14 mit 13 im Widerspruch zu stehen scheint, der Satz also nicht „logisch im strengen Sinne" sei. Gemeint sei offensichtlich, daß das entlarvte Böse seine Macht verliert und der Mensch, dessen Werke und Gedanken durch das Licht, d. h. durch Liebe und Güte überführt worden seien, sich im Wirkungsfeld des Evangeliums befindet.

Setzen wir also hypothetisch mit der großen Mehrheit der Ausleger voraus, φανερούμενον sei Partizip Passiv! Vergleichen wir dabei zunächst die auffallend verwandten Strukturen von 13 und 14a! Im Gliederungsschema ergibt sich dann folgendes Bild:

τὰ δὲ πάντα ἐλεγχόμενα
   ὑπὸ τοῦ φωτὸς φανεροῦται.
πᾶν γὰρ τὸ φανερούμενον
   φῶς ἐστιν.

ἐλέγχειν ist mit φανεροῦν nahezu synonym. Beide Verben bedeuten das Überführen und ans Licht Stellen eines vorher Verborgenen. Im Zusammenhang mit dem zuvor Gesagten meinen sie das Aufdecken des Bösen. Weil die Christen Licht vom göttlichen Lichte sind – in gewisser Weise die ekklesiologische Entsprechung zum nizäno-konstantinopolitanischen *lumen de lumine* im Zweiten Artikel – , sind sie *als* Licht diejenigen, die kraft dieses ihres Wesens das Böse als Böses sehen lassen. Insofern ist 13 in seiner Aussage eindeutig. Alles, was in seiner Bosheit entlarvt ist, ist es als dieses Entlarvt-Sein durch das Licht. Dabei ist unerheblich, ob ὑπὸ τοῦ φωτός syntaktisch mit ἐλεγχόμενα (Pokorný K 197; Lindemann K 91) oder mit φανεροῦται (Schlier K 233; Gnilka K 242; Schnackenburg K 220; Mußner K 141; Ernst K 370; Bouttier K 223; Lincoln K 316) verbunden ist. Denn würde man, statt wie oben angenommen, strukturieren:

τὰ δὲ πάντα ἐλεγχόμενα ὑπὸ τοῦ φωτὸς
   φανεροῦται,

so führte das zu keiner gravierenden Sinnverschiebung: Alles, was vom Licht in seinem wahren Wesen bloßgestellt wird, wird offenbar. So oder so bezeichnet das Partizip ἐλεγχόμενα den Aufdeckungsprozeß, ὑπὸ τοῦ φωτός das aktive Element in diesem Prozeß und φανεροῦται das Resultat. So oder so gibt der Satz nur den Sinn her, daß es Böses ist, was in seinem wahren Charakter dem Menschen vorgeführt werden muß, und daß es das

Verdienst des Lichtes ist, diesen so notwendigen Erkenntnisprozeß in Gang gesetzt zu haben. Da es aber seit 8 um die Lichtthematik geht, wird man kaum mit Abbott K 155 von ὑπὸ τοῦ φωτός sagen können, „its position is as unemphatic as possible". Daher spricht die größere Wahrscheinlichkeit dafür, daß der Satz wie folgt zu interpretieren ist: „Alles aber, was in seinem bösen Charakter entlarvt wird, wird von nichts anderem als vom *Licht* offenbar gemacht."

Interpretieren wir aber so, dann hätte das zur Folge, daß das begründende πᾶν τὸ φανερούμενον in 14 das φανεροῦται aus 13 aufgreift und somit dieser Satz aussagen will: All *das Böse*, das offenbar gemacht wird, ist *Licht*! Denn nach der zuletzt versuchten Auslegung von 13 kann das, was mit πᾶν (!) τὸ φανερούμενον inhaltlich intendiert ist, nicht das Gute meinen. Wie aber – so stellt sich unabweisbar die Frage – kann das Böse, das überführt und in seiner Schande den Blicken aller preisgegeben ist, das sein, was Licht *ist*? Kurz: Wie kann das Böse das Gute sein? Unsere hypothetische Auslegung von 13, in der wir das Partizip versuchsweise passivisch interpretierten, unterstellt dem AuctEph die Auffassung, er biete in 14 eine *contradictio in adiecto*. Da dies jedem aufgefallen sein dürfte, der sich ernsthaft mit dem Text auseinandergesetzt hat, ist aber auch anzunehmen, daß – ausgesprochen oder unausgesprochen – die Überzeugung, τὸ φανερούμενον könne nur passivisch verstanden werden, die meisten Ausleger dazu bewegte, die genannten Schwierigkeiten in Kauf zu nehmen. Also fragten sie weiter, ob in unserem hypothetischen Fall nicht eine verborgene Sinnimplikation vorliegen könnte, die, wenn sie nur explizit ist, die aufgewiesene Aporie vermeidet. Vor allem auf folgende Weise will man diesen Gordischen Knoten lösen: Durch ihr als Dunkelheit überführtes Wesen kamen die Überführten zur Erkenntnis, daß sie Licht werden müssen. So versteht Schlier K 239f die Aussage des AuctEph so, daß das von Christus initiierte Aufdecken, wodurch sich deren Licht-Sein erst (!) erfülle, zu einer „Offenbarung" der Heiden in einem radikalen Sinne werde: „Nicht nur daß ihre ‚Werke' der Finsternis und sie selbst durch das ἐλέγχειν der Christen ans Licht kommen, sie selbst werden ins Licht übergeführt, und zwar so, daß sie selbst Licht sind." Im Prinzip kommt Pokorný K 206 dieser Lösung nahe, wenn er sagt, daß offensichtlich das entlarvte Böse seine Macht verliere und sich so der Mensch, durch Liebe und Güte überführt, im Wirkungsfeld des Evangeliums befinde. „Vers 14a hat demnach etwa folgenden Sinn: Jede Entdeckung des wahren Zustands dient dem Heil." Schnackenburg K 231f wendet sich jedoch mit dem Argument, φανεροῦσθαι sei nicht dasselbe wie φωτίζεσθαι, gegen ein Verständnis, „Licht" im prägnanten Sinn als Bereich des Heils und somit die ganze Aussage im Sinne der Mission zu deuten. Aber seine Lösung, es handele sich um einen Allgemeinsatz, der die Funktion des Lichtes veranschauliche, läßt 14a recht blaß erscheinen. Das soll wirklich alles sein, was der AuctEph zu dieser Frage zu sagen hat? Schnackenburgs Exegese greift hier erheblich zu kurz.

Noch anders interpretiert Gnilka K 258, der 14a vom zurechtgewiesenen Christen versteht: Das Anliegen sei nicht, Heiden zu bekehren, sondern den Sünder in der Gemeinde vor dem Abfall zu bewahren und ihn zurückzurufen. Christologisch deutet Ernst K 376, der von einer Sinnverschiebung spricht: „An die Stelle der vollen christlichen Glaubenswirklichkeit, welche den sündhaften Lebenswandel ausleuchtet, bloßstellt und überwindet, ist jenes absolute Licht getreten, das dem menschlichen ‚Licht-Sein' zugrundeliegt: Christus." Er charakterisiert die ganze Argumentationsreihe als ein Gedankenspiel, das gerade nicht auf eine letzte rationale Erhellung angelegt sei.

Mit all den Lösungen, die φανερούμενον als *participium passivum* fassen, kommen wir also zu keiner wirklich überzeugenden Deutung der Aussagesequenz 13–14a. Deshalb sei der Versuch gewagt, in φανερούμενον ein *participium medii* zu sehen. Ich paraphrasiere: Alles aber, was in seinem wahren bösen Charakter aufgedeckt wird, wird vom *Lichte*, das ihr doch seid, den Menschen zum Sehen vorgestellt. Alles ist nämlich Licht, wenn es im Interesse und Auftrag seines eigenen Licht-Seins das Wirkliche *als* Wirkliches sehen läßt. Die Schwierigkeit dieser Hypothese – sie ist nicht die grammatische, von der Pokorný K 206 spricht – sei genannt und zugestanden: Es ist das neutrische πᾶν. Stilistisch besser wäre sicherlich, wenn es maskulinisch πᾶς γὰρ ὁ φανερούμενος hieße. Aber könnte man nicht das neutrische πᾶν als Angleichung an das neutrische φῶς verstehen? Die hier vorgeschlagene Hypothese ist nicht die unumstößliche exegetische Überzeugung des Kommentators. Sie ist nicht mehr – aber auch nicht weniger! – als die Anfrage an einen schwierigen ntl. Text, der viele Deutungen produziert hat, die aber alle an ihrer aporetischen Belastung zu tragen haben. So sei zum Schluß Calvin genannt. In der Vulgata lautet 14a: *omne enim quod manifestitatur, lumen est.* Calvin K II, 58, liest: *omne enim quod manifestat, …* Allerdings fügt er dann an diesen Gedanken, daß das Licht in manifestierender Weise aktiv tätig sei, noch den anderen Gedanken an, wonach es die eigentliche Aufgabe des Lichtes sei, zum Licht zu führen, K 59: *Quia hortatus erat, ut coarguendo mala opera infidelium eruerent ea ex tenebris: nunc addit, proprium lucis officium esse quod illis praecipit, nempe manifestare. Lux est, inquit, quae omnia manifestat.* „*Weil er sie ermahnt hat, durch Aufdecken der schlechten Werke der Ungläubigen diese [Werke] aus der Dunkelheit herauszuholen, befiehlt er zusätzlich, daß es ihre Pflicht sei, Licht zu sein, nämlich aufzudecken. Licht ist, so sagt er, was alles aufdeckt.*"

Die in unserem Kommentar zur Diskussion gestellte Auslegung von 13–14a scheint aber nun durch das Christus-Lied in **14c–e**, das durch die *formula quotationis* διὸ λέγει in 14b seine formelle Anführung als Zitat erfährt, erneut in Frage gestellt zu sein. Denn die Exegeten sind sich in der Auslegung von 5,6–14 nahezu einhellig einig, daß mit der *formula quotationis* eine Begründung der Licht-Aussagen erfolgt. Das bedeutet aber, daß jede Interpretation des Abschnitts mit der Aussageintention des Liedes konform gehen muß. In diesem kurzen Dreizeiler – über seine Herkunft ist gleich noch zu handeln – wird ein Schlafender angesprochen. Ihm gilt der Imperativ „Steh auf!". Schlafend im Sinne des AuctEph dürfte aber der sein, der noch im Dunkel seines sündhaften Lebens dahinvegetiert und durch den Weckruf erst aus dem Schlafe gerissen werden muß, der also so wach werden muß, daß er mit wachen Augen die grauenvolle Situation, in der er sich befindet, durchschaut. Von hier aus könnte man argumentieren, daß es der zum Wachen Gerufene ist, dem ἐλέγχειν und φανεροῦν gelten. Wie Christus soll er von den Toten auferstehen. Die Aufforderung ἀνάστα hat selbstredend nur Sinn, wenn sie metaphorisch verstanden ist (also im Sinne von Kol 3,1 und Eph 2,6): Steh auf aus dem Schlaf deines sündigen Daseins! Vor allem ist es die dritte Zeile: Christus wird dich, also den, der zuvor Sünder war, erleuchten, ἐπιφαύσει. Daß der AuctEph ein Lied zitiert, das dieses Verb enthält, dürfte er sicherlich wegen des dreimaligen φῶς in 8 ff getan haben; denn beide Worte sind etymologisch verwandt. Was aber gäbe es für einen Sinn, so ist nun zu fragen, wenn in dem Lied der Sünder zur *Aktivität* aufgefordert wird, um so die Erleuchtung durch Christus zu erlangen, es in den Versen zuvor aber die Christen sind, die sich als „Licht vom Lichte" aktiv im Prozeß des Aufdeckens und Entlarvens bewähren? Dieser Einwand ist ernst zu nehmen. Denn in der Tat besteht eine Spannung zwischen der von uns gebotenen Auslegung von 13–14a einerseits und der offenkundigen Aussage des Liedes andererseits. Dennoch handelt es sich nicht um einen allzu gravierenden Einwand. Denn der AuctEph kann durchaus das Lied nur um der dritten Zeile willen zitieren, die beiden anderen Zeilen aber lediglich mitzitiert haben, um ein den Adressaten bekanntes und vielleicht von ihnen geliebtes „Kirchenlied" nicht zu zerreißen. Daß er einen Text ganz zitiert, obwohl sich nur ein Teil in seine theologische Argumentation fügt, zeigt sich auch in 5,31, wo nur die letzten Worte von Gen 2,24 für seine theologische Intention erforderlich sind, der Rest des Zitates aber im Rahmen der Perikope funktionslos ist. Außerdem ist gar nicht gesagt, daß sich das διὸ λέγει nur auf 13–14a zurückbezieht. Immerhin umschreibt das mit triumphierendem Ton gesprochene (gesungene?) καὶ ἐπιφαύσει σοι ὁ Χριστός sehr gut das ebenfalls im begeisterten und begeisternden Tone gesprochene νῦν δὲ φῶς ἐν κυρίῳ.

In den Kommentaren dominiert oft die Frage, woher das Christus-Lied stamme. Ein atl. Text ist es nicht, auch wenn man in gewisser Hinsicht *inhaltliche* Parallelen aufweisen kann (vor allem Jes 60,1, dann aber auch Jes 26,19; 9,1; 52,1); mit Recht hebt Gnilka K 259 die erheblichen Unterschiede zwischen diesen Stellen und Eph 5,14 hervor. Das Lied ist ebensowenig aus den außerbiblischen jüdischen Schriften genommen. *Gnostische* Parallelen gibt es aber zur Genüge (s. z. B. Exkurs über den Weckruf in Pokorný K 207–210). Immer noch sollte Jonas, Gnosis und spätantiker Geist I, 126–140, in diesem Zusammenhang an erster Stelle (chronologisch und wertend) genannt werden, auch wenn die Gnosisforschung seit 1934 weit über den damaligen Kenntnisstand hinaus ist. Ob allerdings mit diesem Fortschritt der methodologische Ansatzpunkt und das Horizontbewußtsein über Jonas hinaus ist, steht auf einem anderen Blatt. M. E. hat Jonas in existentiellen Fragen weit mehr gesehen als manche erfolgreiche und inzwischen akzeptierte Detailforschung seither. Zutreffend erklärt er, der Weckruf „Wachet auf aus dem Schlafe, oder: aus der Trunkenheit, oder: aus dem Tode" sei „das durch weite Bezirke der Gnosis formelhafte Kernstück oder wenigstens Anfangsstück, manchmal sogar in seinen bildlichen Ausschmückungen und Abwandlungen der einzige Inhalt des gnostischen Erlösungsrufes" (127). Sofort verweist er dann aber darauf, daß in diesem rein formalen Imperativ „die ganze Fülle der spekulativen Inhalte und der bestimmte *existenzielle Horizont* mitgesetzt zu denken sind" (127; Kursive durch mich). Von zwei von Jonas gebrachten Texten seien hier nur einige Sätze zitiert.

Im Turfan-Fragment M 7 heißt es (128; Hervorhebungen durch Jonas):

Schüttle ab die *Trunkenheit*, in die du entschlummert bist,
wach auf und siehe mich!
Heil über dich aus der Welt der Freude
aus der ich deinetwegen gesandt bin.

In der „abgekürzten Totenmesse" wird der göttliche „Urmensch" vor dem Beginn unserer Welt vom „lebendigen Geist" angesprochen (129):

Heil über dich, Guter inmitten der Bösen
Lichter inmitten der Finsternis,
(Gott,) der wohnt inmitten der Tiere des Zorns,
Die seine Ehre nicht kennen.

Da antwortete ihm der Urmensch und sprach:

Komm mit Heil, bringend
Die Schiffslast von Frieden und Heil

und er sprach weiter zu ihm:

Wie geht es unsern Vätern
    Den Söhnen des Lichtes in ihrer Stadt?
und es sprach der Ruf zu ihm: sie befinden sich wohl.

Terminologie und Motivik dieser gnostischen Texte sind also teilweise mit denen im Eph identisch. Und auch die von Jonas vorgenommene existentiale Interpretation gnostischer Texte läßt bezeichnende Affinitäten zur existentialen Interpretation des Eph erkennen. Insofern darf man wohl sagen, daß sich sowohl dieser ntl. Brief als auch die von Jonas angeführten gnostischen Texte in einem gemeinsamen Traditionsstrom und in einer gemeinsamen Kontinuität der Daseinshaltung, des sogenannten Selbstverständnisses, befinden. Trotzdem ist der *weltanschauliche Rahmen* ein jeweils *äußerst unterschiedlicher*. Aber auch das sagt Jonas deutlich. So charakterisiert er die Gnosis wie folgt (144): „Die große Gleichung ‚Welt = Finsternis‘ κόσμος = σκότος) ersteht als prägnanter Ausdruck der neuen Welterfahrung." Der Mensch in seiner Eigentlichkeit, in seinem Selbst, stammt aus dem präexistenten göttlichen Bereich. Diese Präexistenz ist aber etwas *toto caelo* anderes, als z. B. Schlier mit seiner These von der Präexistenz der Kirche sagen will. Die Verteufelung der Welt durch die Gnosis ist eine so radikale und universale, daß für diese Weltanschauung der Gedanke einer guten Schöpfung unvorstellbar und undenkbar ist. Die gnostische Anthropologie ist so sehr in ihr weltanschauliches Korsett gezwängt, daß ein Weg zur ntl. Anthropologie völlig verbaut ist. Die partielle „Schnittmenge" von ntl. und gnostischem Selbstverständnis ist, soweit man sie tatsächlich nachweisen kann, durch allgemeine anthropologische Konstanten und bestimmte geschichtliche Gegebenheiten bedingt. Das *theologische Spezifikum des Eph* und überhaupt des NT hat *in der Gnosis keine Heimat.* Es ist eben der Strom der antiken Objektivationen in Religion und Weltanschauung, und es ist die z. T. analoge Welterfahrung, die die genannten Affinitäten schaffen. Letzten Endes bringt der Blick auf gnostisches Denken Erklärungsmöglichkeiten für bestimmte *Vorstellungen*, deren sich der AuctEph bedient, weil er geschichtlich gar nicht so weit von der Gnosis entfernt ist. Aber es ist unbedingt zu berücksichtigen, daß die Gnosis nicht in einer Art Urknall entstanden ist, sondern in ihrem Geworden-Sein Jahrhunderte alte Wurzeln besitzt (s. den Exkurs: Die Kirche – eine gnostische Vorstellung?). So wie Bultmann mit den gnostischen Texten hermeneutisch umgegangen ist, ist es heute nicht mehr möglich. Sein Programm der existentialen Interpretation ermöglicht es allerdings, gerade anhand von existentialen Koinzidenzen das dennoch Ureigene der ntl. Schriften klarer zur erfassen. Und das gilt in besonderer Weise für den Eph, für den die existentiale Interpretation vielleicht mehr als für die eine oder andere ntl. Schrift theologisch fruchtbringend ist.

15–20 ist in etwa ein in sich geschlossener Abschnitt. Das οὖν in 15 indiziert nämlich einen Neuansatz, der jedoch im Grunde nur eine Zusammenfassung des bisher Gesagten bringt und dann im Rückgriff auf paränetische Aussagen des Kol einige Mahnungen vorträgt, ehe er in 21 zur Haustafel überleitet.

In **15** lesen wir im Eph zum letzten Mal das die Paränese beherrschende Verb περιπατεῖν. Zur Erinnerung: Außerhalb des mit 4,1 einsetzenden zweiten Teils des Briefes steht es nur in 2,2.10, dann aber gehäuft im 4. und 5. Kap. (4,1.17.17; 5,2.8.15). So kann der AuctEph den bisherigen Teil seiner Paränese unter diesen Imperativ stellen. Faßt 5,2 mit περιπατεῖτε das von 4,25 (4,17?) an Gesagte zusammen, so ist in 5,15 dieser Imperativ durch seinen Kontext noch etwas stärker betont und theologisch prägnanter qualifiziert. Die Adressaten werden auf ihr verständiges Urteil angesprochen. Wie die Weisen, ὡς σοφοί, sollen sie haarscharf darauf achten, in welcher Weise sie ihr Leben führen, in welcher Weise sie „wandeln", πῶς περιπατεῖτε. Das Adjektiv σοφός, von Paulus vor allem in 1Kor 1–3 betont in dialektischer Weise verwandt, begegnet im Eph nur hier (nicht im Kol). Wohl aber war schon zuvor mit dem Substantiv von der σοφία der Epheser die Rede, und zwar im Aufgreifen eines Gedankens des Kol (vgl. Eph 1,8 mit Kol 1,9; s. auch Kol 1,28; 3,16). In Eph 1,17 betet Tritopaulus, daß Gott ihnen das πνεῦμα σοφίας gebe. So dürfte er in 5,15 die Adressaten mit σοφοί als diejenigen anreden, die der Gabe des weisheitsbringenden Geistes teilhaft geworden sind. σοφός meint dann nicht eine erwerbbare und auch inzwischen erworbene tugendhafte Qualifikation, die die Epheser durch ihre menschliche Intelligenz erwerben konnten, sondern ein Sein, das Gott ihnen durch seinen Heiligen Geist gnadenhaft gegeben hat. Demnach bedeutet das im Kontrast dazu gesagte μὴ ὡς ἄσοφοι das Verhalten derer, die Gottes Geist noch nicht empfangen oder dessen Gabe schon wieder verspielt haben. Wie leicht in den Augen des AuctEph ein solches Verspielen geschehen kann, geht aus dem mahnenden βλέπετε οὖν ἀκριβῶς hervor: „Paßt gut auf!" Der Schreiber des Briefes fürchtet also Gefahr. Zuvor hat er die Epheser auf ihr Licht-Sein angesprochen. Licht kann aber gelöscht werden! Ist jedoch ein Licht gelöscht, so herrscht – im wörtlichen Sinne: herrschen! – die Dunkelheit. Wenn die Adressaten also im Tauflied von 14 auf ihr Licht-Geworden-Sein angesprochen waren, so läßt sich nun für 15 mit Schlier K 243 (Kursive durch mich) sagen: „Eben dieses Licht-*Sein* der Christen fordert von ihnen ein sorgfältiges Erwägen, wie sie ihr Leben führen und führen sollen. Das Licht, das sie *sind*, ist ja ständig in Gefahr, schwach zu werden und seine durchdringende Klarheit und aufdeckende Kraft zu verlieren, wenn nicht gar zu erlöschen. Es ist aus ihnen selbst heraus bedroht."

In **16** ist ἐξαγοραζόμενοι τὸν καιρόν wörtliche Übernahme aus Kol 4,5. Dort meinte diese Mahnung, sich seiner Verantwortung in der je neuen geschichtlichen Situation, also sich der *Geschichtlichkeit* der eigenen Existenz bewußt zu sein: Die jeweilige *Begegnung* läßt verstehen, was zu tun ist. Diese Mahnung in Kol 4,5 erfolgt übrigens auch im Kontext der Weisheit. Doch anders als in Eph 5,15f geht es dabei um das Verhalten zu denen, die „draußen" sind (s. zu Kol 4,5f). Für Eph 5,16 ist die Begründung in 16b aufschlußreich: Die Tage sind böse. Freilich ist der Horizont, in dem von den ἡμέραι πονηραί die Rede ist, ein anderer als bei Paulus (z. B. Gal 1,4: ἐκ τοῦ αἰῶνος τοῦ ἐνεστῶτος πονηροῦ), wo die Gegenwart schon ganz von den Drangsalen der unmittelbar bevorstehenden Endzeit überschattet ist (s. auch 1Kor 7,29ff). Wie schlimm es mit der Gegenwart nach der Auffassung des AuctEph aussieht, wird dieser noch in 6,10 sagen: Die ἡμέραι πονηραί sind satanische, höllische Tage! Es sind Tage des Kampfes mit der ganzen dämonischen Welt! Man könnte auch sagen, sie sind αἱ ἡμέραι τοῦ πονηροῦ (τοῦ π. = *masculinum*). Wird aber die Aufforderung, die Zeit auszukaufen, auf diese Weise begründet, so besagt das, daß man deshalb so genau auf seinen Wandel in Weisheit achten soll, um in der furchtbaren Situation, in der sich die Kirche befindet, das jeweils Gebotene zu tun. Es gilt, in der gottgegebenen Einsicht und Weisheit das Böse als Böses zu erkennen (s. o.); es gilt, als Licht Licht in alle diabolische Finsternis zu bringen, um diese ihres ureigenen Wesens zu überführen. Es gilt also, den rechten Kairos mit den Augen des Glaubens auszumachen, um nicht zur unpassenden „Zeit", zur „Un-Zeit", zu reagieren. Müssen wir aber 16a in diesem Sinne auslegen, so hat der AuctEph die aus Kol 4,5 entlehnte Wendung in einem anderen Sinn als dem dort gegebenen verstanden.

Mit dieser Auslegung von 15 f ist bereits implizit das sich hier aussprechende *kirchliche Selbstverständnis* angesprochen. Der AuctEph führt seine Leser geradezu durch ein Wechselbad der Gefühle. Auf dieser Erde ist das geschichtliche Dasein der Christen in grauenvoller Weise dem teuflischen Wirken böser Mächte ausgesetzt. Auf dieser Erde sind aber die Christen zur Bewährung ihres Licht-Seins aufgefordert. Zugleich jedoch befinden sich die, die auf dieser Erde existieren, schon ἐν τοῖς ἐπουρανίοις, wie vor allem in 2,5f im jubelnden Tone gesagt wird. Daß mit dem Hinweis auf den Aufenthalt der noch auf dieser Erde Lebenden „in den Himmeln" keine gnostische Weltflucht propagiert ist, geht aus dem bisher exegesierten Teil des Eph hervor. Sofern die Christen durch ihr Licht-Sein auch andere zu lichthaften Existenzen machen (auch wenn dies in 5,14 nicht ausgesprochen ist) – das ist ja Mission! das ist ja das Wachsen der Kirche (2,21: αὔξει)! –, ist auch die Erde schon der Himmel. Und die, die hier schon trotz der Hölle im irdischen Himmel sind, sind auch zugleich dort „oben" im Himmel.

Und so ermahnt der AuctEph in **17** seine Leser, nicht unklug zu werden. Jetzt hat es seinen guten Sinn, μὴ γίνεσθε mit „werdet nicht!" und nicht mit „seid nicht!" zu übersetzen. Als σοφοί sollen sie verstehen, was der Wille Gottes ist. Eigentlich wissen sie es ja. Aber daß das *hermeneutische Grundwort* συνιέναι im Imperativ συνίετε begegnet, bedarf angesichts dessen, was schon mehrfach zum Verhältnis von Indikativ und Imperativ im Eph gesagt wurde, keiner weiteren Erklärung. Dieses Verb bringt der AuctEph nur hier, der AuctCol aber kein einziges Mal. Bei Paulus begegnet es mehr zufällig (Röm 3,11 und 15,21 nur in der Verneinung, 2Kor 10,12 nicht in einer theologischen Spitzenaussage). Hermeneutisches Schlüsselwort ist es aber vor allem im Mk (freilich gemäß der markinischen Konzeption des Jüngerunverständnisses viermal als Aussage der Negation, nur 7,14 als Imperativ σύνετε). Vom θέλημα τοῦ θεοῦ spricht Paulus gern, z. B. 1Thess 4,3: Der Wille Gottes ist eure Heiligung; Röm 12,2 in der Paränese; als Heilswille Gottes z. B. Gal 1,4. In beiden Bedeutungen spricht auch der AuctEph von diesem Willen, nämlich vom guten auf das Heil des Menschen gerichteten Willen Gottes (vor allem in der Eulogie, 1,5.9.11) und von dem das Gute Tun des Menschen fordernden Willen Gottes (5,17; 6,6).

Eigentümlich ist in **18** der Gegensatz von Trunkenheit durch Wein, beurteilt als Liederlichkeit (ἀσωτία Hapax legomenon im Corpus Paulinum), und Erfülltsein im Geiste (Gottes). Sicherlich stellt sich hier leicht die Assoziation Act 2,13 ein, wo die Apostel, von denen es 2,4 heißt ἐπλήσθησαν πάντες πνεύματος ἁγίου, von den Pfingstpilgern als Betrunkene angesehen werden. Eine Verbindung von Act 2 und Eph 5,18 wird aber in der exegetischen Literatur weithin ausgeschlossen (vgl. Schnackenburg K 241). Es bleibt aber die Frage, ob nicht beide ntl. Autoren auf eine gemeinsame Tradition zurückgreifen. Wenn man nämlich bedenkt, daß Paulus in Korinth mit ekstatischen Phänomenen beim Gottesdienst zu kämpfen hatte, die als Wirkung des Geistes Gottes ausgegeben wurden (1Kor 14,2ff), dann dürften die Aussagen des AuctEph und des Lukas als in dieser Tradition gelegen plausibel sein. Eine eindeutige Parallele ist *Philon, Ebr* 146: χάριτος δ' ἥτις ἂν πληρωθῇ ψυχή, γέγηθεν εὐθὺς καὶ μειδιᾷ καὶ ἀνορχεῖται. βεβάκχευται – wörtlich also: beim Bacchusfest verzückt sein, von Philon natürlich ohne diesen heidnischen Zug verstanden – γάρ, ὡς πολλοῖς τῶν ἀνοργιάστων μεθύειν καὶ παροινεῖν καὶ ἐξεστάναι ἂν δόξαι. Die Reaktion: ἕως πότε μεθυσθήσῃ; περιελοῦ τὸν οἶνόν σου. Übersetzung I. Heinemann (SJHL 5): „*Jede Seele, die von dem Gnadengeschenk erfüllt wird, ist sofort frohgemut und lacht und hüpft vor Freude auf. Sie ist ja in Verzückung, und deshalb wird vielen Uneingeweihten wohl der Gedanke kommen, sie sei trunken, gerate außer sich und sei geistesgestört.*" Die z. T.

wörtliche Übereinstimmung mit Eph 5,18 ist frappierend. Schnackenburg K 242 dringt auf den Unterschied: Was bei Philon der Zustand der von Gott erfüllten, tugendbegeisterten Seele sei, sei in Eph 5,18 Wirkung des göttlichen Geistes. Richtig! Es kommt sogar noch hinzu, daß Philon hier vom πνεῦμα gerade nicht spricht. Aber sowohl das göttliche πνεῦμα beim AuctEph als auch die göttliche χάρις bei Philon besagen Gottes Wirkung auf die Seele; und diese Wirkung ist bei beiden die Ekstase, also dasjenige Phänomen, das dem Außenstehenden sowohl wie Trunkenheit als auch wie religiöses Außer-sich-Sein erscheinen kann.

19f ist zum größeren Teil wörtlich aus Kol 3,16f entnommen. So kann für diese beiden Verse im wesentlichen auf die Auslegung zu der parallelen Kol-Stelle verwiesen werden. Jedoch muß insofern auf den Unterschied zwischen der Kol-Version und der Eph-Version aufmerksam gemacht werden, als die betreffenden Aussagen des Kol im unmittelbaren Kontext des λόγος τοῦ Χριστοῦ stehen (Kol 3,16a), die des Eph aber im unmittelbaren Kontext des πνεῦμα. Mit Nestle-Aland²⁷ und gegen The Greek New Testament sei angenommen, daß der mit 18 beginnende Satz mit καὶ πατρί am Ende von 20 abschließt und nicht erst mit 21.

5,21–33 Die Haustafel I – Das Geheimnis: Kirche und Ehe

[21]**Ordnet euch in der Furcht Christi unter!** [22]**Die Frauen ihren Ehemännern wie dem Herrn!** [23]**Denn der Mann ist das Haupt der Frau wie auch der Christus das Haupt der Kirche, er als der Retter des Leibes.** [24]**Wie sich aber die Kirche dem Christus unterordnet, so auch die Frauen (ihren) Männern in allen Stücken!** [25]**Ihr Männer, liebt (eure) Frauen, wie auch Christus die Kirche geliebt und sich für sie hingegeben hat,** [26]**damit er sie heilige, indem er sie durch das Wasserbad kraft des Wortes reinige,** [27]**damit er sich selbst die Kirche in Herrlichkeit bereite, damit sie ohne Flecken oder Falten oder irgend etwas dergleichen dastehe, sondern damit sie heilig und makellos sei.** [28]**So sollen [auch] die Ehemänner (ihre) Frauen wie sich selbst lieben, (denn) wer seine Frau liebt, liebt sich selbst.** [29]**Keiner hat ja jemals sein eigenes Fleisch gehaßt. Vielmehr nährt und pflegt er es, wie es auch Christus (für) die Kirche (tut).** [30]**Denn wir sind Glieder seines Leibes.** [32]**„Deshalb wird ein Mann (seinen) Vater und (seine) Mutter verlassen und seiner Frau anhangen. Und die zwei werden *ein* Fleisch sein."** [32]**Dieses Geheimnis ist groß. Ich deute es aber auf Christus und die Kirche.** [33]**Also: Ihr, ein jeder (von euch) liebe in diesem Sinne seine Frau wie sich selbst! Die Frau aber, sie soll (ihren) Mann fürchten!**

Literatur: H. Baltensweiler, Die Ehe im NT, Zürich 1967, 218–235. – R. Batey, Jewish Gnosticism and the „Hieros Gamos" of Eph 5,21–33, NTS 10 (1963/64) 121–127. – E. Best, The Haustafel in Ephesians (Eph 5.22–6.9), IBSt 16 (1964) 146–160. – J. Cambier, Le grand mystère concernant le Christ et son Église, Ep 5,22–33, Bib. 47 (1966) 43–90, 223–242. – O. Casel, Die Taufe als Brautbad der Kirche, JLW 5 (1925) 144–14. – Fischer, Tendenz und Absicht des Eph, 173–200. – K.-H. Fleckenstein, Ordnet euch einander unter in der Furcht Christi. Die Eheperikope in Eph 5,21–33. Geschichte der Interpretation. Analyse und Aktualisierung des Textes (fzb 73), 1994. – J. M. Ford, St Paul, the Philogamist, NTS 11 (1964/65) 326–348. – H. Maillet, ALLA … PLEN: métaphore et pédagogie de la soumission dans les rapports conjugaux, familiaux, sociaux et autres, selon Ep

5,21–6,9, ETR 55 (1980) 566–574. – A. DI MARCO, Ef 5,21–6,9: Teologia della Famiglia, PivBib 31 (1983) 189–207. – G. F. MILETIC, „One Flesh", Eph 5,22–24, 5,31. Marriage and the New Creation (AnBib 115), 1988. – MUSSNER, Christus, das All und die Kirche, 147–160. – K. NIEDERWIMMER, Askese und Mysterium. Über Ehe, Ehescheidung und Eheverzicht in den Anfängen des christlichen Glaubens (FRLANT 113), 1975, 124–157 (Lit.). A. M. PELLETIER, Le signe de la femme, NRTh 113 (1991) 665–689. – P. R. RODGERS, The Allusion to Gen 2,23 at Eph 5,30, JThS 41 (1990) 92–94. – J. P. SAMPLEY, And the Two Shall Become One Flesh. A Study of Traditions in Eph 5,21–33 (MSSNTS 16) 1971. – SCHLIER, Christus und die Kirche, 60–75. – T. K. SEIM, A Superior Minority? The Problem of Men's Headship in Eph 5, in: Mighty Minorities? Minorities in Early Christianity – Positions and Strategies, FS J. Jervell, Oslo u. a. 1995, 165–181. S. auch Lit. zu Kol 3,18–4,1.

Funktion und Zugehörigkeit von 21 sind umstritten. Nestle-Aland[27] bringen den Vers als Beginn der Einheit 21–24, The Greek New Testament jedoch als letzten Vers von 15–21. Ist 21 Überschrift und Beginn der Eheparänese **21–33** (z. B. Schnackenburg K 245; Gnilka K 273; Lindemann K 99 f) oder Abschluß von 15–21 (Bouttier K 236 f bringt 21 als letzten Vers von 15–21, betrachtet ihn aber als „transition" zu 5,22–6,9)? Ihn nur auf die Eheperikope zu beziehen, mag dadurch gerechtfertigt sein, daß der AuctEph das Verb ὑποτάσσεσθαι in 6,1–9 nicht verwendet. Doch lesen wir ihn auch nicht in Kol 3,22–4,1, der literarischen Vorlage für unsere Stelle. Es ist also durchaus möglich, Eph 5,21 als Ausklang von 15–21 und zugleich als Überschrift für den gesamten Abschnitt 5,22–6,9 zu verstehen. Für die Interpretation von 5,22–32 ist aber eine exegetische Entscheidung in dieser Frage unerheblich.

Der allgemein zur Paränese gerechnete Abschnitt 21–33 könnte für den Leser, der die Gesamtparänese des Briefes vor Augen hat, den Eindruck des Unproportionalen erwekken, vor allem dann, wenn er ihn synoptisch mit der literarischen Vorlage im Kol liest. Im Rahmen des ganzen Briefes hat 5,21–33 besonderes theologisches Gewicht, während in 6,1–9 theologische Aussagen nur *en passant* begegnen. Kann man sogar so weit gehen, daß man deshalb den paränetischen Grundakzent von 5,21–33 in Frage stellt? Sicherlich finden sich auch hier deutliche und eindeutige Mahnungen; sicherlich sind die Aussagen zur Ehe, wie schon zuvor im Kol, Teil der Haustafel. Aber die Tatsache, daß der AuctCol in Kol 3,18–25 dem gegenseitigen Verhältnis von Mann und Frau nur ganze zwei Verse widmet (18 f), zeigt, daß dem AuctEph, der die Ehe-Aussagen seiner Vorlage also bewußt erweitert und so einen neuen theologischen Akzent setzt, sehr viel an den theologischen bzw. christologischen Aussagen liegt, die er redaktionell hinzugefügt hat. Steht hier Paränese im Dienste der Theologie, genauer: der christologisch bestimmten Ekklesiologie? Zumindest gewinnt man beim ersten Lesen den Eindruck, daß der AuctEph in dieser Perikope etwas Wichtiges zu seinem Kardinalthema „Kirche" sagen will und daß ihm dazu die Eheparänese gerade recht kommt.

Einerlei, ob wir **21** als Einleitung zu 22–33 oder zu 5,22–6,9 fassen, auffällig ist bereits das betonte ἐν φόβῳ Χριστοῦ. Die „Furcht Christi" ist hier konstitutiv für die Paränese. In den Eheaussagen des Kol war davon nicht die Rede. In diesem Briefe findet sich das Substantiv φόβος überhaupt nicht, wohl aber die geprägte Wendung φοβούμενοι τὸν κύριον in der Ermahnung an die Sklaven (s. zu Kol 3,22; zu φοβούμενοι τὸν θεόν als der Gruppe derer, die als „Sympathisanten" des Judentums in lockerer Verbindung zu ihm standen, aber sich ihm nicht offiziell als Proselyten anschlossen, s. Horst Balz, EWNT III, 1031 f; Lit. ib. 1026). Paulus schreibt 2Kor 5,11 εἰδότες οὖν τὸν φόβον τοῦ κυρίου (= τοῦ Χριστοῦ). Doch argumentiert er in seiner Paränese gerade nicht mit diesem Motiv. Balz hat recht, wenn er in den späteren Schriften des NT, also auch im Eph, das Motiv der Furcht als allgemeine Begründung des christlichen Handelns sieht (ThWNT IX, 212 ff). Es muß aber, so auch Balz, zwischen der Furcht vor weltlichen Autoritäten und der Furcht Gottes bzw. Christi unterschieden werden. φόβος ϑεοῦ (im NT, abgesehen vom sekundären Text 2 Kor 7,1, nur Röm 3,18) und φόβος Χριστοῦ sind nahezu identisch; beides meint die *Ehrfurcht* vor Gott (richtig Balz, EWNT III, 1035) und hat seine atl. Wurzel in der für die weisheitlichen Schriften des AT typischen Redeweise vom φόβος ϑεοῦ, z. B. Prov 1,7: ἀρχὴ σοφίας φόβος ϑεοῦ, 23,17: ἐν φόβῳ κυρίου ἴσϑι ὅλην τὴν ἡμέραν, ψ 2,11: δουλεύσατε τῷ κυρίῳ ἐν φόβῳ /καὶ ἀγαλλιᾶσϑε αὐτῷ ἐν τρόμῳ.

Durch die partizipial zum Ausdruck gebrachte Forderung der gegenseitigen Unterordnung (ἀλλήλοις!) und das so betonte ἐν φόβῳ Χριστοῦ in Eph 5,21 gewinnt die Forderung an die Ehefrauen von 24, sich ihren Männern zu unterwerfen, eine erhebliche Modifikation gegenüber Kol 3,18, die gleich noch näher zu erwägen ist. Zunächst sei herausgestellt, daß durch die Forderung in 21 die Schlußforderung in 33 vorbereitet ist: ἡ δὲ γυνὴ ἵνα φοβῆται τὸν ἄνδρα. Der Stamm φοβ- gewinnt so den Charakter der *inclusio* für 21–33. Vielleicht ist dadurch auch 6,5 vorbereitet: οἱ δοῦλοι, ὑπακούετε . . . μετὰ φόβου καὶ τρόμου, wobei zugleich das ἐν φόβῳ Χριστοῦ von 5,21 durch ὡς τῷ Χριστῷ aufgegriffen sein könnte. Dieses ὡς τῷ Χριστῷ findet sich in **22** in der nur sprachlichen Modifikation ὡς τῷ κυρίῳ. Das hierzu Erforderliche wurde bereits zu Kol 3,18 gesagt, wo es statt dessen ὑποτάσσεσϑε . . . ἐν κυρίῳ heißt, die dortige Auslegung braucht nicht wiederholt zu werden. Aber bereits **23** – und das ist das theologisch Neue – stellt die Aufforderung zur Unterwerfung unter die Ehemänner in den *christologischen Horizont*, man könnte auch sagen: in den *soteriologisch-kerygmatischen Horizont*. Gleichzeitig spielt die *Protologie* hinein. Denn nach Gen 2,18.21–24 ist die Frau nicht um ihrer selbst willen geschaffen, sondern eigens als Hilfe für den Mann: ποιήσωμεν αὐτῷ βοηϑὸν κατ᾽ αὐτόν. Schon von dieser Stelle aus wäre der Mann als κεφαλή der Frau erklärbar. Aber der AuctEph hat diese Auffassung aller Wahrscheinlichkeit nach nicht direkt aus Gen 2 genommen. Näher liegt, daß Tritopaulus auf Paulus selbst zurückgreift, nämlich auf 1 Kor 11,3, allerdings wiederum in auffälliger, in spezifischer Modifikation. Für Paulus war der Mann das Haupt der Frau, Christus aber das Haupt des Mannes; schließlich ist dann Gott das Haupt Christi. Aus dieser Dreierrelation wird beim AuctEph eine Zweierrelation: Der Mann ist das Haupt der Frau wie (ὡς nicht in 1 Kor 11,3!) Christus das Haupt der Kirche (nicht des Mannes!). ὡς in 23 ist Begründung wie ὡς in 22: Die Ehefrauen sollen ihren Männern *wie* dem Kyrios gehorchen. Die Logik von 22 f ist also: Die Ehefrau soll ihrem Mann als demjenigen gehorchen, dessen Haupt Christus ist. Damit ist der Gedanke, der sich bei der Auslegung von Kol 3,18 f zeigte, theologisch und christologisch noch fester fundiert: Die Relativierung des sich Unterwerfens ist noch weitergetrieben als im Kol. Nach Lindemann K 102 nimmt aufgrund der Formulierung von 22 der Mann der Frau gegenüber die Rolle Christi wahr. Das klingt zunächst so, als sei damit die Rechtsposition des Mannes noch mehr gestärkt als im Kol und somit die Frau noch weiter seinem Rechtsanspruch preisgegeben. Lindemann erklärt dann auch ausdrücklich, daß dies auf der Ebene der sozialen Wirklichkeit in 23a begründet werde. Argumentiert man auf *dieser* Ebene, so ist zuzugeben: In ihrer rechtlichen Stellung war die Frau in der antiken Gesellschaft dem Mann unterworfen. An dieser soziologischen und juristischen Situation haben weder Paulus noch Deuteropaulus noch Tritopaulus etwas geändert oder etwas ändern wollen. Nur – diese soziologische und juristische Ebene ist nicht die ureigene Argumentations- und Wirklichkeitsebene unserer ntl. Autoren!

Die *eigentliche* Wirklichkeit für Paulus und seine Schüler ist die Stellung des Menschen *coram Deo*. Und für diese Ebene hat Paulus in aller Deutlichkeit seine Glaubensüberzeugung in Gal 3,28 zu Gehör gebracht. Deuteropaulus hat sie in gleicher Deutlichkeit in Kol 3,11 ausgesprochen. Und was das Verhältnis von Mann und Frau auf der Ebene dieses *coram Deo* angeht, hat Tritopaulus von seinem unverrückbaren christologischen Standpunkt aus alle Herrschaftsansprüche des Mannes, dem zwar rein verbal die Unterordnung der Frau zusteht, letzten Endes durchgestrichen. Dies zeigt sich auch an der (vielleicht nicht eindeutigen) Wendung αὐτὸς σωτὴρ τοῦ σώματος. Mit den meisten Exegeten (z. B. Schlier K 255 ff; Gnilka K 277) ist anzunehmen, daß der Christus als das Haupt der Kirche, die ja sein Leib ist, diese durch seinen Kreuzestod gerettet hat. Bouttier K 243 u.a. machen darauf aufmerksam, daß hier zum einzigen Male der Leib Christi, also die Kirche, Gegenstand der Rettung ist, „l'object du salut". σωτήρ findet sich in den authentischen Paulinen nur in Phil 3,20, in Kol und Eph außer an unserer Stelle nirgends. σωτηρία bringt der AuctEph nur in 1,13 (τὸ εὐαγγέλιον τῆς σωτηρίας ὑμῶν), der AuctCol überhaupt nicht. Paulus hingegen spricht gern von der σωτηρία, angefangen vom 1Thess bis zum Röm, so z. B. in der für den Röm programmatischen Stelle Röm 1,16 f. Das Verb σῴζειν ist ebenfalls gut paulinisch, begegnet aber auffälligerweise nicht im Kol und nur zweimal im Eph – vorausgesetzt, 2,5.8 sind nicht, wie von uns vermutet (s. z. St.), Glossen. Einerlei, wie man σωτὴρ τοῦ σώματος in 5,23 traditionsgeschichtlich erklärt, der Sinn der Wendung steht fest: Christus ist als Retter, also in seiner soteriologischen Funktion, Haupt der Kirche. Christus ist dadurch, daß er sich der Kirche zuliebe in den Tod begeben hat (s. u. zu 25), das Haupt. Die Relativierung des Gehorsamsgedankens in Kol 3,18 gewinnt in Eph 5,22 ff weitere Intensität: Christus als das Haupt war für die Kirche da (s. in 25 den Aorist ἠγάπησεν!); hat nun die Kirche für das Haupt dazusein, so ist eben dieses Dasein getragen durch das Dasein des Hauptes für sie. *Der Gehorsamsgedanke ist geradezu paralysiert*. Also – das ist zunächst die Konsequenz aus 22 f – ist auch der Gehorsamsgedanke, *sofern* durch ihn auf juristischer und soziologischer Ebene das Verhältnis der Frau zum Mann als Rechtsverhältnis definiert ist, in analoger Weise paralysiert. Die christologische Ebene läßt die juristische Ebene als nur schattenhafte, nur sekundäre Wirklichkeit erscheinen.

24 verdeutlicht nun die Aufforderung von 22 aufgrund der christologisch-soteriologischen Explikation in 23. Freilich hat ἀλλά keine syntaktisch adversative Funktion. Das Wort ist im abgeschwächten Sinne zu verstehen (zur Denotation dieses Wortes s. die größeren Lexika); höchstens könnte man sagen: Im Gegensatz zu einem in 21 nicht expliziert ausgesprochenen juristischen Verständnisses von ὑποτασσόμενοι ist dieses Verb hier christologisch zu verstehen. Dabei spricht 24 im „Vergleich": *Wie* sich die Kirche dem Christus unterordnet (Indikativ!), *so* auch die Frauen ihren Männern in jeglicher Hinsicht. Nicht deutlich ist, ob 24b als Indikativ oder Imperativ zu verstehen ist. Das Wahrscheinlichere ist der Imperativ. Das wird auch durch das nach der soteriologischen Sprache von 23 doch recht befremdliche, weil verschärfende, ἐν παντί nahegelegt. Auffällig ist es auch angesichts des eigentümlichen Tatbestandes, daß in Kol 3,18 eine solche Wendung nicht begegnet, wohl aber in Kol 3,22 die Aufforderung zum Gehorsam an die Sklaven die Worte κατὰ πάντα enthält, inhaltlich mit ἐν παντί synonym. Ist Eph 5,24b tatsächlich als Aufforderung zu interpretieren, so fragt es sich, wie die Relation ὡς – οὕτως zu verstehen ist. Zunächst jedoch die Vorfrage: Beschreibt 24a einen *faktischen* Sachverhalt? Oder beschreibt der Indikativ die Kirche in ihrem von Gott gegebenen *Sein*, etwa im Sinne von 1,3 f?

Legt man seinem exegetischen Urteil zugrunde, daß 24 Teil der Haustafel, also der

Paränese ist, so ließe sich 24b bestens als Aufforderung interpretieren. Eine Reihe von Exegeten bringt das schon allein durch die Übersetzung zum Ausdruck („sie sollen sich unterordnen!" o. ä., z. B. Dibelius/Greeven K 92.94; Schnackenburg K 247; Lincoln K 351; Bouttier K 238; als Paraphrase Abbott K 165: „the wife, who is to be subject to the husband"). Andere lassen aber bei der Übersetzung von 24b wie im griechischen Urtext das Prädikat weg (z. B. Gnilka K 263; Pokorný K 220; Lindemann K 99 [aber 102: „also gilt dies auch für die Frauen"!]); es wird jedoch in ihren Exegesen nicht immer ganz deutlich, wie es gemeint ist. Natürlich kann man davon ausgehen, daß 24 als Teil der Paränese am ungezwungensten eine imperative Deutung nahelegt; aber es ist ja gerade unsere Frage, ob die Ehe-Perikope 21–33 trotz ihrer paränetischen Aussagen in ihrer eigentlichen Intention als Paränese zu beurteilen ist. Könnte es nicht sein, daß der AuctEph in 24b bewußt das Prädikat ausgelassen hat, um einerseits den paränetischen Charakter des Satzteils nicht eigens zu negieren, andererseits aber geradezu unmerklich vom Sollen zum Sein überzugehen? Die Kirche – im Sinne des AuctEph die *una sancta ecclesia*, deren Heiligkeit in ihrem In-Christus-Sein gegründet ist – ordnet sich Christus unter. Und das heißt doch, daß sie in ihrem Heilig-*Sein* von dem her lebt, der ihr als der Heilige schlechthin das von Gott kommende Leben schenkt. Das ὑποτάσσεσθαι ist somit gar nicht so sehr ein Akt der Unterwerfung als vielmehr das aus einem *Sein* erwachsene und immer wieder erwachsende *Sollen*. Wie immer man die soeben gestellte Frage beantwortet – *daß* in 24a ein Sein der Heiligkeit ausgesprochen ist, läßt sich wohl kaum bestreiten. Das gilt erst recht, wenn 32 mitbedacht wird. Wenn dieses Sein der Kirche als *Sein-von-Christus-her* in 24a den Adressaten des Eph vor Augen gestellt werden soll, dann legt es sich nahe, die Relation ὡς – οὕτως so zu interpretieren, daß 24b an der Seins-Intention von 24a partizipiert.

Sicherlich ist diese Folgerung nicht zwingend; aber sie impliziert immerhin, daß man 24a in seiner ganzen christologischen Konsequenz ernst nimmt: Wie aus der Heiligkeit der Kirche ihre Unterordnung unter Christus resultiert und folglich Ausdruck ihrer lebendigen und somit Leben schaffenden Verbindung mit ihm ist, mit anderen Worten, die Konkretisierung ihres In-Christus-Seins ist, so trifft das auch für die Frauen zu. In moderner Terminologie: Der Gehorsam der Frau ἐν παντί ist kein formaler Gehorsam. Erneut ergäbe sich bei einer solchen Auslegung von 24, wie sehr eine für uns heute unerträgliche soziologische Situation in eine Optik erhoben würde, bei der es auf das *coram Deo* und *in Christo* ankommt. Soteriologisches Sein würde so ein soziologisches Sein irrelevant machen. Natürlich – *wir* können heute nicht mehr auf diese Weise soziologisch unverantwortliche Zustände soteriologisch kaschieren! Wir müssen heute mit Paulus (Gal 3,28) gegen Paulus (1Kor 11,3) und erst recht gegen Tritopaulus (Eph 5,22ff) votieren. Aber die soeben herausgestellte Intention des AuctEph – die Perikope 5,22ff ist es ja gerade, die den in überholten gesellschaftlichen Plausibilitäten gefangenen Tritopaulus zu seiner ureigenen theologischen Intention befreit! – gebietet, daß wir angesichts unserer heutigen geschichtlichen Situation das Wesen der Ehe neu zu reflektieren haben.

Noch einmal zurück zur Frage nach dem Verständnis der Relation ὡς – οὕτως: Es dürfte mit ihr nach dem Gesagten *kein bloßer Vergleich* ausgesprochen sein. Nein, das Verhältnis von Christus und Kirche ist das Urbild – Bild wohlgemerkt im Sinne des ontisch Partizipatorischen verstanden! – des Verhältnisses von Mann und Frau. Sicherlich ist 24 nicht ganz aus dem paränetischen Kontext entlassen. Aber die Paränese besagt: *Tut das Heilige, weil ihr heilig seid!*

Fordert nun der AuctEph in **25** die Ehemänner auf, ihre Frauen zu lieben, wie (καθώς!)

Christus die Kirche geliebt und sich für sie hingegeben hat, so hat Pokorný K 222 diese Aussage sehr treffend damit charakterisiert, daß der AuctEph das Bild von Haupt und Leib durch das Bild von Christus und Kirche als Mann und Frau ergänzt und die beiden Bilder miteinander kombiniert. Wenn dann in genau diesem Zusammenhang die Ehemänner aufgefordert werden, ihre Frauen zu lieben, so finden wir erneut das Motiv der Liebe, der ἀγάπη, das ja schon in 1,4f begegnete: ἐν ἀγάπῃ προορίσας ἡμᾶς. Es ist die vorzeitliche Liebe Gottes, in der die geschichtliche Existenz der Kirche grundgelegt ist. Die Aufforderung zur Liebe ist also im tiefsten die Hineinnahme in die göttliche Bewegung der Liebe (s. auch 2,4; 3,19). Die Liebe der Menschen (1,15; 3,17; 4,2) wurzelt somit in Gott. Und im Aussageduktus des ganzen Briefes ist dann die Liebe Christi die sichtbare, geschichtliche Verkörperung der Liebe Gottes zur Kirche und der Seinsgrund der Liebe derer, die „*in* Christus" sind. Von der Liebe Christi war in Kap. 5 schon in 2 die Rede: καθὼς καὶ ὁ Χριστὸς ἠγάπησεν ἡμᾶς. Die Begründung, mit der in 25 die Ehemänner zur ehelichen Liebe ermahnt werden, ist fast wörtlich wie in 2: καθὼς καὶ ὁ Χριστὸς ἠγάπησεν τὴν ἐκκλησίαν. Es wird also in 25 lediglich das Personalpronomen durch den theologisch zentralen Begriff ἐκκλησία ersetzt. Und auch die Fortsetzung in 2 καὶ παρέδωκεν ἑαυτὸν ὑπὲρ ἡμῶν προσφορὰν καὶ θυσίαν findet in 25 ihre Wiederaufnahme, ebenfalls z. T. fast wörtlich: καὶ ἑαυτὸν παρέδωκεν ὑπὲρ αὐτῆς. Die Liebe Christi findet also in seinem willig auf sich genommenen Kreuzestod ihren beredten Ausdruck. Von den Ehemännern wird somit, wenn man den AuctEph beim Worte nimmt, entschieden mehr verlangt als von den Ehefrauen: Die Männer müßten sogar, falls es die Situation verlangen sollte, für ihre Frauen willig den Tod erleiden. Von den einen wird also „nur" Gehorsam verlangt, von den anderen Todesbereitschaft! Ob der AuctEph in diesem Sinne wirklich beim Wort genommen sein will, möge hier unentschieden bleiben. Aber daß der Text auf eine solche Interpretation hin offen ist, sollte man nicht bestreiten. Die Ethik des Eph erhält also ihren tiefsten Sinn von der Soteriologie, und zwar vom christologischen Zentrum dieser Soteriologie.

Am Gebot, die Ehefrauen zu lieben, läßt sich erneut die Weiterentwicklung des theologischen Denkens des AuctEph gegenüber dem des AuctCol gut ablesen. Kol 3,19 bringt lediglich den Imperativ ἀγαπᾶτε τὰς γυναῖκας einschließlich der syntaktisch parallelen Aufforderung, nicht gegen die Ehefrauen bitter zu sein. Aber man muß wohl noch die begründende Wendung ὡς ἀνῆκεν ἐν κυρίῳ aus 18 in 19 mithören (s. zu Kol 3,18f). Es wird also dort auf das Sein in Christus rekurriert, ohne daß es jedoch besonders betont würde. In Eph 5,25 wird jedoch in der Ehe-Paränese – der Begriff „Paränese" hier in der aufgezeigten Relativierung – erheblich fundierter als in Kol 3,18f Ethik als christologisch-soteriologisch fundierte Ethik vorgetragen.

26f bringen vier von 25 abhängige finale Aussagen (dreimal ἵνα, einmal μή). Der zweite mit ἵνα eingeleitete Finalsatz ist dem ersten untergeordnet, während die beiden letzten Finalsätze in 27 Explikation von 27a sind. **26**, also der erste Finalsatz, bietet eine mit gewichtiger theologischer Terminologie befrachtete Aussage, in der die Kirche von der Taufe her „definiert" wird: Die Todeshingabe Christi am Kreuz sollte die Kirche heiligen – also ist die Ehe heilig, weil sie als Abbild ihres Urbildes, der Kirche, an deren Heiligkeit teilhat –, eine Heiligung der Kirche geschah aber durch die Reinigung (καθαρίσας besagt als Partizip des Aorists eigentlich die Vorzeitigkeit gegenüber dem ἵνα ἁγιάσῃ) im Wasserbad durch das Wort. Doch ist nicht gemeint, daß die schon bestehende und zunächst noch unreine Kirche erst durch die Taufe gereinigt würde (so richtig Lindemann K 103); es gibt auch eine übertriebene Konsequenz in der Deutung grammatischer Sachverhalte! Von theologischem Gewicht ist, daß durch die Taufe – τῷ λουτρῷ τοῦ ὕδατος wird mit Recht fast durchgängig auf die Taufe gedeutet – nicht der Einzelne der Kirche eingegliedert wird, sondern daß sie als diejenige erscheint, der die Taufe gnadenhaft widerfährt. Nach Paulus hingegen wird der Mensch in die Kirche, genauer: in den Leib Christi, hineingetauft (1Kor 12,13: εἰς ἓν σῶμα ἐβαπτίσθημεν). In der *Vorstellung* gehen also hier Paulus und Tritopaulus auseinander. Doch darf man diese Vorstellungsdifferenz nicht zu sehr als Sachdifferenz interpretieren. Die Vorstellung von Eph 5,26 dürfte wohl auf übernommene Tradition zurückgehen. Fraglich ist allerdings, ob sie, wie Dibelius/Greeven K 94 annehmen, auf Kol 2,12 beruht. Umstritten ist, ob im Hintergrund der Vorstellung die orientalische Sitte des Brautbades vor der Hochzeit steht (dagegen Lindemann K 103f). Da aber dieser Ritus im Griechentum und im Judentum nachgewiesen werden kann, möchte Gnilka K 280 mit hoher Wahrscheinlichkeit im Hochzeitsritus des Brautbades den Paten der Vorstellung von 26 sehen (gestützt auf die in K 280, Anm. 2, genannten Belege). Da es ja in unserer Perikope um die Ehe geht, sollte man diese Hypothese ernsthaft erwägen. Auf sichererem Boden stehen wir beim Verweis auf Ez 16,9ff (auf diese Stelle verweisen z.B. Abbott K 168; Casel, JLW 5 144ff; Gnilka K 280; Pokorný K 224; Bouttier K 244). Lincoln K 375 verweist zunächst auf 1Kor 6,11 und von dort als „a secondary connotation" auf den Begriff des Brautbades, aber auch auf 1QS III,4.8–10; 1QH XI,10–12, wo Heiligung und Reinigung mit ritueller Waschung verbunden sind. Ein *unmittelbarer* Einfluß von Qumran dürfte aber kaum vorliegen. Diese Parallelstellen zeigen lediglich, wie verbreitet jene Vorstellung damals war. Wichtiger ist in der Tat 1Kor 6,11. Daß Tritopaulus dieses Wort hier zumindest *auch* vor Augen hatte, ist eine mit Recht von vielen Exegeten vertretene Annahme (mit besonderer Betonung Schlier K 256f; Abbott K 168; Gnilka K 281; Pokorný K 223; Bouttier K 244). Die Parallele dieser Paulus-Stelle mit ihren aufschlußreichen Worten ἀλλὰ ἀπελούσασθε, ἀλλὰ ἡγιάσθητε, ἀλλὰ ἐδικαιώθητε ἐν τῷ ὀνόματι τοῦ κυρίου Ἰησοῦ Χριστοῦ zu Eph 5,26 ist unübersehbar. Der AuctEph will also mit dem Hinweis auf die Taufe die *geschichtliche* Fundierung der Kirche im sakramentalen Akt als Entsprechung zu ihrer *vorgeschichtlichen* Fundierung in der Prädestination durch Gott (1,3ff) herausstellen.

Umstritten ist die Bedeutung der Näherbestimmung der Taufe durch ἐν ῥήματι. Dibelius/Greeven K 94 lassen die Frage offen, Schlier K 257 sieht im ῥῆμα "aller Wahrscheinlichkeit nach die Taufformel bzw. zuletzt das darin ausgesprochene ὄνομα Christi, das auch 1Kor 6,11 ... erwähnt wird". Ähnlich urteilen Gnilka K 281f u.a. Wenig wahrscheinlich ist, daß ῥῆμα das Glaubensbekenntnis des Täuflings oder das Evangelium als solches meint. Sieht man also in diesem ῥῆμα das das Taufbad begleitende Wort, so hat der AuctEph im Grunde schon die Definition des Sakraments im Sinne des Augustinus vorweggenommen (Tract. 80 in Joh. Cap. 3): *Accedit verbum ad elementum et fit sacramentum.*

In **27** sagt der AuctEph, was die Reinigung durch die Taufe samt der dadurch bedingten Heiligung positiv meint: Beides zusammen hat den Zweck, daß er selbst, nämlich Christus, sich die Kirche für sich selbst bereitet (wörtlich: für sich hinstellt, παραστήσῃ), und zwar in ihrer gnadenhaft verliehenen Doxa, ἔνδοξος. Als doxahafte, d.h. an Gottes Doxa partizipierende Kirche soll sie keinen Flecken, keine Falte oder dergleichen haben, also nicht durch sündhaftes Verhalten entstellt, sondern heilig und untadelig sein. 27c meint – noch einmal dieser Gedanke! – mit ἁγία und ἄμωμος die geschichtliche Ver-*Wirklich*-ung

der protologisch gesetzten *Wirklich*-keit von 1,4: εἶναι ἡμᾶς ἁγίους καὶ ἀμώμους κατενώπιον αὐτοῦ. 1,4 dürfte jedoch Kol 1,22 zur literarischen Vorlage haben: παραστῆσαι ὑμᾶς
ἁγίους καὶ ἀμώμους ... κατενώπιον αὐτοῦ. Beide Eph-Stellen sind in je unterschiedlicher
Weise näher am Wortlaut von Kol 1,22, Eph 1,4 mit ἁγίους καὶ ἀμώμους κατενώπιον αὐτοῦ,
Eph 5,27 mit παραστήσῃ, dort allerdings syntaktisch (nicht inhaltlich!) von ἁγία καὶ
ἄμωμος getrennt. Das Verb παριστάναι bereitet allerdings hinsichtlich der Deutung einige
Schwierigkeiten, die sich in unterschiedlichen Auslegungen des Verses spiegeln. Die
Frage ist, ob man bei der Exegese der genannten Stellen aus Kol und Eph auch 2Kor 11,2
berücksichtigen sollte, wo davon die Rede ist, daß Paulus als Brautführer die Adressaten,
also die ἐκκλησία (Ortsgemeinde) von Korinth, als heilige Jungfrau Christus (als dem
Bräutigam) zuführt. Diese Vorstellung dürfte aber für Kol 1,22 auf keinen Fall zutreffen;
denn mit dem bezeichnenden κατενώπιον αὐτοῦ ist dort forensische Terminologie dominant (s. zu Kol 1,22). Und genau dieser forensische Akzent ist mit seiner *coram-Deo*-
Dimension in Eph 1,4 ins Protologische und zugleich Überzeitliche transferiert und in
5,27 als geschichtliche Realität ekklesiologisch und ethisch appliziert. Das futurisch-
eschatologische ἔμπροσθεν τοῦ θεοῦ des 1Thess (1,3; 2,19; 3,9.13) ist jetzt in die präsen-
tisch-eschatologische Perspektive gerückt. Kommt Eph 5,27 so von der „Ahnenreihe"
Kol 1,22 und Eph 1,4 her, so dürfte aus *dieser* Herkunft kein Indiz dafür zu gewinnen sein,
daß der Ton auf der jugendlichen Schönheit der Braut liegt und daß deshalb Falten und
Runzeln, also die Zeichen des Alters, nicht vorhanden sind (so z. B. Gnilka K 283). Denn
es ist ja auch zu berücksichtigen, daß die, die jetzt die Glieder der *sancta ecclesia* sind, vor
ihrer Bekehrung genau diese Falten und Runzeln hatten (2,1ff!). Alexander Sand, EWNT
III, 97, interpretiert παραστήσῃ zutreffend: „Christus hat die Gemeinde in Herrlichkeit
geschaffen." Dennoch kann nicht völlig ausgeschlossen werden, daß der AuctEph in den
Bildern von 27, freilich in einer gewissen Inkonsequenz gegenüber anderen seiner Äußerungen, die schöne jugendliche Braut sieht. Wer allerdings die Dinge so sieht, fällt ein
Ermessensurteil (s. Lindemann K 104).

Mit **28** lenkt der AuctEph zur Ethik zurück. So müssen (auch?, καὶ fehlt in ℵ und im
Mehrheitstext!) die Männer ihre Frauen lieben, wie sie sich selbst lieben; τὰ ἑαυτῶν
σώματα ist Umschreibung für „sich selbst". Der AuctEph spricht aber von den eigenen
σώματα, weil er hier schon das Zitat von 31 vorbereitet. Wenn er dann expliziert, daß der,
der seine Frau liebt, sich selbst liebt, so klingt das zunächst recht egoistisch, zumal auch **29**
anscheinend in diesem Ton fortfährt: Keiner haßt nämlich – γάρ! – sein eigenes Fleisch,
sondern sorgt dafür. Der dann mit begründendem καθώς eingeführte Vergleich, der ja
mehr als ein Vergleich ist, wie schon die bisherigen Aussagen von 22ff indizierten, zeigt
aber, daß es dem AuctEph auf alles andere als auf Egoismus ankommt: „wie nämlich
Christus die Kirche geliebt hat" – nun wahrlich nicht egoistisch geliebt hat! Denn – ὅτι in
30 verstärkt die in 29 mit καθώς begonnene Begründungssequenz – wir sind Glieder seines
Leibes; τοῦ σώματος αὐτοῦ steht in Fortführung von ὡς τὰ ἑαυτῶν σώματα von 28 und wie
diese Wendung bereits im Blick auf εἰς σάρκα μίαν in **31**. Hier zitiert Tritopaulus Gen 2,24
nahezu wörtlich nach dem LXX-Text; lediglich schreibt er ἀντί statt ἕνεκεν (textkritisch
unsicher sind τὸν vor πατέρα und τὴν vor μητέρα; diese Artikel fehlen in B D* u. a., stehen
aber in p[46] ℵ A und Mehrheitstext; die textkritische Frage ist aber für die Auslegung von 31
völlig unerheblich). Ein *formelles* Zitat liegt insofern nicht vor, als Gen 2,24 nicht mit einer
formula quotationis eingeführt wird. Dennoch kann man, schon allein wegen der fast
wörtlichen Wiedergabe des atl. Textes, davon ausgehen, daß der AuctEph zitiert. Es

kommt ihm dabei nur auf die letzten Worte an: καὶ ἔσονται οἱ δύο εἰς σάρκα μίαν. Alle übrigen Aussagen des Zitats haben nämlich in seiner Argumentation keinerlei Funktion (auch in Mk 10,7/Mt 19,5 dient das Zitat der Betonung der absoluten Einheit der Ehe, nämlich einer Einheit, die nicht zerbrochen werden darf; ein anderer Motivzusammenhang in 1Kor 6,16). Es geht ihm ja in seinem Argumentationsgang darum, die *Einheit* Christi und der Kirche zu unterstreichen. Und diese Einheit ist es, die in der leiblichen Einheit von Mann und Frau zum Ausdruck kommt. Daß σῶμα und σάρξ in 28 ff synonym sind, geht aus dem Zusammenhang dieser Verse zwingend hervor.

Dennoch bleibt auch hierbei eine gewisse Inkonsistenz. Ekklesiologisch gesehen, ist Christus das Haupt, die Kirche der Leib; eine letzte Identität zwischen beiden besteht somit nicht. Das Verhältnis von Mann und Frau ist zwar auch, wenn auch in 23 nicht konsequent ausgesprochen, das von Haupt und Leib, nach 31 aber sind sie *ein* Fleisch, d. h. *ein* Leib. Diese in 31 bzw. Gen 2,24 zum Ausdruck kommende Einheit ermöglicht erst die theologisch zentrale Aussage im folgenden Vers.

In **32** ist nämlich die Rede von *diesem* großen Geheimnis. Ist τὸ μυστήριον τοῦτο rückbezüglich gemeint? Dann hieße es: Das in Gen 2,24 ausgesprochene Geheimnis ist groß. Es bedarf jedoch der allegorischen Deutung. Und Tritopaulus deutet es in seiner „apostolischen" Vollmacht auf Christus und seine Kirche, ἐγὼ δὲ λέγω εἰς ... Der atl. Text würde also nach dieser Auslegung einen noch tieferen Sinn als den Literalsinn besitzen, nämlich einen Sinn, der erst durch die Christus-Offenbarung aus der durch den Literalsinn *verborgenen* Aussage „*entborgen*" werden muß. Die ntl. Wahrheit des atl. Textes wäre dann ἀλήθεια im Verständnis Heideggers und Bultmanns als *Unverborgenheit*. Oder verweist τοῦτο auf das unmittelbar danach Gesagte? Dann wäre 32 wie folgt zu paraphrasieren: Ich, dem als Apostel das Geheimnis des Christus und somit das Geheimnis der Kirche offenbart worden ist (3,3ff), eröffne euch folgenden Aspekt dieses Geheimnisses: Christus und die Kirche sind eine geistliche Einheit, wie Mann und Frau eine sarkische Einheit sind. Wie immer man sich hier exegetisch entscheidet, man wird Schnackenburg K 261 insofern zustimmen, als nach dessen Exegese das große Geheimnis und die atl. Schriftstelle für den AuctEph „nicht in der Ehe als solcher, sondern im *Verhältnis* von Christus und Kirche" liegt (Kursive durch mich). Ob man nun τοῦτο rückbezüglich deutet oder nicht, auf jeden Fall geht es um das *Verhältnis von Christus und Kirche*. Die größere Wahrscheinlichkeit kommt der ersten Lösung zu, weil ἐγὼ δὲ λέγω dem Sprachduktus nach am ungezwungensten als „ich aber verstehe und interpretiere Gen 2,24 als Aussage auf das Verhältnis von Christus und Kirche hin" zu lesen ist. Dann wäre Lindemann K 105 im Recht, der μυστήριον nicht als dunkles Rätsel deutet; gemeint sei wohl, „daß der, der den Inhalt des in 1. Mose 2,24 verborgenen Offenbarungsgeheimnisses kennt, damit etwas Wichtiges, ‚Großes' weiß": „‚Ich' ... beziehe den Text nicht auf Mann und Frau, sondern auf Christus und die Kirche." Damit hat der AuctEph den in seinen Augen tieferen, nämlich eschatologischen Sinn des Literalsinns, also des protologischen Sinns, herausgestellt. Wer Ehe sagt, sagt es als Christ auch im Blick auf ihre christologische Überhöhung: Das Geheimnis der Ehe, also das Geheimnis der Einheit von Mann und Frau, verweist in christlicher Sicht notwendig auf das Geheimnis der Kirche, auf das Geheimnis von Christus und Kirche. Somit sind Ehe und Kirche eine *Bedeutsamkeitseinheit*: Die Ehe weist über sich hinaus auf die Kirche. Umgekehrt gründet in der Heiligkeit der Kirche die Heiligkeit der Ehe. Beider Heiligkeit konkretisiert sich aber in der Liebe: Wie Christus die Kirche geliebt hat, so der Ehemann seine Frau.

Die religionsgeschichtliche Vorstellung vom ἱερὸς γάμος **und Eph 5,22–33**

Gibt es biblische oder religionsgeschichtliche Voraussetzungen für die Vorstellung von der im Lichte der Ehe gesehenen Einheit von Christus und der Kirche? Daß *alttestamentliche* Vorstellungen in 22ff rezipiert sind, ist anzunehmen. Hos 1–3 ist bekanntlich das Zeugnis dafür, daß das Verhältnis von Jahwäh und Israel unter dem Bild von Ehemann und Ehefrau gesehen wurde, freilich der untreuen Ehefrau. Nach Jes 62,4 wird das Land (!) Israel mit Jahwäh vermählt. Ob zur Zeit der Niederschrift des Eph bereits die später von Rabbi Aqiba vertretene Deutung des Hohenliedes (Jahwäh und Israel als Eheleute) schon vertreten wurde (Mekh Ex 15,2), bleibe hier dahingestellt. Die christologische Modifikation der atl. Vorstellung von Jahwäh als dem Ehemann Israels zeigt sich bereits, wie erwähnt, in 2Kor 11,2. Doch liegt ein direkter literarischer Bezug des AuctEph auf diese Stelle wegen der unterschiedlichen einzelnen Vorstellungselemente wohl nicht vor (s. o.). Auch ein direkter literarischer Bezug auf Mk 2,20 („Bräutigam" als messianisches Prädikat) dürfte nicht gegeben sein (richtig Gnilka K 292: „abwegig"). Ungefähr um dieselbe Zeit, in der wahrscheinlich der Eph geschrieben wurde, wurde auch die Apk verfaßt, und zwar sogar in geographischer Nähe. In Apk 19,7f ist nun die Rede von der Hochzeit des Lammes (s. auch 4Esr 10,40ff.25ff!). Das könnte ein Indiz dafür sein, daß im Raum der westlichen Asia diese Vorstellung in christlichen Kreisen verbreitet war. Doch kann ein Bezug dieser Stellen aufeinander (in welcher Richtung auch immer) nicht zwingend nachgewiesen werden.

Liegt so, wenn auch nur in einer gewissen Vagheit, die Verwandtschaft von Eph 5,22ff mit den genannten atl. Stellen, vielleicht auch mit der einen oder anderen ntl., zutage, so ist jedoch der viel diskutierte Einfluß der religionsgeschichtlichen Vorstellung vom ἱερὸς γάμος auf Eph 5 immer noch ziemlich undurchsichtig, vor allem deshalb, weil das leidige Gnosisproblem damit verbunden ist. Ob man (mit Gnilka K 290 u. 290, Anm. 4), *Platon*, Resp V, 458e, als Beleg für die Vorstellung der Vermählung eines Gottes mit einer menschlichen Frau ansehen darf, ist zweifelhaft. Aber zumindest begegnet hier (im Plural) der Begriff γάμος ἱερός. Und *Philon* fordert immerhin zum Nachvollzug des Hieros Gamos auf (z. B. Abr. 99ff). Mit Recht spricht Gnilka K 291 davon, daß Philon diese Idee entmythisiert und ins Moralische übertragen habe.

Schlier K 264–276 hat mustergültig, wenn auch im Sinne seiner Deutung der Perikope, das religionsgeschichtliche Material, soweit es ihm damals zur Verfügung stehen konnte, genannt, weithin zitiert und interpretiert. Später haben sich vor allem Kurt Niederwimmer, Askese und Mysterium, 124–157, und Pokorný K 228–233 (Exkurs: Christus und die Kirche als Mann und Frau) um dieses Problem bemüht. Niederwimmer sieht in Eph 5,23–33 sowohl den Bezug auf den Mythos vom Megalanthropos, der den Kosmos erfüllt, als auch auf das Hieros-Gamos-Motiv, ib. 130: „Die Verbindung beider Motive wird durch *die Vorstellung von der Frau als dem ‚Leib' des Mannes* geleistet. Ist die Kirche der *Leib* Christi, so ist sie auch seine γυνή; und bilden Christus und die Kirche eine kosmische Einheit, so stellen sie damit die androgyne Einheit des kosmischen Megalanthropos dar. Wir haben also zwei Motive, die miteinander verbunden sind: Christus und die Kirche erscheinen (einerseits) als Haupt und Leib des einen kosmischen Anthropos und zugleich (andererseits) als ἀνήρ und γυνή einer kosmischen Syzygie." Nach der Sichtung des übrigen religionsgeschichtlichen Materials, vor allem der Gnosis, kommt er zu folgendem Ergebnis, ib. 149: „Es hat sich gezeigt, daß Eph 5,25ff in einem lebendigen Traditionszusammenhang steht, der zurückweist in die Geschichte der nachbiblisch-jüdischen Weisheitsspekulation (von dort weiter zurück in die Auseinandersetzung des Jahweglaubens mit der orientalischen Muttergottheit und dem Hieros-Gamos-Motiv) und der vorausweist auf die Entfaltung chokmatischer Motive im zeitgenössischen jüdischen Sektenwesen, in der jüdischen Gnosis (hernach im christlichen Gnostizismus)." Schließlich urteilt er, ib. 153 „‚Mysterium' ist also dies, daß der Urmensch und sein Weib eine sarkische Einheit darstellen. Die Einheit selbst ist ‚mysteriös' – und zwar deshalb (wie der aut. ad Eph jetzt deutet), weil damit *das große Geheimnis der Einheit von Christus und der Kirche* verhüllend angedeutet ist, jenes Geheimnis, das sich jetzt offenbart hat und das in der Ehe zwischen Christen nachvollzogen wird." Und er fährt fort mit der Formulierung eines Ergebnisses, das in etwa mit dem unseren koinzidiert: „Christus und die Kirche – in ihrer untrennbaren Einheit: das ist das große Geheimnis, von dem der Text redet." Von besonderem Interesse ist Niederwimmers Deutung der *Weisheit, σοφία,* die mit Gott zusammen auf dem himmlischen Thron residiert, vor allem in Sap 6,12–9,18. Sie war dabei, als er die Welt schuf; sie ist „mit" ihm, allwissend hinsichtlich all seiner Werke, 9,9. Salomo betet, daß Gott sie zu ihm sende, Sap 9,10: ἐξαπόστειλον αὐτὴν ἐξ ἁγίων οὐρανῶν / καὶ ἀπὸ θρόνου δόξης σου πέμψον αὐτήν, / ἵνα συμπαροῦσά μοι κοπιάσῃ... Er deutet ib. 136 ff diese Vorstellung als Produkt eines Verdrängungsvorgangs; Jahwäh hatte über das Bewußtsein gesiegt: „Der eigentliche Sinn der (sehr verschiedenartigen) Traditionen über die *Weisheit als einer himmlischen, personalen oder quasipersonalen Größe,* ist die larvierte Auseinandersetzung mit der (orientalischen) Fruchtbarkeits- und Liebesgöttin, der großen Mutter. Sie kehrt in der σοφία wieder und mit ihr das ‚archetypische' Schema, das den mythologischen Ausformungen zugrunde liegt." Diese tiefenpsychologische Interpretation Niederwimmers bedarf noch der genaueren und sorgfältigen Aufarbeitung durch die Exegeten (s. meinen in Arbeit befindlichen ATD-Kommentar über die Weisheit Salomos).

Auch Pokorný geht auf die von uns bereits genannten atl. Traditionen ein – er spricht auch im Blick auf sie vom ἱερὸς γάμος – und thematisiert dann Philon. In diesem Zusammenhang ist Pokornýs Verweis auf die *gnostische* Schrift *Exegesis animae* (NHC II, 6; 132,2–134,6) von Interesse. Die Seele, d. h. der in die Materie gefallene und von den Archonten mißbrauchte weibliche Teil des himmlischen Paares, wird dadurch erlöst, daß sie sich mit ihrem himmlischen Bräutigam vereinigt. Diese Wiedervereinigung wird, was diese Vorstellung als religionsgeschichtliche Parallele für Eph 5,23 ff besonders interessant macht, mit dem Hinweis auf Gen 2,24 begründet. Des weiteren (K 231): „Daß in dieser Schrift die Taufe betont wird (131,27–31; 135,24), unterstreicht nur die Ähnlichkeit mit einigen Zügen des Eph." Mit Recht hebt Pokorný beim Verweis auf die NHC-Stelle hervor, daß wir nicht „einem alten Urmensch-Mythos begegnen, den es nicht gab und den z. B. Heinrich Schlier in seinem Kommentar noch vorausgesetzt hat". Aufgrund der Struktur dieser Schrift sieht er in ihr ein *außerchristliches* Zeugnis für die zur Debatte stehende Vorstellung und erschließt daraus die Möglichkeit, daß wir es hier mit einer Grundform des gnostischen Mythos zu tun hätten, einer Grundform, die zwar erst in späterer Zeit literarisch belegt ist, aber etwa in der 2. Hälfte des 1. Jh. n. Chr. entstanden sein müsse. In der Einleitung zu dieser Schrift, „einer der interessantesten koptisch-gnostischen Texte überhaupt" (ThLZ 101 [1976] 93) kommt der Berliner Arbeitskreis für koptisch-gnostische Schriften zu einer ähnlichen Annahme (ib. 97): Die Prioritätsverhältnisse liegen so, daß der betreffende Mythos in ExAn „als Modell der Vorstellung von der Syzygie Christi und der Kirche zu gelten hat". Schnackenburg K 253 wendet sich gegen die Heranziehung von ExAn durch Fischer, Tendenz und Absicht des Eph, 176, für die Deutung von Eph 5 mit dem Argument, daß sich der für den gnostischen Mythos wesentliche Gedanke der *präexistenten Kirche* aus Eph nicht erheben lasse. Nun hat sich in der Diskussion Schnackenburgs mit Fischer allerdings der Streitpunkt verschoben. Bei Fischer geht es nämlich ib. 176 nicht um die Präexistenz vor dem Fall, sondern um die „Präexistenz" vor der Hingabe, als sie reinigungsbedürftig war (s. aber die etwas anders gelagerte Auseinandersetzung mit Fischer in Schnackenburg K 253, Anm. 631). Wichtiger als das Aneinander-Vorbeisprechen ist aber, daß der AuctEph sehr wohl von der Präexistenz der Kirche spricht, freilich in dem Sinne, wie es in unserem Exkurs über die Theologie der Eulogie ausgeführt wurde.

Das *Fazit* des religionsgeschichtlichen Überblicks: Die theologische Grundaussage von Eph 5,21–33, soweit es um das Verhältnis von Christus und Kirche geht, ist die christologisierte Übernahme der atl. Ehevorstellung von Jahwäh und Israel. Wichtige Vorstellungselemente der Ausführungen in der Ehe-Perikope sind aber einer Tradition entlehnt, die schließlich in der gnostischen Schrift ExAn literarisch greifbar wird. Entscheidend für die *theologische* Aussage in Eph 5,21–33 ist, wie der AuctEph mit atl. und religionsgeschichtlichen Vorstellungen umgeht, wie er aus ihnen bestimmte Elemente rezipiert, *um sie in eigenständiger theologischer Reflexion zu etwas theologisch Neuem zu machen.* Es ist wieder das alte Problem des Verhältnisses von Theologie und Religionsgeschichte, auf das ja wiederholt in diesem Kommentar hingewiesen werden mußte. Nur die um der Theologie willen geschehene Rezeption religionsgeschichtlicher Vorstellungen und ihre durch den Rezeptor erfolgte Einfügung in seine theologische Intention sind letztendlich für die Auslegung des Eph relevant, weil dieser Brief ein genuin theologisches Schreiben ist. Ein theologisches Dokument bedarf, um zum *Verstehen* gebracht zu werden, der theologischen Auslegung. Sonst wird am Text *vorbei*-exegesiert!

33 beendet die Perikope mit Imperativen an Mann und Frau. Für den Ehemann wird der Imperativ von 25 sprachlich variiert, die dort ausgesprochene christologische Begründung aber weggelassen. ὡς ἑαυτόν greift ὡς τὰ ἑαυτῶν σώματα aus 28a auf, implizit auch ἑαυτὸν ἀγαπᾷ aus 28b. Man kann fragen, ob mit ὡς ἑαυτόν der programmatische Imperativ Lev 19,18 mit καὶ ἀγαπήσεις τὸν πλησίον σου ὡς σεαυτόν beim Leser bzw. Hörer in Erinnerung gerufen werden soll. Die Ehefrau wird jedoch aufgefordert, ihren Mann zu fürchten. Dieses φοβῆται meint nach all dem, was bisher zur Perikope gesagt wurde, nicht demütigende Furcht vor einem Ehetyrann, sondern die Ehrfurcht und Achtung vor dem, der nach 23 als Abbild Christi, der die κεφαλὴ τῆς ἐκκλησίας ist, die κεφαλὴ τῆς γυναικός darstellt. Es ist die Realisierung des ἐν φόβῳ Χριστοῦ von 21. Mit ἵνα φοβῆται ist also implizit der christologische Grundgedanke auch im letzten Vers des Eheteils der Haustafel noch gegeben.

Eine Schlußbemerkung zu dieser *Apotheose der Ehe*: Wer so schreibt, steht nicht jenseits der Ehe! Nur wer verheiratet ist, kann in dieser Weise formulieren. Man wird daher im AuctEph höchstwahrscheinlich einen glücklich verheirateten Mann sehen. Er kann auch aus diesem Grund nicht mit dem Apostel Paulus identisch sein, der ja nach eigener Aussage ehelos lebte (1Kor 7,7; 9,5). Paulus hat sicherlich nicht die Ehe *als* Ehe abgewertet, wohl aber sie im Blick auf seine Bindung an den Herrn (1Kor 7,32–35) und auf die Nöte der bevorstehenden Endzeit (1Kor 7,31) relativiert. Nach Niederwimmer, Askese und Mysterium, 64–124, stellt allerdings die sexualasketische Motivation kein lediglich „peripheres" Moment innerhalb der paulinischen „Theologie" dar, sondern ist mit dem Zentrum seines Christusglaubens verbunden (ib. 122).

6,1–9 Die Haustafel II – Kinder, Väter, Sklaven, Herren

[1]**Ihr Kinder, gehorcht euren Eltern [im Herrn]! Denn das ist gerecht. [2]„Ehre deinen Vater und die Mutter" – das ist das erste Gebot mit einer Verheißung –, [3]damit es dir gut ergehe und du ein langes Leben auf Erden habest!" [4]Und ihr Väter, erzürnt eure Kinder nicht, sondern erzieht sie in der Zucht und Ermahnung des Herrn!**

[5]**Ihr Sklaven, gehorcht (euren) irdischen Herrn mit Furcht und Zittern in der Lauterkeit eures Herzens wie dem Christus, [6]nicht in Augendienerei wie solche, die sich bei Menschen einschmeicheln, sondern wie Knechte Christi, die aus ihrem Inneren heraus den Willen Gottes tun! [7]Dient gutwillig, wie *dem* Herrn und nicht wie für Menschen! [8]Wißt ihr doch, daß jeder, wenn er etwas Gutes tut, genau dies vom Herrn vergolten bekommt, sei er Sklave oder sei er Freier. [9]Und ihr Herren, handelt ihnen gegenüber in gleicher Weise! Laßt (euer) Drohen! Wißt ihr doch, daß sie und ihr den Herrn in den Himmeln habt, bei dem es kein Ansehen der Person gibt!**

Literatur: G. Bertram, ThWNT V, 596–624. – M. Hengel, Judentum und Hellenismus (WUNT 10), [3]1988, Register s. v. παιδεία.– W. Jaeger, Paideia I–III, Berlin [3]1959. – W. Jentsch, Urchristliches Erziehungsdenken. Die Paideia Kyriou im Rahmen der hellenistisch-jüdischen Welt, Gütersloh 1951. – Ders., Erziehung und Bildung im NT, PBl 108 (1968) 206–222. – I. Schindler, Paideia nach dem Zeugnis des NT, Diss. Theol. München 1958.

Wer 5,21–6,9 als Einheit liest, wird unweigerlich auf die Ungleichgewichtigkeit von 6,1–9 gegenüber 5,21–33 stoßen. In 5,22–25 verlieren, wie die Exegese dieser Passage zeigte, die Imperative weithin ihr eigenes Gewicht; sie führen vielmehr zu den theologischen Aussagen über das Verhältnis von Christus und Kirche. Man könnte fast zum Urteil gelangen, der AuctEph spreche die Imperative nur deshalb aus, um den Leser zur theologischen, genauer: ekklesiologischen Thematik hinzugeleiten. Also die Imperative um des Indikativs willen! Dagegen kann man bei 6,1–9 fragen, ob denn dem Briefschreiber an den nun folgenden paränetischen Aussagen gar nicht mehr so viel liege. Doch wird man kaum sagen können, die Verhältnisse hätten ihn gar nicht mehr interessiert. Denn er hat ja immerhin aus seiner Kol-Vorlage die wichtigsten Sätze übernommen und durch redaktionelle Bearbeitung und somit durch Korrektur am AuctCol eigene theologische Akzente gesetzt. Nein, es ist nicht fehlendes Interesse, das die mangelnde Proportionalität zwischen Haustafel Teil I und Haustafel Teil II bedingt hat. Es hängt ganz einfach mit dem theologischen Grundthema des Briefes zusammen, nämlich der Kirche. Und was dazu zu sagen war, ließ sich eben in die Ausführungen über die Ehe bestens einfügen.

Uns ist aber durch diesen Tatbestand die Auslegung von 6,1–9 erheblich erleichtert. Denn so brauchen wir für die wichtigsten Aussagen nur noch auf die Ausführungen in der jeweiligen Exegese der betreffenden Kol-Stellen zu verweisen und uns auf die Interpretation der Modifikationen bzw. redaktionellen Eingriffe des AuctEph zu beschränken.

1 hat Tritopaulus fast wörtlich aus dem Kol-Text übernommen. Er hat allerdings, was lediglich als stilistische Verbesserung zu bewerten ist, hinter τοῖς γονεῦσιν das Pronomen ὑμῶν eingefügt. Inhaltlich bedeutet die Substitution von εὐάρεστον durch δίκαιον ebensowenig eine ernsthafte Veränderung. Mehr ins Gewicht fällt schon, daß er κατὰ πάντα streicht. Bei der Exegese von 5,24 zeigte sich aber, daß er dort mit ἐν παντί die Pflicht der Frau zur Unterordnung unter ihren Ehemann verschärft. In **2f** fügt er das Vierte Gebot an (Ex 20,12; fast wörtlich mit LXX, lediglich das zweite ἵνα wird durch ἔσῃ ersetzt; er zitiert nur bis einschließlich ἐπὶ τῆς γῆς). Nun hat sich das Interesse des AuctEph für den Dekalog schon in 4,25 ff gezeigt, ohne daß er Dekaloggebote zitierte. Hier jedoch tut er es, und zwar mit den theologisch äußerst bedenkenswerten Worten ἥτις ἐστὶν ἐντολὴ πρώτη ἐν ἐπαγγελίᾳ. Warum Ex 20,12 nur bis ἐπὶ τῆς γῆς zitiert ist, läßt sich nur spekulativ beantworten. Zwar wird von Gnilka K 297 gesagt, von der „guten Erde, die Gott der Herr dir geben wird“, werde begreiflicherweise nicht mehr gesprochen. Er meint damit sicherlich, daß die Landnahme Palästinas durch die Israeliten nicht mehr die ntl. Situation sei. Das mag durchaus so zutreffen. Aber warum, so könnte man entgegenhalten, bricht der AuctEph dann vor τῆς ἀγαθῆς ab? Oder hatte er Dtn 5,16 im Ohr, wo τῆς ἀγαθῆς fehlt? Aber die Dtn-Parallele bringt noch zusätzlich zu Ex 20,12 ὃν τρόπον ἐνετείλατό σοι κύριος ὁ θεός σου. Registrieren sollte man, daß Mk 7,10/Mt 15,4; 19,19 die Verheißung überhaupt nicht bringen, dem AuctEph aber gerade an ihr liegt. Ihr Sinn kann nicht zweifelhaft sein: Wer sich in die gottgesetzte Familienordnung fügt, dem hat Gott ein langes Leben verheißen. Dient aber diese Verheißung eines langen *irdischen* Lebens „selbstverständlich der Motivation für den Gehorsam“ (Mußner K 162), so meldet sich hier wieder die weisheitliche Überzeugung vom Tun-Ergehens-Zusammenhang, die doch bereits im AT radikal problematisiert wurde (Hiob!). Oder sollte man gar urteilen, daß Tritopaulus durch die Hintertür der von ihm durch das Vierte Gebot redaktionell erweiterten Haustafel die von Paulus so vehement bekämpfte Werkgerechtigkeit in das theologische Denken ausgerechnet der paulinischen Gemeinden wieder einführt? Also: „Paulus“

gegen Paulus? Das stimmt insofern nicht ganz, als ja auch im Eph die *gratia praeveniens* die unumgängliche Voraussetzung aller ethischen Aussagen ist. Aber daß eine gewisse Tendenz in Richtung „Werkgerechtigkeit" vorliegt, wird man schlecht bestreiten können.

Für Pokorný K 233 ist das Vierte Gebot nicht das „erste" Gebot mit einer Zusage, weil bereits das Erste Gebot Ex 20,6 eine Verheißung enthalte. Nun heißt es dort in der Tat καὶ ποιῶν ἔλεος εἰς χιλιάδες τοῖς ἀγαπῶσίν με καὶ τοῖς φυλάσσουσιν τὰ προστάγματά μου. Auch diese Verheißung ist durch die bereits geschehene Gnadentat Gottes relativiert, Ex 20,2: Ἐγώ εἰμι κύριος ὁ θεός σου, ὅστις ἐξήγαγόν σε ἐκ γῆς Αἰγύπτου ... Was aber die ἐντολὴ πρώτη ἐν ἐπαγγελίᾳ von Eph 6,2 angeht, so ist der Unterschied zur Verheißung des Ersten Gebots, daß beim Vierten Gebot ausdrücklich *finales* ἵνα steht, beim Ersten Gebot aber Gott sich selbst mit partizipialem ποιῶν als der Gnaden Erweisende aussagt.

Die Ermahnung der Väter durch den AuctEph bringt in **4** zunächst gegenüber Kol 3,21 „reizt eure Kinder nicht!" die Modifikation „erzürnt eure Kinder nicht!". Das ist kein großer Unterschied. Mehr ins Gewicht fällt hingegen, daß er den ersten Imperativ durch einen zweiten ergänzt, ja geradezu interpretiert: Aufgabe der Väter ist die Erziehung in Zucht und Ermahnung. Die Zucht, παιδεία, ist in der LXX ein vor allem für Prov, Sap und Sir typischer Begriff; doch begegnet er auch wenige Male in Psalmen und prophetischen Texten. Symptomatisch für das Verständnis des Begriffs ist seine Verwendung in den Prov (nach meiner Zählung fünfundzwanzigmal). Der Sohn soll nach Prov 3,11 f die παιδεία κυρίου nicht gering achten; denn wen der Kyrios liebt, den züchtigt er, παιδεύει. Der Kontext weist also auf die Bedeutung „Zucht". Georg Bertram, ThWNT V, 607, hat richtig gesehen, daß παιδεία in der LXX eine Bedeutung angenommen hat, die dem üblichen Verständnis des Wortes im griechischen Kulturkreis so nicht zukommt. Dort nämlich bedeutet παιδεία Erziehung als Bildung, und παιδεύειν bedeutet „zum gebildeten Menschen erziehen". Daß im Griechentum der Begriff „Bildung" zuweilen mehr als in Nuancen differiert, ist angesichts der griechischen Geistes- und Sozialgeschichte eine Selbstverständlichkeit. Zitiert sei hier nur Platon, Resp II, 376e: τίς οὖν ἡ παιδεία; ... ἔστιν δέ που ἡ μὲν ἐπὶ σώμασι γυμναστική, ἡ δ' ἐπὶ ψυχῇ μουσική. Die παιδεία μουσική umfaßt freilich nicht nur die musikalische Ausbildung, sondern ebenso die in den λόγοι (s. auch Leg VII, 795d; zum Ganzen s. Bertram, ThWNT V, 597–603; Jaeger, Paideia, passim). Wenn nun in Prov 3,11 von der παιδεία κυρίου, also von der von Gott vorgenommenen Züchtigung die Rede ist – übrigens ist das eine Vorstellung, die im AT vor allem das Handeln Gottes gegenüber Israel besagt –, so ist damit der Horizont abgesteckt, in dem die παιδεία πατρός (1,8; 4,1; 15,5; 19,20.27) zu erfolgen hat (s. auch 15,33: φόβος θεοῦ und παιδεία καὶ σοφία sind identisch; s. zudem Sir 1,27). Auf diesem Hintergrund zeichnet sich ab, was Eph 6,4 im Rahmen der Haustafel sagen will. Die aus den Prov genannten Stellen sind insofern auch für den AuctEph von Interesse, als sich in den Prov der Begriff παιδεία im Wortfeld von σοφία befindet (1,2.7; 8,10–12; 15,33); und welche Bedeutung σοφία für den AuctEph hat, ist aus der bisherigen Auslegung des Eph zu Genüge hervorgegangen.

Nimmt man in 6,4 mit Bertram (ThWNT V, 623) παιδεία und νουθεσία als Hendiadyoin – möglich ist aber auch eine vom AuctEph intendierte Differenzierung der Erziehung in Tat und Wort, so z. B. Schlier K 283, ähnlich Gnilka K 298; doch wäre auch dann ein einheitliches Verhalten vom Vater gefordert –, so läßt sich mit ihm sagen, daß mit dem Imperativ in 4 „die Grundregel aller christlichen Erziehung angegeben" ist. Vielleicht kann man ihm auch in der Begründung dieser Charakterisierung von 4 zustimmen: κυρίου ist *genetivus subiectivus*; also ist die Erziehung gemeint, die der Herr durch den Vater ausübt. Diese Auslegung ist jedoch nicht unumstritten. So faßt Schlier K 283 χυρίου als *genetivus qualitatis et limitationis*: „Er entspricht im weiteren Sinn dem ἐν χυρίῳ von 6,1." Gnilka K 298 und 298, Anm. 9, spricht sich zwar auch gegen einen *genetivus subiectivus* aus, kommt aber dem damit Gemeinten doch nahe, wenn er erklärt, die christliche Bestimmtheit von παιδεία und νουθεσία erfolge durch den Kyrios, unter dessen Führung und Mahnung sich christliche Erziehung darstellen soll.

Für **5–9** kann im wesentlichen auf die Auslegung von Kol 3,22–4,1 verwiesen werden. Weitgehend und zum großen Teil sogar wörtlich hat der AuctEph diesen Abschnitt übernommen. Wir können uns daher hier darauf beschränken, die durch ihn vorgenommenen Modifikationen zu kommentieren.

In **5** streicht er κατὰ πάντα aus Kol 3,22. Damit geschieht bei der Forderung an die Sklaven, ihren Herren gehorsam zu sein, das gleiche wie zuvor in 1 bei der Forderung an die Kinder. Er fügt aber μετὰ φόβου καὶ τρόμου ein, eine Wendung, die sich bei Paulus in 1Kor 2,3, 2Kor 7,15 und Phil 2,12 findet. Sollte der AuctEph sie im Verständnis des Paulus verwenden, würde dies besagen, daß er keinesfalls den Sklaven zumutete, sich ihren Herren gegenüber als den über sie gesetzten Willkürherrschern zu verhalten, die das Recht hätten, von ihren Untergebenen, also ihrem Eigentum, devote und menschenunwürdige Angst zu verlangen. Vielmehr dürfte „mit Furcht und Zittern" eine Sinneinheit mit ἐν ἁπλότητι τῆς καρδίας ὑμῶν bilden und somit wie dieses unter dem dominanten ὡς τῷ Χριστῷ stehen: Begegnet euren Herren mit Furcht und Zittern, also in der Weise, wie ihr auch eurem eigentlichen Herrn, nämlich Christus, begegnet! Dafür spricht auch, daß es in **6** heißt: sondern tut aus eurer inneren Überzeugung heraus (ἐκ ψυχῆς) den Willen Gottes (s. zu 5,17). In **7** geht der AuctEph mit μετ' εὐνοίας δουλεύοντες, „dient gutwillig!", über seine Kol-Vorlage hinaus. Es handelt aber hier nur um eine stilistische Modifikation. In **8** ändert er mehr als in den zuvor stehenden Versen. Wenn hier vom ποιεῖν ἀγαθόν die Rede ist, so liegt wiederum keine substantielle Änderung gegenüber Kol 3,22f vor (zu ἀγαθόν s. zu 4,28f). Mit εἴτε δοῦλος εἴτε ἐλεύθερος dürfte der AuctEph auf Kol 3,11 zurückgreifen (s. auch Gal 3,28; 1Kor 12,13). Zu fragen ist, ob er mit ἐλεύθερος an dieser Stelle den Freigelassenen, also den im Dienste seines bisherigen Eigentümers Stehenden, gemeint hat oder ob er bereits zu den in 9 genannten κύριοι übergeht.

Die redaktionelle Überarbeitung von Kol 4,1 in **9** ist mehr als nur die Veränderung einer Nuance. In 9a werden die Herren aufgefordert, sich in ähnlicher Gesinnung gegenüber den Sklaven zu verhalten wie diese ihnen gegenüber, also zu handeln, wie es gegenüber dem Kyrios angemessen ist. Konkret werden sie ermahnt, das Drohen zu unterlassen. Wichtiger noch sind die Modifikationen in 9b. Der AuctCol erinnert die Herren daran, „daß *ihr* einen Herrn im Himmel habt". Der AuctEph sagt aber „daß *ihr und euer* Herr im Himmel ist" und betont so die Gemeinsamkeit zwischen beiden soziologischen Gruppen innerhalb der Gemeinde. Das liegt genau auf der Linie von 9a: τὰ αὐτὰ ποιεῖτε πρὸς αὐτούς. Und es ist überaus bezeichnend, daß die Aussage, es gebe kein Ansehen der Person, zuerst durch die Worte „bei ihm", also beim Kyrios, erweitert ist, vor allem aber, daß diese Aussage nicht mehr den Sklaven, sondern den Herren gesagt wird. Was dies bedeutet, ist offenkundig.

6,10–17 Der Teufel gegen uns – wir gegen den Teufel!

¹⁰Im übrigen, seid stark im Herrn und in der Kraft seiner Stärke! ¹¹Ziehet die Rüstung Gottes an, damit ihr den Intrigen des Teufels widerstehen könnt! ¹²Denn unser Kampf geht nicht gegen Fleisch und Blut, sondern gegen die Herrschaften, gegen die Mächte, gegen die Weltherrscher dieser Finsternis, gegen die Geister der Bosheit in den Himmeln. ¹³Deshalb ergreift die Rüstung Gottes, damit ihr an dem bösen Tage widerstehen und, wenn ihr alles getan habt, bestehen könnt! ¹⁴Steht also (fest), nachdem ihr eure Hüften mit der Wahrheit gegürtet, den Panzer der Gerechtigkeit angelegt und eure Füße mit der Bereitschaft des Evangeliums des Friedens beschuht habt! ¹⁶Zu alldem nehmt (auch) den Panzer des Glaubens, mit dem ihr alle Brandpfeile des Bösen löschen könnt! ¹⁷Und empfangt (schließlich) den Helm des Heils und das Schwert des Geistes! (Denn) dieses ist ja das Wort Gottes!

Literatur: P. F. BEATRICE, Ill combattimento spirituale secondo san Paolo. Interpretazione di Ef 6,10–17, StPat 19 (1972) 359–422. – FISCHER, Tendenz und Absicht des Eph, 165–172. – HÜBNER, Das unerklärliche Böse (voraussichtlich in: Schriftenreihe des Forum Guardini 4, 1997). – KAMLAH, Die Form der katalogischen Paränese im NT, 189–196. – S. J. A. LASH, Where do Devils live? A Problem in the Textual Criticism of Eph 6,12, VigChr 20 (1976) 161–174. – J. Y. LEE, Interpreting the Demonic Powers in Pauline Thought, NT 12 (1970) 54–69. – A. T. LINCOLN, „Stand, therefore ...“: Eph 6,10–20 as Peroratio, BibInt 3 (1995) 99–114. – D. M. LLOYD-JONES, The Christian Warfare. An Exposion of Eph 6:10 to 13, Edinburgh 1976. – D. E. H. WHITELEY, Expository Problems: Eph 6:12 – Evil Powers, ET 68 (1956/57) 100–103.

Daß auf dieser Erde nicht alles in Ordnung ist, wurde uns durch den AuctEph bisher zur Genüge gesagt. Selbst in der Gemeinde der Adressaten lag anscheinend manches im argen. In 2,1 ff wurde den Lesern drastisch genug vor Augen gestellt, daß hinter allen gottfeindlichen Aktivitäten der Menschen der Äon dieser Welt, identisch mit dem Herrscher der Luft, steckt. Und wo Christen wieder rückfällig werden und Böses tun, wo sie sich wieder sträflich und töricht in den Bereich der Sünden-*Taten* (2,1) begeben, da sind sie von neuem in ihrem *Sein* die Marionetten dessen, der als der Böse das Böse schlechthin *ist*. Es ist nun bezeichnend, daß es der AuctEph als seine Pflicht ansieht, in die Paränese, ehe er in ihr abschließend noch einige Worte zum Gebet und zur Fürbitte sagt, den theologisch so gewichtigen Abschnitt **6,10–17** über den Teufel, den διάβολος, und seine Heerscharen einzufügen. Anscheinend genügt ihm nicht, was er in dieser Hinsicht bereits in 2,1 ff geschrieben hatte. In 6,10 ff wird er in seinen Ausführungen ganz grundsätzlich. Von der Hochstimmung von 1,3 ff, 2,4 ff und 5,8 ff – hier wurden die Epheser als Licht tituliert (freilich schon im Rahmen recht deutlicher Mahnungen!) –, ist nun nichts mehr zu spüren. Denen, die Licht sind und als Licht handeln sollen, wird gesagt, daß der mächtige Herrscher der Finsternis gegen sie kämpfe. War in der Paränese in 5,16 davon die Rede, daß die Tage böse seien, πονηραί, so ist jetzt im Singular vom bösen Tage die Rede: ἐν τῇ ἡμέρᾳ τῇ πονηρᾷ, 6,13. Diese Wendung erinnert an die Ankündigung des furchtbaren Tages des Gerichts Jahwähs, z. B. Am 8,9: ἐν ἐκείνῃ τῇ ἡμέρᾳ. Und dieser Tag ist der Tag der Dunkelheit, von Amos allerdings nicht im apokalyptischen Horizont als Tag des Endgerichts über die Menschheit verstanden, sondern als Tag des in der Geschichte sich ereignenden Sieges der Assyrer über Israel.

6,10–17 ist vor allem durch seine *Kriegsmetaphorik* gekennzeichnet. Die Christen befinden sich im Kampf und somit im Krieg mit dem teuflischen Reich. In diesem mit militärischen Bildern ausgemalten Geschehen wird die gottgegebene Ausrüstung der Epheser beschrieben, mit der sie im Kampf bestehen und den Krieg gewinnen können. Die einzelnen Teile dieser Rüstung werden jeweils geistlichen Gaben zugeordnet; so ist z.B. der Gürtel das Bild für die Wahrheit und der Panzer das Bild für die Gerechtigkeit. In der Einzelexegese ist zu fragen, inwiefern atl. Bilder die jeweilige Metapher bedingen. Entsteht, so wird zu fragen sein, ein innerer Zusammenhang des jeweiligen Bildes mit der dadurch symbolisierten Qualifikation der Christen? Müssen wir bei der Auslegung mehr Aufmerksamkeit den Details der Rüstung oder der betreffenden von Gott gegebenen Gnadengabe schenken? Ist das Wort, das ῥῆμα θεοῦ, vom AuctEph bewußt als *climax* ans Ende des Abschnitts gesetzt? Vor allem aber stehen heutige Leser vor dem Problem, wie sie mit den hochmythologischen Aussagen zurechtkommen. Müssen wir entmythologisieren, um den eigentlichen Sinn des vom AuctEph Gemeinten freizulegen? Oder wird hier so massiv mythologisch gesprochen, daß jeder Versuch einer Entmythologisierung den Text um die Substanz seiner Aussagen bringt? Oder stoßen wir beim Versuch einer Entmythologisierung vielleicht auf Elemente, die zumindest ansatzweise auch schon beim AuctEph eine Tendenz auf Richtung Entmythologisierung hin verraten? Auf jeden Fall stellt der Text vor gewaltige hermeneutische Probleme. Zu leicht machen dürfen wir es uns auf keinen Fall! Wir müssen gerade bei dieser so schwierigen Passage den biblischen Autor so ernst wie nur möglich nehmen.

Wenn Gnilka K 304 meint, daß der Imperativ ἐνδυναμοῦσθε in **10** das Leitmotiv für die folgenden Ausführungen setzt, so ist das sachlich berechtigt. Dieses Verb steht hier als Hapax legomenon im Eph. Im Corpus Paulinum begegnet es nur zweimal, in Röm 4,20 als *passivum divinum* im Blick auf den im Glauben von Gott stark gemachten Abraham und in Phil 4,13, wo Paulus von sich selbst bekennt, daß er in allem stark ist durch den, der ihn stark macht. Und man wird sehr ernsthaft damit rechnen müssen, daß der AuctEph hier beide Stellen vor Augen hatte. Es kann also nicht das Verb ἐνδυναμοῦσθαι als solches sein, das dazu berechtigt, im Imperativ von 10 das Leitmotiv für unsere Perikope zu sehen. Vielmehr bezeichnet das Verb ihr Generalthema; denn mit diesem ganzen Abschnitt will ja der AuctEph nur eines, nämlich die Adressaten angesichts der im wörtlichen Sinne teuflischen Situation auf ihre Stärke ansprechen und so ihren Glaubensmut stärken: Ihr *seid* stark, stark von Gott her; also *besteht* ohne Furcht vor dem Bösen alle Anfechtungen von innen und von außen! Wer gerüstet ist – das Wort hat ja in der deutschen Sprache sowohl eine wörtliche als auch eine metaphorische Bedeutung –, der ist auf alles bestens vorbereitet! Nach Röm 4,20 geschieht das ἐνδυναμοῦσθαι – bezeichnend für Paulus! – ἐν πίστει; nach Phil 4,13 ist der, der den Apostel stark macht, Christus, nicht Gott – immerhin beginnt der Abschnitt 4,10–14 mit ἐχάρην . . . ἐν κυρίῳ. Dieses ἐν κυρίῳ ist in Eph 6,10 die bestimmende Präpositionalwendung für ἐνδυναμοῦσθε. ἐν κυρίῳ wird epexegetisch durch καὶ ἐν τῷ κράτει τῆς ἰσχύος αὐτοῦ expliziert – übrigens eine Wendung, die der AuctEph schon in 1,19 bringt. Sie ist also eine Art *inclusio* für den ganzen Brief. In 1,19 freilich ist *Gottes* κράτος und ἰσχύς gemeint, in 6,10 jedoch dient beides der Kennzeichnung Christi. Insofern Christus als der Kyrios die personale Repräsentanz Gottes ist, bedeutet dieser Unterschied aber nicht viel. Denn wer in Christus stark ist, der ist in Gott stark. ἐν κυρίῳ will im Zusammenhang von 6,10–17 sagen: *im Machtbereich* des Kyrios. Wer sich dort aufhält, besser noch: wer gnadenhaft in ihn hineingenommen ist, der befindet sich so sehr in der starken Hand Gottes, daß ihm der Böse nichts Böses antun kann – vorausgesetzt, er bleibt im Glauben fest. **11** veranschaulicht die Aussage von der Stärke Gottes, in der der Christ stark ist, durch die Metaphorik des Militärischen. Auch jetzt begegnet wieder der Imperativ, diesmal mit der umfassenden Aussage, die in den nächsten Versen detailliert ausgeführt wird, daß es geboten sei, die Waffenrüstung Gottes anzuziehen. ἐνδύσασθε verwendete der AuctEph bereits innerhalb der Paränese in 4,24; dort allerdings mit dem soteriologischen Objekt τὸν καινὸν ἄνθρωπον. Man kann beides zusammen sehen: Wer den neuen Menschen angezogen hat, der hat auch die Rüstung Gottes angezogen. Wer durch Gott in Christus zum neuen Menschen geworden ist, der ist für den Kampf gegen alles Böse und gegen den Bösen schlechthin zur Genüge gerüstet. Der steht im Kampfe des Teufels mit Gott, Christus und seiner Kirche auf der Seite des Stärkeren. Der Teufel ist dann schwach, wenn die Christen in sich selbst Gott und Christus stark sein lassen. Auch der Kampf gegen den Teufel und seine „Mächte" ist Teil der Paränese, aber eben einer Paränese, die denen gilt, die bereits „in Christus" sind.

Was bisher interpretierend zu 10f gesagt wurde, läßt die Frage, von welchem Grundverständnis aus die Redeweise von der πανοπλία τοῦ θεοῦ zu verstehen sei, bereits im Prinzip beantwortet sein. Mit Gnilka K 305: Gott ist derjenige, der die Waffen und damit die Kampfestüchtigkeit verleiht. Dibelius/Greeven K 96f widmen der Frage nach dem Wesen der Waffenrüstung des Frommen einen eigenen Exkurs, in dem drei Vorstellungskomplexe genannt sind: 1. Die mythische Vorstellung von der Waffenrüstung des Gottes. 2. Der Gedanke vom Frommen als στρατιώτης seines Gottes. 3. Die Teilnahme des Gläubigen an Rüstung und Kampf der Gottheit. Die zuletzt genannte Vorstellung sei die älteste, der gegenüber die zweite eine moralisierende Einengung sei. Verwiesen wird dafür auch auf 1QS als das „Buch des Kampfes der Söhne des Lichts gegen die Söhne der Finsternis". Allerdings hat man sich in Qumran diesen Kampf recht realistisch vorgestellt (zum Verhältnis Qumran – Eph 6,10ff s. vor allem Kuhn, ThWNT V, 297–300). Nun ist zwar πανοπλία in der LXX kein Wort, das für den Kampf Gottes gegen seine Feinde spezifisch wäre. Daß aber Gott der „Mann des Krieges" ist, אִישׁ מִלְחָמָה (in der LXX weniger präzis κύριος συντρίβων πολέμους), Ex 15,3, besagt genau diesen Sachverhalt. Den Sieg über die Ägypter beim Auszug Israels aus Ägypten hat ja nach atl. Glauben Jahwäh errungen, nicht die Israeliten. Und hinter den Siegen über die Kanaanäer steht nach dem Zeugnis des Buches Jos ebenso Jahwäh. Allerdings ist in diesen atl. Aussagen von einer Waffenrüstung Jahwähs nicht die Rede. Doch stehen sie im größeren Komplex der gemeinorientalischen Vorstellung von den Nationalgöttern, die für ihr jeweiliges Volk, sei es direkt, sei es indirekt, in den Kampf eingreifen. Ist nun πανοπλία nicht spezifisch für die „Ausrüstung" Gottes im AT, so werden doch einzelne Teile der Rüstung genannt. Und davon macht der AuctEph in den folgenden Versen bewußt Gebrauch. Auch im Blick auf sie, jedoch zunächst einmal im Blick auf 11, sei Jes 59,17 zitiert: καὶ ἐνεδύσατο [sc. ὁ θεός] δικαιοσύνην ὡς θώρακα καὶ περιέθετο περικεφαλαίαν σωτηρίου ἐπὶ τῆς κεφαλῆς καὶ περιεβάλετο ἱμάτιον ἐκδικήσεως καὶ τὸ περιβόλαιον …

Von Christen ist Standfestigkeit gefordert: στῆναι. Aber solche Standfestigkeit ist nicht in erster Linie Forderung, sondern Gabe Gottes, nämlich für den, der die Rüstung Gottes angezogen hat. Ist jedoch die Rede vom „Stehen", dann ist mit ihr die furchtbare Möglichkeit eingeräumt, daß der Christ den Intrigen des Teufels erliegt. Gut Lindemann K 112: „der Gottes Waffenrüstung trägt, [hat] im Grunde schon gesiegt." Vom διάβολος spricht Paulus an keiner Stelle, auch im Kol findet sich dieses Wort nicht (wohl aber bei den Synoptikern und im Joh, im Corpus Paulinum außer Eph 6,11 nur in den sehr späten Pastoralbriefen; auch in der Apk). Daß der AuctEph mit διάβολος den ἄρχων τῆς ἐξουσίας τοῦ ἀέρος von 2,2 meint, ist anzunehmen. In Qumran sprach man von Belials Intrigen (1QH II,16; IV,13f; VI,21f; VII,3f).

Übersetzen die meisten Ausleger τὰς μεθοδείας mit „Intrigen", so bedarf dies doch noch weiterer philologischer und hermeneutischer Überlegungen. Das Wort μεθοδεία ist in der klassischen Gräzität nicht bekannt. Liddell/Scott, 1091, geben für die beiden Eph-Stellen (4,14 und 6,11) die Bedeutung „Geschicklichkeit", „Arglist" (craft, wiliness) an und nennen als sonstige Vorkommen des Wortes nur noch POxy. 1134.9 (5. Jh. n. Chr.) und 136.18 (6. Jh. n. Chr.) mit der Bedeutung „Vorgehensweise beim Sammeln von Steuern oder Schulden". Angesichts des so spärlichen Vorkommens dieses Wortes ist zu erwägen, ob die Etymologie weiterhilft. Besagt das verbreitete Wort ἡ μέθοδος das methodisch überlegte Vorgehen, das geradezu systematische, planmäßige Vorgehen und somit den intelligenten Akt des Umgangs auch mit Menschen (s. auch die bei Liddell/ Scott reichlich angegebenen Belege), so ist zu fragen, ob der AuctEph den Kampf des Teufels gegen die Kirche als ein äußerst raffiniertes, methodisch angelegtes Handeln beschreiben will. Dieses Verständnis von μεθοδεία legt sich durchaus nahe: Der Teufel setzt seine ganze diabolische Intelligenz ein, um die Christen zu täuschen – 4,14 mit πρὸς τὴν μεθοδείαν τῆς πλάνης verwies schon auf das mit Intelligenz durchgeführte Täuschungsmanöver, ohne daß jedoch dort schon der eigentliche Drahtzieher des Bösen genannt wurde. Insofern ist 6,11 eine Steigerung des in 4,14 ausgesprochenen Gedankens. Was aber sollen die, die der Teufel als Opfer seiner satanischen Intelligenz ausersehen hat, tun? Sollen sie die Intelligenz der Hölle mit der Intelligenz des Himmels zunichte machen? Sollen die Kinder des Lichtes mit schärferem Verstand gegen den Fürsten der Finsternis zu Felde ziehen? Ist der Sieg über den Teufel ein Sieg des Intellekts? Das würde bedeuten, daß der Intelligenzquotient das eigentliche Kriterium für den erfolgreichen Kampf gegen den Bösen wäre. Es wäre der Kampf auf der falschen Ebene. Es wird sich gleich noch bei der Auslegung der nächsten Verse zeigen, daß der so intelligente Teufel mit all seinem taktischen Verstand unterlegen ist, wo die Rüstung Gottes mit Wahrheit und Gerechtigkeit (14, in diesem Vers wird der Infinitiv στῆναι bzw. ἀντιστῆναι von 11 und 13 zum Imperativ στῆτε) den Christen und die Kirche unüberwindbar macht. Intelligenz *allein* mit all ihrem analytischen Vermögen tut's nicht! Intelligenz wird aber in 6,10ff nicht „ver-Teufel-t". Aber sie kann im Dienste der abgrundtiefen Bosheit stehen, wie die perversen Verbrechen von teuflischen Vertretern mörderischer Regime allein in unserem Jahrhundert in erschreckender Weise manifestierten und manifestieren (genannt seien nur die „methodisch" durchgeführten Massenmorde an Juden durch die SS im Dritten Reich). Das aber ist das Anliegen des AuctEph: Noch so ausgeklügelte Intelligenz, die der Böse will, ist letzten Endes gegenüber der Wahrheit, der Gerechtigkeit, dem Evangelium des Friedens, dem Glauben, dem Geist und dem Worte Gottes machtlos. Man wird an die in der Komplet, dem Abendgebet der Kirchen, rezitierte Aufforderung von 1Petr 5,8f erinnert: „Seid nüchtern und wacht; denn euer Widersacher, der Teufel, geht umher wie ein brüllender Löwe und sucht, wen er verschlinge! Dem widersteht fest im Glauben!" Der Glaube ist es, der in der Kraft der Wahrheit des Wortes Gottes alle noch so teuflisch fein überlegte Hinterlist besiegt.

12 führt den Gedanken von 11 weiter: Unser Kampf (mit ℵ A u. a. ἡμῖν; anders p⁴⁶ B D* u. a.: ὑμῖν) ist nicht ein Kampf „gegen Blut und Fleisch". Die Wendung σὰρξ καὶ αἷμα steht zweimal bei Paulus (Gal 1,16 und 1Kor 15,50) an beiden Stellen im Sinne von „lediglich Menschen" (s. auch Mt 16,17 und Hebr 2,14). Nur an unserer Stelle (und Hebr 2,14) werden die beiden Worte in umgekehrter Reihenfolge genannt: αἷμα καὶ σάρκα. Ein sachlicher Unterschied ist aber damit nicht ausgesagt. Man kann fragen, ob mit dem Kampf, der ja ein „Angriffskrieg" des Teufels ist, eine Christenverfolgung in Kleinasien gemeint ist. Da aber der Brief sonst nichts Derartiges verlauten läßt, wird man wohl kaum ein solches Geschehen hinter dem Wort πάλη sehen können. Der Kampf gegen den Teufel wird konkretisiert als Kampf gegen die Mächte und Gewalten (zu ἀρχαί und ἐξουσίαι s. 1,21; 3,10), gegen die Weltherrscher (Plural) dieser Finsternis und gegen die Geister (πνευματικά, nicht πνεύματα) der Bosheit in den Himmeln. Pokorný K 242 sieht in den Weltherrschern die zusammenfassende Bezeichnung der überirdischen Mächte. Dagegen dürfte aber das vierfache πρός sprechen, das ja syntaktisch koordiniert steht. Für das Weltbild des AuctEph ist entscheidend, welcher syntaktischer Bezug für ἐν τοῖς ἐπουρανίοις besteht: Geschieht der Kampf an jedem Ort, der mit „in den Himmeln" beschrieben ist? Oder will der AuctEph sagen, daß sich all die dämonischen Mächte „in den Himmeln" aufhalten? Nach Gnilka K 307 bedeutet die Ortsangabe von 12, daß die Gemeinde am Ort der Mächte ist, wofür er auf 2,6 verweist; sie habe die Möglichkeit gewonnen, mit den teuflischen Mächten in eine Auseinandersetzung auf Leben und Tod einzutreten. Auch Lindemann K 113 sieht es als möglich an, daß sich „die Ortsangabe gar nicht auf die Geistwesen" bezieht, „sondern auf den *Ort der Christen* während der geschilderten Kampfsituation". Doch sollte man in ἐν τοῖς ἐπουρανίοις eher den Aufenthaltsbereich der bösen Mächte sehen, weil diese Wendung in der Wortfolge von 12 zu weit von πάλη entfernt steht. Anscheinend stellt sich der AuctEph die Szene so vor, daß die Mächte von ihrem himmlischen Bereich aus den teuflischen Angriff gegen die Kirche führen. So versteht anscheinend auch Pokorný K 242 unsere Stelle, wenn er sagt, der AuctEph habe an die Wesen gedacht, „von denen die kosmisch-geistigen Sphären beherrscht werden und die das Leben der Menschen beeinflussen, aber unter gewissen Bedingungen auch den Zugang zum rein geistlichen Bereich ermöglichen".

Zum Weltbild des Epheserbriefes

Die Frage nach dem Weltbild des AuctEph hat die bisherige Auslegung des Briefes durchgehend mitbestimmt, sei es, daß ein solches Weltbild bei den Aussagen dieses Autors stillschweigend mitzudenken war, sei es, daß es in unseren Ausführungen teils unthematisch, teils mehr oder weniger thematisch zur Sprache kam. Das Problem ist, ob der AuctEph seine Vorstellungen in das ihm bereits verfügbare Weltbild eintrug, sie in dieses projizierte, ob er seine theologischen Gedanken im Gesamtraster dieses Weltbildes reflektierte, oder ob wir nicht eher den entgegengesetzten Weg bedenken müssen: Sein Weltbild hat er auf dem Wege seiner theologischen Reflexion gewonnen, zumindest so, daß es durch diese seine Reflexion erst zu der Gestalt kam, die aus dem Eph zu rekonstruieren ist. Zuweilen entstand bei unserer Auslegung der Eindruck, daß die weltanschaulichen Aussagen des AuctEph nicht gänzlich konsistent miteinander sind.

Dennoch wird man zunächst ein einigermaßen vorstellbares Bild skizzieren können. Lindemann K 121 ff bringt in den Nachbemerkungen seines Kommentars als ersten Exkurs den über das Weltbild des Eph. Man wird ihm recht geben, daß dieser Brief wie kaum ein anderer ntl. Text in seinem Denken auf ein bestimmtes „Weltbild" bezogen ist. Daß er diesen Begriff in Anführungsstriche setzt, hat seinen guten Grund. Daß der Eph in vielfacher Weise von *außerchristlichen Vorstellungen* und *Denkschemata* beeinflußt ist, hat er ebenfalls sehr richtig gesehen.

260

Auch Gnilka K 63 ff bringt einen eigenen Exkurs über das Weltbild des Eph. Dieses sei „eine Voraussetzung in seinem theologischen Entwurf". Er sieht den AuctEph dem griechischen Weltbild näherstehend als dem atl. Er verweist vor allem auf das geozentrische Weltbild, nach dem die Erde frei im Raum schwebt und im Laufe der Entwicklung eine ungeheure Ausweitung des Himmels erfolgte. Gnilka sieht richtig, daß eine solche kosmologische Modifikation eine tiefgreifende Veränderung des Welt- und Gottesbewußtseins des Menschen zur Folge hatte. In diesem Zusammenhang spricht er zwar nicht von der Veränderung auch des Selbstbewußtseins des Menschen, besser: von dessen Selbstverstehen; es liegt aber m. E. implizit in seinen Ausführungen: das Selbstverstehen des Menschen änderte sich dadurch in immenser Weise. Bei Gnilka K 64 heißt es dann: „Gott oder die Götter waren nicht mehr die Nahen, sie waren in große Ferne gerückt." „Diese zwischen Göttern und Menschen aufgerichtete Trennung konnte auf die Dauer nicht durchgehalten werden." Verlangt also der „entgötterte Himmel ... einen neuen Ersatz", so wurde dieser „dadurch geschaffen, daß man die Seelen und Dämonen, die bisher im Hades beheimatet waren, im himmlischen Raum ansiedelte". Also kommt es bei der Erlösung des Menschen zur „Himmelfahrt der Seele, die das bessere Ich des Menschen in gefahrvoller Reise durch die Räume der Dämonen heimführt in die Welt Gottes", K 65. Gnilka geht somit in der Präsentation des Weltbildes, das schließlich für den AuctEph maßgebend wurde, vom Himmel aus, also von dem, was im Eph durch die Wendung ἐν τοῖς ἐπουρανίοις zum Ausdruck gebracht wird. Dieser vorstellungsmäßige Einstieg für die Frage, wie sich der AuctEph die Welt vorgestellt *und* gedacht, also denkend reflektiert hat, ist durchaus sinnvoll, zumal die soeben zitierte Wendung für die Sprache des Eph charakteristisch ist.

Zunächst ist ein statistischer Tatbestand zu registrieren. Die Wendung ἐν τοῖς ἐπουρανίοις bringt im NT allein der AuctEph, und zwar fünfmal (1,3.20; 2,6; 3,10; 6,12), und er spricht von den ἐπουράνια nur in dieser Wendung. In Joh 3,12 bedeutet τὰ ἐπουράνια im Gegensatz zu τὰ ἐπίγεια all das, was mit Gottes Heilshandeln zusammenhängt, nicht aber primär einen räumlich ausmeßbaren Bereich. Auch Paulus spricht vom Gegensatz ἐπουράνιος – ἐπίγειος, allerdings in der Gegenüberstellung von σώματα ἐπουράνια – σώματα ἐπίγεια, 1Kor 15,40; in 1Kor 15,48 f ist ἐπουράνιος substantiviertes Adjektiv unter Bezug auf ἄνθρωπος in 47. Im eschatologischen Kontext spekuliert der Apostel über die Auferstandenen als οἱ ἐπουράνιοι, die das Bild *des Auferstandenen* schlechthin, des ἐπουράνιος, tragen werden. Außer diesen fünf Vorkommen in 1Kor 15,40–48 findet sich das Adjektiv bei Paulus nur noch in Phil 2,10 in der Bedeutung von „himmlische Wesen". Im Sinne einer real verstandenen Himmelstopographie ist also ἐν τοῖς ἐπουρανίοις eine ganz spezifische Vorstellung des Eph.

Man wird aber nicht umhin können, beim AuctEph eine gewisse Differenzierung im Gebrauch dieser Wendung zur Kenntnis zu nehmen. Das räumliche Moment in ἐν τοῖς ἐπουρανίοις ist klar in 1,20 f ausgesprochen. Im himmlischen Bereich sitzt Christus zur Rechten Gottes, und zwar über, ὑπεράνω, den Mächten, Gewalten usw. In der Konsequenz dieser Aussage befindet sich klar 2,6: Gott hat die Getauften bereits jetzt mit Christus auferweckt und mitinthronisiert, nämlich sowohl ἐν τοῖς ἐπουρανίοις als auch ἐν Χριστῷ. Die erste dieser beiden ἐν-Wendungen bezeichnet eindeutig den Ort der Christen im Kosmos: ganz oben! Gleichzeitig befinden sie sich aber gemäß ihrer geschichtlichen Existenz auf dieser Erde. Die ihnen geltende Himmelstopologie will also nicht den Raum ihrer geschichtlichen Vorfindlichkeit angeben. Folglich steht die himmelstopologische Angabe untrennbar im Aussagegefüge von Kosmologie und Theologie. *Theologisch* befinden sich die Christen im Himmel, *geschichtlich* aber auf Erden. Doch auch dieses „auf Erden" hat seine theologisch-christologische Dimension, ausgedrückt durch die zweite ἐν-Wendung ἐν Χριστῷ. Damit ist für Christus und die Christen die *Bilokation* ausgesagt: Christus befindet sich *im* Raum des Himmels zur Rechten Gottes, und er befindet sich auf Erden *als* Raum der Kirche, die sein Leib ist. Die Christen hingegen befinden sich kraft ihres Glaubens und aufgrund ihres In-Christus-Seins im Himmel, und sie befinden sich auf dieser Erde gemäß ihrer geschichtlichen Existenz, die aber aufgrund ihres In-Christus-Seins bereits ihr geschichtliches Sein transzendiert, besser und präziser: deren Sein aber durch Gottes gnadenhaftes Handeln bereits bis in den Himmel reicht. Fast assoziiert man eine chalzedonensische Formel, die ekklesiologisch adaptiert ist: Beide Räume bzw. „Räume" sind „unvermischt, unverwandelt, ungetrennt und ungesondert". Das Weltbild des Eph ist also mißverstanden, wollte man es auf einen vorstellungsfähigen Raum einseitig festlegen. Der AuctEph mutet seinen Lesern erheblich mehr zu. Er mutet ihnen nämlich theologisches Denken zu! Und insofern ist sein Weltbild eine Welt- und Himmelstopographie, die uns erst durch Interpretation das ihr Ureigene vermitteln kann.

Das wird vor allem an 1,4 deutlich. Denn gerade an dieser Stelle der Eulogie zeigte sich bereits, wie tiefgründig die theologische Reflexion des AuctEph ist. Wie in 2,6 stehen ἐν τοῖς ἐπουρανίοις und ἐν Χριστῷ nebeneinander. Doch verzahnen sich hier vorstellungsmäßig-*räumliche* und *theologisch-räumliche* Dimensionen nicht nur mit der Dimension des *Zeitlichen*, sondern auch des *Vorzeitlichen*. Zeit und Ewigkeit werden im soteriologischen Zusammenhang genannt, Gott rückt als der protologisch und zugleich geschichtlich Handelnde in den Blick. Vor-"Zeit" und Zeit, Raum und „Raum" werden als soteriologische Einheit zur Sprache gebracht. Alle eindimensionale Einordnung verbietet sich.

Raum- und Zeitaspekt bestimmen auch 3,10, einen der hermeneutisch eigenartigsten Sätze im ganzen Eph. Den Mächten und Gewalten ἐν τοῖς ἐπουρανίοις – hier legt sich die Deutung „die Mächte und Gewalten, die sich in den Himmeln aufhalten" ohne weiteres nahe; eine andere syntaktische Zuordnung ist so gut wie ausgeschlossen – soll die vielgestaltige Weisheit, also das seit Äonen verborgene Geheimnis, kundgetan werden. Ist aber in Eph 3,10 der Aufenthaltsort der teuflischen Mächte mit ἐν τοῖς ἐπουρανίοις angegeben, so ist hier besonders deutlich ausgesprochen, daß der AuctEph mit dieser Wendung *auch* topographische Intentionen hat. Von 3,10 aus wird 1,20f, wonach Christus „über" den Mächten seine königliche Unterwerfungsmacht ausübt, auch räumlich interpretierbar. Raum und Macht sind aber in 1,20f keinesfalls als Gegensatz aufzufassen. Schon Paulus verstand ja den Raum als Macht, schon er dachte in *Macht-Räumen*, wofür als besonders eindrückliches Beispiel Röm 3,9 genannt werden kann: πάντας ὑφ᾽ ἁμαρτίαν εἶναι. Ist aber in Eph 3,10 ἐν τοῖς ἐπουρανίοις Ortsbestimmung für die Mächte und Gewalten, so liegt es nahe, dies auch für 6,12 anzunehmen. Schwierig bleibt aber die im Rahmen des Weltbildes zu beantwortende Frage, wie nach 3,10 diesen in den Himmeln befindlichen Mächten „durch die Kirche" die Weisheit Gottes verkündet werden kann. Daß ein himmlischer Aufenthalt der Verkündiger des Evangeliums nicht im Sinne ihrer Inthronisation gemäß 2,6 in Betracht zu ziehen ist, dürfte wohl evident sein. Denn der Ort dieser Inthronisation ist der „Ort" Gottes und nicht der der Dämonen! Also legt es sich nahe, anzunehmen, daß die bösen „himmlischen" Wesen von ihrem Wohnort „in den Himmeln" aus auf die Erde wirken und ihnen auf ihr das Evangelium Gottes und seine Weisheit kundgetan werden – als Kundgabe an sie, daß es mit ihrer Macht vorbei ist, daß sie zwar noch stiften können, aber eben nur noch auf Zeit. Ihre Uhr ist abgelaufen! Sie haben ihren Angriffskrieg bereits verloren. Und genau dies ist auch die Situation, die in 6,10ff beschrieben wird.

Bei aller Unschärfe hinsichtlich der inhaltsreichen Wendung ἐν τοῖς ἐπουρανίοις dürften jedoch die Grundelemente dieser Wendung deutlich geworden sein: Es ist sicherlich eine himmelstopographische Aussage, es ist aber auch eine theologisch, christologisch und soteriologisch relevante Aussage, es ist eine im Blick auf den Glaubenden existentiale Aussage. In ihrem weltbildlichen Gehalt spiegelt sich auch das, was der AuctEph theologisch sagen will. Für das vor-stell-bare Weltbild ist als nächstes an 4,10 zu denken: Der ἀναβάς, also der nach seinem Kreuzestod auferweckte und erhöhte Christus, fährt auf „über alle Himmel", ὑπεράνω πάντων τῶν οὐρανῶν. Es ist der Ort der göttlichen Residenz, also derjenige Ort, wo Christus zur Rechten Gottes als Herrscher thront. Wer den Eph liest oder vorgelesen bekommt, vor allem, wer 4,10 liest oder hört, meint doch wohl zunächst an, daß der Ort „über *allen* Himmeln" *über* den ἐπουράνια liegt. Aber eigenartigerweise wird das ὑπεράνω-Sein Christi, der Ort, an dem er inthronisiert worden ist, in 1,20f als ἐν τοῖς ἐπουρανίοις gelegen vorgestellt! Und ebenso gilt das für die Mitinthronisierung der Christen, 2,6. Nimmt man diese Vorstellung bis ins letzte ernst, so teilen sich Gott, Christus und Christen einerseits und der Diabolus samt seinem teuflischen Heer andererseits die ἐπουράνια: Wo Gott wohnt, wohnt der Teufel – wo der Teufel wohnt, wohnt Gott! Das aber kann nicht die Meinung des AuctEph sein. Die Terminologie wird noch konfuser, wenn man sich die vier Vorkommen von οὐρανός im Eph vergegenwärtigt (οὐράνιος begegnet in diesem Briefe nicht, auch nicht im Kol). Ein Blick auf den Kol ist aufschlußreich: οὐρανός steht in ihm fünfmal, davon dreimal in der Wendung ἐν τοῖς οὐρανοῖς (1,5.16.20) und einmal in ἐν οὐρανῷ (4,1), in 1,5 als Angabe für den eigentlichen Ort Gottes, wo unser Hoffnungsgut verwahrt ist, in 1,16 als der ganze himmlische Bereich, in dem sich die Mächte aufhalten mit der

Gegenüberstellung ἐν τοῖς οὐρανοῖς und ἐπὶ τῆς γῆς (s. auch 1,20 in der noch symmetrischer gebildeten Formulierung εἴτε τὰ ἐπὶ τῆς γῆς εἴτε τὰ ἐν τοῖς οὐρανοῖς). Wir müssen also festhalten: Auch der Kol enthält keine völlig konsistente Terminologie. Zurück zum Eph! Er übernimmt aus Kol 1,20 in 1,10 die soeben zitierte Formulierung und verbindet sie mit dem für ihn so wichtigen Verb ἀνακεφαλαιώσασθαι. In 3,15 bringt der AuctEph die Formulierung πᾶσα πατριὰ ἐν οὐρανοῖς καὶ ἐπὶ τῆς γῆς. Von 4,10 war eben schon ausführlich die Rede. Schließlich heißt es in 6,9, daß ihr und euer Herr „in (den) Himmeln" ist, ἐν οὐρανοῖς. Jetzt sind also die Himmel der Ort des erhöhten Christus. Oder soll man übersetzen „in irgendwelchen Himmeln", um keine Wohnungsnot für das dämonische Heer des Teufels zu schaffen? Daß aber diese οὐρανοί in 6,9 denselben „Ort" besagen sollen wie das ὑπεράνω πάντων τῶν οὐρανῶν, versteht sich von selbst. Es wird immer deutlicher: Worauf es dem AuctEph ankommt, ist gerade nicht die exakte Begrifflichkeit für die Kosmographie, die auch Gott ihren Platz anweist, sondern die *existentielle Bedeutsamkeit* für die Adressaten. Sie *sind* bei dem erhöhten Christus; und sie *wissen* es auch!

Mit dem bereits Gesagten ist auch der Raum der *Geschichte* und der Glaubenden als Gemeinde *geschichtlicher Existenzen* gegeben, nämlich die Erde, ἡ γῆ. 1,10 und 3,15 wurden bereits genannt; auf 6,3 ist noch hinzuweisen (LXX-Zitat). Wichtig für unsere Überlegung ist vor allem 4,9: der ἀναβάς war zuvor der καταβάς, nämlich εἰς τὰ κατώτερα [μέρη] τῆς γῆς. Die Exegese dieser Stelle zeigte, daß es sich nicht um einen Ort handelt, an dem sich die Hölle oder die sog. Vorhölle befindet (s. 1Petr 3,19f), sondern um die Erde, die aus der Perspektive der ἐπουράνια zutreffend τὰ κατώτερα μέρη genannt werden kann. Der καταβάς ist also der καταβὰς εἰς τὴν γῆν. Aber auch diese Erde hat ihre theologisch bedeutsamen Implikationen. Wer als Glaubender auf ihr lebt, für den ist sie der Ort, von dem aus die Verbindung zum himmlischen Ort besteht, an dem Christus mit Gott residiert und an dem sie, die Glaubenden, in dieses Residieren mithineingenommen sind. Für sie hat die Erde trotz aller teuflischen Ränke die Würde erhalten, derjenige Ort zu sein, von dem aus sie den Zugang zum Himmel haben. Formulieren wir es existential: Das *In-der-Welt-sein* der Glaubenden ist zugleich ihr *Im-Himmel-sein.* Auch ἡ γῆ ist also für den AuctEph ein theologisch existentialer Begriff.

In **13** wiederholt der AuctEph die Aufforderung von 11, doch ersetzt er den Imperativ ἐνδύσασθε durch ἀναλάβετε; inhaltlich eine unwesentliche Modifikation. Auch die finale Aussage von 11 wird jetzt in lediglich stilistisch variierter Form erneut gebracht. Wichtig ist aber, daß die Waffenrüstung Gottes in beiden Versen zum *Können* befähigt. Nach 11 geht es um die Standfestigkeit gegenüber den intelligenten Intrigen des Teufels, nach 13 um das Widerstehen (στῆναι ist zu ἀντιστῆναι erweitert) am bösen Tage und – noch einmal: στῆναι! – um das Durchhalten in der Standhaftigkeit: Wenn ihr alles getan habt, dann sollt ihr weiter „stehen". Diskutiert wird in der Forschung über die Bedeutung des „bösen Tages". Der Ton von ἐν τῇ ἡμέρα τῇ πονηρᾷ klingt apokalyptisch. Aber der AuctEph denkt nicht apokalyptisch. Böse ist nach dem Zusammenhang der Tag nicht, weil Gott die Bösen bestraft und die Guten irgendwie mitleiden müßten, sondern weil die Bösen der Kirche Böses zufügen. So wird man ἡμέρα wohl kaum punktuell auffassen dürfen.

In **14–17** wird detailliert über die Waffenrüstung gesprochen. Tritopaulus leitet diesen Abschnitt bezeichnenderweise mit dem Imperativ στῆτε ein. Das Verb στῆναι durchzieht also die gesamte Passage motivhaft. Immer wieder findet sich in der Perikope über den Teufel und seine Scharen die Aufforderung zur Standhaftigkeit! Läßt die so oft wiederholte Mahnung στῆναι die Vermutung aufkommen, daß es in der Gemeinde der Adressaten eine Reihe von Rückfälligen, nicht wirklich im Glauben Gefestigten gab? Mehr als die Frage können wir nicht stellen; der Versuch einer Antwort wäre bloße Spekulation.

In **14** ist vom Gürten der Hüften die Rede. Mit περιζωσάμενοι τὴν ὀσφὺν ὑμῶν könnte der AuctEph auf Ex 12,11 zurückgegriffen haben, wo die Israeliten, wenn sie das Passa essen, die Mahnung mitbekommen αἱ ὀσφύες ὑμῶν περιεζωσμέναι. Mit größerer Sicherheit können wir wohl sagen, daß auch Jes 11,5 ihn zur Formulierung inspiriert hat. Bereits die Zitierung der Stelle macht es evident: καὶ ἔσται δικαιοσύνη ἐζωσμένος τὴν ὀσφὺν καὶ ἀληθεία εἰλημένος τὰς πλευράς. Die unterstrichenen Worte finden sich auch in Eph 6,14. Zu nennen ist außerdem noch Jer 1,17, wo der Aufforderung, die Hüften zu umgürten, der Befehl folgt: ἀνάστηθι καὶ εἶπον πάντα, ὅσα ἂν ἐντείλωμαί σοι. Der Befehl zum Reden in Jer 1 könnte als Parallele zu Eph 6,14 auch insofern verstanden werden, als es dort heißt „in der Wahrheit" die Hüften zu gürten, und Wahrheit, ἀλήθεια, von Paulus bis zu Tritopaulus zur zentralen Offenbarungsbegrifflichkeit gehört, und zwar im Wortfeld von εὐαγγέλιον κηρύσσειν, λόγος κτλ. Natürlich vermag niemand mit Gewißheit zu sagen, an welche atl. Aussagen der AuctEph im jeweiligen Fall gedacht hat. Wir können nur die „objektiven" Parallelen nennen. Zu fragen ist auch, ob der Bezug auf Jes 11 ein bewußter Bezug auf ihn als einen *messianischen* Text war (so Gnilka K 310: „Was dort über den Messias gesagt ist, wird hier auf den Christen übertragen."; s. auch Pokorný K 244). Wenn ja, hat dann der AuctEph die Christen in die messianische Würde des Christus einbezogen (s. 2,6!)? Wir wissen es nicht. ἐνδυσάμενοι τὸν θώρακα τῆς δικαιοσύνης in Eph 6,14 stimmt fast wörtlich mit Sap 5,18(19) überein: ἐνδύσεται θώρακα δικαιοσύνην. Dies legt die Bekanntschaft des AuctEph mit der Sap nahe, also mit einem Buch, das im evangelischen Raum leider wegen des Prinzips der *veritas Hebraica* seinen kanonischen Charakter verloren hat.

Hat es *inhaltlich* eine Bewandtnis, daß die ἀλήθεια dem Gürten der Hüften und die δικαιοσύνη dem Panzer zugeordnet sind? Die Vorfrage: Meint Gürten wie z. B. in Lk 12,35 das Bild der Bereitschaft? Also Bereitschaft zum Kampf gegen den Teufel und seine Horden? Dazu könnte passen, daß die ἀλήθεια als das im Evangelium machtvoll präsente Wort Gottes dessen Kraft, die δύναμις τοῦ θεοῦ, schenkt – Bereitschaft also, kraft der machtvollen ἀλήθεια τοῦ θεοῦ gegen alle teuflische Verdrehung und Verlogenheit das solche Pervertierung aufdeckende ῥῆμα θεοῦ zu verkündigen. Das würde heißen: Indem sich Gott in seiner Offenbarung machtvoll als der Begnadende durch das seiner Kirche anvertraute Wort des Evangeliums kundtut, wird dessen Siegeslauf gegen alle satanische Macht und Intelligenz weitergeführt. Das läge dann ganz in der Linie von Paulus her, der ja das Evangelium als δύναμις θεοῦ verstand, weil sich Gott in diesem Evangelium als gerechtmachender Gott offenbart (Röm 1,16f). Anders exegesiert Gnilka K 310f: ἀλήθεια und δικαιοσύνη meinen Treue und Rechtschaffenheit; sei doch dieses für atl. Denken so charakteristische Tugendpaar bereits in Eph 5,9 ähnlich aufgegriffen worden. Wahrscheinlich darf man beides nicht gegeneinander ausspielen. Vielleicht hat wieder Schlier K 295 das Richtige erfaßt: Die sich im Evangelium mitteilende Wahrheit muß angenommen werden. „Gottes Wahrheit soll in der wahren Existenz vertreten werden, ist die Meinung des Apostels." Somit wäre ἀλήθεια als Gottes „Wahrheit" die Präsenz des machtvoll sich offenbarenden Gottes, die allen teuflischen Ansturm abwehrt und ihrerseits den satanischen Feind zurückschlägt. Doch erst dann kommt Gottes „Wahrheit" zum Ziel, wenn der Mensch sie existentiell erfaßt, so daß er selbst den „wahren" Gott vor der Welt repräsentiert. Schließt man sich dieser Auslegung an, so läge das ganz in der theologischen Intention des AuctEph, der, wie die Auslegung laufend zeigte, den glaubenden Menschen und somit die ganze Kirche in das göttliche Leben hineinholt. Tritopaulus betont aber dabei das *Sein* in Christus wohl noch mehr als Paulus selbst, obwohl auch dieser recht massiv formulieren konnte (z.B. 2Kor 3,18: μεταμορφούμεθα ἀπὸ δόξης εἰς δόξαν). Und haben wir jetzt von der machtvollen ἀλήθεια Gottes gesprochen, von der machtvollen

Umwandlung des Sünders in den seinsmäßig Erneuerten, also in die neue Schöpfung (Gal 6,15; 2Kor 5,17), so gilt Analoges von der δικαιοσύνη. Hier ist wieder Ernst Käsemann zu nennen, der mit Recht gegen Bultmann die Gerechtigkeit Gottes in ihrem Machtcharakter herausgearbeitet hat, ohne ihren Gabecharakter zu bestreiten (Käsemann, Gottesgerechtigkeit bei Paulus). ἀλήθεια und δικαιοσύνη bringt auch Paulus selbst im Zusammenhang mit der δύναμις θεοῦ, 2Kor 6,7: ἐν λόγῳ ἀληθείας, ἐν δυνάμει θεοῦ. διὰ τῶν ὅπλων τῆς δικαιοσύνης τῶν δεξιῶν καὶ ἀριστερῶν ... Der Brustpanzer, θώραξ, dient an sich mehr der Verteidigung als dem Angriff, obwohl nach Jes 59,15ff Jahwäh die Gerechtigkeit als Panzer anlegte, um seinen Feinden zu vergelten. Wie immer man auch θώραξ in Eph 6,14 deutet, es bleibt auf jeden Fall die Intention des AuctEph, Wahrheit und Gerechtigkeit als Wahrheit Gottes und Gerechtigkeit Gottes zu verstehen, an deren göttlicher Kraft die Christen partizipieren und so gegen den Teufel und sein bewaffnetes Heer bestehen können.

Wie in 14 der Gürtel nicht direkt genannt wird, sondern nur indirekt durch das entsprechende Partizip, so werden auch in **15** die Stiefel, *caligae*, nur durch das Partizip ὑποδησάμενοι zum Ausdruck gebracht. Obwohl in 14b der θώραξ genannt wird, werden 14a, 14b und 15 in beinahe rhythmischer Form durch drei in gleicher Weise ähnelnde Partizipien als eine sprachliche Einheit zu Gehör gebracht: περιζωσάμενοι, ἐνδυσάμενοι, ὑποδησάμενοι (ἀναλαβόντες in 16 fügt sich als Aorist II nicht in das Schema). Auch in 15 dürfte sich der AuctEph wieder auf die LXX bezogen haben, und zwar, vielleicht vermittelt durch Röm 10,15, auf Jes 52,7 (wieder sind die mit Eph 6,15 parallelen Worte unterstrichen): ὡς πόδες εὐαγγελιζομένου ἀκοὴν εἰρήνης, ὡς εὐαγγελιζόμενος ἀγαθά. Auch Nah 1,15(2,1) bietet sich als Parallele an: Ἰδοὺ ἐπὶ τὰ ὄρη οἱ πόδες εὐαγγελιζομένου καὶ ἀπαγγέλλοντος εἰρήνην. Doch wird man mit Gnilka K 311 eher an Jes 52,7 denken, weil sich das Bild von der Waffenrüstung Gottes auch sonst primär an Jes anlehnt. Und auch darin wird man ihm folgen, daß dem AuctEph das Jes-Zitat wichtig war, weil die Begriffe εἰρήνη und εὐαγγελίζεσθαι den LXX-Text prägen. Eph 6,15 muß ja aus der Perspektive von 2,14ff gelesen werden: Christus ist unser Friede. Das dort zu lesende vierfache εἰρήνη ist Grundmotiv des AuctEph. Und in 2,17 findet sich εὐηγγελίσατο εἰρήνην als Parallele zu τοῦ εὐαγγελίου τῆς εἰρήνης in 6,15. Daß in 2,17 Christus das Subjekt ist, in 6,15 jedoch die Adressaten des Briefes, spricht nicht gegen die Parallelität, weil diese Subjekts-*Differenz* – paradox formuliert – als Subjekts-*Angleichung* dem ekklesiologischen Grundgedanken des AuctEph konform geht.

In **16** ist vom Schild des Glaubens die Rede; präziser gesagt: der θυρεός ist der Langschild als Abwehrwaffe. In ψ 34,2 wird der Kyrios vom Bedrängten angerufen: ἐπιλαβοῦ ὅπλου καὶ θυρεοῦ καὶ ἀνάστηθι εἰς βοήθειάν μου. Aus dem Kontext dieses Psalms wird aber deutlich, daß Gott seine Hilfe so gewähren soll, daß er den Bedränger angreift (34,3: ἔκχεον ῥομφαίαν!). In Eph 6,16 ist der θυρεός jedoch eindeutig als Abwehrwaffe verstanden; denn mit ihm werden die Brandpfeile des Bösen, also des Teufels, abgewehrt. Wiederum ist der Hinweis auf den Psalter geboten, auf ψ 7. Und wiederum wird Gott aufgefordert ἀνάστηθι, κύριε, ἐν ὀργῇ σου, 7,7. Nach 7,13f zieht der Frevler sein Schwert, spannt seinen Bogen und bedroht so den Beter mit brennenden Pfeilen, τὰ βέλη αὐτοῦ τοῖς καιομένοις ἐξειργάσατο (zum schwierigen hebräischen Text s. H.-J. Kraus, BK XV/I, 61–63). Steht nun dem Kämpfer gegen den Teufel der Langschild des Glaubens zur Verfügung, mit dem er sich gegen dessen intriganten Angriff zur Wehr setzen kann – wiederum das Verb δύνασθαι! –, so ist deutlich, daß es der *Glaubende* ist, der sich gegen solche satanischen

Ränke zu verteidigen weiß. War zuvor implizit davon die Rede, daß der Kampf des Christen gegen den Teufel auch ein *Vor*-Gehen gegen ihn einschließt, indem er das Evangelium verkündet, so ist jetzt hingegen wieder das Moment der Defensive betont. Der Glaubende kann selbst gegen die überirdische Intelligenz bestehen: Steht – 14: στῆτε! – fest gegründet in eurem Glauben! Insofern hat es durchaus seinen guten Sinn, für den Glauben das Bild des Langschildes zu wählen.

Ehe wir diese Vorstellung eingehender interpretieren, ist zu klären, was der AuctEph zu Beginn von 16 mit ἐν πᾶσιν – nicht zu 15 gehörig, richtig Schlier K 296: ἐν πᾶσιν würde dann etwas nachhinken – aussagen will. Zumeist werden diese Worte mit „zu alledem" übersetzt. Die Übersetzung „vor allem" (Einheitsübersetzung; auch Hoppe K 91 scheint ihr zuzustimmen: „Eph ... kommt zur entscheidenden Aussage") dürfte der Aussagesequenz von 14ff nicht angemessen sein; denn der Glaube kann ja schlecht ἀλήθεια, δικαιοσύνη (sofern es um *Gottes* Gerechtigkeit geht) und εὐαγγέλιον τῆς εἰρήνης überbieten. Wir sollten daher bei der üblichen Übersetzung „zu alldem", im Sinne von „zusätzlich zu allem, was in 14ff schon gesagt wurde", bleiben. Mit diesen Überlegungen sind wir aber bereits am entscheidenden Punkt angekommen.

Die πίστις ist sicherlich die Antwort des Christen auf das Evangelium, in dem sich Gott als offenbarende „Wahrheit" erschließt. Sie ist somit die vom Menschen zu verantwortende Antwort auf Gottes Sich-Erschließen. Aber bei allem, was diese Antwort als zu verantwortende Tat des Menschen, dieser gesehen als geschichtliches Wesen, ausmacht – es gilt doch unbedingt und unabdingbar, daß diese πίστις letztlich in der Tat Gottes gründet. Die πίστις ist aus dem gottgegebenen Hören-Können (s. den analogen Gedanken in Joh 8,43ff) auf Gottes ἀλήθεια und εὐαγγέλιον erwachsen. Sie ist in dieser Perspektive die menschliche „Fortsetzung" des göttlichen *Ereignisses* der ἀλήθεια im εὐαγγέλιον. Der Glaubende ist sozusagen in dieses Ereignis Gottes hineingenommen. Die πίστις ist geradezu ein Element der ἀλήθεια selbst. Denn die göttliche Entelechie der Wahrheit ist die πίστις. Erschließt sich Gott als der Gott der Wahrheit seines Gott-Seins, ohne daß der Mensch sie im Glauben aufgreift und in sich auswirken läßt, so macht dieser die Wahrheit Gottes zum Fragment, macht den geschichtlich wirkenden Gott selbst, der als Heil Wirkender verstanden sein will, zum Fragment. Wagen wir es aber, die πίστις der Christen in diesem Gefüge zu sehen, so wird ἐν πᾶσιν in seiner Aussagefunktion transparent: Zu all dem, was Gott getan hat und tut, sollt *ihr* in eurem Glauben bestehen! Denn dann laßt ihr Gott Gott sein, wenn ihr ihn als Gott wirken laßt. Das nämlich ist das Furchtbare: Ihr könnt, indem ihr dem Teufel in eurem Inneren Raum gebt, Gottes Wirken in euch hindern, sogar verhindern, ihr könnt Gottes Macht ohnmächtig werden lassen. Hat doch der Mensch in der Macht des Teufels die Macht, Gott zu widerstehen, also die Macht des στῆναι πρὸς τὸν θεόν statt des στῆναι πρὸς τὸν διάβολον. Der Mensch kann Gott zunichte machen, ahnt aber nicht, daß er dadurch letzten Endes sich selbst zunichte und so doch wieder Gott mächtig macht, nämlich als seinen Richter! Der vom Sünder machtlos gemachte Gott wird im Gericht zum machtvollen Richter über den, der das Opfer der Macht des Teufels geworden ist. Es geht also um die grauenvolle Torheit dessen, der als der Mächtige über Gott in bezeichnender Umkehr zur tiefsten Ohnmacht verdammt ist. So hätte der διάβολος, der Durcheinanderwürfler, durch seine μεθοδεία, durch seine perfide „Intelligenz", in derjenigen Art und Weise Macht und Ohnmacht durcheinandergewürfelt, daß gerade er es ist, der in höchster Paradoxie am Ende doch wieder aus dem von ihm verursachten Macht- und Ohnmachtschaos Gott zum machtvollen Triumphator werden ließ. Mit Paulus gesprochen, 1Kor 15,28: ἵνα ᾖ ὁ θεὸς τὰ πάντα ἐν πᾶσιν. Aber die Adressaten des Eph – *sie* sind die Menschen der πίστις und nicht der ἀπιστία. Und so verhindern sie das teuflische Chaos samt ihrem eigenen Untergang.

17 ist in grammatischer Hinsicht die Komplettierung von 16, führt aber inhaltlich zu 14f zurück. Der AuctEph nennt nämlich noch zwei Gaben Gottes, die wie seine Wahrheit und das Evangelium des Friedens diejenige *Wirklichkeit* ausmachen, aus der heraus allein der Glaube möglich ist. Wieder geschieht es in der Metaphorik des Militärischen: der Helm des Heils und das Schwert des Geistes. Und erneut ist der Bezug auf das Jes-Buch offenkundig. In 59,17 heißt es ja: καὶ περιέθετο περικεφαλαίαν σωτηρίου ἐπὶ τῆς κεφαλῆς. Es fällt also auf, wie Tritopaulus – ähnlich wie Paulus, z. B. in Röm 9–11 – laufend auf Jes zurückgreift, ein anscheinend in der Paulusschule gepflegtes Erbe, auch wenn es für den Kol so nicht zutrifft. Der Helm kann an sich als Verteidigungswaffe verstanden werden; da aber Jes 59,17 Gottes mächtiges Eingreifen in die Welt aussagt, der zumindest im Sinne Tritojesajas keine Verteidigungswaffen braucht, ist die περικεφαλαία Gottes sein königliches Hoheitszeichen. Folglich könnte man dieses Attribut in Eph 6,17 in ähnlicher Weise auch für den Christen deuten. σωτήριον ist hier Hapax legomenon im ganzen Corpus Paulinum; σωτηρία ist zentraler soteriologischer Begriff des Paulus (z.B. in der programmatischen Stelle Röm 1,16f), der AuctEph bringt dieses Wort nur in 1,13. Dort begegnet es in der für 6,17 relevanten Wendung τὸ εὐαγγέλιον τῆς σωτηρίας. Dieses ist mit dem εὐαγγέλιον τῆς εἰρήνης von 6,15 identisch. Der Mensch der σωτηρία ist der nach 2,6 „in Christus" Mitinthronisierte. Läßt man diese Argumentation gelten, so legt es sich nahe, den „Helm des Heils" in 6,17 als das Würdezeichen des Christen, nicht aber als Mittel der Verteidigung gegen den Teufel zu interpretieren. Dafür spricht auch, daß unmittelbar nach dem Helm „das Schwert des Geistes" genannt wird. Ob μάχαιρα hier, wie in der klassischen Gräzität, das kleine Kurzschwert (im Gegensatz zur ῥομφαία, dem Lang- schwert) meint oder, wie in der hellenistischen Gräzität und in der LXX, beide Schwerter nicht mehr in dieser Weise unterschieden werden, ist schwer zu sagen (E. Plümacher, EWNT II, 978–980) und für die Auslegung unserer Stelle von untergeordneter Bedeu- tung. Daß es kein Verteidigungsschwert sein kann, geht mit Sicherheit schon daraus hervor, daß μάχαιρα vom AuctEph mit dem Wort Gottes – hier: ῥῆμα θεοῦ, synonym mit λόγος θεοῦ – gleichgesetzt ist. Gottes Wort verteidigt sich nicht! Es steht im Angriff auf alle Gottlosigkeit dieser Welt! Bemerkenswert ist, daß 6,10–17 mit diesen beiden Worten ῥῆμα θεοῦ endet. Geradezu ein Paukenschlag der Diktion! Vielleicht sollte man für 17 auch Jes 49,2 beachten: καὶ ἔθηκε τὸ στόμα μου ὡσεὶ μάχαιραν ὀξεῖαν, und die messianische Stelle Jes 11,4: καὶ πατάξει γῆν τῷ λογῷ τοῦ στόματος αὐτοῦ καὶ ἐν πνεύματι διὰ χειλέων ἀνελεῖ ἀσεβῆ (s. auch Apk 19,15: καὶ ἐκ τοῦ στόματος αὐτοῦ ἐκπορεύεται ῥομφαία ὀξεῖα, ἵνα ἐν αὐτῇ πατάξῃ τὰ ἔθνη). Die Interpunktion mit einem Komma am Ende von 17 zerstört die Wucht der Aussage unserer Perikope (The Greek New Testament: 18 nur durch Komma von 17 getrennt; richtig Nestle-Aland[27]: 18–20 als eigener Absatz).

Der Teufel – Mythos oder Wirklichkeit?

Es gab Zeiten in der Kirchengeschichte, in der die Furcht vor dem Teufel überaus groß war. Im Grunde war es erst die Aufklärung, die den Glauben an teuflische, dämonische Mächte als Angstpro- dukt einer überhitzten Frömmigkeit und überholter weltanschaulicher Vorgaben erschütterte. Der

Teufelsglaube verlor seine Plausibilität. Wer heute noch mit dem Teufel droht oder sich in seinen Fängen glaubt, ist meist selbst in den Fängen fanatischer Sekten. Es stellt sich daher die Frage, ob der Eph mit seinem so massiven Teufelsglauben, mit seiner Überzeugung von den vielen dämonischen Mächten uns noch etwas sagen kann, oder ob wir nicht diesen Teil seiner Ausführungen als weltanschaulich und daher auch theologisch überholt aus der eigentlichen theologischen Intention des AuctEph herausnehmen müssen.

Heute folgen auch die meisten Theologen dem Diktum Rudolf Bultmanns (NT und Entmytholo-gisierung, 15): „Erledigt ist durch die Kenntnis der Kräfte und Gesetze der Natur *der Geister- und Dämonenglaube.*" Immer wieder wird sein Satz zitiert (ib. 16): „Man kann nicht elektrisches Licht und Radioapparat benutzen, in Krankheitsfällen moderne medizinische und klinische Mittel in Anspruch nehmen und gleichzeitig an die Geister- und Wunderwelt des NT glauben." Die Frage ist freilich, *in welchem Ausmaß* mit der ntl. Überzeugung von der Existenz des Teufels eine mythologische Gestalt und eine überholte weltanschauliche Vorgabe vorgestellt und gedacht ist. Daß die Aussagen vom Teufel zu *entmythologisieren* sind, sollte man tunlichst nicht bestreiten. Zugleich ist aber unbedingt zu beachten, daß für Bultmann Entmythologisierung kein Selbstzweck ist. Sie ist für ihn nur dann richtig verstanden, wenn sie als Spezialfall der existentialen Interpretation gefaßt wird. Entmytholo-gisierung ist für ihn nicht die Eliminierung des Mythos, sondern dessen Interpretation (ib. 25). Und so ist es die unaufgebbare Aufgabe des Exegeten, auch die Teufelsaussagen des NT in diesem Sinne existential zu interpretieren. Fragen wir also: Kann der ntl. Glaube an den Teufel und seine Heerscha-ren auf einen existentialen Gehalt hin so befragt werden, daß die Antwort theologisch und herme-neutisch Bedeutsames für den christlichen Glauben ergibt? Der Versuch muß gemacht werden, will man nicht eine unbestreitbar zentrale ntl. Auffassung, die sowohl Jesus selbst als auch der AuctEph teilt, aus dem NT durch einen „Exorzismus" austreiben, also mit dem Teufel auch den Teufelsglau-ben beseitigen. Was sind die *wesenhaften* Strukturelemente des ntl. Teufelsglaubens? Sind sie mit dem verobjektivierten Vorstellungskomplex identisch? Ist die Rede vom Teufel in den ntl. Schriften nur ein Projizieren von bösen menschlichen Handlungen in ein transzendentes Sein? Wenn diese Frage bejaht werden müßte, wenn also Feuerbachs bekannte Projektionstheorie besonders den Teufel beträfe, so wäre dieser in der Tat „erledigt", und zwar entschieden radikaler, als Bultmann es mit seinem „erledigt" aussagen wollte. Was also ist *existential* vom ntl. Teufelsglauben zu sagen?

Setzen wir dabei ein, daß menschliches Dasein immer ein *In-der-Welt-sein* ist. Dieses In-der-Welt-sein ist aber *Begegnung*, ist *Widerfahrnis*. Zu dieser Grundverfassung des menschlichen Daseins gehört auch die nicht vom Einzelnen initiierte Konfrontation mit dem Bösen – zunächst einmal als neutri-sches Böses, als das Böse verstanden. Wir lassen also fürs erste alle Überlegung, ob es *den* Bösen gibt, außen vor. Das Böse, das uns verführend und uns schadend in den Kreis unseres Daseins gelangt und hier trifft, ist oft, vielleicht sogar zumeist, gar nicht so sehr die Begegnung mit einem einzelnen bösen Menschen. Rückblickend auf das 20. Jh. sehen wir genügend grausame Beispiele, wie Menschen in die Fänge jenes Bösen gerieten, das die Strukturen menschlicher Gesellschaften vergiftete und zerstörte. Wie z.B. Menschen, die sonst niemals auf den Weg des Verbrechens geraten wären, durch die kriminellen Machenschaften diktatorischer Systeme, seien sie durch Hitler, Stalin oder andere Diktatoren beherrscht, *nolens volens* selbst zu Verbrechern geworden sind. Diese Menschen schlid-derten nach und nach in ihre kriminelle Existenz hinein. Was z.B. Paulus in Röm 3,9 mit seinem theologischen Urteil – alle stehen unter der Sündenmacht, πάντας ὑφ' ἁμαρτίαν εἶναι – formulierte, können wir heute sicherlich besser verstehen als Zeiten, in denen individualistisches Denken domi-nierte. *Die ἁμαρτία kann nicht vom Individuum her definiert werden.* Was Sünde ist, kann in der Regel nicht vom Einzelnen her „erklärt" werden. An der Schuld *eines* Menschen sind in der Regel *viele* schuld. Schuld und Schuld verzahnen sich, Sündentat und Sündentat gehen ein undurchschaubares Geflecht ein. Nicht umsonst unterscheidet Paulus zwischen der Sündenmacht, ἁμαρτία, und den Sündentaten, παραβάσεις oder παρπατώματα. So *erfährt sich* der Mensch immer wieder als in das Geflecht von bösen Menschen und bösen Taten, auch gegen seinen Willen, hineingezogen.

Dieser Gedanke ist durch einen weiteren zu ergänzen. Es herrscht vielerorts eine gewisse Plausibi-lität vor, die die Handlungen von Menschen sozial- und humanwissenschaftlich *erklären* will. Man verweist auf psychologische, tiefenpsychologische, sozialpsychologische, erbbiologische und sozio-logische Komponenten, mittels derer die Genese von Taten und Verhaltensweisen transparent gemacht werden könnten. Nun kann in der Tat kein vernünftiger Mensch bestreiten, daß Einflüsse solcher Art bestehen und manches uns auf den ersten Blick unverständliche Verhalten besser verstehbar machen können. Doch greift man entschieden zu kurz, wenn man die Summe der oben genannten Erklärungselemente für das Ganze hält, das den Menschen ausmacht. *Der Mensch aber ist Freiheit, ist Ich und Du, ist Person, personale Mitte, ist Liebe und womöglich Haß. Der Mensch ist Schuld, ist Sünde, ist Sühne, ist Beziehung zu Gott.* Für den Menschen gilt das unverzichtbare *individuum ineffabile.* Aber gerade als das nicht objektivierbare, nicht erklärungsfähige Ich ist der Mensch in den Strudel des Bösen hineingezogen, hineingerissen. Daß er Böses tun und sich so selbst und den Nächsten und schließlich auch Gott verfehlen kann, daß er der Sünde erliegen kann, ist – so paradox es auch klingt! – Ausdruck seiner *Würde,* selbst wenn er sie „in" seiner Sünde mit Füßen tritt. Es ist ja die Würde seiner Freiheit, daß er seine Freiheit verspielen kann. Es ist sein personales Ich, daß er in den Sog des überindividuellen Bösen geraten kann. Als sein einmaliges Ich kann er im Angesicht des heiligen Du Gottes verstehen, daß er gegen eben diese Heiligkeit des göttlichen Du verstoßen hat und deshalb Sünder *ist.*

Wollen wir also das Böse *als* Böses denken – und es kann uns aus den eben angeführten Gründen nur bruchstückhaft gelingen –, so können die Strukturen seines Wesens, seiner Eigentlichkeit, nur im Kontext des Heiligen gedacht werden. Indem das Böse in seiner Grund-*Richtung* gesehen wird, nämlich in seiner Richtung *gegen* Gott als den personalen Inbegriff allen Gut-Seins, den Inbegriff aller Heiligkeit, zeichnet es sich als dasjenige ab, das auf keinen Fall verharmlost werden darf. Jedes Verschleiern des Wesens des Bösen – Wesen, *essentia,* verstanden als das, was das Böse als Böses ist – gibt ihm in seinem Unverstandensein um so mehr Macht. So ist es nicht verwunderlich, daß in hermeneutischen Schlüsselaussagen des AT und NT das Böse im Kontext des *Erkennens* (יד׳, γινώσκειν) ausgesagt, geradezu zu einem hermeneutischen Schlüsselbegriff wird (Hübner, Das unerklärbare Böse). Ist Gott also der Heilige schlechthin, so ist das Böse – *phänomenologisch* gesehen: den Bereich des Individuums transzendierend, *theologisch* gesehen: die Heiligkeit Gottes attackierend – die gewollte Negation aller Heiligkeit mit dem erkannten oder auch nicht erkannten Ziel, am Ende den heiligen Gott selbst zu entweihen. Dies mag sogar in letzter Verblendung die aus dem Gotteshaß resultierende Leugnung Gottes sein, ein im Höchstmaß paradoxer und aller Rationalität ins Gesicht schlagender Prozeß. Im Kontext dieser Überlegung mag ein zentraler Aspekt der Soteriologie Anselms von Canterbury *Honor in honorante, iniuria in iniuriato* (vgl. Cur Deus homo I, Cap. XI) trotz des von uns nicht mehr ganz nachvollziehbaren theologischen Rahmens etwas von der Wirklichkeit des Bösen erfaßt haben: Das Maß der Sünde mißt sich an dem, wogegen sie sich richtet, nämlich an Gott (I, Cap. XXI): *Nondum consliderasti, quanti ponderis sit peccatum.* Die Sünde ist deshalb so grauenvoll, weil sie, wo sie im eigentlichen Sinne Sünde ist, als die überindividuelle unheilige Phalanx gegen Gottes Heiligkeit auftritt.

Das Böse ist also jene furchtbare Wirklichkeit, die theologisch mit der nicht vom Individuum her definierbaren Sünde zu benennen ist, paulinisch also: die mit quasi-dämonischen Zügen ausgestattete ἁμαρτία. Die Sünde gehört aber wider ihren Willen zum Bereich der Transzendenz, weil sie sich in der Richtung ihres Negierens im Bereich des transzendenten Gottes verfangen und verhakt hat. Gott und Sünde werden so von uns zusammengesehen, weil *Sünde ohne Bezug zu Gott nicht mehr Sünde* wäre.

Wir müssen freilich an dieser Stelle unseren Gedankengang abbrechen, weil wir sonst noch mit dem unlösbaren Problemkomplex, wie es neben dem guten und heiligen Schöpfer der Welt in eben dieser Welt so radikal Böses und Unheiliges geben kann, konfrontiert würden. Dieser Frage kann hier nicht mehr nachgegangen werden. Gehört das Böse, gehört also die Sünde unlösbar zu Gott, so müssen wir *sprachlich* eine Möglichkeit suchen, diese in sich böse Realität als Gegenüber des Menschen und den Menschen und zudem als den Menschen und die Menschen in sich einziehende Macht zum Ausdruck zu bringen. Der AuctEph tut es zusammen mit anderen biblischen Autoren dadurch, daß er diesen negativen, unser menschliches Sein transzendierenden Bereich in der Sprache des Personhaften ausspricht: Der Teufel! Seine Mächte und Gewalten! Ist es wirklich so falsch, wenn wir diese mythologische Sprache *im Wissen um ihre Mythologie* als der Wirklichkeit näherstehend beurteilen als all jene heutigen „Plausibilitäten", die Böses Tun nur als ein Geschehen behaupten, das aus *allein* immanenten Faktoren zu erklären sei? Martin Luthers Trinitatis-Lied war vielleicht doch etwas realistischer, als es manchen heutigen Zeitgenossen, die sich im Lichte der Aufklärung sehen, scheint, denen es aber an entscheidender Stelle an theologischer Aufklärung fehlt (Evangelisches Gesangbuch, Lied 138):

> Vor dem Teufel uns bewahr,
> halt uns bei festem Glauben
> und auf dich laß uns bauen,
> aus Herzens Grund vertrauen,
> Amen, Amen, das sei wahr,
> so singen wir Halleluja.

6,18–20 Betet jederzeit!

¹⁸Betet inständigst zu jeder Zeit im Geiste und wachet dazu in aller Ausdauer und im (steten) Gebet für alle Heiligen! ¹⁹(Betet) auch für mich, damit mir das Wort gegeben werde, wenn ich meinen Mund öffne, um in Freimut das Geheimnis des Evangeliums kundzutun! ²⁰(Denn) seinetwegen bin ich Gesandter (Gottes) in Ketten, damit ich freimütig in ihm rede, wie es mein göttlicher Auftrag ist.

Auch diese zwei Verse **18–19** lassen klar erkennen, daß der AuctEph den Kol als Vorlage benutzt hat. Die z. T. wörtliche Übernahme aus Kol 4,2–4 ist bei synoptischer Lektüre beider Briefe schon auf den ersten Blick erkennbar. So können wir erneut auf unsere Auslegung der genannten Kol-Stelle verweisen und brauchen unser Augenmerk nur auf die durch den AuctEph vorgenommenen Modifikationen und Ergänzungen zu richten. Im Prinzip sagt er kaum etwas Neues. Doch wollen einige Einzelheiten bedacht werden.

In **18** erweitert er τῇ προσευχῇ προσκαρτερεῖτε durch διὰ πάσης προσευχῆς καὶ δεήσεως προσευχόμενοι. Dabei dürften προσευχή und δέησις als Hendiadyoin zu beurteilen sein. Es geht um das ganz intensive Gebet – deshalb die Übersetzung „betet inständigst!". Man mag vielleicht, wie einige Übersetzer, zwischen Gebet und Bitte (Schnackenburg K 273; Gnilka K 303; Lindemann K 111) unterscheiden; doch bleibt dies eine Differenzierung in der Nuance. Denn das Gebet, zu dem Tritopaulus auffordert, ist ja dem Zusammenhang nach wie auch in Kol 4,2–4 das Bittgebet. Das genannte Moment der Intensivierung ist auch durch den Zusatz ἐν παντὶ καιρῷ zum Ausdruck gebracht. Von größerem theologischen Gewicht ist die weitere Hinzufügung ἐν πνεύματι. Es zeigte sich ja bereits, wie sehr dem AuctEph daran lag, das pneumatische Defizit des Kol durch den Rückgang auf die für Paulus so wichtige Pneumatologie zu beseitigen. Also: *Wer betet, betet im Geist.* Vielleicht hatte Tritopaulus Aussagen des Apostels wie z. B. Röm 8,15f.26f vor Augen. Ist gerade das pneumatologische Kapitel Röm 8 jener Abschnitt innerhalb des Röm, in dem die Existenz des Christen als vom Geiste Gottes geleitete, ja getriebene Existenz beschrieben wird, so gilt dies auch für die Auffassung vom Gebet sowohl bei Paulus wie auch bei Tritopaulus. Auffällig ist aber, daß der AuctEph ἐν εὐχαριστίᾳ streicht (s. jedoch 1,16; 5,4.20!). Das geistgewirkte Gebet, das höchste Wachsamkeit erfordert – ἀγρυπνοῦντες ist synonym mit γρηγοροῦντες in Kol 4,2 –, ist zunächst das Gebet für alle Heiligen, also für die ganze Kirche. Mit diesem ekklesiologischen Aspekt des Betens geht der AuctEph, der ja seinen ganzen Brief unter das Thema „Kirche" gestellt hat, über Kol 4,2f hinaus. **19** ist aber wieder eine Parallele zu Kol 4,3: Das Gebet erbittet „Paulus" für seine Verkündigung des Wortes. Der Finalsatz ἵνα μοι δοθῇ λόγος ἐν ἀνοίξει τοῦ στόματός μου κτλ bringt nur stilistische Modifikationen gegenüber Kol 4,3. Wenn dann τὸ μυστήριον τοῦ Χριστοῦ durch τὸ μυστήριον τοῦ εὐαγγελίου ersetzt wird, so ist damit inhaltlich so gut wie nichts Neues gesagt. Und wenn der AuctCol danach sagt δι' ὃ καὶ δέδεμαι, so entspricht das dem ὑπὲρ οὗ πρεσβεύω ἐν ἁλύσει in **20**. Doch setzt er mit ἐν παρρησίᾳ in 19 und παρρησιάσωμαι in 20 einen gegenüber dem Kol neuen Akzent. Und zudem sollte πρεσβεύω beachtet werden, mit Lindemann K 116: „Die Mission ist die Präsenz des Evangeliums in der Welt."

6,21–24 Das Postskript

²¹Damit ihr wißt, wie es mit mir steht (und) was ich tue, das alles wird euch Tychikos berichten, (mein) geliebter Bruder und treuer Diener im Herrn. ²²Den habe ich genau zu diesem Zweck zu euch geschickt, damit ihr über mich Bescheid wißt und er eure Herzen tröste.

²³Friede den Brüdern und Liebe einschließlich Glauben von Gott dem Vater und dem Herrn Jesus Christus. ²⁴Die Gnade (sei) mit allen, die den Herrn Jesus Christus lieben – in Unvergänglichkeit!

Auch zu **21.22** braucht nicht viel gesagt zu werden. Beide Verse sind bis auf „damit auch ihr wißt" und „was ich tue" fast wörtlich mit Kol 4,7 f identisch. Lediglich καὶ σύνδουλος läßt der AuctEph weg. Der inhaltliche Unterschied zwischen dem Kol- und dem Eph-Text ist, daß die Erwähnung des Tychikos in Kol 4,7 f (s. zu dieser Stelle) ihren realen historischen Bezug hat, während der AuctEph diesen Mann nur erwähnt, weil er aus der Kol-Vorlage zitiert. Ob er noch wußte, wer dieser Mann war, können wir heute nicht mehr sagen. Immerhin ist zu registrieren – und das spricht wohl dafür, daß Tychikos ihm nur ein literarisch bekannter Name war – , daß Kol 4,9–17 vom AuctEph ganz übergangen wird. Die konkreten Angaben sagten ihm anscheinend nichts mehr.

Zu **23.24** mag man vermuten, daß der in seiner Länge auffällige Segensgruß damaliger liturgischer Sprache und Gepflogenheit entspricht (Gnilka K 323). Daß er mit dem Wort „Friede" beginnt, ist angesichts des hohen Stellenwerts dieses theologischen Begriffs im Eph (s. z.B. 2,14ff) nicht verwunderlich. Für die Wendung „die unseren Herrn Jesus Christus lieben" s. Röm 8,28 „die Gott lieben". „In Unvergänglichkeit" hinkt etwas nach. Ist gemeint: Deren Existenz „in Christus" an dessen Unvergänglichkeit partizipiert? Das gäbe immerhin einen guten Sinn.

Der Epheserbrief: Von Paulus über Deuteropaulus zu Tritopaulus

Die drei Briefe, die in diesem Kommentar so ausgelegt werden sollten, daß sie ihr Ureigenes sagen können – und das heißt, daß sie uns unter theologischer Fragestellung ihr theologisches Anliegen mitteilen – , wurden nicht unabhängig voneinander exegesiert. Stehen sie doch in einem inneren geschichtlichen und theologischen Zusammenhang.

Als der mit Sicherheit als Kolosserbrief zu benennende Brief erwies sich der Philemonbrief. Der unter dem Namen „Kolosserbrief" überlieferte Brief war möglicherweise kein wirklicher Kolosserbrief. Doch wie immer man hier urteilt, auf dem Wege vom Phlm zum Kol wurde der Weg von Paulus zur Paulusschule in recht konkreter Weise anschaulich. Zwar hat der Apostel im Phlm nicht wie z. B. im Gal oder im Röm seine Theologie als solche thematisiert, aber immerhin einen konkreten Fall aus der Perspektive seiner Theologie behandelt. Insofern war der Weg vom Phlm zum Kol auch der Weg von der paulinischen zur deuteropaulinischen Theologie. Hier zeigte sich symptomatisch, wie Rezeption von Theologie grundsätzlich und notwendig der Prozeß des Ineinanders von Tradition und je neuer Adaption ist. Im Wechsel des Fortgangs der Geschichte, auch der Kirchengeschichte, sind ja neue geschichtliche Situationen immer Situationen, in denen Altes neu durchdacht werden muß, soll es nicht, zumindest tendenziell, zu nichtssagenden Worthülsen erstarren. So ist auch je neues theologisches Denken immer aufs neue *Nach*-Denken und *Weiter*-Denken, besser gesagt: Nach-Denken *als* Weiter-Denken. Denn jede Station auf diesem „Denk-Weg" hat als *Vorgabe* für ihr je eigenes Denken die Verinnerlichung der inzwischen neu gewordenen und gewonnenen Denkweisen. Ein Abstrahieren vom geistigen Horizont der eigenen Gegenwart und ein „reines" Sich-Versetzen in eine Vergangenheit, mag sie auch noch so kurze Zeit zurückliegen, ist ein Ding der Unmöglichkeit. Diese Einsicht gehört bekanntlich schon zum kleinen Einmaleins der Hermeneutik. Daß wir also den Weg von Paulus zu Deuteropaulus mitgehen konnten, macht das Faszinierende der Beschäftigung mit den authentischen Paulinen und zugleich dem Kol aus. Und zur Steigerung dieser Faszination tut die Tatsache, daß wir den Eph besitzen, jenen Brief, dessen Verfasser wir Tritopaulus genannt haben, das Ihre.

Es ist also ein nicht geringer *Entwicklungsprozeß*, den wir bei der Auslegung der drei Briefe – unter gleichzeitiger Beachtung wichtiger Aussagen der authentischen Paulinen – begleitet haben. Ob dieser Entwicklungsprozeß als Entwicklungslinie bezeichnet werden kann, ist schwer zu sagen. Denn wir haben ja innerhalb dieses Prozesses nur den wohl noch vor 70 n. Chr. geschriebenen Kol und den wahrscheinlich gegen Ende des 1. Jh. n. Chr. verfaßten Eph. Was dazwischen lag, wie kompliziert die theologische Diskussion in der Paulus-Schule war, wie emotional und heftig sie möglicherweise stattfand – wir wissen es nicht. Wir können nur aus punktuell Gegebenem Rekonstruktionen vornehmen. Andere Briefe aus der Nachwirkung des Paulus (2Thess, Pastoralbriefe) helfen auf dem Weg von Paulus zum Eph recht wenig. Wir konnten sie daher außer Betracht lassen. Versuchen wir im folgenden, uns den Ertrag unserer Auslegung unter den Gesichtspunkten einiger zentraler Topoi zu vergegenwärtigen.

1. Rechtfertigung aus Glauben, nicht aus Werken des Gesetzes

Da es sich hierbei um eine fundamentale, wenn nicht *die* fundamentale theologische Aussage des Paulus handelt, mag sie sich bestens zum Ausgangspunkt unseres Rückblicks eignen. Sie findet sich thematisch nicht im *Philemonbrief*, weil es dort um ein Personalproblem geht; dennoch haben auch in diesem Brief die verwendeten Begriffe ihren Grund im theologischen Denken des Apostels. Man muß sich jedoch vergegenwärtigen, daß für Paulus die Rechtfertigung aus Glauben und nicht aus Werken des Gesetzes keine statische Lehre war – die Bezeichnung „Rechtfertigungs-*Lehre*" ist nicht ganz zutreffend, weil dadurch suggeriert werden könnte, Rechtfertigung aus Glauben sei „lehrbar" –, sie war zunächst einmal seine feste Glaubensüberzeugung von der *Realität* des rechtfertigenden Gottes, der seine, des Apostels, *Realität* schafft, nämlich als *nova creatura* (Gal 6,15; 2Kor 5,17). Und diese Realität hat er in unterschiedlichen theologischen Koordinatensystemen reflektiert, im Gal im Rahmen seiner theologischen Reflexion über die grundsätzliche Freiheit vom Gesetz, die er später in dieser Schärfe nicht hat stehenlassen, im Röm im Rahmen des theologischen Begriffs der Gerechtigkeit Gottes. Paulus hat also *existentiell* an der Rechtfertigung allein aus dem Glauben festgehalten, den *theoretischen* Bezug der theologischen Reflexion aber jeweils variiert. Man muß sich hier Konstante und Variable vor Augen halten, um gerecht über die theologischen Nachfolger des Paulus urteilen zu können. Im Gal beruft sich Paulus in der *narratio* auf die Heidenmissionssynode (Gal 2,1–10), um die in seinen Augen dort errungene Übereinstimmung über die Freiheit vom Gesetz und somit über die Rechtfertigung allein aus Glauben und nicht aus Werken des Gesetzes als narratives Argument für die *argumentatio*, die die grundsätzliche Freiheit vom Gesetz beweisen soll, einzusetzen (Hübner, BThNT II, 61 ff). Aus dem Gal geht also deutlich hervor, daß er bereits auf der Synode seine Überzeugung von der Rechtfertigung allein aus dem Glauben verfochten hat. Dennoch wird sie zwar im Gal, nicht aber in der späteren korinthischen Korrespondenz thematisch (das zum Gal Gesagte trifft auch dann zu, wenn man, wie jedoch wenig wahrscheinlich, 1Kor und 2Kor die zeitliche Priorität vor Gal einräumt). Ebenso wird im Kol und Eph – wie in den meisten (!) authentischen Paulusbriefen – die Rechtfertigung aus Glauben und nicht aus Werken des Gesetzes, wenn auch aus jeweils unterschiedlichem situativem Anlaß, nicht thematisch behandelt. Wohl aber werden *Elemente* der paulinischen Aussagen über die Rechtfertigung nicht aus Gesetzeswerken bzw. über die Rechtfertigung aus Glauben in diesen beiden Briefen zur Argumentation vorgetragen.

Zum *Kolosserbrief*: Schon im Rückblick auf die Theologie des Kol wurde auf diejenige Literatur aufmerksam gemacht, nach der beim AuctCol, trotz seiner so starken Hervorhebung der im soteriologischen Kontext gefaßten Christologie, ein essentielles Defizit gegenüber Paulus zu verzeichnen sei, nämlich der nahezu völlige Ausfall der Rechtfertigungslehre. In dieser Form ist aber eine solche Aussage überzogen. Sicherlich kann man nicht leugnen, daß die paulinische Formel „nicht aus Werken des Gesetzes, sondern aus Glauben" als polemischer Grundsatz der Rechtfertigungstheologie in diesem Briefe nicht zu finden ist. Aber als Polemik gegen die Intention der Unruhestifter in Kolossä, den Vertretern der sogenannten Philosophie, hätte diese Antithese nicht getaugt. Es ging ja in Kolossä um die theologische Grundlage der *Christologie*. Von daher erklärt es sich bestens, daß der AuctCol weder vom νόμος noch vom δικαιωθῆναι spricht. Deshalb fragten wir, ob Aussagen des Kol über εὐαγγέλιον, πίστις, ἀλήθεια, χάρις usw., also über Begriffe, die bei Paulus im Wortfeld der Rechtfertigungstheologie begegneten, so verstanden werden könnten, daß sich im Hintergrund der Horizont der Rechtfertigungslehre abzeichnet. Diese Frage wurde bejaht. Unsere Aufmerksamkeit sollte in diesem Zusammenhang auch 2,14 gelten, wo sich die eigentümliche Wendung τὸν νόμον τῶν ἐντολῶν ἐν δόγμασιν καταργήπς findet.

Zum *Epheserbrief*: Natürlich hängt einiges daran, ob die in unserem Kommentar erwogene Hypothese, nach der χάριτί ἐστε σεσῳσμένοι in 2,5 und τῇ γὰρ χάριτί ἐστε σεσωσμένοι διὰ πίστεως κτλ in 2,8 zusammen mit οὐκ ἐξ ἔργων, ἵνα μή τις καυχήσηται in 2,9 spätere Glossen sind, und zwar Glossen eines Interpolators, der hier die Substanz der paulinischen Rechtfertigungslehre verdeutlichen wollte. Sollte diese Hypothese zutreffen, so wäre dies ein Indiz – mehr nicht! – dafür, daß der theologische Zungenschlag des AuctEph ein anderer als der des Paulus war. Denn dann würde die Argumentation von 2,1–10 darauf hinauslaufen, daß die mit Christus Auferstandenen und in den Himmeln Inthronisierten „in Christus" zu guten Werken, ἐπὶ ἔργοις ἀγαθοῖς, geschaffen sind, 2,10. Doch selbst wenn diese Hypothese nicht zuträfe, müßte immerhin registriert werden, daß in 2,9 οὐκ ἐξ ἔργων, nicht aber οὐκ ἐξ ἔργων τοῦ νόμου zu lesen ist. Vor allem sind die betreffenden Aussagen nicht im Kontext der Bekämpfung einer judaistischen Gegenmission ausgesprochen. Sie passen so oder so nicht zur theologischen, nämlich ekklesiologischen Gesamtintention des Briefes.

2. Zur Ekklesiologie

Beide Briefe sind Zeugnisse für die Weiterentwicklung der paulinischen Ekklesiologie. Zumeist wird darauf verwiesen, daß sich Kol und Eph in ihrem ekklesiologischen Denken dadurch von Paulus unterscheiden, daß dieser die ἐκκλησία, zumeist als die Ortsgemeinde, zuweilen aber auch als die Gesamtkirche verstanden, nicht nur mit dem Leib Christi, σῶμα Χριστοῦ (1Kor 12,27), sondern sogar mit Christus selbst gleichgesetzt (z.B. 1Kor 12,12f), während der AuctCol und der AuctEph die Kirche zwar auch als σῶμα Χριστοῦ verstehen, Christus selbst aber als deren κεφαλή (z. B. Kol 1,18.24; Eph 1,22f; 5,23). Dieser Unterschied zwischen paulinischer Ekklesiologie einerseits und deutero- und tritopaulinischer andererseits besteht unbestreitbar. Ist aber mit dem Herausstellen dieser Differenz bereits das Entscheidende gesagt?

Beginnen wir bei unserer Reflexion dieses Sachverhalts bei der *Vor*-Stellung „Leib Christi". Es ist für Paulus der in den Tod gegebene, dann aber auch erhöhte Christus, der den Heilsbereich der Kirche ausmacht. Es ist also der *räumlich* vorgestellte Leib Christi, der vor aller geschichtlicher Existenz der Getauften, vor jeglicher konkreter Kirche existiert. Der Getaufte wird in die ἐκκλησία, also in das σῶμα Χριστοῦ, *hinein*-getauft, 1Kor 12,13: ἡμεῖς πάντες εἰς ἓν σῶμα ἐβαπτίσθημεν, somit hinein in dieses σῶμα, in dem wir nun ἐν Χριστῷ sind. In diesem Sinne ist dann auch 1Kor 12,12 zu interpretieren: πολλὰ ὄντα ἕν ἐστιν σῶμα, οὕτως καὶ ὁ Χριστός. Das soteriologische Moment wird in Röm 6,3 betont zum Ausdruck gebracht: ὅσοι ἐβαπτίσθημεν εἰς (= hinein; nicht: auf!) Χριστὸν Ἰησοῦν εἰς τὸν θάνατον αὐτοῦ ἐβαπτίσθημεν. Übersetzt man „in Christus hinein", so wird man folglich auch „in seinen Tod hinein" zu übersetzen haben. Das ist zwar kein im strengen Sinn des Wortes „vor-stellbares" Geschehen. Dennoch entspricht es der „Logik" des paulinischen Denkens: Wir sind in das Heils-*Geschehen* Christi hineingenommen. Wir existieren *in* dem Christus, der sich in den Tod gegeben hat, und *sind* somit die, die an der Heilswirkung dieses Sich-Hingebens Christi teilhaben. Mit Röm 6,3 ist also die *Seins*-Voraussetzung für das Christologumenon der stellvertretenden Sühne ausgesprochen (Hübner, BThNT II, 179–189, vor allem 185–189).

Damit sind wir aber bereits, fast unversehens, aus dem Bereich der Vorstellung in den der *Interpretation* gelangt. Wir *sind* „in Christus", anders gesagt: Unser In-Christus-Sein ist das Resultat unseres Hineingenommen-Seins in das heilschenkende Leben Christi. *Das soteriologische Geschehen setzt ekklesiologisches Sein.* Soteriologie ist ohne ekklesiologische Konsequenz sinnlos. Es ist festzuhalten: Paulinische Theologie bedenkt das *Sein* der Glaubenden und Getauften; sie denkt notwendig ekklesiologisch, indem sie reflektiert, daß diese Glaubenden und Getauften *in* Christus sind, zugleich, daß sie in Christus *sind*. Dieses *Sein* in Christus ist das im heiligen Heilsraum *geheiligte Sein*. Es ist die christologische Vollendung der atl. Aufforderung „Seid heilig, denn Ich, der Herr, euer Gott, bin heilig!" (Lev 19,2). Weil Gott sich hier als der ἅγιος schlechthin aussagt, deshalb *soll* der Israelit heilig sein. *Neutestamentlich*, hier also paulinisch, heißt das: Ihr *seid* heilig, weil Ich, euer Gott, euch durch Christus in meine Heiligkeit (= in meine heilige Kirche) hineingenommen habe. So kann Paulus z. B. in Röm 1,7 die Römer als die κλητοὶ ἅγιοι anreden.

Dieser paulinische Gedanke der geschenkten *seinsmäßigen* Heiligkeit als Partizipation an Gottes Heiligkeit durch das *Sein* in Christus wird im Kol und, mehr noch, im Eph theologisch gesteigert. Zwar kann man, ontisch gesehen, Gottes Heiligkeit nicht steigern. Man kann aber durch das Gesamtgefüge der Reflexion einen höheren theologischen Stellenwert herausarbeiten. Und genau das ist in diesen beiden Briefen geschehen.

Im *Kolosserbrief* gewinnt das Christologumenon vom σῶμα Χριστοῦ schon in Kapitel 1 sein theologisches Gewicht, weil der Christus-Hymnus 1,15–20, den der AuctCol wegen des christologischen Grundthemas zitiert, durch 1,18 in den ekklesiologischen Horizont gestellt wird. Der Hymnus preist Christus, das Bild des unsichtbaren Gottes, als den, in dem das All, τὰ πάντα, seinen Bestand hat. Das All *ist*, weil es in Christus gegründet ist. Und es ist genau dieser Gedanke, den der AuctCol in 1,18 ekklesiologisch umbiegt: Das σῶμα Χριστοῦ ist die ἐκκλησία mit Christus als ihrer κεφαλή. Die Kirche gewinnt also theologisch und ontisch (fast schon ontologisch) dadurch ihre geistliche Substanz und Würde, daß sie auf eine fast (!, s. aber den Eph) nicht mehr überbietbare Weise als Leib mit dem alles in sich schließenden und beherrschenden Haupt Christus verbunden ist. Haupt und Leib haben ja, wenn wir genau im Bilde bleiben, *ein* Leben! Die Dominanz der Christologie im Kol läßt auch die Ekklesiologie an ihrem dominanten Sein partizipieren. Der vom AuctCol übernommene ursprüngliche Christus-Hymnus sieht zwar Christus als kosmischen Pantokrator. Aber der AuctCol richtet in 1,18 den kosmologischen Grundgedanken auf seine ekklesiologische Intention aus. Die „Steigerung" des Seins der Erlösten wird dann in 2,9f deutlich: In Christus wohnt die ganze Fülle der Gottheit „leibhaft" (s. z. St.); die Kolosser aber sind nun, *in* Christus erfüllt, zur Fülle gelangt, in ihm nämlich, der das Haupt der Mächte und Gewalten ist. Zu einer scharfen begrifflichen Scheidung zwischen dem kosmologischen und dem ekklesiologischen Horizont gelangt der Schreiber unseres Briefes also nicht. Man könnte geradezu im Anklang an Gadamers Begriff der „Horizontverschmelzung" hier von einer „Horizontverwischung" sprechen. Und es ist diese „Verwischung", die dann ihre Wirkungsgeschichte im Eph hat.

Im *Epheserbrief* läßt sich nämlich ein ähnliches Ineinanderschieben dieser beiden Horizonte beobachten. Bei der Auslegung der Eulogie zeigte sich bereits, wie Christus als der,

der das All samt der Mächte und Gewalten in sich als der κεφαλή zusammenfaßt (s. zu 1,10: ἀνακεφαλαιώσασθαι τὰ πάντα), dies zugleich als der Herr der Kirche tut. Auf dieses Zusammenfassen *im dominierenden Kontext ekklesiologischer Aussagen* kommt dem AuctEph alles an! Das für Paulus und Deuteropaulus so bedeutsame „in Christus" wird bei Tritopaulus noch stärker im Protologischen fundiert. Sicherlich kennt auch Paulus die protologische Dimension der Ekklesiologie, man denke nur an Röm 8,29f, wo die Aktionssequenz Gottes von προέγνω und προώρισεν über ἐκάλεσεν bis ἐδικαίωσεν und ἐδόξασεν geht. Aber bei diesen die *praedestinatio ad salutem* aussprechenden Verben (H. Hübner, TRE 27, 105–110) geht es doch mehr um einen eschatologischen als um einen ekklesiologischen Kontext. Und auch in Kol 1,15ff sind protologische und ekklesiologische Aussagen mehr indirekt als in direkter Intention miteinander verbunden. Das, was die Ekklesiologie des Eph in ihrem eigentlichen theologischen Gewicht ausmacht, ist jenes Zeit und Ewigkeit übergreifende „in Christus", das nicht nur das Sein der Kirche beschreibt, sondern vor allem dieses *Sein* als Umschreibung des *Handelns* Gottes. Wo Gott in Ewigkeit und Zeit *wirkt*, da *ist* die Kirche. Deshalb konnte ja auch Schlier jenen gefährlichen, wohl als Vorstellung falschen, jedoch als theologische Reflexion richtigen Gedanken von der „Präexistenz der Kirche" aussprechen (s. den Exkurs zur Theologie der Eulogie des Eph). Es ist also ein höchst dynamisches Sein der Kirche, das der AuctEph theologisch reflektiert. Und so bringt er nicht nur dessen „Verlängerung" in die „Vor"-Zeitigkeit, sondern auch dessen qualitative Überhöhung durch die – noch einmal: gefährliche – Vorstellung von der Inthronisation der Christen mit Christus und in Christus, 2,6. Sie partizipieren nach der Formulierung des AuctEph immerhin an der königlichen Würde des Christus und somit an der höchsten Würde Gottes! Die ekklesiologischen Aussagen können nun wahrlich nicht mehr überboten werden. Wer allein von der Vorstellung her urteilt, wird möglicherweise mit dem Urteil „Blasphemie!" kommen (Mt 19,28/Lk 22,30 liegen die Dinge bekanntlich anders, so daß ein direkter Vergleich in die Irre führt). Aber wir dürfen nicht an der Vorstellung als solcher hängenbleiben! Denn es geht um die Interpretation dieser Vorstellung auf ihr eigentlich Gemeintes hin; es geht hermeneutisch um die Frage nach dem Selbstverstehen dessen, der in dieser Weise formulieren kann. Und das ist, daß durch jene nicht mehr höher zu denkende Würde die Größe des *geschenkten* Seins der Kirche zum Ausdruck kommen soll. Trotz aller Widrigkeit der irdischen Existenz der Kirche und ihrer Glieder – Eph 6,10ff führt die satanische Situation deutlich genug vor Augen! – sind sie bereits bei *Gott*, weil sie *in* Christus sind. Worum es dem AuctEph letztendlich geht, ist das Gnadenhafte der erlösten Existenz derer, die „in Christus" sind, d.h. „in der Kirche" *als* die Kirche. In keiner anderen Schrift des NT wird die Größe und Unermeßlichkeit von Gottes gnadenhaftem Handeln so massiv ausgesagt wie im Eph. Der Kampf mit dem Judaismus ist vorbei. Am Ende des 1. Jh. n. Chr. ist er keine Gefahr mehr. Die Rechtfertigung *sola fide et sola gratia* braucht jetzt nicht mehr polemisch als „Rechtfertigung nicht durch des Gesetzes Werke" gegen ihre judaistischen Gegner vertreten zu werden. Jetzt ist, um den Eph *geschichtlich* zu verstehen, die Zeit da, über die positiven Aspekte der Erlösung nachzudenken. Und das bedeutet, sich selbst als die radikal Erlösten zu verstehen und sich somit im totalen Ernstnehmen des begnadeten Gottes als ganz und gar begnadet zu verstehen. Das aber ist dann die selbstverständliche Konsequenz: Wer zur Heiligkeit Gottes berufen ist, soll auch in seinen „guten Werken" heilig leben (1,4; 2,10). Wer das Werkgerechtigkeit nennt, hat vom Eph nichts verstanden (s. aber zu Eph 6,9ff)!

3. Zur Eschatologie

Am Ende des 1. Jh. n. Chr. hat man die Naherwartung der Parusie Jesu als chronometrisches Mißverständnis der Nähe Gottes erkannt. Dies schlägt sich auch in den eschatologischen Aussagen des Kol und des Eph nieder. Der Kol bringt noch *expressis verbis* den Hinweis auf den Jüngsten Tag (3,1–4); doch erwartet ihn der AuctCol nicht in nächster Zeit. Insofern geht es in diesem Brief mehr um die Heilsgegenwart als um die Heilszukunft, mag auch die ἐλπίς als das im Himmel „vorhandene Hoffnungsgut" schon in 1,5 genannt sein. Umstritten ist die eschatologische Auffassung des AuctEph. Sie tendiert auf eine „präsentische Eschatologie" hin, ohne daß diese damit absolut gesetzt würde. Wenn aber die Heilszukunft in der theologischen Reflexion derart reduziert zum Ausdruck kommt, wie es im Eph der Fall ist, dann fügt sich dazu bestens die überaus betonte Größe und Unermeßlichkeit der gnadenhaft geschenkten Heilsgegenwart. Je weniger der Jüngste Tag im Blick ist, desto mehr kann die gnadenhafte Großartigkeit der Kirche theologisch bedacht werden. Daß eine solche Charakterisierung der Kirche nicht das meint, was die verpönte *theologia gloriae* als die Selbstverherrlichung einer *ecclesia triumphans* besagt, sollte einleuchten. Eine Kirche, die ihre Heiligkeit als die von Gott geschenkte Heiligkeit begreift, kann sich *per definitionem* nicht als sich selbst verherrlichende Kirche verstehen! Im ökumenisch verstandenen Credo heißt es: *Credo in unam sanctam catholicam (= universalem) et apostolicam ecclesiam.* Die *sancta ecclesia* ist die geglaubte Kirche! Die wahre *ecclesia triumphans* ist die Kirche nach dem Jüngsten Tag; aber dann ist Gott selbst der Triumphator!

4. Das Evangelium

Was ist es aber, was das innere Bewegtsein dieser *sancta ecclesia* ausmacht? Was ist die eigentliche eschatologische Triebfeder, die die Kirche in ihrer lebendigen Beweglichkeit nach vorn treibt, auf das futurische Eschaton zu? Was ist die futurische Implikation der präsentischen Eschatologie? Wie für Paulus gilt auch für Deuteropaulus und Tritopaulus: Was die *ecclesia* zur *sancta ecclesia* macht, ist das *sanctum evangelium*. Auf Röm 1,16f wurde schon zur Genüge verwiesen. Wie für Paulus gilt für die beiden Paulus-Schüler der zweiten und dritten Generation, daß das Evangelium als die Präsenz Gottes und Christi die bahnbrechende Macht des sich im Wort offenbarenden Gottes ist, also – zugespitzt – Gott als der, der sich in seiner ἀλήθεια erschließt. Mit diesem vierten Punkt ist nur in neuer Perspektive dasjenige anders gesagt, was in den ersten drei Punkten ausgeführt wurde. Die Kirche ist lebendig in der Verkündigung der Wahrheit des Evangeliums. Die Dynamik dieser Verkündigung ist aber die Dynamis Gottes selbst. Die Verkündigung ist somit die evangelische Präsenz Gottes und Christi. Also ist auch der Verkündiger als eschatologisches Ereignis die Gegenwart Gottes; Gott selbst „wurde" kraft der Inkarnation geschichtliches Ereignis. In diesem Sinne ist *Gott*, richtig verstanden, *sein eigener Hermeneut* und *seine eigene Hermeneutik*. Sagen wir es formelhaft: *Deus est Deus hermeneuticus*.

Handbuch zum Neuen Testament

Einen Gesamtkatalog erhalten Sie gerne vom Verlag
Mohr Siebeck, Postfach 2040, D-72010 Tübingen

DATE DUE
